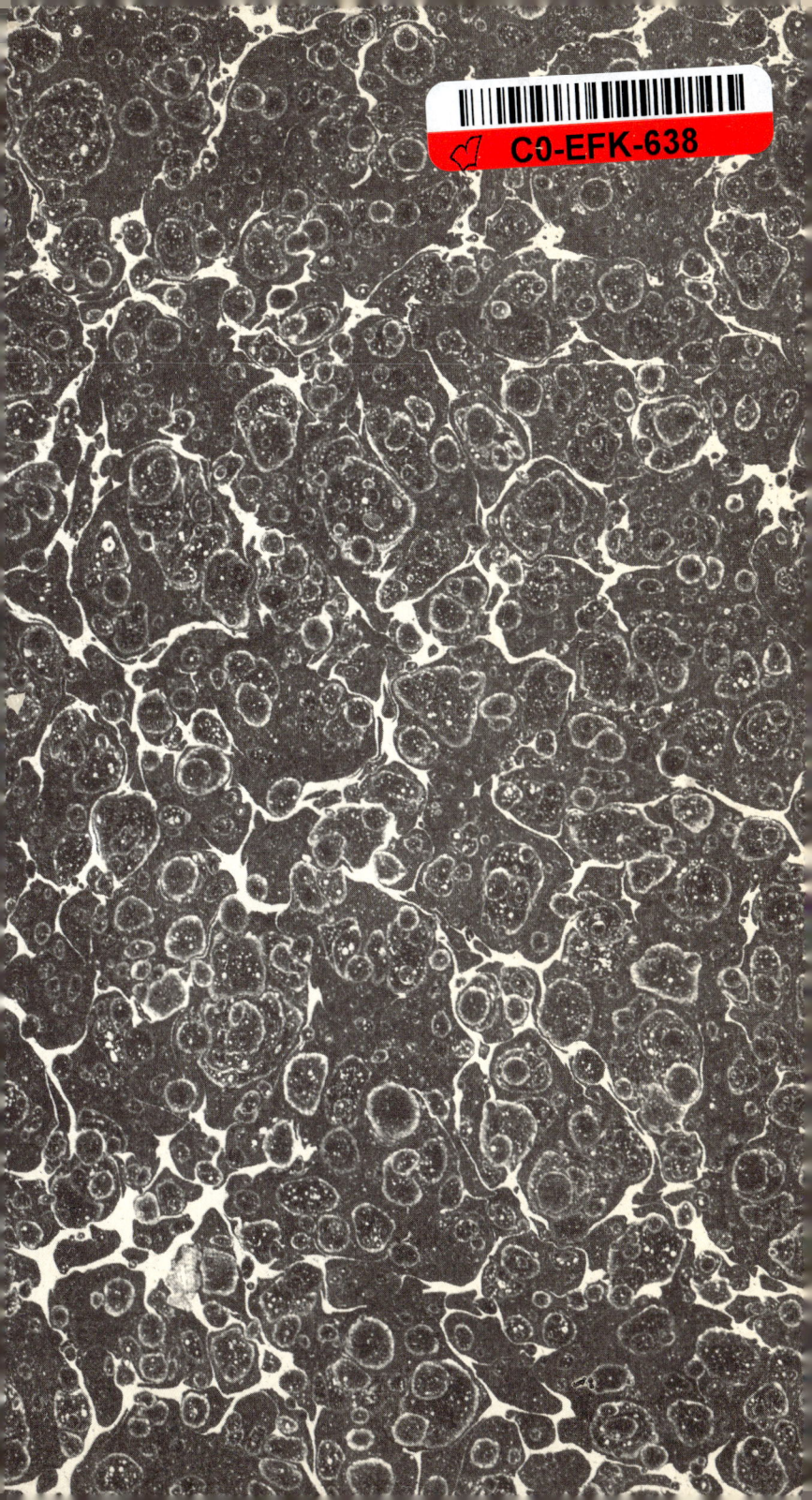

TREFFLICHE WIRKUNGEN
ANEKDOTEN VON UND ÜBER GOETHE

Herausgegeben
von Anita und Walter Dietze

1

TREFFLICHE WIRKUNGEN

ANEKDOTEN VON UND ÜBER GOETHE

ERSTER BAND

C. H. BECK

MIT RADIERUNGEN VON GUNTER BÖTTGER

28. August 1749
Frankfurt

Drei Tage bedachtest Du Dich, eh Du ans Weltlicht kamst, und machtest der Mutter schwere Stunden. Aus Zorn, daß Dich die Not aus dem eingebornen Wohnort trieb, und durch die Mißhandlung der Amme kamst Du ganz schwarz und ohne Lebenszeichen. Sie legten Dich in einen sogenannten Fleischarden und bäheten Dir die Herzgrube mit Wein, ganz an Deinem Leben verzweifelnd. Deine Großmutter stand hinter dem Bett; als Du zuerst die Augen aufschlugst, rief sie hervor: „Rätin, er lebt!"
(1)

Das hässliche Kind
Frankfurt 1751

Er spielte nicht gern mit kleinen Kindern, sie mußten denn sehr schön sein. In einer Gesellschaft fing er plötzlich an zu weinen; da man ihn nach der Ursache fragte, schrie er: „Das schwarze Kind kann ich nicht leiden, das soll hinaus"; er hörte auch nicht auf, bis er nach Hause kam, wo ihn die Mutter befragte über die Unart: er konnte sich nicht trösten über des Kindes Häßlichkeit. Damals war er drei Jahr alt.
(201)

Polterabend am hellichten Tage
Frankfurt 1753

Es war eben Topfmarkt gewesen, und man hatte nicht allein die Küche für die nächste Zeit mit solchen Waren versorgt, sondern auch uns Kindern dergleichen Geschirr im kleinen zu spielender

Beschäftigung eingekauft. An einem schönen Nachmittag, da alles ruhig im Hause war, trieb ich im Geräms mit meinen Schüsseln und Töpfen mein Wesen, und da weiter nichts dabei herauskommen wollte, warf ich ein Geschirr auf die Straße und freute mich, daß es so lustig zerbrach. Die von Ochsenstein, welche sahen, wie ich mich daran ergetzte, daß ich so gar fröhlich in die Händchen patschte, riefen: „Noch mehr!" Ich säumte nicht, sogleich einen Topf, und auf immer fortwährendes Rufen: „Noch mehr!" nach und nach sämtliche Schüsselchen, Tiegelchen, Kännchen gegen das Pflaster zu schleudern. Meine Nachbarn fuhren fort, ihren Beifall zu bezeigen, und ich war höchlich froh, ihnen Vergnügen zu machen. Mein Vorrat aber war aufgezehrt, und sie riefen immer: „Noch mehr!" Ich eilte daher stracks in die Küche und holte die irdenen Teller, welche nun freilich im Zerbrechen noch ein lustigeres Schauspiel gaben; und so lief ich hin und wider, brachte einen Teller nach dem andern, wie ich sie auf dem Topfbrett der Reihe nach erreichen konnte, und weil sich jene gar nicht zufriedengaben, so stürzte ich alles, was ich von Geschirr erschleppen konnte, in gleiches Verderben. Nur später erschien jemand, zu hindern und zu wehren. Das Unglück war geschehen, und man hatte für soviel zerbrochne Töpferware wenigstens eine lustige Geschichte, an der sich besonders die schalkischen Urheber bis an ihr Lebensende ergetzten.
(2)

Der Schneider und der Riese
Frankfurt 1753

Die Mutter glaubte, auch sich einen Anteil an seiner Darstellungsgabe zuschreiben zu dürfen, „denn einmal", sagte sie, „konnte ich nicht ermüden zu erzählen, so wie er nicht ermüdete zuzuhören; Luft, Feuer, Wasser und Erde stellte ich ihm unter schönen Prinzessinnen vor, und alles, was in der ganzen Natur vorging, dem ergab sich eine Bedeutung, an die ich bald selbst fester glaubte als meine Zuhörer, und da wir uns erst zwischen den Gestirnen Straßen dachten und daß wir einst Sterne bewohnen würden [...], da war kein Mensch so eifrig auf die Stunde des Erzählens mit den Kindern wie ich, ja, ich war im höchsten Grad begierig, unsere kleinen eingebildeten Erzählungen weiterzuführen, und eine Ein-

ladung, die mich um einen solchen Abend brachte, war mir immer verdrießlich. Da saß ich, und da verschlang er mich bald mit seinen großen schwarzen Augen, und wenn das Schicksal irgendeines Lieblings nicht recht nach seinem Sinn ging, da sah ich, wie die Zornader an der Stirn schwoll und wie er die Tränen verbiß. Manchmal griff er ein und sagte, noch eh ich meine Wendung genommen hatte: ‚Nicht wahr, Mutter, die Prinzessin heiratet nicht den verdammten Schneider, wenn er auch den Riesen totschlägt?' Wenn ich nun haltmachte und die Katastrophe auf den nächsten Abend verschob, so konnte ich sicher sein, daß er bis dahin alles zurechtgerückt hatte, und so ward mir denn meine Einbildungskraft, wo sie nicht mehr zureichte, häufig durch die seine ersetzt; wenn ich denn am nächsten Abend die Schicksalsfäden nach seiner Angabe weiterlenkte und sagte: ‚Du hast's geraten, so ist's gekommen', da war er Feuer und Flamme, und man konnte sein Herzchen unter der Halskrause schlagen sehen. Der Großmutter, die im Hinterhause wohnte und deren Liebling er war, vertraute er nun allemal seine Ansichten, wie es mit der Erzählung wohl noch werde, und von dieser erfuhr ich, wie ich seinen Wünschen gemäß weiter im Text kommen solle, und so war ein geheimes diplomatisches Treiben zwischen uns, das keiner an den andern verriet; so hatte ich die Satisfaktion, zum Genuß und Erstaunen der Zuhörenden, meine Märchen vorzutragen, und der Wolfgang, ohne je sich als den Urheber aller merkwürdigen Ereignisse zu bekennen, sah mit glühenden Augen der Erfüllung seiner kühn angelegten Pläne entgegen und begrüßte das Ausmalen derselben mit enthusiastischem Beifall."
(1)

Blühender Birnbaum
in Grossvaters Garten
Frankfurt 1754

Laß mich Dir noch erzählen, daß Dein Großvater zum Gedächtnis Deiner Geburt einen Birnbaum in dem wohlgepflegten Garten vor dem Bockenheimer Tor gepflanzt hat; der Baum ist sehr groß geworden, von seinen Früchten, die köstlich sind, hab ich gegessen und — Du würdest mich auslachen, wenn ich Dir alles sagen wollte. Es war ein schöner Frühling, sonnig und warm, der junge hochstämmige Birnbaum war über und über bedeckt mit Blüten, nun war's, glaub ich, am Geburtstag der Mutter, da schafften die Kinder den grünen Sessel, auf dem sie abends, wenn sie erzählte, zu sitzen pflegte und der darum der Märchensessel genannt wurde, in aller Stille in den Garten, putzten ihn auf mit Bändern und Blumen, und nachdem Gäste und Verwandte sich versammelt hatten, trat der Wolfgang, als Schäfer gekleidet mit einer Hirtentasche, aus der eine Rolle mit goldnen Buchstaben herabhing, mit einem grünen Kranz auf dem Kopf unter den Birnbaum und hielt eine Anrede an den Sessel, als den Sitz der schönen Märchen; es war eine große Freude, den schönen bekränzten Knaben unter den blühenden Zweigen zu sehen, wie er im Feuer der Rede, welche er mit großer Zuversicht hielt, aufbrauste. Der zweite Teil dieses schönen Festes bestand in Seifenblasen, die im Sonnenschein, von Kindern, welche den Märchenstuhl umkreisten, in die heitere Luft gehaucht, von Zephyr aufgenommen und schwebend hin und her geweht wurden; sooft eine Blase auf den gefeierten Stuhl sank, schrie alles: „Ein Märchen! ein Märchen!" Wenn die Blase, von der krausen Wolle des Tuches eine Weile gehalten, endlich platzte, schrien sie wieder: „Das Märchen platzt." Die Nachbarsleute in den angrenzenden Gärten guckten über Mauer und Verzäunung und nahmen den lebhaftesten Anteil an diesem großen Jubel, so daß dies kleine Fest am Abend in der ganzen Stadt bekannt war. Die Stadt hat's vergessen, die Mutter hat's behalten und es sich später oft als eine Weissagung Deiner Zukunft ausgelegt. (1)

Das Erdbeben von Lissabon
Frankfurt 1755

Diese schönen Abende, durch die sich der Ruhm meiner Erzählkunst bald verbreitete, so daß endlich alt und jung daran teilnahm, sind mir eine sehr erquickliche Erinnerung. Das Welttheater war nicht so reichhaltig, obschon es die Quelle war zu immer neuen Erfindungen, es tat durch seine grausenhafte Wirklichkeit, die alles Fabelhafte überstieg, fürs erste der Märchenwelt Abbruch, das war das Erdbeben von Lissabon; alle Zeitungen waren davon erfüllt, alle Menschen argumentierten in wunderlicher Verwirrung, kurz, es war ein Weltereignis, das bis in die entferntesten Gegenden alle Herzen erschütterte; der kleine Wolfgang, der damals im siebenten Jahr war, hatte keine Ruhe mehr; das brausende Meer, das in einem Nu alle Schiffe niederschluckte und dann hinaufstieg am Ufer, um den ungeheuern königlichen Palast zu verschlingen, die hohen Türme, die zuvörderst unter dem Schutt der kleinern Häuser begraben wurden, die Flammen, die überall aus den Ruinen heraus endlich zusammenschlagen und ein großes Feuermeer verbreiten, während eine Schar von Teufeln aus der Erde hervorsteigt, um allen bösen Unfug an den Unglücklichen auszuüben, die von vielen tausend Zugrundegegangnen noch übrig waren, machten ihm einen ungeheuren Eindruck. Jeden Abend enthielt die Zeitung neue Mär, bestimmtere Erzählungen, in den Kirchen hielt man Bußpredigten, der Papst schrieb ein allgemeines Fasten aus, in den katholischen Kirchen waren Requiem für die vom Erdbeben Verschlungenen. Betrachtungen aller Art wurden in Gegenwart der Kinder vielseitig besprochen, die Bibel wurde aufgeschlagen, Gründe für und wider behauptet. Dies alles beschäftigte den Wolfgang tiefer, als einer ahnen konnte, und er machte am Ende eine Auslegung davon, die alle an Weisheit übertraf.

Nachdem er mit dem Großvater aus einer Predigt kam, in welcher die Weisheit des Schöpfers gleichsam gegen die betroffne Menschheit verteidigt wurde, und der Vater ihn fragte, wie er die Predigt verstanden habe, sagte er: „Am Ende mag alles noch viel einfacher sein, als der Prediger meint, Gott wird wohl wissen, daß der unsterblichen Seele durch böses Schicksal kein Schaden geschehen kann." — Von da an warst Du wieder obenauf, doch meinte die Mutter, daß Deine revolutionären Aufregungen bei diesem Erdbeben später beim „Prometheus" wieder zum Vorschein gekommen seien.

(1)

Wolfgang, Fritz und das Publikum
Frankfurt 1756

Aber kaum hatte ich am 28. August 1756 mein siebentes Jahr zurückgelegt, als gleich darauf jener weltbekannte Krieg ausbrach, welcher auf die nächsten sieben Jahre meines Lebens auch großen Einfluß haben sollte. Friedrich der Zweite, König von Preußen, war mit sechzigtausend Mann in Sachsen eingefallen, und statt einer vorgängigen Kriegserklärung folgte ein Manifest, wie man sagte, von ihm selbst verfaßt, welches die Ursachen enthielt, die ihn zu einem solchen ungeheuren Schritt bewogen und berechtigt. Die Welt, die sich nicht nur als Zuschauer, sondern auch als Richter aufgefordert fand, spaltete sich sogleich in zwei Parteien, und unsere Familie war ein Bild des großen Ganzen.

Mein Großvater, der als Schöff von Frankfurt über Franz dem Ersten den Krönungshimmel getragen und von der Kaiserin eine gewichtige goldene Kette mit ihrem Bildnis erhalten hatte, war mit einigen Schwiegersöhnen und Töchtern auf östreichischer Seite. Mein Vater, von Karl dem Siebenten zum Kaiserlichen Rat ernannt und an dem Schicksale dieses unglücklichen Monarchen gemütlich teilnehmend, neigte sich mit der kleinern Familienhälfte gegen Preußen. Gar bald wurden unsere Zusammenkünfte, die man seit mehreren Jahren sonntags ununterbrochen fortgesetzt hatte, gestört. Die unter Verschwägerten gewöhnlichen Mißhelligkeiten fanden nun erst eine Form, in der sie sich aussprechen konnten. Man stritt, man überwarf sich, man schwieg, man brach los. Der Großvater, sonst ein heitrer, ruhiger und bequemer Mann, ward ungeduldig. Die Frauen suchten vergebens das Feuer zu tüschen, und nach einigen unangenehmen Szenen blieb mein Vater zuerst aus der Gesellschaft. Nun freuten wir uns ungestört zu Hause der preußischen Siege [...]. Alles andere Interesse mußte diesem weichen, und wir brachten den Überrest des Jahres in beständiger Agitation zu. Die Besitznahme von Dresden, die anfängliche Mäßigung des Königs, die zwar langsamen, aber sichern Fortschritte, der Sieg bei Lowositz, die Gefangennehmung der Sachsen waren für unsere Partei ebenso viele Triumphe. Alles, was zum Vorteil der Gegner angeführt werden konnte, wurde geleugnet oder verkleinert; und da die entgegengesetzten Familienglieder das gleiche taten, so konnten sie einander nicht auf der Straße begegnen, ohne daß es Händel setzte wie in „Romeo und Julie".

Und so war ich denn auch preußisch oder, um richtiger zu reden, fritzisch gesinnt: denn was ging uns Preußen an? Es war die Persönlichkeit des großen Königs, die auf alle Gemüter wirkte. Ich freute mich mit dem Vater unserer Siege, schrieb sehr gern die Siegeslieder ab und fast noch lieber die Spottlieder auf die Gegenpartei, so platt die Reime auch sein mochten.

Als ältester Enkel und Pate hatte ich seit meiner Kindheit jeden Sonntag bei den Großeltern gespeist: es waren meine vergnügtesten Stunden der ganzen Woche. Aber nun wollte mir kein Bissen mehr schmecken: denn ich mußte meinen Helden aufs greulichste verleumden hören. Hier wehte ein anderer Wind, hier klang ein anderer Ton als zu Hause. Die Neigung, ja die Verehrung für meine Großeltern nahm ab. Bei den Eltern durfte ich nichts davon erwähnen; ich unterließ es aus eigenem Gefühl und auch, weil die Mutter mich gewarnt hatte. Dadurch war ich auf mich selbst zurückgewiesen, und wie mir in meinem sechsten Jahre, nach dem Erdbeben von Lissabon, die Güte Gottes einigermaßen verdächtig geworden war, so fing ich nun, wegen Friedrichs des Zweiten, die Gerechtigkeit des Publikums zu bezweifeln an. Mein Gemüt war von Natur zur Ehrerbietung geneigt, und es gehörte eine große Erschütterung dazu, um meinen Glauben an irgendein Ehrwürdiges wanken zu machen. Leider hatte man uns die guten Sitten, ein anständiges Betragen nicht um ihrer selbst, sondern um der Leute willen anempfohlen; was die Leute sagen würden, hieß es immer, und ich dachte, die Leute müßten auch rechte Leute sein, würden auch alles und jedes zu schätzen wissen. Nun aber erfuhr ich das Gegenteil. Die größten und augenfälligsten Verdienste wurden geschmäht und angefeindet, die höchsten Taten, wo nicht geleugnet, doch wenigstens entstellt und verkleinert; und ein so schnödes Unrecht geschah dem einzigen, offenbar über alle seine Zeitgenossen erhabenen Manne, der täglich bewies und dartat, was er vermöge; und dies nicht etwa vom Pöbel, sondern von vorzüglichen Männern, wofür ich doch meinen Großvater und meine Oheime zu halten hatte. Daß es Parteien geben könne, ja daß er selbst zu einer Partei gehörte, davon hatte der Knabe keinen Begriff. Er glaubte um so viel mehr recht zu haben und seine Gesinnung für die bessere erklären zu dürfen, da er und die Gleichgesinnten Marien Theresien, ihre Schönheit und übrigen guten Eigenschaften ja gelten ließen und dem Kaiser Franz seine Juwelen- und Geldliebhaberei weiter auch nicht verargten; daß Graf Daun manchmal eine Schlafmütze geheißen wurde, glaubten sie verantworten zu können.

Bedenke ich es aber jetzt genauer, so finde ich hier den Keim der Nichtachtung, ja der Verachtung des Publikums, die mir eine ganze Zeit meines Lebens anhing und nur spät durch Einsicht und Bildung ins gleiche gebracht werden konnte.
(2)

Puppentheater
Frankfurt 1756

Man hielt uns Kinder mehr als bisher zu Hause und suchte uns auf mancherlei Weise zu beschäftigen und zu unterhalten. Zu solchem Ende hatte man das von der Großmutter hinterlassene Puppenspiel wieder aufgestellt, und zwar dergestalt eingerichtet, daß die Zuschauer in meinem Giebelzimmer sitzen, die spielenden und dirigierenden Personen aber, sowie das Theater selbst vom Proszenium an, in einem Nebenzimmer Platz und Raum fanden. Durch die besondere Vergünstigung, bald diesen, bald jenen Knaben als Zuschauer einzulassen, erwarb ich mir anfangs viele Freunde; allein die Unruhe, die in den Kindern steckt, ließ sie nicht lange geduldige Zuschauer bleiben. Sie störten das Spiel, und wir mußten uns ein jüngeres Publikum aussuchen, das noch allenfalls durch Ammen und Mägde in der Ordnung gehalten werden konnte. Wir hatten das ursprüngliche Hauptdrama, worauf die Puppengesellschaft eigentlich eingerichtet war, auswendig gelernt und führten es anfangs auch ausschließlich auf; allein dies ermüdete uns bald, wir veränderten die Garderobe, die Dekorationen und wagten uns an verschiedene Stücke, die freilich für einen so kleinen Schauplatz zu weitläufig waren. Ob wir uns nun gleich durch diese Anmaßung dasjenige, was wir wirklich hätten leisten können, verkümmerten und zuletzt gar zerstörten, so hat doch diese kindliche Unterhaltung und Beschäftigung auf sehr mannigfaltige Weise bei mir das Erfindungs- und Darstellungsvermögen, die Einbildungskraft und eine gewisse Technik geübt und befördert, wie es vielleicht auf keinem andern Wege in so kurzer Zeit, in einem so engen Raume, mit so wenigem Aufwand hätte geschehen können. (2)

Ansprüche
Frankfurt 1756

Oft sah er nach den Sternen, von denen man ihm sagte, daß sie bei seiner Geburt eingestanden haben; hier mußte die Einbildungskraft der Mutter oft das Unmögliche tun, um seinen Forschungen Genüge zu leisten, und so hatte er bald heraus, daß Jupiter und Venus die Regenten und Beschützer seiner Geschicke sein würden; kein Spielwerk konnte ihn nun mehr fesseln als das Zahlbrett seines Vaters, auf dem er mit Zahlpfennigen die Stellung der Gestirne nachmachte, wie er sie gesehen hatte; er stellte dieses Zahlbrett an sein Bett und glaubte sich dadurch dem Einfluß seiner günstigen Sterne nähergerückt; er sagte auch oft zur Mutter sorgenvoll: „Die Sterne werden mich doch nicht vergessen und werden halten, was sie bei meiner Wiege versprochen haben?" — Da sagte die Mutter: „Warum willst du denn mit Gewalt den Beistand der Sterne, da wir andre doch ohne sie fertig werden müssen"; da sagte er ganz stolz: „Mit dem, was andern Leuten genügt, kann ich nicht fertig werden"; damals war er sieben Jahr alt.
(1)

Erster Kummer durch Poesie
Frankfurt 1757

Wir Knaben hatten eine sonntägliche Zusammenkunft, wo jeder von ihm selbst verfertigte Verse produzieren sollte. Und hier begegnete mir etwas Wunderbares, was mich sehr lang in Unruh setzte. Meine Gedichte, wie sie auch sein mochten, mußte ich immer für die bessern halten. Allein ich bemerkte bald, daß meine Mitwerber, welche sehr lahme Dinge vorbrachten, in dem gleichen Falle waren und sich nicht weniger dünkten; ja was mir noch bedenklicher schien, ein guter, obgleich zu solchen Arbeiten völlig unfähiger Knabe, dem ich übrigens gewogen war, der aber seine Reime sich vom Hofmeister machen ließ, hielt diese nicht allein für die allerbesten, sondern war völlig überzeugt, er habe sie selbst gemacht, wie er mir, in dem vertrauteren Verhältnis, worin ich mit ihm stand, jederzeit aufrichtig behauptete. Da ich nun solchen Irrtum und Wahnsinn offenbar vor mir sah, fiel es mir eines Tages aufs Herz, ob ich mich vielleicht selbst in dem Falle befände, ob nicht jene Gedichte wirklich besser seien als die meinigen und ob ich nicht mit Recht jenen Knaben ebenso toll als sie mir vorkommen möchte? Dieses beunruhigte mich sehr und lange Zeit: denn es war mir durchaus unmöglich, ein äußeres Kennzeichen der Wahrheit zu finden; ja ich stockte sogar in meinen Hervorbringungen, bis mich endlich Leichtsinn und Selbstgefühl und zuletzt eine Probearbeit beruhigten, die uns Lehrer und Eltern, welche auf unsere Scherze aufmerksam geworden, aus dem Stegreif aufgaben, wobei ich gut bestand und allgemeines Lob davontrug.
(2)

Andacht mit Räucherkerzchen am Musikpult
Frankfurt 1758

Es versteht sich von selbst, daß wir Kinder neben den übrigen Lehrstunden auch eines fortwährenden und fortschreitenden Religionsunterrichts genossen. Doch war der kirchliche Protestantismus, den man uns überlieferte, eigentlich nur eine Art von trockner Moral: an einen geistreichen Vortrag ward nicht gedacht, und die Lehre konnte weder der Seele noch dem Herzen zusagen. Deswegen ergaben sich mancherlei Absonderungen von der gesetzlichen Kirche. Es entstanden die Separatisten, Pietisten, Herrnhuter, die Stillen im Lande, und wie man sie sonst zu nennen und zu bezeichnen pflegte, die aber alle bloß die Absicht hatten, sich der Gottheit, besonders durch Christum, mehr zu nähern, als es ihnen unter der Form der öffentlichen Religion möglich zu sein schien.

Der Knabe hörte von diesen Meinungen und Gesinnungen unaufhörlich sprechen: denn die Geistlichkeit sowohl als die Laien teilten sich in das Für und Wider. Die mehr oder weniger Abgesonderten waren immer die Minderzahl; aber ihre Sinnesweise zog an durch Originalität, Herzlichkeit, Beharren und Selbständigkeit. Man erzählte von diesen Tugenden und ihren Äußerungen allerlei Geschichten. Besonders ward die Antwort eines frommen Klempnermeisters bekannt, den einer seiner Zunftgenossen durch die Frage zu beschämen gedachte, wer denn eigentlich sein Beichtvater sei. Mit Heiterkeit und Vertrauen auf seine gute Sache erwiderte jener: „Ich habe einen sehr vornehmen; es ist niemand Geringeres als der Beichtvater des Königs David."

Dieses und dergleichen mag wohl Eindruck auf den Knaben gemacht und ihn zu ähnlichen Gesinnungen aufgefordert haben. Genug, er kam auf den Gedanken, sich dem großen Gotte der Natur, dem Schöpfer und Erhalter Himmels und der Erden, dessen frühere Zornäußerungen schon lange über die Schönheit der Welt und das mannigfaltige Gute, das uns darin zuteil wird, vergessen waren, unmittelbar zu nähern; der Weg dazu aber war sehr sonderbar.

Der Knabe hatte sich überhaupt an den ersten Glaubensartikel gehalten. Der Gott, der mit der Natur in unmittelbarer Verbindung stehe, sie als sein Werk anerkenne und liebe, dieser schien ihm der eigentliche Gott, der ja wohl auch mit dem Menschen wie mit allem übrigen in ein genaueres Verhältnis treten könne und für denselben ebenso wie für die Bewegung der Sterne, für Tages- und Jahreszeiten, für Pflanzen und Tiere Sorge tragen werde. Einige Stellen des Evangeliums besagten dieses ausdrücklich. Eine Gestalt konnte der Knabe diesem Wesen nicht verleihen; er suchte ihn also in seinen Werken auf und wollte ihm auf gut alttestamentliche Weise einen Altar errichten. Naturprodukte sollten die Welt im Gleichnis vorstellen, über diesen sollte eine Flamme brennen und das zu seinem Schöpfer sich aufsehnende Gemüt des Menschen bedeuten. Nun wurden aus der vorhandenen und zufällig vermehrten Naturaliensammlung die besten Stufen und Exemplare herausgesucht; allein wie solche zu schichten und aufzubauen sein möchten, das war nun die Schwierigkeit. Der Vater hatte einen schönen, rotlackierten, goldgeblümten Musikpult, in Gestalt einer vierseitigen Pyramide mit verschiedenen Abstufungen, den man zu Quartetten sehr bequem fand, ob er gleich in der letzten Zeit nur wenig gebraucht wurde. Dessen bemächtigte sich der Knabe und baute nun stufenweise die Abgeordneten der Natur übereinander, so daß es recht heiter und zugleich bedeutend genug aussah. Nun sollte bei einem frühen Sonnenaufgang die erste Gottesverehrung angestellt werden; nur war der junge Priester nicht mit sich einig, auf welche Weise er eine Flamme hervorbringen sollte, die doch auch zu gleicher Zeit einen guten Geruch von sich geben müsse. Endlich gelang ihm ein Einfall, beides zu verbinden, indem er Räucherkerzchen besaß, welche wo nicht flammend, doch glimmend den angenehmsten Geruch verbreiteten. Ja dieses gelinde Verbrennen und Verdampfen schien noch mehr das, was im Gemüte vorgeht, auszudrücken als eine offene Flamme. Die Sonne war schon längst aufgegangen, aber Nachbarhäuser verdeckten den Osten. Endlich erschien sie über den Dächern; sogleich ward ein Brennglas zur Hand genommen und die in einer schönen Porzellanschale auf dem Gipfel stehenden Räucherkerzen angezündet. Alles gelang nach Wunsch, und die Andacht war vollkommen. Der Altar blieb als eine besondere Zierde des Zimmers, das man ihm im neuen Hause eingeräumt hatte, stehen. Jedermann sah darin nur eine wohlaufgeputzte Naturaliensammlung; der Knabe hingegen wußte besser, was er verschwieg. Er sehnte sich nach Wiederholung jener Feierlichkeit. Unglücklicherweise war eben, als die gelegenste Sonne hervorstieg, die Porzellantasse nicht bei der Hand; er stellte die Räucherkerzchen unmittelbar auf die obere Fläche des Musikpultes; sie wurden angezündet, und die Andacht war so groß, daß der Priester nicht merkte, welchen Schaden sein Opfer anrichtete, als bis ihm nicht mehr abzuhelfen war. Die Kerzchen hatten sich nämlich in den roten Lack und die schönen goldnen Blumen auf eine schmähliche Weise eingebrannt und, gleich als wäre ein böser Geist verschwunden, ihre schwarzen, unauslöschlichen Fußtapfen zurückgelassen.

Hierüber kam der junge Priester in die äußerste Verlegenheit. Zwar wußte er den Schaden durch die größesten Prachtstufen zu bedecken, allein der Mut zu neuen Opfern war ihm vergangen, und fast möchte man diesen Zufall als eine Andeutung und Warnung betrachten, wie gefährlich es überhaupt sei, sich Gott auf dergleichen Wegen nähern zu wollen.

(2)

Dialog
zwischen Satan und Adramelech
Frankfurt 1758

Es war ein Samstagabend im Winter — der Vater ließ sich immer bei Licht rasieren, um sonntags früh sich zur Kirche bequemlich anziehen zu können —, wir saßen auf einem Schemel hinter dem Ofen und murmelten, während der Barbier einseifte, unsere herkömmlichen Flüche ziemlich leise. Nun hatte aber Adramelech den Satan mit eisernen Händen zu fassen; meine Schwester [Cornelia] packte mich gewaltig an und rezitierte, zwar leise genug, aber doch mit steigender Leidenschaft:

„Hilf mir! ich flehe dich an, ich bete, wenn du es forderst,
Ungeheuer, dich an! Verworfner, schwarzer Verbrecher,
Hilf mir! ich leide die Pein des rächenden ewigen Todes! ...
Vormals konnt ich mit heißem, mit grimmigem Hasse
                             dich hassen!
Jetzt vermag ich's nicht mehr! Auch dies ist stechender
                             Jammer!"

Bisher war alles leidlich gegangen; aber laut, mit fürchterlicher Stimme rief sie die folgenden Worte:

„O wie bin ich zermalmt! ..."

Der gute Chirurgus erschrak und goß dem Vater das Seifenbecken in die Brust. Da gab es einen großen Aufstand, und eine strenge Untersuchung ward gehalten, besonders in Betracht des Unglücks, das hätte entstehen können, wenn man schon im Rasieren begriffen gewesen wäre. Um allen Verdacht des Mutwillens von uns abzulehnen, bekannten wir uns zu unsern teuflischen Rollen, und das Unglück, das die Hexameter angerichtet hatten, war zu offenbar, als daß man sie nicht aufs neue hätte verrufen und verbannen sollen.

So pflegen Kinder und Volk das Große, das Erhabene in ein Spiel, ja in eine Posse zu verwandeln; und wie sollten sie auch sonst imstande sein, es auszuhalten und zu ertragen!
(2)

Tänze eigener Erfindung
Frankfurt 1758

Von früher Jugend an hatte mir und meiner Schwester der Vater selbst im Tanzen Unterricht gegeben, welches einen so ernsthaften Mann wunderlich genug hätte kleiden sollen; allein er ließ sich auch dabei nicht aus der Fassung bringen, unterwies uns auf das bestimmteste in den Positionen und Schritten, und als er uns weit genug gebracht hatte, um eine Menuett zu tanzen, so blies er auf einer Flûte-douce uns etwas Faßliches im Dreivierteltakt vor, und wir bewegten uns darnach, so gut wir konnten. Auf dem französischen Theater hatte ich gleichfalls von Jugend auf wo nicht Ballette, doch Solos und Pas-de-deux gesehn und mir davon mancherlei wunderliche Bewegungen der Füße und allerlei Sprünge gemerkt. Wenn wir nun der Menuett genug hatten, so ersuchte ich den Vater um andere Tanzmusiken, dergleichen die Notenbücher in ihren Giguen und Murkis reichlich darboten, und ich erfand mir sogleich die Schritte und übrigen Bewegungen dazu, indem der Takt meinen Gliedern ganz gemäß und mit denselben geboren war. Dies belustigte meinen Vater bis auf einen gewissen Grad, ja er machte sich und uns manchmal den Spaß, die Affen auf diese Weise tanzen zu lassen.
(2)

Strafe an einem leblosen Wesen
Frankfurt, um 1758

So wurde ich denn als ein junger Bewohner einer großen Stadt von einem Gegenstand zum andern hin und wider geworfen, und es fehlte mitten in der bürgerlichen Ruhe und Sicherheit nicht an

gräßlichen Auftritten. Bald weckte ein näherer oder entfernter Brand uns aus unserm häuslichen Frieden, bald setzte ein entdecktes großes Verbrechen, dessen Untersuchung und Bestrafung die Stadt auf viele Wochen in Unruhe. Wir mußten Zeugen von verschiedenen Exekutionen sein, und es ist wohl wert zu gedenken, daß ich auch bei Verbrennung eines Buchs gegenwärtig gewesen bin. Es war der Verlag eines französischen komischen Romans, der zwar den Staat, aber nicht Religion und Sitten schonte. Es hatte wirklich etwas Fürchterliches, eine Strafe an einem leblosen Wesen ausgeübt zu sehen. Die Ballen platzten im Feuer und wurden durch Ofengabeln auseinandergeschürt und mit den Flammen mehr in Berührung gebracht. Es dauerte nicht lange, so flogen die angebrannten Blätter in der Luft herum, und die Menge haschte begierig darnach. Auch ruhten wir nicht, bis wir ein Exemplar auftrieben, und es waren nicht wenige, die sich das verbotene Vergnügen gleichfalls zu verschaffen wußten. Ja, wenn es dem Autor um Publizität zu tun war, so hätte er selbst nicht besser dafür sorgen können.
(2)

SCHIEDSRICHTER
Frankfurt 1759

Als Knabe war er sehr ernsthaft und ärgerte sich, wenn seine Gespielen, die er oft hofmeisterte, Polissonnerien begingen. So war er in einer gemeinschaftlichen Zeichenstunde der Fleißigste. Huschen aber, noch jetzt ein Kunstkenner in Frankfurt, war immer unfleißig und aß Wecken. Da rief Goethe immer: „Der Huschen frißt Wecken." Auch war er Schiedsrichter, wenn sich die andern bei den Perücken zerrten, die damals die Knaben noch trugen.
(3)

FRÜHE HALTUNG
Frankfurt 1759

Schön wie ein Engel warst Du, bist Du und bleibst Du; so waren auch in Deiner frühesten Jugend aller Augen auf Dich gerichtet. Einmal stand jemand am Fenster bei Deiner Mutter, da Du eben über die Straße herkamst mit mehrern andern Knaben; sie be-

merkten, daß Du sehr gravitätisch einherschrittest, und hielten Dir vor, daß Du Dich mit Deinem Geradehalten sehr sonderbar von den andern Knaben auszeichnetest. – „Mit diesem mache ich den Anfang", sagtest Du, „und später werd ich mich mit noch allerlei auszeichnen." – „Und das ist auch wahr geworden", sagte die Mutter.
(201)

Trotzige Liebe
Frankfurt 1759

Sonderbar fiel es der Mutter auf, daß er bei dem Tod seines jüngern Bruders Jacob, der sein Spielkamerad war, keine Träne vergoß, er schien vielmehr eine Art Ärger über die Klagen der Eltern und Geschwister zu haben. Da die Mutter nun acht Tage nachher den Trotzigen fragte, ob er den Bruder nicht liebgehabt habe, lief er in seine Kammer, brachte unter dem Bett hervor eine Menge Papiere, die mit Lektionen und Geschichtchen beschrieben waren, er sagte, daß er dies alles gemacht habe, um es dem Bruder zu lehren.
(201)

Gemälde im schwarzen Kästchen
Frankfurt 1761

Nach diesen für einen Knaben allerdings löblichen Verrichtungen will ich auch einer kleinen Beschämung, die mir innerhalb dieses Künstlerkreises begegnete, Erwähnung tun. Ich war nämlich mit allen Bildern wohl bekannt, welche man nach und nach in jenes Zimmer gebracht hatte. Meine jugendliche Neugierde ließ nichts ungesehen und ununtersucht. Einst fand ich hinter dem Ofen ein schwarzes Kästchen: ich ermangelte nicht zu forschen, was darin verborgen sei, und ohne mich lange zu besinnen, zog ich den Schieber weg. Das darin enthaltene Gemälde war freilich von der Art, die man den Augen nicht auszustellen pflegt, und ob ich es gleich alsobald wieder zuzuschieben Anstalt machte, so konnte ich doch nicht geschwind genug damit fertig werden. Der Graf trat herein und ertappte mich. „Wer hat Euch erlaubt, dieses Kästchen zu eröffnen?" sagte er mit seiner Königslieutenantsmiene. Ich hatte nicht viel darauf zu antworten, und er sprach sogleich die Strafe sehr ernsthaft aus: „Ihr werdet in acht Tagen", sagte er, „dieses Zimmer nicht betreten." Ich machte eine Verbeugung und ging hinaus. Auch gehorchte ich diesem Gebot aufs pünktlichste, so daß es dem guten Seekatz, der eben in dem Zimmer arbeitete, sehr verdrießlich war — denn er hatte mich gern um sich —, und ich trieb aus einer kleinen Tücke den Gehorsam so weit, daß ich Seekatzen seinen Kaffee, den ich ihm gewöhnlich brachte, auf die Schwelle setzte; da er denn von seiner Arbeit aufstehen und holen mußte, welches er so übel empfand, daß er mir fast gram geworden wäre.

(2)

Auch in Gott
Frankfurt 1762

Hofrat Hüsgen, nicht von Frankfurt gebürtig, reformierter Religion und deswegen keiner öffentlichen Stelle noch auch der Advokatur fähig, die er jedoch, weil man ihm als vortrefflichem Juristen viel Vertrauen schenkte, unter fremder Signatur ganz gelassen sowohl in Frankfurt als bei den Reichsgerichten zu führen wußte, war wohl schon sechzig Jahr alt, als ich mit seinem Sohne Schreibstunde hatte und dadurch ins Haus kam [. . .]. Sein Sohn Heinrich Sebastian, der sich durch verschiedene Schriften im Kunstfach bekannt gemacht, versprach in seiner Jugend wenig. Gutmütig, aber täppisch, nicht roh, aber doch geradezu und ohne besondere Neigung, sich zu unterrichten, suchte er lieber die Gegenwart des Vaters zu vermeiden, indem er von der Mutter alles, was er wünschte, erhalten konnte. Ich hingegen näherte mich dem Alten immer mehr, je mehr ich ihn kennenlernte. Da er sich nur bedeutender Rechtsfälle annahm, so hatte er Zeit genug, sich auf andere Weise zu beschäftigen und zu unterhalten. Ich hatte nicht lange um ihn gelebt und seine Lehren vernommen, als ich wohl merken konnte, daß er mit Gott und der Welt in Opposition stehe. Eins seiner Lieblingsbücher war Agrippa „De vanitate scientiarum", das er mir besonders empfahl und mein junges Gehirn dadurch eine Zeitlang in ziemliche Verwirrung setzte. Ich war im Behagen der Jugend zu einer Art von Optimismus geneigt und hatte mich mit Gott oder den Göttern ziemlich wieder ausgesöhnt: denn durch eine Reihe von Jahren war ich zu der Erfahrung gekommen, daß es gegen das Böse manches Gleichgewicht gebe, daß man sich von den Übeln

wohl wiederherstelle und daß man sich aus Gefahren rette und nicht immer den Hals breche. Auch was die Menschen taten und trieben, sah ich läßlich an und fand manches Lobenswürdige, womit mein alter Herr keineswegs zufrieden sein wollte. Ja, als er einmal mir die Welt ziemlich von ihrer fratzenhaften Seite geschildert hatte, merkte ich ihm an, daß er noch mit einem bedeutenden Trumpfe zu schließen gedenke. Er drückte, wie in solchen Fällen seine Art war, das blinde linke Auge stark zu, blickte mit dem andern scharf hervor und sagte mit einer näselnden Stimme: „Auch in Gott entdeck ich Fehler!"
(2)

Beichte und Absolution
Frankfurt 1762

Ich ward zu meiner Zeit bei einem guten, alten, schwachen Geistlichen, der aber seit vielen Jahren der Beichtvater des Hauses gewesen, in den Religionsunterricht gegeben. Den Katechismus, eine Paraphrase desselben, die Heilsordnung wußte ich an den Fingern herzuerzählen, von den kräftig beweisenden biblischen Sprüchen fehlte mir keiner; aber von alledem erntete ich keine Frucht: denn als man mir versicherte, daß der brave alte Mann seine Hauptprüfung nach einer alten Formel einrichte, so verlor ich alle Lust und Liebe zur Sache, ließ mich die letzten acht Tage in allerlei Zerstreuungen ein, legte die von einem ältern Freund erborgten, dem Geistlichen abgewonnenen Blätter in meinen Hut und las gemüt- und sinnlos alles dasjenige her, was ich mit Gemüt und Überzeugung wohl zu äußern gewußt hätte.

Aber ich fand meinen guten Willen und mein Aufstreben in diesem wichtigen Falle durch trocknen, geistlosen Schlendrian noch schlimmer paralysiert, als ich mich nunmehr dem Beichtstuhle nahen sollte. Ich war mir wohl mancher Gebrechen, aber doch keiner großen Fehler bewußt, und gerade das Bewußtsein verringerte sie, weil es mich auf die moralische Kraft wies, die in mir lag und die mit Vorsatz und Beharrlichkeit doch wohl zuletzt über den alten Adam Herr werden sollte. Wir waren belehrt, daß wir eben darum viel besser als die Katholiken seien, weil wir im Beichtstuhl nichts Besonders zu bekennen brauchten, ja daß es auch nicht einmal schicklich wäre, selbst wenn wir es tun wollten. Dieses letzte

war mir gar nicht recht: denn ich hatte die seltsamsten religiösen Zweifel, die ich gern bei einer solchen Gelegenheit berichtiget hätte. Da nun dieses nicht sein sollte, so verfaßte ich mir eine Beichte, die, indem sie meine Zustände wohl ausdrückte, einem verständigen Manne dasjenige im allgemeinen bekennen sollte, was mir im einzelnen zu sagen verboten war. Aber als ich in das alte Barfüßerchor hineintrat, mich den wunderlichen vergitterten Schränken näherte, in welchen die geistlichen Herren sich zu diesem Akte einzufinden pflegten, als mir der Glöckner die Tür eröffnete und ich mich nun gegen meinen geistlichen Großvater in dem engen Raume eingesperrt sah und er mich mit seiner schwachen, näselnden Stimme willkommen hieß, erlosch auf einmal alles Licht meines Geistes und Herzens, die wohl memorierte Beichtrede wollte mir nicht über die Lippen, ich schlug in der Verlegenheit das Buch auf, das ich in Händen hatte, und las daraus die erste beste kurze Formel, die so allgemein war, daß ein jeder sie ganz geruhig hätte aussprechen können. Ich empfing die Absolution und entfernte mich weder warm noch kalt, ging den andern Tag mit meinen Eltern zu dem Tische des Herrn und betrug mich ein paar Tage, wie es sich nach einer so heiligen Handlung wohl ziemte.
(2)

GRUNDTEXT MIT WIDERSPRÜCHEN
Frankfurt, um 1762

Der Rektor Albrecht war eine der originalsten Figuren von der Welt, klein, nicht dick, aber breit, unförmlich, ohne verwachsen zu sein, kurz, ein Äsop mit Chorrock und Perücke. Sein übersiebenzigjähriges Gesicht war durchaus zu einem sarkastischen Lächeln verzogen, wobei seine Augen immer groß blieben und, obgleich rot, doch immer leuchtend und geistreich waren. Er wohnte in dem alten Kloster zu den Barfüßern, dem Sitz des Gymnasiums. [...] Er hatte als Schulmann einen sehr guten Ruf und verstand sein Handwerk, ob ihm gleich das Alter solches auszuüben nicht mehr ganz gestattete. [...]

Diesen seltsamen Mann fand ich mild und willig, als ich anfing, meine Stunden bei ihm zu nehmen. Ich ging nun täglich abends um sechs Uhr zu ihm und fühlte immer ein heimliches

Behagen, wenn sich die Klingeltüre hinter mir schloß und ich nun den langen düstern Klostergang durchzuwandeln hatte. Wir saßen in seiner Bibliothek an einem mit Wachstuch beschlagenen Tische; ein sehr durchlesener Lukian kam nie von seiner Seite.

Ungeachtet alles Wohlwollens gelangte ich doch nicht ohne Einstand zur Sache: denn mein Lehrer konnte gewisse spöttische Anmerkungen, und was es denn mit dem Hebräischen eigentlich solle, nicht unterdrücken. Ich verschwieg ihm die Absicht auf das Judendeutsch und sprach von besserem Verständnis des Grundtextes. Darauf lächelte er und meinte, ich solle schon zufrieden sein, wenn ich nur lesen lernte. Dies verdroß mich im stillen, und ich nahm alle meine Aufmerksamkeit zusammen, als es an die Buchstaben kam. Ich fand ein Alphabet, das ungefähr dem griechischen zur Seite ging, dessen Gestalten faßlich, dessen Benennungen mir zum größten Teil nicht fremd waren. Ich hatte dies alles sehr bald begriffen und behalten [...].

Indem ich nun dasjenige, was mir dem Inhalt nach schon bekannt war, in einem fremden, kauderwelschen Idiom herstottern sollte, wobei mir denn ein gewisses Näseln und Gurgeln als ein Unerreichbares nicht wenig empfohlen wurde, so kam ich gewissermaßen von der Sache ganz ab und amüsierte mich auf eine kindische Weise an den seltsamen Namen dieser gehäuften Zeichen. Da waren Kaiser, Könige und Herzoge, die, als Akzente hie und da dominierend, mich nicht wenig unterhielten. Aber auch diese schalen Späße verloren bald ihren Reiz. Doch wurde ich dadurch schadlos gehalten, daß mir beim Lesen, Übersetzen, Wiederholen, Auswendiglernen der Inhalt des Buchs um so lebhafter entgegentrat, und dieser war es eigentlich, über welchen ich von meinem alten Herrn Aufklärung verlangte. Denn schon vorher waren mir die Widersprüche der Überlieferung mit dem Wirklichen und Möglichen sehr auffallend gewesen, und ich hatte meine Hauslehrer durch die Sonne, die zu Gibeon, und den Mond, der im Tal Ajalon stillstand, in manche Not versetzt, gewisser anderer Unwahrscheinlichkeiten und Inkongruenzen nicht zu gedenken. Alles dergleichen ward nun aufgeregt, indem ich mich, um von dem Hebräischen Meister zu werden, mit dem Alten Testament ausschließlich beschäftigte und solches nicht mehr in Luthers Übersetzung, sondern in der wörtlichen beigedruckten Version des Sebastian

Schmid, den mir mein Vater sogleich angeschafft hatte, durchstudierte. Hier fingen unsere Stunden leider an, was die Sprachübungen betrifft, lückenhaft zu werden. Lesen, Exponieren, Grammatik, Aufschreiben und Hersagen von Wörtern dauerte selten eine völlige halbe Stunde: denn ich fing sogleich an, auf den Sinn der Sache loszugehen und, ob wir gleich noch in dem ersten Buche Mosis befangen waren, mancherlei Dinge zur Sprache zu bringen, welche mir aus den spätern Büchern im Sinne lagen. Anfangs suchte der gute Alte mich von solchen Abschweifungen zurückzuführen; zuletzt schien es ihn selbst zu unterhalten. Er kam nach seiner Art nicht aus dem Husten und Lachen, und wiewohl er sich sehr hütete, mir eine Auskunft zu geben, die ihn hätte kompromittieren können, so ließ meine Zudringlichkeit doch nicht nach; ja da mir mehr daran gelegen war, meine Zweifel vorzubringen als die Auflösung derselben zu erfahren, so wurde ich immer lebhafter und kühner, wozu er mich durch sein Betragen zu berechtigen schien. Übrigens konnte ich nichts aus ihm bringen, als daß er ein über das andere Mal mit seinem bauchschütternden Lachen ausrief: „Er närrischer Kerl! Er närrischer Junge!"
(2)

Kluges wie Unbedachtes
Frankfurt 1763

Ein anderes Abenteuer, das mir auch im Schauspielhause, obgleich später, begegnet, will ich bei dieser Gelegenheit erzählen. Ich saß nämlich mit einem meiner Gespielen ganz ruhig im Parterre, und wir sahen mit Vergnügen einem Solotanze zu, den ein hübscher Knabe, ungefähr von unserm Alter, der Sohn eines durchreisenden französischen Tanzmeisters, mit vieler Gewandtheit und Anmut aufführte. Nach Art der Tänzer war er mit einem knappen Wämschen von roter Seide bekleidet, welches, in einen kurzen Reifrock ausgehend, gleich den Lauferschürzen, bis über die Knie schwebte. Wir hatten diesem angehenden Künstler mit dem ganzen Publikum unsern Beifall gezollt, als mir, ich weiß nicht wie, einfiel, eine moralische Reflexion zu machen. Ich sagte zu meinem Begleiter: „Wie schön war dieser Knabe geputzt, und wie gut nahm er sich aus; wer weiß, in was für einem zerrissenen Jäckchen er heute Nacht schlafen mag!" Alles war schon aufgestanden, nur

ließ uns die Menge noch nicht vorwärts. Eine Frau, die neben mir gesessen hatte und nun hart an mir stand, war zufälligerweise die Mutter dieses jungen Künstlers, die sich durch meine Reflexion sehr beleidigt fühlte. Zu meinem Unglück konnte sie Deutsch genug, um mich verstanden zu haben, und sprach es gerade so viel als nötig war, um schelten zu können. Sie machte mich gewaltig herunter: Wer ich denn sei, meinte sie, daß ich Ursache hätte, an der Familie und an der Wohlhabenheit dieses jungen Menschen zu zweifeln? Auf alle Fälle dürfe sie ihn für so gut halten als mich, und seine Talente könnten ihm wohl ein Glück bereiten, wovon ich mir nicht würde träumen lassen. Diese Strafpredigt hielt sie mir im Gedränge und machte die Umstehenden aufmerksam, welche wunder dachten, was ich für eine Unart müßte begangen haben. Da ich mich weder entschuldigen noch von ihr entfernen konnte, so war ich wirklich verlegen, und als sie einen Augenblick innehielt, sagte ich, ohne etwas dabei zu denken: „Nun, wozu der Lärm? Heute rot, morgen tot!" Auf diese Worte schien die Frau zu verstummen. Sie sah mich an und entfernte sich von mir, sobald es nur einigermaßen möglich war. Ich dachte nicht weiter an meine Worte. Nur einige Zeit hernach fielen sie mir auf, als der Knabe, anstatt sich nochmals sehen zu lassen, krank ward, und zwar sehr gefährlich. Ob er gestorben ist, weiß ich nicht zu sagen.
(2)

Fiekchen und Giekchen
Frankfurt 1763

Um diese Zeit ward auch der schon längst in Beratung gezogene Vorsatz, uns in der Musik unterrichten zu lassen, ausgeführt; und zwar verdient der letzte Anstoß dazu wohl einige Erwähnung. Daß wir das Klavier lernen sollten, war ausgemacht; allein über die Wahl des Meisters war man immer streitig gewesen. Endlich komme ich einmal zufälligerweise in das Zimmer eines meiner Gesellen, der eben Klavierstunde nimmt, und finde den Lehrer als einen ganz allerliebsten Mann. Für jeden Finger der rechten und linken Hand hat er einen Spitznamen, womit er ihn aufs lustigste bezeichnet, wenn er gebraucht werden soll. Die schwarzen und weißen Tasten werden gleichfalls bildlich benannt, ja die Töne selbst erscheinen unter figürlichen Namen. Eine solche bunte Gesellschaft arbeitet nun ganz vergnüglich durcheinander. Applikatur und Takt scheinen ganz leicht und anschaulich zu werden, und indem der Schüler zu dem besten Humor aufgeregt wird, geht auch alles zum schönsten vonstatten.

Kaum war ich nach Hause gekommen, als ich den Eltern anlag, nunmehr Ernst zu machen und uns diesen unvergleichlichen Mann zum Klaviermeister zu geben. Man nahm noch einigen Anstand, man erkundigte sich; man hörte zwar nichts Übles von dem Lehrer, aber auch nichts sonderlich Gutes. Ich hatte indessen meiner Schwester alle die lustigen Benennungen erzählt, wir konnten den Unterricht kaum erwarten und setzten es durch, daß der Mann angenommen wurde.

Das Notenlesen ging zuerst an, und als dabei kein Spaß vorkommen wollte, trösteten wir uns mit der Hoffnung, daß, wenn es erst ans Klavier gehen würde, wenn es an die Finger käme, das scherzhafte Wesen seinen Anfang nehmen würde. Allein weder Tastatur noch Fingersetzung schien zu einigem Gleichnis Gelegenheit zu geben. So trocken wie die Noten mit ihren Strichen auf und zwischen den fünf Linien blieben auch die schwarzen und weißen Claves, und weder von einem Däumerling noch Deuterling noch Goldfinger war mehr eine Silbe zu hören; und das Gesicht verzog der Mann sowenig beim trocknen Unterricht, als er es vorher beim trocknen Spaß verzogen hatte. Meine Schwester machte mir die bittersten Vorwürfe, daß ich sie getäuscht habe, und glaubte wirklich, es sei nur Erfindung von mir gewesen. Ich war aber selbst betäubt und lernte wenig, ob der Mann gleich ordentlich genug zu Werke ging: denn ich wartete immer noch, die frühern Späße sollten zum Vorschein kommen, und vertröstete meine Schwester von einem Tage zum andern. Aber sie blieben aus, und ich hätte mir dieses Rätsel niemals erklären können, wenn es mir nicht gleichfalls ein Zufall aufgelöst hätte.

Einer meiner Gespielen trat herein, mitten in der Stunde, und auf einmal eröffneten sich die sämtlichen Röhren des humoristischen Springbrunnens; die Däumerlinge und Deuterlinge, die Krabler und Zabler, wie er die Finger zu bezeichnen pflegte, die Fakchen und Gakchen, wie er zum Beispiel die Noten f und g, die Fiekchen und Giekchen, wie er fis und gis benannte, waren auf einmal wieder vorhanden und machten die wundersamsten Männerchen. Mein junger Freund kam nicht aus dem Lachen und

freute sich, daß man auf eine so lustige Weise soviel lernen könne. Er schwur, daß er seinen Eltern keine Ruhe lassen würde, bis sie ihm einen solchen vortrefflichen Mann zum Lehrer gegeben.
(2)

Zitat aus der Bibel
Frankfurt 1763

Ich hatte von Kindheit auf die wunderliche Gewohnheit, immer die Anfänge der Bücher und Abteilungen eines Werks auswendig zu lernen, zuerst der fünf Bücher Mosis, sodann der „Äneide" und der „Metamorphosen". So machte ich es nun auch mit der Goldenen Bulle und reizte meinen Gönner oft zum Lächeln, wenn ich ganz ernsthaft unversehens ausrief: „Omne regnum in se divisum desolabitur: nam principes ejus facti sunt socii furum." Der kluge Mann schüttelte lächelnd den Kopf und sagte bedenklich: „Was müssen das für Zeiten gewesen sein, in welchen der Kaiser auf einer großen Reichsversammlung seinen Fürsten dergleichen Worte ins Gesicht publizieren ließ."
(2)

Garderobe für Gretchen
Frankfurt 1764

In seiner Kleidung war er nun ganz entsetzlich eigen; ich [Goethes Mutter] mußte ihm täglich drei Toiletten besorgen, auf einen Stuhl hing ich einen Überrock, lange Beinkleider, ordinäre Weste, stellte ein Paar Stiefel dazu, auf den zweiten einen Frack, seidne Strümpfe, die er schon angehabt hatte, Schuhe pp., auf den dritten kam alles vom Feinsten nebst Degen und Haarbeutel; das erste zog er im Hause an, das zweite wenn er zu täglichen Bekannten ging, das dritte zum Gala pp. Kam ich nun am andern Tage hinein, da hatte ich Ordnung zu stiften, da standen die Stiefel auf den feinen Manschetten und Halskrausen, die Schuhe standen gegen Osten und Westen, ein Stück lag da, das andere dort. Da schüttelte ich den Staub aus den Kleidern, legte frische Wäsche hin, brachte alles wieder ins Gleis. Wie ich nun so eine Weste nehme und sie am offnen Fenster recht herzhaft in die Luft schwinge, fahren mir plötzlich eine Menge kleiner Steine ins Gesicht; darüber fing ich

an zu fluchen; er kam hinzu, ich zanke ihn aus, die Steine hätten mir ja ein Auge aus dem Kopf schlagen können. — „Nun, es hat Ihr ja kein Aug ausgeschlagen, wo sind denn die Steine, ich muß sie wiederhaben, helf Sie mir, sie wiedersuchen", sagte er; nun muß er sie wohl von seinem Schatz bekommen haben, denn er bekümmerte sich gar nur um die Steine, es waren ordinäre Kieselsteinchen und Sand; daß er den nicht mehr zusammenlesen konnte, war ihm ärgerlich, alles, was noch da war, wickelte er sorgfältig in ein Papier und trug's fort. Den Tag vorher war er in Offenbach gewesen; da war ein Wirtshaus „Zur Rose", die Tochter hieß das schöne Gretchen; er hatte sie sehr gern; das war die erste, von der ich weiß, daß er sie liebhatte.
(201)

Madame Fleischers Erklärung
Auerstedt 1765

Durch Thüringen wurden die Wege noch schlimmer, und leider blieb unser Wagen in der Gegend von Auerstedt bei einbrechender Nacht stecken. Wir waren von allen Menschen entfernt und taten das mögliche, uns loszuarbeiten. Ich ermangelte nicht, mich mit Eifer anzustrengen, und mochte mir dadurch die Bänder der Brust übermäßig ausgedehnt haben; denn ich empfand bald nachher einen Schmerz, der verschwand und wiederkehrte und erst nach vielen Jahren mich völlig verließ.

Doch sollte ich noch in derselbigen Nacht [...] nach einem unerwartet glücklichen Ereignis einen neckischen Verdruß empfinden. Wir trafen nämlich in Auerstedt ein vornehmes Ehepaar, das, durch ähnliche Schicksale verspätet, eben auch erst angekommen war, einen ansehnlichen würdigen Mann in den besten Jahren mit einer sehr schönen Gemahlin. Zuvorkommend veranlaßten sie uns, in ihrer Gesellschaft zu speisen, und ich fand mich sehr glücklich, als die treffliche Dame ein freundliches Wort an mich wenden wollte. Als ich aber hinausgesandt ward, die gehoffte Suppe zu beschleunigen, überfiel mich, der ich freilich des Wachens und der Reisebeschwerden nicht gewohnt war, eine so unüberwindliche Schlafsucht, daß ich ganz eigentlich im Gehen schlief, mit dem Hut auf dem Kopfe wieder in das Zimmer trat, mich, ohne zu bemerken, daß die andern ihr Tischgebet verrichteten, bewußtlos-gelassen gleichfalls hinter den Stuhl stellte und mir nicht träumen ließ, daß ich durch mein Betragen ihre Andacht auf eine sehr lustige Weise zu stören gekommen sei. Madame Fleischer, der es weder an Geist und Witz noch an Zunge fehlte, ersuchte die Fremden, noch ehe man sich setzte, sie möchten nicht auffallend finden, was sie hier mit Augen sähen: der junge Reisegefährte habe große Anlage zum Quäker, welche Gott und den König nicht besser zu verehren glaubten als mit bedecktem Haupte. Die schöne Dame, die sich des Lachens nicht enthalten konnte, ward dadurch nur noch schöner, und ich hätte alles in der Welt darum gegeben, nicht Ursache an einer Heiterkeit gewesen zu sein, die ihr so fürtrefflich zu Gesicht stand.

(2)

CHRISTBAUM FÜR JOLI
Leipzig 1766

Unsrer guten Mutter [Marie Helene Stock] machte diese Bekanntschaft mancherlei Sorge und Verdruß. Wenn der Vater in später Nachmittagsstunde noch fleißig bei der Arbeit saß, trieb ihn der junge Freund an, frühzeitig Feierabend zu machen, und beschwichtigte die Einwendungen der Mutter damit, daß die Arbeit mit der feinen Radiernadel im Zwielicht die Augen zu sehr angreife, zumal er dabei durch das Glas sehe. Wenn nun auch die Mutter erwiderte: *durch* das Glas sehen greife die Augen nicht so sehr an, wie *in* das Glas, und zwar manches Mal zu tief sehen, so ließ doch der muntre Student nicht los und entführte uns den Vater zu Schönkopfs oder nach „Auerbachs Keller", wo in lustiger Gesellschaft die Studien zu den Studentenszenen des „Faust" entstanden sind. [...]

Am meisten verdarb es der lustige Bruder Studio mit uns Kindern dadurch, daß er weit lieber mit dem Windspiele des Vaters, es war ein niedliches Tierchen und hieß Joli, als mit uns spielte und ihm allerhand Unarten gestattete und es verzog, während er gegen uns den gestrengen Erzieher spielte. Für Joli brachte er immer etwas zu naschen mit; wenn wir aber mit verdrießlichen Blicken dies bemerkten, wurden wir bedeutet: das Zuckerwerk verderbe die Zähne und gebrannte Mandeln und Nüsse die Stimme. Goethe und der Vater trieben ihren Mutwillen so weit, daß sie an dem Weihnachtabend ein Christbäumchen für Joli, mit allerhand

Süßigkeiten behangen, aufstellten, ihm ein rotwollenes Kamisol anzogen und ihn auf zwei Beinen zu dem Tischchen, das für ihn reichlich besetzt war, führten, während wir mit einem Päckchen brauner Pfefferkuchen, welche mein Herr Pate aus Nürnberg geschickt hatte, uns begnügen mußten. Joli war ein so unverständiges, ja, ich darf sagen, so unchristliches Geschöpf, daß er für die von uns unter unserem Bäumchen aufgeputzte Krippe nicht den geringsten Respekt hatte, alles beschnoperte und mit einem Haps das zuckerne Christkindchen aus der Krippe riß und aufknabberte, worüber Herr Goethe und der Vater laut auflachten, während wir in Tränen zerflossen. Ein Glück nur, daß Mutter Maria, der heilige Joseph und Ochs und Eselein von Holz waren, so blieben sie verschont.
(4)

Der Magister
und die Hurengeschichten
Leipzig 1766

Unser Unterricht war auf sehr wenige Gegenstände beschränkt. Um 11 Uhr vormittags fand sich ein eingetrockneter Leipziger Magister, welcher in der Druckerei von Breitkopf mit Korrekturen beschäftigt wurde, bei uns ein, der sich durch seine schwarze Kleidung und weiße Halskrause das Ansehen eines Theologen geben wollte. Er unterrichtete uns im Lesen, Schreiben und Rechnen und erhielt für die Stunde einen guten Groschen. Was seinem Anzuge im eigentlichsten Sinne die Krone aufsetzte, war seine von haarfeinem Draht geflochtene, in vielen Locken herabwallende Perücke. Beim Eintreten rief er uns schon von der Tür her entgegen: „Ihr Kinder, das Gebet!" Wir sagten nun unisono einen Vers aus einem Gesangbuchliede her, worauf eine Stunde in der Bibel gelesen wurde. Wie ich schon erwähnte, wir allesamt waren auf eine einzige Stube angewiesen, und so geschah es öfter, daß Goethe während unserer Lektion eintrat und sich an den Arbeitstisch des Vaters setzte. Einmal traf es sich nun, daß wir eben mitten aus einem ihm für junge Mädchen unpassend scheinenden Kapitel des Buches Esther laut vorlesen mußten. Ein Weilchen hatte Goethe ruhig zugehört, mit einem Male sprang er vom Arbeitstische des Vaters auf, riß mir die Bibel aus der Hand und rief dem Herrn Ma-

gister mit ganz furioser Stimme zu: „Herr, wie können Sie die jungen Mädchen solche H...-Geschichten lesen lassen?" Unser Magister zitterte und bebte, denn Goethe setzte seine Strafpredigt noch immer heftiger fort, bis die Mutter dazwischentrat und ihn zu besänftigen suchte. Der Magister stotterte etwas von „Alles sei Gottes Wort" heraus, worauf ihm Goethe bedeutete: „Prüfet alles, aber nur was gut und sittlich ist, behaltet." Dann schlug er das Neue Testament auf, blätterte ein Weilchen darin, bis er, was er suchte, gefunden hatte. „Hier, Dorchen", sagte er zu meiner Schwester, „das lies uns vor, das ist die Bergpredigt, da hören wir alle mit zu." Da Dorchen stotterte und vor Angst nicht lesen konnte, nahm ihr Goethe die Bibel aus der Hand, las uns das ganze Kapitel laut vor und fügte ganz erbauliche Bemerkungen hinzu, wie wir sie von unserm Magister niemals gehört hatten. Dieser faßte nun auch wieder Mut und fragte bescheidentlich: „Der Herr sind wohl studiosus theologiae, werden mit Gottes Hilfe ein frommer Arbeiter im Weinberge des Herrn und ein getreuer Hirte der Herde werden." — „Zuverlässig", fügte der Vater scherzend hinzu, „wird er sein Fäßchen in den Keller und sein Schäfchen ins trockne bringen; an frommen Beichtkindern wird es ihm nicht fehlen." So schloß die Lektion ganz heiter, alle lachten über den Witz des Vaters, und wir eigentlich, ohne zu wissen, warum.
(4)

VISITE BEI GOTTSCHED IM „GOLDENEN BÄREN"
Leipzig 1766

Wir ließen uns melden. Der Bediente führte uns in ein großes Zimmer, indem er sagte, der Herr werde gleich kommen. Ob wir nun eine Gebärde, die er machte, nicht recht verstanden, wüßte ich nicht zu sagen; genug, wir glaubten, er habe uns in das anstoßende Zimmer gewiesen. Wir traten hinein zu einer sonderbaren Szene: denn in dem Augenblick trat Gottsched, der große, breite, riesenhafte Mann, in einem gründamastnen, mit rotem Taft gefütterten Schlafrock zur entgegengesetzten Tür herein; aber sein ungeheures Haupt war kahl und ohne Bedeckung. Dafür sollte jedoch sogleich gesorgt sein: denn der Bediente sprang mit einer großen Allongeperücke auf der Hand (die Locken fielen bis an den Ellenbo-

gen) zu einer Seitentüre herein und reichte den Hauptschmuck seinem Herrn mit erschrockner Gebärde. Gottsched, ohne den mindesten Verdruß zu äußern, hob mit der linken Hand die Perücke von dem Arme des Dieners, und indem er sie sehr geschickt auf den Kopf schwang, gab er mit seiner rechten Tatze dem armen Menschen eine Ohrfeige, so daß dieser, wie es im Lustspiel zu geschehen pflegt, sich zur Tür hinaus wirbelte, worauf der ansehnliche Altvater uns ganz gravitätisch zu sitzen nötigte und einen ziemlich langen Diskurs mit gutem Anstand durchführte.
(2)

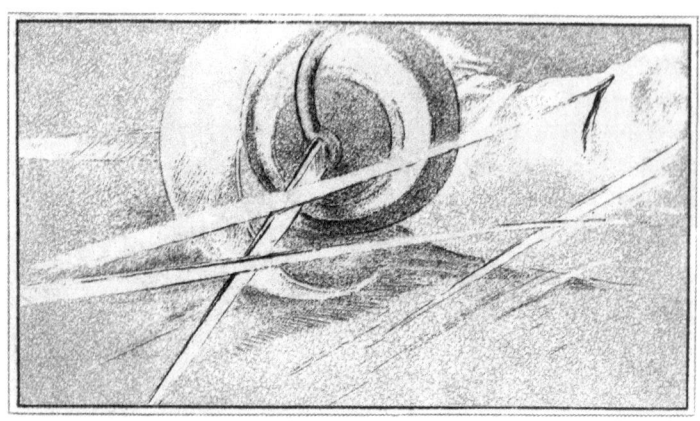

Paukbetrieb
Leipzig 1766

Schon auf dem Gymnasium ein geschickter Fechter, erhielt er [Bergmann] in Leipzig bald Gelegenheit, seine Kunst an Goethe zu üben. Dieser traf ihn einst im Schauspielhaus mit andern jüngern Studiengenossen und sagte, gegen seine Bekannten sich wendend: „Hier stinkt's nach Füchsen." Kaum hatte Goethe diese Worte gesprochen, so gab ihm Bergmann eine Ohrfeige; die Folge war ein Zweikampf, bei welchem Goethe am Oberarm verwundet wurde.

(5)

Wechsel-Fälle des Lebens
Leipzig, um 1766

„Wenn wir zusammen im Fenster lagen und Behrisch in der Straße den Briefträger kommen sah, wie er von einem Hause ins andere ging, nahm er gewöhnlich einen Groschen aus der Tasche und legte ihn bei sich ins Fenster. ‚Siehst du den Briefträger?' sagte er dann zu mir gewendet, ‚er kommt immer näher und wird gleich hier oben sein, das sehe ich ihm an. Er hat einen Brief an dich, und was für einen Brief, keinen gewöhnlichen Brief, er hat einen Brief mit einem Wechsel — mit einem Wechsel! ich will nicht sagen, wie stark. — Siehst du, jetzt kommt er herein. Nein! Aber er wird gleich kommen. Da ist er wieder. Jetzt! — Hier, hier herein, mein Freund! hier herein! — Er geht vorbei! Wie dumm! o wie dumm!

Wie kann einer nur so dumm sein und so unverantwortlich handeln! So unverantwortlich in doppelter Hinsicht! Unverantwortlich gegen dich, indem er dir den Wechsel nicht bringt, den er für dich in Händen hat, und ganz unverantwortlich gegen sich selbst, indem er sich um einen Groschen bringt, den ich schon für ihn zurechtgelegt hatte und den ich nun wieder einstecke.' So steckte er denn den Groschen mit höchstem Anstande wieder in die Tasche, und wir hatten etwas zu lachen."
(6)

Wirtshausspass per Parodie
Leipzig 1767

Unter den Personen, welche sich Behrisch zu Zielscheiben seines Witzes erlesen hatte, stand [. . .] Clodius obenan; auch war es nicht schwer, ihm eine komische Seite abzugewinnen. Als eine kleine, etwas starke, gedrängte Figur war er in seinen Bewegungen heftig, etwas fahrig in seinen Äußerungen und unstet in seinem Betragen. Durch alles dies unterschied er sich von seinen Mitbürgern, die ihn jedoch wegen seiner guten Eigenschaften und der schönen Hoffnungen, die er gab, recht gern gelten ließen.

Man übertrug ihm gewöhnlich die Gedichte, welche sich bei feierlichen Gelegenheiten notwendig machten. Er folgte in der sogenannten Ode der Art, deren sich Ramler bediente, den sie aber auch ganz allein kleidete. Clodius aber hatte sich als Nachahmer besonders die fremden Worte gemerkt, wodurch jene Ramlerschen Gedichte mit einem majestätischen Pompe auftreten, der, weil er der Größe seines Gegenstandes und der übrigen poetischen Behandlung gemäß ist, auf Ohr, Gemüt und Einbildungskraft eine sehr gute Wirkung tut. Bei Clodius hingegen erschienen diese Ausdrücke fremdartig, indem seine Poesie übrigens nicht geeignet war, den Geist auf irgendeine Weise zu erheben.

Solche Gedichte mußten wir nun oft schön gedruckt und höchlich gelobt vor uns sehen, und wir fanden es höchst anstößig, daß er, der uns die heidnischen Götter verkümmert hatte, sich nun eine andere Leiter auf den Parnaß aus griechischen und römischen Wortsprossen zusammenzimmern wollte. Diese oft wiederkehrenden Ausdrücke prägten sich fest in unser Gedächtnis, und zu lustiger Stunde, da wir in den Kohlgärten den trefflichsten

Kuchen verzehrten, fiel mir auf einmal ein, jene Kraft- und Machtworte in ein Gedicht an den Kuchenbäcker Händel zu versammeln. Gedacht, getan! Und so stehe es denn auch hier, wie es an eine Wand des Hauses mit Bleistift angeschrieben wurde.

> O Händel, dessen Ruhm vom *Süd* zum *Norden* reicht,
> Vernimm den *Päan*, der zu deinen Ohren steigt!
> Du bäckst, was *Gallier* und *Briten* emsig suchen:
> Mit *schöpfrischem Genie originelle* Kuchen.
> Des Kaffees *Ozean*, der sich vor dir ergießt,
> Ist süßer als der Saft, der vom *Hymettus* fließt.
> Dein Haus, ein *Monument*, wie wir den Künsten lohnen,
> Umhangen mit *Trophän*, erzählt den *Nationen*:
> Auch ohne *Diadem* fand Händel hier sein Glück
> Und raubte dem *Kothurn* gar manch Achtgroschenstück.
> Glänzt deine *Urn* dereinst in majestät'schem *Pompe*,
> Dann weint der *Patriot* an deiner *Katakombe*.
> Doch leb! dein *Torus* sei von edler Brut ein *Nest*,
> Steh hoch wie der *Olymp*, wie der *Parnassus* fest!
> Kein *Phalanx* Griechenlands mit römischen *Ballisten*
> Vermög *Germanien* und Händeln zu verwüsten,
> Dein *Wohl* ist unser *Stolz*, dein *Leiden* unser *Schmerz*,
> Und Händels *Tempel* ist der *Musensöhne Herz*.

Dieses Gedicht stand lange Zeit unter so vielen anderen, welche die Wände jener Zimmer verunzierten, ohne bemerkt zu werden, und wir, die wir uns genugsam daran ergötzt hatten, vergaßen es ganz und gar über anderen Dingen.
(2)

LEHRER OESER
Leipzig 1767

Was mich betraf, so rückte ich in Ausübung der Kunst keineswegs weiter. Seine Lehre wirkte auf unsern Geist und unsern Geschmack; aber seine eigne Zeichnung war zu unbestimmt, als daß sie mich, der ich an den Gegenständen der Kunst und Natur auch nur hindämmerte, hätte zu einer strengen und entschiedenen Aus-

übung anleiten sollen. Von den Gesichtern und Körpern selbst überlieferte er uns mehr die Ansichten als die Formen, mehr die Gebärden als die Proportionen. Er gab uns die Begriffe von den Gestalten und verlangte, wir sollten sie in uns lebendig werden lassen. Das wäre denn auch schön und recht gewesen, wenn er nicht bloß Anfänger vor sich gehabt hätte. Konnte man ihm daher ein vorzügliches Talent zum Unterricht wohl absprechen, so mußte man dagegen bekennen, daß er sehr gescheit und weltklug sei und daß eine glückliche Gewandtheit des Geistes ihn in einem höhern Sinne recht eigentlich zum Lehrer qualifiziere. Die Mängel, an denen jeder litt, sah er recht gut ein; er verschmähte jedoch, sie direkt zu rügen, und deutete vielmehr Lob und Tadel indirekt sehr lakonisch an. Nun mußte man über die Sache denken und kam in der Einsicht schnell um vieles weiter. So hatte ich zum Beispiel auf blaues Papier einen Blumenstrauß nach einer vorhandenen Vorschrift mit schwarzer und weißer Kreide sehr sorgfältig ausgeführt und teils mit Wischen, teils mit Schraffieren das kleine Bild hervorzuheben gesucht. Nachdem ich mich lange dergestalt bemüht, trat er einstens hinter mich und sagte: „Mehr Papier!", worauf er sich sogleich entfernte. Mein Nachbar und ich zerbrachen uns den Kopf, was das heißen könne: denn mein Bouquet hatte auf einem großen halben Bogen Raum genug um sich her. Nachdem wir lange nachgedacht, glaubten wir endlich seinen Sinn zu treffen, wenn wir bemerkten, daß ich durch das Ineinanderarbeiten des Schwarzen und Weißen den blauen Grund ganz zugedeckt, die Mitteltinte zerstört und wirklich eine unangenehme Zeichnung mit großem Fleiß hervorgebracht hatte.
(2)

Schlechter Ratschlag
Leipzig 1767

Stocks Verhältnisse waren sehr beschränkt. Eine geräumige Bodenkammer in dem großen Breitkopfschen Hause zum „Silbernen Bären" diente ihm, seiner Frau und seinen beiden Töchtern als Arbeits- und Empfangszimmer, in welchem auch der Schüler Platz fand. Während Stock und Goethe je an einem Fenster über ihren Platten schwitzten, saßen die Töchter an dem dritten Fenster mit weiblicher Arbeit beschäftigt, oder sie besorgten mit der Mutter die Küche. Das Gespräch ging ohne Unterbrechung fort, denn schon damals zeigte Goethe eine große „Lust am Diskurieren".

Eines Tages sagte Stock: „Goethe, meine Töchter wachsen nun heran: was meinst du, worin soll ich die Mädchen unterrichten lassen?" — „In nichts anderem", erwiderte Goethe, „als in der Wirtschaft. Laß sie gute Köchinnen werden, das wird für ihre künftigen Männer das beste sein!" Der Vater befolgte diesen Rat, und nicht ohne Empfindlichkeit versicherte mich die ältere Schwester, daß sie dies Goethen immer nachgetragen habe und daß sie infolge dieses Rates ihre ganze Ausbildung mit der größten Mühe sich selbst habe erwerben müssen.
(7)

Tragödie in der Komödie
Leipzig 1767

Am Sonntage ging ich nach Tische zu Doktor Hermann und kehrte um drei zu Schönkopfs zurück. Sie war zu Obermanns gegangen, ich wünschte mich zum ersten Male in meinem Leben hinüber, wußte aber kein Mittel und entschloß mich, zu Breitkopfs zu gehen. Ich ging und hatte oben keine Ruhe. Kaum war ich eine Viertelstunde da, so sagt ich der Mamsell, ob sie nichts an Obermanns wegen der „Minna" zu bestellen hätte. Sie sagte nein. Ich insistierte. Sie meinte, ich könnte dableiben, und ich, daß ich gehen wollte. Endlich, von meinen Bitten erzürnt, schrieb sie ein Billet an Mamsell Obermann, gab mir's, und ich flog hinunter. Wie vergnügt hoffte ich zu sein! Weh ihr! Sie verdarb mir diese Lust. Ich kam. Mamsell Obermann erbrach das Billet, es enthielt folgendes:

„Was sind die Mannspersonen für seltsame Geschöpfe! Veränderlich, ohne zu wissen warum. Kaum ist Herr Goethe hier, so gibt er mir schon zu verstehen, daß ihm Ihre Gesellschaft lieber ist als die meinige. Er zwingt mich, ihm etwas aufzutragen, und wenn es auch nichts wäre. So böse ich auch auf ihn deswegen bin, so weiß ich ihm doch Dank, daß er mir Gelegenheit gibt, Ihnen zu sagen, daß ich beständig sei Die Ihrige."

Mamsell Obermann, nachdem sie den Brief gelesen hatte, versicherte mir, daß sie ihn nicht verstünde, mein Mädgen las ihn, und anstatt daß sie mich für mein Kommen belohnen, mir für meine

Zärtlichkeit danken sollte, begegnete sie mir mit solchem Kaltsinn, daß es der Obermann sowohl als ihrem Bruder merklich werden mußte. Diese Aufführung, die sie den ganzen Abend und den ganzen Montag fortsetzte, verursachte mir solches Ärgernis, daß ich Montags abends in ein Fieber verfiel, das mich diese Nacht mit Frost und Hitze entsetzlich peinigte und diesen ganzen Tag zu Hause bleiben hieß — Nun! O Behrisch, verlange nicht, daß ich es mit kaltem Blute erzähle. Gott! — Diesen Abend schicke ich hinunter, um mir etwas holen zu lassen. Meine Magd kommt und bringt mir die Nachricht, daß sie mit ihrer Mutter in der Komödie sei. Eben hatte das Fieber mich mit seinem Froste geschüttelt, und bei dieser Nachricht wird mein ganzes Blut zu Feuer! Ha! In der Komödie! Zu der Zeit, da sie weiß, daß ihr Geliebter krank ist! Gott! Das war arg; aber ich verzieh's ihr. Ich wußte nicht, welch Stück es war. Wie? sollte sie mit *denen* in der Komödie sein? Mit *denen*! Das schüttelte mich! Ich muß es wissen. — Ich kleide mich an und renne wie ein Toller nach der Komödie. Ich nehme ein Billet auf die Galerie. Ich bin oben. Ha! ein neuer Streich. Meine Augen sind schwach und reichen nicht bis in die Logen. Ich dachte rasend zu werden, wollte nach Hause laufen, mein Glas zu holen. Ein schlechter Kerl, der neben mir stand, riß mich aus der Verwirrung, ich sah, daß er zwei hatte, ich bat ihn auf das höflichste, mir eins zu borgen, er tat's. Ich sah hinunter und fand ihre Loge — Oh, Behrisch —

Ich fand ihre Loge. Sie saß an der Ecke, neben ihr ein kleines Mädgen, Gott weiß wer, dann Peter, dann die Mutter — Nun aber! Hinter ihrem Stuhl Herr Ryden, in einer sehr zärtlichen Stellung. Ha! Denke mich! Denke mich! auf der Galerie! mit einem Fernglas! — das sehend! Verflucht! Oh, Behrisch, ich dachte, mein Kopf spränge mir vor Wut!
(8)

DER SCHUSTER
UND DER WUNDERLICHE CHRIST
Dresden 1768

Mein Stubennachbar, der fleißige Theolog, dem seine Augen leider immer mehr ablegten, hatte einen Verwandten in Dresden, einen Schuster, mit dem er von Zeit zu Zeit Briefe wechselte. Dieser Mann war mir wegen seiner Äußerungen schon längst höchst merkwürdig geworden, und die Ankunft eines seiner Briefe ward von uns immer festlich gefeiert. Die Art, womit er die Klagen seines die Blindheit befürchtenden Vetters erwiderte, war ganz eigen: denn er bemühte sich nicht um Trostgründe, welche immer schwer zu finden sind; aber die heitere Art, womit er sein eignes enges, armes, mühseliges Leben betrachtete, der Scherz, den er selbst den Übeln und Unbequemlichkeiten abgewann, die unverwüstliche Überzeugung, daß das Leben an und für sich ein Gut sei, teilte sich demjenigen mit, der den Brief las, und versetzte ihn, wenigstens für Augenblicke, in eine gleiche Stimmung. Enthusiastisch wie ich war, hatte ich diesen Mann öfters verbindlich grüßen lassen, seine glückliche Naturgabe gerühmt und den Wunsch, ihn kennenzulernen, geäußert. Dieses alles vorausgesetzt, schien mir nichts natürlicher, als ihn aufzusuchen, mich mit ihm zu unterhalten, ja bei ihm zu wohnen und ihn recht genau kennenzulernen. Mein guter Kandidat gab mir nach einigem Widerstreben einen mühsam geschriebenen Brief mit, und ich fuhr, meine Matrikel in der Tasche, mit der gelben Kutsche sehnsuchtsvoll nach Dresden.

Ich suchte nach meinem Schuster und fand ihn bald in der Vorstadt. Auf seinem Schemel sitzend, empfing er mich freundlich und sagte lächelnd, nachdem er den Brief gelesen: „Ich sehe hieraus, junger Herr, daß Ihr ein wunderlicher Christ seid." — „Wie das, Meister?" versetzte ich. „Wunderlich ist nicht übel gemeint", fuhr er fort, „man nennt jemand so, der sich nicht gleich ist, und ich nenne Sie einen wunderlichen Christen, weil Sie sich in einem Stück als den Nachfolger des Herrn bekennen, in dem andern aber nicht." Auf meine Bitte, mich aufzuklären, sagte er weiter: „Es scheint, daß Ihre Absicht ist, eine fröhliche Botschaft den Armen und Niedrigen zu verkündigen; das ist schön, und diese Nachahmung des Herrn ist löblich. Sie sollten aber dabei bedenken, daß er lieber bei wohlhabenden und reichen Leuten zu Tische saß, wo es gut herging, und daß er selbst den Wohlgeruch des Balsams nicht verschmähte, wovon Sie wohl bei mir das Gegenteil finden könnten."

Dieser lustige Anfang setzte mich gleich in guten Humor, und wir neckten einander eine ziemliche Weile herum. Die Frau stand bedenklich, wie sie einen solchen Gast unterbringen und bewirten

solle. Auch hierüber hatte er sehr artige Einfälle, die sich nicht allein auf die Bibel, sondern auch auf Gottfrieds „Chronik" bezogen, und als wir einig waren, daß ich bleiben solle, so gab ich meinen Beutel, wie er war, der Wirtin zum Aufheben und ersuchte sie, wenn etwas nötig sei, sich daraus zu versehen. Da er es ablehnen wollte und mit einiger Schalkheit zu verstehen gab, daß er nicht so abgebrannt sei, als er aussehen möchte, so entwaffnete ich ihn dadurch, daß ich sagte: „Und wenn es auch nur wäre, um das Wasser in Wein zu verwandeln, so würde wohl, da heutzutage keine Wunder mehr geschehen, ein solches probates Hausmittel nicht am unrechten Orte sein." Die Wirtin schien mein Reden und Handeln immer weniger seltsam zu finden, wir hatten uns bald ineinander geschickt und brachten einen sehr heitern Abend zu. Er blieb sich immer gleich, weil alles aus *einer* Quelle floß. Sein Eigentum war ein tüchtiger Menschenverstand, der auf einem heiteren Gemüt ruhte und sich in der gleichmäßigen hergebrachten Tätigkeit gefiel. Daß er unablässig arbeitete, war sein Erstes und Notwendigstes, daß er alles übrige als zufällig ansah, dies bewahrte sein Behagen; und ich mußte ihn vor vielen andern in die Klasse derjenigen rechnen, welche praktische Philosophen, bewußtlose Weltweisen genannt wurden.
(2)

BLICK ÜBER DIE STADT DER KÜNSTE
Dresden 1768

Durch die Vermittlung jenes jungen Mannes, der sich wieder bei mir in einigen Kredit zu setzen wünschte, ward ich dem Direktor von Hagedorn vorgestellt, der mir seine Sammlung mit großer Güte vorwies und sich an dem Enthusiasmus des jungen Kunstfreundes höchlich ergötzte. Er war, wie es einem Kenner geziemt, in die Bilder, die er besaß, ganz eigentlich verliebt und fand daher selten an andern eine Teilnahme, wie er sie wünschte. Besonders machte es ihm Freude, daß mir ein Bild von Schwanefeld ganz übermäßig gefiel, daß ich dasselbe in jeden einzelnen Teile zu preisen und zu erheben nicht müde ward: denn gerade Landschaften, die mich an den schönen heiteren Himmel, unter welchem ich herangewachsen, wieder erinnerten, die Pflanzenfülle jener Gegenden, und was sonst für Gunst ein wärmeres Klima den Menschen gewährt, rührten mich in der Nachbildung am meisten, indem sie eine sehnsüchtige Erinnerung in mir aufregten.

Diese köstlichen, Geist und Sinn zur wahren Kunst vorbereitenden Erfahrungen wurden jedoch durch einen der traurigsten Anblicke unterbrochen und gedämpft, durch den zerstörten und verödeten Zustand so mancher Straße Dresdens, durch die ich meinen Weg nahm. Die Mohrenstraße im Schutt sowie die Kreuzkirche mit ihrem geborstenen Turm drückten sich mir tief ein und stehen noch wie ein dunkler Fleck in meiner Einbildungskraft. Von der Kuppel der Frauenkirche sah ich diese leidigen Trümmer zwischen die schöne städtische Ordnung hingesät; da rühmte mir der Küster die Kunst des Baumeisters, welcher Kirche und Kuppel auf einen so unerwünschten Fall schon eingerichtet und bombenfest erbaut hatte. Der gute Sakristan deutete mir alsdann auf Ruinen nach allen Seiten und sagte bedenklich lakonisch: „Das hat der Feind getan!"
(2)

Erfahrungen machen
Leipzig 1768

Der Verlust eines Freundes wie Behrisch war für mich von der größten Bedeutung. Er hatte mich verzogen, indem er mich bildete, und seine Gegenwart war nötig, wenn das einigermaßen für die Sozietät Frucht bringen sollte, was er an mich zu wenden für gut gefunden hatte. Er wußte mich zu allerlei Artigem und Schicklichem zu bewegen, was gerade am Platz war, und meine geselligen Talente herauszusetzen. Weil ich aber in solchen Dingen keine Selbständigkeit erworben hatte, so fiel ich gleich, da ich wieder allein war, in mein wirriges, störrisches Wesen zurück, welches immer zunahm, je unzufriedener ich über meine Umgebung war, indem ich mir einbildete, daß sie nicht mit mir zufrieden sei. Mit der willkürlichsten Laune nahm ich übel auf, was ich mir hätte zum Vorteil rechnen können, entfernte manchen dadurch, mit dem ich bisher in leidlichem Verhältnis gestanden hatte, und mußte bei mancherlei Widerwärtigkeiten, die ich mir und andern, es sei nun im Tun oder Unterlassen, im Zuviel oder Zuwenig zugezogen hatte, von Wohlwollenden die Bemerkung hören, daß es mir an Erfahrung fehle. Das gleiche sagte mir wohl irgendein Gutdenkender, der meine Produktionen sah, besonders wenn sie sich auf die Außenwelt bezogen. Ich beobachtete diese, so gut ich konnte, fand aber daran wenig Erbauliches und mußte noch immer genug von dem Meinigen hinzutun, um sie nur erträglich zu finden. Auch meinem Freunde Behrisch hatte ich manchmal zugesetzt, er solle mir deutlich machen, was Erfahrung sei. Weil er aber voller Torheiten steckte, so vertröstete er mich von einem Tage zum andern und eröffnete mir zuletzt nach großen Vorbereitungen: die wahre Erfahrung sei ganz eigentlich, wenn man erfahre, wie ein Erfahrner die Erfahrung erfahrend erfahren müsse. Wenn wir ihn nun hierüber äußerst ausschalten und zur Rede setzten, so versicherte er, hinter diesen Worten stecke ein großes Geheimnis, das wir alsdann erst begreifen würden, wenn wir erfahren hätten — und immer so weiter: denn es kostete ihm nichts, viertelstundenlang so fortzusprechen; da denn das Erfahren immer erfahrner und zuletzt zur wahrhaften Erfahrung werden würde. Wollten wir über solche Possen verzweifeln, so beteuerte er, daß er diese Art, sich deutlich und eindrücklich zu machen, von den neusten und größten Schriftstellern gelernt, welche uns aufmerksam gemacht, wie man eine ruhige Ruhe ruhen und wie die Stille im stillen immer stiller werden könnte.

Zufälligerweise rühmte man in guter Gesellschaft einen Offizier, der sich unter uns auf Urlaub befand, als einen vorzüglich wohldenkenden und erfahrnen Mann, der den Siebenjährigen Krieg mitgefochten und sich ein allgemeines Zutrauen erworben habe. Es fiel nicht schwer, mich ihm zu nähern, und wir spazierten öfters miteinander. Der Begriff von Erfahrung war beinah fix in meinem Gehirne geworden, und das Bedürfnis, mir ihn klarzumachen, leidenschaftlich. Offenmütig wie ich war, entdeckte ich ihm die Unruhe, in der ich mich befand. Er lächelte und war freundlich genug, mir im Gefolg meiner Fragen etwas von seinem Leben und von der nächsten Welt überhaupt zu erzählen, wobei freilich zuletzt wenig Besseres herauskam als, daß die Erfahrung uns überzeuge, daß unsere besten Gedanken, Wünsche und Vorsätze unerreichbar seien und daß man denjenigen, welcher dergleichen Grillen hege und sie mit Lebhaftigkeit äußere, vornehmlich für einen unerfahrnen Menschen halte.
(2)

Duette am Spinett
Leipzig 1768

Bei einem kleinen unschuldigen Liebeshandel, den Goethe mit der Tochter von Breitkopf anknüpfte, war Marie Stock seine Vertraute. Auf dem Oberboden stand ein altes, sehr verstimmtes Spinett, an dem die beiden Liebenden die zärtlichsten Duetten sangen, Marie mußte auf der Treppe sitzen bleiben und Wache halten, um von jeder herannahenden Störung sogleich Nachricht zu geben. Als sie Goethen viele Jahre später an diese Jugendzeiten erinnerte, sagte er halb unwillig: „Sie haben ja ein verfluchtes Gedächtnis!"
(7)

Ausgetauschte Geschichten
Naumburg 1768

„Sie sind so lustig", sagte ein sächsischer Offizier zu mir, mit dem ich den 28. August in Naumburg zu Nacht aß; „so lustig und haben heute Leipzig verlassen." Ich sagte ihm, unser Herz wisse oft nichts von der Munterkeit unsers Bluts. „Sie scheinen unpäßlich", fing er nach einer Weile an. „Ich bin's würklich", versetzt ich ihm, und sehr: „Ich habe Blut gespien." — „Blut gespien", rief er, „ja, da ist mir alles deutlich, da haben Sie schon einen großen Schritt aus der Welt getan, und Leipzig mußte Ihnen gleichgültig werden, weil Sie es nicht mehr genießen konnten." — „Getroffen", sagt ich, „die Furcht vor dem Verlust des Lebens hat allen andern Schmerz erstickt." — „Ganz natürlich", fiel er mir ein, „denn das Leben bleibt immer das erste, ohne Leben ist kein Genuß. Aber", fuhr er fort, „hat man Ihnen nicht auch den Ausgang leicht *gemacht*?" — „Gemacht?" fragt ich, „wieso?" — „Das ist ja deutlich", sagte er, „von seiten der Frauenzimmer; Sie haben die Miene, nicht unbekannt unter dem schönen Geschlecht zu sein." (Ich bückte mich fürs Kompliment.) „Ich rede wie ich's meine", fuhr er fort, „Sie scheinen mir ein Mann von Verdiensten, aber Sie sind krank, und da wette ich zehen gegen nichts, kein Mädgen hat Sie beim Ärmel gehalten." Ich schwieg, und er lachte. „Nun", sagte er und reichte mir die Hand übern Tisch, „ich habe zehen Taler an Sie verloren, wenn Sie auf Ihr Gewissen sagen: ‚Es hat mich eine gehalten!'" — „Top", sagt ich, „Herr Captain", und schlug ihm in die Hand, „Sie

behalten Ihre zehen Taler. Sie sind ein Kenner und werfen Ihr Geld nicht weg." — „Bravo", sagt er, „daran seh ich, daß Sie auch Kenner sind. Gott bewahre Sie darin, und wenn Sie wieder gesund werden, so werden Sie Nutzen von dieser Erfahrung haben. Ich" — und nun ging die Erzählung seiner Geschichte los, die ich verschweige, ich saß und hörte mit Betrübnis zu und sagte am Ende, ich sei konfundiert und meine Geschichte und die Geschichte meines Freunds Don Sassafraß hat mich immer mehr von der Philosophie des Hauptmanns überzeugt.
(8)

BILDER EINER HOCHZEIT
Straßburg 1770

Marie Antoinette, Erzherzogin von Östreich, Königin von Frankreich, sollte auf ihrem Wege nach Paris über Straßburg gehen. Die Feierlichkeiten, durch welche das Volk aufmerksam gemacht wird, daß es Große in der Welt gibt, wurden emsig und häufig vorbereitet, und mir besonders war dabei das Gebäude merkwürdig, das zu ihrem Empfang und zur Übergabe in die Hände der Abgesandten ihres Gemahls auf einer Rheininsel zwischen den beiden Brücken aufgerichtet stand. Es war nur wenig über den Boden erhoben, hatte in der Mitte einen großen Saal, an beiden Seiten kleinere, dann folgten andere Zimmer, die sich noch etwas hinterwärts erstreckten; genug, es hätte, dauerhafter gebaut, gar wohl für ein Lusthaus hoher Personen gelten können. [...] Höchst erfreulich und erquicklich fand ich diese Nebensäle, desto schrecklicher aber den Hauptsaal. Diesen hatte man mit viel größern, glänzendern, reichern und von gedrängten Zieraten umgebenen Hautelissen behängt, die nach Gemälden neuerer Franzosen gewirkt waren.

Nun hätte ich mich wohl auch mit dieser Manier befreundet, weil meine Empfindung wie mein Urteil nicht leicht etwas völlig ausschloß; aber äußerst empörte mich der Gegenstand. Diese Bilder enthielten die Geschichte von Jason, Medea und Kreusa und also ein Beispiel der unglücklichsten Heirat. Zur Linken des Throns sah man die mit dem grausamsten Tode ringende Braut, umgeben von jammervollen Teilnehmenden; zur Rechten entsetzte sich der Vater über die ermordeten Kinder zu seinen Füßen, während die Furie auf dem Drachenwagen in die Luft zog. Und damit ja dem Grausamen und Abscheulichen nicht auch ein Abgeschmacktes fehle, so ringelte sich hinter dem roten Samt des goldgestickten Thronrückens rechter Hand der weiße Schweif jenes Zauberstiers hervor, inzwischen die feuerspeiende Bestie selbst und der sie bekämpfende Jason von jener kostbaren Draperie gänzlich bedeckt waren.

Hier nun wurden alle Maximen, welche ich in Oesers Schule mir zu eigen gemacht, in meinem Busen rege. Daß man Christum und die Apostel in die Seitensäle eines Hochzeitsgebäudes gebracht, war schon ohne Wahl und Einsicht geschehen, und ohne Zweifel hatte das Maß der Zimmer den königlichen Teppichverwahrer geleitet; allein das verzieh ich gern, weil es mir zu so großem Vorteil gereichte: nun aber ein Mißgriff wie der im großen Saale brachte mich ganz aus der Fassung, und ich forderte lebhaft und heftig meine Gefährten zu Zeugen auf eines solchen Verbrechens gegen Geschmack und Gefühl. — „Was!" rief ich aus, ohne mich um die Umstehenden zu bekümmern, „ist es erlaubt, einer jungen Königin das Beispiel der gräßlichsten Hochzeit, die vielleicht jemals vollzogen worden, bei dem ersten Schritt in ihr Land so unbesonnen vors Auge zu bringen! Gibt es denn unter den französischen Architekten, Dekorateuren, Tapezierern gar keinen Menschen, der begreift, daß Bilder etwas vorstellen, daß Bilder auf Sinn und Gefühl wirken, daß sie Eindrücke machen, daß sie Ahnungen erregen! Ist es doch nicht anders, als hätte man dieser schönen und, wie man hört, lebenslustigen Dame das abscheulichste Gespenst bis an die Grenze entgegengeschickt." Ich weiß nicht, was ich noch alles weiter sagte; genug, meine Gefährten suchten mich zu beschwichtigen und aus dem Hause zu schaffen, damit es nicht Verdruß setzen möchte. Alsdann versicherten sie mir, es wäre nicht jedermanns Sache, Bedeutung in den Bildern zu suchen; ihnen wenigstens wäre nichts dabei eingefallen, und auf dergleichen Grillen würde die ganze Population Straßburgs und der Gegend, wie sie auch herbeiströmen sollte, sowenig als die Königin selbst mit ihrem Hofe jemals geraten.

(2)

Wirksame Kritik
Straßburg 1770

Die Königin verfolgte ihren Weg; das Landvolk verlief sich, und die Stadt war bald ruhig wie vorher. Vor Ankunft der Königin hatte man die ganz vernünftige Anordnung gemacht, daß sich keine mißgestalteten Personen, keine Krüppel und ekelhaften Kranken auf ihrem Wege zeigen sollten. Man scherzte hierüber, und ich machte ein kleines französisches Gedicht, worin ich die Ankunft Christi, welcher besonders der Kranken und Lahmen wegen auf der Welt zu wandeln schien, und die Ankunft der Königin, welche diese Unglücklichen verscheuchte, in Vergleichung brachte. Meine Freunde ließen es passieren; ein Franzose hingegen, der mit uns lebte, kritisierte sehr unbarmherzig Sprache und Versmaß, obgleich, wie es schien, nur allzu gründlich, und ich erinnere mich nicht, nachher je wieder ein französisches Gedicht gemacht zu haben.
(2)

Der Firniss der Fiktion über dem Leben
Straßburg 1770

Unter uns jungen Leuten, die wir in Leipzig zusammen waren, hatte sich auch nachher ein gewisser Kitzel erhalten, einander etwas aufzubinden und wechselweise zu mystifizieren. In solchem frevelhaften Mutwillen schrieb ich an einen Freund in Frankfurt (es war derselbe, der mein Gedicht an den Kuchenbäcker Händel amplifiziert auf „Medon" angewendet und dessen allgemeine Verbreitung verursacht hatte) einen Brief, von Versailles aus datiert, worin ich ihm meine glückliche Ankunft daselbst, meine Teilnahme an den Feierlichkeiten, und was dergleichen mehr war, vermeldete, ihm zugleich aber das strengste Stillschweigen gebot. Dabei muß ich noch bemerken, daß unsere kleine Leipziger Sozietät von jenem Streich an, der uns so manchen Verdruß gemacht, sich angewöhnt hatte, ihn von Zeit zu Zeit mit Mystifikationen zu verfolgen, und das um so mehr, da er der drolligste Mensch von der Welt war und niemals liebenswürdiger, als wenn er den Irrtum entdeckte, in den man ihn vorsätzlich hineingeführt hatte. Kurz darauf, als ich diesen Brief geschrieben, machte ich eine kleine Reise

und blieb wohl vierzehn Tage aus. Indessen war die Nachricht jenes Unglücks nach Frankfurt gekommen; mein Freund glaubte mich in Paris, und seine Neigung ließ ihn besorgen, ich sei in jenes Unglück mit verwickelt. Er erkundigte sich bei meinen Eltern und andern Personen, an die ich zu schreiben pflegte, ob keine Briefe angekommen, und weil eben jene Reise mich verhinderte, dergleichen abzulassen, so fehlten sie überall. Er ging in großer Angst umher und vertraute es zuletzt unsern nächsten Freunden, die sich nun in gleicher Sorge befanden. Glücklicherweise gelangte diese Vermutung nicht eher zu meinen Eltern, als bis ein Brief angekommen war, der meine Rückkehr nach Straßburg meldete. Meine jungen Freunde waren zufrieden, mich lebendig zu wissen, blieben aber völlig überzeugt, daß ich in der Zwischenzeit in Paris gewesen. Die herzlichen Nachrichten von den Sorgen, die sie um meinetwillen gehabt, rührten mich dermaßen, daß ich dergleichen Possen auf ewig verschwor, mir aber doch leider in der Folge manchmal etwas Ähnliches habe zuschulden kommen lassen. Das wirkliche Leben verliert oft dergestalt seinen Glanz, daß man es manchmal mit dem Firnis der Fiktion wieder auffrischen muß.
(2)

Der Dreizehnte
Straßburg 1770

Salzmann hatte viel Bekanntschaften und überall Zutritt; eine große Annehmlichkeit für seinen Begleitenden, besonders im Sommer, weil man überall in Gärten nah und fern gute Aufnahme, gute Gesellschaft und Erfrischung fand, auch zugleich mehr als eine Einladung zu diesem oder jenem frohen Tage erhielt. In einem solchen Falle traf ich Gelegenheit, mich einer Familie, die ich erst zum zweiten Male besuchte, sehr schnell zu empfehlen. Wir waren eingeladen und stellten uns zur bestimmten Zeit ein. Die Gesellschaft war nicht groß, einige spielten, und einige spazierten wie gewöhnlich. Späterhin, als es zu Tische gehen sollte, sah ich die Wirtin und ihre Schwester lebhaft und wie in einer besondern Verlegenheit miteinander sprechen. Ich begegnete ihnen eben und sagte: „Zwar habe ich kein Recht, meine Frauenzimmer, in Ihre Geheimnisse einzudringen; vielleicht bin ich aber imstande, einen guten Rat zu geben oder wohl gar zu dienen." Sie er-

öffneten mir hierauf ihre peinliche Lage: daß sie nämlich zwölf Personen zu Tische gebeten, und in diesem Augenblicke sei ein Verwandter von der Reise zurückgekommen, der nun als der Dreizehnte wo nicht sich selbst, doch gewiß einigen der Gäste ein fatales Memento mori werden würde. „Der Sache ist sehr leicht abzuhelfen", versetzte ich; „Sie erlauben mir, daß ich mich entferne und mir die Entschädigung vorbehalte." Da es Personen von Ansehen und guter Lebensart waren, so wollten sie es keineswegs zugeben, sondern schickten in der Nachbarschaft umher, um den Vierzehnten aufzufinden. Ich ließ es geschehen, doch da ich den Bedienten unverrichtetersache zur Gartentür hereinkommen sah, entwischte ich und brachte meinen Abend vergnügt unter den alten Linden der Wanzenau hin. Daß mir diese Entsagung reichlich vergolten worden, war wohl eine natürliche Folge.
(2)

Hexe, Mädchen, Krämerin
Straßburg 1770

Auf dem Wege durch die Stadt begegnete uns eine bejahrte Bettlerin, die ihn durch Bitten und Andringen in seiner Erzählung störte. „Pack dich, alte Hexe!" sagte er und ging vorüber. Sie rief ihm den bekannten Spruch hinterdrein, nur etwas verändert, da sie wohl bemerkte, daß der unfreundliche Mann selbst alt sei: „Wenn Ihr nicht alt werden wolltet, so hättet Ihr Euch in der Jugend sollen hängen lassen!" Er kehrte sich heftig herum, und ich fürchtete einen Auftritt. „Hängen lassen!" rief er, „mich hängen lassen! Nein, das wäre nicht gegangen, dazu war ich ein zu braver Kerl; aber mich hängen, mich selbst aufhängen, das ist wahr, das hätte ich tun sollen; einen Schuß Pulver sollt ich an mich wenden, um nicht zu erleben, daß ich keinen mehr wert bin." Die Frau stand wie versteinert, er aber fuhr fort: „Du hast eine große Wahrheit gesagt, Hexenmutter! Und weil man dich noch nicht ersäuft oder verbrannt hat, so sollst du für dein Sprüchlein belohnt werden." Er reichte ihr ein Büsel, das man nicht leicht an einen Bettler zu wenden pflegte.

Wir waren über die erste Rheinbrücke gekommen und gingen nach dem Wirtshause, wo wir einzukehren gedachten, und ich suchte ihn auf das vorige Gespräch zurückzuführen, als unerwar-

tet auf dem angenehmen Fußpfad ein sehr hübsches Mädchen uns entgegenkam, vor uns stehenblieb, sich artig verneigte und ausrief: „Ei, ei, Herr Hauptmann, wohin?", und was man sonst bei solcher Gelegenheit zu sagen pflegt. „Mademoiselle", versetzte er etwas verlegen, „ich weiß nicht..." — „Wie?" sagte sie mit anmutiger Verwunderung, „vergessen Sie Ihre Freunde so bald?" Das Wort „vergessen" machte ihn verdrießlich, er schüttelte den Kopf und erwiderte mürrisch genug: „Wahrhaftig, Mademoiselle, ich wüßte nicht!" Nun versetzte sie mit einigem Humor, doch sehr gemäßigt: „Nehmen Sie sich in acht, Herr Hauptmann, ich dürfte Sie ein andermal auch verkennen!" Und so eilte sie an uns vorbei, stark zuschreitend, ohne sich umzusehen. Auf einmal schlug sich mein Weggesell mit den beiden Fäusten heftig vor den Kopf; „O ich Esel!" rief er aus, „ich alter Esel! da seht Ihr's nun, ob ich recht habe oder nicht." Und nun erging er sich auf eine sehr heftige Weise in seinem gewohnten Reden und Meinen, in welchem ihn dieser Fall nur noch mehr bestärkte. Ich kann und mag nicht wiederholen, was er für eine Philippische Rede wider sich selbst hielt. Zuletzt wendete er sich zu mir und sagte: „Ich rufe Euch zum Zeugen an! Erinnert Ihr Euch jener Krämerin, an der Ecke, die weder jung noch hübsch ist? Jedesmal grüße ich sie, wenn wir vorbeigehen, und rede manchmal ein paar freundliche Worte mit ihr; und doch sind schon dreißig Jahre vorbei, daß sie mir günstig war. Nun aber, nicht vier Wochen, schwör ich, sind's, da erzeigte sich dieses Mädchen gegen mich gefälliger als billig, und nun will ich sie nicht kennen und beleidige sie für ihre Artigkeit! Sage ich es nicht immer, Undank ist das größte Laster, und kein Mensch wäre undankbar, wenn er nicht vergeßlich wäre!"
(2)

Im Gasthof „Zum Geist"
Straßburg 1770

Denn das bedeutendste Ereignis, was die wichtigsten Folgen für mich haben sollte, war die Bekanntschaft und die daran sich knüpfende nähere Verbindung mit Herder. Er hatte den Prinzen von Holstein-Eutin, der sich in traurigen Gemütszuständen befand, auf Reisen begleitet und war mit ihm bis Straßburg gekommen. Unsere Sozietät, sobald sie seine Gegenwart vernahm, trug ein großes

Verlangen, sich ihm zu nähern, und mir begegnete dies Glück zuerst ganz unvermutet und zufällig. Ich war nämlich in den Gasthof „Zum Geist" gegangen, ich weiß nicht welchen bedeutenden Fremden aufzusuchen. Gleich unten an der Treppe fand ich einen Mann, der eben auch hinaufzusteigen im Begriff war und den ich für einen Geistlichen halten konnte. Sein gepudertes Haar war in eine runde Locke aufgesteckt, das schwarze Kleid bezeichnete ihn gleichfalls, mehr noch aber ein langer schwarzer seidner Mantel, dessen Ende er zusammengenommen und in die Tasche gesteckt hatte. Dieses einigermaßen auffallende, aber doch im ganzen galante und gefällige Wesen, wovon ich schon hatte sprechen hören, ließ mich keineswegs zweifeln, daß er der berühmte Ankömmling sei, und meine Anrede mußte ihn sogleich überzeugen, daß ich ihn kenne. Er fragte nach meinem Namen, der ihm von keiner Bedeutung sein konnte; allein meine Offenheit schien ihm zu gefallen, indem er sie mit großer Freundlichkeit erwiderte und, als wir die Treppe hinaufstiegen, sich sogleich zu einer lebhaften Mitteilung bereit finden ließ. Es ist mir entfallen, wen wir damals besuchten; genug, beim Scheiden bat ich mir die Erlaubnis aus, ihn bei sich zu sehen, die er mir denn auch freundlich genug erteilte. Ich versäumte nicht, mich dieser Vergünstigung wiederholt zu bedienen, und ward immer mehr von ihm angezogen.
(2)

Menschen probieren
Straßburg 1770

Herr Troost war nett und nach der Mode gekleidet; Stilling auch so ziemlich. Er hatte einen schwarzbraunen Rock mit manchesternen Unterkleidern, nur war ihm noch eine runde Perücke übrig, die er zwischen seinen Beutel-Perücken doch auch gern verbrauchen wollte. Diese hatte er einsmalen aufgesetzt und kam damit an den Tisch. Niemand störte sich daran, als nur Herr Waldberg von Wien. Dieser sah ihn an; und da er schon vernommen hatte, daß Stilling sehr für die Religion eingenommen war, so fing er an und fragte ihn: Ob wohl Adam im Paradies eine runde Perücke mögte getragen haben? Alle lachten herzlich bis auf Salzmann, Goethe und Troost; diese lachten nicht. Stillingen fuhr der Zorn durch alle Glieder, und er antwortete darauf: „Schämen Sie sich dieses

Spotts. Ein solcher alltäglicher Einfall ist nicht wert, daß er belacht werde!" — Goethe aber fiel ein und versetzte: „Probier erst einen Menschen, ob er des Spotts wert sei? Es ist teufelmäßig, einen rechtschaffenen Mann, der niemand beleidiget hat, zum besten zu haben!" Von dieser Zeit an nahm sich Herr Goethe Stillings an, besuchte ihn, gewann ihn lieb, machte Brüderschaft und Freundschaft mit ihm, und bemühte sich bei allen Gelegenheiten, Stillingen Liebe zu erzeigen. Schade, daß so wenige diesen vortrefflichen Menschen seinem Herzen nach kennen!
(9)

SECHS VERBRANNTE STROHHÜTE
Sesenheim 1770

Die Bursche des Dorfes machten, wie jedes Jahr, hinter der Kirche zuweilen im November ein Feuer und belustigten sich, mit Stangen drüber zu springen. Der „Herr Goethe" war auch einmal bei einem solchen Anlaß zugegen und bemerkte unter den Zuschauenden sechs Weiber mit alten, zerrissenen Strohhüten. Da sagte er dem Bauer Wolf, er solle die Strohhüte ins Feuer werfen. Der tat's auch gleich, nur eine ließ sich den Strohhut unter keiner Bedingung nehmen. Als nun die fünf Strohhüte lichterloh brannten, zog der Herr Goethe seinen Geldbeutel hervor und gab jedem der fünf Weiber, die ziemlich verdutzt dastanden, zwei Taler; jetzt verkehrten sich die sauern Mienen in frohen Jubel; die sechste aber bot nun freiwillig ihren Strohhut an; als ihr Goethe gar keine Aufmerksamkeit schenkte, warf sie voll Verdruß ihren Hut selbst ins Feuer, erntete aber auch für diese heroische Äußerung ihrer Unzufriedenheit nichts als den Spott des ganzen Dorfes. Als Moral dieser Geschichte setzte der Bauer Wolf [...] hinzu: „Einem so vornehmen Herrn muß man eben Zutrauen schenken."
(10)

Von Göttern, von Goten oder vom Kote
Straßburg 1770

Bei einer so verdrießlichen und schmerzhaften Kur verlor unser Herder nicht an seiner Lebhaftigkeit; sie ward aber immer weniger wohltätig. Er konnte nicht ein Billett schreiben, um etwas zu verlangen, das nicht mit irgendeiner Verhöhnung gewürzt gewesen wäre. So schrieb er mir zum Beispiel einmal:

„Wenn des Brutus Briefe dir sind in Ciceros Briefen,
   Dir, den die Tröster der Schulen von wohlgehobelten Brettern,
Prachtgerüstete, trösten, doch mehr von außen als innen,
Der von Göttern du stammst, von Goten oder vom Kote,
Goethe, sende mir sie."

Es war freilich nicht fein, daß er sich mit meinem Namen diesen Spaß erlaubte: denn der Eigenname eines Menschen ist nicht etwa wie ein Mantel, der bloß um ihn her hängt und an dem man allenfalls noch zupfen und zerren kann, sondern ein vollkommen passendes Kleid, ja wie die Haut selbst ihm über und über angewachsen, an der man nicht schaben und schinden darf, ohne ihn selbst zu verletzen.

Der erste Vorwurf hingegen war gegründeter. Ich hatte nämlich die von Langern eingetauschten Autoren und dazu noch verschiedene schöne Ausgaben aus meines Vaters Sammlung mit nach Straßburg genommen und sie auf einem reinlichen Bücherbrett aufgestellt mit dem besten Willen, sie zu benutzen. Wie sollte aber die Zeit zureichen, die ich in hunderterlei Tätigkeiten zersplitterte! Herder, der auf Bücher höchst aufmerksam war, weil er deren jeden Augenblick bedurfte, gewahrte beim ersten Besuch meine schöne Sammlung, aber auch bald, daß ich mich derselben gar nicht bediente; deswegen er, als der größte Feind alles Scheins und aller Ostentation, bei Gelegenheit mich damit aufzuziehen pflegte.
(2)

Sympathien und Antipathien
Straßburg 1770

Noch ein anderes Spottgedicht fällt mir ein, das er mir abends nachsendete, als ich ihm von der Dresdner Galerie viel erzählt hatte. Freilich war ich in den höhern Sinn der italienischen Schule nicht eingedrungen, aber Dominico Feti, ein trefflicher Künstler, wiewohl Humorist und also nicht vom ersten Range, hatte mich sehr angesprochen. Geistliche Gegenstände mußten gemalt werden. Er hielt sich an die neutestamentlichen Parabeln und stellte sie gern dar, mit viel Eigenheit, Geschmack und guter Laune. Er führte sie dadurch ganz ans gemeine Leben heran, und die so geistreichen als naiven Einzelheiten seiner Kompositionen, durch einen freien Pinsel empfohlen, hatten sich mir lebendig eingedrückt. Über diesen meinen kindlichen Kunstenthusiasmus spottete Herder folgendergestalt:

> „Aus Sympathie
> Behagt mir besonders ein Meister,
> Dominico Feti heißt er.
> Der parodiert die biblische Parabel
> So hübsch zu einer Narrenfabel,
> Aus Sympathie. — Du närrische Parabel!"

(2)

Anders nicht möglich
Straßburg 1770

Er war bekanntlich ein großer Bewunderer unsres herrlichen Münstergebäudes [...] und stellte sich oftmals auf der Seite des großen Portals, wo es sich am vollkommensten ausnimmt, staunend hin. Einstmals soll er also mit übereinandergeschlagenen Armen, ganz in Bewunderung und Träumen, dagestanden haben. Da fährt ein Karrenzieher hart an ihm vorüber, sein Liedchen pfeifend. Goethe dreht sich zürnend herum und gibt dem verblüfften Manne eine derbe Ohrfeige mit den Worten: „Willst du staunen, Flegel?" — und weist ihn mit der Hand auf das Münster.
(11)

Offenbares Geheimnis
Straßburg 1771

Ich befand mich [...] in ansehnlicher Gesellschaft auf einem Landhause, von wo man die Vorderseite des Münsters und den darüber emporsteigenden Turm gar herrlich sehen konnte. „Es ist schade", sagte jemand, „daß das Ganze nicht fertig geworden und daß wir nur den einen Turm haben." Ich versetzte dagegen: „Es ist mir ebenso leid, diesen einen Turm nicht ganz ausgeführt zu sehn; denn die vier Schnecken setzen viel zu stumpf ab, es hätten darauf noch vier leichte Turmspitzen gesollt sowie eine höhere auf die Mitte, wo das plumpe Kreuz steht."

Als ich diese Behauptung mit gewöhnlicher Lebhaftigkeit aussprach, redete mich ein kleiner muntrer Mann an und fragte: „Wer hat Ihnen das gesagt?" — „Der Turm selbst", versetzte ich. „Ich habe ihn so lange und aufmerksam betrachtet und ihm so viel Neigung erwiesen, daß er sich zuletzt entschloß, mir dieses offenbare Geheimnis zu gestehn." — „Er hat Sie nicht mit Unwahrheit berichtet", versetzte jener; „ich kann es am besten wissen, denn ich bin der Schaffner, der über die Baulichkeiten gesetzt ist. Wir haben in unserm Archiv noch die Originalrisse, welche dasselbe besagen und die ich Ihnen zeigen kann." — Wegen meiner nahen Abreise drang ich auf Beschleunigung dieser Gefälligkeit. Er ließ mich die unschätzbaren Rollen sehn; ich zeichnete geschwind die in der Ausführung fehlenden Spitzen durch ölgetränktes Papier und bedauerte, nicht früher von diesem Schatz unterrichtet gewesen zu sein. Aber so sollte es mir immer ergehen, daß ich durch Anschauen und Betrachten der Dinge erst mühsam zu einem Begriffe gelangen mußte, der mir vielleicht nicht so auffallend und fruchtbar gewesen wäre, wenn man mir ihn überliefert hätte.
(2)

ZWEI DISSERTATIONEN
Straßburg 1771

Im Jahre 1770 kam Lerse von Gießen nach Straßburg, nachdem er vorher schon in Leipzig mit Clodius bataillert und viele Geniestreiche gemacht hatte. In Straßburg sollte Goethe Doctor juris werden. Dazu schrieb er eine Dissertation, worin er bewies, daß die zehn Gebote nicht eigentlich die Bundesgesetze der Israeliten wären, sondern daß nach Deuteronomium zehn Zeremonien eigentlich die zehn Gebote vertreten hätten. Sie passierte die Zensur des Dekans nicht, und nun schrieb Goethe eine, die noch viel ketzerischer war. Lerse war sein Respondent und stellte sich zum Schein gewaltig orthodox. Er trieb Goethe so in die Enge, daß dieser deutsch anfing: „Ich glaube, Bruder, du willst an mir zum Hektor werden!" Wie Lerse merkte, daß dem Dekan der Spaß zu arg wurde, schloß dieser mit einem feingedrechselten Kompliment, und die Sache hatte damit ihr Bewenden.
(3)

WILLKOMMEN UND ABSCHIED
Drusenheim 1771

In solchem Drang und Verwirrung konnte ich doch nicht unterlassen, Friedriken noch einmal zu sehen. Es waren peinliche Tage, deren Erinnerung mir nicht geblieben ist. Als ich ihr die Hand noch vom Pferde reichte, standen ihr die Tränen in den Augen, und mir war sehr übel zumute. Nun ritt ich auf dem Fußpfade gegen Drusenheim, und da überfiel mich eine der sonderbarsten Ahnungen. Ich sah nämlich, nicht mit den Augen des Leibes, sondern des Geistes, mich mir selbst denselben Weg zu Pferde wieder entgegenkommen, und zwar in einem Kleide, wie ich es nie getragen: es war hechtgrau mit etwas Gold. Sobald ich mich aus diesem Traum aufschüttelte, war die Gestalt ganz hinweg. Sonderbar ist es jedoch, daß ich nach acht Jahren in dem Kleide, das mir geträumt hatte und das ich nicht aus Wahl, sondern aus Zufall gerade trug, mich auf demselben Wege fand, um Friedriken noch einmal zu besuchen. Es mag sich übrigens mit diesen Dingen, wie es will, verhalten, das wunderliche Trugbild gab mir in jenen Augenblicken des Scheidens einige Beruhigung. Der Schmerz, das herrliche Elsaß mit allem, was ich darin erworben, auf immer zu verlassen, war gemildert, und ich fand mich, dem Taumel des Lebewohls endlich entflohn, auf einer friedlichen und erheiternden Reise so ziemlich wieder.
(2)

MACHWERKE UND WELTPOESIE
Frankfurt 1771

Schlosser entdeckte mir, daß er erst in ein freundschaftliches, dann in ein näheres Verhältnis zu meiner Schwester gekommen sei und daß er sich nach einer baldigen Anstellung umsehe, um sich mit ihr zu verbinden. Diese Erklärung machte mich einigermaßen betroffen, ob ich sie gleich in meiner Schwester Briefen schon längst hätte finden sollen; aber wir gehen leicht über das hinweg, was die gute Meinung, die wir von uns selbst hegen, verletzen könnte, und ich bemerkte nun erst, daß ich wirklich auf meine Schwester eifersüchtig sei: eine Empfindung, die ich mir um so weniger verbarg, als seit meiner Rückkehr von Straßburg unser

Verhältnis noch viel inniger geworden war. Wieviel Zeit hatten wir nicht gebraucht, um uns wechselseitig die kleinen Herzensangelegenheiten, Liebes- und andere Händel mitzuteilen, die in der Zwischenzeit vorgefallen waren! Und hatte sich nicht auch im Felde der Einbildungskraft vor mir eine neue Welt aufgetan, in die ich sie doch auch einführen mußte? Meine eignen kleinen Machwerke, eine weit ausgebreitete Weltpoesie mußten ihr nach und nach bekannt werden. So übersetzte ich ihr aus dem Stegreife solche Homerische Stellen, an denen sie zunächst Anteil nehmen konnte. Die Clarkesche wörtliche Übersetzung las ich deutsch, so gut es gehen wollte, herunter, mein Vortrag verwandelte sich gewöhnlich in metrische Wendungen und Endungen, und die Lebhaftigkeit, womit ich die Bilder gefaßt hatte, die Gewalt, womit ich sie aussprach, hoben alle Hindernisse einer verschränkten Wortstellung; dem, was ich geistreich hingab, folgte sie mit dem Geiste. Manche Stunden des Tags unterhielten wir uns auf diese Weise; versammelte sich hingegen ihre Gesellschaft, so wurden der Wolf Fenris und der Affe Hannemann einstimmig hervorgerufen, und wie oft habe ich nicht die berühmte Geschichte, wie Thor und seine Begleiter von den zauberischen Riesen geäfft werden, umständlich wiederholen müssen! Daher ist mir auch von allen diesen Dichtungen ein so angenehmer Eindruck geblieben, daß sie noch immer unter das Werteste gehören, was meine Einbildungskraft sich hervorrufen mag.
(2)

In hoher Verzückung
Straßburg 1771

Sie waren in dieser Zeit unzertrennlich. Oft gingen sie auf den Münster und saßen stundenlang auf seinen Zinnen. Dort entstand Goethes „Erwin", die erste Schrift, die Goethe drucken ließ. Oft fuhren sie den Rhein hinauf, lasen bei der Laterne in Ruprechtsau Ossian und Homer, schliefen in einem Bette zusammen, ohne doch zu schlafen. Da geriet Goethe oft in hohe Verzückung, sprach Worte der Prophezeiung und machte Lerse Besorgnisse, er werde überschnappen. Er hatte ein unbegrenztes Zutrauen zu Lerse, der ihn lenken konnte, wohin er wollte. Sechs Wochen, nachdem er aus Straßburg war, schickte er ihm seinen „Götz von

Berlichingen" ganz vollendet, da er vorher gewiß noch nicht daran gearbeitet hatte. Lerse tadelte einige gar zu freie Stellen, und diese blieben auch weg.
(3)

Die besten Happen
Sesenheim 1771

Ich [Abeken] erkundigte mich nach Straßburg, nach der Gegend, in welcher die Frauen zu Hause waren; und so kam ich auf das durch Goethes Schilderung so bekannt gewordene Sesenheim. Da war die Mutter heimisch gewesen und hatte die Pfarrersfamilie oft besucht. Ich fragte, ob die Liebenswürdigkeit Friederikens zur Wahrheit oder zur Dichtung gehöre? Da brach der Strom los. Die Alte hatte das junge Mädchen genau gekannt und wußte nun nicht genug von dessen Anmut und Güte zu rühmen. Sie hörte nicht auf zu erzählen, und die Tochter half ein. „Da bin ich einmal", so die Mutter, „zu Tisch in der Pfarr in Gesellschaft. Die Friedrike versorgt die Kinder, die mit zu Gast sind, in der Nebenstube, wo auch andre junge Leute sind; die Eltern und andre Fremde speisen im größeren Zimmer. Nun seh ich, wie die Friedrike aus einer Schüssel Hühner-Fricassée die besten Bissen aussucht, die Leberchen und Bruststücken usw. Ich sprach: ‚Frau Base, was ist mit der Friederike? Die ist sonst so demütig, und nun nimmt sie das Beste vom Essen?' — ‚Ach', spricht sie, ‚laßt sie nur; das ist nicht für sie. Schauen Sie in die andre Stube, da sitzt ein junger Herr, zu dem werden die guten Bissen schon den Weg finden.' Ich schau hin und sehe da einen schmucken jungen Studenten sitzen; der kriegt auch alles. Das war Goethe." Und nun erzählte die gute Alte weiter, wie Friederike an diesem gehangen, wie sie nach seinem Abschiede mehrere gute Partien habe tun können, wie sie diese abgelehnt und bis an ihren Tod Goethes Porträt in ihrer Schlafstube aufgehängt bewahrt habe. [...] Auf Goethe war die Erzählerin übrigens nicht böse. „Man weiß ja, wie es mit den Herren Studenten geht", sagte sie, „und er konnte damals an Heiraten nicht denken."
(12)

Audienz vor fremder Haustür
Darmstadt 1772

In seiner Jugend und Genieperiode war er als einer der schönsten Männer von Mädchen und Frauen angebetet. Oft ging er, als er noch in Frankfurt war, zu Fuß nach Darmstadt. Da gaben ihm die artigsten Frauen das Geleite bis zur Stadt hinaus, und in Darmstadt setzte er sich vor Mercks Haus, wo auf einer steinernen Treppe einige Bänke vor der Haustür standen, um den um ihn versammelten Mädchen Genieaudienz zu geben, die oft länger als eine Stunde dauerte.
(3)

Bettelstudent, Professor, Götterjüngling
(Variante 1)
Gießen 1772

In Gießen befand sich Höpfner, Professor der Rechte. Er war als tüchtig in seinem Fach, als denkender und wackerer Mann von Mercken und Schlossern anerkannt und höchlich geehrt. Schon längst hatte ich seine Bekanntschaft gewünscht, und nun, als jene beiden Freunde bei ihm einen Besuch abzustatten gedachten, um über literarische Gegenstände zu unterhandeln, ward beliebt, daß ich bei dieser Gelegenheit mich gleichfalls nach Gießen begeben sollte. Weil wir aber, wie es in dem Übermut froher und friedlicher Zeiten zu geschehn pflegt, nicht leicht etwas auf geradem Wege vollbringen konnten, sondern, wie wahrhafte Kinder, auch dem Notwendigen irgendeinen Scherz abzugewinnen suchten, so sollte ich als der Unbekannte in fremder Gestalt erscheinen und meiner Lust, verkleidet aufzutreten, hier abermals Genüge tun. An einem heiteren Morgen vor Sonnenaufgang schritt ich daher von Wetzlar an der Lahn hin, das liebliche Tal hinauf; solche Wanderungen machten wieder mein größtes Glück. Ich erfand, verknüpfte, arbeitete durch und war in der Stille mit mir selbst heiter und froh; ich legte mir zurecht, was die ewig widersprechende Welt mir ungeschickt und verworren aufgedrungen hatte. Am Ziele meines Weges angelangt, suchte ich Höpfners Wohnung und pochte an seine Studierstube. Als er mir „Herein!" gerufen hatte, trat ich bescheidentlich vor ihn als ein Studierender, der von Akademien sich nach Hause verfügen und unterwegs die würdigsten Männer wollte kennenlernen. Auf seine Fragen nach meinen näheren Verhältnissen war ich vorbereitet; ich erzählte ein glaubliches prosaisches Märchen, womit er zufrieden schien, und als ich mich hierauf für einen Juristen angab, bestand ich nicht übel: denn ich kannte sein Verdienst in diesem Fach und wußte, daß er sich eben mit dem Naturrecht beschäftigte. Doch stockte das Gespräch einigemal, und es schien, als wenn er einem Stammbuch oder meiner Beurlaubung entgegensähe. Ich wußte jedoch immer zu zaudern, indem ich Schlossern gewiß erwartete, dessen Pünktlichkeit mir bekannt war. Dieser kam auch wirklich, ward von seinem Freund bewillkommnet und nahm, als er mich von der Seite angesehn, wenig Notiz von mir. Höpfner aber zog mich ins Gespräch und zeigte sich durchaus als einen humanen, wohlwollenden Mann. Endlich empfahl ich mich und eilte nach dem Wirtshause, wo ich mit Mercken einige flüchtige Worte wechselte und das Weitere verabredete.

Die Freunde hatten sich vorgenommen, Höpfnern zu Tische zu bitten und zugleich jenen Philipp Heinrich Schmid, der in dem deutschen Literarwesen zwar eine sehr untergeordnete, aber doch eine Rolle spielte. Auf diesen war der Handel eigentlich angelegt, und er sollte für manches, was er gesündigt hatte, auf eine lustige Weise bestraft werden. Als die Gäste sich in dem Speisesaale versammelt hatten, ließ ich durch den Kellner fragen, ob die Herren mir erlauben wollten mitzuspeisen? Schlosser, dem ein gewisser Ernst gar wohl zu Gesicht stand, widersetzte sich, weil sie ihre freundschaftliche Unterhaltung nicht durch einen Dritten wollten gestört wissen. Auf das Andringen des Kellners aber und die Fürsprache Höpfners, der versicherte, daß ich ein leidlicher Mensch sei, wurde ich eingelassen und betrug mich zu Anfang der Tafel bescheiden und verschämt. Schlosser und Merck taten sich keinen Zwang an und ergingen sich über manches so offen, als wenn kein Fremder dabei wäre. Die wichtigsten literarischen Angelegenheiten sowie die bedeutendsten Männer kamen zur Sprache. Ich erwies mich nun etwas kühner und ließ mich nicht stören, wenn Schlosser mir manchmal ernstlich, Merck spöttisch etwas abgab; doch richtete ich auf Schmiden alle meine Pfeile, die seine mir wohlbekannten Blößen scharf und sicher trafen.

Ich hatte mich bei meinem Nößel Tischwein mäßig verhalten; die Herren aber ließen sich besseren reichen und ermangelten nicht, auch mir davon mitzuteilen. Nachdem viele Angelegenheiten des Tags durchgesprochen waren, zog sich die Unterhaltung ins Allgemeine, und man behandelte die Frage, die, solange es Schriftsteller gibt, sich immer wiederholen wird: ob nämlich die Literatur im Auf- oder Absteigen, im Vor- oder Rückschritt begriffen sei. Diese Frage, worüber sich besonders Alte und Junge, Angehende und Abtretende selten vergleichen, sprach man mit Heiterkeit durch, ohne daß man gerade die Absicht gehabt hätte, sich darüber entschieden zu verständigen. Zuletzt nahm ich das Wort und sagte: „Die Literaturen, scheint es mir, haben Jahreszeiten, die, miteinander abwechselnd wie in der Natur, gewisse Phänomene hervorbringen und sich der Reihe nach wiederholen. Ich glaube daher nicht, daß man irgendeine Epoche einer Literatur im ganzen loben oder tadeln könne; besonders sehe ich nicht gerne, wenn man gewisse Talente, die von der Zeit hervorgerufen werden, so hoch erhebt und rühmt, andere dagegen schilt und niederdrückt. Die Kehle der Nachtigall wird durch das Frühjahr aufgeregt, zugleich aber auch die Gurgel des Kuckucks. Die Schmetterlinge, die dem Auge so wohltun, und die Mücken, welche dem Gefühl so verdrießlich fallen, werden durch eben die Sonnenwärme hervorgerufen; beherzigte man dies, so würde man dieselbigen Klagen nicht alle zehn Jahre wieder erneuert hören, und die vergebliche Mühe, dieses und jenes Mißfällige auszurotten, würde nicht so oft verschwendet werden." Die Gesellschaft sah mich mit Verwunderung an, woher mir so viele Weisheit und so viele Toleranz käme. Ich aber fuhr ganz gelassen fort, die literarischen Erscheinungen mit Naturprodukten zu vergleichen, und ich weiß nicht, wie ich sogar auf die Mollusken kam und allerlei Wunderliches von ihnen herauszusetzen wußte. Ich sagte, es seien dies Geschöpfe, denen man zwar eine Art von Körper, ja sogar eine gewisse Gestalt nicht ableugnen könne; da sie aber keine Knochen hätten, so wüßte man doch nichts Rechts mit ihnen anzufangen, und sie seien nichts Besseres als ein lebendiger Schleim; jedoch müsse das Meer auch solche Bewohner haben. Da ich das Gleichnis über die Gebühr fortsetzte, um den gegenwärtigen Schmid und diese Art der charakterlosen Literatoren zu bezeichnen, so ließ man mich bemerken, daß ein zu weit ausgedehntes Gleichnis zuletzt gar nichts mehr sei. „So will ich auf die Erde zurückkehren", versetzte ich, „und vom Efeu sprechen. Wie jene keine Knochen, so hat dieser keinen Stamm, mag aber gern überall, wo er sich anschmiegt, die Hauptrolle spielen. An alte Mauern gehört er hin, an denen ohnehin nichts mehr zu verderben ist, von neuen Gebäuden entfernt man ihn billig; die Bäume saugt er aus, und am allerunerträglichsten ist er mir, wenn er an einem Pfahl hinaufklettert und versichert, hier sei ein lebendiger Stamm, weil er ihn umlaubt habe."

Ungeachtet man mir abermals die Dunkelheit und Unanwendbarkeit meiner Gleichnisse vorwarf, ward ich immer lebhafter gegen alle parasitischen Kreaturen und machte, soweit meine damaligen Naturkenntnisse reichten, meine Sachen noch ziemlich artig. Ich sang zuletzt ein Vivat allen selbständigen Männern, ein Pereat den Andringlingen, ergriff nach Tische Höpfners Hand, schüttelte sie derb, erklärte ihn für den bravsten Mann von der Welt und umarmte ihn sowie die andern zuletzt recht herzlich. Der wackere neue Freund glaubte wirklich zu träumen, bis endlich Schlosser und Merck das Rätsel auflösten und der entdeckte Scherz eine allgemeine Heiterkeit verbreitete, in welche Schmid selbst mit einstimmte, der durch Anerkennung seiner wirklichen Verdienste und durch unsere Teilnahme an seinen Liebhabereien wieder begütigt wurde.

(2)

Bettelstudent, Professor, Götterjüngling
(Variante 2)

Gießen 1772

Eines Tags meldete sich ein junger Mann in vernachlässigter Kleidung und mit linkischer Haltung zum Besuche bei Höpfner mit dem Vorbringen an, er habe dringend mit dem Herrn Professor etwas zu sprechen. Höpfner, obgleich damit beschäftigt, sich zum Gang in eine Vorlesung vorzubereiten, nahm den jungen Mann an. Die ganze Art und Weise, wie sich derselbe beim Eintreten und Platznehmen anstellte, ließ Höpfner vermuten, daß er es mit einem Studenten zu tun habe, der sich in Geldverlegenheiten befinde. In dieser Ansicht wurde Höpfner dadurch bestärkt, daß der junge Mann damit seine Unterhaltung anfing, in ausführlichster Weise seine Familien- und Lebensverhältnisse zu schildern, und dabei von Zeit zu Zeit durchblicken ließ, daß diese nicht die glänzendsten seien. Gedrängt durch die herannahende Kollegstunde entschloß sich der Professor sehr bald, dem jungen Mann ohne weiteres eine Geldunterstützung zufließen zu lassen und damit zugleich der peinlichen Unterhaltung ein Ende zu machen. Kaum gab er jedoch diese Absicht dadurch zu erkennen, daß er nach dem Geldbeutel in seiner Tasche suchte, so wendete der vermeintliche Bettelstudent das Gespräch wissenschaftlichen Fragen zu und entfernte sehr bald den Verdacht, daß er gekommen, um ein Geldgeschenk in Anspruch zu nehmen. Sobald der junge Mann bemerkte, daß der Herr Professor eine andere Ansicht von ihm gewonnen, nahm das Gespräch jedoch die alte Wendung, und die Andeutung des Studenten, daß es schließlich doch auf das Verlangen nach einer Unterstützung abgesehen sei, wurde immer verständlicher. Nachdem Höpfner auf diese Weise ein und das andere Mal sich in der Lage befunden hatte, dem jungen Manne Geld anzubieten und dann wieder davon abstehen zu müssen glaubte, entfernte sich der Student rasch und ließ den Herrn Professor voll Zweifel und Vermutung über diesen rätselhaften Besuch zurück.

Als Höpfner am Abend desselben Tages, doch etwas später wie gewöhnlich, in das Lokal trat, wo sich die Professoren der Universität gesellschaftlich zusammenzufinden pflegten, fand er daselbst ein vollständiges Durcheinander. Die ganz besonders zahlreiche Gesellschaft war um einen einzigen Tisch herum gruppiert, teils sitzend, teils stehend, ja einige der gelehrten Herren standen auf Stühlen und schauten über die Köpfe ihrer Kollegen in den Kreis der Versammelten hinein, aus dessen Mitte die volle Stimme eines Mannes hervordrang, der mit begeisterter Rede seine Zuhörer bezauberte. Auf Höpfners Frage, was da vorgehe, wird ihm die Antwort: Goethe aus Wetzlar sei schon seit einer Stunde hier. Die Unterhaltung habe nach und nach sich so gestaltet, daß Goethe fast allein nur spräche und alle verwundert und begeistert ihm zuhörten.

Höpfner, voll Verlangen, den Dichter zu sehen, besteigt einen Stuhl, schaut in den Kreis hinein und erblickt seinen Bettelstudenten zu einem Götterjüngling umgewandelt. Höpfners Erstaunen läßt sich denken.

(13)

Bettelstudent, Professor, Götterjüngling
(Variante 3)
Gießen 1772

Goethe hatte sich im Jahre 1772 dem Professor H[öpfner], in fremder Gestalt, verkleidet, als ein zur Heimat kehrender studiosus iuris, vorgestellt und, von ihm nicht gekannt, mit ihm, Merck, Schlosser und Philipp Heinrich Schmidt sehr ergetzliche Tischgespräche geführt. So geschickt auch Goethe diesen wunderbaren Anfang seiner Bekanntschaft mit H[öpfner] in „Dichtung und Wahrheit" [...] erzählt, so ist doch eben seine Schilderung ein neuer Beweis, wie ein solcher flüchtiger Scherz, wenn er im trocknen Buchstaben erscheint, so vieles von seinem Salz und Leben einbüßt. Ganz anders nahm sie sich (nach glaubwürdigster Erzählung) im Munde Höpfners aus, wenn er sie dramatisierte, die seltsame Erscheinung des wunderschönen jungen Menschen mit den feuervollen Augen und dem unbeholfnen linkischen Anstande beschrieb, seine komischen Reden wiederholte und dann endlich zur Explosion kam, wie der blöde Student aufsprang und Höpfnern um den Hals fiel mit den Worten: „Ich bin Goethe! Verzeihen Sie mir meine Posse, lieber H[öpfner]; aber ich weiß, daß man bei der gewöhnlichen Art, durch einen Dritten miteinander bekannt gemacht zu werden, lange sich gegenüber steif und fremd bleibt, und da, dachte ich, wollte ich in Ihre Freundschaft lieber gleich mit beiden Füßen hineinspringen, und so, hoff ich, soll's zwischen uns sein und werden durch den Spaß, den ich mir erlaubt habe."
(14)

Schelte für ein Versäumnis
Wetzlar 1772

Kaum konnte ich erwarten, bis ich ihn bei Lotten eingeführt; allein seine Gegenwart in diesem Kreise geriet mir nicht zum Gedeihen: denn wie Mephistopheles, er mag hintreten, wohin er will, wohl schwerlich Segen mitbringt, so machte er mir, durch seine Gleichgültigkeit gegen diese geliebte Person, wenn er mich auch nicht zum Wanken brachte, doch wenigstens keine Freude. Ich konnte es wohl voraussehen, wenn ich mich erinnert hätte, daß gerade sol-

che schlanke, zierliche Personen, die eine lebendige Heiterkeit um sich her verbreiten, ohne weitere Ansprüche zu machen, ihm nicht sonderlich gefielen. Er zog sehr schnell die junonische Gestalt einer ihrer Freundinnen vor, und da es ihm an Zeit gebrach, ein näheres Verhältnis anzuknüpfen, so schalt er mich recht bitter aus, daß ich mich nicht um diese prächtige Gestalt bemüht, um so mehr, da sie frei, ohne irgendein Verhältnis sich befinde. Ich verstehe eben meinen Vorteil nicht, meinte er, und er sehe höchst ungern auch hier meine besondere Liebhaberei, die Zeit zu verderben.
(2)

Irrlichter im Herbst
Frankfurt 1772

Einmal zur Herbstlese, wo denn in Frankfurt am Abend in allen Gärten Feuerwerke abbrennen und von allen Seiten Raketen aufsteigen, bemerkte man in den entferntesten Feldern, wo sich die Festlichkeit nicht hin erstreckt hatte, viele Irrlichter, die hin und her hüpften, bald auseinander, bald wieder eng zusammen, endlich fingen sie gar an, figurierte Tänze aufzuführen; wenn man nun näher drauf loskam, verlosch ein Irrlicht nach dem andern, manche taten noch große Sätze und verschwanden, andere blieben mitten in der Luft und verloschen dann plötzlich, andere setzten sich auf Hecken und Bäume, weg waren sie; die Leute fanden nichts, gingen wieder zurück; gleich fing der Tanz von vorne an, ein Lichtlein nach dem andern stellte sich wieder ein und tanzte um die halbe Stadt herum. Was war's? — Goethe, der mit vielen Kameraden, die sich Lichter auf die Hüte gesteckt hatten, da draußen herumtanzte.

Das war Deiner Mutter eine der liebsten Anekdoten, sie konnte noch manches dazu erzählen, wie Du nach solchen Streichen immer lustig nach Hause kamst und hundert Abenteuer gehabt pp.
(201)

„Götz" und die
technisch merkantilische Lust
Frankfurt 1773

Ohne also an dem ersten Manuskript irgend etwas zu verändern, welches ich wirklich noch in seiner Urgestalt besitze, nahm ich mir vor, das Ganze umzuschreiben, und leistete dies auch mit solcher Tätigkeit, daß in wenigen Wochen ein ganz erneutes Stück vor mir lag. Ich ging damit um so rascher zu Werke, je weniger ich die Absicht hatte, diese zweite Bearbeitung jemals drucken zu lassen, sondern sie gleichfalls nur als Vorübung ansah, die ich künftig, bei einer mit mehrerem Fleiß und Überlegung anzustellenden neuen Behandlung, abermals zum Grunde legen wollte.

Als ich nun mancherlei Vorschläge, wie ich dies anzufangen gedächte, Mercken vorzutragen anfing, spottete er mein und fragte, was denn das ewige Arbeiten und Umarbeiten heißen solle. Die Sache werde dadurch nur anders und selten besser; man müsse sehn, was das eine für Wirkung tue, und dann immer wieder was Neues unternehmen. „Beizeit auf die Zäun', so trocknen die Windeln!" rief er sprüchwörtlich aus; das Säumen und Zaudern mache nur unsichere Menschen. Ich erwiderte ihm dagegen, daß es mir unangenehm sein würde, eine Arbeit, an die ich so viele Neigung verwendet, einem Buchhändler anzubieten und mir vielleicht gar eine abschlägige Antwort zu holen: denn wie sollten sie einen jungen, namenlosen und noch dazu verwegenen Schriftsteller beurteilen? Schon meine „Mitschuldigen", auf die ich etwas hielt, hätte ich, als meine Scheu vor der Presse nach und nach verschwand, gern gedruckt gesehn; allein ich fand keinen geneigten Verleger.

Hier ward nun meines Freundes technisch-merkantilische Lust auf einmal rege. Durch die Frankfurter Zeitung hatte er sich schon mit Gelehrten und Buchhändlern in Verbindung gesetzt; wir sollten daher, wie er meinte, dieses seltsame und gewiß auffallende Werk auf eigne Kosten herausgeben, und es werde davon ein guter Vorteil zu ziehen sein; wie er denn, mit so vielen andern, öfters den Buchhändlern ihren Gewinn nachzurechnen pflegte, der bei manchen Werken freilich groß war, besonders wenn man außer acht ließ, wieviel wieder an anderen Schriften und durch sonstige Handelsverhältnisse verlorengeht. Genug, es ward ausgemacht, daß ich das Papier anschaffen, er aber für den Druck sorgen solle;

und somit ging es frisch ans Werk, und mir gefiel es gar nicht übel, meine wilde dramatische Skizze nach und nach in saubern Aushängebogen zu sehen: sie nahm sich wirklich reinlicher aus, als ich selbst gedacht. Wir vollendeten das Werk, und es ward in vielen Paketen versendet. Nun dauerte es nicht lange, so entstand überall eine große Bewegung; das Aufsehn, das es machte, ward allgemein. Weil wir aber bei unsern beschränkten Verhältnissen die Exemplare nicht schnell genug nach allen Orten zu verteilen vermochten, so erschien plötzlich ein Nachdruck; und da überdies gegen unsere Aussendungen freilich so bald keine Erstattung, am allerwenigsten eine bare, zurückerfolgen konnte, so war ich als Haussohn, dessen Kasse nicht in reichlichen Umständen sein konnte, zu einer Zeit, wo man mir von allen Seiten her viel Aufmerksamkeit, ja sogar vielen Beifall erwies, höchst verlegen, wie ich nur das Papier bezahlen sollte, auf welchem ich die Welt mit meinem Talent bekannt gemacht hatte. Merck, der sich schon eher zu helfen wußte, hegte dagegen die besten Hoffnungen, daß sich nächstens alles wieder ins gleiche stellen würde; ich bin aber nichts davon gewahr worden.
(2)

Niederschmetternd
Frankfurt 1773

Merck war seit kurzem von Petersburg zurückgekommen. Ich hatte ihn, weil er immer beschäftigt war, nur wenig gesprochen und ihm von diesem „Werther", der mir am Herzen lag, nur das Allgemeinste eröffnen können. Einst besuchte er mich, und als er nicht sehr gesprächig schien, bat ich ihn, mir zuzuhören. Er setzte sich aufs Kanapee, und ich begann, Brief vor Brief, das Abenteuer vorzutragen. Nachdem ich eine Weile so fortgefahren hatte, ohne ihm ein Beifallszeichen abzulocken, griff ich mich noch pathetischer an, und wie ward mir zumute, als er mich, da ich eine Pause machte, mit einem: „Nun ja, es ist ganz hübsch!" auf das schrecklichste niederschlug und sich, ohne etwas weiter hinzuzufügen, entfernte.
(2)

Verschiedene Instanzen
Frankfurt 1774

Die französischen Plaidoyers dienten uns zu Mustern und zur Anregung. — Und somit waren wir auf dem Wege, bessere Redner als Juristen zu werden, worauf mich der solide Georg Schlosser einstmals tadelnd aufmerksam machte. Ich hatte ihm erzählt, daß ich meiner Partei eine mit vieler Energie zu ihren Gunsten abgefaßte Streitschrift vorgelesen, worüber sie mir große Zufriedenheit bezeigt. Hierauf erwiderte er mir: „Du hast dich in diesem Fall mehr als Schriftsteller denn als Advokat bewiesen; man muß niemals fragen, wie eine solche Schrift dem Klienten, sondern wie sie dem Richter gefallen kann."
(2)

Tätige Hilfe
Frankfurt 1774

In der sehr eng ineinander gebauten Judengasse war ein heftiger Brand entstanden. Mein allgemeines Wohlwollen, die daraus entspringende Lust zu tätiger Hilfe trieb mich, gut angekleidet wie ich ging und stand, dahin. Man hatte von der Allerheiligengasse her durchgebrochen; an diesen Zugang verfügt ich mich. Ich fand daselbst eine große Anzahl Menschen mit Wassertragen beschäftigt, mit vollen Eimern sich hindrängend, mit leeren herwärts. Ich sah gar bald, daß, wenn man eine Gasse bildete, wo man die Eimer herauf- und herabreichte, die Hülfe die doppelte sein würde. Ich ergriff zwei volle Eimer und blieb stehen, rief andere an mich heran, den Kommenden wurde die Last abgenommen, und die Rückkehrenden reihten sich auf der anderen Seite. Die Anstalt fand Beifall, mein Zureden und persönliche Teilnahme ward begünstigt, und die Gasse, vom Eintritt bis zum brennenden Ziele, war bald vollendet und geschlossen. Kaum aber hatte die Heiterkeit, womit dieses geschehen, eine frohe, man kann sagen eine lustige Stimmung in dieser lebendigen, zweckmäßig wirkenden Maschine aufgeregt, als der Mutwille sich schon hervortat und der Schadenfreude Raum gab. Armselige Flüchtende, ihre jammervolle Habe auf dem Rücken schleppend, mußten, einmal in die bequeme Gasse geraten, unausweichlich hindurch und blieben nicht unangefochten. Mutwillige Knaben-Jünglinge spritzten sie an und fügten Verachtung und Unart noch dem Elend hinzu. Gleich aber, durch mäßiges Zureden und rednerische Strafworte, mit Rücksicht wahrscheinlich auf meine reinlichen Kleider, die ich vernachlässigte, ward der Frevel eingestellt.

Neugierige meiner Freunde waren herangetreten, den Unfall zu beschauen, und schienen verwundert, ihren Gesellen in Schuhen und seidenen Strümpfen — denn anders ging man damals nicht — in diesem feuchten Geschäfte zu sehen. Wenige konnt ich heranziehen, andere lachten und schüttelten die Köpfe. Wir hielten lange stand, denn bei manchen Abtretenden verstanden sich auch manche dazu, sich anzuschließen; viele Schaulustige folgten aufeinander, und so ward mein unschuldiges Wagnis allgemein bekannt, und die wunderliche Lizenz mußte zur Stadtgeschichte des Tags werden.

(2)

Der nächtlich disputierende Tänzer
Ems 1774

Die Gesellschaft nahm täglich zu. Es ward unmäßig getanzt und, weil man sich in den beiden großen Badehäusern ziemlich nahe berührte, bei guter und genauer Bekanntschaft mancherlei Scherz getrieben. Einst verkleidete ich mich in einen Dorfgeistlichen und ein namhafter Freund in dessen Gattin; wir fielen der vornehmen Gesellschaft durch allzu große Höflichkeit ziemlich zur Last, wodurch denn jedermann in guten Humor versetzt wurde. An Abend-, Mitternacht- und Morgenständchen fehlte es auch nicht, und wir Jüngeren genossen des Schlafs sehr wenig.

Im Gegensatze zu diesen Zerstreuungen brachte ich immer einen Teil der Nacht mit Basedow zu. Dieser legte sich nie zu Bette, sondern diktierte unaufhörlich. Manchmal warf er sich aufs Lager und schlummerte, indessen sein Tiro, die Feder in der Hand, ganz ruhig sitzen blieb und sogleich bereit war fortzuschreiben, wenn der Halberwachte seinen Gedanken wieder freien Lauf gab. Dies alles geschah in einem dichtverschlossenen, von Tabaks- und Schwammdampf erfüllten Zimmer. Sooft ich nun einen Tanz aussetzte, sprang ich zu Basedow hinauf, der gleich über jedes Problem zu sprechen und zu disputieren geneigt war und, wenn ich

nach Verlauf einiger Zeit wieder zum Tanze hineilte, noch eh ich die Tür hinter mir anzog, den Faden seiner Abhandlung so ruhig diktierend aufnahm, als wenn weiter nichts gewesen wäre.
(2)

GESCHICHTE UND GESCHICHTEN
Frankfurt 1774

„Historiam morbi zu schreiben ohne unten angegebene Lehren a.b.c.d.", sagte mir [Lavater] einst Goethe, da ich ihm einige Bedenklichkeiten über seinen „Werther" ans Herz legte, „ist tausendmal nützlicher als alle noch so herrliche Sittenlehren, geschichtlich oder dichterisch dargestellt: ‚Siehe, das Ende dieser Krankheit ist Tod! Solcher Schwärmereien Ziel ist Selbstmord!' Wer's aus der Geschichte nicht lernt, der lernt's gewiß aus der Lehre nicht."
(15)

HARTES DILEMMA
Frankfurt 1774

Der Begriff von der Menschheit, der sich in ihm [Lavater] und an seiner Menschheit herangebildet hatte, war so genau mit der Vorstellung verwandt, die er von Christo lebendig in sich trug, daß es ihm unbegreiflich schien, wie ein Mensch leben und atmen könne, ohne zugleich ein Christ zu sein. Mein Verhältnis zu der christlichen Religion lag bloß in Sinn und Gemüt, und ich hatte von jener physischen Verwandtschaft, zu welcher Lavater sich hinneigte, nicht den mindesten Begriff. Ärgerlich war mir daher die heftige Zudringlichkeit eines so geist- als herzvollen Mannes, mit der er auf mich sowie auf Mendelssohn und andere losging und behauptete, man müsse entweder mit ihm ein Christ, ein Christ nach seiner Art werden, oder man müsse ihn zu sich hinüberziehen, man müsse ihn gleichfalls von demjenigen überzeugen, worin man seine Beruhigung finde. Diese Forderung, so unmittelbar dem liberalen Weltsinn, zu dem ich mich nach und nach auch bekannte, entgegenstehend, tat auf mich nicht die beste Wirkung. Alle Bekehrungsversuche, wenn sie nicht gelingen, machen denjenigen, den man zum Proselyten aussah, starr und verstockt, und dieses war um so mehr mein Fall, als Lavater zuletzt mit dem harten Di-

lemma hervortrat: „Entweder Christ oder Atheist!" Ich erklärte darauf, daß, wenn er mir mein Christentum nicht lassen wollte, wie ich es bisher gehegt hätte, so könnte ich mich auch wohl zum Atheismus entschließen, zumal da ich sähe, daß niemand recht wisse, was beides eigentlich heißen solle.
(2)

BASEDOWS ERGO
Neuwied 1774

Es fällt uns bei dieser Gelegenheit ein, daß Basedow, der ein starker Trinker war und in seinen besten Jahren in guter Gesellschaft einen sehr erfreulichen Humor zeigte, stets zu behaupten pflegte: die Konklusion „ergo bibamus" passe zu allen Prämissen. Es ist schön Wetter, ergo bibamus! Es ist ein häßlicher Tag, ergo bibamus! Wir sind unter Freunden, ergo bibamus! Es sind fatale Bursche in der Gesellschaft, ergo bibamus! So setzt auch Newton sein ergo zu den verschiedensten Prämissen.
(16)

DINÉ ZU DRITT
AM UFER DES RHEINS
Koblenz 1774

Ich freute mich, den herrlichen Rhein wiederzusehn, und ergötzte mich an der Überraschung derer, die dieses Schauspiel noch nicht genossen hatten. Nun landeten wir in Koblenz; wohin wir traten, war der Zudrang sehr groß, und jeder von uns dreien erregte nach seiner Art Anteil und Neugierde. Basedow und ich schienen zu wetteifern, wer am unartigsten sein könnte; Lavater benahm sich vernünftig und klug, nur daß er seine Herzensmeinungen nicht verbergen konnte und dadurch, mit dem reinsten Willen, allen Menschen vom Mittelschlag höchst auffallend erschien.

Das Andenken an einen wunderlichen Wirtstisch in Koblenz habe ich in Knittelversen aufbewahrt, die nun auch mit ihrer Sippschaft in meiner neuen Ausgabe stehn mögen. Ich saß zwischen Lavater und Basedow; der erste belehrte einen Landgeistlichen über die Geheimnisse der Offenbarung Johannis, und der andere bemühte sich vergebens, einem hartnäckigen Tanzmeister zu beweisen, daß die Taufe ein veralteter und für unsere Zeiten gar nicht berechneter Gebrauch sei. Und wie wir nun fürder nach Köln zogen, schrieb ich in irgendein Album:

> „Und, wie nach Emmaus, weiter ging's,
> Mit Sturm- und Feuerschritten:
> Prophete rechts, Prophete links,
> Das Weltkind in der Mitten."

(2)

ZWEIDEUTIGES ORAKEL
An der Lahn 1774

Ich wanderte auf dem rechten Ufer des Flusses, der in einiger Tiefe und Entfernung unter mir, von reichem Weidengebüsch zum Teil verdeckt, im Sonnenlicht hingleitete. Da stieg in mir der alte Wunsch wieder auf, solche Gegenstände würdig nachahmen zu können. Zufällig hatte ich ein schönes Taschenmesser in der linken Hand, und in dem Augenblicke trat aus dem tiefen Grund der Seele gleichsam befehlshaberisch hervor, ich sollte dies Messer ungesäumt in den Fluß schleudern. Sähe ich es hineinfallen, so würde mein künstlerischer Wunsch erfüllt werden; würde aber das Eintauchen des Messers durch die überhängenden Weidenbüsche verdeckt, so sollte ich Wunsch und Bemühung fahrenlassen. So schnell, als diese Grille in mir aufstieg, war sie auch ausgeführt. Denn ohne auf die Brauchbarkeit des Messers zu sehn, das gar manche Gerätschaften in sich vereinigte, schleuderte ich es mit der Linken, wie ich es hielt, gewaltsam nach dem Flusse hin. Aber auch hier mußte ich die trügliche Zweideutigkeit der Orakel, über die man sich im Altertum so bitter beklagt, erfahren. Des Messers Eintauchen in den Fluß ward mir durch die letzten Weidenzweige verborgen, aber das dem Sturz entgegenwirkende Wasser sprang wie eine starke Fontäne in die Höhe und war mir vollkommen sichtbar. Ich legte diese Erscheinung nicht zu meinen Gunsten aus, und der durch sie in mir erregte Zweifel war in der Folge schuld, daß ich diese Übungen unterbrochner und fahrlässiger anstellte und dadurch selbst Anlaß gab, daß die Deutung des Orakels sich erfüllte.

(2)

Entwaffnende Zustimmung
Elberfeld 1774

Als Goethe mit Lavatern die kleinen Reisen machte, [...] begegnete es (wenn wir uns nicht irren zu Elberfeld), daß auch der Rektor Hasenkamp [...] einmal in großer Gesellschaft mit Lavater und Goethe zu Mittag (oder Abend) aß und nicht weit von Goethe zu sitzen kam; man war in der heitersten Stimmung, und Goethe sowohl als Lavater erfreuten alles durch ihre heitere und belebende Unterhaltung. Auf einmal richtet Hasenkamp, ein gottesfürchtiger Mann, der aber aus Mangel an Sinn für das Schickliche nicht immer bedachte, was Zeit und Ort gestatten möchte, seine Rede an Goethe und frägt in feierlichem Tone: „Sind Sie der Herr Goethe (oder Herr Doktor Goethe)?" — „Ja." — „Und haben das berüchtigte Buch ‚Die Leiden des jungen Werthers' geschrieben?" — „Ja." — „So fühle ich mich in meinem Gewissen verpflichtet, Ihnen meinen Abscheu an dieser ruchlosen Schrift zu erkennen zu geben. Gott wolle Ihr verkehrtes Herz bessern! Denn wehe, wehe dem, der Ärgernis gibt!" u.s.f. Jedermann geriet in die peinlichste Verlegenheit, jedermann war voll banger Erwartung, wie es dem ehrlichen, aber pedantisch-schulgerechten Hasenkamp ergehen würde. Aber Goethe versetzte alle Anwesenden in die heiterste Stimmung, als er erwiderte: „Ich sehe es ganz ein, daß Sie aus Ihrem Gesichtspunkte mich so beurteilen müssen, und ich ehre Ihre Redlichkeit, mit der Sie mich bestrafen. Beten Sie für mich!" Das Wohlgefallen an der edeln Art, mit der Goethe sich benahm, war allgemein; der Rektor ward auf eine Weise, wie er sich nicht hatte träumen lassen, entwaffnet, und die Unterhaltung nahm wieder ihren vorigen fröhlichen Gang.
(17)

Verweigerung von Biergenuss aus Gründen der Religion
Nassau 1774

Basedow brachte das einzige vor, das not sei, nämlich eine bessere Erziehung der Jugend; weshalb er die Vornehmen und Begüterten zu ansehnlichen Beiträgen aufforderte. Kaum aber hatte er, durch Gründe sowohl als durch leidenschaftliche Beredsamkeit, die Ge-

müter, wo nicht sich zugewendet, doch zum guten Willen vorbereitet, als ihn der böse antitrinitarische Geist ergriff und er ohne das mindeste Gefühl, wo er sich befinde, in die wunderlichsten Reden ausbrach, in seinem Sinne höchst religiös, nach Überzeugung der Gesellschaft höchst lästerlich. Lavater durch sanften Ernst, ich durch ableitende Scherze, die Frauen durch zerstreuende Spaziergänge suchten Mittel gegen dieses Unheil; die Verstimmung jedoch konnte nicht geheilt werden. Eine christliche Unterhaltung, die man sich von Lavaters Gegenwart versprochen, eine pädagogische, wie man sie von Basedow erwartete, eine sentimentale, zu der ich mich bereit finden sollte, alles war auf einmal gestört und aufgehoben. Auf dem Heimwege machte Lavater ihm Vorwürfe, ich aber bestrafte ihn auf eine lustige Weise. Es war heiße Zeit, und der Tabaksdampf mochte Basedows Gaumen noch mehr getrocknet haben; sehnlichst verlangte er nach einem Glase Bier, und als er an der Landstraße von weitem ein Wirtshaus erblickte, befahl er höchst gierig dem Kutscher, dort stille zu halten. Ich aber, im Augenblicke, daß derselbe anfahren wollte, rufe ihm mit Gewalt gebieterisch zu, er solle weiterfahren! Basedow, überrascht, konnte kaum mit heiserer Stimme das Gegenteil hervorbringen. Ich trieb den Kutscher nur heftiger an, der mir gehorchte. Basedow verwünschte mich und hätte gern mit Fäusten zugeschlagen; ich aber erwiderte ihm mit der größten Gelassenheit: „Vater, seid ruhig! Ihr habt mir großen Dank zu sagen. Glücklicherweise saht Ihr das Bierzeichen nicht! Es ist aus zwei verschränkten Triangeln zusammengesetzt. Nun werdet Ihr über *einen* Triangel gewöhnlich schon toll; wären Euch die beiden zu Gesicht gekommen, man hätte Euch müssen an Ketten legen." Dieser Spaß brachte ihn zu einem unmäßigen Gelächter, zwischendurch schalt und verwünschte er mich, und Lavater übte seine Geduld an dem alten und jungen Toren.
(2)

Im karmesinroten Pelz
(Variante 1)
Frankfurt 1774

Ein sehr harter Winter hatte den Main völlig mit Eis bedeckt und in einen festen Boden verwandelt. Der lebhafteste, notwendige und lustig-gesellige Verkehr regte sich auf dem Eise. Grenzenlose Schlittschuhbahnen, glattgefrorne weite Flächen wimmelten von bewegter Versammlung. Ich fehlte nicht vom frühen Morgen an und war also, wie späterhin meine Mutter, dem Schauspiel zuzusehen, angefahren kam, als leichtbekleidet wirklich durchgefroren. Sie saß im Wagen in ihrem roten Sammetpelze, der, auf der Brust mit starken goldenen Schnüren und Quasten zusammengehalten, ganz stattlich aussah. „Geben Sie mir, liebe Mutter, Ihren Pelz!" rief ich aus dem Stegreife, ohne mich weiter besonnen zu haben, „mich friert grimmig." Auch sie bedachte nichts weiter; im Augenblicke hatte ich den Pelz an, der, purpurfarb, bis an die Waden reichend, mit Zobel verbrämt, mit Gold geschmückt, zu der braunen Pelzmütze, die ich trug, gar nicht übel kleidete. So fuhr ich sorglos auf und ab; auch war das Gedränge so groß, daß man die seltene Erscheinung nicht einmal sonderlich bemerkte, obschon einigermaßen: denn man rechnete mir sie später unter meinen Anomalien im Ernst und Scherze wohl einmal wieder vor.
(2)

Im karmesinroten Pelz
(Variante 2)
Frankfurt 1774

An einem hellen Wintertag, an dem Deine Mutter Gäste hatte, machtest Du ihr den Vorschlag, mit den Fremden an den Main zu fahren. „‚Mutter, Sie hat mich ja doch noch nicht Schlittschuhe laufen sehen, und das Wetter ist heut so schön' usw. — Ich zog meinen karmoisinroten Pelz an, der einen langen Schlepp hatte und vorn herunter mit goldnen Spangen zugemacht war, und so fahren wir denn hinaus; da schleift mein Sohn herum wie ein Pfeil zwischen den andern durch, die Luft hatte ihm die Backen rot gemacht, und der Puder war aus seinen braunen Haaren geflogen, wie er nun den karmoisinroten Pelz sieht, kommt er herbei an die

Kutsche und lacht mich ganz freundlich an. — ‚Nun, was willst du?‘ sag ich. — ‚Ei Mutter, Sie hat ja doch nicht kalt im Wagen, geb Sie mir Ihren Sammetrock!‘ — ‚Du wirst ihn doch nicht gar anziehen wollen?‘ — ‚Freilich will ich ihn anziehen.‘ — Ich zieh halt meinen prächtig warmen Rock aus, er zieht ihn an, schlägt die Schleppe über den Arm, und da fährt er hin, wie ein Göttersohn, auf dem Eis; Bettine, wenn du ihn gesehen hättest!! — So was Schönes gibt's nicht mehr, ich klatschte in die Hände vor Lust! Mein Lebtag seh ich noch, wie er den einen Brückenbogen hinaus- und den andern wieder hereinlief und wie da der Wind ihm den Schlepp lang hintennach trug; damals war deine Mutter mit auf dem Eis, der wollte er gefallen."
(1)

GESUNDER PULS
Elberfeld 1774

Einige Wochen nachher wurde Stilling einsmals des Morgens früh in einen Gasthof gerufen, man sagte ihm, es sei ein fremder Patient da, der ihn gern sprechen möchte; zog sich also an und ging hin; man führte ihn ins Schlafzimmer des Fremden. Hier fand er nun den Kranken mit einem dicken Tuch um den Hals, und den Kopf in Tücher verhüllt; der Fremde streckte die Hand aus dem Bett und sagte mit schwacher und dumpfer Stimme: „Herr Doktor! fühlen Sie mir einmal den Puls, ich bin gar krank und schwach"; Stilling fühlte und fand den Puls sehr regelmäßig und gesund; er erklärte sich also auch so und erwiderte: „Ich finde gar nichts Krankes, der Puls geht ordentlich"; sowie er das sagte, hing ihm Goethe am Hals. Stillings Freude war unbeschreiblich.
(9)

DER DOKTOR WEISS BESCHEID
Frankfurt 1774

Des Abends, da die andern Freunde weg waren, und ich [Goethes Mutter] allein bei ihr saß, sagte sie: „Der Doktor!" Ich bildete mir ein, sie meine den Medikus, und sagte: „Er ist weggegangen." — „Nein", sagte sie und deutete auf mich. „Meinen Doktor meinen Sie?" Sie nickte mit dem Kopfe. „Ach", sagte ich, „der glaubt so

wenig, daß Sie sterben, daß er mir aufgetragen hat, Ihnen zu sagen, wie er morgen mit dem Prinzen von Weimar nach Mainz reisen werde — dreimal hab ich schon angefangen, ihn auf Ihren Tod vorzubereiten, es ist aber alles vergebens. ‚Sie stirbt nicht!' sagt er immer, ‚das kann nicht sein, sie stirbt nicht.'"
(18)

Diese mehreren Lotten
Frankfurt 1775

Bei meiner Arbeit war mir nicht unbekannt, wie sehr begünstigt jener Künstler gewesen, dem man Gelegenheit gab, eine Venus aus mehrern Schönheiten herauszustudieren, und so nahm ich mir auch die Erlaubnis, an der Gestalt und den Eigenschaften mehrerer hübschen Kinder meine Lotte zu bilden, obgleich die Hauptzüge von der geliebtesten genommen waren. Das forschende Publikum konnte daher Ähnlichkeiten von verschiedenen Frauenzimmern entdecken, und den Damen war es auch nicht ganz gleichgültig, für die rechte zu gelten. Diese mehreren Lotten aber brachten mir unendliche Qual, weil jedermann, der mich nur ansah, entschieden zu wissen verlangte, wo denn die eigentliche wohnhaft sei. Ich suchte mir wie Nathan mit den drei Ringen durchzuhelfen, auf einem Auswege, der freilich höheren Wesen zukommen mag, wodurch sich aber weder das gläubige noch das lesende Publikum will befriedigen lassen. Dergleichen peinliche Forschungen hoffte ich in einiger Zeit loszuwerden; allein sie begleiteten mich durchs ganze Leben.
(2)

Dialog über einen Dritten
Frankfurt 1775

Syndikus: Aber das Zeug ist doch zu toll, was der Mensch zusammengeschrieben hat. Dabei bleib ich.

Philipp: Wissen Sie, was er neulich zu einem sagte, der ihn eben darüber konstituierte?

Syndikus: Wie denn?

Philipp: Mein Herr, fragte er den, sind Sie nie betrunken gewesen? — Eh nun, sagte der andre, ein ehrlicher Kerl hat immer so

eine Nachrede aufm Rücken! — Gut, sagt er, der Unterschied von mir zu Ihnen ist der: Ihr Rausch ist ausgeschlafen, meiner steht aufm Papiere.
(8)

In Gottes Hand, aus Gottes Hand
Frankfurt 1775

Zutrauen und Liebe verband mich aufs herzlichste mit Stilling; ich hatte doch auch gut und glücklich auf seinen Lebensgang eingewirkt, und es war ganz seiner Natur gemäß, alles, was für ihn geschah, in einem dankbaren feinen Herzen zu behalten; aber sein Umgang war mir in seinem damaligen Lebensgange weder erfreulich noch förderlich. Zwar überließ ich gern einem jeden, wie er sich das Rätsel seiner Tage zurechtlegen und ausbilden wollte; aber die Art, auf einem abenteuerlichen Lebensgange alles, was uns vernünftigerweise Gutes begegnet, einer unmittelbaren göttlichen Einwirkung zuzuschreiben, schien mir doch zu anmaßlich, und die Vorstellungsart, daß alles, was aus unserm Leichtsinn und Dünkel, übereilt oder vernachlässigt, schlimme, schwer zu ertragende Folgen hat, gleichfalls für eine göttliche Pädagogik zu halten, wollte mir auch nicht in den Sinn. Ich konnte also den guten Freund nur anhören, ihm aber nichts Erfreuliches erwidern; doch ließ ich ihn, wie so viele andere, gern gewähren und schützte ihn später wie früher, wenn man, gar zu weltlich gesinnt, sein zartes Wesen zu verletzen sich nicht scheute. Daher ich ihm auch den Einfall eines schalkischen Mannes nicht zu Ohren kommen ließ, der einmal ganz ernsthaft ausrief: „Nein! fürwahr, wenn ich mit Gott so gut stünde wie Jung, so würde ich das höchste Wesen nicht um Geld bitten, sondern um Weisheit und guten Rat, damit ich nicht soviel dumme Streiche machte, die Geld kosten und elende Schuldenjahre nach sich ziehen."
(2)

Komödie und Tragödie
Frankfurt 1775

Weil nun bei jeder unserer geselligen Zusammenkünfte etwas Neues vorgelesen werden mußte, so brachte ich eines Abends als ganz frische Neuigkeit das „Mémoire" des Beaumarchais gegen Clavigo im Original mit. Es erwarb sich sehr vielen Beifall; die Bemerkungen, zu denen es auffordert, blieben nicht aus, und nachdem man viel darüber hin und wider gesprochen hatte, sagte mein lieber Partner: „Wenn ich deine Gebieterin und nicht deine Frau wäre, so würde ich dich ersuchen, dieses Mémoire in ein Schauspiel zu verwandeln; es scheint mir ganz dazu geeignet zu sein." — „Damit du siehst, meine Liebe", antwortete ich, „daß Gebieterin und Frau auch in *einer* Person vereinigt sein können, so verspreche ich, heut über acht Tage den Gegenstand dieses Heftes als Theaterstück vorzulesen, wie es jetzt mit diesen Blättern geschehen." Man verwunderte sich über ein so kühnes Versprechen, und ich säumte nicht, es zu erfüllen. Denn was man in solchen Fällen Erfindung nennt, war bei mir augenblicklich; und gleich, als ich meine Titulargattin nach Hause führte, war ich still; sie fragte, was mir sei? — „Ich sinne", versetzte ich, „schon das Stück aus und bin mittendrin; ich wünsche dir zu zeigen, daß ich dir gerne etwas zuliebe tue." Sie drückte mir die Hand, und als ich sie dagegen eifrig küßte, sagte sie: „Du mußt nicht aus der Rolle fallen! Zärtlich zu sein, meinen die Leute, schicke sich nicht für Ehegatten." — „Laß sie meinen", versetzte ich, „wir wollen es auf unsere Weise halten."

Ehe ich, freilich durch einen großen Umweg, nach Hause kam, war das Stück schon ziemlich herangedacht; damit dies aber nicht gar zu großsprecherisch scheine, so will ich gestehen, daß schon beim ersten und zweiten Lesen der Gegenstand mir dramatisch, ja theatralisch vorgekommen, aber ohne eine solche Anregung wäre das Stück, wie so viele andere, auch bloß unter den möglichen Geburten geblieben.

(2)

Lyrische Zerfahrenheit
der Jugend
Offenbach 1775

Lili hielt sich im Frühling des Jahres 1775 zuzeiten [...] zu Offenbach auf [...]. André, unerschöpflich in Gesängen und Schwänken zum Klavier, ließ sich dann oft, bis der Nachtwächter die zwölfte Stunde abrief, von den Liebesleutchen ans Klavier fesseln, wodurch sie sich eines längeren Beisammenseins erfreuen konnten. Überhaupt wird noch mancher harmlose Zug aus dieser Periode von dem Dichter erzählt, der damals noch an der ganzen lyrischen Zerfahrenheit der Jugend litt.

Bei einer dämmernden Mondnacht hat er sich einst in weiße Laken gehüllt und so, auf hohen Stelzen in dem Städtchen herumschreitend — Goethe war nämlich in seiner Jugend ein sehr geübter Stelzengänger —, vielen Leuten zu den Fenstern des ersten Stockwerkes hereingeschaut, daß jene ein panischer Schreck befiel ob der langen, weißen, geisterhaften Gestalt. Ein anderes Mal, bei der Taufe des [...] Anton André, saß die ganze Gesellschaft bei dem Kindtaufschmause. Da tritt Goethe nach kurzer Entfernung mit einem verdeckten Gerichte herein, das er schweigend auf den Tisch setzt. Und als man später die Serviette von der Platte hob, lag der kleine Täufling, sorgsam eingewickelt, darin.
(19)

In tyrannos?
Frankfurt 1775

Die Gebrüder kamen an, Graf Haugwitz mit ihnen. Von mir wurden sie mit offener Brust empfangen, mit gemütlicher Schicklichkeit. Sie wohnten im Gasthofe, waren zu Tische jedoch meistens bei uns. Das erste heitere Zusammensein zeigte sich höchst erfreulich; allein gar bald traten exzentrische Äußerungen hervor.

Zu meiner Mutter machte sich ein eigenes Verhältnis. Sie wußte in ihrer tüchtigen, graden Art sich gleich ins Mittelalter zurückzusetzen, um als Aja bei irgendeiner lombardischen oder byzantinischen Prinzessin angestellt zu sein. Nicht anders als Frau Aja ward sie genannt, und sie gefiel sich in dem Scherze und ging so eher in die Phantastereien der Jugend mit ein, als sie schon in Götz von Berlichingens Hausfrau ihr Ebenbild zu erblicken glaubte.

Doch hiebei sollte es nicht lange bleiben; denn man hatte nur einige Male zusammen getafelt, als schon nach ein und der andern genossenen Flasche Wein der poetische Tyrannenhaß zum Vorschein kam und man nach dem Blute solcher Wütriche lechzend sich erwies. Mein Vater schüttelte lächelnd den Kopf; meine Mutter hatte in ihrem Leben kaum von Tyrannen gehört, doch erinnerte sie sich in Gottfrieds „Chronik" dergleichen Unmenschen in Kupfer abgebildet gesehen zu haben: den König Kambyses, der in Gegenwart des Vaters das Herz des Söhnchens mit dem Pfeil getroffen zu haben triumphiert, wie ihr solches noch im Gedächtnis geblieben war. Diese und ähnliche, aber immer heftiger werdende Äußerungen ins Heitere zu wenden, verfügte sie sich in ihren Keller, wo ihr von den ältesten Weinen wohlunterhaltene große Fässer verwahrt lagen. Nicht geringere befanden sich daselbst als die Jahrgänge 1706, 19, 26, 48, von ihr selbst gewartet und gepflegt, selten und nur bei feierlich bedeutenden Gelegenheiten angesprochen.

Indem sie nun in geschliffener Flasche den hochfarbigen Wein hinsetzte, rief sie aus: „Hier ist das wahre Tyrannenblut! Daran ergötzt euch, aber alle Mordgedanken laßt mir aus dem Hause!"
(2)

Mephistophelisch querblickend
Frankfurt 1775

Ich brachte unterdessen meine Zeit bei Merck zu, welcher meine vorgenommene Reise mephistophelisch querblickend ansah und meine Gefährten, die ihn auch besucht hatten, mit schonungsloser Verständigkeit zu schildern wußte. Er kannte mich nach seiner Art durchaus, die unüberwindliche naive Gutmütigkeit meines Wesens war ihm schmerzlich; das ewige Geltenlassen, das Leben und Lebenlassen war ihm ein Greuel. „Daß du mit diesen Burschen ziehst", rief er aus, „ist ein dummer Streich!"; und er schilderte sie sodann treffend, aber nicht ganz richtig. Durchaus fehlte ein Wohlwollen, daher ich glauben konnte, ihn zu übersehen, obschon ich ihn nicht sowohl übersah, als nur

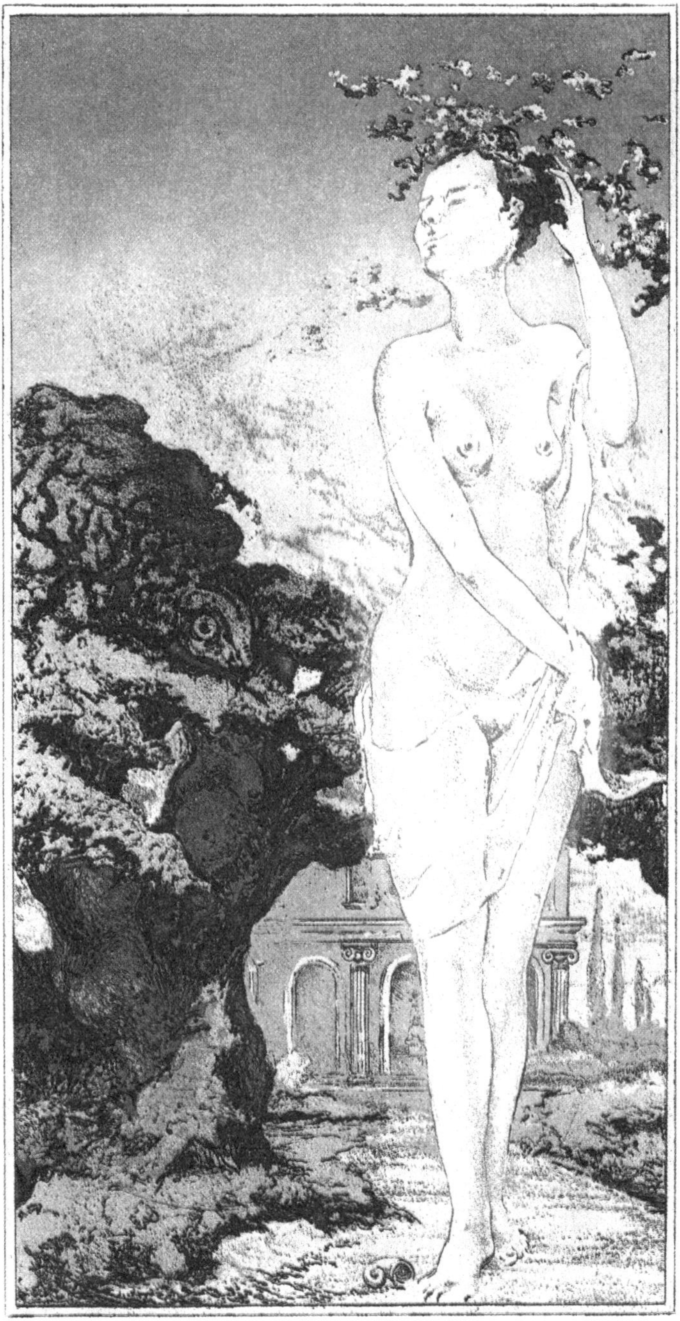

die Seiten zu schätzen wußte, die außer seinem Gesichtskreise lagen.

„Du wirst nicht lange bei ihnen bleiben!" Das war das Resultat seiner Unterhaltungen. Dabei erinnere ich mich eines merkwürdigen Wortes, das er mir später wiederholte, das ich mir selbst wiederholte und oft im Leben bedeutend fand. „Dein Bestreben", sagte er, „deine unablenkbare Richtung ist, dem Wirklichen eine poetische Gestalt zu geben, die andern suchen das sogenannte Poetische, das Imaginative zu verwirklichen, und das gibt nichts wie dummes Zeug." Faßt man die ungeheure Differenz dieser beiden Handlungsweisen, hält man sie fest und wendet sie an, so erlangt man viel Aufschluß über tausend andere Dinge.
(2)

Man denke sich den jungen Mann
Schwyz 1775

Am 16. Juni 1775, denn hier find ich zuerst das Datum verzeichnet, traten wir einen beschwerlichen Weg an; wilde, steinige Höhen mußten überstiegen werden, und zwar in vollkommener Einsamkeit und Öde. Abends drei Viertel auf achte standen wir den Schwyzer Haggen gegenüber, zweien Berggipfeln, die nebeneinander mächtig in die Luft ragen. Wir fanden auf unsern Wegen zum erstenmal Schnee, und an jenen zackigen Felsgipfeln hing er noch vom Winter her. Ernsthaft und fürchterlich füllte ein uralter Fichtenwald die unabsehlichen Schluchten, in die wir hinab sollten. Nach kurzer Rast, frisch und mit mutwilliger Behendigkeit, sprangen wir den von Klippe zu Klippe, von Platte zu Platte in die Tiefe sich stürzenden Fußpfad hinab und gelangten um zehn Uhr nach Schwyz. Wir waren zugleich müde und munter geworden, hinfällig und aufgeregt; wir löschten gähling unsern heftigen Durst und fühlten uns noch mehr begeistert. Man denke sich den jungen Mann, der etwa vor zwei Jahren den „Werther" schrieb, einen jüngern Freund, der sich schon an dem Manuskript jenes wunderbaren Werkes entzündet hatte, beide ohne Wissen und Wollen gewissermaßen in einen Naturzustand versetzt, lebhaft gedenkend vorübergegangener Leidenschaften, nachhängend den gegenwärtigen, folgelose Plane bildend, im Gefühl behaglicher Kraft das Reich der Phantasie durchschwelgend — dann nähert man sich der

Vorstellung jenes Zustandes, den ich nicht zu schildern wüßte, stünde nicht im Tagebuche: „Lachen und Jauchzen dauerte bis um Mitternacht."

(2)

KULANTE BITTE UM EIN DUTZEND
Frankfurt 1775

Noch andere hielten mich für einen grundgelehrten Mann und verlangten, ich solle die Originalerzählung des guten Götz neu mit Noten herausgeben; wozu ich mich keineswegs geschickt fühlte, ob ich es mir gleich gefallen ließ, daß man meinen Namen auf den Titel des frischen Abdrucks zu setzen beliebte. Man hatte, weil ich die Blumen eines großen Daseins abzupflücken verstand, mich für einen sorgfältigen Kunstgärtner gehalten. Diese meine Gelahrtheit und gründliche Sachkenntnis wurde jedoch wieder von andern in Zweifel gezogen. Ein angesehener Geschäftsmann macht mir ganz unvermutet die Visite. Ich sehe mich dadurch höchst geehrt, und um so mehr, als er sein Gespräch mit dem Lobe meines „Götz von Berlichingen" und meiner guten Einsichten in die deutsche Geschichte anfängt; allein ich finde mich doch betroffen, als ich bemerke, er sei eigentlich nur gekommen, um mich zu belehren, daß Götz von Berlichingen kein Schwager von Franz von Sickingen gewesen sei und daß ich also durch dieses poetische Ehebündnis gar sehr gegen die Geschichte verstoßen habe. Ich suchte mich dadurch zu entschuldigen, daß Götz ihn selber so nenne; allein mir ward erwidert, daß dieses eine Redensart sei, welche nur ein näheres freundschaftliches Verhältnis ausdrücke, wie man ja in der neueren Zeit die Postillone auch Schwager nenne, ohne daß ein Familienband sie an uns knüpfe. Ich dankte, so gut ich konnte, für diese Belehrung und bedauerte nur, daß dem Übel nicht mehr abzuhelfen sei. Dieses ward von seiner Seite gleichfalls bedauert, wobei er mich freundlichst zu fernerem Studium der deutschen Geschichte und Verfassung ermahnte und mir dazu seine Bibliothek anbot, von der ich auch in der Folge guten Gebrauch machte.

Das Lustigste jedoch, was mir in dieser Art begegnete, war der Besuch eines Buchhändlers, der mit einer heiteren Freimütigkeit sich ein Dutzend solcher Stücke ausbat und sie gut zu honorieren versprach. Daß wir uns darüber sehr lustig machten, läßt sich den-

ken, und doch hatte er im Grunde so unrecht nicht: denn ich war schon im stillen beschäftiget, von diesem Wendepunkt der deutschen Geschichte mich vor- und rückwärts zu bewegen und die Hauptereignisse in gleichem Sinn zu bearbeiten. Ein löblicher Vorsatz, der, wie so manche andere, durch die flüchtig vorbeirauschende Zeit vereitelt worden.
(2)

Wagenlenker voller Ungeduld
Heidelberg 1775

Daß ich mich nach Heidelberg begab, dazu hatte ich mehrere Ursachen: eine verständige, denn ich hatte gehört, der weimarische Freund [von Kalb] würde von Karlsruhe über Heidelberg kommen; und sogleich gab ich, angelangt, auf der Post ein Billett ab, das man einem auf bezeichnete Weise durchreisenden Kavalier einhändigen sollte; die zweite Ursache war leidenschaftlich und bezog sich auf mein früheres Verhältnis zu Lili. Demoiselle Delph nämlich, welche die Vertraute unserer Neigung, ja die Vermittlerin einer ernstlichen Verbindung bei den Eltern gewesen war, wohnte daselbst, und ich schätzte mir es für das größte Glück, ehe ich Deutschland verließ, noch einmal jene glücklichen Zeiten mit einer werten, geduldigen und nachsichtigen Freundin durchschwätzen zu können.

Ich ward wohl empfangen und in manche Familie eingeführt, wie ich mir denn in dem Hause des Oberforstmeisters von W.... sehr wohl gefiel. Die Eltern waren anständig behagliche Personen, die eine Tochter ähnelte Friederiken. Es war gerade die Zeit der Weinlese, das Wetter schön, und alle die elsassischen Gefühle lebten in dem schönen Rhein- und Neckartale in mir wieder auf. Ich hatte diese Zeit an mir und andern Wunderliches erlebt, aber es war noch alles im Werden, kein Resultat des Lebens hatte sich in mir hervorgetan, und das Unendliche, was ich gewahrt hatte, verwirrte mich vielmehr. Aber in Gesellschaft war ich noch wie sonst, ja vielleicht gefälliger und unterhaltender. Hier unter diesem freien Himmel, unter den frohen Menschen suchte ich die alten Spiele wieder auf, die der Jugend immer neu und reizend bleiben. Eine frühere, noch nicht erloschene Liebe im Herzen, erregte ich Anteil, ohne es zu wollen, auch wenn ich sie verschwieg, und so ward ich auch in diesem Kreise bald einheimisch, ja notwendig und vergaß, daß ich nach ein paar verschwätzten Abenden meine Reise fortzusetzen den Plan hatte.

Demoiselle Delph war eine von den Personen, die, ohne gerade intrigant zu sein, immer ein Geschäft haben, andere beschäftigen und bald diese, bald jene Zwecke durchführen wollen. Sie hatte eine tüchtige Freundschaft zu mir gefaßt und konnte mich um so eher verleiten, länger zu verweilen, da ich in ihrem Hause wohnte, wo sie meinem Dableiben allerlei Vergnügliches vorhalten und meiner Abreise allerlei Hindernisse in den Weg legen konnte. Wenn ich das Gespräch auf Lili lenken wollte, war sie nicht so gefällig und teilnehmend, wie ich gehofft hatte. Sie lobte vielmehr unsern beiderseitigen Vorsatz, uns unter den bewandten Umständen zu trennen, und behauptete, man müsse sich in das Unvermeidliche ergeben, das Unmögliche aus dem Sinne schlagen und sich nach einem neuen Lebensinteresse umsehn. Planvoll, wie sie war, hatte sie dies nicht dem Zufall überlassen wollen, sondern sich schon zu meinem künftigen Unterkommen einen Entwurf gebildet, aus dem ich nun wohl sah, daß ihre letzte Einladung nach Heidelberg nicht so absichtslos gewesen, als es schien.

Kurfürst Karl Theodor nämlich, der für die Künste und Wissenschaften soviel getan, residierte noch zu Mannheim, und gerade weil der Hof katholisch, das Land aber protestantisch war, so hatte die letztere Partei alle Ursache, sich durch rüstige und hoffnungsvolle Männer zu verstärken. Nun sollte ich in Gottes Namen nach Italien gehn und dort meine Einsichten in dem Kunstfach ausbilden; indessen wolle man für mich arbeiten, es werde sich bei meiner Rückkunft ausweisen, ob die aufkeimende Neigung der Fräulein von W.... gewachsen oder erloschen und ob es rätlich sei, durch die Verbindung mit einer angesehenen Familie mich und mein Glück in einem neuen Vaterlande zu begründen.

Dieses alles lehnte ich zwar nicht ab, allein mein planloses Wesen konnte sich mit der Planmäßigkeit meiner Freundin nicht ganz vereinigen; ich genoß das Wohlwollen des Augenblicks, Lilis Bild schwebte mir wachend und träumend vor und mischte sich in alles andre, was mir hätte gefallen oder mich zerstreuen können. Nun rief ich mir aber den Ernst meines großen Reiseunternehmens vor die Seele und beschloß, auf eine sanfte und artige Weise mich loszulösen und in einigen Tagen meinen Weg weiter fortzusetzen.

Bis tief in die Nacht hinein hatte Demoiselle Delph mir ihre Plane, und was man für mich zu tun willens war, im einzelnen dargestellt, und ich konnte nicht anders als dankbar solche Gesinnungen verehren, obgleich die Absicht eines gewissen Kreises, sich durch mich und meine mögliche Gunst bei Hofe zu verstärken, nicht ganz zu verkennen war. Wir trennten uns erst gegen eins. Ich hatte nicht lange, aber tief geschlafen, als das Horn eines Postillons mich weckte, der reitend vor dem Hause hielt. Bald darauf erschien Demoiselle Delph mit einem Licht und Brief in den Händen und trat vor mein Lager. „Da haben wir's!" rief sie aus. „Lesen Sie, sagen Sie mir, was es ist. Gewiß kommt es von den Weimarischen. Ist es eine Einladung, so folgen Sie ihr nicht und erinnern sich an unsre Gespräche." Ich bat sie um das Licht und um eine Viertelstunde Einsamkeit. Sie verließ mich ungern. Ohne den Brief zu eröffnen, sah ich eine Weile vor mich hin. Die Stafette kam von Frankfurt, ich kannte Siegel und Hand; der Freund war also dort angekommen; er lud mich ein, und der Unglaube und Ungewißheit hatten uns übereilt. Warum sollte man nicht in einem ruhigen bürgerlichen Zustande auf einen sicher angekündigten Mann warten, dessen Reise durch so manche Zufälle verspätet werden konnte? Es fiel mir wie Schuppen von den Augen. Alle vorhergegangene Güte, Gnade, Zutrauen stellte sich mir lebhaft wieder vor, ich schämte mich fast meines wunderlichen Seitensprungs. Nun eröffnete ich den Brief, und alles war ganz natürlich zugegangen. Mein ausgebliebener Geleitsmann hatte auf den neuen Wagen, der von Straßburg kommen sollte, Tag für Tag, Stunde für Stunde, wie wir auf ihn, geharrt; war alsdann Geschäfts wegen über Mannheim nach Frankfurt gegangen und hatte dort zu seinem Schreck mich nicht gefunden. Durch eine Stafette sendete er gleich das eilige Blatt ab, worin er voraussetzte, daß ich sofort nach aufgeklärtem Irrtum zurückkehren und ihm nicht die Beschämung bereiten wolle, ohne mich in Weimar anzukommen.

Sosehr sich auch mein Verstand und Gemüt gleich auf diese Seite neigte, so fehlte es doch meiner neuen Richtung auch nicht an einem bedeutenden Gegengewicht. Mein Vater hatte mir einen gar hübschen Reiseplan aufgesetzt und mir eine kleine Bibliothek mitgegeben, durch die ich mich vorbereiten und an Ort und Stelle leiten könnte. In müßigen Stunden hatte ich bisher keine andere Unterhaltung gehabt, sogar auf meiner letzten kleinen Reise im

Wagen nichts anderes gedacht. Jene herrlichen Gegenstände, die ich von Jugend auf durch Erzählung und Nachbildung aller Art kennengelernt, sammelten sich vor meiner Seele, und ich kannte nichts Erwünschteres, als mich ihnen zu nähern, indem ich mich entschieden von Lili entfernte.

Ich hatte mich indes angezogen und ging in der Stube auf und ab. Meine ernste Wirtin trat herein. „Was soll ich hoffen?" rief sie aus. „Meine Beste", sagte ich, „reden Sie mir nichts ein, ich bin entschlossen zurückzukehren; die Gründe habe ich selbst bei mir abgewogen, sie zu wiederholen würde nichts fruchten. Der Entschluß am Ende muß gefaßt werden, und wer soll ihn fassen als der, den er zuletzt angeht?"

Ich war bewegt, sie auch, und es gab eine heftige Szene, die ich dadurch endigte, daß ich meinem Burschen befahl, Post zu bestellen. Vergebens bat ich meine Wirtin, sich zu beruhigen und den scherzhaften Abschied, den ich gestern abend bei der Gesellschaft genommen hatte, in einen wahren zu verwandeln; zu bedenken, daß es nur auf einen Besuch, auf eine Aufwartung für kurze Zeit angesehn sei; daß meine italienische Reise nicht aufgehoben, meine Rückkehr hierher nicht abgeschnitten sei. Sie wollte von nichts wissen und beunruhigte den schon Bewegten noch immer mehr. Der Wagen stand vor der Tür; aufgepackt war; der Postillon ließ das gewöhnliche Zeichen der Ungeduld erschallen; ich riß mich los; sie wollte mich noch nicht fahren lassen und brachte künstlich genug die Argumente der Gegenwart alle vor, so daß ich endlich leidenschaftlich und begeistert die Worte Egmonts ausrief:

„Kind, Kind! nicht weiter! Wie von unsichtbaren Geistern gepeitscht, gehen die Sonnenpferde der Zeit mit unsers Schicksals leichtem Wagen durch, und uns bleibt nichts, als mutig gefaßt die Zügel festzuhalten und bald rechts, bald links, vom Steine hier, vom Sturze da, die Räder abzulenken. Wohin es geht, wer weiß es? Erinnert er sich doch kaum, woher er kam."
(2)

Abends bei Wielands
Weimar 1775

Als Goethe zuerst nach Weimar gekommen war, bat er sich oft selbst bei Wielanden abends zu Gaste. Denn der Herzog, mit welchem Goethe alle Mittage aß, speiste abends nur selten, außer wenn er alle seine Umgebungen mit delikaten Bratwürsten traktierte, die in *unendlicher* Menge gemacht werden mußten. Damals war das Wort *unendlich* überall wiederkehrendes Stichwort. Wenn Goethe abends bei Wieland essen wollte, so schickte er seinen Bedienten (der beiläufig in allem seinen Meister nachahmt, so ging, den Kopf schüttelte, sprach usw.) vorher ins Haus und ließ sich eine unendliche Schüssel unendlicher Borsdorfer Äpfel (gedämpft) ausbitten. Trat er ins Haus, so nahm er jedes der Kinder beim Kopf, gab ihnen komische Namen, schüttelte, hob sie auf den Arm usw.
(3)

Herr und Diener
Weimar 1775

Wir schlafen nun zu dreien in einer Kammer. Da kamen wir ins Gespräch aus einem ins andere bis zu allen Teufeln. Stell Dir die erschreckliche Wendung vor: Von Liebesgeschichten auf die Insel Korsika, und auf ihr blieben wir in dem größten und hitzigsten Handgemenge bis morgens gegen viere. Die Frage, über die mit so viel Heftigkeit als Gelehrsamkeit gestritten wurde, war diese: Ob ein Volk nicht glücklicher sei, wenn's frei ist, als wenn's unter dem Befehl eines souveränen Herrn steht. Denn ich [Seidel] sagte: „Die Korsen sind wirklich unglücklich." *Er* sagte: „Nein, es ist ein Glück für sie und ihre Nachkommen, sie werden nun verfeinert, entwildert, lernen Künste und Wissenschaften, statt sie zuvor roh und wild waren." — „Herr", sagte ich, „ich hätt den Teufel von Seinen Verfeinerungen und Veredelungen auf Kosten meiner Freiheit, die eigentlich unser Glück macht."
(20)

Eigene Künste
Weimar 1775

Es wurden einst eigene Künste hier gespielt, um Goethen spielfähig mit der regierenden Herzogin zu machen. Erst ging er nach Meiningen, wo er am Hofe öffentlich mit den Herrschaften Whist spielte. Nach dieser Einleitung kam er hierher, und nun mußte die Sache so eingerichtet werden, daß der Stallmeister von Stein mit der Herzogin spielte, plötzlich abgerufen wurde und nun Goethe, der schon darauf wartete, sich indes für ihn einsetzte. Nun war das Eis gebrochen, und von nun an ging die Sache ohne Schwierigkeit.
(3)

Geniestreiche
Weimar 1775

Als der Doktor und Exadvokat Goethe als Favorit des Herzogs hier eintrat, fand ihn auch die verwitwete Herzogin äußerst liebenswürdig und witzig. Seine Geniestreiche und Feuerwerke spielten nirgend ungescheuter als bei ihr. [. . .] Alle Welt mußte damals im Wertherfrack gehn, in welchen sich auch der Herzog kleidete, und wer sich keinen schaffen konnte, dem ließ der Herzog einen machen. Nur Wielanden nahm der Herzog selbst aus, weil er zu alt zu diesen Mummereien wäre. [. . .] Oft stellte sich der Herzog mit Goethen stundenlang auf den Markt und knallte mit ihm um die Wette mit einer abscheulich großen Parforcekarbatsche.
(3)

Gesellige Spiele
Weimar 1775

Als er nach Weimar kam, spielte er einmal Sprüchwörter in einer Gesellschaft. Er bat um die Erlaubnis, mit Wieland (der sich wahrscheinlich ein Air über ihn gab) ein Sprüchwort aufführen zu dürfen, zeichnete mit Kreide auf eine spanische Wand einen Berg, trat dahinter, bat Wieland zu raten, und da dieser es nicht konnte, trat Goethe hervor, verbeugte sich und sagte: „Mein Herr Hofrat! hinter dem Berge sind auch Leute!"
(21)

Blasphemischer Bänkelsang
Weimar 1775

Goethe konnte und kann vielleicht noch ganze Gedichte seiner Schöpfung auswendig und arbeitete sie gewöhnlich ganz im Kopfe aus, ehe er sie seinem Schreiber diktiert. Als er in seinem fünfundzwanzigsten Jahre, als Doktor Goethe, zuerst zu uns kam, gab er von dieser Kraft seines Gedächtnisses erstaunenswürdige Proben. Er rezitierte damals ein langes, aus mehreren Gesängen bestehendes Gedicht in Knittelversen, denen er durch seine Deklamation alles Widrige zu nehmen und Salz und Würze zu geben wußte, das nie geschrieben oder gedruckt worden ist: „Der Ewige Jude" benannt. Es war eine mit der unschuldigsten Miene giftig persiflierende Christeis, worinnen Jesus und seine Jünger gewaltig mitgenommen wurden. Der Herzog, der ganz verliebt in dies Bänkelsängerstück war, ließ es Goethen oft und unter ganz verschiedenen Umständen rezitieren, und nie verfehlte der Dichter eine Silbe. (22)

Das Gärtchen an der Ilm
(Variante 1)

Weimar 1776

Als Goethe das erste Mal in Weimar war und der Herzog ihm den Vorschlag machte, in Weimar zu bleiben, so sagte er, das ginge gar nicht an, daß er (ein Genie) in einer Stadt leben könnte. Dies sei lauter erbärmliches Philisterwesen: ein Genie, der echte Naturmensch, gehöre in die Natur, in Luft, Wald und Feld; wenn er ein Gärtchen bei Weimar herum finden könnte, so könnte er sich allenfalls dazu entschließen. Darauf ging der Herzog Bertuch an (der, weil er die Schatulle hatte, immer als eine Art von Philister und gemeiner Alltagsmensch behandelt wurde), ihm den Garten, worin der Leibschneider Medem gewohnt und den Bertuch gekauft hatte, abzutreten. Diesen Garten hat noch Goethe bis auf den heutigen Tag.
(17)

Das Gärtchen an der Ilm
(Variante 2)

Weimar 1776

Im Garten am Stern, hart am Wege nach Oberweimar, am Fuße des Höhenzuges, „Das Horn" genannt, erhebt sich aus hochwipflichen Bäumen ein einfaches Häuschen. Dieser Garten war ihm gleich nach seiner Ankunft in Weimar als wünschenswerter Besitz erschienen. Bertuch besaß ihn. „Bertuch", sagte da Karl August zu dem vertrauten Schatzmeister, „ich muß deinen Garten haben. Ich kann dir nicht helfen. Goethe will ihn haben und mag nicht ohne ihn leben." Das war genug. Bertuch trat sein Eigentum ab und wurde durch ein Stück Land entschädigt, wo das nachmals so berühmt gewordene Landes-Industrie-Comptoir angelegt wurde. (23)

DAS GÄRTCHEN AN DER ILM
(Variante 3)
Weimar 1776

Trotz der ausgezeichneten Aufnahme, die Doktor Goethe in Weimar fand, und bei aller Lebendigkeit, mit welcher sein Gefühl und Geist sich der fürstlichen Familie und dem fröhlichen Treiben des ersten Winters anschloß, war ihm doch das Versprechen einer festen Ansiedlung in diesem Kreise nicht abzugewinnen. Gegen irgendeine Anstellung hier schöpfte er Bedenken aus seiner Natur und Gewöhnung und den eignen Bedürfnissen seiner Dichterneigung. Noch im März 1776 gab er wiederholt zu verstehen, daß er nicht fähig sei, einem Hofleben sich anzuschmelzen, und unter solchen Äußerungen an den jungen Herzog, welcher ihn wie einen Bruder an sich zu fesseln wünschte, hob Goethe im Kontrast mit Sitzungszimmer und Salon die kleinste Eigenwirtschaft als etwas wahrhaft Beglückendes hervor. „Ja, wer es so hat wie Bertuch!" sagte er. Dieser, damals noch Sekretär des Herzogs und Schatullier, hatte nämlich vor kurzem jenseit der Ilm an der Wiese vor Oberweimar ein Bauernhäuschen mit einem abhängigen Feldstück sich gekauft, welches er nun als Garten anzupflanzen beschäftigt war. Er befand sich eben wieder draußen, als jenes Gespräch zwischen dem Herzog und Goethe vorfiel. Nicht lange, so sah er den Herzog zu sich heranreiten: „Höre, Bertuch", redete er stillhaltend ihn an, „du mußt mir den Fleck da überlassen, ich brauch ihn." — „Aber", erwiderte Bertuch, nicht eben angenehm überrascht, „ich hab ihn ja kaum erst erworben, und er ist meine beste Freude." — „Laß doch", sagte der Herzog, „die Freude kannst du immer haben, und noch besser; ich schenke dir ja den Baumgarten dafür!" Der Baumgarten, ein Grundstück am Nordwestende der Stadt, unter der Schwanseewiese, war zwar noch nicht angebaut, aber ungleich ausgedehnter als dieser Bertuchsche Hügelfleck und nach

seiner Beschaffenheit und Bewässerung zu vorzüglicher Kultur geeignet. Der Tausch wurde für Bertuch recht vorteilhaft, indem er diesen Grund parzellenweise verpachtete, somit gleichzeitig eine hübsche Pachtsumme davon bezog und ihn durch sorgfältigen Anbau verbessert erhielt, bis er ihn wieder zum ergiebigen und schönen Garten vereinigte und daran sein Industrie-Comptoir immer stattlicher ausbaute. Als er, in der Voraussicht einer solchen Nutzbarkeit, des Herzogs Anerbieten sofort angenommen hatte, schenkte dieser dem Doktor Goethe das Bauerngütchen wenige Augenblicke nach dessen rühmender Erwähnung desselben. Diese liebenswürdig rasche Art, ihn beim Wort zu nehmen, verfehlte des Zweckes nicht. An diesem einfachen Grunde, am bäuerlichen Pflanzen darin und stillen Wohnen unter dem Hüttendach in freier Naturumgebung fand Goethe das Gegengewicht gegen das bedingte amtliche und das zerstreuende gesellige Leben und konnte den Ansprüchen der letzteren bei diesem sichern Rückhalt natürlicher Erholung sich bequemen. Gleich nach Mitte April 1776 zog er in die Hütte ein, wohnte fortan sechs Jahre Sommer und Winter darin und war und blieb lebenslang dem Boden Weimars und dem Wirken und Schicksal seines Herzogs verbunden.
(24)

Ein Herr Bruder kommt
Weimar 1776

Als Goethe nach Weimar gekommen war, vernahm Lenz seines „Herrn Bruders" Glücksfall und macht sich nun auch auf den Weg, um diesem Sterne sich zu nahen. Er kam eines Tages sehr zerlumpt und abgerissen in Weimar im „Erbprinzen" an und schickt sogleich eine Karte an Goethe, der dem Herzog in einer Unpäßlichkeit Unterhaltung leistete, des Inhalts: „Der lahme Kranich ist angekommen. Er sucht, wo er seinen Fuß hinsetze. Lenz." Goethe lachte laut auf, als er dies Billett erhielt, und weiset es dem Herzog, der sogleich befiehlt, er solle geholt werden.
(3)

Bal paré mit Folgen
(Variante 1)
Weimar 1776

Die angehende Regierung des Herzogs von Weimar war eine herrliche Zeit für Weimar und ganz Deutschland. Alle Genies aus Osten und Westen strömten zu dem neuen Musensitze herbei und glaubten sämtlich, dort gleich Goethe, Herder und Wieland eine Freistatt zu finden. Bertuch [...], der damals Schatzmeister beim Herzoge war, sprach später mit Vergnügen von einer eigenen Rubrik in seinen Rechnungen, die er damals besonders anlegen mußte und die fast nichts als Hosen, Westen, Strümpfe und Schuhe für deutsche Genies enthielt, welche, schlecht mit diesen Artikeln versehen, zu Weimars Toren einwanderten. [...]

Um diese Zeit geschah es auch, daß Lenz, ein früher und genialer Jugendfreund Goethes, nach Weimar kam, als eben dieser und der Herzog zufällig nicht zugegen waren. Er steigt im Gasthofe „Zum Erbprinzen" ab und hört daselbst bald, daß heute abend am Hofe ein bal paré sein solle. Bal paré oder bal masqué, das kam in Lenz' Ohren auf ein und dasselbe heraus; denn er dachte deutsch und haßte die französische Sprache als allen gebildeten Deutschen anhaftende Erbsünde. Dem Dinge sollst du doch beiwohnen, denkt er bei sich, und weil dazu weiter nichts als ein schwarzer Domino und eine Maske gehört, so läßt er sich beides durch den Marqueur kommen, der ihn zwar mit großen Augen ansieht, aber doch tut, was der fremde Herr ihn geheißen hat. Sobald die Stunde schlägt, geht Lenz wirklich in diesem Aufzuge an den Hof. Man denke sich das Erstaunen der zum Tanze fröhlich geschmückten Herren und Damen, als plötzlich ein schwarzer Domino in ihrer Mitte erscheint. Lenz bemerkt es indes noch immer nicht, was für eine Rolle er hier spielt. Er geht vielmehr voll Zutrauen in den engen Kreis der Zuschauer und fodert eins der vornehmsten Fräulein zum Tanze auf. Diese aber erkundigte sich, wie zu erwarten stand, zuvor nach seinem Namen und Charakter, wie man es an den Toren nennt, und da er ihr kurzhin antwortet: „Ich bin Lenz", so schlägt sie ihm, da dies kein ebenbürtiger Name ist, unter solchen Umständen den Tanz ebenso kurz ab; das heißt in der Kunstsprache: sie bedauert usw. Glücklicherweise erscheint inzwischen Goethe, als die Verwirrung aufs höchste gestiegen ist. Dieser erkennt sogleich in dem Domino den längst erwarteten, alten, wunderlich humoristischen Freund. Er läßt Lenz alsbald auf die Galerie rufen, die an den Saal stößt, und nach der ersten freudigen Wiedererkennung hebt er an: „Aber sag mir nur zum Teufel, was dir einfällt, in einem Zirkel bei Hof zu erscheinen, wo dich kein Mensch eingeladen hat, und noch dazu in einem solchen Aufzuge?" — „Geladen oder ungeladen", versetzte der über seinen Korb noch immer etwas entrüstete Lenz, „das ist all eins! Es ist ein Maskenball, und da, denk ich, hat jeder freien Zutritt." — „Was, Maskenball?" fällt ihm Goethe hier aufs neue ins Wort, „bal paré, Kind, oder vielmehr Kindeskopf, daß du das nicht unterscheiden kannst!" — „Nun meinetwegen bal paré oder bal masqué!" brummte Lenz in den Bart. „Was schiert mich all Euer haarfeiner Distinktionskram und all Euer verwünschter französischer Schnickschnack! Ich meinerseits bekomme jedesmal ein Fieber, sooft ich nur ein Wort welsch höre, wie ein welscher Hahn, der kaudert, sobald er Rot sieht. Sind Eure Ohren mit reinerm Taufwasser als die meinen ausgewaschen, so dankt Gott dafür; nur sollt Ihr mich mit all solchen höfischen Geschichten ein für allemal ungeschoren lassen, wenn Ihr nicht wollt, daß ich sogleich wieder umkehren und mein Bündel schnüren soll. Ja, wenn es nur noch eine Sprache wäre, die sie sprächen, kurz, laut und verständlich, wie unsere; aber so schnarren sie durch die Nase wie eine Sackpfeife, und kein ehrlicher Deutscher kann aus dem Zeuge, das sie in Menge vorbringen, klug werden."

Goethe und Wieland, den Lenz selbst wegen seiner großen Vorliebe für die französische Literatur als einen halben Franzosen betrachtete, suchten den aufgebrachten Lenz möglichst zu besänftigen. Sie verließen bald darauf sämtlich den Hof, aber nicht ohne den Stoff zu einer geistreich fröhlichen Abendunterhaltung mitzunehmen.

(25)

BAL PARÉ MIT FOLGEN
(Variante 2)
Weimar 1776

Lenz hörte im „Erbprinzen", es sei diesen Abend Hofball en masque. Er läßt sich einen roten Domino holen und erscheint so abends im Saal, wo nur Adlige Tanzrecht und Zutritt haben. Ehe man ihn noch durchbuchstabieren kann, hat er schon ein Fräulein von Laßberg (die sich nachmals mit „Werthers Leiden" in der Tasche in der Ilm ersäufte, weil sie ihr Liebhaber, ein Livländer, sitzenließ) an der Hand und tanzt frischweg. Es wird ruchbar, daß ein bürgerlicher Wolf unter die Herde gekommen sei, alles wird aufrührerisch. Der Hofball desorganisiert sich. Der Kammerherr von Einsiedel kommt atemlos zum Herzog herauf und erzählt ihm die Geschichte. Dieser befiehlt ihm, Lenzen heraufzuholen, und liest ihm ein derbes Kapitel.
(3)

BAL PARÉ MIT FOLGEN
(Variante 3)
Weimar 1776

Ich [Karamsin] habe hier manche Anekdoten von unserm Lenz gehört. Er kam nach Weimar, seines Freundes Goethe wegen, mit welchem er zusammen in Straßburg studiert hatte. Man nahm ihn als einen Mann von Talenten sehr gut auf; aber bald zeigte sich viel Sonderbares an ihm. So erschien er zum Beispiel einmal bei Hofe auf dem Balle maskiert und im Domino, mit dem Hute auf dem Kopfe; und als nun aller Augen auf ihn hinstarrten und das Ah! der Verwunderung von allen Seiten erschallte, trat er ganz ruhig und unbefangen zu einer der vornehmsten Damen und nahm sie zum Tanz auf. Der junge Herzog, der ein Liebhaber von Farcen war, freute sich über diese lustige Erscheinung, die ihm etwas zu lachen gab; aber die betitelten Herren und Damen, die den weimarischen Hof ausmachten, meinten, daß dem naseweisen Lenz wenigstens der Kopf vor die Füße gelegt werden müsse.
(26)

Nächtliche Szene im Gebirge
Ilmenau 1776

„Wie leid tut es mir", sagte ich [Eckermann], „daß ich nicht viel mehr von ihm gekannt habe als sein Äußeres; doch das hat sich mir tief eingeprägt. Ich sehe ihn noch immer auf seiner alten Droschke, im abgetragenen grauen Mantel und Militärmütze und eine Zigarre rauchend, wie er auf die Jagd fuhr, seine Lieblingshunde nebenher. Ich habe ihn nie anders fahren sehen als auf dieser unansehnlichen alten Droschke, auch nie anders als zweispännig. Ein Gepränge mit sechs Pferden und Röcke mit Ordenssternen scheint nicht sehr nach seinem Geschmack gewesen zu sein."

„Das ist", erwiderte Goethe, „jetzt bei Fürsten überhaupt kaum mehr an der Zeit. Es kommt jetzt darauf an, was einer auf der Waage der Menschheit wiegt; alles übrige ist eitel. Ein Rock mit dem Stern und ein Wagen mit sechs Pferden imponiert nur noch allenfalls der rohesten Masse, und kaum dieser. Übrigens hing die alte Droschke des Großherzogs kaum in Federn. Wer mit ihm fuhr, hatte verzweifelte Stöße auszuhalten. Aber das war ihm eben recht. Er liebte das Derbe und Unbequeme und war ein Feind aller Verweichlichung."

„Spuren davon", sagte ich, „sieht man schon in Ihrem Gedicht ‚Ilmenau', wo Sie ihn nach dem Leben gezeichnet zu haben scheinen."

„Er war damals sehr jung", erwiderte Goethe, „doch ging es mit uns freilich etwas toll her. Er war wie ein edler Wein, aber noch in gewaltiger Gärung. Er wußte mit seinen Kräften nicht wo hinaus, und wir waren oft sehr nahe am Halsbrechen. Auf Parforcepferden über Hecken, Gräben und durch Flüsse, und bergauf bergein sich tagelang abarbeiten, und dann nachts unter freiem Himmel kampieren, etwa bei einem Feuer im Walde: das war nach seinem Sinne. Ein Herzogtum geerbt zu haben war ihm nichts, aber hätte er sich eins erringen, erjagen und erstürmen können, das wäre ihm etwas gewesen.

Das Ilmenauer Gedicht", fuhr Goethe fort, „enthält als Episode eine Epoche, die im Jahre 1783, als ich es schrieb, bereits mehrere Jahre hinter uns lag, so daß ich mich selber darin als eine historische Figur zeichnen und mit meinem eigenen Ich früherer Jahre eine Unterhaltung führen konnte. Es ist darin, wie Sie wissen, eine nächtliche Szene vorgeführt, etwa nach einer solchen halsbrechenden Jagd im Gebirge. Wir hatten uns am Fuße eines Felsen kleine Hütten gebaut und mit Tannenreisern gedeckt, um darin auf trokkenem Boden zu übernachten. Vor den Hütten brannten mehrere Feuer, und wir kochten und brieten, was die Jagd gegeben hatte. Knebel, dem schon damals die Tabakspfeife nicht kalt wurde, saß dem Feuer zunächst und ergötzte die Gesellschaft mit allerlei trockenen Späßen, während die Weinflasche von Hand zu Hand ging. Seckendorff, der schlanke mit den langen feinen Gliedern, hatte sich behaglich am Stamm eines Baumes hingestreckt und summte allerlei Poetisches. — Abseits in einer ähnlichen kleinen Hütte lag der Herzog im tiefen Schlaf. Ich selber saß davor, bei glimmenden Kohlen, in allerlei schweren Gedanken, auch in Anwandlungen von Bedauern über mancherlei Unheil, das meine Schriften angerichtet. Knebel und Seckendorff erscheinen mir noch jetzt gar nicht schlecht gezeichnet, und auch der junge Fürst nicht in diesem düstern Ungestüm seines zwanzigsten Jahres:

> Der Vorwitz lockt ihn in die Weite,
> Kein Fels ist ihm zu schroff, kein Steg zu schmal;
> Der Unfall lauert an der Seite
> Und stürzt ihn in den Arm der Qual.
> Dann treibt die schmerzlich überspannte Regung
> Gewaltsam ihn bald da, bald dort hinaus,
> Und von unmutiger Bewegung
> Ruht er unmutig wieder aus.
> Und düster wild an heitern Tagen,
> Unbändig, ohne froh zu sein,
> Schläft er, an Seel und Leib verwundet und zerschlagen,
> Auf einem harten Lager ein.

So war er ganz und gar. Es ist darin nicht der kleinste Zug übertrieben. Doch aus dieser Sturm- und Drangperiode hatte sich der Herzog bald zu wohltätiger Klarheit durchgearbeitet, so daß ich ihn zu seinem Geburtstage im Jahre 1783 an diese Gestalt seiner früheren Jahre sehr wohl erinnern mochte.

Ich leugne nicht, er hat mir anfänglich manche Not und Sorge gemacht. Doch seine tüchtige Natur reinigte sich bald und bildete sich bald zum Besten, so daß es eine Freude wurde, mit ihm zu leben und zu wirken."

(6)

Allotria zum Lachen und Denken
Stützerbach 1776

Es war eine gar froh gestimmte, lustige Gesellschaft, welche sich in den Sommermonaten des Jahres 1776 am Fuße der Sturmhaide zu Ilmenau versammlet hatte. Die Schätze der Unterwelt hatten hierher gelockt, Nachlese zu halten in den Überbleibseln eines vorhin gar reich und glücklich gewesenen Bergbaues. [...]

Froheit war die Losung, und es schien wohl, als ob man nur darum mit Gefahr des Kopfs und Kragens, mühselig genug, in die Tiefe der mit Stölln durchschnittenen Felsen mehrmals hinabsteige, damit an der Mittagstafel nachher desto schmackhafter das muntere „Glückauf!" in vollen Bechern die Runde laufen könnte. Bald stimmte sich der Ton völlig studentikos, denn es war nur ein einziger dabei, welchen eine Mandel schon verflossener Jahre vom Studenten trennte, der sich aber auch bald wieder zurückjubeln ließ in jene harmlose Studentenfidelität. [...]

So war das launige Gemälde in Stützerbach, wo die lustige Gesellschaft das Glasmachen beaugenscheiniget hatte und nun — wie sie sich nie entgehen ließ — ein frohes Mittagsmahl zu verzehren sich zusammenfand, das bei einem bemittelten Krämer des Orts veranstaltet war.

Freilich mochte dem Mann neben mehrern andern Torheiten, welche die lustigen Gesellen geschwind genug ersahen, vorzüglich eine hohe Meinung von seiner Handelsmannswichtigkeit innewohnen, in welcher er sich jedem großen Kaufmann in Hamburg oder Amsterdam parallelsetzen zu können meinte. In der sehr reinlich bürgerlich verzierten Stube, worinnen die Tafel vorgerichtet war, hing dieser gegenüber ein Ölgemälde des wohlberühmten Kaufmanns, Lebensgröße im Bruststück, die eine Hand mit langer Manschette im Busen, das kaufmännisch breite, zahme Gesicht durch sehr weiß gepuderte buschige Perücke sehr herrlich verziert. Manche Gesundheit wurde diesem nur im Ölgemälde anwesenden Besitzer der Handlung während der Mittagstafel zugetrunken. Nun sie aufgehoben war, suchte man das Original im untern Teile seines Hauses, in seinen Warengewölben, auf, und da, um es auch an handgreiflicher Verspottung nicht fehlen zu lassen, wurden ihm von der Gesellschaft manche leere und volle Tonnen, Kisten und Kästen Waren, die mit Pfeffer und Ingwer, Zucker und Coffee und Toback überschrieben und mannigfachen kaufmännischen Bezeichnungen von Ankern und Triangeln geziert waren, vors Haus getragen und manches gar den Berg hinuntergekollert. In diese, etwas weit getriebenen zudringlichen Späße der frohreichen Gesellschaft hatte sich der ernstere Geselle nicht eingelassen. Dieser hatte während des Unfugs im Handelsmagazin der untern Region des Hauses ein Gemälde in dem obern Zimmer vorbereitet, das, sehr eigen in seiner Art, ganz darauf abgemessen war, die höchste Lächerlichkeit darzustellen. Von jenem bürgerlich eleganten Kaufherrns-Porträt hatte er das breite, blonde, fade Gesicht ausgeschnitten; durch die hiermit erlangte Öffnung schob er sein eigenes männlich braunes, geistiges Gesicht, mit den flammenden schwarzen Augen, zwischen der weißen dicken Perücke durch; setzte sich auf einen Lehnstuhl; stellte das Gemälde im goldnen Rahmen vor sich auf die Knie und verhing die Beine mit einem weißen Tuche. So wie die lustige Gesellschaft endlich wieder heraufgetobt war, um in dem Speise-Zimmer Kaffee zu trinken, öffnete sich die Tür der dran stoßenden Kammer, und das Kontrastporträt zog überraschend hin, beides zum Gelächter und zum Denken zugleich.

(13)

Poetische Bestrafung
Weimar 1776

Ich war so gewohnt, mir ein Liedchen vorzusagen, ohne es wieder zusammenfinden zu können, daß ich einigemal an den Pult rannte und mir nicht die Zeit nahm, einen quer liegenden Bogen zurechtzurücken, sondern das Gedicht von Anfang bis zu Ende, ohne mich von der Stelle zu rühren, in der Diagonale herunterschrieb. In eben diesem Sinne griff ich weit lieber zu dem Bleistift, welcher williger die Züge hergab: denn es war mir einigemal begegnet, daß das Schnarren und Spritzen der Feder mich aus meinem nachtwandlerischen Dichten aufweckte, mich zerstreute und ein kleines Produkt in der Geburt erstickte. Für solche Poesien hatte ich eine besondere Ehrfurcht, weil ich mich doch ungefähr gegen dieselben verhielt wie die Henne gegen die Küchlein, die sie ausgebrütet um sich her piepsen sieht. Meine frühere Lust, diese Dinge nur durch Vorlesungen mitzuteilen, erneute sich wieder; sie aber gegen Geld umzutauschen, schien mir abscheulich.

Hiebei will ich eines Falles gedenken, der zwar später eintrat. Als nämlich meinen Arbeiten immer mehr nachgefragt, ja eine Sammlung derselben verlangt wurde, jene Gesinnungen aber mich abhielten, eine solche selbst zu veranstalten, so benutzte Himburg mein Zaudern, und ich erhielt unerwartet einige Exemplare meiner zusammengedruckten Werke. Mit großer Frechheit wußte sich dieser unberufene Verleger eines solchen dem Publikum erzeigten Dienstes gegen mich zu rühmen und erbot sich, mir dagegen, wenn ich es verlangte, etwas Berliner Porzellan zu senden. Bei dieser Gelegenheit mußte mir einfallen, daß die Berliner Juden, wenn sie sich verheirateten, eine gewisse Partie Porzellan zu nehmen verpflichtet waren, damit die königliche Fabrik einen sichern Absatz hätte. Die Verachtung, welche daraus gegen den unverschämten Nachdrucker entstand, ließ mich den Verdruß übertragen, den ich bei diesem Raub empfinden mußte. Ich antwortete ihm nicht, und indessen er sich an meinem Eigentum gar wohl behaben mochte, rächte ich mich im stillen mit folgenden Versen:

> „Holde Zeugen süß verträumter Jahre,
> Falbe Blumen, abgeweihte Haare,
> Schleier, leicht geknickt, verblichne Bänder,
> Abgeklungener Liebe Trauerpfänder,
> Schon gewidmet meines Herdes Flammen,
> Rafft der freche Sosias zusammen,
> Eben als wenn Dichterwerk und Ehre
> Ihm durch Erbschaft zugefallen wäre;
> Und mir Lebendem soll sein Betragen
> Wohl am Tee- und Kaffeetisch behagen?
> Weg das Porzellan, das Zuckerbrot!
> Für die Himburgs bin ich tot."

(2)

ZIELSCHEIBE
Weimar 1776

Auch Klinger kam nach Emmendingen, als er von Weimar verabschiedet war. Lerse fragte ihn, warum er sich nicht lieber in Weimar eine Stelle verschafft habe, wo sein Landsmann (Klinger ist auch ein Frankfurter) für ihn sorgen könne. Da erzählte er, daß Goethe eben ihn fortgebracht habe. Man habe damals im Gange des herzoglichen Wohnhauses sich oft im Schießen nach dem Ziele geübt. Dabei sei es Sitte gewesen, statt der Zielscheibe ein Porträt hinzusetzen. Er habe einst Goethes Porträt hingesetzt, wonach wirklich geschossen worden. Dies habe ihm Goethe nie verzeihen können. Indes waren, wie Bertuch bemerkt, eher andere Gründe seiner Ungnade vorhanden. Er hatte allerhand Klätschereien zwischen hohen Damen gemacht und wurde als ein tracassier verabschiedet.
(3)

OPFER DER FREUNDSCHAFT
Weimar 1776

Kalt badete sich Goethe in Weimar, mitten im Winter unter freiem Himmel; und als ihn dabei, in seiner Nacktheit, eine Kolik befiel, und er kein trockenes Hemd hatte, zog der gute Wieland bei der fürchterlichsten Kälte sein Hemd aus, gab es Goethen hin und ging mit ihm, eine Stunde weit, ohne Hemd wieder nach Weimar zurück.
(17)

VERTEUFELTE CONTENANCE
Weimar 1776

Bekanntlich war Klinger Goethes Landsmann. Eines Morgens (so erzählte mir einst, als von Klinger, seinen Schriften, seinem Aufenthalte in Weimar und seinem Abgange nach Petersburg, wo er General ward, die Rede war, ein Freund) sei Klinger zu Goethe gekommen, habe ein groß Paket mit Manuskripten aus der Tasche gezogen und ihm daraus vorgelesen. Eine Weile habe er's ausgehalten, dann aber sei er mit dem Ausruf: „Was für verfluchtes Zeug ist's, was du da wieder einmal geschrieben hast! Das halte

der Teufel aus!" von seinem Stuhle aufgesprungen und davongelaufen. Dadurch aber habe Klinger sich nicht im geringsten irremachen oder aus seiner Fassung bringen lassen, sondern nachdem er ganz ruhig aufgestanden und das Manuskript in die Tasche gesteckt, habe er weiter nichts gesagt als: „Kurios! Das ist nun schon der zweite, mit dem mir das heute begegnet ist!" Wieland versicherte, in solchem Falle würde er schwerlich so gleichgültig geblieben sein. Goethe nahm mit großer Gelassenheit das Wort und sagte: „Ich auch nicht! Aber daraus seht Ihr eben, daß der Klinger durchaus zu einem Generale geboren ist, weil er eine so verteufelte Contenance hat. Ich habe es Euch schon damals vorausgesagt."
(25)

In die hinten gewöhnlich befindliche Öffnung
Kochberg 1776

Er stand im Eßsaal vor dem Kamin und hatte die Rockschöße aufgenommen, um sich besser zu wärmen. Ich [Karl von Stein] stand seitwärts hinter ihm, ergriff leise den Blasebalg, steckte ihn unvermerkt in die hinten gewöhnlich befindliche Öffnung unter der Hosenschnalle und begrüßte ihn mit einem unerwarteten Windstoß. Seine Rede wurde dadurch unterbrochen. Dies machte ihn sehr böse, und er fuhr mich nicht nur gewaltig an, sondern drohte mir sogar mit Schlägen, wenn so etwas wieder geschähe.
(28)

Der neue Beichtvater
Weimar 1776

Den 15. Oktober wurde er [Herder] im Ober-Konsistorium als Ober-Konsistorial-Rat eingeführt und in Pflicht genommen. Nachdem er den Eid geleistet hatte, las ihm der Präsident ein Reskript vom Herzog vor, nach welchem der ersten Klasse, d.h. allen denen Personen, die seine eigentliche Gemeinde ausmachen, die Erlaubnis gegeben war, sich ihren Beichtvater frei zu wählen ...

Ehre im Amt und Geschäften war sein höchster und reizbarster Punkt. Er schrieb denselben Tag noch an den Herzog und Goethe, daß er unter dieser Kränkung, indem man ihm seine Gemeinde nehme, sein Amt nicht antreten werde. Der Herzog und Goethe waren abwesend auf der Jagd ...

Goethe, der nicht das hohe Ehrgefühl für Amt und Geschäft und Gerechtigkeit besitzt, war mit Herders Benehmen nicht zufrieden — er nannte sein Betragen nachmals gegen Kaufmann eine *Pfafferei.* — Kaufmann stimmte bei und warf's Herdern vor, so grob und trocken in seiner anmaßenden Prophetenmanier. — Dies gab leider sogleich beim Anfang zwischen ihm und Goethe laue unangenehme Eindrücke. Aber hier siegte die Wahrheit — Goethe wurde endlich überzeugt — es war die Stimme der ganzen Stadt. — Herder ward über dies männliche Betragen wie über seine Predigt angebetet.

(17)

DIE MACHT DES SCHICKSALS
(Variante 1)

Weimar, um 1776

In der „tollen" Zeit kamen Karl August und Goethe spät abends zu einer Bauernfrau, und während diese Milch holte, praktizierten sie den Kater ins Butterfaß. — Um den Schaden gutzumachen, gab Karl August bei abermaliger Anwesenheit der Bäuerin ein Goldstück. Die ehrliche Alte machte große Augen, als der Jägersmann ihr ein Goldstück bot. Hatte sie doch noch immer keine Ahnung, mit wem sie es zu tun hatte. Dann strich sie das Geld schmunzelnd ein, blinzelte mit den Augen und sagte mit geheimnisvoller Vertraulichkeit: „Die Butter ist an den Hof nach Weimar gekommen, da freten sie alles."

Einen Augenblick standen die beiden wie erstarrt da. Dann brach der Herzog Karl August in ein herzhaftes Gelächter aus. Goethe aber sprach mit Pathos nur das eine Wort: „Nemesis."
(17)

DIE MACHT DES SCHICKSALS
(Variante 2)

Weimar, um 1776

Karl August un Goethe sin immer garne alleene off de Därfer nausgegangen, ohne daß se eens gekennt hat, un hunn ähre Schnärze ausgeführt. [...] Ämal kommen se alle beede naus in de Walkmähle, un de Ventn stieht gerade an Botterfasse un well Butter schloh. Se kennt die Städter nech und fraht se, was 'n se willen. Die sahn, äb 'n se nech jeder ä Glas frösche Mälch kreie kinnen. „Das kunn se kreie", spröcht se, „aber's muß eener von dan Mannsen drweile dahierten stampfe, sost krei 'ch keene Botter; das därf nech stölle stieh!" No, Karl August macht s'ch hän un schlieht Botter, de Ventn gieht in de Mälchkammer, un de Katze, die off dr Treppe sötzt, schnorrt, als wille se sprache: „Du wärscht ooch was Rachtes fert'g brönge!" Se hatte aber noch nech lange geschnorrt, da hatte se Goethe ooch schunne an Kripse, 'n Deckel uff, un nein ins Botterfaß. Wie de Ventn mät ährer Mälch aus dr Kammer kömmt, ös ähr erschtes Wort, äb 'n se ooch röcht'g geschlohn hätten. No, das behoopten se mät dr eefälligsten Miene, trönken fix ähre Gläser aus, lehn jeder ä Fömfgroschenstöckchen off 'n Tösch un giehn ährer Wage. De Ventn denkt: su sin die Weimerschen nech alle; zahn Groschen fär zwee Niesel Mälch bezahlt un geschlohn wie de Bärschtenbönger; denn 's gieht schunne mord schwier, un de Botter muß bale gut sei.

Nach ä Tager värz'n kummen die beeden Städter wedder in de Walkmähle un wunn die Sache ins reene bränge. Se hunn gedacht, nunne wärd die Fra ähre Bus't ausgetobt ha. Un 's warre ooch su; se meente blus: „Ihr Schindluder! No, 's ös nur gut, daß 'r gerade Petern erwöscht hutt, dar hatte su wie su de Raude! Wenn's de Dreifärbigte warre, hätt 'r euch ju nech wedder därft blöcke lasse, da hät 'ch euch eure Schmachtlocken änzeln rausgereeft!" Su ä böschen änne Grobheet, das ös natürlich Wasser off dan ähre Mähle gewast, un se hunn s'ch vär Pläsiere mucht wälze. Se sprachen, das wärre je gut, daß se Petern su fix verschmerzt hätte, aber ähren Schaden mät dr Botter willen se 'r off Haller un Pfenn'g ersetze. „De Botter? Ach, die ha 'ch off Weimer getrohn — ech liefre in de Hofköche —, die sin nech so kür'sch, die frassen alles!" (29)

Gegenfrage
Dessau, um 1776

Ich [Leopold III. von Anhalt-Dessau] hatte befohlen, einen Jagdwagen bereitzuhalten, der Goethen, welcher zu einer genau bestimmten Stunde in Dessau ankommen würde, sofort nach Wör-

litz bringen solle. Auch sollte Kretschmar benachrichtigt werden, sich beizeiten auf dem Schlosse einzufinden, um mitzufahren. Beide kannten sich noch nicht, und der Hofmarschall hatte versäumt, sie einander vorzustellen. Einige Zeitlang saßen sie, Goethe gerade und feierlich wie ein Licht, Kretschmar leicht und beweglich wie ein junger Rehbock, nebeneinander. Endlich drehet Goethe ein wenig den Kopf nach Kretschmarn und frägt über die Schulter: *Wer ist Er?* — Schnell und barsch, Goethen den Rücken zukehrend, erwidert Kretschmar: *Und wer ist Er?* [...] So kamen sie an. Ich stand neben Luisen [...]: „Gib acht Luise, die beiden haben sich unterwegs gezankt." — Goethe stieg links aus und kam in steifer Haltung auf uns zu; Kretschmar rechts, uns nur grüßend, nach der Stadt eilend. Ich schickte ihm einen Diener nach, der ihn auf das Schloß bestellen und zur Tafel laden mußte. Da ließ er mir sagen: er äße nicht mit dem Menschen, habe auch in Dessau schwere Kranke, die er noch besuchen müsse. Nachher erzählte er mir den Vorfall. Er war ganz entrüstet und wollte schlechterdings nichts von Goethen wissen. Ich brachte sie aber doch endlich zusammen.
(30)

Ins Gebüsch geschlagen
Weimar 1777

Goethe geht mit dem Herzog auf die Jagd. Der Herzog fragt: „Willst du mir nicht meine Flinte tragen, ich bin so müde?" — Goethe ist selber müde und will ihm die Flinte nicht tragen; ein Weilchen drauf sagt Goethe zum Herzog: „Trage mir doch einen Augenblick meine Flinte, ich komme gleich wieder"; er geht ins Gebüsch, der Herzog wartet, aber Goethe kommt nicht zurück; so muß sich der Herzog entschließen, beide Flinten zu tragen.
(201)

Brillanter Teufel namens Goethe
Weimar 1777

Kurz darauf, nachdem Goethe seinen „Werther" geschrieben hatte, [...] kam ich [Falk] nach Weimar und wollte ihn gern kennenlernen. Ich war abends zu einer Gesellschaft bei der Herzogin

Amalie geladen, wo es hieß, daß Goethe späterhin auch kommen würde. Als literarische Neuigkeit hatte ich den neuesten „Göttinger Musenalmanach" mitgebracht, aus dem ich eins und das andere der Gesellschaft mitteilte. Indem ich noch las, hatte sich auch ein junger Mann, auf den ich kaum gemerkt, mit Stiefeln und Sporen und einem kurzen, grünen, aufgeschlagenen Jagdrocke unter die übrigen Zuhörer gemischt. Er saß mir gegenüber und hörte sehr aufmerksam zu. Außer einem Paar schwarzglänzenden italienischen Augen, die er im Kopfe hatte, wüßte ich sonst nichts, das mir besonders an ihm aufgefallen wäre. Allein es war dafür gesorgt, ich sollte ihn schon näher kennenlernen. Während einer kleinen Pause nämlich, wo einige Herren und Damen über dies oder jenes Stück ihr Urteil abgaben, eins lobten, das andere tadelten, erhob sich jener feine Jägersmann — denn dafür hatte ich ihn anfänglich gehalten — vom Stuhle, nahm das Wort und erbot sich in demselben Augenblicke, wo er sich auf eine verbindliche Weise gegen mich verneigte, daß er, wofern es mir so beliebte, im Vorlesen, damit ich nicht allzu sehr ermüdete, von Zeit zu Zeit mit mir abwechseln wollte. Ich konnte nicht umhin, diesen höflichen Vorschlag anzunehmen und reichte ihm auf der Stelle das Buch. Aber Apollo und die neun Musen, die drei Grazien nicht zu vergessen, was habe ich da zuletzt hören müssen! Anfangs ging es zwar ganz leidlich:

    Die Zephyrn lauschten,
    Die Bäche rauschten,
    Die Sonne
    Verbreitet ihr Licht mit Wonne.

Auch die etwas kräftigere Kost von Voß, Leopold Stolberg, Bürger wurde so vorgetragen, daß sich keiner darüber zu beschweren hatte. Auf einmal aber war es, als ob den Vorleser der Satan des Übermutes beim Schopfe nehme, und ich glaubte, den wilden Jäger in leibhaftiger Gestalt vor mir zu sehen. Er las Gedichte, die gar nicht im Almanach standen, er wich in alle nur mögliche Tonarten und Weisen aus. Hexameter, Jamben, Knittelverse, und wie es nur immer gehen wollte, alles unter- und durcheinander, wie wenn er es nur so herausschüttelte.

Was hat er nicht alles mit seinem Humor an diesem Abend zusammenphantasiert! Mitunter kamen so prächtige, wiewohl nur ebenso flüchtig hingeworfene als abgerissene Gedanken, daß die Autoren, denen er sie unterlegte, Gott auf den Knien dafür hätten danken müssen, wenn sie ihnen vor ihrem Schreibpulte eingefallen wären. Sobald man hinter den Scherz kam, verbreitete sich eine allgemeine Fröhlichkeit durch den Saal. Er versetzte allen Anwesenden irgend etwas. Auch meiner Mäzenschaft, die ich von jeher gegen junge Gelehrte, Dichter und Künstler für eine Pflicht gehalten habe — so sehr er sie auf der einen Seite belobte, so vergaß er doch nicht auf der andern Seite mir einen kleinen Stich dafür beizubringen, daß ich mich zuweilen in den Individuen, denen ich diese Unterstützung zuteil werden ließ, vergriffe. Deshalb verglich er mich witzig genug in einer kleinen ex tempore in Knittelversen gedichteten Fabel mit einem frommen und dabei über die Maßen geduldigen Truthahn, der eigene und fremde Eier in großer Menge und mit großer Geduld besitzt und ausbrütet; dem es aber en passant wohl auch einmal begegnet, und der es nicht übelnimmt, wenn man ihm — ein Ei von Kreide statt eines wirklichen unterlegt.

„Das ist entweder Goethe oder der Teufel!" rief ich Wieland zu, der mir gegenüber am Tische saß. — „Beides", gab mir dieser zur Antwort; „er hat heute einmal wieder den Teufel im Leibe; da ist er wie ein mutiges Füllen, das vorn und hinten ausschlägt, und man tut wohl, ihm nicht allzu nahe zu kommen."
(25)

Einander umschlungen führend
Weimar 1777

Also ich [Seidel] will Dir lieber sagen, daß wir eine Köchin und ich nunmehr eine ordentliche Haushaltung zu dirigieren haben. Ich habe nur so viele Freude über unsere Lebensart, gib nur einmal acht, wie das weitergeht und — oder all mein prophetisches Gefühl müßte mich betrügen —, ob wir nicht die Ahnherrn und Erbauer eines Dörfgens oder Vorstadt oder Burg wenigstens werden und man nicht nach ein paar hundert Jahren sagen wird, da geht Goethes und seines Philipps Geist um, einander umschlungen führend: Oh, daß ich meine Seele aushauchen könnte in Liebe zu diesem Manne und würdig wäre, dem Gott zu danken, der mir so viele Seligkeit bei ihm zu kosten gibt!

Wir haben das ganze Verhältnis wie Mann und Frau gegeneinander. So lieb ich ihn, so er mich, so dien ich ihm, so viel Oberherrschaft äußert er über mich.
(15)

Reisender inkognito
Wernigerode 1777

Im Gasthof zu Wernigerode angekommen, ließ ich mich mit dem Kellner in ein Gespräch ein, ich fand ihn als einen sinnigen Menschen, der seine städtischen Mitgenossen ziemlich zu kennen schien. Ich sagt ihm darauf, es sei meine Art, wenn ich an einem fremden Ort ohne besondere Empfehlung anlangte, mich nach jüngern Personen zu erkundigen, die sich durch Wissenschaft und Gelehrsamkeit auszeichneten; er möge mir daher jemanden der Art nennen, damit ich einen angenehmen Abend zubrächte. Darauf erwiderte ohne weiteres Bedenken der Kellner, es werde mir gewiß mit der Gesellschaft des Herrn Plessing gedient sein, dem Sohne des Superintendenten; als Knabe sei er schon in Schulen ausgezeichnet worden und habe noch immer den Ruf eines fleißigen guten Kopfes, nur wolle man seine finstere Laune tadeln und nicht gut finden, daß er mit unfreundlichem Betragen sich aus der Gesellschaft ausschließe. Gegen Fremde sei er zuvorkommend, wie Beispiele bekannt wären; wollte ich angemeldet sein, so könne es sogleich geschehen.

Der Kellner brachte mir bald eine bejahende Antwort und führte mich hin. Es war schon Abend geworden, als ich in ein großes Zimmer des Erdgeschosses, wie man es in geistlichen Häusern antrifft, hineintrat und den jungen Mann in der Dämmerung noch ziemlich deutlich erblickte. Allein an einigen Symptomen konnt ich bemerken, daß die Eltern eilig das Zimmer verlassen hatten, um dem unvermuteten Gaste Platz zu machen.

Das hereingebrachte Licht ließ mich den jungen Mann nunmehr ganz deutlich erkennen, er glich seinem Briefe völlig, und so wie jenes Schreiben erregte er Interesse, ohne Anziehungskraft auszuüben.

Um ein näheres Gespräch einzuleiten, erklärt ich mich für einen Zeichenkünstler von Gotha, der wegen Familienangelegenheiten in dieser unfreundlichen Jahrszeit Schwester und Schwager in Braunschweig zu besuchen habe.

Mit Lebhaftigkeit fiel er mir beinahe ins Wort und rief aus: „Da Sie so nahe an Weimar wohnen, so werden Sie doch auch diesen Ort, der sich so berühmt macht, öfters besucht haben." Dieses bejaht ich ganz einfach und fing an, von Rat Kraus, von der Zeichenschule, von Legationsrat Bertuch und dessen unermüdeter Tätigkeit zu sprechen; ich vergaß weder Musäus noch Jagemann, Kapellmeister Wolf und einige Frauen und bezeichnete den Kreis, den diese wackern Personen abschlossen und jeden Fremden willig und freundlich unter sich aufnahmen.

Endlich fuhr er etwas ungeduldig heraus: „Warum nennen Sie denn Goethe nicht?" Ich erwiderte, daß ich diesen auch wohl in gedachtem Kreise als willkommenen Gast gesehen und von ihm selbst persönlich als fremder Künstler wohl aufgenommen und gefördert worden, ohne daß ich weiter viel von ihm zu sagen wisse, da er teils allein, teils in anderen Verhältnissen lebe.

Der junge Mann, der mit unruhiger Aufmerksamkeit zugehört hatte, verlangte nunmehr mit einigem Ungestüm, ich solle ihm das seltsame Individuum schildern, das so viel von sich reden mache. Ich trug ihm darauf mit großer Ingenuität eine Schilderung vor, die für mich nicht schwer wurde, da die seltsame Person in der seltsamsten Lage mir gegenwärtig stand, und wäre ihm von der Natur nur etwas mehr Herzenssagazität gegönnt gewesen, so konnte ihm nicht verborgen bleiben, daß der vor ihm stehende Gast sich selbst schildere.

Er war einigemal im Zimmer auf und ab gegangen, indes die Magd hereintrat, eine Flasche Wein und sehr reinlich bereitetes kaltes Abendbrot auf den Tisch setzte; er schenkte beiden ein, stieß an und schluckte das Glas sehr lebhaft hinunter. Und kaum hatte ich mit etwas gemäßigtern Zügen das meinige geleert, ergriff er heftig meinen Arm und rief: „Oh, verzeihen Sie meinem wunderlichen Betragen! Sie haben mir aber so viel Vertrauen eingeflößt, daß ich Ihnen alles entdecken muß. Dieser Mann, wie Sie mir ihn beschreiben, hätte mir doch antworten sollen; ich habe ihm einen ausführlichen, herzlichen Brief geschickt, ihm meine Zustände, meine Leiden geschildert, ihn gebeten, sich meiner anzunehmen, mir zu raten, mir zu helfen, und nun sind schon Monate verstrichen, ich vernehme nichts von ihm; wenigstens hätte ich ein ablehnendes Wort auf ein so unbegrenztes Vertrauen wohl verdient."

Ich erwiderte darauf, daß ich ein solches Benehmen weder erklären noch entschuldigen könne, so viel wisse ich aber aus eigener Erfahrung, daß ein gewaltiger, sowohl ideeller als reeller Zudrang diesen sonst wohlgesinnten, wohlwollenden und hülfsfertigen jungen Mann oft außerstand setze, sich zu bewegen, geschweige zu wirken.

„Sind wir zufällig so weit gekommen", sprach er darauf mit einiger Fassung, „den Brief muß ich Ihnen vorlesen, und Sie sollen urteilen, ob er nicht irgendeine Antwort, irgendeine Erwiderung verdiente."

Ich ging im Zimmer auf und ab, die Vorlesung zu erwarten, ihrer Wirkung schon beinahe ganz gewiß, deshalb nicht weiter nachdenkend, um mir selbst in einem so zarten Falle nicht vorzugreifen. Nun saß er gegen mir über und fing an, die Blätter zu lesen, die ich in- und auswendig kannte, und vielleicht war ich niemals mehr von der Behauptung der Physiognomisten überzeugt, ein lebendiges Wesen sei in allem seinem Handeln und Betragen vollkommen übereinstimmend mit sich selbst, und jede in die Wirklichkeit hervorgetretene Monas erzeige sich in vollkommener Einheit ihrer Eigentümlichkeiten. Der Lesende paßte völlig zu dem Gelesenen, und wie dieses früher in der Abwesenheit mich nicht ansprach, so war es nun auch mit der Gegenwart; man konnte zwar dem jungen Mann eine Achtung nicht versagen, eine Teilnahme, die mich denn auch auf einen so wunderlichen Weg geführt hatte: denn ein ernstliches Wollen sprach sich aus, ein edler Sinn und Zweck; aber obschon von den zärtlichsten Gefühlen die Rede war, blieb der Vortrag ohne Anmut, und eine ganz eigens beschränkte Selbstigkeit tat sich kräftig hervor. Als er nun geendet hatte, fragte er mit Hast, was ich dazu sage und ob ein solches Schreiben nicht eine Antwort verdient, ja gefordert hätte.

Indessen war mir der bedauernswürdige Zustand dieses jungen Mannes immer deutlicher geworden; er hatte nämlich von der Außenwelt niemals Kenntnis genommen, dagegen sich durch Lektüre mannigfaltig ausgebildet, alle seine Kraft und Neigung aber nach innen gewendet und sich auf diese Weise, da er in der Tiefe seines Lebens kein produktives Talent fand, so gut als zugrunde gerichtet; wie ihm denn sogar Unterhaltung und Trost, dergleichen uns aus der Beschäftigung mit alten Sprachen so herrlich zu gewinnen offensteht, völlig abzugehen schien.

Da ich an mir und andern schon glücklich erprobt hatte, daß in solchem Fall eine rasche, gläubige Wendung gegen die Natur und ihre grenzenlose Mannigfaltigkeit das beste Heilmittel sei, so wagt ich alsobald den Versuch, es auch in diesem Falle anzuwenden, und ihm daher nach einigem Bedenken folgendermaßen zu antworten:

„Ich glaube zu begreifen, warum der junge Mann, auf den Sie so viel Vertrauen gesetzt, gegen Sie stumm geblieben, denn seine jetzige Denkweise weicht zu sehr von der Ihrigen ab, als daß er hoffen dürfte, sich mit Ihnen verständigen zu können. Ich habe selbst einigen Unterhaltungen in jenem Kreise beigewohnt und behaupten hören: man werde sich aus einem schmerzlichen, selbstquälerischen, düstern Seelenzustande nur durch Naturbeschauung und herzliche Teilnahme an der äußern Welt retten und befreien. Schon die allgemeinste Bekanntschaft mit der Natur, gleichviel von welcher Seite, ein tätiges Eingreifen, sei es als Gärtner oder Landbebauer, als Jäger oder Bergmann, ziehe uns von uns selbst ab; die Richtung geistiger Kräfte auf wirkliche, wahrhaftige Erscheinungen gebe nach und nach das größte Behagen, Klarheit und Belehrung: wie denn der Künstler, der sich treu an die Natur halte und zugleich sein Inneres auszubilden suche, gewiß am besten fahren werde."

Der junge Freund schien darüber sehr unruhig und ungeduldig, wie man über eine fremde oder verworrene Sprache, deren Sinn wir nicht vernehmen, ärgerlich zu werden anfängt. Ich darauf, ohne sonderliche Hoffnung eines glücklichen Erfolgs, eigentlich aber um nicht zu verstummen, fuhr zu reden fort. „Mir als Landschaftsmaler", sagte ich, „mußte dies zuallererst einleuchten, da ja meine Kunst unmittelbar auf die Natur gewiesen ist; doch habe ich seit jener Zeit emsiger und eifriger als bisher nicht etwa nur ausgezeichnete und auffallende Naturbilder und Erscheinungen betrachtet, sondern mich zu allem und jedem liebevoll hingewendet." Damit ich mich nun aber nicht ins Allgemeine verlöre, erzählte ich, wie mir sogar diese notgedrungene Winterreise, anstatt beschwerlich zu sein, dauernden Genuß gewährt; ich schilderte ihm mit malerischer Poesie und doch so unmittelbar und natürlich, als ich nur konnte, den Vorschritt meiner Reise, jenen morgendlichen Schneehimmel über den Bergen, die mannigfaltigsten Tageserscheinungen, dann bot ich seiner Einbildungskraft die wunderlichen Turm- und Mauerbefestigungen von Nordhausen, gesehen bei hereinbrechender Abenddämmerung, ferner die nächtlich rauschenden, von des Boten Laterne zwischen Bergschluchten flüchtig erleuchtet blinkenden Gewässer und gelangte sodann zur Baumannshöhle.

Hier aber unterbrach er mich lebhaft und versicherte: der kurze Weg, den er daran gewendet, gereue ihn ganz eigentlich; sie habe keineswegs dem Bilde sich gleichgestellt, das er in seiner Phantasie entworfen. Nach dem Vorhergegangenen konnten mich solche krankhaften Symptome nicht verdrießen: denn wie oft hatte ich erfahren müssen, daß der Mensch den Wert einer klaren Wirklichkeit gegen ein trübes Phantom seiner düstern Einbildungskraft von sich ablehnt. Ebensowenig war ich verwundert, als er auf meine Frage, wie er sich denn die Höhle vorgestellt habe, eine Beschreibung machte, wie kaum der kühnste Theatermaler den Vorhof des Plutonischen Reiches darzustellen gewagt hätte.

Ich versuchte hierauf noch einige propädeutische Wendungen als Versuchsmittel einer zu unternehmenden Kur; ich ward aber mit der Versicherung, es könne und solle ihm nichts in dieser Welt genügen, so entschieden abgewiesen, daß mein Innerstes sich zuschloß und ich mein Gewissen, durch den beschwerlichen Weg, im Bewußtsein des besten Willens, völlig befreit und mich gegen ihn von jeder weiteren Pflicht entbunden glaubte.

Es war schon spät geworden, als er mir den zweiten, noch heftigern, mir gleichfalls nicht unbekannten brieflichen Erlaß vorlesen wollte, doch aber meine Entschuldigung wegen allzu großer Müdigkeit gelten ließ, indem er zugleich eine Einladung auf morgen zu Tische im Namen der Seinigen dringend hinzufügte; wogegen ich mir die Erklärung auf morgen ganz in der Frühe vorbehielt. Und so schieden wir friedlich und schicklich; seine Persönlichkeit ließ einen ganz individuellen Eindruck zurück. Er war von mittlerer Größe, seine Gesichtszüge hatten nichts Anlockendes, aber auch nichts eigentlich Abstoßendes, sein düsteres Wesen erschien nicht unhöflich, er konnte vielmehr für einen wohlerzogenen jungen Mann gelten, der sich in der Stille auf Schulen und Akademien zu Kanzel und Lehrstuhl vorbereitet hatte.

Heraustretend fand ich den völlig aufgehellten Himmel von

Sternen blinken, Straßen und Plätze mit Schnee überdeckt, blieb auf einem schmalen Steg ruhig stehen und beschaute mir die winternächtliche Welt. Zugleich überdacht ich das Abenteuer und fühlte mich fest entschlossen, den jungen Mann nicht wiederzusehen; in Gefolg dessen bestellt ich mein Pferd auf Tagesanbruch, übergab ein anonymes entschuldigendes Bleistiftblättchen dem Kellner, dem ich zugleich so viel Gutes und Wahres von dem jungen Manne, den er mir bekannt gemacht, zu sagen wußte, welches denn der gewandte Bursche mit eigner Zufriedenheit gewiß wohl benutzt haben mag.

(2)

Der betrogene Betrüger
Wernigerode 1777

In der „Goldenen Forelle", am Marktplatz von Wernigerode, gegenüber dem prächtigen gotischen Rathause mit den beiden spitzen Türmchen, saß der Wirt Hildebrand am Tisch und fluchte. Der einzige Zuhörer, den er dabei hatte, war sein Sohn, der eben als frischgebackener Doktor von der Universität Göttingen gekommen war und sich im elterlichen Hause ein wenig von den Examensanstrengungen ausruhen und zugleich um den alten Kameraden Plessing kümmern wollte, von dem er in den letzten Monaten Briefe erhalten hatte, die ihm Sorge machten.

Vater Hildebrands Flüche galten dem Kellner [...]. Hinter der Gaststube lag er in einem Verschlag und schnarchte einen seiner gewaltigen Räusche aus [...]. Doch da kam plötzlich ein fremder Reiter die Straße entlang. Vater und Sohn sahen ihn fast gleichzeitig.

„Ausgerechnet!" sagte der alte Hildebrand, als der Reiter vor dem Hause sein Pferd anhielt und sich anschickte, abzusteigen. „Ausgerechnet ein Gast, wo der Kerl wieder besoffen ist!"

„Er sieht gut aus", stellte der Sohn fest, „scheint etwas Besonderes zu sein."

„Auch das noch", schimpfte der Alte und erhob sich seufzend. „Auch noch einer, der Ansprüche stellt."

„Er kommt wahrhaftig rein", meinte der Sohn und stand ebenfalls auf.

„Da muß ich mich selber um das Pferd kümmern!" sagte der

Alte, nahm sein Käppchen vom Wandhaken und ging brummend zur Tür hinaus, dem Gaste entgegen.

Während der Wirt sich draußen mit dem Pferde beschäftigte und es zum Stalle führte, trat der Fremde in die Stube. Der Wirtssohn hatte sich in die dunkle Ecke hinter dem Schanktisch zurückgezogen und beobachtete den Gast, ohne selbst gesehen zu werden.

Mit schnellen Schritten ging der Fremde auf den Ofen zu, um sich aufzuwärmen und sah sich dann mit großen klugen Augen im Raume um.

Eine Weile stand er, sich allein glaubend, neben dem Ofen. Dann räusperte er sich. Das klang ein wenig ungeduldig, und der junge Doktor in seinem Versteck wünschte den Vater herbei. Doch der kam nicht, auch nicht, als der Gast am Ofen sich zum zweiten Male laut räusperte. Diesmal klang es noch ungeduldiger.

Beim dritten energischen Räuspern machte der Wirtssohn die Tür zum Verschlag leise auf und ging hinein.

Der Kellner lag da und schnarchte in tiefen Zügen. Der junge Hildebrand rüttelte ihn, doch das half nichts. Er unterbrach sein Schnarchen nur auf einen Augenblick, um dann um so kräftiger wieder zu beginnen.

Noch einmal klang sehr vernehmlich ein Räuspern aus der Gaststube. Der Vater war also immer noch nicht aus dem Stall zurück.

Da faßte der junge Doktor einen Entschluß. Er begann, dem schnarchenden Kellner die himmelblaue Schürze abzubinden, was ihm nach einiger Mühe gelang, und hängte sie sich selbst um. Dann trat er in die Gaststube und begrüßte den Fremden mit einer ergebenen Verbeugung.

Der sah ihn durchdringend an und bestellte eine Flasche Rotwein und ein Essen.

Als der junge Hildebrand die Weinflasche auf den Tisch brachte, kam der Vater endlich in die Gaststube zurück und ging, über seinen neuen Kellner schmunzelnd, in die Küche.

Der Gast fragte ein wenig herablassend nach verschiedenen Dingen, und der Mann in der himmelblauen Schürze diente ihm freundlich und zuvorkommend mit Antworten. Ein Lächeln spielte dabei um seine Mundwinkel, und der Vater und die Mutter, die inzwischen im Hintergrund erschienen waren, freuten sich auch. Ihr Sohn verstand das Gewerbe. Er machte seine Sache wirklich gut. Selbst als er das Essen servierte, klappte alles so, als sei es gelernt und oft geübt. Dabei fragte der Gast nach einem jüngeren, gebildeten Menschen in der Stadt.

Der junge Doktor schwankte einen Augenblick, ob er sich jetzt zu erkennen geben sollte, doch ihm machte die Komödie Spaß, und er merkte auch, wie sie den Eltern gefiel, darum spielte er sie weiter.

Er brauchte nicht lange zu überlegen. Seinem Freunde Plessing konnte eine Abwechslung nur gut sein, und ein kluges Gespräch konnte ihn vielleicht aus seinen Grübeleien für einige Zeit herausreißen. Darum nannte er den Namen des Freundes und setzte verschiedene lobende Sätze über ihn hinzu.

Der Fremde schien ein wenig verwundert über die Worte und blickte ihn an. Doch der Mann mit der blauen Schürze senkte schnell und ergeben die Augen und erbot sich diensteifrig, den jungen Herrn Plessing zu benachrichtigen.

Er versprach sich einen Spaß davon, wenn er in der himmelblauen Kellnerschürze als Bote bei dem Freunde erschien. Und wirklich, als der Gast ihn schickte, und die Eltern seines Freundes ihn in dieser Aufmachung sahen, und seinen Auftrag und die näheren Umstände, wie es dazu kam, hörten, lachten sie, und selbst der Freund stimmte mit ein und versprach, den jungen Hildebrand nicht zu verraten.

Nachdem der Wirtssohn den Fremden zu dem Hause hinter der Sylvestrikirche gebracht hatte und in die „Goldene Forelle" zurückgekehrt war, band er die Schürze wieder ab.

Für diesen Abend war seine Rolle zu Ende [...]. Da der echte Kellner am Morgen noch immer nicht auf die Beine zu bringen war, mußte der falsche noch einmal die blaue Schürze umbinden und das Pferd für den Gast satteln. Das Trinkgeld steckte er mit einer tiefen Verbeugung ein, um sein Lachen zu verbergen, und die anerkennenden Worte über den Freund hörte er mit echter Freude.

(31)

Gewendetes Herz
Torfhaus bei Clausthal 1777

Wie ich gestern zum Torfhause kam, saß der Förster bei seinem Morgenschluck in Hemdsärmeln, und diskursive redete ich vom Brocken, und er versicherte die Unmöglichkeit hinaufzugehn und wie oft er sommers droben gewesen wäre und wie leichtfertig es wäre, jetzt es zu versuchen. — Die Berge waren im Nebel, man sah nichts, und so, sagt er, ist's auch jetzt oben, nicht drei Schritte vorwärts können Sie sehn. Und wer nicht alle Tritte weiß pp. Da saß ich mit schwerem Herzen, mit halben Gedanken, wie ich zurückkehren wollte. Und ich kam mir vor wie der König, den der Prophet mit dem Bogen schlagen heißt und der zu wenig schlägt. Ich war still und bat die Götter, das Herz dieses Menschen zu wenden und das Wetter, und war still. So sagt er zu mir: „Nun können Sie den Brocken sehn." Ich trat ans Fenster, und er lag vor mir, klar wie mein Gesicht im Spiegel, da ging mir das Herz auf, und ich rief: „Und ich sollte nicht hinaufkommen! Haben Sie keinen Knecht, niemanden?" — Und er sagte: „Ich will mit Ihnen gehn." — — Ich habe ein Zeichen ins Fenster geschnitten zum Zeugnis meiner Freudentränen. [...] Ich hab's nicht geglaubt bis auf der obersten Klippe. Alle Nebel lagen unten, und oben war herrliche Klarheit, und heute nacht bis früh war er im Mondschein sichtbar und finster, auch in der Morgendämmerung, da ich aufbrach.
(32)

Das Notwendige und das Überflüssige
Weimar, um 1777

Viele Plage machte ihm einst die leere Geschwätzigkeit eines Barbiers, der während des Rasierens unerschöpflich war im Lobe des „Werther" und des „Götz von Berlichingen". Als jener Mann einige Tage später wieder erschien, nahm ihm Goethe die dargebotene Serviette aus der Hand, hing sich dieselbe um und sagte ernst: „Man enthalte sich aller überflüssigen Reden."
(33)

Besorgungen
Weimar, um 1777

Die Hofdame Fräulein von Göchhausen bildete sich ein, daß Goethe sterblich in sie verliebt sei, und bat ihn, er möge sie doch auch wie andere, die er geliebt, dichterisch verherrlichen. „Aber Kind", sagte der Altmeister, „wenn ich das jeder besorgen wollte, wo sollte ich da die Zeit hernehmen?"
(34)

Pferde in der Schwemme
Weimar, um 1777

An einem warmen Tag sah der Herzog Pferde in die Schwemme reiten. „Welch ein Wohlleben", sagte er zu Goethen, der neben ihm stand und zusah, „wenn einem das Wasser so kalt um die Glieder schlägt. Denk dir die angenehme erfrischende Kühlung! Goethe, du mußt mein Pferd sein, ich will dich in die Schwemme reiten." — „Mich ergebenst zu bedanken!" erwiderte Goethe. „Nun, so bin ich das deinige, steig auf und reit mich in die Schwemme!" Goethe mußte dem herzoglichen Befehl Gehorsam leisten, er ritt mit dem Herzog so tief, wie es nur gehen wollte, in die Schwemme. Nach diesem setzte sich der Herzog auf, gab dem Verfasser der „Iphigenie" und des „Tasso" den Sporen und ließ unten im Wasser hin und her traben. Solche munter tollen Jugendstreiche sind viele von beiden ausgeübt worden.
(17)

Schwermut und Leichtsinn
Weimar 1778

Der 16. bringt abermalige Schweinhatze, für Goethe gefährlich, da ihm ein Eisen in einem angehenden Schweine unter der Feder wegbrach. Zwar er blieb verschont, aber ein Jäger ward geschlagen. Dafür sollte Goethe am folgenden Tage, als er mit dem Herzog auf dem Eise war, eine schmerzlichere Seelenwunde empfangen. Ein Fräulein von Laßberg ward in der Ilm an der Schloßbrücke unter dem Wehr von seinen Leuten gefunden. Sie war den Abend vorher ertrunken, ob zufällig oder selbstwillig, blieb un-

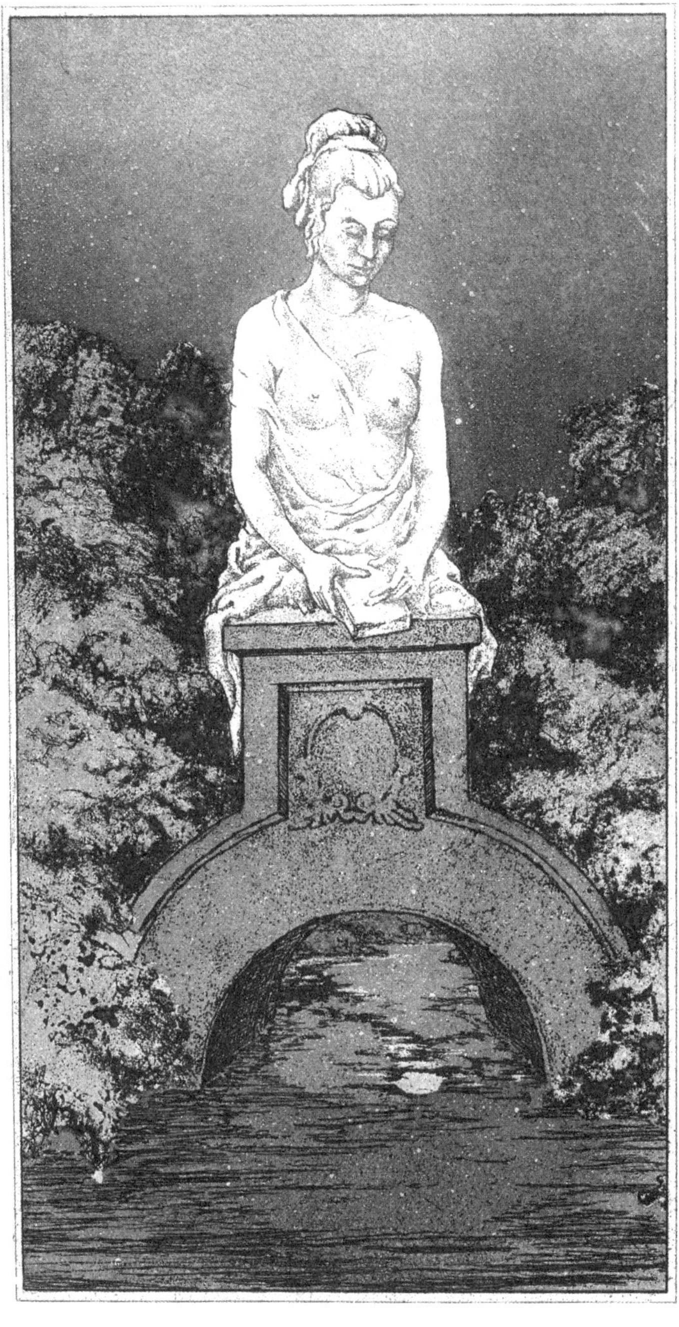

entschieden — zwar der Sage nach mit „Werthers Leiden" in der Tasche, um doch Goethen einige indirekte Schuld beimessen zu können. Nachmittags mit der Toten, die man zu Frau von Stein gebracht hatte, beschäftigt, abends bei den Eltern, des andern Morgens dem Herzog aufwartend und in die Zerstreuung des Tages gezerrt, konnte er erst die folgende Nacht mit Knebeln viel über den Tod des jungen Mädchens, ihr ganzes Wesen, ihre letzten Pfade usw. durchsprechen; worauf er in stiller Trauer einige Tage um die Szene des Todes verweilte, nachher aber sich wieder *gezwungen* sah zu theatralischem Leichtsinn durch verschiedene Proben, welche der Aufführung des neuen Geburtstagsstücks zum 30. Januar vorangehen mußten.

(35)

Maskeraden auf den Schwanseewiesen
Weimar 1778

Das Schlittschuhfahren war schon in den ersten Regierungsjahren des Herzogs Sitte und zu einer fortlaufenden Hofvergnügung geworden. Der Rittmeister von Lichtenberg, früher in holländischen, dann preußischen Diensten, war Meister in dieser Kunst. Goethe, der es in seiner Vaterstadt erlernt hatte, fand auch viel Gefallen daran [...].

Als [...] später hier die Schwanseewiesen überschwemmt wurden, gab der Herzog dort größere Feste, sogar Eis-Maskeraden und Illuminationen, denen die Durchlauchtigsten Damen und der Adel beiwohnten. Wir Knaben erschienen gewöhnlich nur zweimal die Woche, um unsere Lehrstunden nicht zu sehr zu vernachlässigen, und der Herzog sowie Goethe ließen uns Kunststücke erlernen. Wir mußten nämlich in vollem Schlittschuh-Fahren Äpfel mit bloßen Degenspitzen aufspießen, über Stangen springen, wurden gleich Hasen mit Parforcepeitschen gehetzt; ja, man schoß aus nur mit Pulver geladenen Pistolen hinter dem flüchtigen Wilde drein, welches für uns die größte Lust war. Bei einer nächtlichen Maskerade und Illumination erhielten wir Teufelsmasken und mußten die Damen, welche nicht selbst Schlittschuh fuhren, auf dem Schlitten zwischen den erleuchteten Pyramiden und feuerspeienden Raketen und Schwärmern herumkutschieren. Auf unsern mit Teufelshörnern versehenen Mützen wa-

ren Schwärmer angebracht, welche die vorbeifahrenden Herren mit brennenden Lunten anzündeten und somit ein fortlaufendes Feuer bewirkten. Da wir aber oft auf das Eis fielen und uns mitunter leicht beschädigten, so wollten unsere Eltern diese Belustigungen nicht immer gutheißen. Alle dergleichen Dinge gab man hauptsächlich Goethen schuld, und gewöhnlich wurde über die meisten Vorgänge damaliger Zeit etwas zweideutig gesprochen.
(36)

Sympathiekundgebung
Berlin 1778

Burmann, ein Zeitgenosse der Karschin, hatte, gleich nachdem Goethe seine „Stella" geschrieben, die er ein „Schauspiel für Liebende" genannt, sich an diesen gewandt und ihn in schlichten Worten sein Herz und seine Sympathien erschlossen.

Darauf hatte Goethe ihm statt aller Antwort ein in rosa Atlas gebundenes Exemplar dieses Buches übersandt. Als Goethe hier ankam, suchte er bald Burmann auf. Nach einigen Worten fragt ihn dieser, wer er denn sei, und als ihm Goethe seinen Namen genannt, springt er hoch auf vor Freude, wirft sich auf den Boden des Zimmers und rollt sich wie ein Kind auf demselben herum. Goethe, diese eigentümliche Bewegung nicht begreifend, fragt ihn, was er habe, worauf dieser jubelnd ihm entgegenlacht, freudig ihm erwidernd: „Ich kann meine Freude über Sie nicht besser ausdrücken." — „Nun", erwiderte Goethe lachend, „dann will ich mich auch zu Ihnen werfen", und so lagen beide auf den Dielen des Zimmers.
(37)

Jugendliche Dichterin
Berlin 1778

Mama [Anna Luise Karsch] sagte zu Goethe, sie habe eine neugeborene Dichterin zur Enkelin. „Wie alt ist sie?" — „Vierzehn Wochen", sagte sie. — „So lassen Sie dieselbe Dichterin sein, bis sie sprechen kann." — War das wohl menschenfreundlich von dem Unart? So vom Parnaß herunter den armen Dichterinnen den Laufpaß zu geben?
(38)

BIENENORAKEL
Wörlitz 1778

In frühern Zeiten besuchte Goethe in seines fürstlichen Freundes Gefolge Wörlitz oft auf mehrere Wochen. Einst an einem heiteren Sommernachmittage gesellte man sich unter der Vorhalle des Schlosses zusammen. Die Fürstin war mit einer Stickerei beschäftigt, der Fürst las etwas vor, Goethe zeichnete, und ein Hofkavalier überließ ohne Zwang und Sorge sich indes der behaglichen Verführung des Nichtstuns. Da zog ein Bienenschwarm vorüber. Goethe sagte: „Die Menschen, an welchen ein Bienenschwarm vorüberstreicht, treiben, nach einem alten Volksglauben, dasjenige, was gerade im Augenblicke des Ansummens von ihnen mit Vorliebe getrieben wurde, noch sehr oft und sehr lange. Die Fürstin wird noch viel und noch recht köstlich sticken, der Fürst wird noch unzähligemal interessante Sachen vorlesen, ich selbst werde gewiß unaufhörlich im Zeichnen fortmachen, und Sie, mein Herr Kammerherr, werden bis ins Unendliche faulenzen!"
(39)

ENERGISCHE VORSTELLUNG
EINER ILMNIXE
Weimar 1778

Gerade um dieselbe Zeit war es, wo Goethe die ersten Versuche im Schwimmen anstellte, zuerst im Floßgraben vor seinem Garten, dann in der Ilm selber. Er hatte es früher schon mit einem *Korkwams* versucht, das daher als Gleichnis mehrmals in seinen Schriften vorkommt; nun geschah es ohne dieses Hülfsmittel, und Goethe scheint es sehr weit in dieser Kunst gebracht zu haben. Er badete in jener Zeit überhaupt häufig, sogar des Nachts in der Ilm, meist bei Mondschein, selbst in November- und Dezembertagen, und trieb auch wohl allerlei Neckereien mit den bei nächtlicherweile Vorübergehenden. So — erzählte er mir [Riemer] — habe er einmal einen Bauer aus Oberweimar, der, spät in der Nacht nach Hause zurückkehrend, über das Gatter der Floßbrücke steigen wollen, dadurch in Furcht und Schrecken versetzt, daß er in seiner weißen Gestalt mit schwarzem langem Haupthaar, aus dem Wasser auf- und niedertauchend und dabei wunderbare Töne von sich

gebend, in jenem Manne die energische Vorstellung einer Ilmnixe erregte, deren Existenz dieser sich nun wahrscheinlich nicht wieder habe ausreden lassen. Vielleicht schreibt sich noch von jenem Augenzeugen der in seinem Ort verbreitete Glaube an das mehrmalige Erscheinen dieses Flußgespenstes her.
(35)

Kloster, Mönche, kalte Küche
Weimar 1778

Das Kloster wurde die Gegend des jetzigen Parks genannt, welche zwischen dem Tempelherrnhause und der Ruine sich befindet. Hier war zum Geburtstag der Herzogin ein kleines Gebäude errichtet, welches ein Kloster vorstellen sollte. Aus diesem traten, als abends die Herzogin in die Nähe kam, Goethe, von Einsiedel und von Knebel im Mönchsgewand heraus und luden die Herzogin ein, einzutreten und kalte Küche nicht zu verschmähen.
(40)

Rembrandtisches Nachtstück am Ufer der Ilm
Weimar 1778

Verwichenen Sonnabend fuhren wir zu Goethen, der die Herzogin auf den Abend in seinen Garten eingeladen hatte, um sie mit allen den Poemen, die er in ihrer Abwesenheit an den Ufern der Ilm zustande gebracht, zu regalieren. Wir speiseten in einer gar holden kleinen Einsiedelei, und da fand sich, daß casu quodam der siebente Stuhl an einer Tafelrunde, woran wir saßen, leer war. Dies brachte in allen einmütig den Wunsch hervor, daß es der Deinige sein möchte; und da wir denn doch nicht Enthusiasten genug sind, uns einzubilden, daß Du [Merck] würklich dasitzest, so taten wir uns, jedes nach seiner Weise, desto mehr mit der Erinnerung der Tage und Stunden, die wir mit Dir gelebt hatten, und mit der Hoffnung, daß Du mit der Frau Aja kommenden Winter oder Frühling zu uns kommen werdest, eine Güte. Goethen besonders wurde gar wohl ums Herz, die Herzogin so von Dir reden zu hören, wie eine, die den Wert der ganzen Total-Summe Deiner Individualität fühlt. Wir tranken auf Deine und Frau Ajas [...] Gesundheit eine Fla-

sche Johannisberger 60er aus, und wie wir nun aufgestanden waren und die Türe öffneten, siehe, da stellte sich uns, durch geheime Anstalt des Archi-Magus, ein Anblick dar, der mehr einer realisierten dichterischen Vision als einer Naturszene ähnlich sah. Das ganze Ufer der Ilm ganz in Rembrandts Geschmack beleuchtet — ein wunderbares Zaubergemisch von Hell und Dunkel, das im ganzen einen Effekt machte, der über allen Ausdruck geht. Die Herzogin war davon entzückt wie wir alle. Als wir die kleine Treppe der Einsiedelei herabstiegen und zwischen den Felsenstücken und Buschwerken längs der Ilm gegen die Brücke, die diesen Platz mit einer Ecke des Sterns verbindet, hingingen, zerfiel die ganze Vision nach und nach in eine Menge kleiner Rembrandtischer Nachtstücke, die man ewig hätte vor sich sehen mögen und die nun durch die dazwischen herumwandelnden Personen ein Leben und ein Wunderbares bekamen, das für meine poetische Wenigkeit gar was Herrliches war. Ich hätte Goethen vor Liebe fressen mögen.
(41)

Gut gebrüllt, Löwe!
Weimar 1779

Daß der Herr Doktor seiner Schuldigkeit gemäß seine treffliche „Iphigenie" wird überschickt haben oder noch schickt, hoffe ich [Luise von Göchhausen] gewiß. Ich will mich also alles Geschwätzes darüber enthalten und nur soviel sagen, daß er seinen Orest meisterhaft gespielt hat. Sein Kleid sowie des Pylades seins war grigisch, und ich hab ihn in meinem Leben noch nicht so schön gesehn. Überhaupt wurde das ganze Stück so gut gespielt —, daß König und Königin hätten sagen mögen: „Liebes Löbchen, brülle noch einmal!" Heute wird's wieder aufgeführt.
(42)

Amüsable
wie ein Mädchen von sechzehn
Weimar 1779

Mit Goethen habe ich [Wieland] vergangene Woche einen gar guten Tag gehabt. Er und ich haben uns entschließen müssen, dem Rat May zu sitzen. [...] Goethe saß vor- und nachmittags und bat

mich, weil Serenissimus absens war, ihm bei dieser leidigen Session Gesellschaft zu leisten und zur Unterhaltung der Geister den „Oberon" vorzulesen. Zum Glück mußte sich's treffen, daß der fast immer wütige Mensch diesen Tag gerade in seiner besten rezeptivsten Laune und so amüsable war wie ein Mädchen von sechzehn. Tag meines Lebens hab ich niemand über das Werk eines andern so vergnügt gesehen, als er es mit dem „Oberon" durchaus, sonderlich mit dem 5. Gesang, war, worin Hüon sich von dem kaiserlichen Auftrag verbo tenus acquittiert. Es war eine wahre jouissance für mich, wie Du leicht denken kannst. Ein paar Tage darauf gestund er selbst, daß er in drei Jahren vielleicht nicht wieder in diesem Grad von Rezeptivität und Offenheit jedes Sinnes für ein opus hujus furfuris et farinae kommen würde.
(43)

WOLDEMAR AN DER EICHE
Ettersburg 1779

So weißt Du [Schlosser] also, was Goethe „Woldemar" und seinem Verfasser nach gehaltenem Gastmahl für eine schöne Standrede gehalten; mit welchen Ausdrücken (beide hätten das Henken verdient) er das Buch verurteilt: *zur wohlverdienten Strafe und andern zum schreckenden Exempel an beiden Ecken der Decke an eine Eiche genagelt zu werden, wo es so lange flattern sollte, als ein Blatt daran wäre,* wie er selber das Urteil an einem Exemplar (vermutlich dasselbige, welches ich [Jacobi] ihm geschenkt, und das er in dieser Absicht zu sich gesteckt hatte) vollzogen und einen großen Jubel über den herrlichen Effekt angestimmt hat; daß das Buch an der Eiche befestigt gelassen und die Spaziergänger sich mit desselben Anblick zu belustigen ermuntert worden sind. — Eine solche Kurzweil und noch manche andere mutwillige Parodien erlaubt sich Goethe gegen einen Mann, dem er die feurigsten Liebesbriefe schrieb; mit dem er, sechs Wochen hintereinander, alle Tage Herz und Seele teilte, mit dem er die heiligste Freundschaft errichtete und beständig unterhalten zu wollen schien!
(15)

Götz II.
Kassel 1779

Ich [von Binzer] fragte nur: "So haben Sie Goethe früher gekannt?" — "Sehr genau", erwiderte er, "lassen Sie sich erzählen, wie unsere Bekanntschaft anhub. Ich hatte Goethe noch nie gesehen, als sein ,Götz von Berlichingen' erschien; aber dieses Werk begeisterte mich für den Dichter [. . .]. Ich lebte damals in Kassel, und, Sie mögen mir's glauben, ich war ein ganzer Kerl, ein Vierziger, und soviel meine alte Bettenburg deutscher und stämmiger ist als unsere jetzigen papiernen Häuser, um soviel mochte ich im Äußern meinen Ahnen ähnlich sein, als es die Söhne unserer Zeit gewöhnlich ihren Voreltern sind. Kurz, meine Freunde, mit denen ich an demselben Gasttische zu speisen pflegte, meinten, ich sähe aus wie der Götz, und gewöhnten sich bald, mich kurzweg so zu nennen. Es schmeichelte mir doch ein wenig, wenn ich schon weiß, daß ich kein Götz bin. Eines Tags nun kam Goethe nach Kassel und aß an demselben Tische zu Mittag, ohne von irgendeinem der Gäste gekannt zu sein. Da ruft sein Nachbar zu mir hinüber: ,Götz! wann sitzest du auf, um nach der Burg zu reiten?' — ,Heißt der Herr da Götz?' fragte Goethe. ,Nein', antwortete mein Freund, ,er heißt nicht so, aber er sieht so aus, darum nennen wir ihn so.' — ,Wieso?' — ,Kennen Sie denn nicht Goethes »Götz von Berlichingen«?' — ,Meinen Sie den!' rief Goethe, ,da haben Sie recht, so sah er wirklich aus.' — ,Sind Sie der Graf Saint-Germain', sagte mein Freund lachend, ,daß Sie ihn persönlich gekannt haben?' — ,Wie sollte ich ihn nicht gekannt haben?' sagte Goethe, ,habe ich ihn doch gemacht.' Mein Freund prallte ein wenig zurück, denn er hätte sich's eher einfallen lassen, daß es bei dem fremden Herrn rapple, als daß es Goethe selbst sei. Als es aber endlich an den Tag kam, da führte er ihn jubelnd zu mir und sagte: ,Ihr beide müßt Euch lieben.'"
(30)

SERENISSIMUS, DER HÄTSCHELHANS UND FRAU AJA
Frankfurt 1779

Der 18. September war der große Tag, da der alte Vater und Frau Aja, denen seligen Göttern weder ihre Wohnung im hohen Olymp, weder ihr Ambrosia noch Nektar, weder ihre Vokal- noch Instrumentalmusik beneideten, sondern glücklich, so ganz glücklich waren, daß schwerlich ein sterblicher Mensch jemals größre und reinere Freuden geschmeckt hat als wir beide glückliche Eltern an diesem Jubel- und Freudentag. [...]

Ihro Durchlaucht, unser gnädigster und bester Fürst, stiegen (um uns recht zu überraschen) eine Strecke von unserm Hause ab, kamen also ganz ohne Geräusch an die Türe, klingelten, traten in die blaue Stube usw. Nun stellen sich Ihro Durchlaucht vor, wie Frau Aja am runden Tisch sitzt, wie die Stubentüre aufgeht, wie in dem Augenblick der Hätschelhans ihr um den Hals fällt, wie der Herzog in einiger Entfernung der mütterlichen Freude eine Weile zusieht, wie Frau Aja endlich wie betrunken auf den besten Fürsten zuläuft, halb greint, halb lacht, gar nicht weiß, was sie tun soll, wie der schöne Kammerherr von Wedel auch allen Anteil an der erstaunlichen Freude nimmt — endlich der Auftritt mit dem Vater, das läßt sich nun gar nicht beschreiben —, mir war angst, er stürbe auf der Stelle. Noch an dem heutigen Tag, daß Ihro Durchlaucht schon eine ziemliche Weile von uns weg sind, ist er noch nicht recht bei sich, und Frau Aja geht's nicht ein Haar besser.

(18)

BERÜHMTES ZITAT
Frankfurt 1779

Bei einem Spaziergang, den Karl August von Weimar, als er einst mit Goethe in Frankfurt war, mit diesem nach Sachsenhausen unternahm, kamen sie an zwei heftig streitenden Sachsenhäusern vorbei. Dieses Völkchen zeichnet sich bekanntlich durch seine göttliche Grobheit aus, und so schloß denn auch dieser Zank mit jener eigentümlichen Einladung. Lächelnd wandte sich der Großherzog zu seinem Begleiter. „Es muß doch sehr erfreulich für

einen Dichter sein", sagte er, „wenn er sieht, wie seine Werke in das Volk gedrungen sind; wenn ich nicht irre, lieber Goethe, wurde da eben eine Stelle aus Ihrem ‚Götz' zitiert."
(44)

Acht Jahre danach
Sesenheim 1779

Abends ritt ich etwas seitwärts nach Sesenheim, indem die andern ihre Reise grad fortsetzten, und fand daselbst eine Familie, wie ich sie vor acht Jahren verlassen hatte, beisammen und wurde gar freundlich und gut aufgenommen. Da ich jetzt so rein und still bin wie die Luft, so ist mir der Atem guter und stiller Menschen sehr willkommen. Die zweite Tochter [Friederike Brion] vom Hause hatte mich ehmals geliebt, schöner als ich's verdiente, und mehr als andre, an die ich viel Leidenschaft und Treue verwendet habe. Ich mußte sie in einem Augenblick verlassen, wo es ihr fast das Leben kostete. Sie ging leise drüber weg, mir zu sagen, was ihr von einer Krankheit jener Zeit noch überbliebe, betrug sich allerliebst mit so viel herzlicher Freundschaft vom ersten Augenblick, da ich ihr unerwartet auf der Schwelle ins Gesicht trat und wir mit den Nasen aneinanderstießen, daß mir's ganz wohl wurde. Nachsagen muß ich ihr, daß sie auch nicht durch die leiseste Berührung irgendein altes Gefühl in meiner Seele zu wecken unternahm. Sie führte mich in jede Laube, und da mußt ich sitzen, und so war's gut. Wir hatten den schönsten Vollmond. Ich erkundigte mich nach allem. Ein Nachbar, der uns sonst hatte künsteln helfen, wurde herbeigerufen und bezeugt, daß er noch vor acht Tagen nach mir gefragt hatte. Der Barbier mußte auch kommen, ich fand alte Lieder, die ich gestiftet hatte, eine Kutsche, die ich gemalt hatte, wir erinnerten uns an manche Streiche jener guten Zeit, und ich fand mein Andenken so lebhaft unter ihnen, als ob ich kaum ein halb Jahr weg wäre. Die Alten waren treuherzig, man fand, ich sei jünger geworden. Ich blieb die Nacht und schied den andern Morgen bei Sonnenaufgang, von freundlichen Gesichtern verabschiedet, daß ich nun auch wieder mit Zufriedenheit an das Eckchen der Welt hindenken und in Friede mit den Geistern dieser Ausgesöhnten in mir leben kann.
(16)

Eine recht ätherische Wollust
Straßburg 1779

Sonntags traf ich wieder mit der Gesellschaft zusammen, und gegen Mittag waren wir in Straßburg. Ich ging zu Lili und fand den schönen Grasaffen mit einer Puppe von sieben Wochen spielen und ihre Mutter bei ihr. Auch da wurde ich mit Verwundrung und Freude empfangen. Erkundigte mich nach allem und sah in alle Ecken. Da ich denn zu meinem Ergötzen fand, daß die gute Kreatur recht glücklich verheuratet ist. Ihr Mann, aus allem, was ich höre, scheint brav, vernünftig und beschäftigt zu sein, er ist wohlhabend, ein schönes Haus, ansehnliche Familie, einen stattlichen bürgerlichen Rang pp. – alles, was sie brauchte pp. Er war abwesend. Ich blieb zu Tische. Ging nach Tisch mit dem Herzog auf den Münster, abends sahen wir ein Stück „L'Infante de Zamora" mit ganz trefflicher Musik von Paesiello. Dann aß ich wieder bei Lili und ging in schönem Mondschein weg. Die schöne Empfindung, die mich begleitet, kann ich nicht sagen. So prosaisch als ich nun mit diesen Menschen bin, so ist doch in dem Gefühl von durchgehendem reinem Wohlwollen, und wie ich diesen Weg her gleichsam einen Rosenkranz der treusten, bewährtesten, unauslöschlichsten Freundschaft abgebetet habe, eine recht ätherische Wollust. Ungetrübt von einer beschränkten Leidenschaft, treten nun in meine Seele die Verhältnisse zu den Menschen, die bleibend sind, meine entfernten Freunde und ihr Schicksal liegen nun vor mir wie ein Land, in dessen Gegenden man von einem hohen Berge oder im Vogelflug sieht.
(16)

Unfreiwilliger Lustgang
Tiefurt 1779

Von Neckereien, wie sie im engeren Kreis des Herzogs manchmal blühten, hatte am meisten die Hofdame von Göchhausen zu leiden, da sie nichts schuldig blieb und wohl auch durch graziöse Bosheiten reizte. Nachdem sie einmal an einem Regentage, wo sich die Gesellschaft in den Gemächern Tiefurts drängte, mit gar spitzen Feinheiten triumphiert hatte, forderten sie, sagt man, der Herzog und Goethe zu einem Spaziergang höflichst auf. So entschie-

den sie, mit einem Blick auf den Glanz ihres Kleides und ihrer Atlasschuhe, sich die Ehre für ein andermal ausbat, wurde sie doch von beiden Seiten mit den schmeichelhaftesten Dankreden so fest unter den Armen gefaßt, daß sie, bei allem Widerstreben, die Treppe hinabgeführt, zappelnd und trippelnd die aufgeweichten Wege mit durchpatschen mußte und ihr die sprühenden Witzpfeile ihres Zorns nur Verlängerungen des unfreiwilligen Lustganges eintrugen.
(24)

Gottes Spürhund
Clarisegg 1779

Es wird erzählt, daß damals, d. h. auf der Rückreise aus der Schweiz, als Goethe und der Herzog an Clarisegg, dem von Kaufmann vor kurzem bezogenen Landgütchen am Untersee, vorüberkamen, Goethe die in seinem Nachlaß gefundenen Verse gedichtet (ja sogar an Kaufmanns Tür geschrieben?) habe:

> Ich hab als Gottesspürhund frei
> Mein Schelmenleben stets getrieben:
> Die Gottesspur ist nun vorbei
> Und nur der Hund ist übrigblieben.

(17)

Dialog am Rheinfall
Schaffhausen 1779

Goethe und Lavater standen unten am Rheinfall. Goethe behauptete, der Rheinfall sei in Bewegung — Lavater, er stehe still. Nachdem sie eine Stunde darüber gezankt, habe Lavater damit geendet: „Goethe, du trinkst zuviel Wein, drum scheint's dir, der Rheinfall sei in Bewegung" — und Goethe damit: „Und du zuviel Wasser, drum scheint's dir, er stehe still."
(45)

Der gläserne Sumpf
Stützerbach, um 1779

Bei den Jagdzügen im tiefen Gebirge, wo die Nächte oft in kleinen abgelegenen Schenken und Köhlerhütten, nicht selten unter freiem Himmel, zugebracht wurden, war es ein Hauptgrundsatz dieser fürstlichen Jagdgesellschaft, sich untereinander allen nur möglichen Schabernack anzutun. Die Jäger übernachteten einst in einer einsamen Waldmühle und mußten sich mit den Betten behelfen, wie es eben gehen wollte. Es war ausgemacht, daß man am andern Morgen früh aufbrechen werde, und wer nicht zur bestimmten Stunde auf dem Platze sei, der verfalle in eine strenge Buße. Goethes Bett füllte den hinteren Raum eines tiefen Alkovens, der keinen andern Zugang hatte. Als er sich dahin zurückgezogen, berieten die andern, den Herzog an der Spitze, was man wohl tun könne, um Goethen die bestimmte Stunde des Aufbruchs versäumen zu machen. Der Müller, mit in das Komplott gezogen, gab einen Rat, den man auch am Morgen befolgte. Als Goethe aufstehn wollte, traten zwei Genossen in den Alkoven und schütteten zu den Füßen des Bettes und bis an den Eingang hin einen großen Korb mit Glas- und Tonscherben aus. Es war unmöglich, darüber hinwegzukommen, und, ehe eine Brücke über diesen „gläsernen Sumpf" geschlagen werden konnte, war die bestimmte Stunde versäumt. Beim Frühstück vertraute der Herzog Goethen, wer den arglistigen Rat gegeben. Der Müller erhielt nun den Beinamen Ahitophel, und es ward im Rate der Götter beschlossen, daß er zur Strafe durch Feuer und Wasser gehn solle. Man zwang ihn, halb im Ernst und halb im Scherz, durch eine hohe, im Walde angemachte Reisigflamme nackt durchzuspringen und begoß ihn dann mit einigen Eimern Wasser.
(46)

Thusnelda im Regen
Tiefurt 1780

Seit den geräuschvollen Tagen des Besuchs der Brüder Stolberg hieß die Göchhausen Thusnelda, wie erklärt wurde: als eine deutsche Heldin ganz nach dem Ideal jener begeisterten Jünger des Klopstockschen Patriotismus. In Erinnerung, daß die kraftfrohen

Brüder sich Zentauren zum Symbol gewählt, wurde ein gemaltes Paar dieser Pferdemänner, in einen Goldrahmen gefaßt, an einem Januar-Abend 1780 Thusnelden als großer Zentauren-Orden mit einer Kette feierlich umgehängt. Ihr Heldenmut ward aber gelegentlich nicht wenig auf die Probe gesetzt. Einmal, da sie bei Unwetter sich die Sänfte bestellt hatte, erschienen die Hof-Portechaisenträger ganz pünktlich und traten gut an, nur schlugen sie bald eine falsche Richtung ein. Indem sie ihnen dies bemerklich zu machen suchte, schritten sie immer eiliger in den Park hinein. Hier in der Mitte machten diese Dienstfertigen, die nichts von Portechaisenträgern hatten als die Kleider, plötzlich Halt, schlüpften aus den Riemen und ließen die Sänfte im Regen stehen. Es war schwer, sich zu fassen.

(24)

Menschen und Flammen
Groß-Brembach 1780

Gestern war ich in Ettersburg und diktierte der Göchhausen mit dem lebhaftesten Mutwillen an unsern „Vögeln", die Nachricht von Feuer in Groß-Brembach jagte mich fort, und ich war geschwind in den Flammen. Nach so lang trocknem Wetter, bei einem unglücklichen Wind, war die Gewalt des Feuers unbändig. Man fühlt da recht, wie einzeln man ist und wie die Menschen doch so viel guten und schicklichen Begriff haben, etwas anzugreifen. Die fatalsten sind dabei, wie immer, die nur sehen, was nicht geschieht und darüber die aufs notwendige gerichteten Menschen irremachen. Ich habe ermahnt, gebeten, getröstet, beruhigt und meine ganze Sorgfalt auf die Kirche gewendet, die noch in Gefahr stund, als ich kam, und wo außer dem Gebäude noch viel Frucht, die dem Herrn gehört, auf dem Boden zugrunde gegangen wäre. Voreilige Flucht ist der größte Schaden bei diesen Gelegenheiten; wenn man sich, anstatt zu retten, widersetzte, man könnte das Unglaubliche tun. Aber der Mensch ist Mensch und die Flamme ein Ungeheuer. Ich bin noch zu keinem Feuer in seiner ganzen Aktivität gekommen, als zu diesem. Nach der Bauart unsrer Dörfer müssen wir's täglich erwarten. Es ist, als wenn der Mensch genötigt wäre, einen zierlich und künstlich zusammengebauten Holzstoß zu bewohnen, der recht, das Feuer schnell aufzunehmen, zusammengetragen wäre.

Aus dem Teich wollte niemand schöpfen, denn, vom Winde getrieben, schlug die Flamme der nächsten Häuser wirblend hinein. Ich trat dazu und rief, es geht, es geht, ihr Kinder, und gleich waren ihrer wieder da, die schöpften, aber bald mußt ich meinen Platz verlassen, weil's allenfalls nur wenig Augenblicke auszuhalten war. Meine Augbrauen sind versengt, und das Wasser, in meinen Schuhen siedend, hat mir die Zehen gebrüht; ein wenig zu ruhen, legt ich mich nach Mitternacht, da alles noch brannte und knisterte, im Wirtshaus aufs Bett und ward von Wanzen heimgesucht und versuchte also manch menschlich Elend und Unbequemlichkeit.
(16)

GERICHTSTAG HALTEN
Ilmenau 1780

Heut früh haben wir alle Mörder, Diebe und Hehler vorführen lassen und sie alle gefragt und konfrontiert. Ich wollte anfangs nicht mit, denn ich fliehe das Unreine — es ist ein groß Studium der Menschheit und der Physiognomik, wo man gern die Hand auf den Mund legt und Gott die Ehre gibt, dem allein ist die Kraft und der Verstand pp. in Ewigkeit Amen.

Einen Sohn, der sich selbst und seinen Vater des Mords mit allen Umständen beschuldigt. Ein Vater, der dem Sohn ins Gesicht alles wegleugnet. Ein Mann, der im Elende der Hungersnot seine Frau neben sich in der Scheune sterben sieht, und weil sie niemand begraben will, sie selbst einscharren muß, dem dieser Jammer jetzt noch aufgerechnet wird, als wenn er sie wohl könnte ermordet haben, weil andrer Anzeigen wegen er verdächtig ist pp.

Hernach bin ich wieder auf die Berge gegangen, wir haben gegessen, mit Raubvögeln gespielt, und hab immer schreiben wollen, bald an Sie, bald an meinem Roman, und bin immer nicht dazu gekommen. Doch wollt ich, daß ein lang Gespräch mit dem Herzog für Sie aufgeschrieben wäre, bei Veranlassung der Delinquenten, über den Wert und Unwert menschlicher Taten.
(16)

Kranz und Kuss
Weimar 1780

Ehe „Oberon" ans Licht getreten war, waltete zwischen Wieland und Goethe eine kleine Mißhelligkeit. Der Verfasser des „Oberons" schickt, sobald dieser gedruckt, dem Herrn Geheimen Rat Goethe ein Exemplar, und dieser erhält's, da er eben im Begriff ist, zur Gerichtsstube zu fahren. Er lieset und kann nicht aufhören. Sein Bedienter meldet den Wagen, er hört nicht. — „Ihro Exzellenz, die Uhr hat 10 geschlagen." — „Mag sie doch 11 geschlagen haben, ich kann heut nicht fahren, und wenn einer mich sprechen will, so sagt, ich habe nicht Zeit." — Darauf entfernt er sich in ein Nebenzimmer, liest den „Oberon" völlig durch und lässet gleich den Herrn Hofrat Wieland zu sich bitten. Sobald der erscheint, ergreift Goethe einen jungen Lorbeerbaum, den er selbst erzogen und den sonst niemand hat anrühren dürfen, reißt Zweige davon ab, windet einen Kranz und überreicht ihn Wielanden mit einem herzvollen Kuß.
(47)

Geschichte einer männlichen Rache
Tiefurt 1781

Eine eigentümliche Rache übte Goethe einst an einer Hofdame der Herzoginmutter, dem Fräulein von Göchhausen, einem geistreichen Frauenzimmer, das aber durch ihre Sarkasmen und mancherlei Umtriebe oft beleidigte. Der weimarische Hof fand sich auf einem Sommersitz so eng logiert, daß Luise von Göchhausen eine Privatwohnung beziehen mußte. Während sie der Dienst bei der Herzoginmutter festhielt, begab sich Goethe in ihre Wohnung, wo er durch einen mitgebrachten Maurer die Zimmertür ausheben und die Öffnung so vermauern und überstreichen ließ, als sei das Ganze nur *eine* Wand. Als Fräulein von Göchhausen spät in der Nacht nach Hause kam und mit einem brennenden Licht, das sie unten fand, sich nach ihrem Zimmer begab, löschte ein Zugwind auf der Treppe das Licht aus. Vergebens suchte die ermüdete Hofdame, mit den Händen umhertappend, die Tür ihres Zimmers. Sie rief zu wiederholten Malen, doch niemand kam. Endlich erschienen ihre Wirtsleute, und nun löste sich das Rätsel, obgleich sie nie

erfuhr, wer ihr diesen Streich gespielt. Im vollen Putz des Galatages mußte sie die Nacht auf einem Stuhle zubringen, bis mit Anbruch des Tages Rat geschafft werden konnte.
(33)

ABGEWIESENE BITTSTELLER
Weimar 1781

Nun war ich [Kotzebue] Advokat [...]. Die Stelle eines Kriegs-Sekretärs in Weimar wurde erledigt, ein Posten, dem ich, in damaligen friedlichen Zeiten, wohl vorstehen konnte. Die Gewährung meines Wunsches hing größtenteils von Goethe ab. Dieser berühmte Mann war jahrelang ein Freund unsers Hauses gewesen; er hatte meine hübsche Schwester sehr ausgezeichnet, sogar „Die Geschwister" für sie geschrieben und dieses liebliche kleine Stück mit ihr gespielt. Der Umgang mit meiner klugen Mutter hatte ihm stets interessant geschienen, und ich selbst als Knabe seine Aufmerksamkeit erregt; daher war zu hoffen, daß er gern der Schöpfer meines mäßigen Glückes werden würde. Viermal ließ ich mich bei ihm melden, um meine Bitte vorzutragen, allein vergebens, er ließ mich nicht vor. Es war keine Zeit zu verlieren, darum entschloß sich die liebende Mutter selbst zu einem Besuche bei ihm. Er wohnte in seinem Garten, ziemlich weit von der Stadt. Es war ein sehr heißer Tag. Meine Mutter ging, und ich blieb zu Hause, ihre Zurückkunft mit Sehnsucht erwartend. Sie kam früher zurück, als ich vermutet hatte; sie sank ermattet, erhitzt und in Tränen schwimmend auf den Sofa, denn — Goethe hatte, ob er gleich zu Hause war, durch seinen Bedienten sie abweisen lassen. Nie wird das Bild aus meiner Seele verlöschen, wie meine erschöpfte, tief gekränkte Mutter Schweiß und Tränen sich abtrocknete.
(30)

PLUNDERSWEILERN BEI HOFE
Weimar 1781

Der Rat Krause hatte auf Angeben des Geheimrats Goethe ein Gemälde gemacht, welches das Neuste zu Plundersweilern vorstellte. Es war ein großer Mischmasch von menschlichen Torheiten, welche sich an dem genannten Ort zutrugen, und schien zugleich eine

Anspielung auf die Literatur unserer Zeiten zu sein. Der Geheimrat Goethe hatte Verse verfertigt, welche die Beschäftigung und Würde einer jeden Gestalt dieses Gemäldes ans Licht stellten. Das Gemälde, welches in einen übermanneshohen, ellipsenförmigen, mit Satyrsköpfen und verguldetem Schnitzwerke verzierten Rahm gefaßt war, stand in dem schmalen Sälchen, gegen die Tür gewendet, worinne man in den Aufenthalt der Mediceischen Venus hineingeht. Es war mit 14 Lichtern erleuchtet, und darhinter war ein grünes Tuch angeschlagen, welches die nämlichen Dienste tat, als bei einem Gemälde der Grund. Die Musik war im Saal. Die Kleidung des Geheimrats Goethens war rote Strümpfe, welche über die Knie gingen, eine große Bürgermeistersweste, dergleichen Manschetten, Chapeau und Halskrause, Rock mit großen Aufschlägen und eine schwarze Perruque. Als der Herzogin zu wissen getan worden war, daß alles bereit sei, ging der Geheimrat Goethe mit mir, der ich die nämliche Kleidung anhatte als auf dem „Jahrmarkt zu Plundersweilern" und eine Masque vor dem Gesicht, der Herzogin entgegen; er sagte ihr, er hoffte, Ihro Durchlaucht würden denen Vornehmen zu Plundersweilern die hohe Ehre nicht abschlagen, sie ein wenig im Vorbeigehen zu besuchen, da ihnen diese hohe Gnade an dem vorigen Jahrmarkt schon einmal widerfahren sei; doch ließe sich der dasige Senat entschuldigen, daß er nicht selbst gekommen sei, Ihro Durchlaucht zu bewillkommnen, weil seine Glieder alle verheiratet und Kinder hätten und sich also des Vergnügens ohnmöglich berauben könnten, ihren kleinen Zöglingen heute abend Heiligen Christ zu bescheren; derowegen hätten sie ihn armen Hagestolz abgeschickt, Ihro Durchlaucht einzuladen. Damit war die Anrede aus, ich gab das Zeichen, daß die Musik anging, und die Herzogin trat in den Aufenthalt der Mediceischen Venus hinein; sie besah mit Fräulein von Jöchhaus das Gemälde. Wie die Musik aus war, setzte sie sich, wobei ich ihr den Stuhl schieben mußte; der Geheimrat Goethe nahm die Verse und einen Stab in die Hand, deklamierte sie und wies mit dem Stab auf die Sachen im Gemälde, welche die Verse erklärten. Da dieses vorbei war, wünschte ich, daß das Gemälde noch einmal so groß wäre, auf daß mein Verstand noch länger auf so angenehme Weise ergötzt würde: doch jedes Ding hat sein Ende, und meine Beschreibung hat das ihrige auch erreicht.
(48)

Wer wem?
Weimar, um 1781

Eines Tages ging Goethe auf einem schmalen Pfad im Park von Weimar spazieren. Nur eine Person hatte darauf Platz. An einer Biegung kam ihm ein Kunstkritiker entgegen, der mit des Dichters Werken nicht gerade sanft umgesprungen war. Auf Schrittabstand sagte der Kritiker mit beißendem Hohn von oben herab: „Ich weiche keinem Narren aus!" Zur Seite tretend sagte daraufhin Goethe spöttisch lächelnd: „Aber ich!"
(49)

Singende Jungfrau am Borkenhäuschen
Weimar 1782

Von einem hochbejahrten, nun verstorbenen Mann [...] wurde mir erzählt, Corona Schröter habe eines Tages, in fleischfarbenen Trikot gekleidet, eine Gitarre im Arm, an einem der lieblichsten Punkte des Parkes gesessen und gesungen, während Goethe und Karl August in der Nähe auf und ab gegangen. Die Herzogin sei unerwartet hinzugekommen und habe sich höchst verletzt gefühlt. Ich weiß nicht, ob dies dieselbe Szene oder eine ähnliche ist, von welcher Wieland berichtet, als er einst seiner Frau und Familie die neuen Anlagen gezeigt: „Die Dinge, wie sie hier sind, wollen schlechterdings mit eigenen Augen gesehen und selbst gefühlt werden. In den neuen Schöpfungen essen Goethe, der Herzog und Wedel oft selb drei Mittag oder verbringen in Gesellschaft einer oder der andern Göttin oder Halbgöttin da den Abend. Wie wir den Platz heraufgehen, begegnen wir dem Herzog. Wir kamen dann an das Grottenwesen, und da trafen wir Goethen in Gesellschaft der schönen Schröter, die in der unendlich edlen attischen Eleganz ihrer ganzen Gestalt und ihrem ganz simpeln und doch unendlich raffinierten und insidiösen Anzug wie die Nymphe dieser anmutigen Felsgegend aussah. Goethe war zwar gut, aber äußerst trocken und verschlossen."
(23)

ÜBERZÄHLIGE GÄSTE
Weimar 1782

Prinz August von Gotha, der jüngere Bruder des Herzogs Ernst, kam oft und gern nach Weimar; er liebte den Verkehr mit Herder, Wieland und Goethe, die dann auch ihrerseits ihm gern einen guten Tag einrichteten. Einmal bereitete Goethe ein Mittag- oder Abendessen vor, zu dem er den Prinzen und mehrere muntere Damen der Gesellschaft laden wollte. [...]

Das Essen fand im Zeughause statt, wo an den Wänden die alten Ritterrüstungen aufgestellt waren. Als man anfing, recht fröhlich zu werden, hörte der Prinz ein Rascheln hinter sich; erstaunt blickte er sich um — es war wohl eine Täuschung gewesen. Dann schrie eine der Fräulein auf: jener Ritter dort drüben habe sich bewegt! Sogleich ertönte ein Husten aus einer andern Ecke, aus einem Harnisch und Visier heraus. Und nun klappte ein vierter Eisenmann sein Visier auf, stieg heraus und sprach: „Die Herrschaften werden entschuldigen..."

Goethe hatte vier Soldaten in diese Rüstungen gesteckt; sie mußten sich mausestill verhalten, bis er ihnen das Zeichen gab, das sie zum Leben erweckte.

(51)

DREI DIALOGE
Weimar 1783

Bei der Predigt am Geburtstag hat sich unmittelbar nach dem Amen folgender Dialogus in der Kirche, in dem sogenannten Ratsstande, zugetragen:

Goethe: Was denkst Du zu der Predigt?
Wieland (wie er wenigstens sagt): Nun, es war eine wackre Predigt.
Goethe: Er hat doch aber so eine harte Manier, die Sachen zu sagen. Nach solcher Predigt bleibt einem Fürsten nichts übrig, als abzudanken. (Ergreift seinen Hut und geht still aus der Kirche.)

Zweiter Dialogus bei der Herzoginmutter.

Sie: Was denken Sie von der heutigen Predigt?
Wieland (ohngefähr wie oben).
Sie: Mich dünkt aber, daß sie doch vor diesen Tag unerwartet war: beim Regierungsantritt oder solchen Tagen könnte sie wohl gehalten werden.
Wieland: Je nun! weil der Herzog sonst nicht in die Kirche kommt, so hat Herder vermutlich den Augenblick ergriffen, da er ihn hatte.
Sie: Er sollt freilich mehr in die Kirche gehn.

Dritter Dialogus, abends im großen Saal bei Hofe.

Herzog: Sind Sie heut in der Kirche gewesen?
Wieland: Ja, Euer Durchlaucht.
Herzog: Wie hat Ihnen die Predigt gefallen?
Wieland (wie oben).
Herzog: Ich weiß doch aber nicht, was die Leute bei einem Kind für erstaunende Hoffnungen haben. Es ist doch nur ein Kind.
Wieland: Aus dem indessen doch alles werden kann, und da hofft jeder, daß das Beste aus ihm werde.
Herzog: Übrigens war die Predigt ganz ohne *Piques*. (Das ist ein Lieblingswort hier.)
Wieland: O ganz ohne Piques: sie war, dünkt mich, so rein, wie sie von der Kanzel kommen mußte.
Herzog: Es war eine brave Predigt.
(52)

OSTEREIER SUCHEN
Weimar 1783

Ich [von Matthisson] lerne Goethe zuerst an einem Tage persönlich kennen, wo seine Menschlichkeit sich ganz heilig und rein offenbarte. Er gab ein Kinderfest in einem Garten unweit Weimar. Es galt Ostereier aufzuwittern. Die muntere Jugend, worunter auch kleine Herder und Wielande waren, zerschlug sich durch den Garten und balgte sich bei dem Entdecken der schlau versteckten Schätze mitunter nicht wenig.

Ich erblicke Goethe noch vor mir. Der stattliche Mann, im goldverbrämten blauen Reitkleide, erschien mitten in dieser mutwilligen Quecksilbergruppe als ein wohlgewogener, aber ernster Vater, der Ehrfurcht und Liebe gebot. Er blieb mit den Kindern beisammen bis nach Sonnenuntergang und gab ihnen am Ende noch eine Naschpyramide preis, welche die Kokagnen zu Neapel gar nicht übel nachbildete. Ein Mann, der an der Kindheit und an der Musik Ergetzen findet, ist ein edler Mann, wie schon Shakespeare behauptet; welchen Satz mir auch die Erfahrung mehr als einmal in das Buch meiner heiligsten Wahrheiten einschrieb. Ich war eigentlich zudringlich, bloß um dem Verfasser von „Werthers Leiden" einen Blick abzugewinnen und mir sein Bild bleibend in die Seele zu prägen. Er war sehr artig und äußerte beim Anblick der ihm wohlbekannten Uniform des damals noch blühenden Philanthropins zu Dessau: „Sie sind hier völlig in Ihrem Elemente; ich bitte Sie zu bleiben, solang es Ihnen angenehm ist." Dieses Bild von Goethe, beglückt und beglückend im Kreise schuldloser und lieblicher Kinder, wird mir immer von diesem seltenen Manne das wohltuendste bleiben.
(39)

KLEINE MENSCHENGESICHTER
Weimar 1783

Laßt mich's [Fouqué] hier einschalten, was mir Fritsch in traulichen Stunden nachheriger Beisammenseins mitgeteilt hat, wie Goethe seltsamlich ehedem — es mogte so in den späteren Dreißigen seiner Lebensjahre sein — Kinderfeste bei sich zu halten pflegte. Da mußten ihm die näher Befreundeten (Fritschens Vater, ein angesehener Mann in weimarschem Zivildienst, endlich Minister, gehörte dazu) ihre Kindlein, Mädchen und Bübchen, ohne weiteres — nicht Eltern, nicht Aufseher durften sie begleiten — anvertrauen. Es galt hauptsächlich geselligen Tanz. Goethe empfing in völliger Hofgala seine Gästchen, die er allsamt „Ihr kleinen Menschengesichter" zu titulieren pflegte. Er selbst eröffnete ganz feierlich den Ball mit einer der Dämchen, in welchem Worte (beiläufig bemerkt) ja auch anagrammatisch „Mädchen" mit liegt. Nach dieser Feierlichkeit aber ließ er dem kindlichen Getriebe freien Lauf, doch so, daß er die „kleinen Menschengesichter" als

getreuer Aufseher keinen Augenblick aus den Augen verlor, ihren Tanz, ihre Genüsse bewachend, so daß keines Nachteil für Gesundheit oder Sitte zu erleiden hatte und dennoch allen unter dieser väterlich gastlichen Obhut unaussprechlich frei und wohl zu Sinne war, und sie auch wiederum zu rechter Zeit, gehörig abgekühlt und wohl eingepackt, heimgefördert werden.
(53)

Nächtliche Ruhestörung
Weimar 1783

„Einst klingelte er mitten in der Nacht, und als ich [Sutor] zu ihm in die Kammer trete, hat er sein eisernes Rollbette vom untersten Ende der Kammer herauf bis ans Fenster gerollt und liegt und beobachtet den Himmel. ‚Hast du nichts am Himmel gesehen?' fragte er mich, und als ich dies verneinte: ‚So laufe einmal nach der Wache und frage den Posten, ob der nichts gesehen.' Ich lief hin, der Posten hatte aber nichts gesehen, welches ich meinem Herrn meldete, der noch ebenso lag und den Himmel unverwandt beobachtete. ‚Höre', sagte er dann zu mir, ‚wir sind in einem bedeutenden Moment, entweder wir haben in diesem Augenblick ein Erdbeben, oder wir bekommen eins.' Und nun mußte ich mich zu ihm aufs Bett setzen, und er demonstrierte mir, aus welchen Merkmalen er das abnehme."

Ich [Eckermann] fragte den guten Alten, was es für Wetter gewesen.

„Es war sehr wolkig", sagte er, „und dabei regte sich kein Lüftchen, es war sehr still und schwül."

Ich fragte ihn, ob er denn Goethen jenen Ausspruch sogleich aufs Wort geglaubt habe.

„Ja", sagte er, „ich glaubte ihm aufs Wort, denn was er vorhersagte, war immer richtig. Am nächsten Tage", fuhr er fort, „erzählte mein Herr seine Beobachtungen bei Hofe, wobei eine Dame ihrer Nachbarin ins Ohr flüsterte: ‚Höre! Goethe schwärmt!' Der Herzog aber und die übrigen Männer glaubten an Goethe, und es wies sich auch bald aus, daß er recht gesehen; denn nach einigen Wochen kam die Nachricht, daß in derselbigen Nacht ein Teil von Messina durch ein Erdbeben zerstört worden."
(6)

Stockender Redefluss
Ilmenau 1784

Soirée beim Prinzen. Einer der ältesten anwesenden Herren [Akkermann], der sich noch mancher Dinge aus den ersten Jahren von Goethes Hiersein erinnerte, erzählte uns folgendes sehr Charakteristische.

„Ich war dabei", sagte er, „als Goethe im Jahre 1784 seine bekannte Rede bei der feierlichen Eröffnung des Ilmenauer Bergwerks hielt, wozu er alle Beamten und Interessenten aus der Stadt und Umgegend eingeladen hatte. Er schien seine Rede gut im Kopf zu haben, denn er sprach eine Zeitlang ohne allen Anstoß und vollkommen geläufig. Mit einemmal aber schien er wie von seinem guten Geist gänzlich verlassen, der Faden seiner Gedanken war wie abgeschnitten, und er schien den Überblick des ferner zu Sagenden gänzlich verloren zu haben. Dies hätte jeden andern in große Verlegenheit gesetzt, ihn aber keineswegs. Er blickte vielmehr wenigstens zehn Minuten lang fest und ruhig in dem Kreis seiner zahlreichen Zuhörer umher, die durch die Macht seiner Persönlichkeit wie gebannt waren, so daß während der sehr langen, ja fast lächerlichen Pause jeder vollkommen ruhig blieb. Endlich schien er wieder Herr seines Gegenstandes geworden zu sein, er fuhr in seiner Rede fort und führte sie sehr geschickt ohne Anstoß bis zu Ende, und zwar so frei und heiter, als ob gar nichts passiert wäre."
(6)

Natürlich natürliche Künste
Jena 1784

Goethe machte eine kleine Reise mit dem bekannten Maler, Rat Krause von Weimar. Als sie in die Gegend von Wörlitz kamen, stiegen sie aus und gingen zu Fuße. Schon mehrere Tage vorher war das Gespräch zufällig oder absichtlich auf übernatürliche Künste und ihre Möglichkeit gefallen, und Goethe baute darauf einen Plan. Er war in der Gegend aufs genaueste bekannt und fing nun an, dem Rat Krause im Vertrauen zu sagen, daß es wohl solche Kräfte gebe und daß er auch mehrere besitze; wenn er ihn nicht verraten wolle, so wolle er ihm einige zeigen, wenn es einmal

Gelegenheit gebe. Krause war es zufrieden. „Zum Beispiel", sagte nun Goethe, „es ist heute ein sehr heißer Tag, es wäre wohl gut, wenn wir etwas zur Erfrischung hätten. Lassen Sie mich sehen, was ich vermag." Er führte ihn zu einer Felsenquelle, murmelte einige Worte und ging auf einen Stein los, den er hinwegschob. Hier fanden sie herrlichen Wein und Früchte, die sie mit großem Appetit genossen. Krause war sehr erstaunt; Goethe wußte ihn hinzuhalten bis an den Abend, so daß es zu spät war, ins Logis zu kommen. „Nun will ich Ihnen noch mehr zeigen", fuhr er fort. „In diesem Pavillon wollen wir zu Nacht essen und schlafen." Der Pavillon war nicht bewohnt; Goethe pochte an, es ließ sich kein Mensch sehen noch hören, aber die Türe öffnete sich, und der Vorsaal war erleuchtet; sie gingen durch mehrere Zimmer und fanden in einem ein Paar hübsche Betten mit allen Bequemlichkeiten. „Das ist gut", sagte Goethe, „aber wir sollten auch unsere Nachtkleider und ein gutes Abendessen haben." Er führte ihn in ein anderes Zimmer, wo sie eine Tafel mit zwei Couverts gedeckt antrafen und herrlich besetzt, und als sie satt waren, fanden sie ihre Nachtkleider in dem Schlafzimmer und schliefen bis an den Morgen, wo sich wieder ein Déjeuné fand, von unsichtbarer Hand im Nebenzimmer bereitet. – Krause war einige Zeit eigentlich mystifiziert, und ich weiß nicht, wann er erfahren hat, wie natürlich alle diese Zauberei zuging.

(55)

Vorsorge fürs Alter
(Variante 1)
Im Harz 1784

Im Jahre 1783, nun ich [von Trebra] schon am Harze und mit dem Harze ziemlich bekannt worden war, besuchte mich im September der waghalsige Erzähler, und natürlich mußte ich ihn selbst nach dem Brocken führen, der nun gewissermaßen unter meinen Dienstsprengel mit gehörte. Von Zellerfeld aus, wo ich wohnte, nach nächsten Wege, und damit ich durch eine noch nicht durchreiste Gruppe der Harz-Gebirgsköpfe zum höchsten unter ihnen steigen konnte, ging ich diesmal auf das sogenannte Kommunion-Torfhaus zu, an der Hauptstraße von Nordhausen nach Braunschweig gelegen. Das Forst- und zugleich Wirtshaus allhier bewohnte der gehende Förster Degen [...]. Vor seinem kleinen Hause, bei heiterm Wetter jetzt im Freien, richteten wir unser mitgebrachtes Mittagsmahl vor. Er war sehr geschäftig bei so seltnem Besuche, als ihm sein Vize-Berghauptmann war, mit Anstand Tische und Stühle für seine hohen Gäste herbei zu schaffen. Sein Augenmerk nur immer auf mich gerichtet, damit er mit seinen Anordnungen meine Wünsche treffen möge, fielen nur spät erst seine Augen auf den mich begleitenden Fremden.

Ihn erblickend, sah er ihm erst noch forschender ins Gesicht, sprach dann: „Nun! da kommen Sie dann doch noch einmal, in einer bessern Jahrszeit den Brocken zu besuchen. Ja! Sie würden dorten, als Sie mitten im Winter von mir begehrten, daß ich Sie auf den Brocken führen sollte, mich mit allen Ihren guten Worten" — er gab ihm einen Louisdor — „doch gewiß nicht beredet haben, Ihr Führer zu sein, wenn nicht eben durch den gar starken Frost eine harte Rinde über den tiefen Schnee gezogen gewesen wäre, die uns tragen konnte." Aber noch nie hatte ein Fremder das von mir begehrt, auch würde ich mit keinem das Wagstück unternommen haben, wiewohl es diesmal gut ablief und wir in guter Zeit von der Spitze des unbewohnten großen Brockens wieder hier waren, nachdem wir eine gar seltene heitere Aussicht in der Runde umher genossen hatten.

Indem ich so, in noch angenehmer Jahreszeit, die Harzgebirge nach dem Brocken hinauf und von ihm wieder herab durchstreifte, führte mich mein waghalsiger Freund noch zu einem Vergnügen, ebenfalls *einzig* in seiner Art, und was es auch wohl lange noch ihm, mir und andern Gebirgsforschern bleiben wird.

Wir gingen durch Schierke über Elend und Oderbrückhaus vom Brocken wieder zurück. [...] Aber unser romantischer Weg führte uns vom Oderteichdamme in einer mehr auf Dienstleistungen sich beziehenden Richtung auf den Rehbergersgraben herunter nach Andreasberg, und so nah an der Rehbergerklippe vorbei. Diese hohe, nahe am Graben ganz senkrecht dastehende Felswand war mit einem großen Haufen heruntergestürzter Bruchstücke von Tisch- und Stuhl- und Ofen-Größen verschanzt, von welchen sogleich viele zerschlagen wurden. Unter ihnen fanden sich mehrere von jenen Doppelgesteinarten Granit, mit aufgesetztem, eingewachsenem, dunkelblauem, fast schwarzem, sehr hartem (jaspisartigem) Tongestein. „Die können nirgends anders herkommen als von jener Klippe da vor uns. Dahin müssen wir", antwortete mein Freund. „Behutsam! vorsichtig!" schrie ich ihm nach, „die moosbedeckten schlüpfrigen Felsstücke liegen gefahrvoll durcheinander, wir können die Beine dazwischen brechen." — „Nur fort! nur fort!" antwortete er voraneilend, „wir müssen noch zu großen Ehren kommen, ehe wir die Hälse brechen!"

(13)

Vorsorge fürs Alter
(Variante 2)
Im Harz 1784

Damals bei jenem Streifzug in die Harzgebirge holte ich einst, auf von Trebras Schultern gestiegen, ein merkwürdig Mineral mit vieler Gefahr von seiner Bildungsstätte, vom Felsen herab.

„Wir müssen noch berühmt werden, ehe wir den Hals brechen", sagte ich scherzend zu Trebra.

Ich besitze noch eine kleine polierte Marmorplatte aus jenen Gegenden, mit der von Trebra aufgesetzten Inschrift jener Worte.

„Ja, wenn man in der Jugend nicht tolle Streiche machte und mitunter einen Buckel voll Schläge mit hinwegnähme, was wollte man denn im Alter für Betrachtungs-Stoff haben?"
(54)

Dehors et dedans
Weimar 1784

Goethe war, nach einem langen Herumreisen im Harz, eben nach Hause gekommen. Wegen der mit einem solchen Zuge verknüpften Ungewißheiten hatte er sich, nachdem er Braunschweig verlassen, nichts mehr nachschicken lassen. Er fand also nach seiner Zurückkunft meine beiden Briefe, war voll Sorge, ich [Jacobi] möchte nicht mehr kommen, und wurde nun, da er mich unversehens in sein Zimmer treten sah, vor Freude blaß. [...] Von der vornehmen Gesellschaft haben wir uns nicht stören lassen. „Ich weiß wohl", sagte Goethe, „daß man, um die dehors zu salvieren, das dedans zugrunde richten soll; aber ich kann mich denn doch nicht wohl dazu verstehen."
(56)

Ganz ohne Sündenfall?
Weimar 1784

Die Anmaßungen und Begierden der Menschen sind sonderbar genug. Sie möchten gern mit den bloßen Augen sehen können, ohne Licht; und noch lieber gar auch ohne Augen. So, meinen sie,

würde man erst recht eigentlich, wahrhaft und natürlich sehen. Nach dergleichen Vorstellungsarten das Unnatürlichste als das Natürlichste, und das Natürlichste als das Unnatürlichste zu betrachten, das heißt dann Philosophie. Ich erinnere mich, daß ich in einer vermischten Gesellschaft einmal die Frage aufwerfen hörte, wie das menschliche Geschlecht wohl möchte fortgepflanzt worden sein, wenn der Sündenfall nicht eingetreten wäre? Ein geistvoller Mann antwortete schnell: „Ohne Zweifel durch einen vernünftigen Diskurs!"
(57)

Promovierungen
Weimar 1784

Goethe hat uns seine Abhandlung vom Knochen vorgelesen, die sehr einfach und schön ist; *der* Mensch geht auf dem wahren Naturwege, und das Glück geht ihm entgegen. Wir haben indes neulich ausgemacht, daß er, alten Münzen nach, einmal in Rom dictator perpetuus und imperator unter dem Namen Julius Caesar gewesen; zur Strafe aber nach beinah 1800 Jahren zum Geheimen Rat in Weimar avanciert und promoviert sei. — Lasset uns also Fleiß anwenden, daß wir nicht noch ärger promoviert werden. Mit Ihnen [von Knebel] muß etwas Ähnliches vorgefallen sein: darum sitzen Sie jetzt auf dem Schloß zu Jena.
(52)

Dienstauftrag
Weimar, um 1784

Minister Goethe hielt bekanntlich streng auf Anstand und Etikette und ärgerte sich über tölpelhafte und anmaßende junge Leute, suchte sie aber auch zu erziehen.

Eines Tages leitete er eine amtliche Sitzung, als ein Referendarius mit klirrenden Sporen in den Saal stolperte.

Goethe ärgerte sich sehr über den jungen Beamten, dem er das Tragen von Reitstiefeln und Sporen im Dienst schon einmal verboten hatte, doch ließ er sich seinen Groll nicht anmerken, und da gerade einige Akten benötigt wurden, unterbrach er die Verhandlung und rief im liebenswürdigsten Ton: „Herr Referendarius, reiten

Sie schnell einmal in die Registratur hinüber und lassen sich die Stücke geben!"

Schallendes Gelächter.

Der junge Mann bekam einen blutroten Kopf. Mit Reitstiefeln und Sporen hat man ihn bei Amt nicht wieder gesehen.

(17)

Prinzenköpfe
Gotha, um 1784

„Als die Mutter des jetzt regierenden Herrn noch in hübscher Jugend war, befand ich mich dort sehr oft. Ich saß eines Abends bei ihr alleine am Teetisch, als die beiden zehn- bis zwölfjährigen Prinzen, zwei hübsche blondlockige Knaben, hereinsprangen und zu uns an den Tisch kamen. Übermütig wie ich sein konnte, fuhr ich den beiden Prinzen mit meinen Händen in die Haare mit den Worten: ,*Nun, ihr Semmelköpfe, was macht ihr?*' — Die Buben sahen mich mit großen Augen an, im höchsten Erstaunen über meine Kühnheit, und haben es mir später nie vergessen."

(6)

Trüber Tag mit Zahnschmerzen
Neustadt an der Orla 1785

Wir gingen gestern eilf Uhr mittags von Jena weg, Goethe und ich [von Knebel], und nahmen zwei Bedienten mit uns [. . .].

Der Tag war trübe, es regnete mitunter, doch war es nicht unlustig. Mein Reisegefährte war stillern, ruhigern Mutes als ich. Er suchte viele vertrauliche Reden hervor, und ich war dagegen nicht unfreundlich. Unterwegs, als wir im Wagen hielten, zeichnete er das Tor und die Einfahrt von dem Hause des Herrn von Schmerzing in Hummelshain, das er abends, als wir hier ankamen, gar hübsch mit der Feder ins reine brachte. Eine kleine Weile darauf, bei Gelegenheit einer Pfeife Tabak, die ich aufs neue anstecken wollte, bat er mich, solches zu unterlassen, weil er von dem Tabaksrauche Erhitzung spüre. Ich unterließ es, wunderte mich aber über die leichte Reizbarkeit seiner Nerven von einer so geringen Ursache. Das Übel nahm bei ihm zu, und er mußte sich wirklich mit Frost und einem besonders krampfhaften Zustande, der ihm starken Schmerz erregte, zu Bette legen. Diesen Morgen hat sich das Übel noch nicht gegeben, und wir werden wohl heute hier bleiben müssen.

Ich bemerkte, wie Goethes Natur leicht bis auf den letzten Augenblick sich unverändert erhält, dann von dem leichtesten Umstande Gelegenheit sich nimmt und ihn gänzlich zu Boden wirft. Dies trifft in vielen Stücken bei ihm ein.

Wir blieben hier, wegen der Unpäßlichkeit Goethes.
Als wir vorgestern in die Stadt hereinfuhren, fielen Goethen, bei dem Regen, den wir hatten, die Pflastersteine auf. Gestern morgen, bei einem Spaziergange, den ich machte, nahm ich einen der hier um die Stadt herumliegenden blauschwarzen Steine mit, aus dem ich nicht recht wußte, was ich zu machen hatte, da er mir für Tonschiefer zu rauh und griesicht war, auch quarzichte und rötlichgelbe Punkte führte. — Goethe erkannte ihn aber sogleich, als ich ihn zu Hause brachte, für Lava. Die Erscheinung in dieser Nähe war uns etwas neu. Wir ließen einen Maurer fragen, ob von dieser Art Steine Steinbrüche in der Gegend seien, und wir erhielten zur Antwort: sehr viele. Ich war also im Begriff, sogleich nach dem Mittagessen solche zu besichtigen, und als ich schon auf dem Wege zum Tore war, begegnete mir ein Wagen, worin Frau von Seckendorff und Fräulein Karoline Ilten sich befanden. Ich kehrte also mit diesen zurück, und nun fing unser Aufzug hier an, eine romanhafte Malerei zu bekommen. Zwei feingekleidete hübsche Damen wurden von mir aus dem Wagen gehoben, und ich führte sie in Goethes Zimmer, den sie sehen wollten. Goethes Schmerz wurde vergessen, und wir lachten wechselweise über das artige Ansehen der Zusammenkunft. Die Leute im Hause und an den Fenstern gafften und staunten noch mehr. Es wurde ein kleines Mittagsmahl gehalten und, nach Damen Weise, auch sogleich Tee getrunken.

Die Dämchen waren artig und gefällig. Karolinchen erzählte uns ihren goldenen Traum, wie sie in voriger Nacht in Afrika gewohnt habe, wo die Häuser mit Gold bedeckt gewesen seien. Die Seckendorff war süßverbindlich und aufmerksamartig. Sie band Goethen ein aus ihrer Tasche hervorgeholtes reinliches, rotgestreiftes Schnupftuch um den Kopf und bat ihn nachher, solches zu behalten. Sie legte sich auch auf das Kanapee, auf den Sitz des Kranken, und hüllte sich in seinen Mantel und war übrigens anmutig. Da sie sahen, daß Goethen eben nicht mit ihrem Hiersein länger dürfte gedient sein, ließen sie einspannen und begaben sich den Abend noch nach Schleiz.

Ich eilte mit unserm Botanikus und meinem Maurermeister, die Basaltberge zu besuchen [...].

Als ich nach Hause kam, fand ich Goethes Backen geschwollen und also sein Übel im Ausbruch. Dies freute mich und gab mir Hoffnung zu unserer baldigen Abreise; doch blieb er diesen Tag zu Bette.

(30)

Versäumnis
Weimar 1786

„Oft quälen mich Durchreisende mit langweiligen Besuchen, und da ich mich jetzt mit Knochenkunde beschäftige", sagte Goethe zu Professor S. G. Dietmar, „so lege ich ihnen zuweilen meine vorhandenen Knochen vor. Das erregt den Besuchenden Langeweile — und sie empfehlen sich. Bei Ihnen habe ich diese Vorlage vergessen."

(58)

Wallfahrer
Walchensee 1786

Nach Walchensee gelangte ich um halb fünf. Etwa eine Stunde vor dem Orte begegnete mir ein artiges Abenteuer: ein Harfner mit seiner Tochter, einem Mädchen von eilf Jahren, gingen vor mir her und baten mich, das Kind einzunehmen. Er trug das Instrument weiter, ich ließ sie zu mir sitzen, und sie stellte eine große neue Schachtel sorgfältig zu ihren Füßen. Ein artiges ausgebildetes Geschöpf, in der Welt schon ziemlich bewandert. Nach Maria Einsiedeln war sie mit ihrer Mutter zu Fuß gewallfahrtet, und beide wollten eben die größere Reise nach St. Jago von Compostell antreten, als die Mutter mit Tode abging und ihr Gelübde nicht erfüllen sollte. Man könne in der Verehrung der Mutter Gottes nie zuviel tun, meinte sie. Nach einem großen Brande habe sie selbst gesehen ein ganzes Haus niedergebrannt bis auf die untersten Mauern, und über der Türe hinter einem Glase das Muttergottesbild, Glas und Bild unversehrt, welches denn doch ein augenscheinliches Wunder sei. All ihre Reisen habe sie zu Fuße gemacht, zuletzt in München vor dem Kurfürsten gespielt und sich überhaupt vor einundzwanzig fürstlichen Personen hören lassen. Sie unterhielt mich recht gut. Hübsche große, braune Augen, eine eigensinnige Stirn, die sich manchmal ein wenig hinaufwärts faltete. Wenn sie sprach, war sie angenehm und natürlich, besonders wenn sie kindisch laut lachte; hingegen wenn sie schwieg, schien sie etwas bedeuten zu wollen und machte mit der Oberlippe eine fatale Miene. Ich sprach sehr viel mit ihr durch, sie war überall zu Hause und merkte gut auf die Gegenstände. So fragte sie mich einmal, was das für ein Baum sei? Es war ein schöner großer Ahorn, der erste, der mir auf der ganzen Reise zu Gesichte kam. Den hatte sie doch gleich bemerkt und freute sich, da mehrere nach und nach erschienen, daß sie auch diesen Baum unterscheiden könne. Sie gehe, sagte sie, nach Bozen auf die Messe, wo ich doch wahrscheinlich auch hinzöge. Wenn sie mich dort anträfe, müsse ich ihr einen Jahrmarkt kaufen, welches ich ihr denn auch versprach. Dort wollte sie auch ihre neue Haube aufsetzen, die sie sich in München von ihrem Verdienst habe machen lassen. Sie wolle mir solche im voraus zeigen. Nun eröffnete sie die Schachtel, und ich mußte mich des reichgestickten und wohlbebänderten Kopfschmuckes mit ihr erfreuen.

Über eine andere frohe Aussicht vergnügten wir uns gleichfalls zusammen. Sie versicherte nämlich, daß es gut Wetter gäbe. Sie trügen ihren Barometer mit sich, und das sei die Harfe. Wenn sich der Diskant hinaufstimme, so gebe es gutes Wetter, und das habe er heute getan. Ich ergriff das Omen, und wir schieden im besten Humor, in der Hoffnung eines baldigen Wiedersehns.
(2)

Ehrenmann oder Spion?
(Variante 1)

Malcesine 1786

Der Gegenwind, der mich gestern in den Hafen von Malcesine trieb, bereitete mir ein gefährliches Abenteuer, welches ich mit gutem Humor überstand und in der Erinnerung lustig finde. Wie ich mir vorgenommen hatte, ging ich morgens beizeiten in das alte Schloß, welches ohne Tore, ohne Verwahrung und Bewachung jedermann zugänglich ist. Im Schloßhofe setzte ich mich dem alten auf und in den Felsen gebauten Turm gegenüber; hier hatte ich zum Zeichnen ein sehr bequemes Plätzchen gefunden; neben einer drei, vier Stufen erhöhten verschlossenen Türe im Türgewände ein verziertes steinernes Sitzchen, wie wir sie wohl bei uns in alten Gebäuden auch noch antreffen.

Ich saß nicht lange, so kamen verschiedene Menschen in den Hof herein, betrachteten mich und gingen hin und wider. Die Menge vermehrte sich, blieb endlich stehen, so daß sie mich zuletzt umgab. Ich bemerkte wohl, daß mein Zeichnen Aufsehen erregt hatte, ich ließ mich aber nicht stören und fuhr ganz gelassen fort. Endlich drängte sich ein Mann zu mir, nicht von dem besten Ansehen, und fragte, was ich da mache. Ich erwiderte ihm, daß ich den alten Turm abzeichne, um mir ein Andenken von Malcesine zu erhalten. Er sagte darauf, es sei dies nicht erlaubt und ich sollte es unterlassen. Da er dieses in gemeiner venezianischer Sprache sagte, so daß ich ihn wirklich kaum verstand, so erwiderte ich ihm, daß ich ihn nicht verstehe. Er ergriff darauf mit wahrer italienischer Gelassenheit mein Blatt, zerriß es, ließ es aber auf der Pappe liegen. Hierauf konnte ich einen Ton der Unzufriedenheit unter den Umstehenden bemerken, besonders sagte eine ältliche Frau, es sei nicht recht, man solle den Podestà rufen, welcher dergleichen Dinge zu beurteilen wisse. Ich stand auf meinen Stufen, den Rücken gegen die Türe gelehnt, und überschaute das immer sich vermehrende Publikum. Die neugierigen, starren Blicke, der gutmütige Ausdruck in den meisten Gesichtern, und was sonst noch alles eine fremde Volksmasse charakterisieren mag, gab mir den lustigsten Eindruck. Ich glaubte, das Chor der Vögel vor mir zu sehen, das ich als Treufreund auf dem Ettersburger Theater oft zum besten gehabt. Dies versetzte mich in die heiterste Stimmung, so daß, als der Podestà mit seinem Aktuarius herankam, ich ihn freimütig begrüßte und auf seine Frage, warum ich die Festung abzeichnete, ihm bescheiden erwiderte, daß ich dieses Gemäuer nicht für eine Festung anerkenne. Ich machte ihn und das Volk aufmerksam auf den Verfall dieser Türme und dieser Mauern, auf den Mangel von Toren, kurz auf die Wehrlosigkeit des ganzen Zustandes und versicherte, ich habe hier nichts als eine Ruine zu sehen und zu zeichnen gedacht.

Man entgegnete mir: wenn es eine Ruine sei, was denn dran wohl merkwürdig scheinen könne? Ich erwiderte darauf, weil ich Zeit und Gunst zu gewinnen suchte, sehr umständlich, daß sie wüßten, wie viele Reisende nur um der Ruinen willen nach Italien zögen, daß Rom, die Hauptstadt der Welt, von den Barbaren verwüstet, voller Ruinen stehe, welche hundert- und aberhundertmal gezeichnet worden, daß nicht alles aus dem Altertum so erhalten sei wie das Amphitheater zu Verona, welches ich denn auch bald zu sehen hoffte.

Der Podestà, welcher vor mir, aber tiefer stand, war ein langer, nicht gerade hagerer Mann von etwa dreißig Jahren. Die stumpfen Züge seines geistlosen Gesichts stimmten ganz zu der langsamen und trüben Weise, womit er seine Fragen hervorbrachte. Der Aktuarius, kleiner und gewandter, schien sich in einen so neuen und seltnen Fall auch nicht gleich finden zu können. Ich sprach noch manches dergleichen; man schien mich gern zu hören, und indem ich mich an einige wohlwollende Frauengesichter wendete, glaubte ich, Beistimmung und Billigung wahrzunehmen.

Als ich jedoch des Amphitheaters zu Verona erwähnte, das man im Lande unter dem Namen Arena kennt, sagte der Aktuarius, der sich unterdessen besonnen hatte: das möge wohl gelten, denn jenes sei ein weltberühmtes römisches Gebäude, an diesen Türmen aber sei nichts Merkwürdiges, als daß es die Grenze zwischen dem Gebiete Venedigs und dem östreichischen Kaiserstaate bezeichne und deshalb nicht ausspioniert werden solle. Ich erklärte mich dagegen weitläufig, daß nicht allein griechische und römische Altertümer, sondern auch die der mittlern Zeit Aufmerksamkeit verdienten. Ihnen sei freilich nicht zu verargen, daß sie an diesem von Jugend auf gekannten Gebäude nicht so viele malerische Schönheiten als ich entdecken könnten. Glücklicherweise setzte die Morgensonne Turm, Felsen und Mauern in das schönste Licht, und ich fing an, ihnen dieses Bild mit Enthusiasmus zu beschreiben. Weil aber mein Publikum jene belobten Gegenstände im Rücken hatte und sich nicht ganz von mir abwenden wollte, so drehten sie auf einmal, jenen Vögeln gleich, die man Wendehälse nennt, die Köpfe herum, dasjenige mit Augen zu schauen, was ich ihren Ohren anpries, ja der Podestà selbst kehrte sich, obgleich mit etwas mehr Anstand, nach dem beschriebenen Bilde hin. Diese Szene kam mir so lächerlich vor, daß mein guter Mut sich vermehrte und ich ihnen nichts, am wenigsten den Efeu schenkte, der Fels und Gemäuer auf das reichste zu verzieren schon Jahrhunderte Zeit gehabt hatte.

Der Aktuarius versetzte darauf, das lasse sich alles hören, aber Kaiser Joseph sei ein unruhiger Herr, der gewiß gegen die Republik Venedig noch manches Böse im Schilde führe, und ich möchte wohl sein Untertan, ein Abgeordneter sein, um die Grenzen auszuspähen.

„Weit entfernt", rief ich aus, „dem Kaiser anzugehören, darf ich mich wohl rühmen, so gut als ihr, Bürger einer Republik zu sein, welche zwar an Macht und Größe dem erlauchten Staat von Venedig nicht verglichen werden kann, aber doch auch sich selbst regiert und an Handelstätigkeit, Reichtum und Weisheit ihrer Vorgesetzten keiner Stadt in Deutschland nachsteht. Ich bin nämlich von Frankfurt am Main gebürtig, einer Stadt, deren Name und Ruf gewiß bis zu euch gekommen ist."

„Von Frankfurt am Main!" rief eine hübsche junge Frau, „da könnt ihr gleich sehen, Herr Podestà, was an dem Fremden ist, den ich für einen guten Mann halte, laßt den Gregorio rufen, der lange daselbst konditioniert hat, der wird am besten in der Sache entscheiden können."

Schon hatten sich die wohlwollenden Gesichter um mich her vermehrt, der erste Widerwärtige war verschwunden, und als nun Gregorio herbeikam, wendete sich die Sache ganz zu meinem Vorteil. Dieser war ein Mann etwa in den Funfzigen, ein braunes italienisches Gesicht, wie man sie kennt. Er sprach und betrug sich als einer, dem etwas Fremdes nicht fremd ist, erzählte mir sogleich, daß er bei Bolongaro in Diensten gestanden und sich freue, durch mich etwas von dieser Familie und von der Stadt zu hören, an die er sich mit Vergnügen erinnere. Glücklicherweise war sein Aufenthalt in meine jüngeren Jahre gefallen, und ich hatte den doppelten Vorteil, ihm genau sagen zu können, wie es zu seiner Zeit gewesen und was sich nachher verändert habe. Ich erzählte ihm von den sämtlichen italienischen Familien, deren mir keine fremd geblieben; er war sehr vergnügt, manches einzelne zu hören, zum Beispiel, daß der Herr Allesina im Jahre 1774 seine goldene Hochzeit gefeiert, daß darauf eine Medaille geschlagen worden, die ich selbst besitze; er erinnerte sich recht wohl, daß die Gattin dieses reichen Handelsherrn eine geborne Brentano sei. Auch von den Kindern und Enkeln dieser Häuser wußte ich ihm zu erzählen, wie sie herangewachsen, versorgt, verheiratet worden und sich in Enkeln vermehrt hätten.

Als ich ihm nun die genauste Auskunft fast über alles gegeben, um was er mich befragt, wechselten Heiterkeit und Ernst in den Zügen des Mannes. Er war froh und gerührt, das Volk erheiterte sich immer mehr und konnte unserm Zwiegespräch zuzuhören nicht satt werden, wovon er freilich einen Teil erst in ihren Dialekt übersetzen mußte.

Zuletzt sagte er: „Herr Podestà, ich bin überzeugt, daß dieses ein braver, kunstreicher Mann ist, wohlerzogen, welcher herumreist, sich zu unterrichten. Wir wollen ihn freundlich entlassen, damit er bei seinen Landsleuten Gutes von uns rede und sie aufmuntere, Malcesine zu besuchen, dessen schöne Lage wohl wert ist, von Fremden bewundert zu sein." Ich verstärkte diese freundlichen Worte durch das Lob der Gegend, der Lage und der Einwohner, die Gerichtspersonen als weise und vorsichtige Männer nicht vergessend.

Dieses alles ward für gut erkannt, und ich erhielt die Erlaubnis, mit Meister Gregorio nach Belieben den Ort und die Gegend zu besehen. Der Wirt, bei dem ich eingekehrt war, gesellte sich nun zu uns und freute sich schon auf die Fremden, welche auch ihm zuströmen würden, wenn die Vorzüge Malcesines erst recht ans Licht kämen. Mit lebhafter Neugierde betrachtete er meine Kleidungsstücke, besonders aber beneidete er mich um die kleinen Terzerole, die man so bequem in die Tasche stecken konnte. Er pries diejenigen glücklich, die so schöne Gewehre tragen durften, welches bei ihnen unter den peinlichsten Strafen verboten sei. Diesen freundlich Zudringlichen unterbrach ich einigemal, meinem Befreier mich dankbar zu erweisen. „Dankt mir nicht", versetzte der brave Mann, „mir seid Ihr nichts schuldig. Verstünde der Podestà sein Handwerk und wäre der Aktuar nicht der eigennützigste aller Menschen, Ihr wäret nicht so losgekommen. Jener war verlegener als Ihr, und diesem hätten Eure Verhaftung, die Berichte, die Abführung nach Verona auch nicht einen Heller eingetragen. Das hat er geschwind überlegt, und Ihr wart schon befreit, ehe unsere Unterredung zu Ende war."

Gegen Abend holte mich der gute Mann in seinen Weinberg ab, der den See hinabwärts sehr wohlgelegen war. Uns begleitete sein funfzehnjähriger Sohn, der auf die Bäume steigen und mir das beste Obst brechen mußte, indessen der Alte die reifsten Weintrauben aussuchte.

Zwischen diesen beiden weltfremden, wohlwollenden Menschen, in der unendlichen Einsamkeit dieses Erdwinkels ganz allein, fühlte ich denn doch, wenn ich die Abenteuer des Tages überdachte, auf das lebhafteste, welch ein wunderliches Wesen der Mensch ist, daß er dasjenige, was er mit Sicherheit und Bequemlichkeit in guter Gesellschaft genießen könnte, sich oft unbequem und gefährlich macht, bloß aus der Grille, die Welt und ihren Inhalt sich auf seine besondere Weise zuzueignen.

Gegen Mitternacht begleitete mich mein Wirt an die Barke, das Fruchtkörbchen tragend, welches mir Gregorio verehrt hatte, und so schied ich mit günstigem Wind von dem Ufer, welches mir lästrygonisch zu werden gedroht hatte.

(2)

Ehrenmann oder Spion?
(Variante 2)
Malcesine 1786

Einmal vor Verona wird Goethe, als er eine alte Ruine zeichnete, von Häschern angegriffen. „Da ward mir schwul", sagte er, „aber ich erwog gleich das Beste. Ich raffte mich zusammen, nahm alle Würde an und begann eine Rede. Ich entwickelte ihnen die Schönheit der Ruine, den Wert durch das Alter; ich griff ihren Stumpfsinn an und schalt sie für Klötze und Stöcke, lenkte aber bald ein, sie entschuldigend: ‚Ihr könnt solche Schönheiten nicht fühlen, da Ihr sie täglich vor Augen seht und das Alltägliche keiner Aufmerksamkeit würdigt' " usw. Die Häscher werden ganz erstaunt über die Unbefangenheit des Spions und sehen nun alle auf die Ruine, um auch die Schönheiten zu entdecken; und da sie doch nichts sehen können, werden sie ganz verdutzt. Endlich zieht Goethe seinen Geldbeutel aus und läßt Münzen klingen. Nun verändert sich ihre Sprache. Der eine sagt zu den übrigen: „Hab ich's euch nicht gleich anfangs gesagt, daß der Mann ein Ehrenmann sei? Da seht ihr's!"

Als Goethe einige Tage darauf nach Verona kommt und die Gefängnisse von außen betrachtet, „da", sagte er, „dankte ich doch dem lieben Gott, daß er mich von diesem Unglück befreit hatte." (59)

Arme und Reiche
Bozen 1786

Von den Menschen wüßte ich nur weniges und wenig Erfreuliches zu sagen. Sobald mir vom Brenner Herunterfahrendem der Tag aufging, bemerkte ich eine entschiedene Veränderung der Gestalt, besonders mißfiel mir die bräunlich-bleiche Farbe der Weiber. Ihre Gesichtszüge deuteten auf Elend, Kinder waren ebenso erbärmlich anzusehen, Männer ein wenig besser, die Grundbildung übrigens durchaus regelmäßig und gut. Ich glaube die Ursache dieses krankhaften Zustandes in dem häufigen Gebrauch des türkischen und Heidekorns zu finden. Jenes, das sie auch gelbe Blende nennen, und dieses, schwarze Blende genannt, werden gemahlen, das Mehl in Wasser zu einem dicken Brei gekocht und so gegessen. Die jenseitigen Deutschen rupfen den Teig wieder auseinander und braten ihn in Butter auf. Der welsche Tiroler hingegen ißt ihn so weg, manchmal Käse darauf gerieben, und das ganze Jahr kein Fleisch. Notwendig muß das die ersten Wege verleimen und verstopfen, besonders bei den Kindern und Frauen, und die kachektische Farbe deutet auf solches Verderben. Außerdem essen sie auch noch Früchte und grüne Bohnen, die sie in Wasser absieden und mit Knoblauch und Öl anmachen. Ich fragte, ob es nicht auch reiche Bauern gäbe? — „Ja freilich." — „Tun sie sich nichts zugute? Essen sie nicht besser?" — „Nein, sie sind es einmal so gewohnt." — „Wo kommen sie denn mit ihrem Gelde hin? Was machen sie sonst für Aufwand?" — „Oh, die haben schon ihre Herren, die es ihnen wieder abnehmen." Das war die Summa des Gesprächs mit meiner Wirtstochter in Bozen.

(2)

GLEICHES RECHT FÜR TOTE
Venedig 1786

Ich komme noch lachend aus der Tragödie und muß diesen Scherz gleich auf dem Papier befestigen. Das Stück war nicht schlimm, der Verfasser hatte alle tragischen Matadore zusammengesteckt, und die Schauspieler hatten gut spielen. Die meisten Situationen waren bekannt, einige neu und ganz glücklich. Zwei Väter, die sich hassen, Söhne und Töchter aus diesen getrennten Familien, leidenschaftlich übers Kreuz verliebt, ja das eine Paar heimlich verheiratet. Es ging wild und grausam zu, und nichts blieb zuletzt übrig, um die jungen Leute glücklich zu machen, als daß die beiden Väter sich erstachen, worauf unter lebhaftem Händeklatschen der Vorhang fiel. Nun ward aber das Klatschen heftiger, nun wurde „Fuora!" gerufen, und das so lange, bis sich die zwei Hauptpaare bequemten, hinter dem Vorhang hervorzukriechen, ihre Bücklinge zu machen und auf der andern Seite wieder abzugehen.

Das Publikum war noch nicht befriedigt, es klatschte fort und rief: „I morti!" Das dauerte so lange, bis die zwei Toten auch herauskamen und sich bückten, da denn einige Stimmen riefen: „Bravi i morti!" Sie wurden durch Klatschen lange festgehalten, bis man ihnen gleichfalls endlich abzugehen erlaubte. Diese Posse ge-

winnt für den Augen- und Ohrenzeugen unendlich, der das
„Bravo! Bravi!", das die Italiener immer im Munde führen, so in
den Ohren hat wie ich und dann auf einmal auch die Toten mit
diesem Ehrenwort anrufen hört.
(2)

Komplimente und Geständnisse
Logano auf den Apenninen 1786

Ob ich mich heute selbst aus Bologna getrieben oder ob ich daraus
gejagt worden, wüßte ich nicht zu sagen. Genug, ich ergriff mit Leidenschaft einen schnellern Anlaß abzureisen. Nun bin ich hier in
einem elenden Wirtshause, in Gesellschaft eines päpstlichen Offiziers, der nach Perugia, seiner Vaterstadt, geht. Als ich mich zu
ihm in den zweirädrigen Wagen setzte, machte ich ihm, um etwas
zu reden, das Kompliment, daß ich, als ein Deutscher, der gewohnt
sei, mit Soldaten umzugehen, sehr angenehm finde, nun mit einem
päpstlichen Offizier in Gesellschaft zu reisen. — „Nehmt mir nicht
übel", versetzte er darauf, „Ihr könnt wohl eine Neigung zum Soldatenstande haben, denn ich höre, in Deutschland ist alles Militär;
aber was mich betrifft, obgleich unser Dienst sehr läßlich ist, und
ich in Bologna, wo ich in Garnison stehe, meiner Bequemlichkeit
vollkommen pflegen kann, so wollte ich doch, daß ich diese Jacke
los wäre und das Gütchen meines Vaters verwaltete. Ich bin aber
der jüngere Sohn, und so muß ich mir's gefallen lassen."
(2)

Pfaffenschelte
Perugia 1786

Heute abend habe ich von meinem Hauptmann Abschied genommen, mit der Versicherung, mit dem Versprechen, ihn auf meiner
Rückreise in Bologna zu besuchen. Er ist ein wahrer Repräsentant
vieler seiner Landsleute. Hier einiges, das ihn besonders bezeichnet. Da ich oft still und nachdenklich war, sagte er einmal: „Che
pensa! non deve mai pensar l'uomo, pensando s'invecchia." Das ist
verdolmetscht: „Was denkt ihr viel! Der Mensch muß niemals
denken, denkend altert man nur." Und nach einigem Gespräch:
„Non deve fermarsi l'uomo in una sola cosa, perchè allora divien

matto; bisogna aver mille cose, una confusione nella testa." Auf deutsch: „Der Mensch muß sich nicht auf eine einzige Sache heften, denn da wird er toll, man muß tausend Sachen, eine Konfusion im Kopfe haben."

Der gute Mann konnte freilich nicht wissen, daß ich eben darum still und nachdenkend war, weil eine Konfusion von alten und neuen Gegenständen mir den Kopf verwirrte. Die Bildung eines solchen Italieners wird man noch klarer aus folgendem erkennen. Da er wohl merkte, daß ich Protestant sei, sagte er nach einigem Umschweif, ich möchte ihm doch gewisse Fragen erlauben, denn er habe soviel Wunderliches von uns Protestanten gehört, worüber er endlich einmal Gewißheit zu haben wünsche. „Dürft ihr denn", so fragte er, „mit einem hübschen Mädchen auf einem guten Fuß leben, ohne mit ihr grade verheiratet zu sein? Erlauben euch das eure Priester?" Ich erwiderte darauf: „Unsere Priester sind kluge Leute, welche von solchen Kleinigkeiten keine Notiz nehmen. Freilich, wenn wir sie darum fragen wollten, so würden sie es uns nicht erlauben." — „Ihr braucht sie also nicht zu fragen?" rief er aus. „O ihr Glücklichen! Und da ihr ihnen nicht beichtet, so erfahren sie's nicht." Hierauf erging er sich in Schelten und Mißbilligen seiner Pfaffen und in dem Preise unserer seligen Freiheit. „Was jedoch die Beichte betrifft", fuhr er fort, „wie verhält es sich damit? Man erzählt uns, daß alle Menschen, auch die keine Christen sind, dennoch beichten müssen; weil sie aber in ihrer Verstockung nicht das Rechte treffen können, so beichten sie einem alten Baume; welches denn freilich lächerlich und gottlos genug ist, aber doch beweist, daß sie die Notwendigkeit der Beichte anerkennen." Hierauf erklärte ich ihm unsere Begriffe von der Beichte, und wie es dabei zugehe. Das kam ihm sehr bequem vor, er meinte aber, es sei ungefähr ebensogut, als wenn man einem Baum beichtete. Nach einigem Zaudern ersucht' er mich sehr ernsthaft, über einen andern Punkt ihm redlich Auskunft zu geben: er habe nämlich aus dem Munde eines seiner Priester, der ein wahrhafter Mann sei, gehört, daß wir unsere Schwestern heiraten dürften, welches denn doch eine starke Sache sei. Als ich diesen Punkt verneinte und ihm einige menschliche Begriffe von unserer Lehre beibringen wollte, mochte er nicht sonderlich darauf merken, denn es kam ihm zu alltäglich vor, und er wandte sich zu einer neuen Frage: „Man versichert uns", sagte er, „daß Friedrich

der Große, welcher so viele Siege selbst über die Gläubigen davongetragen und die Welt mit seinem Ruhm erfüllt, daß er, den jedermann für einen Ketzer hält, wirklich katholisch sei und vom Papste die Erlaubnis habe, es zu verheimlichen; denn er kommt, wie man weiß, in keine eurer Kirchen, verrichtet aber seinen Gottesdienst in einer unterirdischen Kapelle mit zerknirschtem Herzen, daß er die heilige Religion nicht öffentlich bekennen darf; denn freilich, wenn er das täte, würden ihn seine Preußen, die ein bestialisches Volk und wütende Ketzer sind, auf der Stelle totschlagen, wodurch denn der Sache nicht geholfen wäre. Deswegen hat ihm der heilige Vater jene Erlaubnis gegeben, dafür er denn aber auch die alleinseligmachende Religion im stillen soviel ausbreitet und begünstigt als möglich." Ich ließ das alles gelten und erwiderte nur: da es ein großes Geheimnis sei, könnte freilich niemand davon Zeugnis geben. Unsere fernere Unterhaltung war ungefähr immer von derselben Art, so daß ich mich über die kluge Geistlichkeit wundern mußte, welche alles abzulehnen und zu entstellen sucht, was den dunkeln Kreis ihrer herkömmlichen Lehre durchbrechen und verwirren könnte.
(2)

Vermeintlicher Kontrebandist
Assisi 1786

Ich ging am schönsten Abend die römische Straße bergab, im Gemüt zum schönsten beruhiget, als ich hinter mir rauhe, heftige Stimmen vernahm, die untereinander stritten. Ich vermutete, daß es die Sbirren sein möchten, die ich schon in der Stadt bemerkt hatte. Ich ging gelassen vor mich hin und horchte hinterwärts. Da konnte ich nun gar bald bemerken, daß es auf mich gemünzt sei. Vier solcher Menschen, zwei davon mit Flinten bewaffnet, in unerfreulicher Gestalt, gingen vor mir vorbei, brummten, kehrten nach einigen Schritten zurück und umgaben mich. Sie fragten, wer ich wäre und was ich hier täte? Ich erwiderte, ich sei ein Fremder, der seinen Weg über Assisi zu Fuße mache, indessen der Vetturin nach Foligno fahre. Dies kam ihnen nicht wahrscheinlich vor, daß jemand einen Wagen bezahle und zu Fuße gehe. Sie fragten, ob ich im Gran Convento gewesen sei. Ich verneinte dies und versicherte ihnen, ich kenne das Gebäude von alten Zeiten her. Da ich aber ein Baumeister sei, habe ich diesmal nur die Maria della Minerva in Augenschein genommen, welches, wie sie wüßten, ein musterhaftes Gebäude sei. Das leugneten sie nicht, nahmen aber sehr übel, daß ich dem Heiligen meine Aufwartung nicht gemacht, und gaben ihren Verdacht zu erkennen, daß wohl mein Handwerk sein möchte, Kontrebande einzuschwärzen. Ich zeigte ihnen das Lächerliche, daß ein Mensch, der allein auf der Straße gehe, ohne Ranzen, mit leeren Taschen, für einen Kontrebandisten gehalten werden solle. Darauf erbot ich mich, mit ihnen nach der Stadt zurück und zum Podestà zu gehen, ihm meine Papiere vorzulegen, da er mich denn als einen ehrenvollen Fremden anerkennen werde. Sie brummten hierauf und meinten, es sei nicht nötig, und als ich mich immerfort mit entschiedenem Ernst betrug, entfernten sie sich endlich wieder nach der Stadt zu. Ich sah ihnen nach. Da gingen nun diese rohen Kerle im Vordergrunde, und hinter ihnen her blickte mich die liebe Minerva noch einmal sehr freundlich und tröstend an, dann schaute ich links auf den tristen Dom des heiligen Franziskus und wollte meinen Weg verfolgen, als einer der Unbewaffneten sich von der Truppe sonderte und ganz freundlich auf mich los kam. Grüßend sagte er sogleich: „Ihr solltet, mein Herr Fremder, wenigstens mir ein Trinkgeld geben, denn ich versichere, daß ich Euch alsobald für einen braven Mann gehalten und dies laut gegen meine Gesellen erklärt habe. Das sind aber Hitzköpfe und gleich oben hinaus und haben keine Weltkenntnis. Auch werdet Ihr bemerkt haben, daß ich Euren Worten zuerst Beifall und Gewicht gab." Ich lobte ihn deshalb und ersuchte ihn, ehrenhafte Fremde, die nach Assisi sowohl wegen der Religion als wegen der Kunst kämen, zu beschützen; besonders die Baumeister, die zum Ruhme der Stadt den Minerventempel, den man noch niemals recht gezeichnet und in Kupfer gestochen, nunmehro messen und abzeichnen wollten. Er möchte ihnen zur Hand gehen, da sie sich denn gewiß dankbar erweisen würden, und somit drückte ich ihm einige Silberstücke in die Hand, die ihn über seine Erwartung erfreuten. Er bat mich, ja wiederzukommen, besonders müsse ich das Fest des Heiligen nicht versäumen, wo ich mich mit größter Sicherheit erbauen und vergnügen sollte. Ja, wenn es mir, als einem hübschen Manne, wie billig um ein hübsches Frauenzimmer zu tun sei, so könne er mir versichern, daß die schönste und ehrbarste Frau von ganz Assisi auf seine Emp-

fehlung mich mit Freuden aufnehmen werde. Er schied nun, beteuernd, daß er noch heute abend bei dem Grabe des Heiligen meiner in Andacht gedenken und für meine fernere Reise beten wolle. So trennten wir uns, und mir war sehr wohl, mit der Natur und mit mir selbst wieder allein zu sein.
(2)

Allerseelen im Quirinal
Rom 1786

Einer der Hauptbeweggründe, die ich mir vorspiegelte, um nach Rom zu eilen, war das Fest Allerheiligen, der erste November: denn ich dachte, geschieht dem einzelnen Heiligen soviel Ehre, was wird es erst mit allen werden. Allein wie sehr betrog ich mich! Kein auffallend allgemeines Fest hatte die römische Kirche beliebt, und jeder Orden mochte im besondern das Andenken seines Patrons im stillen feiern, denn das Namensfest und der ihm zugeteilte Ehrentag ist's eigentlich, wo jeder in seiner Glorie erscheint.

Gestern aber, am Tage Allerseelen, gelang mir's besser. Das Andenken dieser feiert der Papst in seiner Hauskapelle auf dem Quirinal. Jedermann hat freien Zutritt. Ich eilte mit Tischbein auf den Monte Cavallo. Der Platz vor dem Palaste hat was ganz eignes Individuelles, so unregelmäßig als grandios und lieblich. Die beiden Kolossen erblicke ich nun! Weder Auge noch Geist sind hinreichend, sie zu fassen. Wir eilten mit der Menge durch den prächtig geräumigen Hof eine übergeräumige Treppe hinauf. In diesen Vorsälen, der Kapelle gegenüber, in der Ansicht der Reihe von Zimmern, fühlt man sich wunderbar unter *einem* Dache mit dem Statthalter Christi.

Die Funktion war angegangen, Papst und Kardinäle schon in der Kirche. Der Heilige Vater, die schönste, würdigste Männergestalt, Kardinäle von verschiedenem Alter und Bildung.

Mich ergriff ein wunderbar Verlangen, das Oberhaupt der Kirche möge den goldenen Mund auftun und, von dem unaussprechlichen Heil der seligen Seelen mit Entzücken sprechend, uns in Entzücken versetzen. Da ich ihn aber vor dem Altare sich nur hin und her bewegen sah, bald nach dieser, bald nach jener Seite sich wendend, sich wie ein gemeiner Pfaffe gebärdend und murmelnd, da regte sich die protestantische Erbsünde, und mir wollte das bekannte und gewohnte Meßopfer hier keineswegs gefallen. Hat doch Christus schon als Knabe durch mündliche Auslegung der Schrift und in seinem Jünglingsleben gewiß nicht schweigend gelehrt und gewirkt, denn er sprach gern, geistreich und gut, wie wir aus den Evangelien wissen. Was würde der sagen, dacht ich, wenn er hereinträte und sein Ebenbild auf Erden summend und hin und wider wankend anträfe? Das „Venio iterum crucifigi!" fiel mir ein, und ich zupfte meinen Gefährten, daß wir ins Freie der gewölbten und gemalten Säle kämen.

(2)

Georg und Heinrich
Rom 1786

Ich bemerkte wohl, daß mehrere deutsche Künstler, zu Tischbein als Bekannte tretend, mich beobachteten und sodann hin und wider gingen. Er, der mich einige Augenblicke verlassen hatte, trat wieder zu mir und sagte: „Da gibt's einen großen Spaß! Das Gerücht, Sie seien hier, hatte sich schon verbreitet, und die Künstler wurden auf den einzigen unbekannten Fremden aufmerksam. Nun ist einer unter uns, der schon längst behauptet, er sei mit Ihnen umgegangen, ja er wollte mit Ihnen in freundschaftlichem Verhältnis gelebt haben, woran wir nicht so recht glauben wollten. Dieser ward aufgefordert, Sie zu betrachten und den Zweifel zu lösen, er versicherte aber kurz und gut, Sie seien es nicht und an dem Fremden keine Spur ihrer Gestalt und Aussehns. So ist doch wenigstens das Inkognito für den Moment gedeckt, und in der Folge gibt es etwas zu lachen."

Ich mischte mich nun freimütiger unter die Künstlerschar und fragte nach den Meistern verschiedener Bilder, deren Kunstweise mir noch nicht bekannt geworden. Endlich zog mich ein Bild besonders an, den heiligen Georg, den Drachenüberwinder und Jungfraunbefreier, vorstellend. Niemand konnte mir den Meister nennen. Da trat ein kleiner, bescheidener, bisher lautloser Mann hervor und belehrte mich, es sei von Pordenone, dem Venezianer, eines seiner besten Bilder, an dem man sein ganzes Verdienst erkenne. Nun konnt ich meine Neigung gar wohl erklären: das Bild hatte mich angemutet, weil ich, mit der venezianischen Schule schon näher bekannt, die Tugenden ihrer Meister besser zu schätzen wußte.

Der belehrende Künstler ist Heinrich Meyer, ein Schweizer, der mit einem Freunde namens Cölla seit einigen Jahren hier studiert, die antiken Büsten in Sepia vortrefflich nachbildet und in der Kunstgeschichte wohl erfahren ist.
(2)

DER BARONISIERTE MÖLLER
Rom 1786

Mein wunderliches und vielleicht grillenhaftes Halbinkognito bringt mir Vorteile, an die ich nicht denken konnte. Da sich jedermann verpflichtet, zu ignorieren, wer ich sei, und also auch niemand mit mir von mir reden darf, so bleibt den Menschen nichts übrig, als von sich selbst oder von Gegenständen zu sprechen, die ihnen interessant sind, dadurch erfahr ich nun umständlich, womit sich ein jeder beschäftigt, oder was irgend Merkwürdiges entsteht und hervorgeht. Hofrat Reiffenstein fand sich auch in diese Grille; da er aber den Namen, den ich angenommen hatte, aus einer besondern Ursache nicht leiden konnte, so baronisierte er mich geschwind, und ich heiße nun der Baron gegen Rondanini über, dadurch bin ich bezeichnet genug, umso mehr, als der Italiener die Menschen nur nach den Vornamen oder Spitznamen benennet. Genug, ich hab meinen Willen und entgehe der unendlichen Unbequemlichkeit, von mir und meinen Arbeiten Rechenschaft geben zu müssen.
(2)

ANTIK ODER MODERN?
Rom 1786

Schon vor mehrern Jahren hielt sich hier ein Franzos auf, als Liebhaber der Kunst und Sammler bekannt. Er kommt zum Besitz eines *antiken* Gemäldes auf Kalk, niemand weiß woher; er läßt das Bild durch Mengs restaurieren und hat es als ein geschätztes Werk in seiner Sammlung. Winckelmann spricht irgendwo mit Enthusiasmus davon. Es stellt den Ganymed vor, der dem Jupiter eine Schale Wein reicht und dagegen einen Kuß empfängt. Der Franzose stirbt und hinterläßt das Bild seiner Wirtin als *antik*.

Mengs stirbt und sagt auf seinem Todbette: *es sei nicht antik, er habe es gemalt.* Und nun streitet alles gegeneinander. Der eine behauptet, es sei von Mengs zum Scherz nur so leicht hingemacht, der andere Teil sagt, Mengs habe nie so etwas machen können, ja es sei beinahe für Raffael zu schön. Ich habe es gestern gesehn und muß sagen, daß ich auch nichts Schöneres kenne als die Figur Ganymeds, Kopf und Rücken, das andere ist viel restauriert. Indessen ist das Bild diskreditiert, und die arme Frau will niemand von dem Schatz erlösen.

(2)

Noch immer auf Tauchstation
Rom 1786

Damit es mir denn aber doch mit meinem beliebten Inkognito nicht wie dem Vogel Strauß ergehe, der sich für versteckt hält, wenn er den Kopf verbirgt, so gebe ich auf gewisse Weise nach, meine alte These immerfort behauptend. Den Fürsten Liechtenstein, den Bruder der mir so werten Gräfin Harrach, habe ich gern begrüßt und einigemal bei ihm gespeist und konnte bald merken, daß diese meine Nachgiebigkeit mich weiter führen würde, und so kam es auch. Man hatte mir von dem Abbate Monti präludiert, von seinem „Aristodem", einer Tragödie, die nächstens gegeben werden sollte. Der Verfasser, sagte man, wünsche sie mir vorzulesen und meine Meinung darüber zu hören. Ich ließ die Sache fallen, ohne sie abzulehnen, endlich fand ich einmal den Dichter und einen seiner Freunde beim Fürsten, und das Stück ward vorgelesen.

Der Held ist, wie bekannt, ein König von Sparta, der sich wegen allerlei Gewissensskrupel selbst entleibt, und man gab mir auf eine artige Weise zu verstehen, der Verfasser des „Werthers" würde wohl nicht übel finden, wenn er in diesem Stücke einige Stellen seines trefflichen Buches benutzt finde. Und so konnte ich, selbst in den Mauern von Sparta, den erzürnten Manen des unglücklichen Jünglings nicht entgehen.

Das Stück hat einen sehr einfachen, ruhigen Gang, die Gesinnungen wie die Sprache sind dem Gegenstande gemäß kräftig und doch weichmütig. Die Arbeit zeigt von einem sehr schönen Talente.

Ich verfehlte nicht, nach meiner Weise, freilich nicht nach der italienischen, alles Gute und Lobenswürdige des Stücks herauszuheben, womit man leidlich zufrieden war, aber doch mit südlicher Ungeduld etwas mehr verlangte. Besonders sollte ich weissagen, was von dem Effekt des Stücks auf das Publikum zu hoffen sei. Ich entschuldigte mich mit meiner Unkunde des Landes, der Vorstellungsart und des Geschmacks, war aber aufrichtig genug hinzuzusetzen, daß ich nicht recht einsehe, wie die verwöhnten Römer, die ein komplettes Lustspiel von drei Akten und eine komplette Oper von zwei Akten als Zwischenspiel oder eine große Oper mit ganz fremdartigen Balletts als Intermezz zu sehen gewohnt seien, sich an dem edlen, ruhigen Gang einer ununterbrochen fortgehenden Tragödie ergötzen könnten. Alsdann schien mir auch der Gegenstand des Selbstmordes ganz außer dem Kreise italienischer Begriffe zu liegen. Daß man andere totschlage, davon hätte ich fast Tag für Tag zu hören, daß man sich aber selbst das liebe Leben raube oder es nur für möglich hielte, davon sei mir noch nichts vorgekommen.

Hierauf ließ ich mich gern umständlich unterrichten, was gegen meinen Unglauben einzuwenden sein möchte, und ergab mich sehr gern in die plausibeln Argumente, versicherte auch, daß ich nichts mehr wünsche, als das Stück aufführen zu sehen und demselben mit einem Chor von Freunden den aufrichtigsten, lautesten Beifall zu zollen. Diese Erklärung wurde freundlichst aufgenommen, und ich hatte alle Ursache, diesmal mit meiner Nachgiebigkeit zufrieden zu sein — wie denn Fürst Liechtenstein die Gefälligkeit selbst ist und mir Gelegenheit geschafft hat, mit ihm gar manche Kunstschätze zu sehen, wozu besondere Erlaubnis der Besitzer und also eine höhere Einwirkung nötig ist.

Dagegen aber reichte mein guter Humor nicht hin, als die Tochter des Prätendenten das fremde Murmeltier gleichfalls zu sehen verlangte. Das habe ich abgelehnt und bin ganz entschieden wieder untergetaucht.

Und doch ist das auch nicht die ganz rechte Art, und ich fühle hier sehr lebhaft, was ich schon früher im Leben bemerken konnte, daß der Mensch, der das Gute will, sich ebenso tätig und rührig gegen andere verhalten müsse als der Eigennützige, der Kleine, der Böse. Einsehen läßt sich's gut, es ist aber schwer in diesem Sinne handeln.

(2)

Unterbringungsschwierigkeiten für ein Kolossalgemälde
Rom 1786

In diesem Künstlerwesen lebt man wie in einem Spiegelzimmer, wo man auch wider Willen sich selbst und andere oft wiederholt sieht. Ich bemerkte wohl, daß Tischbein mich öfters aufmerksam betrachtete, und nun zeigt sich's, daß er mein Porträt zu malen gedenkt. Sein Entwurf ist fertig, er hat die Leinwand schon aufgespannt. Ich soll in Lebensgröße als Reisender, in einen weißen Mantel gehüllt, in freier Luft, auf einem umgestürzten Obelisken sitzend, vorgestellt werden, die tief im Hintergrunde liegenden Ruinen der Campagna di Roma überschauend. Es gibt ein schönes Bild, nur zu groß für unsere nordischen Wohnungen. Ich werde wohl wieder dort unterkriechen, das Porträt aber wird keinen Platz finden.

(2)

Betende Katze zu Weihnachten
Rom 1786

Ich habe mich nicht enthalten können, den kolossalen Kopf eines Jupiters anzuschaffen. Er steht meinem Bette gegenüber, wohl beleuchtet, damit ich sogleich meine Morgenandacht an ihn richten kann, und der uns bei all seiner Größe und Würde das lustigste Geschichtchen veranlaßt hat.

Unserer alten Wirtin schleicht gewöhnlich, wenn sie das Bett zu machen hereinkommt, ihre vertraute Katze nach. Ich saß im großen Saale und hörte die Frau drinne ihr Geschäft treiben. Auf einmal, sehr eilig und heftig, gegen ihre Gewohnheit, öffnet sie die Türe und ruft mich, eilig zu kommen und ein Wunder zu sehen. Auf meine Frage, was es sei, erwiderte sie, die Katze bete Gottvater an. Sie habe diesem Tiere wohl längst angemerkt, daß es Verstand habe wie ein Christ, dieses aber sei doch ein großes Wunder. Ich eilte mit eigenen Augen zu sehen, und es war wirklich wunderbar genug. Die Büste steht auf einem hohen Fuße, und der Körper ist weit unter der Brust abgeschnitten, so daß also der Kopf in die Höhe ragt. Nun war die Katze auf den Tisch gesprungen, hatte ihre Pfoten dem Gott auf die Brust gelegt und reichte mit ihrer Schnauze, indem sie die Glieder möglichst ausdehnte, gerade bis

an den heiligen Bart, den sie mit der größten Zierlichkeit beleckte und sich weder durch die Interjektion der Wirtin noch durch meine Dazwischenkunft im mindesten stören ließ. Der guten Frau ließ ich ihre Verwunderung, erklärte mir aber diese seltsame Katzenandacht dadurch, daß dieses scharf riechende Tier wohl das Fett möchte gespürt haben, das sich aus der Form in die Vertiefungen des Bartes gesenkt und dort verhalten hatte.
(2)

Christentum oder Humanität?
Rom 1786

Daß ich auch einmal wieder von kirchlichen Dingen rede, so will ich erzählen, daß wir die Christnacht herumschwärmten und die Kirchen besuchten, wo Funktionen gehalten werden. Eine besonders ist sehr besucht, deren Orgel und Musik überhaupt so eingerichtet ist, daß zu einer Pastoralmusik nichts an Klängen abgeht, weder die Schalmeien der Hirten, noch das Zwitschern der Vögel, noch das Blöken der Schafe.

Am ersten Christfeste sah ich den Papst und die ganze Kleisei in der Peterskirche, da er zum Teil vor dem Thron, zum Teil vom Thron herab das Hochamt hielt. Es ist ein einziges Schauspiel in seiner Art, prächtig und würdig genug, ich bin aber im protestantischen Diogenismus so alt geworden, daß mir diese Herrlichkeit mehr nimmt als gibt; ich möchte auch, wie mein frommer Vorfahre, zu diesen geistlichen Weltüberwindern sagen: „Verdeckt mir doch nicht die Sonne höherer Kunst und reiner Menschheit."
(2)

Schmerzenskind Iphigenie
Rom 1787

Hier folgt denn also das Schmerzenskind, denn dieses Beiwort verdient „Iphigenia" aus mehr als einem Sinne. Bei Gelegenheit, daß ich sie unsern Künstlern vorlas, strich ich verschiedene Zeilen an, von denen ich einige nach meiner Überzeugung verbesserte, die andern aber stehenlasse, ob vielleicht Herder ein paar Federzüge hineintun will. Ich habe mich daran ganz stumpf gearbeitet.

Denn warum ich die Prosa seit mehreren Jahren bei meinen Arbeiten vorzog, daran war doch eigentlich schuld, daß unsere Prosodie in der größten Unsicherheit schwebt, wie denn meine einsichtigen, gelehrten, mitarbeitenden Freunde die Entscheidung mancher Fragen dem Gefühl, dem Geschmack anheimgaben, wodurch man denn doch aller Richtschnur ermangelte.

„Iphigenia" in Jamben zu übersetzen, hätte ich nie gewagt, wäre mir in Moritzens Prosodie nicht ein Leitstern erschienen. Der Umgang mit dem Verfasser, besonders während seines Krankenlagers, hat mich noch mehr darüber aufgeklärt, und ich ersuche die Freunde, darüber mit Wohlwollen nachzudenken.

Es ist auffallend, daß wir in unserer Sprache nur wenige Silben finden, die entschieden kurz oder lang sind. Mit den andern verfährt man nach Geschmack oder Willkür. Nun hat Moritz ausgeklügelt, daß es eine gewisse Rangordnung der Silben gebe und daß die dem Sinne nach bedeutendere gegen eine weniger bedeutende lang sei und jene kurz mache, dagegen aber auch wieder kurz werden könne, wenn sie in die Nähe von einer andern gerät, welche mehr Geistesgewicht hat. Hier ist denn doch ein Anhalten, und wenn auch damit nicht alles getan wäre, so hat man doch indessen einen Leitfaden, an dem man sich hinschlingen kann. Ich habe diese Maxime öfters zu Rate gezogen und sie mit meiner Empfindung übereinstimmend getroffen.

Da ich oben von einer Vorlesung sprach, so muß ich doch auch, wie es damit zugegangen, kürzlich erwähnen. Diese jungen Männer, an jene früheren, heftigen, vordringenden Arbeiten gewöhnt, erwarteten etwas Berlichingisches und konnten sich in den ruhigen Gang nicht gleich finden; doch verfehlten die edlen und reinen Stellen nicht ihre Wirkung. Tischbein, dem auch diese fast gänzliche Entäußerung der Leidenschaft kaum zu Sinne wollte, brachte ein artiges Gleichnis oder Symbol zum Vorschein. Er verglich es einem Opfer, dessen Rauch, von einem sanften Luftdruck niedergehalten, an der Erde hinzieht, indessen die Flamme freier die Höhe zu gewinnen sucht. Er zeichnete dies sehr hübsch und bedeutend.

(2)

Babylonisches in der Propaganda
Rom 1787

Am Dreikönigstage, am Feste des Heils, das den Heiden verkündigt worden, waren wir in der Propaganda. Dort ward in Gegenwart dreier Kardinäle und eines großen Auditorii erst eine Rede gehalten, an welchem Orte Maria die drei Magos empfangen? im Stalle? oder wo sonst? Dann nach verlesenen einigen lateinischen Gedichten ähnlichen Gegenstandes traten bei dreißig Seminaristen nach und nach auf und lasen kleine Gedichte, jeder in seiner Landessprache: Malabarisch, Epirotisch, Türkisch, Moldauisch, Elenisch, Persisch, Kolchisch, Hebräisch, Arabisch, Syrisch, Koptisch, Sarazenisch, Armenisch, Hibernisch, Madagaskarisch, Isländisch, Boisch, Ägyptisch, Griechisch, Isaurisch, Äthiopisch etc. und mehrere, die ich nicht verstehen konnte. Die Gedichtchen schienen meist im Nationalsilbenmaße verfaßt, mit der Nationaldeklamation vorgetragen zu werden, denn es kamen barbarische Rhythmen und Töne hervor. Das Griechische klang, wie ein Stern in der Nacht erscheint. Das Auditorium lachte unbändig über die fremden Stimmen, und so ward auch diese Vorstellung zur Farce.

Nun noch ein Geschichtchen, wie lose man im heiligen Rom das Heilige behandelt. Der verstorbene Kardinal Albani war in einer solchen Festversammlung, wie ich sie eben beschrieben. Einer der Schüler fing in einer fremden Mundart an gegen die Kardinäle gewendet: „Gnaja! gnaja!", so daß es ohngefähr klang wie „Canaglia! canaglia!" Der Kardinal wendete sich zu seinen Mitbrüdern und sagte: *„Der kennt uns doch!"*
(2)

Aneignungen, materielle und ideelle
Rom 1787

Eines Glücksfalls muß ich erwähnen, obgleich eines geringen. Doch alles Glück, groß oder klein, ist von *einer* Art und immer erfreulich. Auf Trinità de' Monti wird der Grund zum neuen Obelisk gegraben, dort oben ist alles aufgeschüttetes Erdreich von Ruinen der Gärten des Lucullus, die nachher an die Kaiser kamen. Mein Perückenmacher geht frühe dort vorbei und findet im Schutte ein flach Stück gebrannten Ton mit einigen Figuren, wäscht's und zeigt es uns. Ich eigne es mir gleich zu. Es ist nicht gar eine Hand groß und scheint von dem Rande einer großen Schüssel zu sein. Es stehn zwei Greifen an einem Opfertische, sie sind von der schönsten Arbeit und freuen mich ungemein. Stünden sie auf einem geschnittenen Stein, wie gern würde man damit siegeln!

Von vielen andern Sachen sammelt's sich auch um mich, und nichts Vergebliches oder Leeres, welches hier unmöglich wäre; alles unterrichtend und bedeutend. Am liebsten ist mir denn aber doch, was ich in der Seele mitnehme und was, immer wachsend, sich immer vermehren kann.

(2)

Lebensgefährliche Ochsen
Albano 1787

Am 22. Februar 1787 reisete ich [Tischbein] mit Goethe von Rom nach Neapel. Es wurde mir leicht, ihn auf alles Sehenswürdige aufmerksam zu machen, was sich auf diesem Wege zeigte, den ich schon einmal zurückgelegt hatte, da mir die schönsten Stellen noch lebhaft in der Erinnerung waren. Fast jeder Stein von den alten verfallenen Gräbern in der Nähe und Ferne wurde begierig aufgesucht und ins Auge gefaßt. Zunächst ging es den Hügel hinan, worauf Albano liegt und wo man eine große Fläche des Tibertales übersieht. Diese Hügel gaben Rom die große Mauer und machten es zu dem, was es wurde. Der Weg geht bergauf und -ab. Unser Vetturino machte vor einer Osteria Halt, welche an einem abhängigen Wege lag. Wir standen eben an der steilen Wand dieses Hohlweges, um die verschiedenen Erdlagen zu betrachten, als wir plötzlich ein Geräusch dicht hinter uns vernahmen. Indem ich mich umwandte, sah ich einen Wagen mit Ochsen bespannt den schrägen Abhang herunterlaufen. Der Wagen drückte so gewaltig auf die Ochsen, daß sie ihn nicht aufhalten konnten. Dicht zwischen unserer Sedia und uns durch stürmte er herunter, und der Führer lief ganz bestürzt hinterher. Man denke sich meinen Schreck! Ich, der Begleiter und Schützer von Goethe, hatte mir ja vorgesetzt, ihn zu hüten wie eine Mutter ihren Säugling, dieses Kleinod für die Welt, diesen lieben Freund, und nun wäre er fast in einer Minute gerädert worden und ich mit ihm! Unser Vetturino, der den Wagen herunterstürmen sah, kam herangestürzt, um

seine Pferde zu retten; aber ehe er sie zur Seite lenken konnte, jagte der Ochsenwagen schon vorbei. Wäre dieser auf sein Fuhrwerk gestoßen, so war alles zertrümmert. Der Vetturino blieb wie versteinert stehen und biß sich auf die Finger, den Ochsenführer mit grimmigem Zorne anschauend, und sagte fluchend: „Per Christo ed i Santi! Könnten es alle Heiligen im Himmel einem verdenken, einen Mord zu begehen? Was hindert mich, dir eine Coltellata zu geben?" Der erschrockene Ochsenführer konnte sich noch nicht von seinem Unglück erholen, als ihn der erzürnte Vetturino in noch größere Gefahr setzte. Er blieb in so demütiger, gebückter Stellung wie ein von aller Hülfe Verlassener, da, wo die tollen Ochsen zu rennen aufgehört hatten, stehen, daß er Mitleid erweckte. Der Vetturino fing nun an ruhiger zu werden, biß sich aber noch immer auf die Finger und sagte: „Es ist ein Jammer, wenn einer Lenkseile über Ochsen hat und weiß sie nicht zu führen!" — Die Gefahr war indessen so blitzesschnell vorübergegangen, daß Goethe sie kaum bemerkt hatte, was mir lieb war.
(60)

Befriedigtes Bedürfnis
Neapel 1787

Der Morgen war kalt und feuchtlich, es hatte wenig geregnet. Ich gelangte auf einen Platz, wo die großen Quadern des Pflasters reinlich gekehrt erschienen. Zu meiner großen Verwunderung sah ich auf diesem völlig ebenen gleichen Boden eine Anzahl zerlumpter Knaben im Kreise kauzend, die Hände gegen den Boden gewendet, als wenn sie sich wärmten. Erst hielt ich's für eine Posse; als ich aber ihre Miene völlig ernsthaft und beruhigt sah, wie bei einem befriedigten Bedürfnis, so strengte ich meinen Scharfsinn möglichst an, er wollte mich aber nicht begünstigen. Ich mußte daher fragen, was denn diese Äffchen zu der sonderbaren Positur verleite und sie in diesen regelmäßigen Kreis versamle.

Hierauf erfuhr ich, daß ein anwohnender Schmied auf dieser Stelle eine Radschiene heiß gemacht, welches auf folgende Weise geschieht. Der eiserne Reif wird auf den Boden gelegt und auf ihn im Kreise so viel Eichenspäne gehäuft, als man nötig hält, ihn bis auf den erforderlichen Grad zu erweichen. Das entzündete Holz brennt ab, die Schiene wird ums Rad gelegt und die Asche sorgfäl-

tig weggekehrt. Die dem Pflaster mitgeteilte Wärme benutzen sogleich die kleinen Huronen und rühren sich nicht eher von der Stelle, als bis sie den letzten warmen Hauch ausgesogen haben. Beispiele solcher Genügsamkeit und aufmerksamen Benutzens dessen, was sonst verlorenginge, gibt es hier unzählige. Ich finde in diesem Volk die lebhafteste und geistreichste Industrie, nicht um reich zu werden, sondern um sorgenfrei zu leben.
(2)

Malkünste unterschiedlicher Art
Neapel 1787

Angelika hat aus meiner „Iphigenie" ein Bild zu malen unternommen; der Gedanke ist sehr glücklich, und sie wird ihn trefflich ausführen. Den Moment, da sich Orest in der Nähe der Schwester und des Freundes wiederfindet. Das, was die drei Personen hintereinander sprechen, hat sie in eine gleichzeitige Gruppe gebracht und jene Worte in Gebärden verwandelt. Man sieht auch hieran, wie zart sie fühlt und wie sie sich zuzueignen weiß, was in ihr Fach gehört. Und es ist wirklich die Achse des Stücks.

Lebt wohl und liebt mich! Hier sind mir die Menschen alle gut, wenn sie auch nichts mit mir anzufangen wissen; Tischbein dagegen befriedigt sie besser, er malt ihnen abends gleich einige Köpfe in Lebensgröße vor, wobei und worüber sie sich wie Neuseeländer bei Erblickung eines Kriegsschiffes gebärden. Hievon sogleich die lustige Geschichte:

Tischbein hat nämlich die große Gabe, Götter- und Heldengestalten in Lebensgröße und drüber mit der Feder zu umreißen. Er schraffiert wenig hinein und legt mit einem breiten Pinsel den Schatten tüchtig an, so daß der Kopf rund und erhaben dasteht. Die Beiwohnenden schauten mit Verwunderung, wie das so leicht ablief, und freuten sich recht herzlich darüber. Nun kam es ihnen in die Finger, auch so malen zu wollen; sie faßten die Pinsel und – malten sich Bärte wechselweise und besudelten sich die Gesichter. Ist darin nicht etwas Ursprüngliches der Menschengattung? Und es war eine gebildete Gesellschaft, in dem Hause eines Mannes, der selbst recht wacker zeichnet und malt. Man macht sich von diesem Geschlecht keine Begriffe, wenn man sie nicht gesehen hat.
(2)

Der alte Ritter
hält das Licht dazu
Caserta 1787

Wenn man in Rom gern studieren mag, so will man hier nur leben; man vergißt sich und die Welt, und für mich ist es eine wunderliche Empfindung, nur mit genießenden Menschen umzugehen.

Der Ritter Hamilton, der noch immer als englischer Gesandter hier lebt, hat nun, nach so langer Kunstliebhaberei, nach so langem Naturstudium, den Gipfel aller Natur- und Kunstfreude in einem schönen Mädchen gefunden. Er hat sie bei sich, eine Engländerin von etwa zwanzig Jahren. Sie ist sehr schön und wohlgebaut. Er hat ihr ein griechisch Gewand machen lassen, das sie trefflich kleidet, dazu löst sie ihre Haare auf, nimmt ein paar Shawls und macht eine Abwechslung von Stellungen, Gebärden, Mienen etc., daß man zuletzt wirklich meint, man träume. Man schaut, was so viele tausend Künstler gerne geleistet hätten, hier ganz fertig, in Bewegung und überraschender Abwechslung. Stehend, kniend, sitzend, liegend, ernst, traurig, neckisch, ausschweifend, bußfertig, lokkend, drohend, ängstlich etc., eins folgt aufs andere und aus dem andern. Sie weiß zu jedem Ausdruck die Falten des Schleiers zu wählen, zu wechseln und macht sich hundert Arten von Kopfputz mit denselben Tüchern. Der alte Ritter hält das Licht dazu und hat mit ganzer Seele sich diesem Gegenstand ergeben. Er findet in ihr alle Antiken, alle schöne Profile der sizilianischen Münzen, ja den

Belvederschen Apoll selbst. Soviel ist gewiß, der Spaß ist einzig! Wir haben ihn schon zwei Abende genossen. Heute früh malt sie Tischbein.

(2)

Lustgeschrei und Freudegeheul
Neapel 1787

Auf dem zweirädrigen leichten Fuhrwerk sitzend und wechselweise die Zügel führend, einen gutmütigen rohen Knaben hintenauf, rollten wir durch die herrliche Gegend [...].

Leider war keine Gelegenheit, hier zu übernachten, wir kehrten nach Salern zurück, und den andern Morgen ging es zeitig nach Neapel. Der Vesuv, von der Rückseite gesehn, in der fruchtbarsten Gegend; Pappeln, pyramidal-kolossal an der Chaussee im Vordergrunde. Dies war auch ein angenehmes Bild, das wir durch ein kurzes Stillhalten erwarben.

Nun erreichten wir eine Höhe; der größte Anblick tat sich vor uns auf. Neapel in seiner Herrlichkeit, die meilenlange Reihe von Häusern am flachen Ufer des Golfs hin, die Vorgebirge, Erdzungen, Felswände, dann die Inseln und dahinter das Meer war ein entzückender Anblick.

Ein gräßlicher Gesang, vielmehr Lustgeschrei und Freudegeheul des hintenauf stehenden Knaben erschreckte und störte mich. Heftig fuhr ich ihn an, er hatte noch kein böses Wort von uns gehört, er war der gutmütigste Junge.

Eine Weile rührte er sich nicht, dann klopfte er mir sachte auf die Schulter, streckte seinen rechten Arm mit aufgehobenem Zeigefinger zwischen uns durch und sagte: „Signor, perdonate! questa è la mia patria!" — Das heißt verdolmetscht: „Herr, verzeiht! Ist das doch mein Vaterland!" — Und so war ich zum zweiten Male überrascht. Mir armem Nordländer kam etwas Tränenartiges in die Augen!

(2)

Umweltverschmutzung auf Sizilianisch
Palermo 1787

Gegen abend machte ich eine heitere Bekanntschaft, indem ich auf der langen Straße bei einem kleinen Handelsmanne eintrat, um verschiedene Kleinigkeiten einzukaufen. Als ich vor dem Laden stand, die Ware zu besehen, erhob sich ein geringer Luftstoß, welcher, längs der Straße herwirbelnd, einen unendlichen erregten Staub in alle Buden und Fenster sogleich verteilte. „Bei allen Heiligen! sagt mir", rief ich aus, „woher kommt die Unreinlichkeit eurer Stadt, und ist derselben denn nicht abzuhelfen? Diese Straße wetteifert an Länge und Schönheit mit dem Corso zu Rom. An beiden Seiten Schrittsteine, die jeder Laden- und Werkstattbesitzer mit unablässigem Kehren reinlich hält, indem er alles in die Mitte hinunterschiebt, welche dadurch nur immer unreinlicher wird und euch mit jedem Windshauch den Unrat zurücksendet, den ihr der Hauptstraße zugewiesen habt. In Neapel tragen geschäftige Esel jeden Tag das Kehricht nach Gärten und Feldern, sollte denn bei euch nicht irgendeine ähnliche Einrichtung entstehen oder getroffen werden?"

„Es ist bei uns nun einmal, wie es ist", versetzte der Mann; „was wir aus dem Hause werfen, verfault gleich vor der Tür übereinander. Ihr seht hier Schichten von Stroh und Rohr, von Küchenabgängen und allerlei Unrat, das trocknet zusammen auf und kehrt als Staub zu uns zurück. Gegen den wehren wir uns den ganzen Tag. Aber seht, unsere schönen, geschäftigen, niedlichen Besen vermehren, zuletzt abgestumpft, nur den Unrat vor unsern Häusern."

Und, lustig genommen, war es wirklich an dem. Sie haben niedliche Beschen von Zwergpalmen, die man mit weniger Abänderung zum Fächerdienst eignen könnte, sie schleifen sich leicht ab, und die Stumpfen liegen zu Tausenden in der Straße. Auf meine wiederholte Frage, ob dagegen keine Anstalt zu treffen sei, erwiderte er: die Rede gehe im Volke, daß gerade die, welche für die Reinlichkeit zu sorgen hätten, wegen ihres großen Einflusses nicht genötigt werden könnten, die Gelder pflichtmäßig zu verwenden, und dabei sei noch der wunderliche Umstand, daß man fürchte, nach weggeschafftem misthaftem Geströhde werde erst deutlich zum Vorschein kommen, wie schlecht das Pflaster darunter be-

schaffen sei, wodurch denn abermals die unredliche Verwaltung einer anderen Kasse zutage kommen würde. Das alles aber sei, setzte er mit possierlichem Ausdruck hinzu, nur Auslegung von Übelgesinnten, er aber von der Meinung derjenigen, welche behaupten: der Adel erhalte seinen Karossen diese weiche Unterlage, damit sie des Abends ihre herkömmliche Lustfahrt auf elastischem Boden bequem vollbringen könnten. Und da der Mann einmal im Zuge war, bescherzte er noch mehrere Polizeimißbräuche, mir zu tröstlichem Beweis, daß der Mensch noch immer Humor genug hat, sich über das Unabwendbare lustig zu machen.
(2)

Selbsterkenntnis am Ostersonntag
Palermo 1787

Nachdem ich den Morgen zugebracht, die verschiedenen Kirchen zu besuchen und die Volksgesichter und Gestalten zu betrachten, fuhr ich zum Palast des Vizekönigs, welcher am obern Ende der Stadt liegt. Weil ich etwas zu früh gekommen, fand ich die großen Säle noch leer, nur ein kleiner, munterer Mann ging auf mich zu, den ich sogleich für einen Malteser erkannte.

Als er vernahm, daß ich ein Deutscher sei, fragte er, ob ich ihm Nachricht von Erfurt zu geben wisse, er habe daselbst einige Zeit sehr angenehm zugebracht. Auf seine Erkundigungen nach der von Dacherödischen Familie, nach dem Koadjutor von Dalberg konnte ich ihm hinreichende Auskunft geben, worüber er sehr vergnügt nach dem übrigen Thüringen fragte. Mit bedenklichem Anteil erkundigte er sich nach Weimar. „Wie steht es denn", sagte er, „mit dem Manne, der, zu meiner Zeit jung und lebhaft, daselbst Regen und schönes Wetter machte? Ich habe seinen Namen vergessen, genug aber, es ist der Verfasser des ‚Werthers'."

Nach einer kleinen Pause, als wenn ich mich bedächte, erwiderte ich: „Die Person, nach der ihr Euch gefällig erkundigt, bin ich selbst!" Mit dem sichtbarsten Zeichen des Erstaunens fuhr er zurück und rief aus: „Da muß sich viel verändert haben!" — „O ja!" versetzte ich, „zwischen Weimar und Palermo hab ich manche Veränderung gehabt."
(2)

Wohltaten im Verborgenen
Palermo 1787

Nun überraschte uns Goethe mit einem Aufsatz, dessen Ankündigung ebenso befremdend, als die Ausführung hinreißend und unterhaltend war. Es ging ein auf einen Bogen gezeichneter Stammbaum herum, und zugleich kündigte uns Goethe an, er wolle uns etwas über Cagliostros Stammbaum und die Familie dieses Wundermannes vorlesen.

„Als ich", fing er an zu erzählen, „im Jahre 1787 mich auf meinen Reisen einige Zeit zu Palermo in Sizilien aufhielt, wurde in allen Gesellschaften vom Grafen Cagliostro als einem gebornen Palermitaner, dessen nächste Blutsfreunde noch in kümmerlichen Umständen in Palermo lebten, gesprochen. Man sagte mir in einer Gesellschaft, ein sehr geschickter Advokat habe auf Requisition des französischen Hofes die Familienumstände des Herrn Landsmannes genau untersucht und darüber ein Memoire nach Paris geschickt, wo sich damals der berühmte Halsbandprozeß für Cagliostro damit geendigt hatte, daß dieser freigelassen wurde und nach England ging. Meine Neugier, diesen Advokaten selbst kennenzulernen, wurde durch die Dienstfertigkeit eines aus der Gesellschaft bald befriedigt, der mich schon des andern Tages bei diesem Manne einführte. Dieser legte mir hierauf den ganzen Stammbaum des Abenteurers und zugleich eine Abschrift des Memoires vor, das er nach Frankreich zur Entlarvung des Herrn Balsamo geschickt hatte. Sein mütterlicher Großvater hatte wirklich Joseph Cagliostro geheißen, unter welchem Namen sich noch Verwandte in Messina befinden. Sein Vater war ein Kaufmann, der insolvent geworden und bald gestorben war. Der junge Balsamo hatte einige Zeit in einem Kloster der barmherzigen Brüder zugebracht, wo er eben sein bißchen empirische Medizin gelernt hatte, weil dieser Orden die Krankenpflege in den Spitälern besorgte. Als er dieser Klosterzucht entlaufen war, lernte er alle Hände meisterhaft nachmachen, kam dieser Kunst wegen ins Gefängnis und entkam diesem durch eine Flucht nach Rom, wo er seine Seraphine, eine Gürtlerstochter, heiratete, durch ihren *Erwerb* nun die Rolle eines Grafen Pellegrino zu spielen anfing und unter diesem Namen selbst die Unverschämtheit hatte, wieder nach Palermo zu kommen. Aber hier wurde er erkannt und zum zweiten Male festgemacht. Aber auch diesmal wußte er sich seine Freiheit durch die Schönheit seiner Frau zu verschaffen, deren erklärter Liebhaber, ein roher junger Principe, den Advokaten, der gegen Balsamo diente, so mißhandelte, daß dieser aus Angst nun selbst die Loslassung des Gefangenen bewirkte. Nun verließ unser Held Palermo zum zweiten Male, nahm seines Großvaters Cagliostro Namen an und durchstrich, wie bekannt, Europa. Dies und vieles andere lernte ich aus jenem Memoire, das ich vom Advokaten zum Ansehen erhielt, sowie ich mir auch den dabei befindlichen Stammbaum kopierte. Der Advokat hatte die Data zu dem letztern von Balsamos noch lebender Mutter und Schwester auf eine gute Art zu erhalten gewußt.

Dies machte mich neugierig, diese Familie selbst kennenzulernen. Es hielt schwer, da es arme Leute waren, die jeden Besuch eines Fremden sehr verdächtig finden mußten. Aber der Schreiber des Advokaten, der mir die Sache kommunizierte, erbot sich doch, mich als einen Engländer dort bekannt zu machen, der genaue Nachricht von der Befreiung Cagliostros aus der Bastille und seiner glücklichen Ankunft in England zu überbringen habe. Der Anschlag glückte."

Nun erzählte Goethe mit seiner unnachahmlichen Kunst zu erzählen und Familienszenen zu malen, seinen Eintritt in die kleine Wirtschaft dieser armen Bürgerfamilie. In der Küche wusch Cagliostros Schwester eben das Eßgeschirr auf und deckte sogleich beim Eintritt des Fremden, der hier durch die Küche in die Wohnstube passieren mußte, durch Überschlagen der Schürze den noch weniger abgetragenen und verschossenen Vorderteil ihres Rockes auf. In dem Wohn- und Familienzimmer, die ganze Familie hatte nur dies einzige, sah alles ärmlich, doch reinlich aus. Schwarze Heiligenbilder hingen an den Wänden, die einst gefärbt gewesen waren. Die Rohrstühle waren einst vergoldet gewesen. Ein einziges Fenster erleuchtete das Zimmer, an dessen einem Ende die alte harthörige Mutter, an dem andern eine kranke, schlafsüchtige Frau saß, die man in der Familie, trotz alles eignen Mangels, aus Barmherzigkeit unterhielt. Goethe mußte nun der alten Mutter die Nachricht von ihrem Sohn weitläufig verdolmetschen lassen, da er des gemeinen Dialekts der Sizilianer nicht ganz kundig war. Die Schwester, die selbst schon drei erwachsene Kinder hatte und eine arme Witwe war, erzählte, wie es ihr kränkend sei, daß ihr Bruder,

der große Schätze besitzen solle, nicht einmal die 13 Uncie d'oro (Dukaten) wieder schicke, womit sie ihm bei seiner letzten Abreise aus Palermo seine versetzten Sachen eingelöst habe. Fragen an Goethe, ob er nicht das Rosalienfest in Palermo mit abwarten wolle, ob er einen Brief an ihren Bruder in England bestellen wolle. Die alte Mutter fragte, ob er wohl ein Ketzer sei usw. Beim Abschied, der schon sehr traurig war, verspricht Goethe, morgen wieder zu kommen und den Brief selbst abzuholen. Er kommt auch den andern Tag wirklich wieder und erhält einen Brief und einen pathetischen (rührend geschilderten) mündlichen Auftrag von der alten Mutter, die keinen ganzen Mantel mehr hat, um in die Messe gehen zu können. Beim Abschied rührende Zunötigung, das Fest der heiligen Rosalia noch in Palermo und in Gesellschaft dieser guten armen Leute zu feiern. — Hätte es Goethes Reisekasse auf der Stelle erlaubt, er hätte seinen kleinen Betrug sogleich dadurch gutgemacht, daß er unter dem Vorwand, er wolle sich das Geld in England vom Bruder wiedergeben lassen, der Schwester noch vor seiner Abreise die 13 Dukaten geschickt hätte, die sie für ihren Bruder ausgelegt hatte. Was indessen damals nicht geschehen konnte, ist später von Deutschland aus geschehen. Goethe hatte diese Auftritte in einigen Zirkeln seiner Freunde erzählt. Diese setzten ihn in den Stand, der armen Familie noch mehr zu schicken, als jenes betrug. Der englische Kaufmann Corf in Palermo, an den es Goethe spedierte, händigte es ohne alle Adresse ein. Die guten Leutchen meinten, dies käme wirklich von ihrem Bruder aus England, und dankten ihm schriftlich. Auch diesen Brief, den dann Goethe von jenem Kaufmann zugeschickt bekam, las er uns jetzt vor. Er war sehr rührend, die Gabe war gerade zum Weihnachtsfeste angelangt. Die Mutter schrieb die Rührung des Herzens ihres Sohnes dem heiligen Mutter-Gottes-Kinde zu. Noch hat Goethe eine Summe in den Händen, die er der armen Familie, welche durch Cagliostros neueste Schicksale in Rom aller Hoffnung beraubt sein muß, noch zuschicken wird. — Einer aus der Gesellschaft glaubt, es sei das Honorar, welches Goethe von Unger in Berlin für das Manuskript des „Großkophta" erhalten hat. Mir ist's auch aus andern Gründen wahrscheinlich; und so wäre es in der Tat höchst sonderbar, daß eine Summe Geldes, die durch ein Schauspiel erworben wurde, das Cagliostros Betrügereien und stirnlose Frechheit geißelt, dieses nämlichen Cagliostros alter Mutter und hülfloser Schwester in Palermo zur Erquickung gereicht, und daß beides ein und derselbe *Deutsche* tat.

(3)

Preiskalkulation
für Narrheit und Tugend
Palermo 1787

Heute am Abend ward mir noch ein Wunsch erfüllt, und zwar auf eigene Weise. Ich stand in der großen Straße auf den Schrittsteinen, an jenem Laden mit dem Kaufherrn scherzend; auf einmal tritt ein Laufer, groß, wohlgekleidet, an mich heran, einen silbernen Teller rasch vorhaltend, worauf mehrere Kupferpfennige, wenige Silberstücke lagen. Da ich nicht wußte, was es heißen solle, so zuckte ich, den Kopf duckend, die Achseln, das gewöhnliche Zeichen, wodurch man sich lossagt, man mag nun Antrag oder Frage nicht verstehen oder nicht wollen. Ebenso schnell als er gekommen, war er fort, und nun bemerkte ich auf der entgegengesetzten Seite der Straße seinen Kameraden in gleicher Beschäftigung.

Was das bedeute, fragte ich den Handelsmann, der mit bedenklicher Gebärde, gleichsam verstohlen, auf einen langen, hagern Herrn deutete, welcher in der Straßenmitte, hofmäßig gekleidet, anständig und gelassen über den Mist einherschritt. Frisiert und gepudert, den Hut unter dem Arm, in seidenem Gewande, den Degen an der Seite, ein nettes Fußwerk mit Steinschnallen geziert: so trat der Bejahrte ernst und ruhig einher; aller Augen waren auf ihn gerichtet.

„Dies ist der Prinz Pallagonia", sagte der Händler, „welcher von Zeit zu Zeit durch die Stadt geht und für die in der Barbarei gefangenen Sklaven ein Lösegeld zusammenheischt. Zwar beträgt dieses Einsammeln niemals viel, aber der Gegenstand bleibt doch im Andenken, und oft vermachen diejenigen, welche bei Lebzeiten zurückhielten, schöne Summen zu solchem Zweck. Schon viele Jahre ist der Prinz Vorsteher dieser Anstalt und hat unendlich viel Gutes gestiftet!"

„Statt auf die Torheiten seines Landsitzes", rief ich aus, „hätte er hierher jene großen Summen verwenden sollen. Kein Fürst der Welt hätte mehr geleistet."

Dagegen sagte der Kaufmann: „Sind wir doch alle so! Unsere Narrheiten bezahlen wir gar gerne selbst, zu unsern Tugenden sollen andere das Geld hergeben."
(2)

URPHÄNOMEN
IM BOTANISCHEN GARTEN
Palermo 1787

Es ist ein wahres Unglück, wenn man von vielerlei Geistern verfolgt und versucht wird! Heute früh ging ich mit dem festen, ruhigen Vorsatz, meine dichterischen Träume fortzusetzen, nach dem öffentlichen Garten, allein, eh ich mich's versah, erhaschte mich ein anderes Gespenst, das mir schon diese Tage nachgeschlichen. Die vielen Pflanzen, die ich sonst nur in Kübeln und Töpfen, ja die größte Zeit des Jahres nur hinter Glasfenstern zu sehen gewohnt war, stehen hier froh und frisch unter freiem Himmel und, indem sie ihre Bestimmung vollkommen erfüllen, werden sie uns deutlicher. Im Angesicht so vielerlei neuen und erneuten Gebildes fiel mir die alte Grille wieder ein: ob ich nicht unter dieser Schar die Urpflanze entdecken könnte? Eine solche muß es denn doch geben! Woran würde ich sonst erkennen, daß dieses oder jenes Gebilde eine Pflanze sei, wenn sie nicht alle nach einem Muster gebildet wären?

Ich bemühte mich zu untersuchen, worin denn die vielen abweichenden Gestalten voneinander unterschieden seien. Und ich fand sie immer mehr ähnlich als verschieden, und wollte ich meine botanische Terminologie anbringen, so ging das wohl, aber es fruchtete nicht, es machte mich unruhig, ohne daß es mir weiterhalf. Gestört war mein guter poetischer Vorsatz, der Garten des Alkinous war verschwunden, ein Weltgarten hatte sich aufgetan. Warum sind wir Neueren doch so zerstreut, warum gereizt zu Forderungen, die wir nicht erreichen noch erfüllen können!
(2)

Mitten im Rachen des Löwen
Catania 1787

Unser Reitmann versprach, um unser mürrisches Wesen zu begütigen, für den Abend eine gute Herberge, brachte uns auch wirklich in einen vor wenig Jahren gebauten Gasthof, der auf diesem Wege, gerade in gehöriger Entfernung von Catania gelegen, dem Reisenden willkommen sein mußte, und wir ließen es uns, bei einer leidlichen Einrichtung, seit zwölf Tagen wieder einigermaßen bequem werden. Merkwürdig aber war uns eine Inschrift an die Wand, bleistiftlich mit schönen englischen Schriftzügen geschrieben; sie enthielt folgendes: „Reisende, wer ihr auch seid, hütet euch in Catania vor dem Wirtshause ‚Zum goldenen Löwen'; es ist schlimmer, als wenn ihr Zyklopen, Sirenen und Skyllen zugleich in die Klauen fielet." Ob wir nun schon dachten, der wohlmeinende Warner möchte die Gefahr etwas mythologisch vergrößert haben, so setzten wir uns doch fest vor, den „Goldenen Löwen" zu vermeiden, der uns als ein so grimmiges Tier angekündigt war. Als uns daher der Maultiertreibende befragte, wo wir in Catania einkehren wollten, so versetzten wir: „Überall, nur nicht im ‚Löwen'!" worauf er den Vorschlag tat, da vorliebzunehmen, wo er seine Tiere unterstelle; nur müßten wir uns daselbst auch verköstigen, wie wir es schon bisher getan. Wir waren alles zufrieden: dem Rachen des „Löwen" zu entgehen war unser einziger Wunsch. [...]

In unserer Herberge befanden wir uns freilich sehr übel. Die Kost, wie sie der Maultierknecht bereiten konnte, war nicht die beste. Eine Henne, in Reis gekocht, wäre dennoch nicht zu verachten gewesen, hätte sie nicht ein unmäßiger Safran so gelb als ungenießbar gemacht. Das unbequemste Nachtlager hätte uns beinahe genötigt, Hackerts Juchtensack wieder hervorzuholen, deshalb sprachen wir morgens zeitig mit dem freundlichen Wirte. Er bedauerte, daß er uns nicht besser versorgen könne: „Da drüben aber ist ein Haus, wo Fremde gut aufgehoben sind und alle Ursache haben, zufrieden zu sein." Er zeigte uns ein großes Eckhaus, von welchem die uns zugekehrte Seite viel Gutes versprach. Wir eilten sogleich hinüber, fanden einen rührigen Mann, der sich als Lohnbedienter angab und, in Abwesenheit des Wirts, uns ein schönes Zimmer neben einem Saal anwies, auch zugleich versicherte, daß wir aufs billigste bedient werden sollten. Wir erkundigten uns ungesäumt hergebrachterweise, was für Quartier, Tisch, Wein, Frühstück und sonstiges Bestimmbare zu bezahlen sei. Das war alles billig, und wir schafften eilig unsere Wenigkeiten herüber, sie in die weitläufigen, vergoldeten Kommoden einzuordnen. Kniep fand zum ersten Male Gelegenheit, seine Pappen auszubreiten; er ordnete seine Zeichnungen, ich mein Bemerktes. Sodann, vergnügt über die schönen Räume, traten wir auf den Balkon des Saals, der Aussicht zu genießen. Nachdem wir diese genugsam betrachtet und gelobt, kehrten wir um nach unsern Geschäften, und siehe! da drohte über unserm Haupte ein großer goldener Löwe. Wir sahen einander bedenklich an, lächelten und lachten. Von nun an aber blickten wir umher, ob nicht irgendwo eins der Homerischen Schreckbilder hervorschauen möchte.

Nichts dergleichen war zu sehen, dagegen fanden wir im Saal eine hübsche junge Frau, die mit einem Kinde von etwa zwei Jahren herumtändelte, aber sogleich von dem beweglichen Halbwirt derb ausgescholten dastand: sie solle sich hinweg verfügen, hieß es, sie habe hier nichts zu tun. „Es ist doch hart, daß du mich fortjagst", sagte sie, „das Kind ist zu Hause nicht zu begütigen, wenn du weg bist, und die Herrn erlauben mir gewiß, in deiner Gegenwart das Kleine zu beruhigen." Der Gemahl ließ es dabei nicht bewenden, sondern suchte sie fortzuschaffen; das Kind schrie in der Türe ganz erbärmlich, und wir mußten zuletzt ernstlich verlangen, daß das hübsche Madamchen dabliebe.

Durch den Engländer gewarnt, war es keine Kunst, die Komödie zu durchschauen; wir spielten die Neulinge, die Unschuldigen, er aber machte seine liebreiche Vaterschaft auf das beste gelten. Das Kind wirklich war am freundlichsten mit ihm, wahrscheinlich hatte es die angebliche Mutter unter der Tür gekneipt.

(2)

Huldigung in höchster Eile
Neapel 1787

Eine Dame, die mich schon bei meinem ersten Aufenthalt vielfach begünstigt, ersuchte mich, abends Punkt fünf Uhr bei ihr einzutreffen; es wolle mich ein Engländer sprechen, der mir über meinen „Werther" etwas zu sagen habe.

Vor einem halben Jahre würde hierauf, und wäre sie mir doppelt wert gewesen, gewiß eine abschlägliche Antwort erfolgt sein; aber daran, daß ich zusagte, konnte ich wohl merken, meine sizilianische Reise habe glücklich auf mich gewirkt, und ich versprach zu kommen.

Leider aber ist die Stadt zu groß und der Gegenstände so viel, daß ich eine Viertelstunde zu spät die Treppe hinauf stieg und eben an der verschlossenen Türe auf der Schilfmatte stand, um zu klingeln, als die Türe schon aufging und ein schöner Mann in mittlern Jahren heraustrat, den ich sogleich für den Engländer erkannte. Er hatte mich kaum angesehen, als er sagte: „Sie sind der Verfasser des ‚Werther'!" Ich bekannte mich dazu und entschuldigte mich, nicht früher gekommen zu sein.

„Ich konnte nicht einen Augenblick länger warten", versetzte derselbe, „was ich Ihnen zu sagen habe, ist ganz kurz und kann ebensogut hier auf der Schilfmatte geschehen. Ich will nicht wiederholen, was Sie von Tausenden gehört, auch hat das Werk nicht so heftig auf mich gewirkt als auf andere; sooft ich aber daran denke, was dazu gehörte, um es zu schreiben, so muß ich mich immer aufs neue verwundern."

Ich wollte irgend etwas dankbar dagegen erwidern, als er mir ins Wort fiel und ausrief: „Ich darf keinen Augenblick länger säumen, mein Verlangen ist erfüllt, Ihnen dies selbst gesagt zu haben. Leben Sie recht wohl und glücklich!" und so fuhr er die Treppe hinunter. Ich stand einige Zeit, über diesen ehrenvollen Text nachdenkend, und klingelte endlich. Die Dame vernahm mit Vergnügen unser Zusammentreffen und erzählte manches Vorteilhafte von diesem seltenen und seltsamen Manne.
(2)

Auf der Türschwelle
Neapel 1787

Zu jener Zeit wurden auch bei dem österreichischen Gesandten [...] mehrere Konzerte [...] veranstaltet, wozu auch Goethe sowie Gyrowetz geladen wurden. Als Gyrowetz dort eingetreten war, fand er Goethe zwischen einer Türschwelle, die in den großen Saal führte, ganz allein und unbeachtet dastehen. Gyrowetz ging sogleich zu ihm und sagte ihm, er möchte doch vorwärts in den Saal schreiten und nicht so versteckt dastehen. Goethe dankte höflich

und bat, man möge ihn nur ruhig stehen lassen, er höre alles und liebe nicht, in die große Welt zu treten. Überhaupt war zu dieser Zeit das Benehmen Goethes sehr freundlich, ja sogar etwas schüchtern und demütig.
(13)

Anregend wie Koffein
Neapel 1787

Und so fuhr ich denn durch das unendliche Leben dieser unvergleichlichen Stadt, die ich wahrscheinlich nicht wiedersehen sollte, halb betäubt hinaus; vergnügt jedoch, daß weder Reue noch Schmerz hinter mir blieb. Ich dachte an den guten Kniep und gelobte ihm auch in der Ferne meine beste Vorsorge.

An den äußersten Polizeischranken der Vorstadt störte mich einen Augenblick ein Marqueur, der mir freundlich ins Gesicht sah, aber schnell wieder hinwegsprang. Die Zollmänner waren noch nicht mit dem Vetturin fertig geworden, als aus der Kaffeebudentüre, die größte chinesische Tasse voll schwarzen Kaffee auf einem Präsentierteller tragend, Kniep heraustrat. Er nahte sich dem Wagenschlag langsam mit einem Ernst, der, von Herzen gehend, ihn sehr gut kleidete. Ich war erstaunt und gerührt, eine solche erkenntliche Aufmerksamkeit hat nicht ihresgleichen. „Sie haben", sagte er, „mir so viel Liebes und Gutes, auf mein ganzes Leben Wirksames erzeigt, daß ich Ihnen hier ein Gleichnis anbieten möchte, was ich Ihnen verdanke."

Da ich in solchen Gelegenheiten ohnehin keine Sprache habe, so brachte ich nur sehr lakonisch vor: daß er durch seine Tätigkeit mich schon zum Schuldner gemacht und durch Benutzung und Bearbeitung unserer gemeinsamen Schätze mich noch immer mehr verbinden werde.
(2)

Tollheit im Mondenschein
Rom 1787

Das Gespräch lenkte sich sodann auf das neue Besitztum des Königs von Bayern in Rom. „Ich kenne die Villa sehr gut", sagte Meyer, „ich bin oft darin gewesen und gedenke der schönen Lage mit Vergnügen. Es ist ein mäßiges Schloß, das der König nicht fehlen wird sich auszuschmücken und nach seinem Sinne höchst anmutig zu machen. Zu meiner Zeit wohnte die Herzogin Amalie darin und Herder in dem Nebengebäude." [...]

Ich [Eckermann] fragte Hofrat Meyer, wie weit es von der Villa di Malta bis zum Vatikan sei. „Von Trinità di Monte, in der Nähe der Villa", sagte Meyer, „wo wir Künstler wohnten, ist es bis zum Vatikan eine gute halbe Stunde. Wir machten täglich den Weg, und oft mehr als einmal." — „Der Weg über die Brücke", sagte ich, „scheint etwas um zu sein; ich dächte, man käme näher, wenn man sich über die Tiber setzen ließe und durch das Feld ginge." — „Es ist nicht so", sagte Meyer, „aber wir hatten auch diesen Glauben und ließen uns sehr oft übersetzen. Ich erinnere mich einer solchen Überfahrt, wo wir in einer schönen Nacht bei hellem Mondenschein vom Vatikan zurückkamen. Von Bekannten waren Bury, Hirt und Lips unter uns, und es hatte sich der gewöhnliche Streit entsponnen, wer größer sei, Raffael oder Michelangelo. So bestiegen wir die Fähre. Als wir das andere Ufer erreicht hatten und der Streit noch in vollem Gange war, schlug ein lustiger Vogel, ich glaube, es war Bury, vor, das Wasser nicht eher zu verlassen, als bis der Streit völlig abgetan sei und die Parteien sich vereiniget hätten. Der Vorschlag wurde angenommen, der Fährmann mußte wieder abstoßen und zurückfahren. Aber nun wurde das Disputieren erst recht lebhaft, und wenn wir das Ufer erreicht hatten, mußten wir immer wieder zurück, denn der Streit war nicht entschieden. So fuhren wir stundenlang hinüber und herüber, wobei niemand sich besser stand als der Schiffer, dem sich die Bajokks bei jeder Überfahrt vermehrten. Er hatte einen zwölfjährigen Knaben bei sich, der ihm half und dem die Sache endlich gar zu wunderlich erscheinen mochte. ‚Vater', sagte er, ‚was haben denn die Männer, daß sie nicht ans Land wollen und daß wir immer wieder zurück müssen, wenn wir sie ans Ufer gebracht?' — ‚Ich weiß nicht, mein Sohn', antwortete der Schiffer, ‚aber ich glaube, sie sind toll.' Endlich, um nicht die ganze Nacht hin und her zu fahren, vereinigte man sich notdürftig, und wir gingen zu Lande."
(6)

Abendrot über der Ewigen Stadt
Rom 1788

Der Senator von Rom, Graf Rezzonico, war schon früher, aus Deutschland zurückkehrend, mich zu besuchen gekommen. Er hatte eine innige Freundschaft mit Herrn und Frau von Diede errichtet und brachte mir angelegentliche Grüße von diesen werten Gönnern und Freunden; aber ich lehnte, wie herkömmlich, ein näheres Verhältnis ab, sollte aber doch endlich unausweichlich in diesen Kreis gezogen werden.

Jene genannten Freunde, Herr und Frau von Diede, machten ihrem werten Lebensgenossen einen Gegenbesuch, und ich konnte mich um so weniger entbrechen, mancherlei Art von Einladungen anzunehmen, als die Dame, wegen des Flügelspiels berühmt, in einem Konzerte auf der kapitolinischen Wohnung des Senators sich hören zu lassen willig war und man unsern Genossen Kayser, dessen Geschicklichkeit ruchtbar geworden, zu einer Teilnahme an jenen Exhibitionen schmeichelhaft eingeladen hatte. Die unvergleichliche Aussicht bei Sonnenuntergang aus den Zimmern des Senators nach dem Coliseo zu mit allem dem, was sich von den andern Seiten anschließt, verlieh freilich unserm Künstlerblick das herrlichste Schauspiel, dem man sich aber nicht hingeben durfte, um es gegen die Gesellschaft an Achtung und Artigkeit nicht fehlen zu lassen. Frau von Diede spielte sodann, sehr große Vorzüge entwickelnd, ein bedeutendes Konzert, und man bot bald darauf unserm Freunde den Platz an, dessen er sich denn auch ganz würdig zu machen schien, wenn man dem Lobe trauen darf, das er einerntete. Abwechselnd ging es eine Weile fort, auch wurde von einer Dame eine Lieblingsarie vorgetragen, endlich aber, als die Reihe wieder an Kaysern kam, legte er ein anmutiges Thema zum Grunde und variierte solches auf die mannigfaltigste Weise.

Alles war gut vonstatten gegangen, als der Senator mir im Gespräch manches Freundliche sagte, doch aber nicht bergen konnte und mit jener weichen venezianischen Art halb bedauernd versicherte: er sei eigentlich von solchen Variationen kein Freund, werde hingegen von den ausdrucksvollen Adagios seiner Dame jederzeit ganz entzückt.

Nun will ich gerade nicht behaupten, daß mir jene sehnsüchtigen Töne, die man im Adagio und Largo hinzuziehen pflegt, jemals seien zuwider gewesen, doch aber liebt ich in der Musik immer mehr das Aufregende, da unsere eigenen Gefühle, unser Nachdenken über Verlust und Mißlingen uns nur allzuoft herabzuziehen und zu überwältigen drohen.

Unserm Senator dagegen konnt ich keineswegs verargen, ja ich mußte ihm aufs freundlichste gönnen, daß er solchen Tönen gern sein Ohr lieh, die ihn vergewisserten, er bewirte in dem herrlichsten Aufenthalte der Welt eine so sehr geliebte und hochverehrte Freundin.

Für uns andere, besonders deutsche Zuhörer, blieb es ein unschätzbarer Genuß, in dem Augenblicke, wo wir eine treffliche, längst gekannte verehrte Dame, in den zartesten Tönen sich auf dem Flügel ergehend, vernahmen, zugleich hinab vom Fenster in die einzigste Gegend von der Welt zu schauen und in dem Abendglanz der Sonne, mit weniger Wendung des Hauptes, das große Bild zu überblicken, das sich, linker Hand vom Bogen des Septimius Severus, das Campo Vaccino entlang bis zum Minerven- und Friedenstempel erstreckte, um dahinter das Colosseum hervorschauen zu lassen, in dessen Gefolge man dann, das Auge rechts wendend, an den Bogen des Titus vorbeigleitend, in dem Labyrinthe der palatinischen Trümmer und ihrer durch Gartenkultur und wilde Vegetation geschmückten Einöde sich zu verwirren und zu verweilen hatte.

(2)

Mittagsschläfchen auf dem Thron der Welt
Rom 1788

Sonntags gingen wir in die Sixtinische Kapelle, wo der Papst mit den Kardinälen der Messe beiwohnte. Da die letzteren wegen der Fastenzeit nicht rot, sondern violett gekleidet waren, gab es ein neues Schauspiel. Einige Tage vorher hatte ich Gemälde von Albert Dürer gesehen und freute mich nun, so etwas im Leben anzutreffen. Das Ganze zusammen war einzig groß und doch simpel, und ich wundere mich nicht, wenn Fremde, die eben in der Karwoche, wo alles zusammentrifft, hereinkommen, sich kaum fassen können. Die Kapelle selbst kenne ich recht gut, ich habe vorigen Sommer drin zu Mittag gegessen und auf des Papstes Thron Mit-

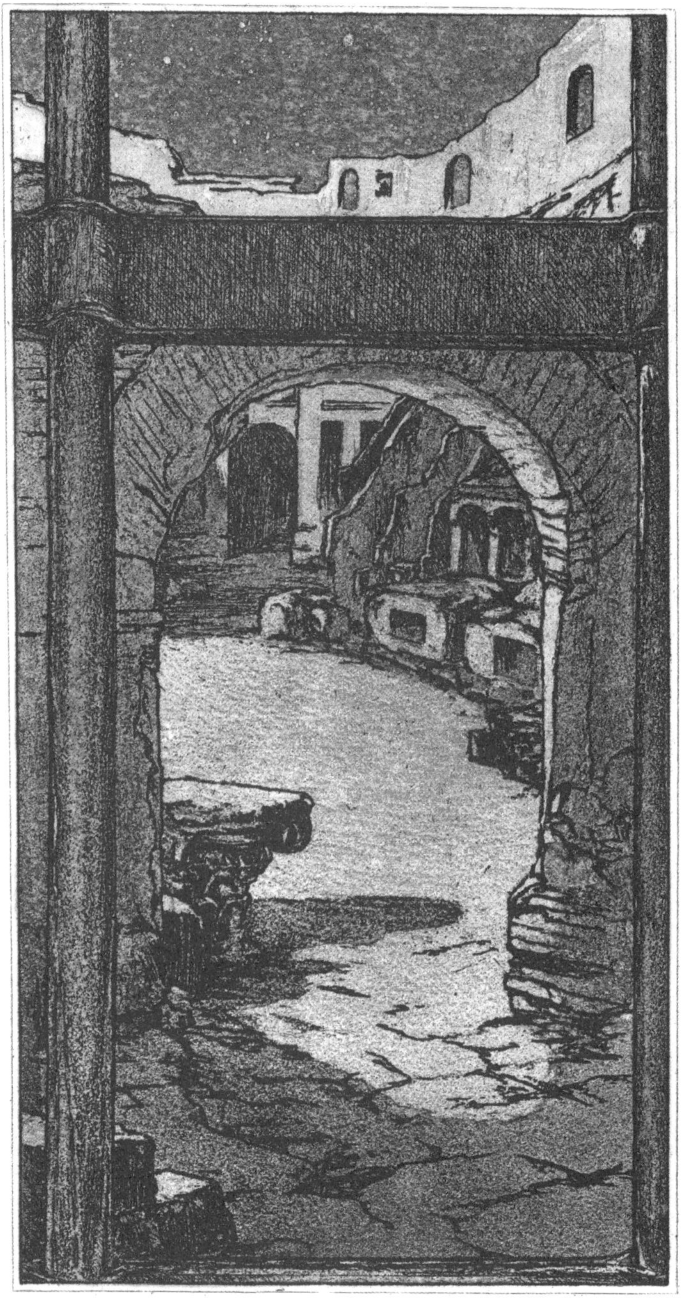

tagsruhe gehalten und kann die Gemälde fast auswendig, und doch, wenn alles beisammen ist, was zur Funktion gehört, so ist es wieder was anders, und man findet sich kaum wieder.
(2)

Gewährsmann Ovid
Rom 1788

Auf eine besonders feierliche Weise sollte jedoch mein Abschied aus Rom vorbereitet werden; drei Nächte vorher stand der volle Mond am klarsten Himmel, und ein Zauber, der sich dadurch über die ungeheure Stadt verbreitet, so oft empfunden, ward nun aufs eindringlichste fühlbar. Die großen Lichtmassen, klar, wie von einem milden Tage beleuchtet, mit ihren Gegensätzen von tiefen Schatten, durch Reflexe manchmal erhellt, zur Ahnung des Einzelnen, setzen uns in einen Zustand wie von einer andern, einfachern, größern Welt.

Nach zerstreuenden, mitunter peinlich zugebrachten Tagen macht ich den Umgang mit wenigen Freunden einmal ganz allein. Nachdem ich den langen Corso, wohl zum letztenmal, durchwandert hatte, bestieg ich das Kapitol, das wie ein Feenpalast in der Wüste dastand. Die Statue Marc Aurels rief den Kommandeur in „Don Juan" zur Erinnerung und gab dem Wanderer zu verstehen, daß er etwas Ungewöhnliches unternehme. Dessenungeachtet ging ich die hintere Treppe hinab. Ganz finster, finstern Schatten werfend, stand mir der Triumphbogen des Septimius Severus entgegen; in der Einsamkeit der Via Sacra erschienen die sonst so bekannten Gegenstände fremdartig und geisterhaft. Als ich aber den erhabenen Resten des Colosseums mich näherte und in dessen verschlossenes Innere durchs Gitter hineinsah, darf ich nicht leugnen, daß mich ein Schauer überfiel und meine Rückkehr beschleunigte.

Alles Massenhafte macht einen eignen Eindruck, zugleich als erhaben und faßlich, und in solchen Umgängen zog ich gleichsam ein unübersehbares Summa summarum meines ganzen Aufenthaltes. Dieses, in aufgeregter Seele tief und groß empfunden, erregte eine Stimmung, die ich heroisch-elegisch nennen darf, woraus sich in poetischer Form eine Elegie zusammenbilden wollte.

Und wie sollte mir gerade in solchen Augenblicken Ovids

Elegie nicht ins Gedächtnis zurückkehren, der, auch verbannt, in einer Mondnacht Rom verlassen sollte. „Cum repeto noctem!" seine Rückerinnerung, weit hinten am Schwarzen Meere, im trauer- und jammervollen Zustande, kam mir nicht aus dem Sinn, ich wiederholte das Gedicht, das mir teilweise genau im Gedächtnis hervorstieg, aber mich wirklich an eigner Produktion irre werden ließ und hinderte; die auch, später unternommen, niemals zustande kommen konnte.

Wandelt von jener Nacht mir das traurige Bild vor die Seele,
   Welche die letzte für mich ward in der römischen Stadt,
Wiederhol ich die Nacht, wo des Teuren so viel mir
                                zurückblieb,
   Gleitet vom Auge mir noch jetzt eine Träne herab.
Und schon ruhten bereits die Stimmen der Menschen und
                                            Hunde,
   Luna, sie lenkt in der Höh nächtliches Rossegespann.
Zu ihr schaut ich hinan, sah dann kapitolische Tempel,
   Welchen umsonst so nah unsere Laren gegrenzt. —
(2)

Unter einem Glücksstern
Bologna 1788

Von seiner italienischen Reise pflegte Goethe sehr gern zu erzählen. Im Schopenhauerschen Zirkel teilte er folgende interessante Details mit: „Als ich in Italien reiste, besonders zu Bologna, nahm ich mir oft einen Hahn mit, handelte den Herren einen Platz am Kamin ab und fing dann an, selbst zu kochen und zu sieden. — An ein Bett war gar nicht zu denken. Ich ging oft in den Schuppen und setzte mich in den Wagen, wo mich aber auch bald die warmen, nur auf die Nase fallenden Regentropfen aufweckten. — Eines Tages schlief ich in einem Zimmer, und ich sah einen hellen Schimmer wie von einem Sterne, der zu mir herabstieg, über meinem Kopf. Bald darauf verschwand derselbe. Ich wußte nicht recht, was es war, bis ich tags darauf gewahr wurde, daß die Decke ein Loch hatte, wodurch der schöne Sternenglanz durchgefallen war. Ich hatte also à la belle étoile geschlafen."
(62)

Windiges Schicksal
Weimar 1788

Goethe wurde, als er nach Italien reiste, von Freunden und Bekannten gebeten, ihnen kleine Kunstgegenstände mitzubringen, besonders legte man Gewicht auf venezianischen Schmuck. Er vergaß auch diese Aufträge durchaus nicht, aber er übte die Vorsicht, nur für die etwas zu kaufen, die ihm das nötige Geld dafür mitgegeben hatten. So erfreut diese waren, so enttäuscht waren die anderen, die kein Geld angelegt hatten, und sie fragten den Dichter, warum er an sie nicht gedacht habe. „Das ist Schicksal", antwortete Goethe. „Als ich in der Gondel über den Canale de Grande in Venedig fuhr und die Merkzettel mit den Wünschen meiner Freunde auf den Knien hatte, kam plötzlich ein Windstoß, der die Zettel ins Wasser wehte." — „Aber einigen haben Sie doch etwas mitgebracht?" fragten die Enttäuschten vorwurfsvoll.

„Ja", entgegnete Goethe lächelnd, „auf einigen Merkzetteln lagen Geldstücke, da konnten sie nicht vom Wind verweht werden."
(58)

Hol ihn der Kuckuck!
(Variante 1)
Weimar 1789

B[ürger] und G[oethe] hatten sich nie gesehen, aber vormals manchen Brief miteinander gewechselt. G[oethe] hatte diesen Briefwechsel angefangen und, von Bewunderung und Liebe für seinen Bruder im Apoll hingerissen, diesen bald nicht mehr mit *Sie*, sondern mit *du* angeredet. Da nun B[ürger] diese vertrauliche Annäherung erwiderte und G[oethe] in dem einmal angenommenen Tone blieb, so wurden beide schriftlich Duzbrüder.

Als in der Folge G[oethe] zu höheren irdischen Würden emporstieg, da wurde auch die Sprache in seinen Briefen an B[ürger] feierlicher; das *Du* verwandelte sich wieder in *Sie*, und bald hörte der Briefwechsel ganz auf.

Im Jahre 1789 schickte B[ürger] dem Herrn von G[oethe] ein Exemplar von der zweiten Ausgabe seiner „Gedichte" mit einem höflichen Schreiben zu und machte bald darauf eine Reise, die ihn durch Weimar führte. Er stand bei sich an, ob er's wagen sollte, den Herrn von G[oethe] zu besuchen, weil er von Natur blöde war und sich nach dem, was er von andern wohl gehört hatte, eben keine herzliche Aufnahme von seinem ci-devant Duzbruder versprach. Indessen da seine Freunde ihn mit der Versicherung dazu ermunterten, Herr von G[oethe] sei seit seiner Reise nach Italien leutseliger geworden, da er überdem gerade jetzt einen kleinen Dank für das Geschenk seiner Gedichte und auch wohl eine lehrreiche Beurteilung seiner neuesten Produkte von G[oethe] erwartete, so faßte er ein Herz und verfügt sich an einem Nachmittage in die Wohnung des Ministers.

Hier hört er von dem Kammerdiener, Seine Exzellenz sei zwar zu Hause, aber eben im Begriff, mit dem Herrn Kapellmeister R[eichardt] eine von diesem verfertigte neue Komposition zu probieren. O schön, denkt B[ürger], da komme ich ja gerade zu einer sehr gelegenen Zeit, halte Seine Exzellenz nicht von Staatsgeschäften ab und kann ja wohl zu der Musik auch meine Meinung sagen. Er bittet also den Kammerdiener, Seiner Exzellenz zu melden, B[ürger] aus Göttingen wünsche seine Aufwartung machen zu dürfen. Der Kammerdiener meldet ihn, kommt zurück und führt ihn — nicht in das Zimmer, wo musiziert wird, sondern in ein leeres Audienzzimmer.

In diesem erscheint nach einigen Minuten auch Herr von G[oethe], erwidert B[ürger]s Anrede mit einer herablassenden Verbeugung, nötigt ihn, auf einem Sofa Platz zu nehmen, und erkundigt sich, da B[ürger], der doch einen ganz andern Empfang erwartet hatte, ein wenig verlegen wird, nach — der damaligen Frequenz der Göttingischen Universität. B[ürger] antwortet, so gut er bei seiner Verlegenheit kann, und steht bald wieder auf, um sich zu empfehlen. G[oethe] bleibt mitten im Zimmer stehen und entläßt B[ürger] mit einer gnädigen Verbeugung.

Auf dem Wege nach Hause machte nun B[ürger] nachstehendes Epigramm:

> Mich drängt' es in ein Haus zu gehn,
> Drin wohnt' ein Künstler und Minister.
> Den edeln Künstler wollt ich sehn
> Und nicht das Alltagsstück Minister.

Doch steif und kalt blieb der Minister
Vor meinem trauten Künstler stehn,
Und vor dem hölzernen Minister
Kriegt ich den Künstler nicht zu sehn:
Hol ihn der Kuckuck und sein Küster!

(63)

Hol ihn der Kuckuck!
(Variante 2)
Weimar 1789

Reichardt sagt' ungefähr: „Wir probierten eben ein Musikstück, ich glaube aus ‚Claudine von Villa Bella', als Bürger gemeldet wurde. Goethe ging ihm ‚in freudiger Bewegung' entgegen, aber es machte sich leider so, daß beide, Goethe von innen, Bürger von außen, in der Tür zusammenstießen. Bürger trat an Goethe mit den Worten heran: ‚Sie Goethe — ich Bürger!' Dies Zusammenprallen und die Art, wie Bürger diese sonderbare Vorstellung hervorbrachte, brachte Goethe etwas aus der Fassung, erkältete ihn total, vielleicht auch eine stille Enttäuschung über Bürgers ganzes Aussehen: genug, er fand keine rechten Anknüpfungspunkte zur Konversation, geriet ganz außer Stimmung, dies wirkte natürlich zurück auf Bürger, die Unterhaltung wollte nicht werden, und beide schieden so."
(30)

Also Spaziergang im Park
Weimar 1789

Die Lage Weimars ist artig. Die umliegenden Dörfer mit ihren Feldern und Gehölzen gewähren eine anmutige Aussicht. Die Stadt ist nur klein, und außer dem herzoglichen Palaste gibt es hier weiter keine großen Gebäude. Als man mich [Karamsin] am Stadttore befragt hatte, befragt ich auch meinerseits den wachthabenden Sergeanten: „Ist Wieland hier? Ist Herder hier? Ist Goethe hier?" — „Hier, hier, hier," antwortete er, und ich befahl dem Postillione, nach dem Gasthofe „Zum Elephanten" zu fahren.

Der Lohnlakai wurde nun sogleich abgefertigt, um sich zu erkundigen, ob Wieland zu Hause sei? — „Nein", war die Antwort, „er ist bei Hofe." — Ob Herder zu Hause sei? — „Nein, er ist bei

Hofe." — Ob Goethe zu Hause sei? — „Nein, er ist bei Hofe." — „Bei Hofe, bei Hofe", spottete ich halbbürgerlich dem Bedienten nach, nahm meinen Stock und ging in den dicht an der Stadt liegenden Park.
(26)

FREUNDSCHAFTSDIENSTE
Weimar 1789

Bei seiner [Herders] Rückkunft bat die regierende Herzogin ihn selbst auf eine so edle Weise, er möchte in Weimar bleiben. Sie, ihre und Herders Freundin, Frau von Stein, sagten vereint, er dörfe nicht aus Weimar, er sei ja noch allein die moralische Mauer dort. [...]

Goethe zeigte sich jetzt als ein treuer Freund, wie jenes Wort sagt: *im Ungewissen erkennt man den gewissen Freund.* Er wollte nicht dreinreden, wollte Herders Schicksal nicht irreleiten, er bat nur, daß wir in unsrer Agitation *ruhig* beide Lagen überlegen mögen, so daß wenigstens von der ökonomischen Seite Göttingen uns eine sorgenfreie, heitre Lage und Wohlhabenheit gewähre. Über die Lage zu Weimar sagte er zum Vater: „Jetzt bist du hier *der Erste* in deinem Collegium (der kranke Präsident wird bald sterben). Hier kannst du arbeiten, was du willst. In Göttingen bist du unter die andern Professoren verrechnet, und in einem akademischen Senat gibt's die dummsten, ärgerlichsten Auftritte und Beschlüsse. — Auch gilt auf der Akademie am meisten der Scharlatan von Professor. Alle Professoren werden *gegen dich sein,* da du ihnen superior bist. Du wirst als Mensch und Professor ein viel unzufriedneres Leben führen als in Weimar, wo du in der Gesellschaft gebildeter und guter Seelen, die dir wohlwollen, dich erheitern kannst, sooft du willst. Dieser Genuß geht dir in Göttingen ab. Auch deine Frau wird sich unter die Professors-Weiber und dem eingeführten Gastmahlgeben, wo man mit Silber und äußerlicher Wohlhabenheit prunken muß, nicht gut schicken. Ihr seid beide ein stilles häusliches Glück gewohnt, das wird dort sehr gestört werden. Der regierenden Herzogin zu Liebe solltest du fast allein hier bleiben." So sprach Goethe, so sprachen die vertrauten Freunde.
(30)

Auskunft in Sachen Mineralogie
Ruhla 1789

Als sich Goethe [...] in dem damals sehr besuchten Badeort Ruhla befand, beredete er seinen Reisegesellschafter, den Oberforstmeister von Stein, an einem sehr trüben Tage zu einem Spaziergange nach dem Inselsberge. Vergebens stellte ihm dieser das ungünstige, Regen drohende Wetter vor. Goethe blieb bei seinem Entschluß. Als nun unterwegs der Nebel immer dichter ward und zuletzt in einen Regen sich auflöste, machte Stein seinem Unmut durch die wiederholte Äußerung Luft, „daß er dies vorausgesagt". Goethe schwieg. Beschäftigt, Steine zu suchen, die er mit einem Hammer zerschlug, nannte er dem murrenden Freunde deren Namen, Eigenschaften und die Klasse, zu der sie gehörten. „Was gehn mich Ihre Steine an!" rief sein Begleiter ziemlich heftig. „Ich rede von Ihrem Starrsinn, der uns in dies Wetter geführt hat. Doch" — fügte er einlenkend hinzu, als wolle er seine Heftigkeit wiedergutmachen — „da Sie ein so großer Mineralog sind, so sagen Sie mir doch, was bin ich für ein Stein?" — „Auch das will ich Ihnen sagen", erwiderte Goethe. „Sie gehören in die Klasse der Kalksteine; kommt Wasser auf diese, so brausen sie."

(33)

Der mürrische Murr
Nürnberg 1790

In Nürnberg [...] besuchte Goethe den bekannten Geschichts- und Altertumsforscher von Murr. Das Gespräch ward unterbrochen durch eine ins Zimmer tretende Magd. Sie brachte einen Korb mit alten Büchern, die, wie sie sagte, auf dem Trödel feilgeboten würden. Murr beschwerte sich über die lästigen Störungen und kaufte einige Bücher für wenige Kreuzer. „Wollen Sie", sagte er zu Goethen, „nicht auch einen Ratkauf machen?" Goethe ließ sich überreden und legte einige Zwanzigkreuzer hin. „Das war grob", sagte er zu einem Freunde, als er späterhin erfuhr, daß Murr den ganzen Boden mit solchen alten Büchern angefüllt habe, die er zentnerweise kaufe und den ihn besuchenden Fremden einige Kreuzer ablocke, indem er ihnen unter dem Schein eines fremden Trödels einige Bücher aufhänge.

(33)

Heinicke statt Herder
Innsbruck 1790

In Innsbruck hatten wir einen leidigen Schrecken, denn am Hofe der Erzherzogin begrüßte uns ein Fremder mit der Nachricht, daß Herder tot sei, zu Bedauernis aller, die ihn gekannt hätten, wie solches in der „Augsburger Zeitung" stehe. Wir glaubten's nicht, aber es war doch unleidlich. Glücklicherweise sagten uns die „Augsburger Zeitungen", deren letzten Monat Dr. Huschke gleich in der Nacht durchlief, daß Heinicke in Leipzig gestorben sei. Dem gönnten wir die ewige Freude und waren beruhigt.
(16)

Kammerdiener Venus als Goethe
Altwasser 1790

Als im Jahre 1790 der König von Preußen in Schlesien eine Armee zusammengezogen hatte, [...] waren auch die Herzöge von Braunschweig und Weimar dem König, welcher sein Hauptquartier in Altwasser aufgeschlagen hatte, dahin gefolgt. Im Gefolge des Herzogs von Braunschweig befand sich der Kabinettssekretär Henneberg, [...] im Gefolge des Herzogs von Weimar dagegen war auch der Geheime Rat von Goethe, welcher die Gelegenheit benutzen wollte, mineralogische Ausflüge im Riesengebirge zu machen, ferner der Stallmeister von Böhme und der Sekretär Weiland. Da zu jener Zeit diplomatische Verhandlungen zwischen Preußen und Österreich im Gange waren, so hatten jene Herrn Muße, ihre Zeit nach Gefallen zu verwenden, und es war daher kein Wunder, wenn sie ihre müßigen Stunden so angenehm als möglich zu benutzen suchten. Zu derselben Zeit befand sich unter andern Badegästen zu Altwasser auch ein Professor aus Breslau, welcher sehr oft den Wunsch geäußert hatte, die Bekanntschaft Goethes zu machen. Henneberg, welcher nicht leicht die Gelegenheit versäumte, wo ein Schwank angebracht werden könnte, der aber sich ärgerte, daß es ein Professor nicht anzufangen wüßte, an Goethe zu gelangen, tat den Vorschlag, dem Professor eine derbe Lektion zu geben, indem man ihm eine andere Person als Goethe vorstelle. Der Vorschlag fand Beifall, sowohl Böhme als Weiland versprachen ihre Mitwirkung, und es kam nur darauf an, den

Mann zu finden, welcher Goethen repräsentieren sollte. Böhme, ein sehr jovialer Mann, schlug den Kammerdiener des Herzogs von Weimar, Venus, vor und versprach zugleich für den Fall, daß der Schwank mißlingen sollte, Venus zu beruhigen. Der Spaß wurde nun folgendergestalt ausgeführt: Der Professor wurde eingeladen, mittags mit an der Tafel teilzunehmen, bei welcher er die Bekanntschaft des großen Dichters machen sollte. Er erschien und wurde bei Tische so plaziert, daß er neben Venus zu sitzen kam, für welchen der obere Platz reserviert wurde. Dieser Venus war nun ein ganz schlichter Mann, welcher vom gemeinen Soldaten zum Hofbedienten und durch seine Pünktlichkeit im Dienste zum Kammerdiener des Herzogs von Weimar gestiegen, übrigens ohne alle Bildung war und schwerlich von „Götz von Berlichingen", „Faust" usw. etwas wußte. Als er erschien, wunderte er sich zwar, seinen gewöhnlichen Platz schon besetzt zu finden, nahm aber sogleich den leeren ein. Jetzt erst flüsterte ihm der Stallmeister von Böhme ins Ohr, welche Rolle er übernehmen solle, und, um ihm nicht Zeit zu lassen, gegen die ihm zugedachte Ehre zu protestieren, zog Böhme sich sogleich zurück. Der Breslauer Professor versuchte, während Venus ganz ruhig seine Suppe aß, mit dem angeblichen Goethe ein Gespräch anzuknüpfen, allein dieser hielt für gut, sich lieber in keine Unterhaltung einzulassen, als durch ungeschickte Antworten den Spaß zu verraten; nur dann und wann ließ er ein Hm! Hm! hören. Endlich mochte ihm doch bange werden, ob er imstande sei, die ihm aufgezwungene Rolle bis zu Ende durchzuführen; er stand deshalb plötzlich auf, verneigte sich gegen den Professor und entfernte sich.

Obgleich man sich das Wort gegeben hatte, von der Geschichte nichts zu verlautbaren, wurde sie dennoch ausgeplaudert. Als der Professor Kunde davon erhielt, hatte er nichts Eiligeres zu tun, als nach Breslau zurückzukehren, wo aber zu seinem großen Leidwesen die Sache auch schon kein Geheimnis mehr war. Goethe nahm, als er erfuhr, wie man seinen Namen gemißbraucht habe, den Vorfall übel auf, vielleicht weniger, weil ein Professor getäuscht worden, als weil man ihn durch ein so unwürdiges Subjekt hatte repräsentieren lassen, und führte bei dem Herzog Beschwerde. Da jedoch Henneberg beteiligt gewesen und der Herzog von Braunschweig streng darauf hielt, daß der Anstand durch seine Umgebung nicht verletzt werde, so wünschte der Herzog von

Weimar nicht, daß die Geschichte zu jenes Kenntnis komme. Sie hatte auch wirklich weiter keine Folgen, und Goethe wurde dadurch beruhigt, daß der Herzog dergleichen Späße für die Zukunft untersagte, doch äußerte er auch, ein Professor, welcher sich auf eine so plumpe Weise anführen lasse, habe nichts Besseres verdient.
(40)

Lieutenants-Poesie
Landeshut 1790

Im Jahre 1790 bezog das zur Berliner Garnison gehörende Regiment Alt-Pfuhl für einige Wochen ein Kantonnierungsquartier in der Festung Landeshut in Schlesien. Außerdem wurde ein Kürassier-Regiment, dessen Chef der Herzog von Sachsen-Weimar war, dahin verlegt. Im Gefolge des Herzogs befand sich auch Goethe, der bei dieser Gelegenheit das Riesengebirge besuchen wollte und eines Abends in Landeshut eintraf. Ein junger, lustiger Offizier des Regiments Alt-Pfuhl, welcher am Markte seine Hauptwache hatte, saß mit mehreren Kameraden in der Wachtstube bei der Punschbowle, als von der Torwache gemeldet wurde, daß der herzoglich weimarische Geheimrat Goethe soeben in Landeshut angekommen sei. Der Offizier war nun ein leidenschaftlicher Verehrer des Dichters. Es erregte ihn ungemein, sich mit demselben in einer Stadt zu befinden, und er hätte ihn gar zu gern einmal von Angesicht zu Angesicht gesehen; allein er durfte seinen Posten nicht verlassen und konnte daher keine Audienz von dem Dichterfürsten sich erbitten. In diesem Dilemma fand er indes einen Ausweg. Es hieß, daß Goethe noch am selbigen Abend seine Reise fortsetzen wolle und nur im Gasthofe abgestiegen sei, um die Pferde zu wechseln; er mußte also bald wieder an der Hauptwache vorbeifahren. Nach kurzer Zeit rasselt in der Tat sein Wagen heran, und nun stürzte unser Offizier, von seinen Kameraden gefolgt und ein großes Glas Punsch in der einen, ein Licht in der anderen Hand, vor die Tür. Ein „Halt!" donnerte dem Postillon entgegen, der erschrocken Folge leistete. Dann trat der Offizier an den Schlag und sprach, während er das mitgebrachte Getränk hinreichte, die eben mühsam zusammengestoppelten Reime:

„Mein Goethe, dich zu sehn, war längst mein heißer Wunsch,
Nimm von des glühenden Verehrers Hand,
Ist's kein Gelehrter auch und nur ein Lieutenant,
Zur Labe auf den Weg dies Gläschen warmen Punsch!"

Goethe, der zuerst erschrocken war, erfaßte bald die Situation, lachte, nahm das Glas, trank es auf einen Zug leer und meinte dann, zu dem Lieutenant gewendet, er habe zwar noch keine so seltsame Audienz erteilt, doch freue er sich, einen schmucken Offizier kennengelernt zu haben. „Allein", so setzte er noch im Abfahren hinzu, „bleiben Sie künftig lieber beim Punschbrauen und lassen Sie das Versemachen, denn Ihr Punsch ist bei weitem Ihren Versen vorzuziehen."
(65)

Who's who?
Breslau 1790

Von höchst glaubwürdiger Seite ist mir die Mitteilung von einem Begegnen, das zwischen Goethe und Hermes sich ereignet habe, gemacht worden. Als Hermes nämlich von Goethes Anwesenheit in Breslau Kunde erhalten, gab er sich anfangs der Erwartung hin, daß dieser nicht lange zögern werde, ihm einen Besuch abzustatten. Doch als dieser nicht erfolgte, entschloß er sich endlich nach langem Hin- und Herüberlegen, selbst den ersten Schritt zu machen. Mit geziemender Würde, wird berichtet, stieg er die zu Goethes Wohnung führenden Stufen hinauf, als dieser raschen Schrittes dieselben herunterkommt und beide sich mitten auf der Treppe begegnen. Hermes, welcher Goethe bereits einmal gesehen, wußte sofort, wen er vor sich sähe, und läßt sich, da er bemerkt, daß Goethe an ihm vorübereilen will, zu der Anfrage herbei, ob er wohl den Dichter des „Werther" vor sich zu sehn die Ehre hätte. „Mein Name ist Goethe", antwortete dieser kurz, „und wer sind Sie?" — „Ich bin der Verfasser von ‚Sophiens Reise von Memel nach Sachsen.' — „Und der ist?" fragte Goethe und setzte unbekümmert um das Schicksal des unglücklichen Hermes, der, in seinen gehegten Erwartungen bitter getäuscht, kein Wort hervorzubringen vermochte, seinen Weg fort.
(66)

Reime und Verse machen
Breslau 1790

In Breslau war in der Umgebung des Herzogs von Weimar zu der Zeit auch Goethe. Der Zufall hatte mich [von dem Knesebeck] mit ihm bei einer großen Abend-Assemblee in einer Fensternische zusammengeführt, in die ich mich bei dem Menschengedränge zurückgezogen hatte, und wie man von einem merkwürdigen Menschen jede Äußerung lange behält, so entsinne ich mich noch folgender Aussprüche von ihm ganz deutlich. Bei dem stolzen gravitätischen Ernste, mit dem er dastand, war ich lange stumm in meiner Ecke und er in der seinigen geblieben, und ich betrachtete mir den Mann so recht von oben bis unten, um mir sein Bild einzuprägen. Endlich frage ich ihn, welches jetzt das neueste, bemerkenswerteste Buch wäre? — Und er nannte trocken antwortend, wahrscheinlich um mich loszuwerden: „Kants ‚Kritik der Urteilskraft'". Ich hatte es mir gerade vor vierzehn Tagen gekauft und antwortete also, daß ich es habe und studieren wolle, da es mir leichter zu verstehen vorkomme als die „Kritik der reinen Vernunft". Er sah mich mit etwas höhnender Miene an, antwortete nicht weiter darauf, und frug weiter:

„Sie haben ja auch wohl bei dem Regimente einen Offizier, der Verse macht?"

„Ja, den Dichter Franz Kleist."

Er ward nun gesprächiger, lobte die Leichtigkeit und Sprachfertigkeit sowie Glätte und Weichheit der Reime in den Kleistschen Versen, von denen er einige gelesen, sprach dabei sehr interessant darüber, wie schöne Verse und glatte Reime konstruieren noch keinen Dichter mache, sondern nur zeige, daß man die Sprache in seiner Gewalt habe, und schloß mit der Bemerkung, wie seit einigen Jahren sich die deutsche Sprache so ausgebildet habe, daß nach funfzig Jahren wohl jede Kammerjungfer ihre Liebeserklärung in Reimversen machen würde. Diese funfzig Jahre sind nun verflossen, und die Berliner Zeitungen zeigen täglich, wie richtig Goethe prophezeit hat.

(67)

ZWEIFEL AUSGESCHLOSSEN
Weimar, um 1790

Als die Freunde Goethe mit der sogenannten Vulpia neckten und seinen Sieg über sie, als den ersten, welchen die Dame erlebt, aufhetzend in Zweifel zogen, gab er die merkwürdige Antwort: „Daß sie auch andern würde gefallen haben, bezweifle ich nicht."
(68)

EPIGRAMMATIK DES TRAUMS
Weimar, um 1790

Als noch die Bellomosche Gesellschaft in Weimar spielte, träumte Goethen einst, er sitze in einer sehr vertraulichen Stellung mit Madame Bellomo (mit der er doch nie auch nur von ferne in Verbindung getreten war) auf einem Sofa. Indem trete einer seiner Freunde herein und mache eine sehr spöttisch bedauernde Bewegung mit dem Kopf und der Hand. Auf der Stelle rächte sich Goethe träumend mit einem Epigramm in vier Versen:

> Du spottest über deinen Freund,
> Den Zufall nur mit einer Sängerin vereint.
> Ach, möchtest du zum Lohn für deine Sünden
> Dich wirklich selbst in ihrem Arm befinden!

Kaum hatte er diesen Vers gesagt, so erwachte er und lachte selbst über seine Traumpoesie.
(30)

UNVERZIEHEN, WEIL UNVERZEIHLICH
Weimar 1791

Gerade an meinem achtzehnten Geburtstag, den ich [Henriette von Egloffstein] in Weimar beging, hatte die Herzogin Luise einen Tee im Park angeordnet [...]. Sie führte mich selbst von einem Platz zum andern, und so kamen wir endlich auch dahin, wo sich eine Herde Kinder aus allen Ständen mit ihren Wärterinnen zu versammeln pflegten. Beim Anblick der frohen Jugend blieb ich unwillkürlich stehen; die Sehnsucht nach meinen eigenen, weit

entfernten Kindern ergriff mich mit doppelter Gewalt und ließ mich alles andere rund um mich her vergessen. Während meine tränenfeuchten Augen auf den lieblichen Gruppen verweilten, fühlte ich plötzlich meine Knie umschlungen und erblickte einen wunderschönen Knaben, der sich zärtlich an mich schmiegte. Die Liebkosung eines völlig fremden Kindes überraschte mich um so freudiger, als mir dieses als der Stellvertreter meiner fernen Lieben erschien, an die ich eben wehmutsvoll dachte. Ohne auf meine hohe Begleiterin Rücksicht zu nehmen, verweilte ich, um den schönen Knaben aufs mütterlichste zu liebkosen. Mit der Lorgnette vor den Augen blieb die Herzogin stehen und fragte mich, während sie das Kind betrachtete: „Wissen Sie auch, wer der Kleine ist?" Da ich es verneinen mußte, setzte sie sonderbar lächelnd hinzu: „*Es ist Goethes Sohn.*" Unverzüglich entließ ich den Knaben aus meiner Umarmung, als könne seine Nähe mich verunreinigen, denn ich wußte, daß Goethe gleich nach seiner Rückkehr aus Italien ein Mädchen von sehr zweideutigem Ruf (Mamsell Vulpius) zu seiner Geliebten erkoren und diese, ohne Scheu vor dem Urteil der Welt, in seinem Hause aufgenommen hatte. [...] Meine Begierde, Goethe kennenzulernen, verwandelte sich in Geringschätzung.
(69)

CHARLOTTE, DER MOND
UND EINE SCHLAGFERTIGE ENTGEGNUNG
Weimar, um 1791

Sie [Charlotte von Kalb] hatte sich einen Abend im herzoglichen Schlosse mit Goethe in einem Zimmer befunden und mit ihm in einer Fensternische über den Garten geblickt, über den eben der Mond aufzugehen anfing. Sie hatte diesen Augenblick, in dem sich die übrige Gesellschaft in die andern Zimmer gezogen zu haben scheint, benutzt, ihm mit begeisterter Seele und großer Lebhaftigkeit den Vorwurf zu machen, daß er ihr ernstes Streben nach Bildung so ganz unberücksichtigt gelassen habe. Goethe hatte — ohne Zweifel in der Annahme, daß ihr gegenwärtiger Zustand der Seele nur Moment sei — erwidert: „Der Mond ist nur einen Augenblick voll." Diese Antwort in ihrer Angemessenheit für die Umstände und einfachen Größe hat ganz Goethisches Gepräge.
(30)

Katz und Maus
Weimar, um 1791

Goethe habe einmal zu Christiane gesagt, er wolle ihr ein Märchen erzählen. Es sei einmal ein mächtiger Zaubermeister gewesen, der habe eine wunderschöne weiße Katze mit ganz weichem Fell gehabt; diese Katze habe er so liebgewonnen, daß er gar nicht mehr ohne sie habe leben wollen, und da habe er sie mit seiner Kunst in eine Prinzessin gewandelt und habe ihr schöne Kleider und Schmuck gegeben und eine schöne Wohnung und Hofgesinde, und sie so leben lassen ganz wie eine richtige Prinzessin, und alles sei gut gegangen, und die Prinzessin habe sich auch ganz so benommen, wie wenn sie immer eine richtige Prinzessin gewesen wäre.

Nur wenn eine Maus durch den Saal lief, dann warf sie sich, gleichgültig wer dabei war, trotz all ihrem Schmuck und Putz in ihrem schönsten seidenen Rock auf die Erde und der Maus nach unter Stühle und Sofas. „An diese Maus denke, Christiane!"
(70)

Über den Umgang mit Menschen
Weimar 1792

Vertrauensvoll und ruhig sahen die Verbundenen dem Erfolge ihres Unternehmens entgegen. Aber es wollte nichts zum Vorschein kommen. Ein Gespräch mit Goethe ließ nicht viel Gutes ahnen, denn dieser ließ die Worte fallen, daß man die Eingabe nur für das Werk einiger bessern Köpfe hielt, daß selbe dem noch rohen Geiste des großen Haufens aber nicht entspräche; und es sei eine Maxime der Regierungsklugheit, „die Menschen nicht so zu behandeln, wie sie sein sollten, sondern wie sie wirklich sind".
(71)

Gegenseitige Schonung und Rücksichtnahme
Mainz 1792

Sodann verbracht ich mit Sömmerrings, Huber, Forsters und andern Freunden zwei muntere Abende: hier fühlt ich mich schon wieder in vaterländischer Luft. Meist schon frühere Bekannte, Studiengenossen, in dem benachbarten Frankfurt wie zu Hause (Sömmerrings Gattin war eine Frankfurterin), sämtlich mit meiner Mutter vertraut, ihre genialen Eigenheiten schätzend, manches ihrer glücklichen Worte wiederholend, meine große Ähnlichkeit mit ihr in heiterem Betragen und lebhaften Reden mehr als einmal beteuernd, was gab es da nicht für Anlässe, Anklänge, in einem natürlichen, angebornen und angewöhnten Vertrauen! Die Freiheit eines wohlwollenden Scherzes auf dem Boden der Wissenschaft und Einsicht verlieh die heiterste Stimmung. Von politischen Dingen war die Rede nicht, man fühlte, daß man sich wechselseitig zu schonen habe: denn wenn sie republikanische Gesinnungen nicht ganz verleugneten, so eilte ich offenbar, mit einer Armee zu ziehen, die eben diesen Gesinnungen und ihrer Wirkung ein entschiedenes Ende machen sollte.

(2)

Zweifelhafter Zustand der Dinge
Grevenmachern 1792

Da ich einige Stunden hier unter freiem Himmel auf Postpferde warten mußte, konnt ich noch eine andere Bemerkung machen. Ich saß vor dem Fenster des Posthauses, unfern von der Stelle, wo das Kästchen stand, in dessen Einschnitt man die unfrankierten Briefe zu werfen pflegt. Einen ähnlichen Zudrang hab ich nie gesehn; zu Hunderten wurden sie in die Ritze gesenkt. Das grenzenlose Bestreben, wie man mit Leib, Seel' und Geist in sein Vaterland durch die Lücke des durchbrochenen Dammes wieder einzuströmen begehre, war nicht lebhafter und aufdringlicher vorzubilden.

Vor Langerweile und aus Lust, Geheimnisse zu entwickeln oder zu supplieren, dacht ich mir, was in dieser Briefmenge wohl enthalten sein möchte. Da glaubt ich denn, eine Liebende zu spüren, die mit Leidenschaft und Schmerz die Qual des Entbehrens in solcher Trennung heftigst ausdrückte; einen Freund, der von dem Freunde in der äußersten Not einiges Geld verlangte; ausgetriebene Frauen, mit Kindern und Dienstanhang, deren Kasse bis auf wenige Geldstücke zusammengeschmolzen war; feurige Anhänger der Prinzen, die, das Beste hoffend, sich einander Lust und Mut zusprachen; andere, die schon das Unheil in der Ferne witterten und sich über den bevorstehenden Verlust ihrer Güter jammervoll beschwerten — und ich denke nicht ungeschickt geraten zu haben.

Über manches klärte der Postmeister mich auf, der, um meine

Ungeduld nach Pferden zu beschwichtigen, mich vorsätzlich zu unterhalten suchte. Er zeigte mir verschiedene Briefe mit Stempeln, aus entfernten Gegenden, die nun den Vorgerückten und Vorrückenden nachirren sollten. Frankreich sei an allen seinen Grenzen mit solchen Unglücklichen umlagert, von Antwerpen bis Nizza; dagegen stünden ebenso die französischen Heere zur Verteidigung und zum Ausfall bereit. Er sagte manches Bedenkliche; ihm schien der Zustand der Dinge wenigstens sehr zweifelhaft.

Da ich mich nicht so wütend erwies wie andere, die nach Frankreich hineinstürmten, hielt er mich bald für einen Republikaner und zeigte mehr Vertrauen; er ließ mich die Unbilden bedenken, welche die Preußen von Wetter und Weg über Koblenz und Trier erlitten, und machte eine schauderhafte Beschreibung, wie ich das Lager in der Gegend von Longwy finden würde; von allem war er gut unterrichtet und schien nicht abgeneigt, andere zu unterrichten; zuletzt suchte er mich aufmerksam zu machen, wie die Preußen beim Einmarsch ruhige und schuldlose Dörfer geplündert, es sei nun durch die Truppen geschehen oder durch Packknechte und Nachzügler; zum Scheine habe man's bestraft, aber die Menschen im Innersten gegen sich aufgebracht.

Da mußte mir denn jener General des Dreißigjährigen Kriegs einfallen, welcher, als man sich über das feindselige Betragen seiner Truppen in Freundes Land höchlich beschwerte, die Antwort gab: „Ich kann meine Armee nicht im Sack transportieren." Überhaupt aber konnte ich bemerken, daß unser Rücken nicht sehr gesichert sei.

(2)

Kanone und Freiheitsbaum
Trier 1792

Den 25. August 1792 kam früh der Bediente des Herrn Geheimrats Goethe zu mir [von Fritsch] und sagte mir, daß sein Herr sich resolviert habe, diesen Tag noch hier zu bleiben. Es war mir außerordentlich lieb, daß derselbe, mein alter Gönner und Freund, sich dazu entschlossen hatte, und ich ging sogleich, ihm meine Aufwartung zu machen. Er war außerordentlich gut, und ich verschaffte ihm ein Pferd, und so ritten wir, er auf der dicken Braunen, über die Mosel-Brücke, sahen da eine Esquadron französische reitende Jäger vorbeipassieren, ritten um die ganze Stadt, deren Lage der

Geheimrat recht artig fand, herum und stiegen im Palast ab und besahen die Kanone und den Freiheitsbaum. Erstere ist unter Ludwig den 14. aus der Schweiz nach Frankreich gekommen, und letzterer ist ein langer, buntbemalter Baum mit einer Scheibe, auf welchen die Inschrift

> Passans cette terre est libre
> Übergehende Nachbarn dies Land ist frei

steht. Der Geheimrat freute sich über dieses erste Zeichen und nahm sich vor, dem Prinz August von Gotha eine Zeichnung davon zu liefern. Wir gingen nach Haus, er lud mich zum Essen und führte seinen Plan, eine Zeichnung zu liefern, sogleich recht schön aus.
(72)

In Ihro lakonischen Art
Longwy 1792

Am neunundzwanzigsten August geschah der Aufbruch aus diesen halberstarrten Erd- und Wasserwogen, langsam und nicht ohne Beschwerde: denn wie sollte man Zelte und Gepäck, Monturen und sonstiges nur einigermaßen reinlich halten, da sich keine trockne Stelle fand, wo man irgend etwas hätte zurechtlegen und ausbreiten können.

Die Aufmerksamkeit jedoch, welche die höchsten Heerführer diesem Abmarsch zuwendeten, gab uns frisches Vertrauen. Auf das strengste war alles Fuhrwerk ohne Ausnahme hinter die Kolonne beordert, nur jeder Regimentschef berechtigt, eine Chaise vor seinem Zug hergehen zu lassen; da ich denn das Glück hatte, im leichten offenen Wägelchen die Hauptarmee für diesmal anzuführen. Beide Häupter, der König sowohl als der Herzog von Braunschweig, mit ihrem Gefolge hatten sich da postiert, wo alles an ihnen vorbei mußte. Ich sah sie von weitem und als wir herankamen, ritten Ihro Majestät an mein Wäglein heran und fragten in Ihro lakonischen Art, wem das Fuhrwerk gehöre? Ich antwortete laut: „Herzog von Weimar!", und wir zogen vorwärts. Nicht leicht ist jemand von einem vornehmern Visitator angehalten worden.
(2)

Skeptische Prophetie
Verdun 1792

Das Gefolge des Herzogs von Weimar ward aus der fürstlichen Küche versorgt, unser Wirt verlangte jedoch dringend, ich solle nur ein einziges Mal von seiner Kunst etwas kosten. Er bereitete mir auch wirklich ein höchst wohlschmeckendes Gastmahl, das mir aber sehr übel bekam, so daß ich wohl auch an Gift hätte denken können, wenn mir nicht noch zeitig genug der Knoblauch eingefallen wäre, durch welchen jene Schüsseln erst recht schmackhaft geworden, der auf mich aber selbst in der geringsten Dosis höchst gewaltsame Wirkung auszuüben pflegte. Das Übel war bald vorbei, und ich hielt mich nach wie vor desto lieber an die deutsche Küche, solange sie auch nur das mindeste leisten konnte.

Als es zum Abschied ging, überreichte der gutgelaunte Wirt meinem Diener einen vorher versprochenen Brief nach Paris an seine Schwester, die er besonders empfehlen wolle, fügte jedoch nach einigem Hin- und Widerreden gutmütig hinzu: „Du wirst wohl nicht hinkommen."
(2)

Biwakspass in trauriger Lage
Somme-Tourbe 1792

Ich forderte meinen Freund auf, die lange Gasse mit hinunterzugehen. Aus dem vorletzten Hause kam ein Soldat fluchend heraus, daß schon alles aufgezehrt und nirgends nichts mehr zu haben sei. Wir sahen durch die Fenster, da saßen ein paar Jäger ganz ruhig; wir gingen hinein, um wenigstens auf einer Bank unter Dach zu sitzen, wir begrüßten sie als Kameraden und klagten freilich über den allgemeinen Mangel. Nach einigem Hin- und Widerreden verlangten sie, wir sollten ihnen Verschwiegenheit geloben, worauf wir die Hand gaben. Nun eröffneten sie uns, daß sie in dem Hause einen schönen wohlbestellten Keller gefunden: dessen Eingang sie zwar selbst sekretiert, uns jedoch von dem Vorrat einen Anteil nicht versagen wollten. Einer zog einen Schlüssel hervor, und nach verschiedenen weggeräumten Hindernissen fand sich eine Kellertür zu eröffnen. Hinabgestiegen fanden wir nun mehrere etwa zweieimrige Fässer auf dem Lager, was uns aber mehr interessierte, verschiedene Abteilungen in Sand gelegter gefüllter Flaschen, wo der gutmütige Kamerad, der sie schon durchprobiert hatte, an die beste Sorte wies. Ich nahm zwischen die ausgespreizten Finger jeder Hand zwei Flaschen, zog sie unter den Mantel, mein Freund desgleichen, und so schritten wir, in Hoffnung baldiger Erquickung, die Straße wieder hinaufwärts.

Unmittelbar am großen Wachfeuer gewahrte ich eine schwere, starke Egge, setzte mich darauf und schob unter dem Mantel meine Flaschen zwischen die Zacken hinein. Nach einiger Zeit bracht ich eine Flasche hervor, wegen der mich meine Nachbarn beriefen, denen ich sogleich den Mitgenuß anbot. Sie taten gute Züge, der letzte bescheiden, da er wohl merkte, er lasse mir nur wenig zurück; ich verbarg die Flasche neben mir und brachte bald darauf die zweite hervor, trank den Freunden zu, die sich's abermals wohl schmecken ließen, anfangs das Wunder nicht bemerkten, bei der dritten Flasche jedoch laut über den Hexenmeister aufschrien; und es war, in dieser traurigen Lage, ein auf alle Weise willkommener Scherz.

(2)

Ansichten eines Marquis
Somme-Tourbe 1792

Unter den vielen Personen, deren Gestalt und Gesicht im Kreise vom Feuer erleuchtet war, erblickt ich einen ältlichen Mann, den ich zu kennen glaubte. Nach Erkundigung und Annäherung war er nicht wenig verwundert, mich hier zu sehen. Es war Marquis von Bombelles, dem ich vor zwei Jahren in Venedig, der Herzogin Amalie folgend, aufgewartet hatte, wo er, als französischer Gesandter residierend, sich höchst angelegen sein ließ, dieser trefflichen Fürstin den dortigen Aufenthalt so angenehm als möglich zu machen. Wechselseitiger Verwunderungsausruf, Freude des Wiedersehens und Erinnerung erheiterten diesen ernsten Augenblick. Zur Sprache kam seine prächtige Wohnung am Großen Kanal, es ward gerühmt, wie wir daselbst, in Gondeln anfahrend, ehrenvoll empfangen und freundlich bewirtet worden; wie er durch kleine Feste, gerade im Geschmack und Sinn dieser Natur und Kunst, Heiterkeit und Anstand in Verbindung liebenden Dame, sie und die Ihrigen auf vielfache Weise erfreute, auch sie durch seinen

Einfluß manches andere, für Fremde sonst verschlossene Gute genießen lassen.

Wie sehr war ich aber verwundert, da ich ihn, den ich durch eine wahrhafte Lobrede zu ergötzen gedachte, mit Wehmut ausrufen hörte: „Schweigen wir von diesen Dingen, jene Zeit liegt nur gar zu weit hinter mir, und schon damals, als ich meine edlen Gäste mit scheinbarer Heiterkeit unterhielt, nagte mir der Wurm am Herzen, ich sah die Folgen voraus dessen, was in meinem Vaterlande vorging. Ich bewunderte Ihre Sorglosigkeit, in der Sie die auch Ihnen bevorstehende Gefahr nicht ahneten; ich bereitete mich im stillen zu Veränderung meines Zustandes. Bald nachher mußt ich meinen ehrenvollen Posten und das werte Venedig verlassen und eine Irrfahrt antreten, die mich endlich auch hierher geführt hat."
(2)

Welthistorische Einschätzung
Valmy 1792

So war der Tag hingegangen; unbeweglich standen die Franzosen, Kellermann hatte auch einen bequemern Platz genommen; unsere Leute zog man aus dem Feuer zurück, und es war eben, als wenn nichts gewesen wäre. Die größte Bestürzung verbreitete sich über die Armee. Noch am Morgen hatte man nicht anders gedacht, als die sämtlichen Franzosen anzuspießen und aufzuspeisen, ja mich selbst hatte das unbedingte Vertrauen auf ein solches Heer, auf den Herzog von Braunschweig zur Teilnahme an dieser gefährlichen Expedition gelockt; nun aber ging jeder vor sich hin, man sah sich nicht an, oder wenn es geschah, so war es, um zu fluchen oder zu verwünschen. Wir hatten, eben als es Nacht werden wollte, zufällig einen Kreis geschlossen, in dessen Mitte nicht einmal wie gewöhnlich ein Feuer konnte angezündet werden, die meisten schwiegen, einige sprachen, und es fehlte doch eigentlich einem jeden Besinnung und Urteil. Endlich rief man mich auf, was ich dazu denke, denn ich hatte die Schar gewöhnlich mit kurzen Sprüchen erheitert und erquickt; diesmal sagte ich: „Von hier und heute geht eine neue Epoche der Weltgeschichte aus, und ihr könnt sagen, ihr seid dabeigewesen."
(2)

Urteil eines,
der seinen Goethe kannte
Trier 1792

Die Wirtstafel [...] gab auch ein sinneverwirrendes Schauspiel; Militärs und Angestellte, aller Art Uniform, Farben und Trachten, im stillen mißmutig, auch wohl in Äußerungen heftig, aber alle wie in einer gemeinsamen Hölle zusammengefaßt.

Daselbst begegnete mir ein wahrhaft rührendes Ereignis; ein alter Husarenoffizier, mittler Größe, grauen Bartes und Haares und funkelnden Auges, kam nach Tisch auf mich zu, ergriff mich bei der Hand und fragte: ob ich denn das alles auch mit ausgestanden habe. Ich konnte ihm einiges von Valmy und Hans erzählen, woraus er sich denn gar wohl das übrige nachbilden konnte. Hierauf fing er mit Enthusiasmus und warmem Anteil zu sprechen an, Worte, die ich nachzuschreiben kaum wage, des Inhalts: es sei schon unverantwortlich, daß man sie, deren Metier und Schuldigkeit es bleibe, dergleichen Zustände zu erdulden und ihr Leben dabei zuzusetzen, in solche Not geführt, die vielleicht kaum jemals erhört worden; daß aber auch ich (er drückte seine gute Meinung über meine Persönlichkeit und meine Arbeiten aus) das hätte mit erdulden sollen, darüber wollt er sich nicht zufriedengeben. Ich stellte ihm die Sache von der heitern Seite vor, von der Seite mit meinem Fürsten, dem ich nicht ganz unnütz gewesen, mit so vielen wackern Kriegsmännern zu eigner Prüfung diese wenigen Wochen her geduldet zu haben; allein er blieb bei seiner Rede, indessen ein Zivilist zu uns trat und dagegen erwiderte, man sei mir Dank schuldig, daß ich das alles mit ansehen wollen, indem man sich nun gar wohl von meiner geschickten Feder Darstellung und Aufklärung erwarten könne. Der alte Degen wollte davon auch nichts wissen und rief: „Glaubt es nicht, er ist viel zu klug! Was er schreiben dürfte, mag er nicht schreiben, und was er schreiben möchte, wird er nicht schreiben."

(2)

Ermässigte Zeche
Duisburg 1792

Und so fand ich mich denn abermals, nach Verlauf von vier Wochen, zwar viele Meilen weit entfernt von dem Schauplatz unseres ersten Unheils, doch wieder in derselben Gesellschaft, in demselben Gedränge der Emigrierten, die nun, jenseits entschieden vertrieben, diesseits nach Deutschland strömten, ohne Hülfe und ohne Rat.

Zu Mittag in dem Gasthof etwas spät angekommen, saß ich am Ende der langen Tafel; Wirt und Wirtin, die mir als einem Deutschen den Widerwillen gegen die Franzosen schon ausgesprochen hatten, entschuldigten, daß alle guten Plätze von diesen unwillkommenen Gästen besetzt seien. Hiebei wurde bemerkt, daß unter ihnen, trotz aller Erniedrigung, Elend und zu befürchtender Armut, noch immer dieselbe Rangsucht und Unbescheidenheit gefunden werde. [...]

Etwa in der Hälfte des Mittagsmahles kam noch ein hübscher junger Mann herein, ohne ausgezeichnete Gestalt oder irgendein Abzeichen, man konnte an ihm den Fußwanderer nicht verkennen. Er setzte sich still gegen mir über, nachdem er den Wirt um ein Couvert begrüßt hatte, und speiste, was man ihm nachholte und vorsetzte, mit ruhigem Betragen. Nach aufgehobener Tafel trat ich zum Wirt, der mir ins Ohr sagte: „Ihr Nachbar soll seine Zeche nicht teuer bezahlen!" Ich begriff nichts von diesen Worten, aber als der junge Mann sich näherte und fragte, was er schuldig sei, erwiderte der Wirt, nachdem er sich flüchtig über die Tafel umgeschaut, die Zeche sei ein Kopfstück. Der Fremde schien betreten und sagte: das sei wohl ein Irrtum, denn er habe nicht allein ein gutes Mittagessen gehabt, sondern auch einen Schoppen Wein; das müsse mehr betragen. Der Wirt antwortete darauf ganz ernsthaft: er pflege seine Rechnung selbst zu machen, und die Gäste erlegten gerne, was er forderte. Nun zahlte der junge Mann, entfernte sich bescheiden und verwundert; sogleich aber löste mir der Wirt das Rätsel. „Dies ist der erste von diesem vermaledeiten Volke", rief er aus, „der schwarz Brot gegessen hat, das mußte ihm zugute kommen."

(2)

Scheideweg der Geister
Weimar 1793

So blieben sie innig verbunden bis zum Jahr 1793, da Goethe mit dem Herzog vom Rhein und dem damaligen Feldzug gegen die Franzosen zurückkam. Herder hatte sich *gegen* die Krieg führende Koalition laut erklärt, und daß die Franzosen das Recht hätten, sich eine neue Konstitution zu geben, in die sich kein Dritter zu mischen habe. Er war dieser Meinung nicht allein — wie viele edle und große Männer hofften, daß man die Rechte der Menschheit und der Völker anfangen werde höher zu achten! Er war nicht der einzige, der hierin getäuscht worden ist — durch so viele Greuel sank denn freilich sein Glaube.

Aber es war schwach von Goethe, daß er sich deshalb so plötzlich von Herder zurückzog. Der Herzog und die regierende Herzogin waren unwillig und ungnädig gegen Herdern. Sie zeigten dies, besonders der Herzog, öffentlich; es wurden ihm Äußerungen nachgesagt, die er an öffentlicher Tafel gesagt haben sollte, die gerade das Gegenteil von dem waren, was er würklich gesagt und gemeint hatte. Die Lüge und Verleumdung verschob und verdrehte nun alles. Goethe sagte zu Herder: „Ich nehme jetzt die Grundsätze meines gnädigsten Herrn an, er gibt mir zu essen, es ist daher meine Schuldigkeit, daß ich *seiner Meinung* bin." Mit dieser Äußerung trennte er sich von Herder.
(17)

Unbeeindruckt
Marienborn 1793

Gegen Abend führte mich ein Freund zu jenem beobachtenden Obristlieutenant, der vor einigen Tagen meine Bekanntschaft zu machen gewünscht hatte. Wir fanden keine sonderliche Aufnahme; es war Nacht geworden, es erschien keine Kerze. Seltserswasser und Wein, das man jedem Besuchenden anbot, blieb aus, die Unterhaltung war Null. Mein Freund, welcher diese Verstimmung dem Umstand zuschrieb, daß wir zu spät gekommen, blieb nach dem Abschiede einige Schritte zurück, um uns zu entschuldigen, jener aber versetzte zutraulich, es habe gar nichts zu sagen: denn gestern bei Tafel habe er schon an meinen Gesichtszügen gesehen, daß ich gar der Mann nicht sei, wie er sich ihn vorgestellt habe. Wir scherzten über diesen verunglückten Versuch neuer Bekanntschaft.

(2)

Schriftsteller im Pulverdampf
Mainz 1793

Von einem Adjutanten des Herzogs Karl August von Sachsen-Weimar hatte auch Goethe, der seit einigen Tagen ebenfalls wieder in unserem Lager vor Mainz anwesend war, gehört, daß ich in dieser Batterie kommandiere. Er besuchte mich alsbald in den nächsten Tagen, und dies war mir ein sicheres Zeichen, daß er eine gewisse Wertschätzung gegen meine Person hege und meine soldatische Aufrichtigkeit nicht übelgenommen habe. Auch als Goethe zu uns kam, sahen wir alle vom Pulverdampf arg mitgenommen aus, und meine Fäuste waren so schwarz, daß ich ihm kaum die Hand schütteln konnte. Er meinte lachend, jetzt sehe er uns doch so recht bei der Arbeit, aber unser Handwerk gefiele ihm nicht, dabei würde man zu schwarz und schmutzig, und die Ohren müßten ja von all dem Gekrache und Gesause zerspringen. Ich antwortete ihm scherzend: Freilich, bei seiner Arbeit als Schriftsteller könne man sich nur mit Tintenklechsen an den Fingern beschmutzen, während wir vom Pulver schwarz würden, und der Gesang seiner Schauspielerinnen im Theater zu Weimar kitzele die Ohren wohl sanfter als das Gekrache unserer Vierundzwanzigpfünder; dafür schaffe unsere Arbeit aber auch besser als die seine. Auch Goethe brannte ein Geschütz ab, der Zufall wollte aber, daß nichts mit seinem Schusse getroffen wurde. Später war er noch einmal in meiner Batterie, als wir Bomben auf Mainz warfen, und die Flugbahnen der großen Geschosse mit ihrem Feuerschein in der dunklen Nacht interessierten ihn sehr. Ich habe bei einer andern Gelegenheit einmal ein langes Gespräch mit ihm darüber gehabt, wie wir Artilleristen die Flugbahnen der Geschosse am raschesten und praktischsten berechnen könnten und merkte dabei, daß er ein ganz tüchtiger Mathematiker sei, dem die verschiedenen mathematischen Formeln vollkommen geläufig wären. [. . .] Die Franzosen in Mainz verteidigten sich nun unausgesetzt mit ebensoviel Tapferkeit wie Geschicklichkeit, und unsere Belagerung schritt weit langsamer fort, als wir dies anfänglich wohl gehofft hatten. [...] Meine Batterie ward jetzt hinter den Ruinen der schon von uns zerstörten sogenannten Kartause aufgestellt, und so war ich kaum an sechshundert Schritte von den feindlichen Hauptwällen entfernt und befand mich auf einem sehr vorgeschobenen und gefährlichen Posten. [...] Hier in dieser Batterie besuchte mich auch einst, während einer Pause, wo das gegenseitige Feuer schwieg, Goethe.

So sehr ich mich auch sonst über seinen Besuch freute, so bat ich ihn doch, solchen möglichst abzukürzen und mich wieder zu verlassen, da der Ort zu gefährlich für ihn sei. Wie leicht konnte er hier von einer feindlichen Kugel getroffen werden, und welch Gelärme wäre nicht entstanden, wenn es geheißen, ein so berühmter Schriftsteller habe sich aus bloßer Neugierde an einen so gefährlichen Platz begeben und sei dort getötet worden. Wäre ich nicht als Offizier hart getadelt worden, daß ich ihn nicht auf die drohende Gefahr rechtzeitig aufmerksam gemacht hätte? Solche so sehr exponierten Batterien waren nur für uns Artilleristen geeignete Orte. [...] Goethe fügte sich endlich meiner Aufforderung, die Batterie schleunigst zu verlassen, und mochte wohl kaum fünf Minuten entfernt sein, als eine feindliche Bombe gerade auf die Stelle, wo er gestanden hatte, hinfiel und beim Platzen einige Mann von meinen Leuten tötete oder verwundete. Auch ich selbst ward durch einen Splitter am Arm verwundet.

(73)

Das Dilemma:
Ungerechtigkeit oder Unordnung
Mainz 1793

Auf dem Chausseehause beschäftigte uns nun der fernere regelmäßige Auszug der Franzosen. Ich stand mit Herrn Gore daselbst am Fenster, unten versammelte sich eine große Menge; doch auf dem geräumigen Platze konnte dem Beobachtenden nichts entgehen.

Infanterie, muntere wohlgebildete Linientruppen, kamen nun heran; Mainzer Mädchen zogen mit ihnen aus, teils nebenher, teils innerhalb der Glieder. Ihre eignen Bekannten begrüßten sie nun mit Kopfschütteln und Spottreden: „Ei, Jungfer Lieschen, will Sie sich auch in der Welt umsehen?" Und dann: „Die Sohlen sind noch neu, sie werden bald durchgelaufen sein!" Ferner: „Hat Sie auch in der Zeit Französisch gelernt? — Glück auf die Reise!", und so ging es immerfort durch diese Zungenruten; die Mädchen aber schienen alle heiter und getrost, einige wünschten ihren Nachbarinnen wohl zu leben, die meisten waren still und sahen ihre Liebhaber an.

Indessen war das Volk sehr bewegt, Schimpfreden wurden ausgestoßen, von Drohungen heftig begleitet. Die Weiber tadelten an den Männern, daß man diese Nichtswürdigen so vorbeilasse, die in ihrem Bündelchen gewiß manches von Hab und Gut eines echten Mainzer Bürgers mit sich schleppten, und nur der ernste Schritt des Militärs, die Ordnung durch nebenhergehende Offiziere erhalten, hinderte einen Ausbruch; die leidenschaftliche Bewegung war furchtbar.

Gerade in diesem gefährlichsten Momente erschien ein Zug, der sich gewiß schon weit hinweggewünscht hatte. Ohne sonderliche Bedeckung zeigte sich ein wohlgebildeter Mann zu Pferde, dessen Uniform nicht gerade einen Militär ankündigte, an seiner Seite ritt in Mannskleidern ein wohlgebautes und sehr schönes Frauenzimmer, hinter ihnen folgten einige vierspännige Wagen, mit Kisten und Kasten bepackt; die Stille war ahnungsvoll. Auf einmal rauscht' es im Volke und rief: „Haltet ihn an! Schlagt ihn tot! Das ist der Spitzbube von Architekten, der erst die Domdechanei geplündert und nachher selbst angezündet hat!" Es kam auf einen einzigen entschlossenen Menschen an, und es war geschehen.

Ohne weiteres zu überlegen, als daß der Burgfriede vor des Herzogs Quartier nicht verletzt werden dürfe, mit dem blitzschnellen Gedanken, was der Fürst und General bei seiner Nachhausekunft sagen würde, wenn er über die Trümmer einer solchen Selbsthülfe kaum seine Tür erreichen könnte, sprang ich hinunter, hinaus und rief mit gebietender Stimme: „Halt!"

Schon hatte sich das Volk näher herangezogen; zwar den Schlagbaum unterfing sich niemand herabzulassen, der Weg aber selbst war von der Menge versperrt. Ich wiederholte mein „Halt!", und die vollkommenste Stille trat ein. Ich fuhr darauf stark und heftig sprechend fort: Hier sei das Quartier des Herzogs von Weimar, der Platz davor sei heilig; wenn sie Unfug treiben und Rache üben wollten, so fänden sie noch Raum genug. Der König habe freien Auszug gestattet, wenn er diesen hätte bedingen und gewisse Personen ausnehmen wollen, so würde er Aufseher angestellt, die Schuldigen zurückgewiesen oder gefangengenommen haben; davon sei aber nichts bekannt, keine Patrouille zu sehen. Und sie, wer und wie sie hier auch seien, hätten, mitten in der deutschen Armee, keine andere Rolle zu spielen, als ruhige Zuschauer zu bleiben; ihr Unglück und ihr Haß gebe ihnen hier kein Recht, und ich litte ein für allemal an dieser Stelle keine Gewalttätigkeit.

Nun staunte das Volk, war stumm, dann wogt' es wieder, brummte, schalt; einzelne wurden heftig, ein paar Männer drangen vor, den Reitenden in die Zügel zu fallen. Sonderbarerweise war einer davon jener Perückenmacher, den ich gestern schon gewarnt, indem ich ihm Gutes erzeigte. — „Wie!" rief ich ihm entgegen, „habt Ihr schon vergessen, was wir gestern zusammen gesprochen? Habt Ihr nicht darüber nachgedacht, daß man durch Selbstrache sich schuldig macht, daß man Gott und seinen Oberen die Strafe der Verbrecher überlassen soll, wie man ihnen das Ende dieses Elends zu bewirken auch überlassen mußte", und was ich sonst noch kurz und bündig, aber laut und heftig sprach. Der Mann, der mich gleich erkannte, trat zurück, das Kind schmiegte sich an den Vater und sah freundlich zu mir herüber; schon war das Volk zurückgetreten und hatte den Platz freier gelassen, auch der Weg durch den Schlagbaum war wieder offen. Die beiden Figuren zu Pferde wußten sich kaum zu benehmen. Ich war ziemlich weit in den Platz hereingetreten; der Mann ritt an mich heran und sagte: er wünsche meinen Namen zu wissen, zu wissen, wem er einen so großen Dienst schuldig sei, er werde es zeitlebens nicht vergessen und gern erwidern. Auch das schöne Kind näherte sich mir und sagte das Verbindlichste. Ich antwortete, daß ich nichts als meine Schuldigkeit getan und die Sicherheit und Heiligkeit dieses Platzes behauptet hätte; ich gab einen Wink, und sie zogen fort. Die Menge war nun einmal in ihrem Rachesinne irregemacht, sie blieb stehen; dreißig Schritte davon hätte sie niemand gehindert. So ist's aber in der Welt: Wer nur erst über einen Anstoß hinaus ist, kommt über tausend. Chi scampa d'un punto, scampa di mille.

Als ich nach meiner Expedition zu Freund Gore hinaufkam, rief er mir in seinem Englisch-Französisch entgegen: „Welche

Fliege sticht Euch, Ihr habt Euch in einen Handel eingelassen, der übel ablaufen konnte."

„Dafür war mir nicht bange", versetzte ich; „und findet Ihr nicht selbst hübscher, daß ich Euch den Platz vor dem Hause so rein gehalten habe? Wie säh es aus, wenn das nun alles voll Trümmer läge, die jedermann ärgerten, leidenschaftlich aufregten und niemand zugute kämen; mag auch jener den Besitz nicht verdienen, den er wohlbehaglich fortgeschleppt hat."

Indessen aber ging der Auszug der Franzosen gelassen unter unserm Fenster vorbei; die Menge, die kein Interesse weiter daran fand, verlief sich; wer es möglich machen konnte, suchte sich einen Weg, um in die Stadt zu schleichen, die Seinigen, und was von ihrer Habe allenfalls gerettet sein konnte, wiederzufinden und sich dessen zu erfreuen. Mehr aber trieb sie die höchst verzeihliche Wut, ihre verhaßten Feinde, die Klubbisten und Komitisten, zu strafen, zu vernichten, wie sie mitunter bedrohlich genug ausriefen.

Indessen konnte sich mein guter Gore nicht zufriedengeben, daß ich, mit eigener Gefahr, für einen unbekannten, vielleicht verbrecherischen Menschen so viel gewagt habe. Ich wies ihn immer scherzhaft auf den reinen Platz vor dem Hause und sagte zuletzt ungeduldig: „Es liegt nun einmal in meiner Natur, ich will lieber eine Ungerechtigkeit begehen als Unordnung ertragen."

(2)

BEGÜTIGENDER ZUSPRUCH
Mainz 1793

Am 23. Juli. Dieser Tag ging hin unter Besetzung der Außenwerke sowohl von Mainz als von Kastel. In einer leichten Chaise machte ich eine Spazierfahrt [. . .].

Als ich zurückfuhr, rief mich ein Mann mittleren Alters an und bat mich, seinen Knaben von ungefähr acht Jahren, den er an der Hand mit fortschleppte, zu mir zu nehmen. Er war ein ausgewanderter Mainzer, welcher, mit großer Hast und Lust, seinen bisherigen Aufenthalt verlassend, herbeilief, den Auszug der Feinde triumphierend anzusehen, sodann aber den zurückgelassenen Klubbisten Tod und Verderben zu bringen schwor. Ich redete ihm begütigende Worte zu und stellte ihm vor, daß die Rückkehr in einen friedlichen und häuslichen Zustand nicht mit neuem bürgerlichen Krieg, Haß und Rache müsse verunreinigt werden, weil sich das Unglück ja sonst verewige. Die Bestrafung solcher schuldigen Menschen müsse man den hohen Alliierten und dem wahren Landesherrn nach seiner Rückkehr überlassen, und was ich sonst noch Besänftigendes und Ernstliches anführte; wozu ich ein Recht hatte, indem ich das Kind in den Wagen nahm und beide mit einem Trunk guten Weins und Brezeln erquickte. An einem abgeredeten Ort setzt ich den Knaben nieder, da sich denn der Vater schon von weitem zeigte und mit dem Hut mir tausend Dank und Segen zuwinkte.

(2)

Normales, wohlgebautes Genie
Mannheim 1793

Für niemand war nun Bleibens mehr in dieser verwüsteten, öden Umgebung. Der König mit den Garden zog zuerst, die Regimenter folgten. Weitern Anteil an den Unbilden des Krieges zu nehmen, ward nicht mehr verlangt; ich erhielt Urlaub, nach Hause zurückzukehren, doch wollt ich vorher noch Mannheim wieder besuchen.

Mein erster Gang war, Ihro Königlichen Hoheit dem Prinzen Louis Ferdinand aufzuwarten, den ich ganz wohlgemut auf seinem Sofa ausgestreckt fand, nicht völlig bequem, weil ihn die Wunde am Liegen eigentlich hinderte; wobei er auch die Begierde nicht verbergen konnte, baldmöglichst auf dem Kriegsschauplatz persönlich wieder aufzutreten.

Darauf begegnete mir im Gasthofe ein artiges Abenteuer. An der langen, sehr besetzten Wirtstafel saß ich an einem Ende, der Kämmerier des Königs, von Ritz, an dem andern, ein großer, wohlgebauter, starker, breitschultriger Mann, eine Gestalt, wie sie dem Leibdiener Friedrich Wilhelms gar wohl geziemte. Er mit seiner nächsten Umgebung waren sehr laut gewesen und standen frohen Mutes von Tafel auf; ich sah Herrn Ritz auf mich zukommen; er begrüßte mich zutraulich, freute sich meiner lang gewünschten, endlich gemachten Bekanntschaft, fügte einiges Schmeichelhafte hinzu˙ und sagte sodann: ich müsse ihm verzeihen, er habe aber noch ein persönliches Interesse, mich hier zu finden und zu sehen. Man habe ihm bisher immer behauptet, schöne Geister und Leute von Genie müßten klein und hager, kränklich und vermüfft aussehen, wie man ihm denn dergleichen Beispiele genug angeführt. Das habe ihn immer verdrossen, denn er glaube doch auch nicht auf den Kopf gefallen zu sein, dabei aber gesund und stark und von tüchtigen Gliedmaßen; aber nun freue er sich, an mir einen Mann zu finden, der doch auch nach etwas aussehe und den man deshalb nicht weniger für ein Genie gelten lasse. Er freue sich dessen und wünsche uns beiden lange Dauer eines solchen Behagens.
(2)

SCHWIERIGKEITEN
INTERDISZIPLINÄRER FORSCHUNG
Heidelberg 1793

In Heidelberg, bei der alten treuen Freundin Delph, begegnete ich meinem Schwager und Jugendfreund Schlosser. Wir besprachen gar manches, auch er mußte einen Vortrag meiner Farbenlehre aushalten. Ernst und freundlich nahm er sie auf, ob er gleich von der Denkweise, die er sich festgesetzt hatte, nicht loskommen konnte und vor allen Dingen darauf bestand, zu wissen, inwiefern sich meine Bearbeitung mit der Eulerischen Theorie vereinigen lasse, der er zugetan sei. Ich mußte leider bekennen, daß auf meinem Wege hiernach gar nicht gefragt werde, sondern nur, daß darum zu tun sei, unzählige Erfahrungen ins enge zu bringen, sie zu ordnen, ihre Verwandtschaft, Stellung gegeneinander und nebeneinander aufzufinden, sich selbst und andern faßlich zu machen. Diese Art mochte ihm jedoch, da ich nur wenig Experimente vorzeigen konnte, nicht ganz deutlich werden.

Da nun hiebei die Schwierigkeit des Unternehmens sich hervortat, zeigt ich ihm einen Aufsatz, den ich während der Belagerung geschrieben hatte, worin ich ausführte: wie eine Gesellschaft verschiedenartiger Männer zusammenarbeiten und jeder von seiner Seite mit eingreifen könnte, um ein so schwieriges und weitläufiges Unternehmen fördern zu helfen. Ich hatte den Philosophen, den Physiker, Mathematiker, Maler, Mechaniker, Färber und Gott weiß wen alles in Anspruch genommen; dies hörte er im allgemeinen ganz geduldig an; als ich ihm aber die Abhandlung im einzelnen vorlesen wollte, verbat er sich's und lachte mich aus: ich sei, meinte er, in meinen alten Tagen noch immer ein Kind und Neuling, daß ich mir einbilde, es werde jemand an demjenigen teilnehmen, wofür ich Interesse zeige, es werde jemand ein fremdes Verfahren billigen und es zu dem seinigen machen, es könne in Deutschland irgendeine gemeinsame Wirkung und Mitwirkung stattfinden!

(2)

Effektivität
Frankfurt 1793

Smidt erzählte merkwürdige Geschichten. Von Goethes Mutter; er sah sie im Jahre 1795 in Frankfurt, als er von Jena kam, und brachte ihr Grüße, die Anfänge des „Wilhelm Meister" waren eben [...] erschienen, von dem nahm Goethes Mutter Gelegenheit zu sagen: „Es ist recht übel von meinem Sohne, daß er, wenn er etwas berühmtmachen will, nicht vorher mir ein Wort schreibt; das Puppenspiel, das er da nun eben berühmtgemacht, habe ich lange verwahrt, grade vor vier Wochen aber leider weggeschenkt!" Ferner erzählte sie, sie habe dem Sohne geklagt, es würden ihr so oft Gemälde gezeigt, und sie wisse dann nie, was sie davon sagen solle, er möchte ihr doch etwas angeben, wie sie sich dabei helfen könne? Da habe er gesagt: „Mutter, wenn man Ihr ein Bild zeigt, so sehe Sie es eine Weile recht scharf an und sage dann bedeutend: ‚Das macht seinen Effekt!' Da wird jedermann Sie für eine Kennerin halten."
(74)

Künstlers Fug und Recht
Weimar, um 1793

Goethes poetische Werke in den Jahren 1791, 92, 93 glichen nach Art und Wert nicht seinen vorigen, und einige gute Freunde (wie Fritz Jacobi) und Freundinnen (wie Charlotte von Stein) verhehlten ihm nicht ihr Mißvergnügen. Er antwortete, indem er sein Recht betonte, wie er denn jetzt gar oft sein Recht und sein Behagen gegen die Ansprüche der Menschen, besonders der guten Freunde, verteidigte. „Jeder Mensch", meinte er, „darf und muß zeitweilig auch gegen sich selbst einmal läßlich, duldsam sein; der Künstler, der viele erfreut, darf sich selber auch einmal einen Spaß machen. Das Publikum", spottete er, „will wie Frauenzimmer behandelt sein: man soll ihnen durchaus nichts sagen, als was sie hören möchten." Das Publikum tut jeden Künstler, wenn es ihn kennengelernt hat, in ein bestimmtes Schubfach, versieht ihn gewissermaßen mit einer Aufschrift; wenn der Künstler nun das nächste Mal auf ganz anderem Felde, in neuem Gewande, auftaucht, wird es verdrießlich. Goethe aber meinte: „Die größte Achtung, die ein

Autor für sein Publikum haben kann, ist, daß er niemals etwas bringt, was man erwartet, sondern was er selbst, auf der jedesmaligen Stufe eigner und fremder Bildung, für recht und nützlich hält." (51)

Wettkampf
zwischen Subjekt und Objekt
Jena 1794

Nach meiner Rückkunft aus Italien, wo ich mich zu größerer Bestimmtheit und Reinheit in allen Kunstfächern auszubilden gesucht hatte, unbekümmert, was während der Zeit in Deutschland vorgegangen, fand ich neuere und ältere Dichterwerke in großem Ansehn, von ausgebreiteter Wirkung, leider solche, die mich äußerst anwiderten; ich nenne nur Heinses „Ardinghello" und Schillers „Räuber". Jener war mir verhaßt, weil er Sinnlichkeit und abstruse Denkweisen durch bildende Kunst zu veredeln und aufzustutzen unternahm, dieser, weil ein kraftvolles, aber unreifes Talent gerade die ethischen und theatralischen Paradoxen, von denen ich mich zu reinigen gestrebt, recht im vollen hinreißenden Strome über das Vaterland ausgegossen hatte.

Beiden Männern von Talent verargte ich nicht, was sie unternommen und geleistet: denn der Mensch kann sich nicht versagen, nach seiner Art wirken zu wollen, er versucht es erst unbewußt, ungebildet, dann auf jeder Stufe der Bildung immer bewußter; daher denn soviel Treffliches und Albernes sich über die Welt verbreitet und Verwirrung aus Verwirrung sich entwickelt.

Das Rumoren aber, das im Vaterland dadurch erregt, der Beifall, der jenen wunderlichen Ausgeburten allgemein, so von wilden Studenten als von der gebildeten Hofdame, gezollt ward, der erschreckte mich, denn ich glaubte all mein Bemühen völlig verloren zu sehen; die Gegenstände, zu welchen, die Art und Weise, wie ich mich gebildet hatte, schienen mir beseitigt und gelähmt. Und was mich am meisten schmerzte: alle mit mir verbundenen Freunde, Heinrich Meyer und Moritz sowie die im gleichen Sinne fortwaltenden Künstler Tischbein und Bury, schienen mir gleichfalls gefährdet, ich war sehr betroffen. Die Betrachtung der bildenden Kunst, die Ausübung der Dichtkunst hätte ich gerne völlig aufgegeben, wenn es möglich gewesen wäre; denn wo war eine Aussicht, jene Produktionen von genialem Wert und wilder Form zu überbieten? Man denke sich meinen Zustand! Die reinsten Anschauungen suchte ich zu nähren und mitzuteilen, und nun fand ich mich zwischen Ardinghello und Franz Moor eingeklemmt.

Moritz, der aus Italien gleichfalls zurückkam und eine Zeitlang bei mir verweilte, bestärkte sich mit mir leidenschaftlich in diesen Gesinnungen; ich vermied Schillern, der, sich in Weimar aufhaltend, in meiner Nachbarschaft wohnte. Die Erscheinung des „Don Carlos" war nicht geeignet, mich ihm näherzuführen, alle Versuche von Personen, die ihm und mir gleich nahestanden, lehnte ich ab, und so lebten wir eine Zeitlang nebeneinander fort.

Sein Aufsatz „Über Anmut und Würde" war ebensowenig ein Mittel, mich zu versöhnen. Die Kantische Philosophie, welche das Subjekt so hoch erhebt, indem sie es einzuengen scheint, hatte er mit Freuden in sich aufgenommen; sie entwickelte das Außerordentliche, was die Natur in sein Wesen gelegt, und er, im höchsten Gefühl der Freiheit und Selbstbestimmung, war undankbar gegen die große Mutter, die ihn gewiß nicht stiefmütterlich behandelte. Anstatt sie selbständig, lebendig, vom Tiefsten bis zum Höchsten gesetzlich hervorbringend zu betrachten, nahm er sie von der Seite einiger empirischen menschlichen Natürlichkeiten. Gewisse harte Stellen sogar konnte ich direkt auf mich deuten, sie zeigten mein Glaubensbekenntnis in einem falschen Lichte; dabei fühlte ich, es sei noch schlimmer, wenn es ohne Beziehung auf mich gesagt worden; denn die ungeheure Kluft zwischen unsern Denkweisen klaffte nur desto entschiedener.

An keine Vereinigung war zu denken. Selbst das milde Zureden eines Dalberg, der Schillern nach Würden zu ehren verstand, blieb fruchtlos; ja meine Gründe, die ich jeder Vereinigung entgegensetzte, waren schwer zu widerlegen. Niemand konnte leugnen, daß zwischen zwei Geistesantipoden mehr als *ein* Erddiameter die Scheidung mache, da sie denn beiderseits als Pole gelten mögen, aber eben deswegen in eins nicht zusammenfallen können. Daß aber doch ein Bezug unter ihnen stattfinde, erhellt aus folgendem:

Schiller zog nach Jena, wo ich ihn ebenfalls nicht sah. Zu gleicher Zeit hatte Batsch durch unglaubliche Regsamkeit eine Naturforschende Gesellschaft in Tätigkeit gesetzt, auf schöne Sammlungen, auf bedeutenden Apparat gegründet. Ihren periodischen Sitzungen wohnte ich gewöhnlich bei; einstmals fand ich Schillern daselbst, wir gingen zufällig beide zugleich heraus, ein Gespräch knüpfte sich an, er schien an dem Vorgetragenen teilzunehmen, bemerkte aber sehr verständig und einsichtig und mir sehr willkommen, wie eine so zerstückelte Art, die Natur zu behandeln, den Laien, der sich gern darauf einließe, keineswegs anmuten könne.

Ich erwiderte darauf: daß sie den Eingeweihten selbst vielleicht unheimlich bleibe und daß es doch wohl noch eine andere Weise geben könne, die Natur nicht gesondert und vereinzelt vorzunehmen, sondern sie wirkend und lebendig, aus dem Ganzen in die Teile strebend, darzustellen. Er wünschte hierüber aufgeklärt zu sein, verbarg aber seine Zweifel nicht; er konnte nicht eingestehen, daß ein solches, wie ich behauptete, schon aus der Erfahrung hervorgehe.

Wir gelangten zu seinem Hause, das Gespräch lockte mich hinein; da trug ich die „Metamorphose der Pflanzen" lebhaft vor und ließ mit manchen charakteristischen Federstrichen eine symbolische Pflanze vor seinen Augen entstehen. Er vernahm und schaute das alles mit großer Teilnahme, mit entschiedener Fassungskraft; als ich aber geendet, schüttelte er den Kopf und sagte: „Das ist keine Erfahrung, das ist eine Idee." Ich stutzte, verdrießlich einigermaßen: denn der Punkt, der uns trennte, war dadurch aufs strengste bezeichnet. Die Behauptung aus „Anmut und Würde" fiel mir wieder ein, der alte Groll wollte sich regen, ich nahm mich aber zusammen und versetzte: „Das kann mir sehr lieb sein, daß ich Ideen habe, ohne es zu wissen, und sie sogar mit Augen sehe."

Schiller, der viel mehr Lebensklugheit und Lebensart hatte als ich und mich auch wegen der „Horen", die er herauszugeben im Begriff stand, mehr anzuziehen als abzustoßen gedachte, erwiderte darauf als ein gebildeter Kantianer; und als aus meinem hartnäckigen Realismus mancher Anlaß zu lebhaftem Widerspruch entstand, so ward viel gekämpft und dann Stillstand gemacht; keiner von beiden konnte sich für den Sieger halten, beide hielten sich für unüberwindlich. Sätze wie folgender machten mich ganz unglücklich: „Wie kann jemals Erfahrung gegeben werden, die einer Idee angemessen sein sollte? Denn darin besteht eben das Eigentümliche der letztern, daß ihr niemals eine Erfahrung kongruieren könne." Wenn er das für eine Idee hielt, was ich als Erfahrung aussprach, so mußte doch zwischen beiden irgend etwas Vermittelndes, Bezügliches obwalten! Der erste Schritt war jedoch getan. Schillers Anziehungskraft war groß, er hielt alle fest, die sich ihm näherten; ich nahm teil an seinen Absichten und versprach, zu den „Horen" manches, was bei mir verborgen lag, herzugeben; seine Gattin, die ich von ihrer Kindheit auf zu lieben und zu schätzen gewohnt war, trug das Ihrige bei zu dauerndem Verständnis; alle beiderseitigen Freunde waren froh, und so besiegelten wir durch den größten, vielleicht nie ganz zu schlichtenden Wettkampf zwischen Objekt und Subjekt einen Bund, der ununterbrochen gedauert und für uns und andere manches Gute gewirkt hat.

(2)

GEHEIMNISVOLL-OFFENBARE METAMORPHOSE
Dresden 1794

Indessen der Begriff der Metamorphose in Wissenschaft und Literatur sich langsam entwickelte, hatte ich schon im Jahr 1794 das Vergnügen, zufällig einen praktischen Mann völlig eingeweiht in diese offenbaren Naturgeheimnisse zu finden.

Der bejahrte Dresdner Hofgärtner J. H. Seidel zeigte mir auf Anfrage und Verlangen verschiedene Pflanzen vor, die mir wegen deutlicher Manifestation der Metamorphose aus Nachbildungen merkwürdig geworden. Ich eröffnete ihm jedoch meinen Zweck nicht, weshalb ich mir von ihm diese Gefälligkeit erbäte.

Kaum hatte er mir einige der gewünschten Pflanzen hingestellt, als er mit Lächeln sagte: „Ich sehe wohl Ihre Absicht ein und kann mehrere dergleichen Beispiele, ja noch auffallendere, vorführen." Dies geschah und erheiterte uns zu fröhlicher Verwunderung; mich, indem ich gewahrte, daß er durch eine praktisch aufmerkende, lange Lebenserfahrung diese große Maxime in der mannigfaltigen Naturerscheinung überall vor Augen zu schauen sich gewöhnt hatte, ihn, als er einsah, daß ich, als Laie in diesem Felde, eifrig und redlich beobachtend, die gleiche Gabe gewonnen hatte.

Im vertrauten Gespräch entwickelte sich das weitere, er gestand, daß er durch diese Einsicht fähig geworden, manches Schwierige zu beurteilen und zugleich für das Praktische glückliche Anwendung gefunden zu haben.

(17)

Bei Gelegenheit Salomon Maimons
Weimar 1794

Nun meine *angenehmen* Vorfälle mit Goethe. Ich [Veit] war vormittags hingegangen, vorsätzlich zu einer Zeit, wo er immer zu Hause ist und sich niemals sprechen läßt, und hatte den Brief dem Bedienten mit dem Bedeuten gegeben: daß ich nachmittags um drei Uhr wiederkommen würde, um zu fragen, ob mir der Herr Geheimerat die Ehre erzeigen wollte, mich zu sprechen. Das war, dünkt mich, eine ausgerechnete Höflichkeit. Um drei Uhr kam ich, und der Bediente führte mich in das Besuchzimmer.

Goethe (aus einer andern Stube): Sie haben mir einen Brief von Herrn Maimon gebracht?
Ich: Zu Befehl.
Goethe: Heißen?
Ich: Veit.
Goethe: Ich freue mich recht sehr.
Ich: Ich hatte schon vor anderthalb Jahren die Ehre, Sie zu *sehen*, durch eine Empfehlung des verstorbenen Hofrats Moritz.
Goethe: Ach ja! Auch ist mir Ihr Gesicht recht bekannt. Nun wie geht es denn Herrn Maimon?
Ich sagte ihm hierauf sein jetziges Verhältnis, und daß er nebenher von dem geringen Ertrag seiner Schriften lebt.
Goethe: Ei, ei! und er schreibt so starke Sachen, und so hübsch.
Ich: Ja, und hat das schwerste Fach.
Goethe: Ganz gewiß, das schwerste von allen; man kennt ihn gar nicht so recht; das Publikum ist gar klein; ich wollte, er käme her.
Ich: Haben Sie seine neue Theorie gesehen, Herr Geheimerat?
Goethe: O wohl; er hat mir auch seinen Plan zur Erfindungslehre geschickt; das muß er ausführen.
Ich: Er wünscht, sich mit mehr Gelehrten verbinden zu können.
Goethe: Hm, warum? Sehen Sie, in wissenschaftlichen Sachen ist so etwas gar nicht nötig; sowie ich da eine *Idee* habe, kann und muß ich sie jedem sagen; wie einer das Schema sieht, weiß er schon, was er erwarten kann; in ästhetischen ist es umgekehrt; wenn ich ein *Gedicht* machen will, muß ich es erst zeigen, wenn es fertig ist, sonst verrückt man mich, und so bei allem, was Kunst ist.
(30)

Ahnungslos konfrontiert
Jena 1794

Fichte ist jetzt die Seele von Jena. Und gottlob! daß er's ist. Einen Mann von solcher Tiefe und Energie des Geistes kenn ich [Hölderlin] sonst nicht. In den entlegensten Gebieten des menschlichen Wissens die Prinzipien dieses Wissens und mit ihnen die des Rechts aufzusuchen und zu bestimmen und mit gleicher Kraft des Geistes die entlegensten, kühnsten Folgerungen aus diesen Prinzipien zu denken und trotz der Gewalt der Finsternis sie zu schreiben und vorzutragen, mit einem Feuer und einer Bestimmtheit, deren Vereinigung mir Armen ohne dies Beispiel vielleicht ein unauflösliches Problem geschienen hätte — dies, lieber Neuffer! ist doch gewiß viel und ist gewiß nicht zu viel gesagt von diesem Manne. Ich hör ihn alle Tage. Sprech ihn zuweilen. Auch bei Schiller war ich schon einige Male, das erstemal eben nicht mit Glück. Ich trat hinein, wurde freundlich begrüßt und bemerkte kaum im Hintergrunde einen Fremden, bei dem keine Miene, auch nachher lange kein Laut etwas Besonders ahnden ließ. Schiller nannte mich ihm, nannt ihn auch mir, aber ich verstand seinen Namen nicht. Kalt, fast ohne einen Blick auf ihn begrüßt ich ihn und war einzig im Innern und Äußern mit Schillern beschäftigt; der Fremde sprach lange kein Wort. Schiller brachte die „Thalia", wo ein Fragment von meinem „Hyperion" und mein Gedicht an das Schicksal gedruckt ist, und gab es mir. Da Schiller sich einen Augenblick darauf entfernte, nahm der Fremde das Journal vom Tische, wo ich stand, blätterte neben mir in dem Fragmente und sprach kein Wort. Ich fühlt es, daß ich über und über rot wurde. Hätt ich gewußt, was ich jetzt weiß, ich wäre leichenblaß geworden. Er wandte sich drauf zu mir, erkundigte sich nach der Frau von Kalb, nach der Gegend und den Nachbarn unseres Dorfs, und ich beantwortete das alles so einsilbig, als ich vielleicht selten gewohnt bin. Aber ich hatte einmal meine Unglücksstunde. Schiller kam wieder, wir sprachen über das Theater in Weimar, der Fremde ließ ein paar Worte fallen, die gewichtig genug waren, um mich etwas ahnden zu lassen. Aber ich ahndete nichts. Der Maler Meyer aus Weimar kam auch noch. Der Fremde unterhielt sich über manches mit ihm. Aber ich ahndete nichts. Ich ging und erfuhr an demselben Tage im Klub der Professoren, was meinst Du? daß Goethe

diesen Mittag bei Schiller gewesen sei. Der Himmel helfe mir, mein Unglück und meine dummen Streiche gutzumachen, wenn ich nach Weimar komme. Nachher speist ich bei Schiller zu Nacht, wo dieser mich soviel möglich tröstete, auch durch seine Heiterkeit und seine Unterhaltung, worin sein ganzer kolossalischer Geist erschien, mich das Unheil, das mir das erstemal begegnete, vergessen ließ.
(75)

Allerlei Verrichtungen
Weimar 1794

Bei der Rückkehr aus Jena, wo er oft und gern, auch noch in spätern Jahren, verweilte, äußerte er sich einst mit vielem Humor über das Universitätswesen und die trockene Schulgelehrsamkeit. Die Professoren und ihre mit Zitaten und Noten überfüllten Abhandlungen, wo sie rechts und links abschweiften und die Hauptsache vergessen machten, verglich Goethe mit Zughunden, die, wenn sie kaum ein paarmal angezogen hätten, auch schon wieder ein Bein zu allerlei Verrichtungen aufhüben, so daß man mit den Bestien gar nicht vom Fleck käme, sondern über Stunden Wegs ganze Tage zubrächte.
(33)

Bestürzende Replik
Weimar 1795

Als Gottfried an Michael 1792 auf die Universität ging, war der Herzog bei der Armee; mein Mann [Herder] wollte nicht dahin schreiben, um ihn an sein Versprechen zu erinnern; er wartete des Herzogs Rückkunft an Weihnachten 1793 ab. Bald, in den ersten Wochen, fühlte mein Mann, wie abgeneigt der Herzog gegen ihn sei. Alle die Grieffs über seine Revolutionsmeinung waren nun sichtbar. Der Gedanke, für Gottfried an das Versprechen zu erinnern, war nicht ratsam — zumal da wir das Blatt des Herzogs, unsern einzigen schriftlichen Beweis, nirgends, nirgends unter keinen Papieren finden konnten und es vor verloren hielten. Mein Mann wagte nicht, etwas zu fordern, aus Furcht, es möchte ihm abgeschlagen werden. Ich schrieb daher Ende 1794 an Goethe: „Da unsre Söhne Wilhelm und Adelbert im Frühjahr ihrer Bestimmung nachgehen müssen und Gottfried bereits auf der Universität sei, so möchte er die Freundschaft haben und unsre Bitte um ein Anleih von 1000 Talern auf acht Jahre beim Herzog unterstützen."

Er antwortete mir darauf nicht. Endlich kam er nach fünf Wochen einmal zu meinem Mann. Ich nahm den ersten Augenblick wahr und bat ihn um Antwort auf meinen Brief, im Beisein meines Mannes — er ging eben die Stube auf und nieder — mein Mann und ich saßen und sahen ihn an —, er blickte uns aber kaum an, sah vor sich hin und murmelte etwas, das wir ohngefähr so verstunden: *„Nicht darauf antworten."* Wir waren bestürzt und schwiegen.
(76)

WIRKLICHKEIT UND MÄRCHEN
Jena 1795

Weniger bekannt ist wohl die Veranlassung zu dem vielbesprochenen Märchen in den „Unterhaltungen deutscher Ausgewanderten". Ich [Schönborn] verdanke die folgende Auskunft darüber einer sehr zuverlässigen Hand: „Goethe im Paradies, einem Spaziergang längs des Saalufers bei Jena, auf und nieder wandelnd, sah jenseits des Flusses auf bunter, mit Bäumen besetzter Wiese eine schöne Frau, der die Natur eine herrliche Stimme geschenkt hatte, in weißem Kleide und buntem Turban mit andern Frauen umherstreifen und hörte ihren Gesang über das Wasser herüber. In der Nähe des Paradieses wohnte ein alter Mann, der um geringen Lohn jeden, welcher da wollte, in einem schmalen Kahn nach dem jenseitigen Ufer brachte. Als es schon dämmerte, kamen ein paar Studenten und schifften mit Hülfe des alten Fischers lachend und den Kahn schaukelnd über den Fluß. Jener Abend erweckte, wie Goethe einmal erzählte, in ihm den Gedanken an das Märchen mit der grünen Schlange."
(77)

ARABISCHES MISSVERSTÄNDNIS
Karlsbad 1795

Nach überstandnen leidlichen und bösen Wegen bin ich am vierten abends angelangt; das Wetter war bis heute äußerst schlecht, und der erste Sonnenblick scheint nur vorübergehend zu sein. Die Gesellschaft ist zahlreich und gut, man beklagt sich, wie immer, über den Mangel an Harmonie, und jeder lebt auf seine Weise. Ich habe nur gesehen und geschwätzt; was sonst werden und gedeihen wird, muß abgewartet werden. Auf alle Fälle habe ich gleich einen kleinen Roman aus dem Stegreife angeknüpft, der höchst nötig ist, um einen morgens um 5 Uhr aus dem Bette zu locken. Hoffentlich werden wir die *Gesinnungen* dergestalt mäßigen und die *Begebenheiten* so zu leiten wissen, daß er vierzehn Tage aushalten kann.

Als berühmter Schriftsteller bin ich übrigens recht gut aufgenommen worden, wobei es doch nicht an Demütigung gefehlt hat.

Zum Beispiel sagte mir ein allerliebstes Weibchen: sie habe meine letzten Schriften mit dem größten Vergnügen gelesen, besonders habe sie „Giafar der Barmecide" über alle Maßen interessiert. Sie können denken, daß ich mit der größten Bescheidenheit mich in Freund Klingers hinterlaßne arabische Garderobe einhüllte und so meiner Gönnerin in dem vorteilhaftesten Lichte erschien. Und ich darf nicht fürchten, daß sie in diesen drei Wochen aus ihrem Irrtume gerissen wird.

(16)

IN GESELLSCHAFT SO MANCHES NARREN
Karlsbad 1795

Goethe und ich [Friederike Brun] sehen uns täglich in Karlsbad, und er war dort mein höchstes Interesse, aber *ihn* bitten, in mein Tagebuch zu schreiben? Unmöglich. Als er dieses an einem dritten Orte bei einer gemeinschaftlichen Freundin sieht, blättert er darin und sagt mir: „Es steht so mancher Narr drin, soll *der Goethe* nicht hinein?" — „Ach nur zu gerne! Darf ich's senden?" — Ja! ich tat's; nach acht Tagen bringt er mir's wieder: „Liebes Frauchen, hätten Sie mich gleich einschreiben lassen, Sie hätten was recht Schönes

hineinbekommen — aber nun ist's entflogen, aber ich schicke es einmal!" und dabei sagt' er mir, er könne selten dergleichen, wenn er gerade wollte, und schreibe daher oft mit Bleistift.
(30)

LEBENSGEFÜHL
Karlsbad 1795

Nachdem wir ein langes und breites [. . .] über die vielen unzuverlässigen Bücher gesprochen hatten, sagte ich [Veit] ihm, daß mir sein „Literarischer Sansculottismus" ein erstaunliches Vergnügen gemacht hätte, und er möchte es nicht für Unbescheidenheit nehmen, daß ich es ihm sagte. „Wenn man selbst jung ist, Herr Geheimerat, so muß es einen wohl freuen, wenn man sieht, daß ein Mann wie *Sie* sich der Jugend und der jetzigen Zeit so annimmt." — „Warum für Unbescheidenheit? Mir ist das sehr lieb. Ja, warum soll ich mich überreden lassen, daß wir zurück gehen, wenn wir offenbar vorwärts kommen? und warum sollt ich mich nicht um alles bekümmern? Das, was heranwächst, was mir entgegen sproßt — *anderer Leute Kinder, oder meine, hier einerlei,* das ist ja das Leben; nicht wahr, das ist das Leben?" So sprachen wir noch lange und gingen durch Zufall auseinander.
(30)

BILDUNG UND EINBILDUNG
Eisenach 1795

Von da ward ich nach Eisenach gefordert; der Hof weilte daselbst mit mehreren Fremden, besonders Emigrierten. Bedenkliche Kriegsbewegungen riefen jedermann zur Aufmerksamkeit: Die Österreicher waren, sechzigtausend Mann, über den Main gegangen, und es schien, als wenn in der Gegend von Frankfurt die Ereignisse lebhaft werden sollten. Einen Auftrag, der mich dem Kampfplatze genähert hätte, wußte ich abzulehnen; ich kannte das Kriegsunheil zu sehr, als daß ich es hätte aufsuchen sollen.

Hier begegnete mir ein Fall, an welchen ich öfters zu denken im Leben Ursache hatte. Graf Dumanoir, unter allen Emigrierten ohne Frage der am meisten Gebildete, von tüchtigem Charakter und reinem Menschenverstand, dessen Urteil ich meist unbefangen gefunden hatte — er begegnete mir in Eisenach vergnügt auf der Straße und erzählte, was in der Frankfurter Zeitung Günstiges für ihre Angelegenheiten stehe. Da ich doch auch den Gang des Weltwesens ziemlich vor mir im Sinne hatte, so stutzte ich, und es schien mir unbegreiflich, wie dergleichen sich sollte ereignet haben. Ich eilte daher, mir das Blatt zu verschaffen, und konnte beim Lesen und Wiederlesen nichts Ähnliches darin finden, bis ich zuletzt eine Stelle gewahrte, die man allenfalls auf diese Angelegenheit beziehen konnte, da sie denn aber gerade das Gegenteil würde bedeutet haben.

Früher hatte ich schon einmal ein Stärkeres, aber freilich auch von einem Emigrierten, vernommen. Die Franzosen hatten sich bereits über der ganzen Oberfläche ihres Vaterlandes auf alle Weise gemordet, die Assignate waren zu Mandaten und diese wieder zu nichts geworden; von allem dem war umständlich und mit großem Bedauern die Rede, als ein Marquis mit einiger Beruhigung versetzte: dies sei zwar ein großes Unglück, nur befürchte er, es werde noch gar der bürgerliche Krieg ausbrechen und der Staatsbanquerutt unvermeidlich sein.

Wem dergleichen von Beurteilung unmittelbarer Lebensverhältnisse vorgekommen, der wird sich nicht mehr wundern, wenn ihm in Religion, Philosophie und Wissenschaft, wo des Menschen abgesondertes Innere in Anspruch genommen wird, ebensolche Verfinsterung des Urteils und der Meinung am hellen Mittag begegnet.

(2)

CHARAKTERISTIK EINER JUNGFRAU
Weimar, um 1795

Immer schimpfte der Alte auf die verwünschte Hoffrone, und doch führte er die bittersten Klagen, daß ihn die Herzogin gar nicht zu sich holen lasse. Endlich kommt ein Bedienter der Herzogin: es sei der Graf N. N. angekommen, der sie in Tiefurt besuchen werde. Wieland solle kommen. Da erhebt sich ein Donnerwetter: Wieland schimpft, tobt, er habe mit solchen Grafen nichts zu tun, man soll ihn mit Frieden lassen. Der Bediente steht draußen und hört alles mit an. Unterdessen wird er von seiner Frau und Tochter angeschuhet, angewamset, angezogen. Er klopft an die Westentasche. Dies bedeutet, daß man die Schnupftabaksdose hineinstecken solle. Murrend und brummend setzt er sich endlich in den Wagen, und wenn er abends nach Hause kommt, glänzt sein Angesicht vor Freuden, und er wird zwei Tage nicht fertig, den allerliebsten Grafen zu loben. So müssen alle Menschen und Gegenstände bei ihm alle Grade des Lobes und des Tadels durch. Immer ist es ihm bitterer Ernst, aber nur auf diesen Augenblick. In Horaz' Satiren und Episteln kommen viele ähnliche Stellen vor.

Mit Recht hat Goethe Wielanden *die zierliche Jungfrau von Weimar* genannt. Er ist kaum ein Viertel Mann.

(3)

Aufmunterung
zu literarischer Tätigkeit
Jena, um 1795

Da, am Ausgang des Sommers, begegne ich [Grillparzer] ihm auf einem Spaziergang am Gylacis. Er ruft mir schon von weitem zu: „Wie steht's mit der ‚Ahnfrau'?" Ich aber antworte ihm ganz trübselig: „Es geht nicht!"

Schreyvogel, ursprünglich im Besitz eines beträchtlichen Vermögens, das er erst später im Kunsthandel verloren, war in den neunziger Jahren des verflossenen Jahrhunderts durch seine Bekanntschaft mit Männern, die einem traurigen Schicksale verfielen, in den Verdacht einer Anhänglichkeit an die Grundsätze der Französischen Revolution gekommen. Obschon ihm nichts nachgewiesen werden konnte, schien es doch geraten, sich für einige Zeit mit Genehmigung der Behörden von Wien zu entfernen. Er ging nach Jena und Weimar, wo er, durch mehrere Jahre verweilend, mit den damaligen Heroen der deutschen Literatur in nähere Verbindung kam.

Als ich ihm nun sagte: „Es geht nicht", erwiderte Schreyvogel: „Dieselbe Antwort habe ich einst Goethen gegeben, als er mich zur literarischen Tätigkeit aufmunterte; Goethe aber meinte: ‚Man muß nur in die Hand blasen, dann geht's schon!'" — Und so schieden wir voneinander.

(78)

ARBEITSFREUDE
Jena 1796

Besonders gern verweilte er [Griesbach] bei dem Lustigen, was in seinem Hause vorging. Schiller bewohnte in diesem die Etage unter seinen Zimmern; und hier wurde ein großer Teil der „Xenien" von beiden Freunden gemeinsam produziert, in den ersten Monaten des Jahres 1796. Gelang eine, dann wurde das Gelingen von einem unbändigen Gelächter begleitet, das durch die Decke des Zimmers zu Griesbachs Ohren drang.
(12)

ER KÖMMT ALLE NACHMITTAGE
Jena 1796

Schillern habe ich [von Funk] vier Nachmittage und Abende gesehen. Niemand als Goethe war mit uns. Ich rechne diese vier Tage in meinem Lebenslauf sehr hoch. Nie habe ich Goethen angenehmer, offener und mehr zu seinem Vorteil gesehen als da. So wie er den einen Abend bei Ihnen in Dresden war, fand ich ihn hier immer. Man darf den Mann schlechterdings nicht in Weimar als Höfling sehen [...].

Goethe ist der einzige, der die Zeit, wo er in Jena ist, viel mit Schillern lebt, er kömmt alle Nachmittage um 4 Uhr und bleibt bis nach dem Abendessen. Gewöhnlich tritt er schweigend herein, setzt sich nieder, stützt den Kopf auf, nimmt auch wohl ein Buch oder einen Bleistift und Tusche und zeichnet. Diese stille Szene unterbricht etwa der wilde Junge einmal, der Goethe mit der Peitsche ins Gesicht schlägt, dann springt dieser auf, zaust und schüttelt das Kind, schwört, daß er ihn einmal wurzeln oder mit seinem Kopf Kegel schieben müsse, und ist nun, ohne zu wissen wie, in Bewegung gekommen. Dann folgt gewöhnlich ein interessanter Diskurs, der oft bis in die Nacht fortdauert. Auf alle Fälle taut er beim Tee auf [...].

Goethes Umgang ist ihm als Schriftsteller sehr heilsam. Statt, wie ich mit Ihnen glaubte, ihm Trockenheit mitzuteilen, zieht ihn der durchaus verfeinert sinnliche Goethe immer wieder in die Körperwelt zurück und gewinnt selbst, indem er sich an diesen, ich möchte sagen, ganz transzendentalen Menschen anschließt.
(30)

Lesen und Darstellen
Weimar 1796

Im Jahre 1796 [...] berief Goethe Iffland zu einem Gastspiel nach Weimar. Zu diesem Zweck hatte Schiller die Redaktion des „Egmont" übernommen. Vor Beginn des Gastspiels war eine Leseprobe des „Egmont", welche fünf Stunden dauerte und die Goethe mit einer Anrede eröffnete, die dem Sinne nach folgendes sagte: „Es wird bald ein Meister unter uns stehen, den ich hauptsächlich berufen habe, um Euch durch ihn zu beweisen, wie gut Kunst und Natur sich vereinen lassen. Lauscht seiner Darstellung mit aller Aufmerksamkeit; aber seid nicht schüchtern als *Mitwirkende*, zeigt ihm, daß unser Streben ebenfalls ein hohes, edles ist, und seine Zufriedenheit wird uns nicht fehlen." Nun las er jedem Schauspieler einige Stellen der darzustellenden Rolle vor, um durch Ton und Haltung den Charakter anzudeuten, wie er ihn aufgefaßt wünsche. Die Becker-Neumann und Vohs als Klärchen und Brackenburg trafen schon im Lesen das Richtige und waren in der Darstellung selbst ausgezeichnet. Beck als Vansen war trefflich. Goethe las den Egmont, und abgesehen davon, daß sein Vortrag etwas zu markiert war, habe ich nie den Egmont so *darstellen* sehen, wie er ihn *las*; Iffland stand weit hinter der Auffassung Goethes zurück.
(79)

Just in Ilmenau
Weimar 1796

Indem ich [Fouqué] nun während des heitern Gespräches über „Egmont" vorzüglich auch die letzte Erscheinung Klärchens als tröstende Freiheits-Göttin hervorgehoben hatte, sagte Goethe lächelnd:

„Ja, und stellen Sie sich vor, just das wollte man mir früherhin abdisputieren, wenigstens für die theatralische Darstellung. Und sogar mein lieber Schiller war mit dabei und ließ als damaliger Lenker der hiesigen Schauspiele die Erscheinung bei der Aufführung auch wirklich fort."

„Wie war denn das möglich?" fragte ich staunend. „Konnte er denn irgend andres an die Stelle setzen? Denn so ganz im Hinabsinken erlöschen konnte doch nun einmal der Schluß nicht."

„Ei nun", entgegnete Goethe, „er ließ den Alba während der Publikation des Urteils verlarvt zugegen sein. Egmont aber riß ihm die Larve ab, sagte ihm viele harte Dinge, und dann erst ging es zum Tode."

„Eure Exzellenz konnte das unmöglich mit ansehn", sagte ich.

„Zufällig war ich damals just in Ilmenau", erwiderte er. „Aber Sie haben recht, mitangesehn hätt ich es auf keine Weise."
(80)

Wichtige Korrektur
Jena 1796

Von Lottchen [Charlotte von Schiller] hatte sie [Johanna Dorothea Stock] vernommen, daß er einmal den eben abgereisten Grafen Geßler, einen Freund Körners, zum Heiraten habe bereden wollen und auf die Frage der Schwägerin Körners: „Warum heiraten Sie denn nicht selbst?" erwidert habe: „Ich bin verheiratet, nur nicht mit Zeremonie."
(28)

Der einsilbige Gott
Weimar 1796

Ich [Jean Paul] habe in Weimar zwanzig Jahre in wenigen Tagen verlebt — meine Menschenkenntnis ist wie ein Pilz mannshoch in die Höhe geschossen [...].

Schon am zweiten Tage warf ich hier mein dummes Vorurteil für große Autores ab, als wären's andere Leute; hier weiß jeder, daß sie wie die Erde sind, die von weitem im Himmel als ein leuchtender Mond dahinzieht und die, wenn man die Ferse auf ihr hat, aus boue de Paris besteht und einigem Grün ohne Juwelennimbus. Ein Urteil, das ein Herder, Wieland, Goethe etc. fällt, wird so bestritten wie jedes andere, das noch abgerechnet, daß die drei Turmspitzen unserer Literatur einander — meiden. Kurz, ich bin nicht mehr dumm. Auch werd ich mich jetzt vor keinem großen Mann mehr ängstlich bücken, bloß vor dem tugendhaftesten. Gleichwohl kam ich mit Scheu zu Goethe. Die Ostheim und jeder malte ihn ganz kalt für alle Menschen und Sachen auf der Erde — Ostheim sagte, er bewundert nichts mehr, nicht einmal sich — jedes Wort sei Eis, zumal gegen Fremde, die er selten vorlasse — er habe etwas steifes reichsstädtisches Stolzes — bloß

Kunstsachen wärmen noch seine Herznerven an (daher ich Knebel bat, mich vorher durch einen Mineralbrunnen zu petrifizieren und zu inkrustieren, damit ich mich ihm etwan im vorteilhaften Lichte einer Statue zeigen könnte — (Ostheim rät mir überall Kälte und Selbstbewußtsein an). Ich ging, ohne Wärme, bloß aus Neugierde. Sein Haus frappiert, es ist das einzige in Weimar in italienischem Geschmack, mit solchen Treppen, ein Pantheon voll Bilder und Statuen, eine Kühle der Angst presset die Brust — endlich tritt der Gott her, kalt, einsilbig, ohne Akzent. Sagt Knebel zum Beispiel: „Die Franzosen ziehen in Rom ein." — „Hm!" sagt der Gott. Seine Gestalt ist markig und feurig, sein Auge Licht (aber ohne eine angenehme Farbe). Aber endlich schürete ihn nicht bloß der Champagner, sondern die Gespräche über die Kunst, Publikum etc. sofort an, und — man war bei Goethe. Er spricht nicht so blühend und strömend wie Herder, aber scharf-bestimmt und ruhig. Zuletzt las er uns — das heißt spielte er uns* — ein ungedrucktes herrliches Gedicht vor [„Alexis und Dora"], wodurch sein Herz durch die Eiskruste die Flammen trieb, so daß er dem enthusiastischen Jean Paul (mein Gesicht war es, aber meine Zunge nicht, wie ich denn nur von weitem auf einzelne Werke anspielte, mehr der Unterredung und des Beleges wegen) die Hand drückte. Beim Abschied tat er's wieder und hieß mich wiederkommen. Er hält seine dichterische Laufbahn für beschlossen. Beim Himmel, wir wollen uns doch lieben. [. . .]

Auch frisset er entsetzlich. Er ist mit dem feinsten Geschmack gekleidet.
(81)

Volksszene
Weimar 1796

Ein andermal sollte „Egmont" nach Schillers Einrichtung für die Bühne gegeben werden. Der Meister war behindert, den ersten Proben beizuwohnen. Dem Regisseur Genast blieb die Leitung derselben überlassen. Die Schauspieler beklagten sich im stillen, daß sie noch nicht wüßten, wie sie die Volksszene, wodurch die Tragödie eingeleitet wird, im Sinne des Dichters darstellen sollten. Endlich erscheint Goethe in der Probe. Als er das Gewirre sah,

---
* Sein Vorlesen ist nichts als ein tieferes Donnern, vermischt mit dem leisen Regengelispel — es gibt nichts Ähnliches.

worin die Schauspieler sich notdürftig bewegten, rief er: „Halt!", ging auf die Bühne und ordnete die Stellung der zunächst Beschäftigten. Damit die Szene an Abwechslung gewinne, ließ er den Seifensieder von der linken Seite her auftreten und sich an einen Tisch setzen, der besonders für ihn serviert wurde. Vansen hingegen erhielt die Weisung, aus dem Hintergrunde aufzutreten. Da merkte man es deutlich, wie durch diese kunstgemäße Gruppierung den Schauspielern das Verständnis aufging und nun Sicherheit in ihre Leistungen kam.
(82)

SCHMELZPROZESS
Jena 1796

Mein Mann [Freiherr von Wolzogen] wurde nun dem Herzoge von Weimar bekannt und von ihm als Kammerrat und Kammerherr angestellt. Die Freude über diese so unerwartete Wiedervereinigung mit meiner Schwester und Schiller war groß; ein schönes Leben lag vor uns in der Wirklichkeit, so wie es unsre Jugendträume gedichtet hatten.

Goethe zeigte sich teilnehmend bei diesem Ereignis. Das Anschauen des innigen Verhältnisses zwischen ihm und Schiller, der immer rege Ideenwechsel, das offne, heitre Zusammensein — dies alles bot tausendfältigen Genuß. An Gegenständen der Unterhaltung fehlte es nicht; Goethe sprach gern mit meinem Manne über Architektur; in den Abendstunden entwarf er bei meiner Schwester Mondlandschaften; auch Schiller machte einige Versuche. Indes entstanden unsterbliche Werke, „Wallenstein" und „Hermann und Dorothea". Wie das Ineinanderstrahlen der beiden Dichterseelen auf ihre poetische Kraft und Darstellung wirkte, vermag wohl der Zartempfindende zu ahnen. Im „Wallenstein" atmen Hauche des Goetheschen Lebens, und in „Hermann und Dorothea" weht Schillerscher Geist. Mit Rührung erinnre ich mich, wie uns Goethe in tiefer Herzensbewegung unter hervorquellenden Tränen den Gesang, der das Gespräch Hermanns mit der Mutter am Birnbaume enthält, gleich nach der Entstehung vorlas. „So schmilzt man bei seinen eignen Kohlen", sagte er, indem er sich die Augen trocknete.
(83)

Aus der Xenienzeit
Jena 1796

Seine Exzellenz, der Geheimrat von Goethe, kam oft nach Jena, und es war namentlich bei Tische, wo diese stachlichen Verse fabriziert wurden. Wenn ich offen sein soll, so muß ich zugestehen, daß Schiller der Schlimmste war, Goethe lächelte oft bei seinem Zorne, ließ ihn aber lächelnd geißeln. In der ersten Hälfte des Essens war die Exzellenz gewöhnlich schweigsam, und der vornehme Mann hielt alles in einiger Entfernung, wie denn überhaupt bei aller Sicherheit und Gewandtheit der gemessene, förmliche Reichsbürger oft an ihm zu sehen war. Man tat gut, ihn nicht zu stören, später, namentlich wenn der Champagner kam, wurde er doch munter. Seine Heiterkeit war überaus lieblich, und die Damen ließ er auf das reizendste gewähren. Ich war jung und ausgelassen und turbierte ihn mit den tollsten Dingen – „Das Kind, das wilde Kind springt wieder", pflegte er dann zu sagen. So hatte er den verzweifelten Geschmack, stets fleischerfarbige, braunrote Überröcke zu tragen, mit denen ich ihn beständig aufzog. Er lachte; wenn er aber in einem neuen Kleide kam, so war's eben wieder solch ein fleischerfarbenes, wie ich es nannte, um ihn herauszufordern. Das Bild, was ich von ihm bewahre in meinem Herzen, stammt von einem Abende her, wo er bei Schiller zum Tee war. Eine Menge Notabilitäten waren zugegen, und ihre Gespräche wurden mir zu hoch, ich ging. Im Vorzimmer finde ich Goethes grünen Mantel und seinen Hut, ein kindischer Übermut stachelt mich, ihn umzuschlagen und den Hut aufzusetzen. So tret ich noch einmal ins Zimmer und erkläre, ich würde in diesem berühmten Mantel allein nach Hause gehen. Alle waren erstarrt über meine Dreistigkeit gegen die Exzellenz, er aber lächelte so liebenswürdig und wünschte mir so humoristisch glückliche Reise, daß ich diesen wohlwollenden Ausdruck seines Gesichts nie vergessen werde. Damals trug er lange Locken an der Seite, und das oft starre, große Auge war von einem ungewöhnlichen Liebesschimmer belebt.

(84)

Disput über Paradoxa
Weimar 1796

Goethe und Wieland zusammen zu sehen, ist eine wahre Herzenslust. Ich [Falk] spreche sie beide beinah täglich und Goethen fast noch mehr wie Wieland. Sie sind jetzt enger verbunden wie jemals. Wieland schüchtern, verlegen, jungfräulich, der von Winkel zu Winkel schleicht, immer durch Umwege geht und bald nach seiner Schnupftabakdose, bald nach seinem Schnupftuch greift, dabei immer im Begriff, sich selber zu verlieren, und dagegen Goethe fest, männlich einherschreitend, die Hände am Leib etwas steif herunterhängend, zuweilen beinah so, als ballte er die Fäuste und wollte männiglich in der Gesellschaft zu Boden rennen. So ihr Körper und ihre Seele; ihre Art zu sein und sich auszudrücken beinah ebenso verschieden. Wieland mit aller Bedachtsamkeit des Alters und einer grenzenlosen Bonhommie immer auf seiner Hut, alles zum besten deutend, so ganz seinem gefühlvollen Herzen und seiner zarten Organisation hingegeben, daß er selbst einen Vatermörder entschuldigen würde, weil es ihm so unendlich weh tut, die Menschheit so unendlich heruntergesunken zu sehen — — kurz ein Mensch, der mit Körper und Seele zugleich, vermöge einer angeborenen jungfräulichen Schüchternheit, überall ausweicht und anzustoßen fürchtet, der sich bei einer jeden Haustür (moralisch und physisch genommen) tief und krumm zusammenbückt, weil er sich für alle zu groß scheint; da hingegen Goethe so prall und grade hinläuft, als wollte er jeden Schlagbaum nieder- oder seinen eigenen Kopf einrennen. Neulich im Klub zum Beispiel geriet Wieland in einen liebenswürdigen, mit etwas Possierlichkeit untermischten Eifer, daß die jungen Leute so viel Tee tränken, da doch Tee offenbar schwäche.

Goethe (mit aufgehobenem Rockschoß am Ofen stehend und mit vorstrebender Brust sich hin- und herbewegend): Da irrst du, Herr Bruder, Tee stärkt.

Wieland: Wieder ein Paradoxon!

G: O ich habe Gründe dafür genug und satt.

W: Um nur mit meinem schwächsten Argument anzufangen —

G: Das tue ja nicht, Herr Bruder, ums Himmels willen nicht. Immer die stärksten voraus. Ich habe mich verzweifelt ausgerüstet.

W: Also erstlich wirst du nicht leugnen können, daß trotz aller deiner Sophisterei aufgekochte Kräuter von schädlicher Natur und laues Wasser —

G: Also der Tee schwächt, willst du sagen?

W: Ja, doch ich —

G: Also der Tee stärkt, sag ich.

W: Und schwächt nicht?

G: Stärkt und schwächt.

W: Stärkt und schwächt?

G: Wie jedes Corroborans, zu häufig genommen. Man stärkt sich zu sehr.

W: Aber das Gift darin?

G: Es gibt kein Gift.

W: Ein neues Paradoxon!

G: Alles kommt auf die Dosis an. Auch Champagner kann Gift werden.

W: Am Ende wird der Sophist noch gar behaupten, wir stürben nicht.

G: Ei, das lassen wir *so* bleiben.

W (weggehend): Das wird zu toll.

G (ihm nachrufend): Geh nur, Alter! sonst provoziere ich auf unsre Unsterblichkeit, und du hast verloren.

(85)

KINDERSPIELE IM SCHLOSSHOF
Jena, um 1796

Schon war ich [Luise Seidler] so weit herangewachsen, daß ich Elementarunterricht, daneben aber auch Unterweisung im Zeichnen erhielt; lebhaft erinnere ich mich des Ergötzens, welches das Porträt unserer Köchin sowie dasjenige unseres häßlichen, struppigen alten Hundes, den ich lebensgroß malte, allen bereitete, denen diese kindlichen Erzeugnisse zu Gesicht kamen.

Dieser Hund, Dacke mit Namen, war ein unausstehlicher Beller und Kläffer; eine Eigenschaft, durch welche er sich den ernsten Unwillen Goethes zuzog. Der Dichter brachte in jenen Jahren oft ganze Monate in dem Hauptflügel des altertümlichen Jenaischen Schlosses zu, dessen Querbau meinem Vater als Dienstwohnung angewiesen war; die beiderseitigen Fenster — jene Goethes und die unsrigen — lagen einander grade gegenüber; beide gingen auf

den inneren Schloßhof. Ich bemerkte nun mit nicht geringem Verdrusse, daß Goethe, dem alles Hundegebell in den Tod zuwider war, häufig nach Dacke, meinem beständigen treuen Begleiter, erklärten Lieblinge und Spielkameraden, warf, um ihn unter seinem Fenster fortzujagen; ja endlich gab er den gemessenen Befehl, das Tier solle eingesperrt oder ganz weggeschafft werden. Als dasselbe nun bald darauf starb, welcher Todesfall mir bittere Tränen entlockte, warf ich einen großen Haß auf Goethe, denn ich ließ es mir nicht ausreden, daß er meinen Dacke habe umbringen lassen. Besagter Haß auf den Dichter hielt mich jedoch nicht ab, unter den Fenstern seiner Zimmer mit seinem damals etwa siebenjährigen Sohne, der den Vater häufig besuchte, recht nach Herzenslust vergnügt zu spielen. August war ein wunderschöner Knabe und sah in der schwarzen idealen Bergmannstracht, die ihm sein Vater hatte anfertigen lassen, besonders reizend aus. Goethe hing mit unendlicher Liebe an ihm; oft fütterten beide miteinander die Tauben; noch öfter versüßte der Dichter des „Götz" und „Werther" unsere Kinderspiele dadurch, daß er Stückchen Torte, an einen Bindfaden gebunden, aus dem Fenster seines Arbeitszimmers in den Schloßhof, wo wir uns tummelten, herniederließ, damit wir danach haschten. Herzlich lachen konnte er, wenn die Leckerbissen endlich, zu kleinen Brocken zerkrümelt, in unsere Hände gelangten.
(86)

Geeinte Zwienatur?
Weimar 1797

Sein kleiner August kommt jetzt oft als Spielkamerad vom kleinen Schiller zu mir [Charlotte von Stein]. Er scheint ein gutes Kind. Ich schenkte ihm einige Spielereien, die ihn sehr freuten, und nach drei verschiedenen Pausen, wo er sich vermutlich einzeln die Geschenke in seinem Köpfchen rekapitulierte, sagte er allemal ein recht ausgesprochenes: „Ich bedanke mich". Ich kann manchmal in ihm die vornehmere Natur des Vaters und die gemeinere der Mutter unterscheiden. Einmal gab ich ihm ein neu Stück Geld; er drückte es an seinen Mund vor Freuden und küßte es, welches ich sonst am Vater auch gesehen habe. Ich gab ihm noch ein zweites dazu, und da rufte er aus: „Alle Wetter!"
(87)

Eine Abfuhr für den Bischof
Jena 1797

„Lord Bristol", sagte Goethe, „kam durch Jena, wünschte meine Bekanntschaft zu machen und veranlaßte mich, ihn eines Abends zu besuchen. Er gefiel sich darin, gelegentlich grob zu sein; wenn man ihm aber ebenso grob entgegentrat, so war er ganz traktabel. Er wollte mir im Lauf unseres Gesprächs eine Predigt über den ‚Werther' halten und es mir ins Gewissen schieben, daß ich dadurch die Menschen zum Selbstmord verleitet habe. ‚Der »Werther«', sagte er, ‚ist ein ganz unmoralisches, verdammungswürdiges Buch!' — ‚Halt!' rief ich. ‚Wenn Ihr so über den armen »Werther« redet, welchen Ton wollt Ihr denn gegen die Großen dieser Erde anstimmen, die durch einen einzigen Federzug hunderttausend Menschen ins Feld schicken, wovon achtzigtausend sich töten und sich gegenseitig zu Mord, Brand und Plünderung anreizen. Ihr danket Gott nach solchen Greueln und singet ein Tedeum darauf! — Und ferner, wenn Ihr durch Eure Predigten über die Schrecken der Höllenstrafen die schwachen Seelen Eurer Gemeinden ängstiget, so daß sie darüber den Verstand verlieren und ihr armseliges Dasein zuletzt in einem Tollhause endigen! — Oder wenn Ihr durch manche Eurer orthodoxen, vor der Vernunft unhaltbaren Lehrsätze in die Gemüter Eurer christlichen Zuhörer die verderbliche Saat des Zweifels säet, so daß diese halb starken, halb schwachen Seelen in einem Labyrinth sich verlieren, aus dem für sie kein Ausweg ist als der Tod! — Was sagt Ihr da zu Euch selber, und welche Strafrede haltet Ihr Euch da? — Und nun wollt Ihr einen Schriftsteller zur Rechenschaft ziehen und ein Werk verdammen, das, durch einige beschränkte Geister falsch aufgefaßt, die Welt höchstens von einem Dutzend Dummköpfen und Taugenichtsen befreit hat, die gar nichts Besseres tun konnten, als den schwachen Rest ihres bißchen Lichtes vollends auszublasen! — Ich dachte, ich hätte der Menschheit einen wirklichen Dienst geleistet und ihren Dank verdient, und nun kommt Ihr und wollt mir diese gute kleine Waffentat zum Verbrechen machen, während ihr anderen, ihr Priester und Fürsten, euch so Großes und Starkes erlaubt!'

Dieser Ausfall tat auf meinen Bischof eine herrliche Wirkung. Er ward so sanft wie ein Lamm und benahm sich von nun an gegen mich in unserer weiteren Unterhaltung mit der größten Höflichkeit und dem feinsten Takt. Ich verlebte darauf mit ihm einen sehr guten Abend."

(6)

Entlehnung? Erfindung?
Weimar 1797

Wir waren zu einer literarischen Abendgesellschaft bei der hiesigen Malerin und Literatin Mlle. Winkel, bei der sich die ganze Gelehrten-, Maler- und Dichterbruderschaft versammelt. Dort hörten wir den Journalisten Kind, der über Goethe herfiel, weil dieser das Sujet für „Hermann und Dorothea" irgendeinem zeitgenössischen Journalisten entwendet habe, der Wort für Wort im „Rheinischen Journal" die Anekdote erzählte, die dem Werk Goethes zugrunde liegt. Alle empörten sich über die Ungerechtigkeit des Angriffs, nach welchem es Goethe gleichsam nötig habe, ein entlehntes factum zu verbergen, das er emporhob, verzierte und in seiner herrlichen Dichtung neu schuf. Mit gleicher Berechtigung könnte man Phidias für seine Venus oder den Schöpfer des Apoll des Marmordiebstahls zeihen. [...]

Aber diesem Ausfall verdanken wir die Antwort des Antiquars Böttiger, der sich, nachdem er Kind angehört hatte, auf seinen Platz setzte und selbst eine Anekdote erzählte, deren Zeuge er selbst in Weimar bei der Herzogin gewesen war. In einem Gespräch Goethes mit Herder hatte der letztere einmal zu Goethe gesagt, daß der Inhalt von „Hermann und Dorothea" doch gewiß Anekdoten über die französischen Emigranten des Jahres 1792 entlehnt sei. Hier hatte Goethe Herder heftig geantwortet, daß er fast alle seine Werke aus der Natur und der Geschichte, also von anderen, genommen, daß er aber gerade das einfache Sujet dieser Idylle von niemand entlehnt, sondern selbst erfunden habe. Und darin kann man ihm Glauben schenken, denn es ist keine große schöpferische Arbeit notwendig, um sich einen Vorfall auszudenken, wie er sich, natürlich mit größeren oder kleineren Abweichungen, in der Zeit der Abenteuer französischer Emigranten am Rhein und in ganz Deutschland mehr als einmal ereignen konnte. (26)

Zugluft
Tiefurt 1797

So wurden einst auf dem Landsitze der verwitweten Herzogin Amalia zu Tiefurt die „Ritter" des Aristophanes durch Wieland, der sie für sein „Athenäum" übersetzt, vorgelesen. Es war im Spätherbst und Egidii vorbei. Nun traf es sich, daß den regierenden Herzog, der eben von der Jagd zurückkehrte, sein Weg durch Tiefurt führte. Er kam, als die Vorlesung bereits angegangen war. Wegen der vorgerückten Jahreszeit waren die Zimmer geheizt. Der Herzog, der aus freier Luft kam und dem es in der Stube zu heiß wurde, öffnete die Flügel eines Fensters. Einige Damen, die leichtbekleideten Achseln in seidene Tücher gehüllt, die diesen Fenstern zunächst saßen, beklagten sich kaum über den Luftzug, als auch schon Goethe mit bedachtsamen Schritten, um die Vorlesung auf keine Weise zu stören, sich dem Orte näherte, woher der Zug kam, und die Fenster leise wieder zuschloß. Des Herzogs Gesicht, der indes auf der anderen Seite des Saales gewesen war, verfinsterte sich plötzlich, als er wieder zurückkehrte und sah, daß man so eigenmächtig seinen Befehlen zuwiderhandelte. „Wer hat die Fenster, die ich vorhin eröffnet, hier wieder zugemacht?" fragte er die Bedienten des Hauses, deren keiner jedoch auch nur einen Seitenblick auf Goethe zu tun wagte. Dieser aber trat sogleich mit jenem ehrerbietig schalkhaften Ernste, wie er ihm eigen ist und dem oft die feinste Ironie zum Grunde liegt, vor seinen Herrn und Freund und sagte: „Ew. Durchlaucht haben das Recht über Leben

und Tod der sämtlichen Untertanen. Über mich ergehe Urteil und Spruch!" Der Herzog lächelte, und die Fenster wurden nicht wieder geöffnet.
(25)

Aufforderung zum Tanz
Zürich 1797

Auf der rechten Seite der untern Hälfte des Zürichsees liegen nebeneinander zwei Landhäuser: „Mariahalde", wo Graf Benzel-Sternau sein Leben beendigte, und die „Schipf", welche Jakob Escher, ein genialer Maschinenfabrikant, besaß. Diesen kannte ich [Conrad Ferdinand Meyer] noch in seinen letzten Lebensjahren — er überschritt die Achtziger. Als mich der greise Escher einst durch den Schipfsaal führte, erzählte er mir, Goethe habe — zu Ende des vorigen Jahrhunderts — auf einem Besuche in der Schipf, von seinem Freunde Meyer, dem „Kunschtmeyer", wie ihn später die Weimarer hießen, gebracht, diesen Saal, in dessen Hintergrund er eine Orgel erblickte, mit den lustigen Worten: „Hier muß man tanzen" betreten und dann den ganzen großen Raum im Tanzschritte durchmessen.
(88)

Das vergessene Perspektiv
Zürich 1797

Wir machten [...] einen Ausflug von Zürich nach der gute zwei Stunden entfernten Albishöhe. Vor dem Tore der Stadt — damals war Zürich noch befestigt — betraute Goethe einen jungen Mann, der ihn begleitete, mit einem Fernrohre. „Tragen Sie dazu Sorge!" schärfte er ihm ein. Als wir auf dem Rückwege wieder vor dem Tore anlangten, fragte Goethe den jungen Herrn: „Wo haben Sie das Perspektiv?" Dieser befühlte seine Taschen, nirgends war es zu finden. „Es liegt auf dem Tischchen vor dem Spiegel im Eßsaale des Albishauses." — „Gehen Sie gleich zurück und bringen Sie es!" Der junge Mann ging.

Das fand ich etwas hart [...], aber Goethe wollte seinem jungen Begleiter eben eine tüchtige Lehre geben.
(88)

Frau Kastellan durchschaut ihn
Nürnberg 1797

Einmal war Goethe in Nürnberg gewesen und war da von dem Kastellan der Burg und seiner Frau, einem wackeren, alten Paare, wie eine Gottheit empfangen und gefeiert worden. Sie wußten sich gar nicht genug zu tun. Fräulein Knebel, die Schwester von Goethes Freund, [...] war eine Verwandte des Kastellans und bei ihnen zu Gaste. Sie wunderte sich über die kalte, stolze Art, in der Goethe die gutgemeinte Huldigung der Alten aufnahm, was diese auch sehr grämte. Die alte Frau hatte schließlich in ihrer Enttäuschung gesagt: „Ach, ich habe doch die Heuchler gar so gern."
(89)

Korrektheit
Weimar 1797

Ein jenaischer Student, der dem Dichter in Weimar seine Aufwartung machte, saß neben ihm auf dem Sofa. Die Unterhaltung von ziemlich gewöhnlichen Dingen unterbrach der Eintritt eines Fremden, dem Goethe entgegenging, ihn begrüßte und ihm seinen bisherigen Platz auf dem Sofa neben dem Musensohne einräumte. Goethe ließ sich auf einem Stuhle nieder und unterbrach die ziemlich lange Pause durch die Worte: „Ich muß die Herren doch einander vorstellen! Herr Studiosus P[etersen] aus Itzehoe — Seine Durchlaucht, der Herzog von Weimar."
(33)

Gesichte der Sonntagskinder
Weimar 1797

Bei der Betrachtung der trefflichen Kopie der Madonna della Seggiola in Goethes Hause glaubte Wieland, so eine weibliche Gestalt wie die Madonna sei nirgends in Deutschland anzutreffen. Meyer behauptete: wir fänden sie überall. Goethe setzte die Erklärung hinzu: „Die Künstler sind wie die Sonntagskinder; nur sie sehen die Gespenster. Wenn sie aber ihre Erscheinung erzählt haben, so sieht sie jedermann."
(3)

Arg strapazierte Vorstellungskraft
Weimar 1797

Wie ich [Karoline von Heygendorf] früher schon sagte, gehörte es zu den Grundsätzen des Hofkammerrats, die Schauspieler durch Vorschüsse zu fesseln; die Abzüge versetzten dieselben in die drückendste Lage, und so mußte ich mit armen unzufriedenen Leuten und wenig bedeutenden Talenten — ich spreche nicht von der Oper allein — meine Aufgaben ausführen, daß mir alle Freude zu neuen Rollen verging. Diese Mängel schrieb ich dem Lenker des Theaters zu und war böse, daß er geschehen ließ, was so leicht besser gemacht werden konnte, auch daß er für alle Nebendinge kein Interesse hatte, die dem Schauspieler gleichwohl wichtig sind, weil er bei der ersten Auffassung der Rolle sein Spiel daran anknüpft. Wenn zum Beispiel in einem Stücke eine Grotte vorgeschrieben war, die mit Kränzen geschmückt werden, eine Laube, in der man lauschen, ein Wasserfall, an dessen Rande man einschlummern sollte, so wurde in der Probe nichts von diesen Requisiten vorgeführt oder auch nur angedeutet, vielmehr rief Goethe aus dem Parterre, wo er zuweilen, aber nicht oft, den Proben beiwohnte: „Das supponiere man!" Wenn man sich aber wirkungsvollere Aktionen bis zur Vorstellung supponieren soll, so ist das ein sehr großes Hindernis für die Darstellung und verdirbt dem Künstler die Freude an der Arbeit.
(90)

Urheberrecht
Weimar 1798

Goethe und Schiller hatten die „Xenien", die im „Musenalmanach für das Jahr 1797" erschienen, als Gemeinschaftsarbeit geschrieben und verabredet, über die Urheberschaft einzelner Teile keine Auskunft zu geben. „Welche Verslein sind eigentlich von Ihnen, Herr Geheimrat?" erkundigte sich eines Tages der Herzog bei Goethe. „Alle, die nicht von Schiller sind", entgegnete Goethe.
(49)

Minister-Dichter
Jena 1798

Man hat viel davon gesprochen, daß Goethe nicht ganz ohne Neid auf Fichtes damalige Popularität geblickt habe, und man hat viele Geschichten erzählt. In Jena war Fichte allerdings der Abgott der Studenten; aber es ist wohl töricht — indessen will ich Ihnen doch ein darauf bezügliches Geschichtchen erzählen.

Fichte kam eines Tags sehr mürrisch zu uns. — „Was gibt's, Fichte?"— „Ach, ich komme von Goethe."

„Nun?"

„Man sollte es nicht erzählen. — Die Studenten haben gestern abend Goethe eine Abendmusik gebracht, und er hat das in seiner vornehmen Manier übelgenommen. Heute sag ich ihm, er möge bedenken, daß die jungen, feurigen Leute das Ständchen nicht dem Minister Goethe, sondern dem Dichter Goethe gebracht hätten. ,Ich wünsche nicht', erwiderte er, ,daß man den Minister über dem Dichter vergesse.' "
(84)

Verteilte Chancen für Wiedergeburt
Weimar 1798

Merkwürdig ist mir [Falk] immer ein Wort, das Goethe einmal im Gespräch über unsern gemeinschaftlichen, edeln Freund, den Maler und Kunstkenner Meyer, sagte und das man vielleicht mit noch größerm Rechte auf ihn selber anwenden könnte. „Wir alle", hub er an, „soviel wir unser sind, Wieland, Herder, Schiller, haben uns von der Welt doch irgend etwas und von irgendeiner Seite weismachen lassen, und ebendeshalb können wir auch noch einmal wiederkommen, sie wird es wenigstens nicht übelnehmen. Dergleichen aber konnte ich an Meyer, solange ich ihn kenne, niemals wahrnehmen. Er ist so klar und in allen Stücken so ruhig, so grundverständig, sieht, was er sieht, so durch und durch, so ohne alle Beimischung irgendeiner Leidenschaft oder eines trüben Parteigeistes, daß das Zuunterst (dessous) der Karten, was die Natur hier mit uns spielt, ihm unmöglich verborgen bleiben konnte. Ebendeshalb aber ist auch für seinen Geist an keine Wiederkunft hiesigen Ortes zu denken; denn die Natur liebt es nun einmal

nicht, daß man ihr gleichsam unaufgefodert so tief in die Karten blickt, und wenn auch deshalb von Zeit zu Zeit einer kommt, der ihr eins und das andere von ihren Geheimnissen ablauscht, so sind auch wieder schon zehn andere da, die es geschäftig zudecken."
(25)

Natürlich natürlich
Weimar 1798

Am Ende des 18. Jahrhunderts war Jean Paul Richter einer der berühmtesten Dichter Deutschlands; namentlich die Damen schwärmten für ihn. Er kam wiederholt zu längerem Aufenthalt nach Weimar. Einmal mietete er sich am Markte in Zimmern ein, unter denen die junge Sängerin Maticzek ihre Wohnung hatte. Sie erwartete also seinen Besuch und machte sich Gedanken, wie man diesem seltsamen humoristischen Genie entgegenkommen und mit ihm umgehen müsse. Sie fragte Goethen um seine Meinung und sagte, bisher habe sie vor, dem Herrn Richter, wenn er eintrete, trillernd entgegenzutanzen.

„Kind, mach's wie bei mir und sei natürlich!" versetzte Goethe.
(51)

Viele und wenige
Weimar 1798

Bei dieser Vorstellung war es, wo nach Goethes Befehl auf dem Komödienzettel zum ersten Mal die Herren, Madames und Demoiselles vor den Namen der Mitglieder wegfielen. Ich fragte Goethe um den Grund dieser Anordnung; er meinte: der Name des Künstlers sei genügend; Herren und Madames gäb es sehr viele in der Welt, aber Künstler sehr wenig. Doch gab diese Eigenheit zu manchem Irrtum Anlaß, namentlich wenn Frauen in Männerrollen auftraten.
(79)

Wirksame Drohung
Weimar 1798

Mit Goethe zu Tisch. — Nachdem gegessen und abgeräumt war, ließ er durch Stadelmann große Portefeuilles mit Kupferstichen herbeischleppen. Auf den Mappen hatte sich einiger Staub gesammelt, und da keine passenden Tücher zum Abwischen in der Nähe waren, so ward Goethe unwillig und schalt seinen Diener. „Ich erinnere dich zum letztenmal", sagte er, „denn gehst du nicht noch heute, die oft verlangten Tücher zu kaufen, so gehe ich morgen selbst, und du sollst sehen, daß ich Wort halte." Stadelmann ging.

„Ich hatte einmal einen ähnlichen Fall mit dem Schauspieler Becker", fuhr Goethe gegen mich [Eckermann] heiter fort, „der sich weigerte, einen Reiter im ‚Wallenstein' zu spielen. Ich ließ ihm aber sagen, wenn *er* die Rolle nicht spielen wolle, so würde ich sie selber spielen. Das wirkte. Denn sie kannten mich beim Theater und wußten, daß ich in solchen Dingen keinen Spaß verstand und daß ich verrückt genug war, mein Wort zu halten und das Tollste zu tun."

„Und würden Sie im Ernst die Rolle gespielt haben?" fragte ich.

„Ja", sagte Goethe, „ich hätte sie gespielt und würde den Herrn Becker heruntergespielt haben, denn ich kannte die Rolle besser als er."

(6)

No German Nonsense
Weimar 1798

Deutschland ist und bleibt auf ewig das wahre Vaterland meines [von Brinckmanns] *Geistes* und meines *Herzens* [...]. Schon vor einigen und zwanzig Jahren durchglühte mich diese Vorliebe so kräftig, daß Goethe mich einmal im Scherze „einen Allemand enragé" nannte und mich riet, nach England zu reisen, wo man mich mit dem Gruß empfangen würde: „*No German nonsense swells my British heart.*"

(30)

SCHACHMATT
Weimar 1799

Auf diese leere Stelle will ich [Karoline Schlegel] gleich noch etwas Amüsantes setzen, das uns Schelling diesen Mittag zum besten gab, wie ihm Goethe einmal beschrieben, daß er mit Jean Paul einen ganzen Abend Schach gespielt, figürlich. Der hat nämlich ein Urteil über ihn und seine Gattung herauslocken wollen und ihn nach G[oethes] Ausdruck auf den Sch — dr — führen, hat einen Zug um den andern getan nach Yorick, von Hippel, von dem ganzen humoristischen Affengeschlecht — G[oethe] immer nebenaus! Nun, Du mußt Dir das selbst mit den gehörigen Fratzen ausführen, wie Jean Paul zuletzt in die höchste Pein geraten ist und sich schachmatt hat nach Hause begeben. Einen durchtriebnern Schalk gibt es auf Erden nicht wie den G[oethe], und dabei das frömmste Herz mit seinen Freunden.
(91)

RHYTHMISCHE ÜBUNGEN, ÄCHZEND
Weimar 1799

Das Regiesystem, welches Schröder eingeführt, das den größten Wert auf die Leseproben, als die eigentliche Basis der ganzen Kunstleistung, legte, war von Goethe adoptiert worden; in diesem Falle, wo das Rhetorische der Aufführung so neu und überwiegend wichtig war, mußten diese Proben nicht nur vervielfacht, sondern in förmliche Leseübungen verwandelt werden. Und so schwer war es, dem Rhythmus sein Recht zu verschaffen, daß Goethe im Eifer des Demonstrierens so weit gebracht wurde, eine der Ersten und hochbegünstigten Künstlerinnen beim Arme zu ergreifen, sie im Jambentakte hin- und herzuzerren und durch das Akkompagnement eines ingrimmig akzentuierten Ächzens den Rhythmus begreiflich zu machen.
(92)

Lieber Kotzebue als Schiller
Jena 1799

Die Familie des berühmten Anatomen Loder gehörte [...] zu denen, die mich [Steffens] freundlich aufgenommen hatten. Sein Geburtstag nahete, und man wünschte diesen Tag durch ein Schauspiel zu feiern; man wählte den „Schauspieler wider Willen", und meine große Beweglichkeit erweckte die Vermutung, daß ich wohl fähig wäre, die Hauptrolle zu übernehmen. [...] Das Theater war errichtet; wiederholte Proben fanden statt; ich war nicht bloß der Hauptschauspieler, sondern auch Regisseur. [...] Die Hauptrolle enthält bekanntlich eine Menge deklamatorische Stellen aus verschiedenen Dramen; die in dem Stück vorkommenden waren meist veraltet und unbedeutend. Ich vertauschte sie mit übertrieben deklamatorischen Stellen aus Ifflandschen und Schillerschen Stücken. Von Schiller hatte ich, soviel ich mich erinnere, einen Monolog aus „Fiesko" gewählt, in welchem der verzweifelte Held ausruft: „Hätte ich das Weltall zwischen diesen meinen Zähnen, ich wollte es zerkauen, bis es aussähe, scheußlich wie mein Schmerz!" Eine andere Stelle war aus „Kabale und Liebe" genommen, wo der verzweifelte Held sich in der Hölle findet, mit dem tyrannischen Fürsten Rad an Rad geflochten, grinsend, zähnefletschend.

Die Tage der Proben gingen vorüber; wir waren zur General-Probe versammelt, da trat auf einmal Goethe herein. Er hatte freundlich, wie er bei solchen Gelegenheiten immer war, versprochen, die General-Probe zu leiten; mir hatte man es verborgen gehalten. Nachdem er die Frauen begrüßt hatte, ging er auf mich zu, sprach mich freundlich und gütig als einen Bekannten an. „Ich habe", sagte er, „lange erwartet, Sie einmal in Weimar bei mir zu sehen; ich habe vieles mit Ihnen zu sprechen, Ihnen vieles mitzuteilen. Wenn diese Tage verflossen sind, werden Sie mich, wie ich hoffe, begleiten." Wer war glücklicher wie ich. Es war mir, als wäre ich jetzt erst heimisch geworden in Jena. Ich jubelte, und der frohe Jubel einer übermütigen Stimmung ergoß sich in mein Spiel. Hier und da gab Goethe einen guten Rat, und mir schwebten auf eine wunderbar heitere Weise die dramatischen Auftritte in „Wilhelm Meister" vor der Seele, die sich nun hier durch den großen Verfasser zu verwirklichen schienen. Als ich die Stellen aus den Schiller-

schen Stücken deklamiert hatte, trat Goethe freundlich auf mich zu. „Wählen Sie doch", sagte er, „andere Stücke; unsern guten Freund Schiller wollen wir doch lieber aus dem Spiele lassen." [...] Indessen erbot ich mich auf der Stelle, Kotzebue zu wählen statt Schiller; man brauchte da nicht lange zu suchen.
(93)

Kostenlose Besichtigung
Weimar 1799

Tieck hatte schon verschiedenes veröffentlicht und selber mehrere seiner Schriften Goethe zugesandt. Er konnte also annehmen, kein Unbekannter für ihn zu sein, und erlaubte sich deshalb, als er eines Tages in Weimar war, den Dichterfürsten ohne weitere Empfehlung einfach in seiner Wohnung aufzusuchen. Ob Goethe gerade schlechter Laune war oder sich im Augenblick des Namens Tieck nicht erinnerte, läßt sich nicht feststellen. Tatsache aber ist, daß er dem den Besuch anmeldenden Diener den Auftrag erteilte, den fremden Herrn abzuweisen. Er besann sich jedoch sofort eines anderen, rief den Diener zurück und trat selbst in das Vorzimmer. „Sie wünschen mich zu sehen?" fragte er den sich ehrerbietig vor ihm Verneigenden. „Gewiß, Herr Geheimer Rat", antwortete Tieck. „Nun, so sehen Sie mich", sagte Goethe, indem er sich langsam und majestätisch um seine Achse zu drehen begann. „Haben Sie mich gesehen?" fragte er, als er seine Drehung beendet hatte. „Unzweifelhaft", antwortete Tieck, der sich von seiner anfänglichen Verblüffung bereits wieder erholt hatte. „Nun, so können Sie wieder gehen", sagte der Olympier, indem er sich selbst würdevoll umwandte, um in sein Zimmer zurückzukehren. „Noch einen Augenblick, Herr Geheimer Rat, wenn ich bitten darf", rief Tieck ihm nach. „Was wünschen Sie noch?" fragte Goethe unwillig. „Nur eine Kleinigkeit", antwortete Tieck, indem er mit der Hand in die Tasche fuhr. „Was kostet die Besichtigung?" Eine solche Keckheit war dem Dichterfürsten in seinem eigenen Hause noch nicht entgegengetreten. Wortlos betrachtete er den kühnen Besucher, den er bis jetzt kaum flüchtig angesehen hatte, mit scharfen, durchdringenden Blicken, und da gewahrte er so viel Ungewöhnliches und Interessantes, daß sein Zorn sofort verrauchte. „Sie gefallen mir", sagte er nach einigen Augenblicken,

„treten Sie bei mir ein." Auf diese Weise begann zwischen den beiden so verschieden gearteten Männern die persönliche Bekanntschaft, die auch dann noch unterhalten wurde, als Goethe den Übertreibungen der romantischen Schule entgegenzutreten genötigt war und von den Jüngern Tiecks deshalb aufs heftigste angegriffen und maßlos bekämpft wurde.
(30)

GESTILLTES VERLANGEN
Weimar 1799

Tieck erzählte von seinen Studien des Shakespeare und dessen Zeitgenossen. Dies führte auf Ben Jonson. Er schilderte dessen durchgehenden Gegensatz gegen Shakespeare und endete mit der Frage, ob Goethe nicht einen Versuch mit dem sonderbaren Schriftsteller machen wolle. Da Goethe bereitwillig darauf einging, schlug er ihm den „Volpone" vor und überbrachte ihm die Folioausgabe. Als er ihn nach einiger Zeit wieder besuchte, hatte Goethe das empfohlene Drama soeben durchgelesen. Das Buch lag noch vor ihm. „Hören Sie, verehrter Freund", rief er ihm besten Humors entgegen, indem er mit der Hand auf den Deckel des Buches schlug, „das ist ja ein ganz verfluchter Kerl! ein wahrer Teufelskerl!" Tieck sprach seine Freude aus, daß seine Empfehlung sich bewährt habe. „Ja, das ist ein Schwerenotskerl!" fuhr Goethe mit derselben Handbewegung fort, „was hat der für Kniffe im Kopfe!" Auf die Frage, ob er nicht noch einiges andere lesen wolle, um ihn ganz kennenzulernen, antwortete er abwehrend: „Nein, verehrter Freund, nun ist es genug, nichts weiter. Ich kenne ihn jetzt, und das reicht hin!"
(94)

ERSCHÜTTERUNG IN GRENZEN
Weimar 1799

Zugleich war eine andere Hoffnung im Sommer 1799 in Erfüllung gegangen. Tieck war dem Altmeister der Poesie genaht, er hatte Goethe gesehen. Schlegel, der bei Goethe als metrischer Ratgeber in Ansehen stand, und Novalis hatten es übernommen, ihn einzuführen. Sicherer und unbefangener, als er selbst geglaubt hatte, trat

er nun endlich jenem Dichter entgegen, dessen Gestalten ihn seit den Tagen frühester Kindheit begleitet hatten, der zu einer großen geistigen Macht in seinem Leben geworden war. Diesen Augenblick hatte er als Knabe geahnt und ihn mit heißer Sehnsucht als Jüngling herbeigewünscht, darauf schien eine Seite seines Lebens angelegt. Jetzt endlich war er da! Goethe stand wirklich vor ihm. Das war er selbst, Götz, Faust, Tasso! Aber auch der Herrscher im Reiche der Poesie, in abgeschlossener Hoheit stand vor ihm. Ein gewaltiges, erschütterndes Gefühl erfüllte ihn beim ersten Anblicke. „Das ist ein großer, ein vollendeter Mensch, du könntest bewundernd vor ihm niederfallen!" Zugleich erhob sich aus dem Grunde seiner Seele wie ein Wolkenschatten der leise aufsteigende Zweifel: „Könntest du ihn zu deinem Freunde, deinem Vertrauten machen?" Und er mußte sich antworten: „Nein, das könntest du nicht!"
(94)

Schneidend kalt
Weimar 1799

So mußte sich Fichte nach seinen Gesinnungen und selbst durch seine politisch-literarischen Assoziationen als den politischen Gegner Goethes, dieser sich als den seinigen betrachten. [...] Und wie auch im Auf- und Abwogen der gesellschaftlichen Äußerungen die politischen Urteile oft grell aufeinandertreffen mochten, davon berichtet einen charakteristischen Zug ein [...] Schreiben von Fichte an Reinhold, wo er, des Rastatter Gesandtenmordes erwähnend und der Aufregung, die diese abscheuliche Tat in der Gesellschaft hervorgebracht habe, hinzusetzt, Goethe und Schiller hätten ausgerufen: „So ist's recht, diese Hunde muß man totschlagen."

Dadurch ist nun Fichtes inneres Verhältnis zu seiner damaligen Regierung und zu dem einflußreichsten Manne derselben vollständig dargelegt. Goethe konnte nach seiner entschiedenen Parteinahme in jener Hauptangelegenheit der Zeit Fichte wegen seiner Genialität und der Macht seines Einflusses auf die Akademie eigentlich nur tolerabel, wider Willen unentbehrlich finden; dieses zwang ihn zu seiner Anerkennung, aber es war kein freiwilliges Interesse, das auf Übereinstimmung und Vertrauen beruht oder solches hervorgerufen hätte; und so ließ er ihn fallen, als die Zeit der Prüfung gekommen war und es günstiger scheinen konnte, andern

Interessen zu folgen. Wie wir aus sicherer mündlicher Überlieferung wissen, war es Goethe, der bei dem Schwanken der andern Räte, namentlich des Geheimrat Voigt, die Maßregel durchsetzte, Fichte die Demission zu erteilen und ihm den „Rat des Wanderns" zu geben, und, als man ihm vorwarf, dadurch der Universität einen unersetzlichen Schaden zugefügt zu haben, in die Worte ausbrach: „Ein Stern geht unter, der andere erhebt sich!
(96)

Vorleser Tieck
Weimar 1799

Als er sie vollendet hatte, las er mir im alten Schlosse in Jena seine „Genoveva" vor. Nachdem er geendet, meint ich, wir hätten zehn Uhr; es war aber schon tief in der Nacht, ohne daß ich's gewahr geworden. Das will aber schon etwas sagen, mir so drei Stunden aus meinem Leben weggelesen zu haben.
(95)

Hinter den Kulissen
Weimar 1799

In einer Probe des „Titus" geschah es einst, daß die Jagemann zur Unzeit in einer Kulisse sichtbar wurde. Goethe rief, wie er den Regisseur zu nennen pflegte: „Genast! sorgen Sie dafür, daß das Theater frei bleibt." Genast tat, wie ihm befohlen worden. Die Jagemann, mutwillig wie sie war, schlüpfte kurz darauf aus der Kulisse in die nebenan befindliche. Da verließ Goethen die Geduld, und er sprach mit gewaltiger Stimme: „Tausend Donnerwetter! Das ist ja wie in einem Taubenschlage! Ich will, daß niemand das Theater betrete, wer nicht dahin gehört!" Der Jagemann mußte etwas in die Kehle gekommen sein; denn in ihrer nächsten Nummer sang sie mit unsicherer Stimme.
(82)

Rauh, aber herzlich
Weimar, um 1799

Wieland war öfters der Gegenstand meiner [Morgensterns] Gespräche mit Falk. Höchst interessant ist's, ihn mit Goethe zusammen zu sehen. Sie nehmen einander nichts übel. Goethe erzählt in einer Gesellschaft etwas mit ernster feierlicher Miene. Ein Kreis steht herum, Wieland ihm gegenüber. Wieland unterbricht den Erzählenden: „Schatz! was machst du für eine Fresse!" Natürlich lacht die Gesellschaft.
(30)

Nachbarschaft
Weimar, um 1799

Ferner fand ich da öfter Goethes Schreiber John, der immer mit hoher Verehrung von Goethe sprach und so viel Merkwürdiges von ihm zu erzählen wußte, vorzüglich auch von seiner Freundlichkeit gegen Menschen jeden Standes. So wohnte zum Beispiel neben Goethe ein Zeugweber, dessen Webstühle gerade in einem Zimmer standen, das von Goethes Saal nur durch eine Brandmauer geschieden war, so daß man, wenn Goethe Gesellschaft gab, jeden Schlag der Webstühle hörte. Goethe hatte das viele Jahre ertragen, ohne ein Wort darüber zu sagen. Einst wollte er wieder Gesellschaft geben und ließ seinen Nachbar zu sich bitten, dem er nun den Übelstand mitteilte mit der Frage, wieviel sein Verlust betrage, wenn er die Arbeit einen Abend aussetze. Als der Nachbar unter keiner Bedingung auf eine Entschädigung eingehen wollte, sich aus nachbarlicher Gefälligkeit zur Unterbrechung der Arbeit erbot, sagte Goethe: „Aber Ihre Leute, was werden die dann anfangen?" — „Ei, die werden froh sein, wenn sie einen freien Abend haben!" — „Nun, dann verteilen Sie wenigstens dies unter die Leute, damit sie ein Glas Bier trinken können!"
(15)

ZUVIEL VERLANGT
Tiefurt, um 1799

Goethen war die Formlosigkeit der Jean Paulschen Kunst durchaus verhaßt. Er aß zuweilen bei der Herzogin Amalie zu Tiefurt zu Mittag. Er beschwerte sich, daß der dortige herzogliche Mundkoch Goullon so oft Sauerkraut vorsetze. Eines Tages, da man ihm wieder Sauerkraut aufgetischt hatte, stand er voll Verdruß auf und ging in ein Nebenzimmer, wo er ein Buch aufgeschlagen und auf dem Tische liegen fand. Es war ein Jean Paulscher Roman. Goethe las etwas darin, dann sprang er auf und sagte: „Nein, das ist zu arg! Erst Sauerkraut und dann fünfzehn Seiten aus Jean Paul! Das halte aus, wer will!"
(62)

LOBEN LASSEN, TADELN LASSEN
Weimar, um 1799

Goethe erklärt sich stark gegen die, welche Weimars Gemeinvorteil verraten. Wieland sagte einst zu ihm: „Aber wie könnte ich mich so ekelhaft loben lassen, Herr Bruder, wie es die Sch..... tun?" Antwort: „Man muß sich das ebenso gefallen lassen, als wenn man aus vollem Halse getadelt wird."
(3)

GEDULDETER KLEINER FREUND
Weimar 1800

Ein glückliches Ohngefähr wollte es, daß ich [Müller] die persönliche Bekanntschaft dieses Goethe zu machen gewürdigt wurde.

Ja, nicht bloß unzähligemal hab ich ihn gesehen außer und in dem Theater: — er machte mich zu seinem „kleinen Freund", wie er mich zuweilen scherzend nannte. Sie vermittelte sich, diese „Freundschaft", als ich eines schönen Abends in eben demselben Theater, wo ich außer dem Rochus Pumpernickel noch manche andere heitere und ernste Stücke aufführen sah und von derselben breiten einfach bretternen Brüstung der Loge des alten Herrn, auf welcher ich in der erstgenannten Posse zum erstenmal gesessen hatte, wohlgemut und spannungsvoll auf die Bretter da vorn lugte, welche die Welt bedeuten. Es wurde, um diplomatisch zu erzählen, die Salierische Oper „Tarare" (Axur, Text von Beaumarchais) gegeben. Da, als der zweite Akt begonnen hatte, die Jagemann (Astasia) in ihrem großen verzweiflungsvollen Rezitativ begriffen war und mir Tränen jammervollen Mitleids über ihr schreckliches Los abzwang — da plötzlich knarrt die Logentür in den Angeln und öffnet sich. Nichts Fataleres hätte mir in diesen wichtigen Augenblicken begegnen können. Fort auf einmal alle meine Illusion, meine Ruhe hin, mein Herz schwer; ich konnte der Ärmsten da oben nicht helfen, erbarmungslos mußte ich sie ihrem tragischen Schicksal überlassen, denn ich bekam es nun mit meinem eigenen, vielleicht noch viel tragischeren, vollauf zu tun. — *Goethe* trat in die Loge. In so nahen Gesichtskreis war „der Geheimrat" mir noch nie gekommen. Seine Erscheinung hatte stets etwas Ehrfurchtgebietendes für den Knaben gehabt; jetzt überkam mich auch das Gefühl einer andern Furcht vor dem mächtigen Manne, dem ich ein Stück Eigentum unbefugterweise besetzt hielt. Goethe erblicken und zitternd zum Sprung herunter mich anschicken war eins. — Da erfaßt meinen *Arm* eine starke Hand — die seine; Entsetzen erfaßt *mich.* „Bleib getrost, mein Sohn, wir beide haben Raum genug. Wer wird den andern ohne Not verdrängen?" tönt — noch heute hör ich sie — alsbald eine volle, ruhige Stimme mir ins Ohr — die seine. Ach, wie weich und mild und schön erklang sie! Ich glaubte zu träumen. Wohin nun Furcht und Entsetzen? Und als ich mich jäh umwandte, ruhete sein großes, dunkles, wundervolles Auge liebreich und warm auf dem bepurpurten Antlitz des bewegten Knaben. *Den* Blick werd ich nie vergessen, nie jene Worte; keine hab ich fester behalten wie sie. Wie stolz und „vornehm" hatte ich mir den alten Herrn gedacht, auch da, wo er zuweilen, die Arme auf dem Rücken, dem Stelzenlauf oder dem Ballspiel von uns Knaben auf dem Theaterplatz für Augenblicke wohlgefällig zuschaute, und nun — welch liebliche Enttäuschung! Ja, selbst seine majestätische, heroengleiche Gestalt im schwarzen Frack erschien mir kleiner, „menschlicher". Mein „Respekt" vor dem Alten war im Sinken; dafür aber begann ich ihn zu lieben. Er reichte mir sein Textbuch zum Mitnachlesen, und bald entspann sich eine Unterhaltung, in deren Verlauf *er*, der große Mensch, dem Kleinen seine winzig kleine Lebensgeschichte anteilvoll entlockte. Er war ein Kind mit dem Kinde — war er es doch mit den

Kindern! Wer war glücklicher als der Knabe? Und noch oft nahm er den Platz ein, noch oft in unmittelbarer Nähe des Eigners, der ihn, neben steter freundlicher Ansprache mit Erkundigung nach den Fortschritten in den Schulwissenschaften, auch materiell mit manch Stücklein Kuchen, hin und wieder auch einem Glas Wein aus seinem Flaschenkorb erquickte. Denn Goethe liebte es, zuweilen einen kleinen Vorrat kalter Speise und Weins in seiner Loge bereitzuhalten, mehr für andere, deren — Einheimische und Fremde von Bedeutung — er nicht selten auch dort empfing.
(97)

Auch eine Interpretation Schillerscher Dramatik
Weimar 1800

Goethe behandelte den kränklichen, oft launischen Dichter wie ein zärtlicher Liebhaber, tat ihm alles zu Gefallen, schonte ihn und sorgte für die Aufführung seiner Trauerspiele. Doch manchmal brach Goethes kräftige Natur durch, und einmal, als eben die „Maria Stuart" bei Schiller besprochen war, rief Goethe beim Nachhausegehen: „Mich soll nur wundern, was das Publikum sagen wird, wenn die beiden Huren zusammenkommen und sich ihre Aventüren vorwerfen!"
(98)

Und zwar auf Punsch
Weimar 1800

Eine ganz eigentümliche Bewandtnis hatte es mit der Aufführung von „Paläophron und Neoterpe" am Geburtsfeste der Herzogin Amalia, 24. Oktober 1800.

Ganz kurz vorher war „Die stolze Vasti" im Salon der Herzogin wiederholt gegeben worden, und alle Teilnehmenden spielten so allerliebst, daß Goethe, von dem heitern Eindrucke hingerissen, ihnen alsobald gelobte, schnell noch ein neues Stück zu dichten, mit dem sie am Geburtstage die geliebte Fürstin überraschen sollten. Aber bis dahin waren nur noch ganz wenige Tage. Um nun die bei so knapper Frist allerdings schwierige Aufgabe möglichst rasch zu lösen und sowohl sich als die Spielenden in begeisterte Stimmung zu versetzen, ergriff Goethe folgendes heroische Mittel. Er lud sich bei den Hofdamen zum Frühstück, und zwar auf Punsch, ein, versammelte die Personen, denen er Rollen zudachte, um sich und diktierte nun der Fräulein von Göchhausen die verschiedenen Rollen in die Feder, während er selbst im Zimmer gravitätisch auf und ab schritt.

Sobald eine Rolle bis auf einen gewissen Punkt diktiert war, mußte sie sofort memoriert, und sobald die entsprechende zweite Rolle auf das Papier gebracht war, gleich mit dieser zusammen probiert werden, wobei Goethe aufs lebhafteste antrieb, vorspielte und einwirkte. So geschah es denn, daß in zweien Vormittagen das Stück fertig wurde und, nach einer Hauptprobe am dritten Tage, wirklich am 24. Oktober aufs trefflichste und zu höchster Freude der Herzogin gespielt werden konnte. [...] aber beinahe wäre noch im letzten Momente alles an Gelbschnabelchen und Naseweis gescheitert, indem die dazu angelernten Kinder sich die häßlichen Nasen-Masken durchaus nicht anhängen lassen wollten, so daß Goethe sich genötigt sah, noch in größter Hast noch ein paar Kinder vom Theater aufzutreiben und einzuexerzieren, die denn doch glücklicherweise sich ihrer Rollen ganz leidig entledigten. (99)

Behagliche Gegenrede
Jena, um 1800

Amalie [von Helvig] erzählt aus dieser Zeit: „Zu wiederholten Malen verbrachte ich Wochen bei Schillers, wo jedes Wort die Grenzen meiner Begriffe erweiterte. — Goethe kam oft nach Jena, und abends, zu vieren um einen kleinen runden Tisch versammelt, nährte ich mich weit mehr mit geistiger als leiblicher Speise, oft bis tief in die Nacht hinein, den bedeutendsten Gesprächen beider Männer im lebhaftesten Umtausch der Ideen horchend." — Auch Herr von Knebel gehörte zu dem Freundeskreis, und als einst die Debatten sehr ausgedehnt worden waren, verabschiedete sich der erregte und oft zerstreute Freund, verfehlte aber die rechte der beiden nebeneinander liegenden Türen im Flur. Ein Stoß, ein Schrei und tolles Flaschengeklirr belehrte die arme Hausfrau, daß statt der Haustür der Vorratsschrank mit Konfitüren den genialen Faustschlägen Knebels gewichen war.

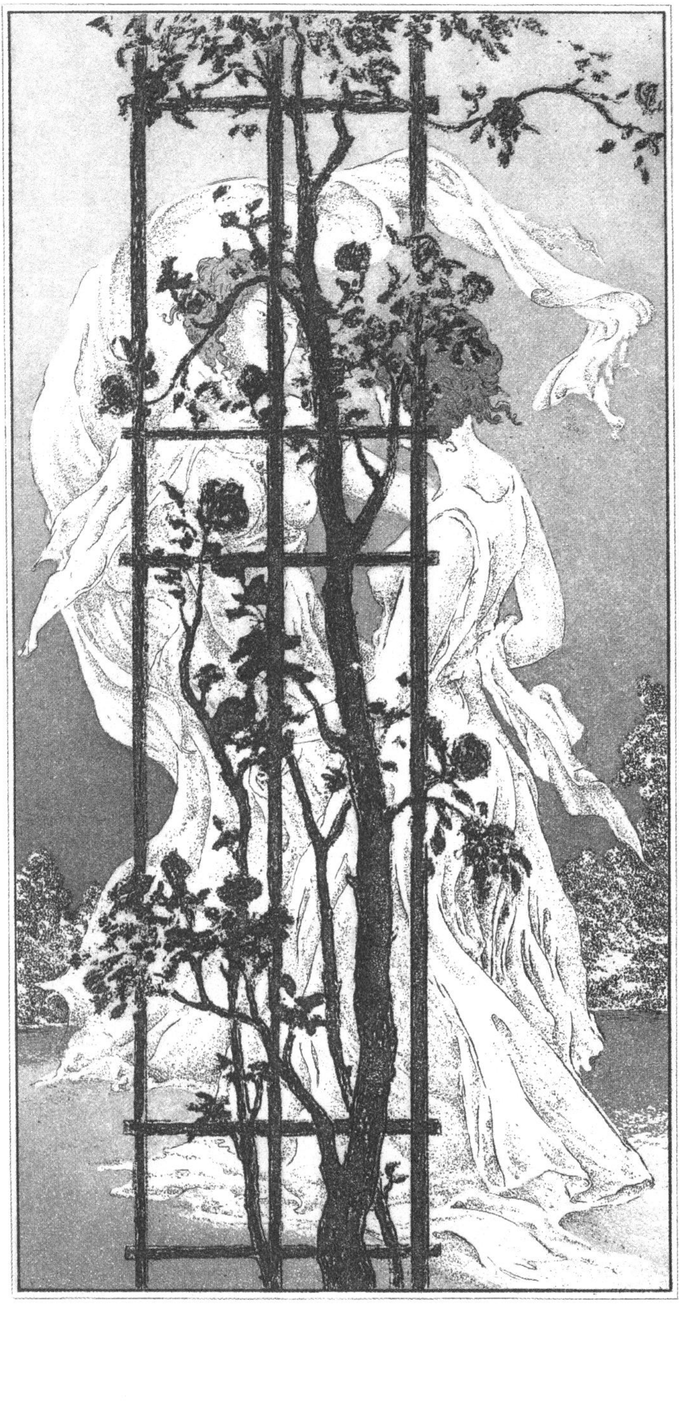

Einen andern Abend demonstrierte der Freund in heftigster Weise seine Ansichten über verschiedenes dem still horchenden Goethe vor, und als er keine Gegenrede erhielt und betroffen darüber vor Goethe stehenblieb, erwiderte dieser ganz behaglich: „Ach sag doch noch mehr so was Dummes." Diesmal deckte wohlweislich die Hausfrau den bewußten Schrank mit ihrem Rücken, um einer zweiten Erstürmung vorzubeugen.
(100)

NATURTALENT AMALIE
(Variante 1)
Weimar, um 1800

Nie haben Goethe oder Schiller in dieser Zeit eine Zeile in einer meiner [Amalie von Helvigs] Arbeiten selbst gestrichen, sie aber ebensowenig anders als fertig gesehen, soweit ich sie ihnen mitteilte. Zwei Gesänge der „Schwestern von Lesbos" waren eben in dieser Weise vollendet, als Goethe, von meiner neuen Arbeit unterrichtet, sie zu hören begehrte. Ich las sie, auf sein Verlangen, ihm vor und erzählte ihm den Plan des Ganzen.

Als Goethe so gütig war, mir einige Bemerkungen wegen des Hexameters zu machen, entdeckte er, nicht ohne spaßhafte Verwunderung, daß ich noch gar nicht wisse, was ein Hexameter sei. Er sagte mir: „Ich verstehe, das Kind hat die Hexameter gemacht, wie der Rosenstock die Rosen trägt."
(30)

NATURTALENT AMALIE
(Variante 2)
Weimar, um 1800

Als nun Fräulein von Imhoff ihr poetisches Werkchen zustande gebracht hatte, teilte sie dasselbe vertraulich ihrer Tante, der mit Goethe befreundeten Frau von Stein, mit. Diese schenkte dem Versuch ihrer Nichte soweit Beifall, daß sie dieselbe nicht nur ermunterte, ihr Gedicht dem großen Dichter, den sie darin nachgeahmt hatte, vorzulegen, sondern sie vermittelte es auch, daß sie ihm dasselbe selbst vorlesen durfte. Fräulein von Imhoff wurde von Goethe in sein vielbekanntes Gartenhaus am weimarischen

Parke eingeladen, wo sie ihm an einem Nachmittag in Gegenwart von Frau von Stein ihr idyllisches Gedicht vortrug. Nachdem sie mit zaghaftem Gemüt den ersten Gesang gelesen hatte, spricht ihr Goethe sofort seinen Beifall aus und fügt die Worte hinzu: „Und wie richtig und wohlklingend sind auch schon die Hexameter gemacht!" Da bricht das junge Fräulein erschrocken und verwundert in die Worte aus: „Wie denn, Exzellenz, sind denn das Hexameter?" Da kann er sich des lauten, frohen Lachens nicht enthalten und ruft aus: „Nun, da sieht man, wie es geht! Unsereiner quält sich, diese Verse herauszubringen, und das Kind macht sie."
(30)

Der spanische Werther aus Sachsen
Weimar, um 1800

Die Unterhaltung kam unter anderm auch auf die Sonderbarkeiten eines Grafen Werther, welcher, weil er sächsischer Gesandter in Madrid gewesen und viel von der spanischen Grandezza angenommen hatte, gewöhnlich der spanische Werther genannt wurde. Goethe, welcher von den Sonderbarkeiten dieses Herrn gehört hatte, schien neugierig, ob wohl alle Anekdoten, welche über jenen im Umlauf waren, ihre Richtigkeit hätten, und forderte daher den Herrn von Gutschmidt auf, einiges über denselben zu erzählen, was Herr Gutschmidt mit der größten Bereitwilligkeit tat. Goethe bezeugte bei diesen Mitteilungen das größte Interesse, und folgende Anekdote fand er vorzüglich ergötzlich. Der Graf führte nämlich, auf seinem Schlosse lebend, ein genaues Tagebuch über alle Tagesvorfälle in demselben, und es wurden darin nicht allein die Namen aller derer, welche ihn besucht hatten, sondern sogar die Gerichte, welche auf die Tafel gekommen, genau aufgezeichnet. Dieses Journal wurde mit einem Namen- und Sachregister versehen, jeder Jahrgang eingebunden und der Bibliothek einverleibt. Kam nun jemand zum Besuch, welcher zum Essen eingeladen werden sollte, so wurde in dem Register des Journals nachgeschlagen, mit welchen Gerichten der Gast bei seiner letzten Anwesenheit traktiert worden, und der Koch davon in Kenntnis gesetzt, weil, wie der Graf meinte, man einem Gaste nicht zumuten könne, wieder dieselbe Speise zu genießen, welche er bei einem frühern Besuche genossen habe. Goethe hatte eine unendliche Freude an

der Geschichte und erfreute seinerseits die Tischgesellschaft mit mehrern ähnlichen von berühmten Männern, Diplomaten und Professoren.
(40)

Keins von beiden
Jena, um 1800

Goethe saß behaglich in Jena in einer Weinstube und verdünnte sich eine feurige Marke durch Zuguß von Wasser. Im Hintergrund saß eine Gruppe angeheiterter Studenten. Als der Weinübermut den höchsten Grad erreicht hatte, trat einer der Musensöhne, die sich über den weinfälschenden Philister schon lange empört hatten, an den ihm Unbekannten heran und inquirierte ihn mit lallender Zunge: „Sagen Sie mal, alter Herr, warum fälschen Sie sündhaft eine reine Bacchusgabe?" Dem Frager erwiderte der alte Olympier sofort mit etwas gereizter Würde:

> „Wasser allein macht stumm,
> Das beweisen im Teiche die Fische.
> Wein allein macht dumm,
> Das beweisen die Herren am Tische!
> Dieweil ich nun keins von beiden möcht sein,
> So trink ich vermischt mit Wasser den Wein."

Mit hoheitsvollem Lächeln die verstummten Aufdringlichen anblickend, wandte Goethe diesen und der Kneipe den Rücken.
(58)

Diagnose und Therapie
Jena 1801

Es fällt mir [Karoline Schlegel] ein, daß Luise vom Geheimrat Voigt bei Hufeland hat erzählen hören, G[oethe] wär zu ihm gekommen und hätte ihn befragt, ob folgende Maßregel gegen die Schauspielerinnen wohl rechtmäßig sei; sie wollten immer nicht spielen und meldeten sich kurz vorher krank, da gedächte er ihnen allemal, einen Jäger vor das Bett zu setzen, der ihnen die Medizin reichte und den sie bezahlen müßten, weil er sie doch nicht wie die Herren auf die Wache schicken könnte.
(91)

Trotzdem
Weimar 1801

Die Jagemann hat sich mit dem Kranz entzweit, weil er in der Oper nicht nach dem (vorgeschriebenen) Takt spielen soll, sondern nach ihrer Stimme. Dies scheint für das ganze Orchester etwas viel verlangt zu sein, doch hat Goethe dem Kranz bis zur Zurückkunft des Herzogs die Direktion des Orchesters untersagt, worüber denn jetzt die Operetten nicht reüssieren. Bei dem Gelächter, was in dieser Unordnung geschah, so daß die Annonce des neuen Stückes nicht gehört werden konnte, hat sich Goethe so echauffiert, daß er laut aus seiner Loge dem publico Stillschweigen geboten. Man hat aber doch gelacht.
(101)

Hochdieselben
Weimar 1801

Herr von Goethe hat letzthin, als mein Mann [Herder] auf dem Stadthaus in einer geschlossenen Gesellschaft aß, wobei Schiller und Goethe auch waren, wieder einen hohen Spruch getan. Es war nämlich von den neuern Systemen die Rede; da sprachen Hochdieselben: „Das Neuere zeichnet sich vor allem andern dadurch aus, daß es ganz allein, ohne sich an das Alte zu heften, dasteht!" Sie sehen daraus, daß wir unmittelbar vom Heiligen Geist empfangen und geboren worden sind. Amen!
(102)

Erlaubter
und unerlaubter Zweifel
Jena 1801

Den alten Meister wirst Du [August Wilhelm Schlegel] nicht vorfinden, und wenn Du Flügel nähmest [...]. Er geht auf sieben bis acht Wochen nach Pyrmont, und ich [Karoline Schlegel] wünsche, das Bad möge sich noch einmal recht königlich beweisen. Er ist sehr munter [...].

Wir haben für den Sonnenklaren * * * ein Motto ausgefunden:

Zweifle an der Sonne Klarheit,
Zweifle an der Sterne Licht,
Leser, nur an meiner Wahrheit
Und an deiner Dummheit nicht.

Das Fundament des Einfalls ist von S[chelling], die letzte Zeile von mir. S[chelling] hat es Goethen mitgeteilt, der, sehr darüber ergötzt, sich gleich den Sonnenklaren geben ließ, um sich auch ein paar Stunden von F[ichte] malträtieren zu lassen, wie er sich ausgedrückt hat.

(91)
TRILLER, HUNDEGEBELL UND HÖRNERSCHALL
Göttingen 1801

Indes ich nun eine Reihe von Tagen nützlich und angenehm, wie es wohl selten geschieht, zubrachte, so erlitt ich dagegen zur Nachtzeit gar manche Unbilden, die im Augenblick höchst verdrießlich und in der Folge lächerlich erscheinen.

Meine schöne und talentvolle Freundin Demoiselle Jagemann hatte kurz vor meiner Ankunft das Publikum auf einen hohen Grad entzückt; Ehemänner gedachten ihrer Vorzüge mit mehr Enthusiasmus als den Frauen lieb war, und gleicherweise sah man eine erregbare Jugend hingerissen; aber mir hatte die Superiorität ihrer Natur- und Kunstgaben ein großes Unheil bereitet. Die Tochter meines Wirts, Demoiselle Krämer, hatte von Natur eine recht schöne Stimme, durch Übung eine glückliche Ausbildung derselben erlangt, ihr aber fehlte die Anlage zum Triller, dessen Anmut sie nun von einer fremden Virtuosin in höchster Vollkommenheit gewahr worden; nun schien sie alles übrige zu vernachlässigen und nahm sich vor, diese Zierde des Gesanges zu erringen. Wie sie es damit die Tage über gehalten, weiß ich nicht zu sagen, aber nachts, eben wenn man sich zu Bette legen wollte, erstieg ihr Eifer den Gipfel: bis Mitternacht wiederholte sie gewisse kadenzartige Gänge, deren Schluß mit einem Triller gekrönt werden sollte, meistens aber häßlich entstellt, wenigstens ohne Bedeutung abgeschlossen wurde.

Andern Anlaß zur Verzweiflung gaben ganz entgegengesetzte Töne; eine Hundeschar versammelte sich um das Eckhaus, deren

Gebell anhaltend unerträglich war. Sie zu verscheuchen, griff man nach dem ersten besten Werfbaren, und da flog denn manches Ammonshorn des Hainberges, von meinem Sohne mühsam herbeigetragen, gegen die unwillkommenen Ruhestörer, und gewöhnlich umsonst. Denn wenn wir alle verscheucht glaubten, bellt' es immerfort, bis wir endlich entdeckten, daß über unsern Häuptern sich ein großer Hund des Hauses, am Fenster aufrecht gestellt, seine Kameraden durch Erwiderung hervorrief.

Aber dies war noch nicht genug; aus tiefem Schlafe weckte mich der ungeheure Ton eines Hornes, als wenn es mir zwischen die Bettvorhänge hineinbliese. Ein Nachtwächter unter meinem Fenster verrichtete sein Amt auf seinem Posten, und ich war doppelt und dreifach unglücklich, als seine Pflichtgenossen an allen Ecken der auf die Allee führenden Straßen antworteten, um durch erschreckende Töne uns zu beweisen, daß sie für die Sicherheit unserer Ruhe besorgt seien. Nun erwachte die krankhafte Reizbarkeit, und es blieb mir nichts übrig, als mit der Polizei in Unterhandlung zu treten, welche die besondere Gefälligkeit hatte, erst eins, dann mehrere dieser Hörner um des wunderlichen Fremden willen zum Schweigen zu bringen, der im Begriff war, die Rolle des Oheims in „Humphrey Clinker" zu spielen, dessen ungeduldige Reizbarkeit durch ein paar Waldhörner zum tätigen Wahnsinn gesteigert wurde.
(2)

Offenbar kein Thema
Gotha 1801

Ich [Katharina von Bechtolsheim] hatte Goethe beim Baron persönlich kennengelernt. Als er einstmals dort zu Mittag speiste, saß ich neben ihm, und da der gute Herr von Grimm ihm eben erzählte, daß ich mehrere seiner Werke kenne, dachte ich, es zieme sich, ihm zu sagen, daß ich gerade „Hermann und Dorothea" mit Freuden gelesen habe. — Seine Antwort war nicht sehr ermunternd, weiter von diesem Thema zu reden, er sagte nämlich mit gemessener, gravitätischer Stimme: „So, haben Sie *das* gelesen!"
(30)

BITTE NICHT ZUVIEL BLUT UND WUNDEN
Jena 1801

Goethe war seit Ihrer Abreise noch bis heute hier. Gestern abend habe ich [Schelling] bei ihm zugebracht, wobei er sehr viel Spaß machte. Unter anderm sagte er: „Der Schlegelsche Almanach, soviel ich merke, schleicht sich überall gut ein, trotz der bösen Namen, die vorn stehen". — Nur zuviel Blut und Wunden seien für ihn darin. Das Heidentum stecke ihm zu fest in den Gliedern. — Mit der „Jungfrau von Orleans" hat er sich sehr gequält nicht zu sagen, wie sie seie. Unter anderm sagte er, daß sie den Frauen sehr gefalle, weil es einmal keine H . . ., sondern eine Jungfrau seie. (103)

WELTLICHER UND GEIST-LICHER HOF
Weimar 1801

Es geschah fast um dieselbe Zeit, wo Kotzebue zu Weimar eintraf, daß eine Gesellschaft von erlesenen Männern und Frauen wöchentlich in Goethes Hause auf dem Plane am Frauentore eine Zusammenkunft hielt und so einen der geistreichsten Zirkel in der kleinen Residenz bildete. [...]

Herr von Kotzebue war wieder einmal zu Weimar angelangt. Das Fräulein v. J[öchhausen], Dame am verwitweten Hofe, hatte den Wunsch für Aufnahme desselben in diesen Zirkel auf alle Weise laut werden lassen. So gelang es ihr durch den Einfluß, den sie ausübte, einige andere Mitglieder der Gesellschaft in dies Interesse zu ziehen. Bei so bewandten Umständen, besonders da Schiller und Goethe viel daran lag, das bis dahin bestandene gute Vernehmen der Gesellschaft auch in Zukunft aufrechtzuerhalten, und man das Ungewitter, was aufzog, wenigstens im Geiste schon von weitem erblickte, wurde als neuer Artikel in den Statuten der Zusatz beliebt: „Daß niemand weder einen Einheimischen noch einen Fremden in diesen geschlossenen Zirkel mitbringen sollte, wenigstens nicht ohne vorangegangene allgemeine Zustimmung der übrigen Mitglieder." Daß dies Gesetz ursprünglich gegen Kotzebue gerichtet war, konnte wohl niemandem ein Geheimnis bleiben; Kotzebue aber mußte dies wohl um so empfindlicher vermer-

ken, da in Weimar zu sein und nicht in diesen Zirkel aufgenommen zu werden, damals für eine Art von Ehrenpunkt für ihn gelten konnte, und Goethe überdem durch ein flüchtiges Bonmot, was Kotzebuen indes bald genug wieder zu Ohren kam, seine Eitelkeit noch mehr gereizt hatte. Es ist nämlich bekannt, daß zu Japan neben dem weltlichen Hofe des Kaisers auch ein geistlicher Hof des Dalai Lama oder Patriarchen besteht, der im stillen oft einen größern Einfluß als jener ausübt. Nun hatte Goethe im Scherze einmal gesagt: „Es helfe dem Kotzebue zu nichts, daß er an dem weltlichen Hof zu Japan aufgenommen sei, wenn er sich nicht auch zugleich bei dem geistlichen Hofe daselbst einen Zutritt zu verschaffen wisse."
(25)

Hahn im Korbe
Weimar 1801

Eines Morgens, an welchem sich zufälligerweise außer mir [Katharina von Bechtolsheim] nur noch einige Freundinnen bei der Göchhausen zum Dejeuner eingefunden hatten, da die übrigen Mitglieder der Gesellschaft anderwärts versagt waren, stellte sich auch Goethe ein und äußerte seine Zufriedenheit darüber, daß er heute Hahn im Korbe sei. Hierauf erklärte er, dies käme ihm recht gelegen, weil er schon längst den Wunsch gehegt, ein vernünftiges Wort mit uns im Vertrauen zu sprechen — und doch brachte er nur die extravagantesten Dinge vor, die uns desto mehr überraschten, als die meisten von uns ihn noch nie in einer solchen Stimmung gesehen, und wir uns nunmehr erklären konnten, wie anziehend und liebenswürdig er in früherer Zeit gewesen sein müsse, bevor er die ihm jetzt eigene pedantische Steifheit angenommen hatte. In seiner lebhaften Unterhaltung kam er, wie man im gemeinen Leben sagt, vom Hundertsten ins Tausendste und endlich auch auf das, was er das Elend der jetzigen gesellschaftlichen Zustände nannte. Mit den grellsten Farben schilderte er die Geistesleerheit und Gemütlosigkeit, die sich gegenwärtig überall, besonders aber im geselligen Verkehr, bemerklich mache, und hob dagegen das ehemalige gesellige Leben in kräftigen Zügen hervor. Während er hierüber wie der Professor auf dem Katheder dozierte, erhitzte er sich mehr und mehr, bis er endlich seinen ganzen Zorn über den Teufel der Hoffart ergoß, der die Genügsamkeit und den Frohsinn aus der Welt verbannt, dagegen aber die unerträglichste Langeweile eingeschmuggelt habe. Man müsse, meinte er, mit vereinten Kräften gegen diesen bösen Dämon zu Felde ziehen, sonst würde derselbe noch weit mehr Unheil stiften, und gleich auf der Stelle wolle er uns den Vorschlag machen, wir sollten zur Erheiterung des nah bevorstehenden traurigen Winters einen Verein bilden, wie es deren in der guten alten Zeit so viele gegeben habe. Wenn nur ein paar *gescheite* Leute den Anfang machten, dann würden die übrigen schon nachfolgen — und sich plötzlich zu mir wendend, setzte er hinzu, indem er mir seine Hand reichte: die Wahrheit seiner Behauptung würde sich sogleich bestätigen, wenn ich ihn zum Partner annehmen und den anderen mit gutem Beispiel vorangehen wollte. — Obgleich mich dieser Antrag überraschte, so hielt ich denselben doch nur für das Aufblitzen einer schnell vorübergehenden mutwilligen Laune und würde es für die lächerlichste Prüderie gehalten haben, nicht in den Scherz einzugehen. Ich legte also unbedenklich meine Hand in die seinige und belachte den Eifer, womit er die anderen anwesenden Damen aufforderte, jede von ihnen möge sich gleichfalls einen poursuivant d'amour erwählen, denn unser Verein müsse nach der wohlbekannten Minnesänger-Sitte eine cour d'amour bilden und auch so genannt werden, indem der Name die poetische Tendenz desselben und die Zwanglosigkeit bezeichne, die unter den Mitgliedern herrschen solle. Ob übrigens Amor seine Rechte bei den letzteren geltend machen könne und dürfe, möge der Macht des kleinen schelmischen Gottes überlassen bleiben.

Goethes Aufforderung hätte eigentlich unsre Wirtin wegen ihres Alters und ihrer Mißgestalt beleidigen können, wäre die sogenannte *gute Dame* nicht schon längst an unzarte Behandlung gewöhnt gewesen und hätte sie nicht bereits eine zu große Virtuosität in der Kunst, sich selbst zum besten zu haben, erlanget, als daß sie sich davon verletzt fühlen sollte. Auch war sie durch ihre Katzennatur hinlänglich befähigt, sich in alle Launen und Einfälle derjenigen zu schmiegen, die ihr in dem Grade wie Goethe imponierten, mochten jene ihr auch noch so absurd erscheinen. Daher kam es denn im gegenwärtigen Falle, daß sie sogleich in seinen Vorschlag einging und mit der ihr eignen komischen Manier erklärte: sie sei bereit, dem Aufruf Folge zu leisten, da sie mit Gewißheit darauf rechnen könne, einen treuen Seladon zu finden; die anderen schönen Damen möchten nur ihr Heil versuchen, ob ihnen ebenso dienstwillige Narren zu Gebote stehen würden als ihr.

Goethe nahm diese humoristische Erklärung mit dem lebhaftesten Beifall auf und begab sich sogleich an den Schreibtisch unserer gefälligen Wirtin, wo er in der größten Geschwindigkeit die folgenden Statuten der cour d'amour improvisierte:

Erstlich sollte die zu errichtende Gesellschaft aus lauter wohlassortierten Paaren bestehen, die Versammlungen derselben wöchentlich einmal, abends nach dem Theater, im Goetheschen Hause stattfinden und dort ein Souper eingenommen werden, zu welchem die Damen das Essen, die Herren den Wein liefern würden.

Zweitens werde jedem Mitgliede die Erlaubnis erteilt, einen Gast mitzubringen, jedoch nur unter der unerläßlichen Bedingung, daß dieser allen Teilen *gleich angenehm* und *willkommen* sei.

Drittens dürfe während des Beisammenseins kein Gegenstand zur Sprache kommen, der sich auf politische oder andere Streitfragen beziehen könnte, damit die Harmonie des Vereins keine Störung erleide.

Viertens und letztens sollten die gegenseitig erwählten Paare *nur so lange* zur Ausdauer in dem geschlossenen Bündnis verpflichtet sein, bis die Frühlingslüfte den Eintritt der mildern Jahreszeit verkündigten, wo dann jedem Teile freistehen müsse, die bisher getragenen Rosenfesseln beizubehalten oder gegen neue zu vertauschen.

Als Goethe dies merkwürdige Aktenstück uns vorlas, konnte ich mich nicht enthalten, seine auffallende Gravität und den imponierenden Nachdruck zu belächeln, womit er einzelne Stellen betonte. Ich mußte dabei an die Xenie denken, in welcher er sagt: „Alles fängt doch der Deutsche mit Feierlichkeit an" — auch den Scherz, setzte ich in Gedanken hinzu.

(30)

Unterwelt — Oberwelt

Weimar 1801

Im Jahre 1801 hatte Franz Kirms, der treue Mitarbeiter Goethes in Theaterdingen, ein scherzhaftes Rundschreiben an die Junggesellen Weimars ergehen lassen mit der Aufforderung, sich durch eine Beisteuer von einer ihnen drohenden Karikatur loszukaufen, auf der sie porträtähnlich als Mietsgäule dargestellt werden sollten, die in der Unterwelt von alten Jungfern regiert würden.

Goethe sandte darauf folgenden Vierzeiler:

> Ich wüßte nicht, daß ich ein Grauen spürte
> Vor jenen Alten in der Unterwelt;
> Wenn nur nicht jede, die mir wohlgefällt,
> Hier oben mich nach Wunsch regierte.

(104)

GRIMMS MANSCHETTEN
(Variante 1)
Gotha 1801

Herr von Grimm, der, vor den großen revolutionären Unbilden flüchtend, kurz vor Ludwig dem Sechzehnten, glücklicher als dieser, von Paris entwichen war, hatte bei dem altbefreundeten Hofe eine sichere Freistatt gefunden. Als geübter Weltmann und angenehmer Mitgast konnte er doch eine innere Bitterkeit über den großen erduldeten Verlust nicht immer verbergen. Ein Beispiel, wie damals aller Besitz in nichts zerfloß, sei folgende Geschichte: Grimm hatte bei seiner Flucht dem Geschäftsträger einige hunderttausend Franken in Assignaten zurückgelassen; diese wurden durch Mandate noch auf geringeren Wert reduziert, und als nun jeder Einsichtige, die Vernichtung auch dieser Papiere vorausfürchtend, sie in irgendeine unzerstörliche Ware umzusetzen trachtete — wie man denn z. B. Reis, Wachslichter, und was dergleichen nur noch zum Verkaufe angeboten wurde, begierlich aufspeicherte —, so zauderte Grimms Geschäftsträger wegen großer Verantwortlichkeit, bis er zuletzt in Verzweiflung noch etwas zu retten glaubte, wenn er die ganze Summe für eine Garnitur Brüsseler Manschetten und Busenkrause hingab. Grimm zeigte sie gern der Gesellschaft, indem er launig den Vorzug pries, daß wohl niemand so kostbare Staatszierden aufzuweisen habe.

(2)

GRIMMS MANSCHETTEN
(Variante 2)
Gotha 1801

Goethe war unerschöpflich in Geschichten dieser Art und kam dann auf andere Erinnerungen; so sprach er vom [Baron] Grimm und wiederholte eine Anekdote, die ich [Soret] schon früher einmal von ihm gehört hatte, aber aufzuschreiben vergaß. Nach allerhand Scherzen über Papiergeld und besonders über die Assignaten erzählte er nun: „Grimm war ein Mann von großem Witz und gesundem Menschenverstand, ein wahrhaft vornehmer Mensch; so war er in Paris und büßte auch von diesen angenehmen Eigenschaften nichts ein, als er wieder nach Deutschland zurückkehrte, und das will etwas bedeuten, denn nichts sieht man seltener als einen Deutschen, der sich daheim seine Überlegenheit bewahrt; alle wollen nur im Ausland glänzen, uns bleibt allein die Mittelmäßigkeit, vom Schuster bis zum Philosophen. Wir waren also eines Tages bei Grimm zu Tisch, als er mit einem Male rief: ‚Ich wette, daß kein Monarch in Europa eine Hemdkrause oder Manschetten besitzt, die so kostbar wären wie die meinigen, und daß keiner von ihnen so viel dafür bezahlt hat wie ich.' Wir gingen natürlich alle hoch, besonders die Damen. Grimm holte nun aus seinem Schrank ein paar wirklich prächtiger Spitzenmanschetten; jeder von uns brach in Bewunderung darüber aus, aber keiner von uns schätzte sie auf mehr als 60, 100 oder 200 Louisdor. Grimm aber lachte und rief: ‚Fehlgeschossen! 250 000 Francs habe ich dafür gegeben und war glücklich, meine Assignaten noch so gut angelegt zu haben; anderntags galten sie keinen Pfennig mehr.'"

„Mit den Assignaten", sagte ich zu Goethe, „machte man es in Frankreich wie in dem Spiel ‚Martin lebt noch': jeder sucht, das [brennende] Zündhölzchen so schnell wie möglich beim nächsten Mitspieler loszuwerden; wer es zuletzt bekommt, ist am übelsten daran."

(105)

GRIMMS MANSCHETTEN
(Variante 3)
Gotha 1801

Goethe lenkte das Gespräch auf andere Erinnerungen seiner frühen Zeit. Er sprach über sein geringes Vertrauen zum Papiergelde und welche Erfahrungen er in dieser Art gemacht. Als Bestätigung erzählte er uns eine Anekdote von Grimm, und zwar aus der Zeit der Französischen Revolution, wo dieser, es in Paris nicht mehr für sicher haltend, wieder nach Deutschland zurückgekehrt war und in Gotha lebte.

„Wir waren", sagte Goethe, „eines Tages bei Grimm zu Tisch. Ich weiß nicht mehr, wie das Gespräch es herbeiführte, genug, Grimm rief mit einem Male: ‚Ich wette, daß kein Monarch in Europa ein Paar so kostbare Handmanschetten besitzt als ich und daß keiner dafür einen so hohen Preis bezahlt hat, als ich es habe.' — Es läßt sich denken, daß wir ein lautes ungläubiges Erstaunen ausdrückten, besonders die Damen, und daß wir alle sehr neugierig waren, ein Paar so wunderbare Handmanschetten zu sehen. Grimm stand also auf und holte aus seinem Schränkchen ein Paar Spitzenmanschetten von so großer Pracht, daß wir alle in laute Verwunderung ausbrachen. Wir versuchten, sie zu schätzen, konnten sie jedoch nicht höher halten als etwa zu hundert bis zweihundert Louisdor. Grimm lachte und rief: ‚Ihr seid sehr weit vom Ziele! Ich habe sie mit *zweimalhundertundfunfzigtausend* Franken bezahlt und war noch glücklich, meine Assignaten so gut angebracht zu haben. Am nächsten Tage galten sie keinen Groschen mehr.'"
(6)

DIE GROSSEN DREI
Weimar, um 1801

Goethe, Schiller und Herder saßen eines Abends bei der Prinzessin Karoline, die als Erbgroßherzogin von Mecklenburg gestorben ist, um einen Tisch und waren im heitern Gespräch begriffen. Sie hatten ein Blatt Papier vor sich, auf welchem sie mit der Bleifeder ihre Köpfe, nämlich ihre Schädel, gezeichnet hatten. Sie suchten durch darein gezogene Linien anzugeben, in welchem Verhältnisse zueinander und untereinander Verstand, Vernunft und Phan-

tasie sich in denselben befänden, wieviel davon in jedem der drei Köpfe enthalten sei und worin demnach sie einander ähnlich und voneinander verschieden wären. Sie gerieten darüber in einen unterhaltenden Streit, konnten aber nicht einig werden, und das Ende vom Liede war ein fröhliches Gelächter.
(30)

Genosse Jayadeva
Weimar 1802

Etwa zwei Tage nach jenem Feste trat zur herzoglichen Mittagstafel, wohin ich [Fouqué] täglich geladen war, in das Versammlungszimmer auch ein recht stattlicher Herr mit herein, im damals noch üblichen, aber doch schon etwas unmodisch gewordnen, gestickten Hofkleid, Galantriedegen an der Seite, dazugehörigen Hut unter dem Arm. Just mit der Muse von Lesbos [Amalie von Helvig] im Gespräch, erwiderte ich nur eben den etwas feierlichen Gruß des Ankommenden gleich allen andern mit schuldiger Höflichkeit und beachtete ihn weiter nicht, als er gelassen zu meiner Dame herantrat, sie ohne weiteres anredend, als sei ich eben gar nicht mit ihr im Sprechen begriffen oder überhaupt gar nicht in der Welt vorhanden. Etwas verletzt schritt ich zur Seite, just nur vermeinend, irgendein alternder Dikasteriant sei mir in das Gespräch hineingeraten, und man müsse sich dergleichen, mit Vorbehalt künftigen harmlosen Spaßes darüber, gefallen lassen. Aber ein Blick auf die lesbische Muse — und sie lächelte hold, ja sichtlich geehrt, den uns Unterbrechenden an. Ein zweiter Blick auf den vermeinten Dikasterianten — und es war Goethe.

Ich schämte mich unaussprechlich, daß ich vor dem etwas veralteten Hofanstrich meinen appolinischen Sänger-König so gänzlich zu mißkennen imstande gewesen war. Ich wußte kaum, ob ich es wert sei, noch fürder je von ihm beachtet zu werden.

Bei der Hoftafel nachher saß er mir fast grade gegenüber und fragte unter anderm Fräulein Amalie von Imhof: „Haben Sie schon etwas von unserm Genossen, dem indischen Dichter Jayadeva gelesen?" —

Von *unsrem* Genossen! Welch ein Wort von Goethe an irgendeinen Dichtergeist! — oh, wenn ein Ähnliches je an mich selbst ergehen könnte!
(80)

MASKENSPIELER
Weimar 1802

Bisher hatte Schiller außer dem „Macbeth" nur Originalstücke geliefert. Zum 30.Januar 1802 trat er mit der „Turandot" nach Gozzi hervor. Dem Publikum gefiel die Tragikomödie sehr, und der Beifall steigerte sich bis zum Schluß der Vorstellung. Die Vohs war, was das Äußere betraf, eine geborene Turandot [...]. Auch die vier Masken Pantalon, Tartaglia, Brigella und Truffaldin verbreiteten große Heiterkeit. Becker als Pantalon war vortrefflich! Der fortwährend trippelnde Gang und der stets wackelnde lange Kinnbart waren von unendlich komischer Wirkung. Goethe sagte bei der ersten Leseprobe zu den Darstellern dieser Rollen: „Nun wollen wir einmal diese vier Masken ganz besonders ins Auge fassen. In Italien hatte ich großes Wohlgefallen an ihnen, und sie haben mich stets ergötzt. Zunächst ist zu beachten, daß eine bedeutende Abstufung in der Charakteristik bei den vier Personen in Bewegung, Mimik und Rezitation sich herausstellt." Nun las er uns die Szenen derselben vor und entwickelte dabei eine solche drastische Komik, daß sich unter dem ganzen Personale eine ausgelassene Heiterkeit verbreitete. Er selbst amüsierte sich höchlich dabei. „Nun", sagte er, „versucht einmal auf diese Art und Weise den Intentionen unsers Schiller nachzukommen, aber ohne mich zu kopieren; jeder folge seinem eigenen Naturell."
(79)

ZAUBERFORMEL GEGEN EMPÖRER
Weimar 1802

Je näher der zur Aufführung des „Alarcos" anberaumte Tag herankam, desto lebhafter ward die Neugierde, das vielbesprochene und vielbekrittelte Stück zu sehen, und als er endlich erschien, strömte die halbe Bevölkerung von Weimar zum Theater, das die Menge kaum zu fassen vermochte.

Trotz so vieler Jahre, die seit jenem Tage über meinem Haupte hingezogen sind, sehe ich [Henriette von Egloffstein] doch noch jetzt in dem ungetrübten Spiegel der Erinnerung, ebenso deutlich wie damals in der Wirklichkeit, das überfüllte Schauspielhaus vor mir — mitten im Parterre Goethe, ernst und feierlich auf seinem hohen Armstuhle thronend, während Kotzebue auf dem vollgedrängten Balkone, weit über die Balustrade vorgebeugt, durch lebhafte Gestikulationen seine Gegenwart bemerkbar zu machen sucht.

Im Anfange der Vorstellung verhielten sich die Zuschauer völlig passiv; je weiter aber das Stück vorwärts schritt, desto unruhiger ward es auf der Galerie und im Parterre. Ich weiß nicht, ob dem feingebildeten Geschmack des weimarischen Publikums der barbarische Inhalt der alten spanischen Tragödie nicht behagte oder ob Kotzebues Bemühungen doch nicht ganz fruchtlos geblieben – kurz, in der Szene, wo gemeldet wird, daß der alte König, den die auf seinen Befehl ermordete Gattin des Alarcos vor Gottes Richterstuhl zitierte, „aus Furcht zu sterben, endlich gar gestorben sei" – da brach die Menge in ein tobendes Gelächter aus, so daß das ganze Haus davon erbebte, während Kotzebue wie ein Besessener unaufhörlich applaudierte.

Aber nur einen Moment. Im Nu sprang Goethe auf, rief mit donnernder Stimme und drohender Bewegung: „Stille! Stille!" – – und das wirkte wie eine Zauberformel auf die Empörer. Augenblicklich legte sich der Tumult, und der unselige „Alarcos" ging ohne weitere Störung, aber auch ohne das geringste Zeichen des Beifalls zu Ende.

(13)

Der Kaufmann von Hamburg
Halle 1802

Ein andermal hatte der Kapellmeister Reichardt ihm [Lafontaine] gesagt, daß er in einigen Tagen ihm einen Kaufmann aus Hamburg zuführen werde, und kam wirklich auch mit einem Fremden zu ihm, den er ihm mit einigen Worten vorstellte, die er nicht verstand und für das gewöhnliche nahm. Man ging in den Garten. Den Fremden interessierte die schöne Baumallee, er blieb aber am Ende des Ganges stehen, betrachtete lange die Aussicht und äußerte dann, eine so imposante Masse von großartigen Gebäuden, wie sich hier auf einen Blick darstelle, nie, selbst in Italien nicht, gesehen zu haben. Das Gespräch lenkte sich davon auf „Kunst und Altertum", und Lafontaine hörte mit Erstaunen, wie kenntnis- und geistreich dieser Kaufmann war, an welchem sein

Interesse von Minute zu Minute wuchs. Es war ganz gegen seine Sitte, jemand um seinen Namen zu fragen, diesmal aber sagte er beim Abschied: „Mein Herr, Sie haben mir ein so großes Interesse eingeflößt, daß ich nicht unterlassen kann, Sie um Ihren Namen zu bitten." — „Mein Name ist: Goethe." — „Mein Himmel", sagte Reichardt, „ich hab's Ihnen ja beim Eintreten gesagt." — „Was wollen Sie gesagt haben! Einen Kaufmann aus Hamburg haben Sie mir angekündigt, und beim Eintreten haben Sie nichts gesagt, sondern etwas gemurmelt. Wenn Sie künftig Goethe ankündigen, so sprechen Sie deutlich, Herr! Sie brauchen bloß seinen Namen zu nennen. Aber" — so wendete er sich zu Goethe — „im Grunde ist mir das Mißverständnis recht lieb: denn hätte ich Ihren Namen gewußt, so hätte ich gleich nichts anders von Ihnen erwartet, als was ich gehört habe." Schnell eilte er nun aber zu seiner Frau: „Geschwind, Fiekchen, Goethe!" Die gute Frau sah aber nichts weiter von ihm als — was mancher Kritiker auch nur gesehen hat — seinen Zopf.
(107)

WIELANDS BÜSTE
Weimar 1802

Um 10½ Uhr erschien Wieland; ich [Schadow] spannte meine Aufmerksamkeit, um sowohl gut als prompt zu arbeiten, und die so wesentliche erste Anlage fiel zu meiner Zufriedenheit aus. Wir wurden durch niemand gestört. Nachmittag erzählte mir Böttiger, es sei in Tiefurt bei der alten Herzogin eine starke Szene vorgefallen, Herr von Goethe sei, wie es scheine, ausdrücklich deshalb hingegangen, er habe mich einen geizigen, neidischen, tracassièren Mann genannt; sie, die Herzogin, könne und dürfe es nicht zugeben, daß Wieland mir zu seiner Büste sitze. Er selbst komme hierbei in Verlegenheit, denn es sei doch einmal des Herzogs Wille gewesen, daß Tieck diese Büste machen solle. Genug, der Herr von Goethe habe es dahin gebracht, daß die Herzogin und selbst Wieland nicht mehr gewußt hätten, was sie tun oder lassen sollten, bis der Herzog, dem es zufälligerweise einfiel, seine Frau Mutter zu besuchen, dazukam, der denn als ein verständiger Herr sich hierüber verwunderte und die Meinung äußerte, daß sie alle hierin nichts zu sagen hätten und daß die Sache lediglich vom alten Wieland abhinge, dem es freistände zu sitzen, wem es ihm beliebte, und ebenso wäre ja Schadow auch der Mann, der jede Büste machen könne, welche ihm einfiele. [...]

Abends in der Komödie saß Goethe zwei Bänke vor mir, er sah mich und mußte mich sehen, vertiefte sich aber in ein Gespräch mit Loder, tat freundlich mit W[ieland], und sah alles, nur nicht mich, ich verließ meinen Platz und ging in eine Loge.
(30)

GOETHE SANG BESSER ALS BERTHA
Weimar 1802

Es gab eine Zeit, wo die „Saalnixe", die aus einem Vulpiusschen Romane entlehnte Oper, eine befreundetere Welt in Weimar hatte. Jetzt unterhält nur noch ihr romantischer Sagenstoff, die treffliche Musik, der Dekorationswechsel und die Wanderung der Garderobe über die Bühne. Das dramatische Interesse ist Null. Die topographische Szene des Märchens steht nicht mehr im Einklange damit. Sonst war das anders. Mauern, Türme, Teiche und Wüsteneien umgaben die Stadt, der sogenannte Stern war noch der finstere, schauerliche, [...] verrufenste Teil des jetzigen Parks. In einem der beiden Türme, mit steinernen, steilen Wendeltreppen, dicht am Schilfteiche, öden Scheunen gegenüber, [...] wohnte die Bertha der „Saalnixe", so recht im Element ihrer Rolle. [...]

Einmal hatte sich ihr Bruder mit ins Theater geschlichen und kam lachend zurück. „Heute hat der Goethe im Theater gesungen!" rief er uns schon von weitem zu.

Dem war wirklich so. Das schöne Lied „Das Wasser rauscht'" etc. war von Goethe eingelegt worden. Es paßt auch gut dazu. Es ist der Schlüssel zu der Nixensage, die offenbar in der wundersam geheimnisvollen Macht des Wasserspiegels auf die Phantasie ihren Grund hat. Auch sang es Bertha Götz so kunstlos, kindlich, daß man es nicht ohne Rührung hören konnte.

Aber Goethen wollte das lange nicht genügen. „Wohl zehnmal" — erzählte der Augenzeuge — „mußte sie wieder von vorn anfangen, und immer war es ihm noch nicht recht. Da trat er endlich selbst hin und sang und machte die Gesten dazu." — Ritter Hartwig war eilends hinter die Kulissen gekommen und hatte gerufen: „Um Gottes willen, kommen Sie! Goethe singt die Bertha selbst!"
(108)

Ungeeigneter Liebhaber
Weimar 1802

Als Vohs zu Ende 1802 unsere Bühne verließ und nach Stuttgart ging, sandte mich [Anton Genast] Goethe nach Nürnberg, um Eßlair, von dem er viel Rühmliches gehört hatte, zu engagieren. Man gab, als ich ankam, das „Unterbrochene Opferfest" von Winter; für den andern Tag war „Don Carlos" mit Eßlair als Posa angesetzt. Sehr vergnügt, es so glücklich getroffen zu haben, hörte ich mir das „Opferfest" an. Da fiel mir unter den spanischen Gefangenen einer auf, der durch enorme Körpergröße weit über die andern hervorragte. Ich fragte meinen Nachbar nach jenem Riesen, für den Friedrich Wilhelm I. viel Geld bezahlt haben würde. „Wohl nicht allein wegen der Körpergröße, wenn Seine Majestät einen Begriff von der dramatischen Kunst gehabt hat", war die Antwort, „denn das ist Eßlair." Ich erschrak, denn ich dachte an unsere ungewöhnlich kleine erste Liebhaberin (Fräulein Maas). Am andern Abend kam sie mir aber nicht mehr in den Sinn, denn Eßlair entzückte mich als Posa. Ich schrieb an Goethe, daß Eßlair noch viel bedeutender sei als sein Ruf; aber freilich, die reichlichen 6 Fuß rheinisch seiner Körperlänge durfte ich auch nicht verschweigen. Die Antwort von Goethe auf mein Schreiben lautete: „Sehen Sie sich anders um; ich kann keinen Liebhaber brauchen, dessen Geliebte ihm nur bis an den Nabel reicht."
(79)

Probe aufs Exempel
Weimar 1802

Aus Achtung für Frau Unzelmann, aus Neigung zu derselben als einer allerliebsten Künstlerin, nahm Goethe ihren zwölfjährigen Sohn auf gut Glück nach Weimar. Zufällig prüfte er ihn auf ganz eigene Weise. Er mochte sich eingerichtet haben, ihm mancherlei vorzutragen; allein Goethe gab ihm ein zur Hand liegendes orientalisches Märchenbuch, woraus er auf der Stelle ein heiteres Geschichtchen las, mit so viel natürlichem Humor, Charakteristik im Ausdruck beim Personen- und Situationswechsel, daß Goethe nun weiter keinen Zweifel an ihm hegte.
(82)

Einschränkung
Weimar, um 1802

Seine Umgebungen und Hausfreunde konnte er oft schmählich mißhandeln, indem er ihnen geflissentlich mit derben und kurzen Worten zeigte, wie wenig er sie eigentlich achte. [...] So sagte er einmal, als sein Schwager Vulpius heftig getadelt wurde — was er überhaupt wunderlicherweise wegen der Verwandtschaft sehr ungern sah —, nachdem er lange dazu geschwiegen: „Nun ja, ihr habt recht, der Kerl ist eine Bestie, aber unter den hunderttausend Bestien, die sich Menschen nennen, ist *die* Bestie noch immer ein Mensch."
(109)

Mangel an Achtung
Weimar 1803

Die Verlegung der „Allgemeinen Literaturzeitung" von Jena nach Halle wurde in Weimar als eine Sache von höchster Bedeutung angesehen. Gern hätte man diese literarische Anstalt in Jena behalten; allein die Zuschüsse, welche derselben bei ihrer Verlegung nach Halle von der preußischen Regierung zugesichert worden, waren zu bedeutend, als daß die Unternehmer, Legationsrat Bertuch in Weimar und Hofrat Schütz in Jena, sich hätten bedenken sollen, solche anzunehmen. Bei Schütz war vielleicht noch eine andere Triebfeder im Spiele; er war nämlich gereizt und hielt sich hintangesetzt, denn sein Privattheater, auf welchem junge Dozenten, Doktoren, auch wohl Studenten, ingleichen mehrere Damen, vorzüglich seine Frau und Schwiegertochter auftraten, wurde von Weimar aus verboten, was die Mitspielenden so in Aufregung brachte, daß sie dafür das weimarische Theater in Verruf erklärten. Die Hofrätin Schütz, welche gewöhnlich die Rolle der Liebhaberinnen und naiven Mädchen, zu nicht geringem Ergötzen ihres Gemahls, aber zum großen Ärger der jüngeren weiblichen Mitglieder des Theaters, zu übernehmen pflegte, konnte den Verdruß, sich nicht mehr auf den Brettern bewundern zu lassen, nicht überwinden, und sie versäumte gewiß kein Mittel, um ihren Mann in seinem Entschlusse, Jena zu verlassen, zu bestärken. Allerdings hatte die Schützische Familie und deren Anhänger Veranlassung erhalten, mit Weimar und besonders mit Goethen unzufrieden zu

sein. Bei der ersten Vorstellung eines Schillerschen Stückes, wenn wir nicht irren, der „Braut von Messina", befanden sich jene zusammen in einer Loge und riefen nach Beendigung des Stückes Bravo, in welchen Ruf das ganze Publikum einstimmte, eine Auszeichnung, die bis dahin in Weimar nicht üblich gewesen war. Noch an demselben Abend wurde eine Untersuchung angeordnet, um diejenigen zu ermitteln, welche das Signal zu dem Rufen gegeben hatten. Der Beamte wollte anfangs diesen Auftrag, der gar nicht zu seinem Ressort gehörte, ablehnen, als er aber bedachte, daß ein anderer sich vielleicht beeifern könnte, die Bravorufer zu ermitteln und zu denunzieren, er auch selbst sich in der Loge befunden hatte, aus welcher das Rufen hervorgegangen war, so zog er es vor, sich zur Übernahme jenes Auftrages bereit zu erklären, brachte den Abend mit seinen jenaischen Freunden in fröhlicher Gesellschaft zu und meldete am folgenden Morgen, daß es ihm nicht geglückt sei, die Schuldigen zu entdecken. Wahrscheinlich hat man ihm Dank gewußt, denn die Bravorufer, wenn ihr Benehmen gerügt worden wäre, würden gewiß nicht verfehlt haben, eine harte Anklage gegen Goethe zu erheben. Sobald nämlich die Sache bekannt wurde, hatten die Verehrer Schillers nichts Eiligeres zu tun, als die Meinung zu verbreiten, Goethe habe aus Neid über die Schiller dargebrachte laute Huldigung, welche ihm selbst noch nicht zuteil geworden, seinen Unmut auslassen wollen; was indes gewiß irrig ist, denn es ist ja bekannt, daß Goethe alles aufbot, was in seinen Kräften stand, um der Aufführung der Schillerschen Trauerspiele die möglichste Vollkommenheit zu verschaffen. Wahrscheinlich sah man das bisher ungewöhnliche Bravorufen für einen Mangel an Achtung gegen den Hof an und wollte eine Wiederholung bei künftigen Fällen verhüten.
(40)

Beleidigter Autor
(Variante 1)

Jena 1803

Aus Goethes Leben wußte Stötzer manches zu berichten; leider ließ sich nicht mehr genau feststellen, ob er die Geschichten alle von so gut Unterrichteten hatte, wie der Kanzler von Müller und Frau Ridel waren. Die letztere erzählte ihm als Grund der gänzlichen Entfremdung zwischen Herder und Goethe folgendes: Goethe habe seine „Natürliche Tochter" in Jena im Kreise der Professoren vorgelesen, und Herder sei auch dabeigewesen. Als Goethe geendet, hätten alle das Stück außerordentlich gelobt, nur Herder sei stumm geblieben. „Nun, Alter", habe ihn Goethe angeredet, „du sagst gar nichts, gefällt dir denn das Stück gar nicht?"

„O doch!" antwortete Herder, „deine ‚Natürliche Tochter' gefällt mir viel besser als dein natürlicher Sohn!"
(30)

Beleidigter Autor
(Variante 2)

Jena 1803

Die nach Goethes eigener Erzählung ihn so tief verletzende Äußerung Herders, womit er das Lob von Goethes „Natürlicher Tochter" beschloß, lautet nach Mitteilung der Geheimen Kammerrätin Ridel, geb. Buff: „Am Ende ist mir aber doch dein natürlicher Sohn lieber als deine ‚Natürliche Tochter'."
(30)

Beleidigter Autor
(Variante 3)

Jena 1803

Herder hatte sich nach der Vorstellung von „Eugenie", wie ich von andern hörte, auf das günstigste darüber ausgesprochen, und er war freilich der Mann, Absicht und Leistung am gründlichsten zu unterscheiden. Mehrere Freunde wiederholten die eigensten Ausdrücke; sie waren prägnant, genau, mir höchst erfreulich; ja ich durfte eine Wiederannäherung hoffen, wodurch mir das Stück doppelt lieb geworden wäre.

Hierzu ergab sich die nächste Aussicht. Er war zu der Zeit, als ich mich in Jena befand, eines Geschäfts wegen daselbst; wir wohnten im Schloß unter einem Dache und wechselten anständige Besuche. Eines Abends fand er sich bei mir ein und begann mit Ruhe und Reinheit das Beste von gedachtem Stück zu sagen. Indem er als Kenner entwickelte, nahm er als Wohlwollender innigen Teil, und wie uns oft im Spiegel ein Gemälde reizender vor-

kommt als beim unmittelbaren Anschauen, so schien ich nun erst diese Produktion recht zu kennen und einsichtig selbst zu genießen. Diese innerlichste schöne Freude jedoch sollte mir nicht lange gegönnt sein, denn er endigte mit einem zwar heiter ausgesprochenen, aber höchst widerwärtigen Trumpf, wodurch das Ganze, wenigstens für den Augenblick, vor dem Verstand vernichtet ward. Der Einsichtige wird die Möglichkeit begreifen, aber auch das schreckliche Gefühl nachempfinden, das mich ergriff; ich sah ihn an, erwiderte nichts, und die vielen Jahre unseres Zusammenseins erschreckten mich in diesem Symbol auf das fürchterlichste. So schieden wir, und ich habe ihn nicht wiedergesehen.
(2)

UM DEN HALS GEREDET
Jena 1803

Eine Dame [Friederike Brun] hatte ihre in der Kunst der Lady Hamilton mit Hinopferung ihrer kindlichen Triebe und Neigungen herangebildete ganz junge Tochter, mehr Kind als Mädchen, ihre Exhibitionen machen lassen und befragte ihn um sein Urteil. Einer laut ausgesprochenen Belobung so vieler Talente folgte ein leiser, mit Abwendung des Gesichts gemurmelter Nachsatz: „Zum Hals umdrehen!" Die harthörige Dame hatte doch etwas von Hals vernommen, und nun mußte freilich dieser Hals durch ein angemesseneres Kompliment bemäntelt werden, welches denn auch mit großer Gewandtheit zu völliger Befriedigung der guten Dame geschah.
(30)

DANKSCHREIBEN VON FRÄULEIN HOGEL
Jena 1803

Wenn Goethe sich in Jena aufhielt, kam er oft zu meinen [Voigts] Eltern, Frommanns oder Knebels, um ein Teestündchen zu verschwatzen. Wußte man, daß er kam, dann wurden gewöhnlich rasch noch einige intime Freunde, wie die obengenannten, auch wohl Frau von Wolzogen gebeten. In diesen kleinen Vereinigungen wurden auch zuweilen Gedichtchen gemacht, die wohl meist der Welt vorenthalten blieben. Alles drehte sich hier natürlich um

Goethe. [...] Einmal erzählte der alte Herr uns, er habe heute den Besuch eines recht hübschen Mädchens gehabt, das ihm ein gar sonderbares Anliegen vorgetragen habe. Dieses Mädchen und deren Schwester, die ich beide gut kannte — sie wohnten uns schräg gegenüber nach dem Graben zu —, waren die Töchter eines alten Sonderlings Dr. Hogel (Philosoph). In den zwanziger Jahren starb ihr Vater, die Mädchen bewohnten aber nach wie vor das Haus desselben, bei welchem früher auch Studenten und unter diesen wohl auch Ungarn gewohnt hatten. Die Mädchen hatten wenig oder gar keinen Umgang in der Stadt. Eines Tags also, so erzählte uns Goethe, habe eine der beiden um Einlaß bei ihm gebeten, indem sie schüchtern einen Brief überreicht und um einen gütigen Rat vom gescheitesten Mann des Landes gebeten habe. Der Brief wäre von einem ungarischen Geistlichen gekommen, welcher darin geschrieben: vor zwölf oder fünfzehn Jahren habe er im Hause des Doktor Hogel gewohnt und schon damals Fräulein Hogel fest in sein Herz geschlossen, allein er habe ihr nicht eher nähertreten wollen, bis er eine gute Stellung erlangt hätte. Jetzt sei er nun wohlbestallter Geistlicher, und wenn sie sich seiner noch erinnere, so hielte er hiermit um ihre Hand an. Fräulein Hogel konnte sich beim besten Willen nicht auf diesen Verehrer besinnen. Er, Goethe, habe ihr aber gesagt, der Brief gefiele ihm wohl, und wenn sie jemand so viele Jahre in seinem Herzen herumgetragen habe, so würde sie sich sicher ganz behaglich darin finden. Sie solle nur getrost zu den Verwandten nach Wien reisen, woselbst die Hochzeit stattfinden sollte. Wirklich tat sie, wie ihr geraten, und längere Zeit nachher soll ein Dankschreiben gekommen sein mit der Bemerkung, daß sie glücklich verheiratet und ihre Schwester auch bei ihr sei.
(13)

NEUTESTAMENTLICHE VERGLEICHUNG
Weimar 1803

Der Graf Reuß, der hier wohnt, hat den Einfall, alle Gelehrten, deren er nur habhaft werden kann, krayonieren zu lassen. Nun sind denn alle schon daran gewesen hier, nur Goethe und Schiller wollen nicht. Goethe hat es sehr übelgenommen, daß der Graf den Herrn Roux von Jena so ohne Vorbereitung zu ihm geschickt hat, und sagte neulich in einem Anfall von guter Laune: „Christus hat

doch sagen lassen durch seine Jünger, wie er die Eselin brauchte, ‚Der Herr bedarf ihrer', aber uns läßt der Graf kein gutes Wort sagen."
(30)

Völlig ungeklärt
Weimar 1803

Die Staël wurde erwartet und ist nun hier angekommen, es wird mich [Amalie von Helvig] interessieren, sie kennenzulernen, sie ist mir merkwürdig als Geist und soll sehr anregend im Umgang sein. Benjamin Constant begleitet sie, was günstig für sie ist, denn unsre schönen Geister sprechen meist nur deutsch. Goethe war ebenso gespannt ihre Bekanntschaft zu machen als sie die seinige. Nach der Begegnung berichtete Goethe seinen Freunden: „Es war eine interessante Stunde, ich bin nicht zu Worte gekommen, sie spricht gut, aber viel, sehr viel." Ein Damenkreis wollte inzwischen wissen, welchen Eindruck unser Apoll auf die Fremde gemacht habe, auch sie bekannte, nicht zu Worte gekommen zu sein. „Wer aber so gut spricht, dem hört man gerne zu", soll sie geseufzt haben. Wer sprach? Wer schwieg?
(100)

Alternative
Weimar, um 1803

An Goethe hatte ich [Welcker] einen Brief des Professors Schaumann in Gießen, der mehrere Rezensionen Goethischer Werke für die „Jenaische Literaturzeitung" geschrieben hatte. Er empfing mich stehend in der Mitte des Zimmers, ein kräftiger rüstiger Mann, auch dem Anzuge nach mannhaft, etwa wie ein Forstmann, und setzte sich mit mir an ein Fenster. Er fragte mich nach den wissenschaftlichen Zuständen meiner ihm ehemals wohlbekannten Heimat; das Gespräch fiel auch auf Wetzlar, und da ich naiv genug war, auch Werthersche Lokalitäten zu berühren, sagte er: „Ja, das war ein Stoff, bei dem man sich zusammenhalten oder zugrunde gehen mußte."
(30)

ZORNIGE FEE, KREISCHEND
Weimar 1804

Sie [Madame de Staël] hatte es gleich anfangs dadurch bei ihm verdorben, daß sie mit größter Naivetät ihm versicherte, sie werde seine Worte, wenn sie solcher habhaft werden könne, sämtlich drucken lassen [...].

So erinnere ich [Riemer] mich noch jetzt eines Tages, wo die Dame bei G[oethe] zum Besuch war, in einem Zimmer, das gerade unter dem meinigen lag, beide in überlautem und heftigem, fast leidenschaftlichem Gespräch begriffen gehört zu haben, wobei besonders sie so kreischend schrie und tobte, daß ich fürchtete, sie würde, nach oben die dünne Decke durchbrechend, gleich einer zornigen Fee, zum Dache hinaus in die Lüfte fahren. G[oethe] versicherte mir auch nachher, daß er sie durch seine Argumente so ins Enge getrieben, daß es beinah diesen Anschein gehabt hätte. (35)

Mephistophelische Gesprächsführung
Weimar 1804

Lustig ist's, Goethe über die Staël reden zu hören. Er erkennt die „Delphine" als ein geistreiches Werk, tadelt vieles daran, was auf Rechnung der Französin fällt, aber lobt doch mehr. Einen Mittag sprach er darüber und sagte, einige Darstellungen, die er nun auf seine Weise, mit der größten, lebendigsten Klarheit, wieder darstellte, hätten ihn beinahe außer sich gesetzt; und wäre das Ganze diesen gleich, „so müßte die ganze Welt davor auf Knien liegen". Mitunter mokiert er sich über die Staël. „Ich pflege sie in die Enge zu treiben, wenn sie räsoniert", sagte er, „erst vermaure ich sie auf dieser Seite, dann auf jener" (und dies alles zeigte er mit dem Finger auf der Serviette). „Bin ich dann so ganz im Kreise um sie herumgekommen, dann kann sie nicht vorwärts und nicht rückwärts; dann will sie aber durchaus entfliehen, sie muß sich einen effort geben, schwingt sich in die Höhe und macht es jetzt wie der Flußgott Achelous, sie entflieht in einer fremden Gestalt." Madame Staël hat meines Vaters „Luise" gelesen und sich sehr daran ergötzt. Nur die Tabakspfeife hat sie nicht verdauen können. Goethe erinnert sie an die Schweine im Homer. „Ja", sagt sie, „die gehörten auch nicht in ein honettes Gedicht." Darauf erinnert Goethe sie an den Bandwurm in Delilles „L'homme des champs", der sich durch zwei Alexandriner hindurchschlängelt — da wird sie verdutzt und — entflieht in einer fremden Gestalt.
(59)

Aufschwung der Seele
Weimar 1804

Am Abend dieses Tages nach Tische mußte ich [Voß d. J.] Goethe meine Übersetzung von Horazens sechster Epistel des ersten Buchs vorlesen. Dies gab zu einem sehr schönen Gespräch Anlaß, dessen Eindruck nur mit dem Tode aus meiner Seele schwinden kann. Er redete über das nil admirari — oder vielmehr über den Platonischen Ausspruch, daß die Verwunderung die Mutter alles Schönen und Guten sei. „Der ist ein Tölpel", sagte er, „der sich nicht verwundern kann, auf den nicht die ewigen Naturgesetze in großen und kleinen Gegenständen — gleichviel, wie groß oder klein die Masse sei — einen mächtigen Eindruck machen." Das Resultat seiner Rede war, daß der Weise mit dem Nichtbewundern aufhöre [. . .].
(59)

Zur Räson gebrachter Moltke
Weimar 1804

Wenn mehrere Personen auf der Bühne beschäftigt waren, so ließ er sie einen Halbkreis bilden, verteilte sie so weit voneinander, daß jeder seine Arme ungehindert bewegen konnte und die Beteiligten im Verhältnis zum Raume sich näher oder entfernter standen, damit die eine Seite nicht überfüllt wurde und die andere leer blieb. In der Probe zu Schillers „Tell" spielte der Tenorist Moltke die Schäfer-Rolle. Zu Anfang des Stückes drängte der Schäfer, sobald er zu sprechen hatte, nach der Mitte der Bühne vor, wodurch die Symmetrie der Gruppe gestört wurde. Goethe machte ihn darauf aufmerksam und ließ die Szene wiederholen. Unser Tenor aber verfiel in denselben Fehler. Da gebot der Meister: „Halt!", kam auf die Bühne, wies Moltken seinen Platz an, stellte sich zwischen diesen und die übrigen handelnden Personen, faßte ihn beim Arm und befahl, die Szene zu repetieren. Moltke drängte und zuckte, sobald er zu sprechen hatte; Goethe aber wich und wankte nicht und brachte so den allzu beweglichen Sänger zur Ordnung. Es bedarf wohl keiner Versicherung, daß dieser Auftritt allgemeine Heiterkeit bewirkte.
(82)

Inmitten der Schweiz
Weimar 1804

Die erste Darstellung von Schillers „Wilhelm Tell" sollte in Weimar unter Goethes persönlicher Leitung stattfinden. Der letztere ließ auch die Dekorationen dazu größtenteils neu anfertigen. Eines Tages nahm er die schon fertig gewordenen Hintergründe in Augenschein, unter welchen sich auch der zu der Szene vor Stauffachers Haus befand. Bei Betrachtung desselben schüttelte Goethe mißbilligend den Kopf und bat den Maler freundlich, ihm einen recht dicken Pinsel zu geben. Ohne ein weiteres Wort tauchte er denselben dann in die Farbe und begann zum Schrecken des Künstlers durch die schöne Schweizerlandschaft mit ihren Höhenperspektiven kräftige Striche zu ziehen. Aber siehe da! Bald entwickelten sich statt der fernen kleinen Gipfel unter Goethes Händen gewaltige, ganz nahe Berge und Felsmassen. „Wir dürfen nicht vor der Schweiz stehen", rief er dabei, „wir wohnen mittendrin." Der Maler erkannte das als zutreffend und verbesserte seinen Fehler gern im Sinne des Dichters.
(30)

Entstehung einer Rezension
Weimar 1804

Goethe hat seit einiger Zeit die Gedichte meines Vaters [Voß d. Ä.] zu rezensieren angefangen. Da er aber herausgekommen war, verlangte er meinen Beistand, seine Arbeit wieder anzuknüpfen und zu vollenden. Ein Band Gedichte mußte noch gelesen, mancher Umstand zur Vervollständigung des Gemäldes mir abgefragt werden. — Die Hauptursache, warum ich diesmal in Weimar war. Gleich nach meiner Ankunft gab er mir das Manuskript, und am Abend las ich's mit Aufmerksamkeit durch. Der erste Teil war vollendet: ein recht originelles und schönes Ding, aber keine Rezension, sondern vielmehr ein Gedicht über die Gedichte. Ich war erstaunt darüber, an mancher Stelle recht innig gerührt. Welch ein schöner Gedanke, des Dichters poetisches Leben aus seinen Gedichten zu entwickeln, und welch ein tiefes Studium der Gedichte in dieser Entwicklung! Ein wahres, lebendiges Votivgemälde. Fast jedes Wort könnte als Zitat ein Lied bekommen. Ungemein schön ist der Übergang von den Herbstliedern zu den religiösen. Ich habe diese Rezension recht von Grund aus entstehen sehen. Jeden Abend, gewöhnlich von acht bis zehn Uhr, war ich bei Goethe auf seinem Studierzimmer; er lag in seinem weißen, über der linken Schulter ein klein wenig zerrissenen Nachtjäckchen, und der Minister hing mit dem Staatsrocke im Kleiderschranke. Dann las ich Goethe die Gedichte vor, und dazwischen wurde ein wenig gegessen und getrunken. Als ich das Herbstlied anfangen wollte: „Die Bäume stehn der Frucht entladen", nahm er mir das Buch aus der Hand und sagte: „Das will ich selber lesen." Er las es und gleich darauf „Trost am Grabe". Die Worte in der Rezension, mit denen er diese Lieder bezeichnet, mögen Dir die gerührte Stimmung aussprechen, womit er sie las. Eines Morgens um zehn Uhr, als ich gerade seinen August im Griechischen unterrichtete, kam Goethe zu uns herauf; er hatte eben die Stelle niedergeschrieben, wo wir den Dichter im Kampfe gegen ausschließende Meinungen, Macht- und Bannsprüche erblicken, und das Blatt war noch feucht. Mitten im Zimmer blieb er stehn (August mußte hinausgehen), den rechten Fuß ein wenig vorausgestemmt, und fing an, in seinem melodisch kräftigen Baß zu lesen, erst piano, dann steigend immer feuriger und gediegener bis zum fortissimo, und mit dem Worte „Teufel" senkte er das Blatt und kuckte mich mit starrem, aber freundlichem Auge an, als wollte er sagen: „Hab ich's recht gemacht?" Was hab ich ihm da die Hand gedrückt! indem ich nicht wußte, ob ich mich in dem Augenblicke mehr über meinen Vater freuen sollte, weil er so *wäre*, oder über Goethe, weil er ihn so *aufgefaßt hätte*. Willst Du Goethe charakterisiert haben, so kann ich Dir nichts Besseres raten, als die Rezension zu lesen, da ist der ganze Goethe, wie er leibt und lebt. Einige Stellen habe ich ausgearbeitet, nämlich die über die höheren Stände und den letzten Teil über Sprache, Rhythmik und Mythologie. Ich machte es denn, so gut ich konnte, Goethe übersah das Ganze und korrigierte, wo es nottat. (59)

Tränen der Rührung
und knisternde Pfaffen
Weimar 1804

Die „Hussiten" habe ich [Voß d. J.] dreimal gesehen. Ich kann es begreifen, daß sie Sensation und Tränen hervorbringen. Kotzebue zwingt einen zum Weinen wie der Harlekin zum Lachen, dadurch, daß er uns unvorbereitet die Rührung einjagt. Kurz und gut, ich habe auch geweint — der Teufel kann's lassen. Das Stück hat einen gewissen menschlichen Ton, der, so gemein er auch ist, doch seine Wirkung nicht verfehlt, wenn er so dargestellt wird, wie hier geschah. Ich wettete das zweite Mal mit der jüngeren Vulpius um einen Sechser, daß sie durchaus weinen müßte. Die ältere Schwester leistete mir Beistand, damit ich nicht betrogen würde. Wir sahen ihr bei jeder rührenden Stelle ins Gesicht, aber kein Tränchen. Ich mußte die Wette bezahlen, gab ein halb Kopfstück und ließ mir achtundzwanzig Pfennige herausgeben. Ich würde das Mädchen für gefühllos halten, wenn sie mir nicht gestanden hätte, sie hätte alle Kraft aufbieten müssen, nicht zu weinen. Goethe saß derweile ruhig in seinem Zimmer. Seinen Geist (so heißt der Bediente) schickte er ins Theater, und der arme Schelm mußte bei jedem Akt zu Hause laufen und das Geschehene erzählen. Auch Goethe hat gegen seinen Sohn ein Kopfstück verloren über die Stelle: „Dicke Pfaffen knistern in den Flammen", von der er behauptete, sie könnte nicht darin stehen.
(59)

Kleiner Nachtisch
Weimar 1804

Ich [Voß d. J.] muß Dir noch ein Stückchen erzählen, das mir den Goethe so unendlich lieb gemacht hat. Man hatte mich in Jena während meiner Abwesenheit zum doctor philosophiae gemacht, und Goethe erhielt mein Diplom, es mir zu überreichen. Er schickt seinen Sohn nach dem Gewächshause, Lorbeer und Pomeranzenzweiglein zu holen. Nach der Mahlzeit, wie wir noch bei Tische saßen, sagt Goethe zur Vulpius, sie möchte noch einen kleinen Nachtisch besorgen, weil der Voß ihm noch so hungrig aussähe und man nach dem Gastrechte doch seinen Gästen satt zu essen geben

müsse. Ich entschuldigte mich natürlich in demselben lustigen Tone und versicherte, ich sei voll satt; aber es half nichts. August mußte eine große Schüssel holen, die er mir auf den Kopf setzte. Mir wurde ein komisch-feierliches Versprechen abgezwungen, daß ich vom Gerichte wenigstens noch einen Bissen essen sollte. Und nun stand vor mir ein Schaugericht, mit Lorbeeren gekrönt. Denke Dir mein Erstaunen. Ich sah Goethe an und wußte nichts zu sagen. Äußerst rührend war mir die Herzlichkeit, mit der ich von den drei Anwesenden beglückwünscht wurde. Goethe schloß mich in seine Arme und nannte mich zum erstenmal seinen „lieben Sohn", ein Schmeichelwort, das er nachher öfter wiederholt hat. Nun wurde ich Herr Doktor genannt. Ich bat dagegen. „Nein", sagte Goethe zur Vulpius, „er bleibe Herr Doktor heute durch und morgen bis zum Abend, aus Strafe, daß er Doktor geworden ist. Dann haben wir eine kleine Gesellschaft, wo auch der neue Doktor Bode sein wird, dann trinken wir der Herren Doktoren Gesundheit und nehmen ihm", auf mich zeigend, „den Doktortitel wieder ab, damit er wieder unser ‚guter Voß' werde. Und nun" (zur Vulpius) „wäre es nicht übel, wenn wir in einem Glase Champagner des neuen Doktors Gesundheit tränken."
(59)

Alte Münzen, alte Künstler
Weimar 1804

Er war vom Hofe gekommen, alle seine Hausgenossen waren spazierengefahren, da schickte er zu mir mit den Worten, ich [Voß d. J.] solle ihm Gesellschaft leisten. Als ich zu ihm ins Zimmer trat, fand ich ihn, schon wieder in seinem blauen, heimischen Überrock, seine Medaillen und Münzen durchmusternd; er gab mir freundlich die Hand und sah mir noch freundlicher ins Gesicht. Er sah so recht behaglich und gemütlich aus und war es auch in der Tat. „Sie sollen meine Münzen sehn", sagte er. Dies hatte er mir schon lange versprochen. Er besitzt eine herrliche Sammlung, die er als Künstler und kritischer Kenner zu ehren weiß. Diese zeigte er mir stückweise mit vollständigen Erläuterungen, die ihn aber oft auf die lieblichsten Allotria führten. Das Gepräge der Peterskirche endlich brachte ihn ganz von den Münzen ab, wir standen nun auf und gingen auf und ab im Zimmer. Es ist unbeschreiblich, wie

diese großen Gegenstände auf seine große Seele wirkten und was während der Stunde, wo er darüber sprach, in seinem Innern vorging und durch Worte, Mienen, Bewegungen und noch sonst so viel Bedeutsames sich kundtat. Er erzählte, wie der erste Ursprung der Idee zu solch einem Gebäude in dem Augenblicke entsprossen sei, als man es gewagt habe, die Basilika Neronis einzureißen. Nun aber wagte keiner ans Werk zu gehn, bis Michael Angelo kam und den Bau unternahm. Dann erzählte er, wie nach diesem wohl fünfzig Baumeister den Bau fortgesetzt hätten, und kam dahin, worauf er's von Anfang an anlegte: daß die Einheit der Idee durch diesen sukzessiven Wechsel der Künstler gänzlich zerstört sei; daß der ein Tor sei, der aus dem jetzigen Gebäude *eine* homogene und einfache Idee herauskonstruieren wolle; daß man nur auf dem praktischen Wege der Erklärung hier Befriedigung erhalten dürfe. Mit wahrer Begeisterung rief er einmal aus: „Was sind wir doch gegen jene Künstler dieses kraftvollen Jahrhunderts, wahre Schufte, wahre Taugenichtse!"
(59)

Streit und Versöhnung
Weimar 1804

Frau von Staël trat einen Abend vor der Hofzeit bei mir ein und sagte gleich zum Willkommen mit heftiger Lebhaftigkeit: „Ich habe Euch eine wichtige Nachricht anzukündigen: Moreau ist arretiert mit einigen andern und des Verrats gegen den Tyrannen angeklagt." — Ich hatte seit langer Zeit, wie jedermann, an der Persönlichkeit des Edlen teilgenommen und war seinem Tun und Handeln gefolgt; ich rief im stillen mir das Vergangene zurück, um, nach meiner Art, daran das Gegenwärtige zu prüfen und das Künftige daraus zu schließen oder doch wenigstens zu ahnen. Die Dame veränderte das Gespräch, dasselbe wie gewöhnlich auf mannigfach gleichgültige Dinge führend, und als ich, in meinem Grübeln verharrend, ihr nicht sogleich gesprächig zu erwidern wußte, erneuerte sie die schon oft vernommenen Vorwürfe: ich sei diesen Abend wieder einmal, gewohnterweise, maussade und keine heitere Unterhaltung bei mir zu finden. — Ich ward wirklich im Ernst böse, versicherte, sie sei keines wahren Anteils fähig; sie falle mit der Tür ins Haus, betäube mich mit einem derben Schlag und verlange sodann, man solle alsobald sein Liedchen pfeifen und von einem Gegenstand zum andern hüpfen.

Dergleichen Äußerungen waren recht in ihrem Sinn, sie wollte Leidenschaft erregen, gleichviel welche. Um mich zu versöhnen, sprach sie die Momente des gedachten wichtigen Unfalls gründlich durch und bewies dabei große Einsicht in die Lage der Dinge wie in die Charaktere.

(2)

Die Prinzessin mit dem Schweinsrüssel
Weimar 1804

Als der Marionettenspieler Geiselbrecht in Weimar war, fand derselbe durch seine Vorstellungen vielen Beifall; vorzüglich durch die Geschicklichkeit, womit er seine Puppen manövrieren ließ. Auch Falk besuchte dies Theater oft, aber wenn er auch der Geschicklichkeit Geiselbrechts Gerechtigkeit widerfahren ließ, ärgerte er sich doch, daß die aufgeführten Stücke nicht nur keinen Witz enthielten, sondern oft gar plump waren. Er faßte endlich den Entschluß, für das Geiselbrechtsche Theater selbst ein Stück zu schreiben, welches die Bedingungen erfüllen sollte, welche man an ein Marionettentheater machen müßte. Er verfaßte auch wirklich das Lustspiel „Die Prinzessin mit dem Schweinsrüssel", in welchem die Zunft der Schauspieler und deren Arroganzen scharf gegeißelt wurden, und hatte die Genugtuung, daß das Publikum das Stück mit allgemeinem Jubel aufnahm, denn es hatten damals die Schauspieler sich eben nicht beliebt zu machen verstanden. Geiselbrecht wollte diese Stimmung benutzen und kündigte die Wiederholung des Stückes, von welcher er sich allerdings großen Vorteil zu versprechen berechtigt war, auf den folgenden Tag an, allein er hatte die Rechnung ohne den Wirt gemacht. Die weimarischen Schauspieler, welche sämtlich der Vorstellung beigewohnt hatten, spieen Feuer und Flammen und ernannten eine Deputation, welche bei der Theaterdirektion auf Genugtuung wegen des erlittenen Schimpfes und auf Bestrafung des Übeltäters antragen sollte. Die Deputation verfügte sich noch an demselben Abend zu Geheim-Rat von Goethe, entledigte sich ihres Auftrages, brachte aber Goethe dadurch in Verlegenheit, denn obwohl er den Schauspielern nicht unrecht geben konnte, wenn sie sich gekränkt fühlten, sah er doch ein, daß es schwerhalten werde, ihnen Genugtuung zu verschaffen. Er versuchte die Klagenden zuerst zu beruhigen, indem er ihnen vorstellte, was auf dem Theater gesprochen werde, dürfe nicht so genau genommen werden; sie wüßten ja selbst, wie Juristen, Ärzte und andere Personen in den Lustspielen dem allgemeinen Gespötte preisgegeben würden und wie es noch niemand eingefallen, darüber Beschwerde zu führen. Von Persönlichkeiten aber scheine in der „Prinzessin" nichts vorgekommen zu sein. Die Deputation wollte sich hierbei nicht beruhigen, sondern erwiderte, es sei doch aber der ganze Stand der Schauspieler angegriffen und beschimpft worden, und wie soeben das Theaterpublikum seine große Freude über die Tendenz der Posse laut ausgesprochen, so werde es den folgenden Tag bei der Wiederholung in noch höherem Grade geschehen, und darum wollten sie bitten, daß wenigstens die Wiederholung nicht stattfinde. Goethe entließ endlich die Deputation mit der Versicherung, er wolle überlegen, was sich in der Sache tun lasse, und am folgenden Tag kündigte Geiselbrecht — ein anderes Stück mit der Bemerkung an, daß die Wiederholung der „Prinzessin" untersagt worden sei. (40)

Übereignung eines grossen Sujets
Weimar 1804

Im Jahre 1797 hatte ich mit dem aus Italien zurückkehrenden Freunde Meyer eine Wanderung nach den kleinen Kantonen, wohin mich nun schon zum dritten Male eine unglaubliche Sehnsucht anregte, heiter vollbracht. Der Vierwaldstätter See, die Schwyzer Haggen, Flüelen und Altdorf, auf dem Hin- und Herwege nur wieder mit freiem, offenem Auge beschaut, nötigten meine Einbildungskraft, diese Lokalitäten als eine ungeheure Landschaft mit Personen zu bevölkern, und welche stellten sich schneller dar als Tell und seine wackern Zeitgenossen? Ich ersann hier an Ort und Stelle ein episches Gedicht, dem ich um so lieber nachhing, als ich wünschte, wieder eine größere Arbeit in Hexametern zu unternehmen, in dieser schönen Dichtart, in die sich nach und nach unsre Sprache zu finden wußte, wobei die Absicht war, mich immer mehr durch Übung und Beachtung mit Freunden darin zu vervollkommen.

Von meinen Absichten melde nur mit wenigem, daß ich in dem Tell eine Art von Demos darzustellen vorhatte und ihn deshalb als einen kolossal kräftigen Lastträger bildete, die rohen Tierfelle und sonstige Waren durchs Gebirg herüber und hinüber zu tragen sein Leben lang beschäftigt und, ohne sich weiter um Herrschaft noch Knechtschaft zu bekümmern, sein Gewerbe treibend und die unmittelbarsten persönlichen Übel abzuwehren fähig und entschlossen. In diesem Sinne war er den reichern und höhern Landsleuten bekannt und harmlos übrigens auch unter den fremden Bedrängern. Diese seine Stellung erleichterte mir eine allgemeine in Handlung gesetzte Exposition, wodurch der eigentliche Zustand des Augenblicks anschaulich ward.

Mein Landvogt war einer von den behaglichen Tyrannen, welche herz- und rücksichtslos auf ihre Zwecke hindringen, übrigens aber sich gern bequem finden, deshalb auch leben und leben lassen, dabei auch humoristisch gelegentlich dies oder jenes verüben, was entweder gleichgültig wirken oder auch wohl Nutzen und Schaden zur Folge haben kann. Man sieht aus beiden Schilderungen, daß die Anlage meines Gedichtes von beiden Seiten etwas Läßliches hatte und einen gemessenen Gang erlaubte, welcher dem epischen Gedichte so wohl ansteht. Die ältern Schweizer und deren treue Repräsentanten, an Besitzung, Ehre, Leib und Ansehn verletzt, sollten das sittlich Leidenschaftliche zur inneren Gärung, Bewegung und endlichem Ausbruch treiben, indes jene beiden Figuren persönlich gegeneinander zu stehen und unmittelbar aufeinander zu wirken hatten.

Diese Gedanken und Einbildungen, sosehr sie mich auch beschäftigt und sich zu einem reifen Ganzen gebildet hatten, gefielen mir, ohne daß ich zur Ausführung mich hätte bewegt gefunden. Die deutsche Prosodie, insofern sie die alten Silbenmaße nachbildete, ward, anstatt sich zu regeln, immer problematischer; die anerkannten Meister solcher Künste und Künstlichkeiten lagen bis zur Feindschaft in Widerstreit. Hierdurch ward das Zweifelhafte noch ungewisser; mir aber, wenn ich etwas vorhatte, war es unmöglich, über die Mittel erst zu denken, wodurch der Zweck zu erreichen wäre; jene mußten mir schon bei der Hand sein, wenn ich diesen nicht alsobald aufgeben sollte.

Über dieses innere Bilden und äußere Unterlassen waren wir in das neue Jahrhundert eingetreten. Ich hatte mit Schiller diese Angelegenheit oft besprochen und ihn mit meiner lebhaften Schilderung jener Felswände und gedrängten Zustände oft genug unterhalten, dergestalt daß sich bei ihm dieses Thema nach seiner Weise zurechtstellen und formen mußte. Auch er machte mich mit seinen Ansichten bekannt, und ich entbehrte nichts an einem Stoff, der bei mir den Reiz der Neuheit und des unmittelbaren Abschauens verloren hatte, und überließ ihm daher denselben gerne und förmlich, wie ich schon früher mit den „Kranichen des Ibykus" und manchem andern Thema getan hatte; da sich denn aus jener obigen Darstellung, verglichen mit dem Schillerischen Drama, deutlich ergibt, daß ihm alles vollkommen angehört und daß er mir nichts als die Anregung und eine lebendigere Anschauung schuldig sein mag, als ihm die einfache Legende hätte gewähren können.

(2)

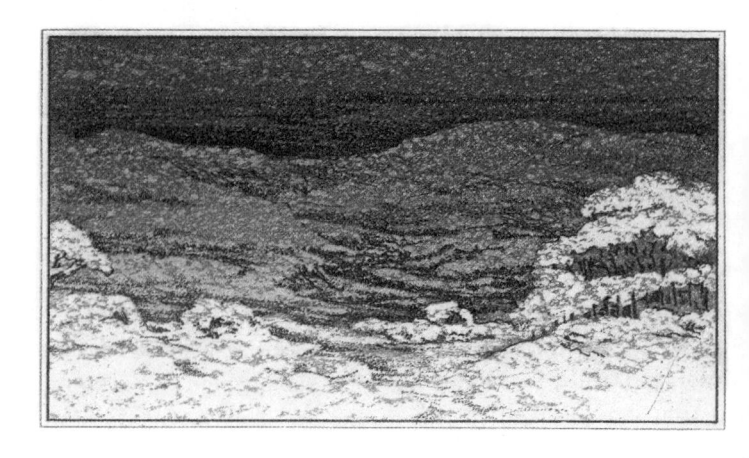

Tritte des Wanderers über den Schnee
Jena 1804

Während eine lebhafte Unterhaltung die Geister völlig in Anspruch genommen hatte, war draußen der erste Schnee gefallen. Plötzlich bemerkte Goethe das überraschend veränderte Bild, und, von dessen Schönheit mächtig ergriffen, schlug er vor, jeder solle ein Gedicht darauf machen.

Knebel trat an das Fenster, blickte eine Zeitlang sinnend hinaus über den Garten, das Tal, zu den Bergen — überall dieselbe blendend weiße, weiche Hülle von frisch gefallenem Schnee. Er nahm ein Blatt Papier zur Hand und schrieb das [...] Distichon nieder, und Goethe, der andere so gern anerkannte, war so entzückt davon, daß er ausrief: „Knebel, für dieses Distichon gäb ich einen Band meiner Werke hin!"
(69)

Hin und retour
Weimar 1804

Es wurde bei Tische gescherzt, gelacht, am Ende sogar die bunte Reihe hindurch geküßt, und Goethe war fast am lustigsten. Nur ein klein Geschichtchen. Ich [Voß d. J.] bat gegen das Ende der Mahlzeit den Hofmeister von Goethes August, mir einen Schlag zu geben mit den Worten: „Schick weiter". Ich gab ihn meiner Nachba-

rin Silie und diese ihrem Nachbar, und so ging's weiter bis zur Maaß, die neben Goethe saß. (Der zum Possen hatte ich den Spaß mit der Silie verabredet, und sieh, wie pfiffig ich bin: um nicht vor dem Riß zu stehn, bat ich meinen linken Nachbar, den Anfang zu machen.) Die Maaß stutzte ein wenig, doch entschloß sie sich endlich, Goethe einen tüchtigen Klaps zu geben. Goethe dreht sich zu ihr und küßt sie und drauf seine andere Nachbarin mit den Worten: „Schick's weiter." Die will durchaus nicht, wahrscheinlich weil ihr der Nachbar nicht anstand. „Nun", sagt Goethe, „wenn's so nicht herum will, muß es retour gehn", läßt sich wieder küssen, küßt wieder die Maaß, und so geht's fort bis auf die kleine Silie, die mir den letzten Kuß gab. Nun denk Dir den armen Riemer, der neben mir saß und leer ausgehn mußte, weil bei mir die bunte Reihe aufhörte, und noch dazu belacht wurde, als Goethe den Urheber des Scherzes ausfragte und alle auf Riemern wiesen.
(59)

Schlagabtausch an der Hoftafel
Weimar 1804

Ein anderes Geschichtchen bezeugt gleichfalls, wie heiter und leicht mit ihr zu leben war, wenn man es auf ihre Weise nahm. An einem personenreichen Abendessen bei Herzogin Amalia saß ich weit von ihr und war eben auch für diesmal still und mehr nachdenklich. Meine Nachbarschaft verwies es mir, und es gab eine kleine Bewegung, deren Ursache endlich bis zu den höhern Personen hinaufreichte. Frau von Staël vernahm die Anklage meines Schweigens, äußerte sich darüber wie gewöhnlich und fügte hinzu: „Überhaupt mag ich Goethe nicht, wenn er nicht eine Bouteille Champagner getrunken hat." Ich sagte darauf halblaut, so daß es nur meine Nächsten vernehmen konnten: „Da müssen wir uns denn doch schon manchmal zusammen bespitzt haben." Ein mäßiges Gelächter entstand darauf; sie wollte den Anlaß erfahren, niemand konnte und mochte meine Worte im eigentlichsten Sinne französisch wiedergeben, bis endlich Benjamin Constant, auch ein Nahsitzender, auf ihr anhaltendes Fordern und Drängen, um die Sache abzuschließen, es unternahm, ihr mit einer euphemistischen Phrase genugzutun.
(2)

Minchen Klauers „auch"
Weimar 1804

Als im Jahre 1805 die neuvermählte Erbprinzessin Maria Pawlowna nach Weimar kam, wurde sie mit vielen Festlichkeiten empfangen, unter denen Schillers „Huldigung der Künste" selbstverständlich den ersten Rang einnahm. Aber auch Goethe hatte seine Dichterader fließen lassen. Beim Einzuge der durch Schönheit und edle Anmut alle Herzen gewinnenden jungen Fürstin in die festlich geschmückte Stadt fehlten auch die bekannten Weißgekleideten nicht, deren eine ein von Goethe verfaßtes Bewillkommnungsgedicht zu sprechen hatte. Hierzu war Minchen Klauer, die Tochter des bekannten Bildhauers Klauer, eine stattliche blonde Jungfrau, auserlesen worden. Für den Fall aber, daß diese durch Krankheit oder einen sonstigen, nicht vorherzusehenden Unfall verhindert werden sollte, war ihr eine Stellvertreterin in der Person einer anderen jungen Weimaranerin, Luise Schmidt, die später meine Mutter wurde, beigegeben. Die beiden jungen Mädchen lernten das von Goethe in Ottaverime verfaßte Gedicht sorgfältig ein und mußten sich dann an fünf oder sechs der Einzugsfeier vorhergehenden Tagen vormittags 11 Uhr in Goethes Wohnung einfinden, um den Vortrag unter seiner Leitung einzuüben. Hier wurde ihnen von einem Bedienten Konfekt und ein Glas Malaga präsentiert, nach einigen Minuten trat Goethe ein, begrüßte die beiden Jungfrauen freundlich und ließ sich dann sein Gedicht vortragen. Die Anweisungen über Ausdruck, Betonung, Aussprache usw., die er nun erteilte, waren sehr genau, und manche Stelle ließ er wohl zehnmal wiederholen, bis sie zu seiner Zufriedenheit vorgetragen wurde. Hierbei war er von unermüdlicher Geduld und bezauberte die beiden jungen Mädchen durch die wohlwollende, liebenswürdige Art, mit welcher er seine Anweisungen erteilte. Dabei ereignete sich ein kleiner Vorfall, dessen meine Mutter noch in ihrem hohen Alter mit lebhaftem Vergnügen und einigem Stolze gedachte. Am ersten oder zweiten Unterrichtstage sprach Minchen Klauer in einem Verse das Wörtchen „auch" nicht zu Goethes Zufriedenheit aus. Der eingeborene Weimaraner pflegt allerdings von jeher den Diphthong au zu mißhandeln und ihn in etwas platter, seinen vollen, runden Ton nicht achtender Weise auszusprechen. „Sagen Sie noch einmal diesen Vers, und sprechen Sie das Wort

‚auch' richtig aus, wie Sie es soeben von mir hörten." Minchen wiederholte den Vers, aber das „auch" fiel abermals sehr weimarisch aus. „Aber, gutes Kind", sagte Goethe, „das Wort lautet ja nicht ‚aich', sondern ‚auch'! Noch einmal!" Auch bei drei- und viermaliger Wiederholung wollte das „auch" nicht gelingen. „Sagen Sie mir einmal den Vers, Demoiselle Schmidt", wendete sich Goethe an meine Mutter. Dieser gelang es, den Diphthong im „auch" gleich beim ersten Male voll und rund hervorzubringen. „So war es brav", sagte Goethe erfreut, faßte mein Mütterchen mit beiden Händen am Kopfe und gab ihr einen Kuß, während dem guten Minchen die Tränen in die Augen traten. Goethe suchte sofort sie zu begütigen, indem er die Hand über ihr blondes Haar führte und ihr Mut einsprach. Minchen sollte auch nicht allzusehr verkürzt werden, denn nach dem Schluß der letzten Lektion vor dem großen Tage dankte Goethe den beiden Mädchen nicht nur in seiner gütigen Weise für die Geduld und die Beharrlichkeit, welche sie gezeigt, sondern verabschiedete sich auch von ihnen, indem er jeder einen herzhaften väterlichen Kuß auf die Lippen drückte. Das „auch" aber lernte Minchen Klauer durch fleißiges Üben richtig aussprechen, wie sich zeigte, als sie Goethes Gedicht beim Einzuge der Erbprinzessin vortrug.

(111)

Unlösbare Preisaufgabe
Jena 1804

In diesen Zeiten meldete sich auch bei mir Graf Zenobio, um die fünfzig Karolin wieder zu empfangen, die er vor einigen Jahren bei mir niedergelegt hatte. Sie waren als Preis ausgesetzt für die beste Auflösung einer von ihm gestellten Frage, die ich gegenwärtig nicht mehr zu artikulieren wüßte, die aber auf eine wunderliche Weise da hinausging: wie es eigentlich von jeher mit der Bildung der Menschen und menschlicher Gesellschaft zugegangen sei. Man hätte sagen mögen, die Antwort sei in Herders „Ideen" und sonstigen Schriften der Art schon enthalten gewesen; auch hätte Herder in seinem früheren Vigor, um diesen Preis zu gewinnen, wohl noch einmal zu einem faßlichen Resümee seine Feder walten lassen.

Der gute, wohldenkende Fremde, der sich's um die Aufklärung

der Menschen etwas wollte kosten lassen, hatte sich von der Universität Jena eine Vorstellung gemacht, als wenn es eine Akademie der Wissenschaften wäre. Von ihr sollten die eingekommenen Arbeiten durchgesehen und beurteilt werden. Wie sonderbar eine solche Forderung zu unsern Zuständen paßte, ist bald übersehen. Indessen besprach ich die Sache mit Schillern weitläufig, sodann auch mit Griesbach. Beide fanden die Aufgabe allzuweit umgreifend und doch gewissermaßen unbestimmt. In wessen Namen sollte sie ausgeschrieben, von wem sollte sie beurteilt werden, und welcher Behörde durfte man zumuten, die eingehenden Schriften, welche nicht anders als umfänglich sein konnten, selbst von dem besten Kopfe ausgearbeitet, durchzuprüfen? Der Konflikt zwischen den Anatoliern und Ökumeniern war damals lebhafter als jetzt; man fing an, sich zu überzeugen, daß das Menschengeschlecht überall unter gewissen Naturbedingungen habe entstehen können und daß jede so entstehende Menschenrässe sich ihre Sprache nach organischen Gesetzen habe erfinden müssen. Jene Frage nötigte nun, auf diese Anfänge hinzudringen. Entschied man sich für eine Seite, so konnte der Aufsatz keinen allgemeinen Beifall erwarten; schwanken zwischen beiden *war nicht ein leichtes.* Genug, nach vielen Hin- und Widerreden ließ ich Preis und Frage ruhen, und vielleicht hatte unser Mäzen in der Zwischenzeit andere Gedanken gefaßt und glaubte sein Geld besser anwenden zu können, welches aus meiner Verwahrung und Verantwortung loszuwerden für mich ein angenehmes Ereignis war.
(2)

Laterna magica und Rätsel
Jena, um 1804

Andere Abende waren wohl dem Scherze und der frohen Laune gewidmet. Einst war als Weihnachtsgeschenk der Frommannschen Kinder eine Laterna magica ins Haus gekommen. Diese ergriff Goethe, ließ die bunten Bilder auf der weißen Fläche der Stubentür sich abschildern und trug improvisierte Knittelverse des witzigsten Inhalts dazu vor. Ein andermal hatten wir uns damit unterhalten, aus einzelnen großen Buchstaben Namen zusammenzulegen; am nächsten Tage schickte Goethe ein mit einer Anzahl solcher Buchstaben angefülltes Kuvert, welches die Aufschrift trug:

„Drei Namen, davon der erste mit einem M anfängt, der letzte mit einem A endigt." Das Verlangen, die geheimnisvollen Namen zu kennen, ruhte nicht eher, als bis dieselben entdeckt waren, sie hießen: „Minchen, Anmut, Alwina" — nämlich Minchen Herzlieb und Alwina Frommann, die Tochter vom Hause.
(86)

Nomen est omen
Weimar, um 1804

Goethe sah einmal die Schauspielerin Karoline Jagemann die Iphigenie spielen. Es war am Abend nach einem Ball, und da die Künstlerin die ganze Nacht nicht geschlafen hatte, war ihre Darstellung höchst mangelhaft. „Was sagen Sie nun zu dieser Iphigenie?" fragte ein Freund. Goethe erwiderte: „Wenn sie nicht für ihr ganzes Leben hier in Weimar engagiert wäre, dann würde ich sagen: Die jage man!"
(49)

Nicht ganz passendes Sprüchlein
Weimar, um 1804

Karl Schäffer, ein Sohn des weimarischen Stiftspredigers, war als Knabe ein Spielkamerad von Goethes August. Einst waren die Jungen an einem kalten Tage im Hause des Geheimrats, und da sie froren, kamen sie auf die Idee, sich in aller Stille Holz heraufzuholen und den Ofen zu heizen. Wie sie gerade darüber waren, ihr Feuerchen anzublasen, trat Vater Goethe herein; die Knaben erschraken, aber statt der erwarteten Schelte hörten sie freundliches Lob. Das sei recht von ihnen, daß sie nicht erst zu Vater oder Mutter gelaufen und über die Kälte geklagt hätten, solche Jungen müßten sich schon selber gegen das Unbehagliche zur Wehr setzen, und

> Mit einem Herren steht es gut,
> Der, was er befohlen, selber tut.

Dies kleine Erlebnis bewirkte, daß der nachmalige Kommissionsrat Schäffer von den tausend Sprüchen Goethes dieses Verslein am wenigsten vergaß.
(164)

Rührung
Weimar, um 1804

Die Schauspielerin Wolff erzählte mir [Abeken] einmal [1809], sie habe, da sie die Eugenie habe spielen sollen, bei Goethe, in seinem Zimmer allein, Leseprobe gehabt. Als sie an das Ende des vorletzten Monologs gekommen:

> „Und wenn ich dann vom Unbill dieser Welt
> Nichts mehr zu fürchten habe, spült zuletzt
> Mein bleichendes Gebein dem Ufer zu,
> Daß eine fromme Seele mir das Grab
> Auf heim'schen Boden wohlgesinnt bereite" —

habe Goethen sein Gefühl bewältigt; mit Tränen im Auge habe er sie innezuhalten gebeten. Gerade wie damals, als sie den Epilog zu Schillers „Glocke" bei ihm einübte, er bei einem besonders treffenden Worte sie faßte, mit den Worten: „Ich kann, ich kann den Menschen nicht vergessen!" sie unterbrach und eine Pause, um sich zu erholen, verlangte.
(112)

Bestialisches
Weimar, um 1804

Doktor Riemer, Goethes Freund und Sekretär, und Johann Heinrich Voß der Jüngere waren mein [Oehlenschlägers] täglicher Umgang in Weimar und wurden mit mir innig vertraut. Goethe konnte den jungen Voß gut leiden, und dieser war sein großer Bewunderer. Voß erzählte mir einen charakteristischen Zug von Goethe. Dieser hatte ihm einmal, als „Hermann und Dorothea" in neuer Auflage erscheinen sollte, das Gedicht zur Durchsicht gegeben; denn alle Voß' hatten es vom Vater gelernt, Hexameter korrekt zu schreiben, und selbst „die alte verständige Hausfrau" hatte einmal Goethe in sehr klassischen Spondeen und Daktylen eingeladen, Stahlpunsch bei ihr zu trinken. Goethe schrieb schönere, leichtere, naivere, kernigere Hexameter als Voß; aber er war nicht immer korrekt, und deshalb ließ er sich gern bescheidene Bemerkungen gefallen. Aber einmal kam der gute Heinrich Voß mit einem gar zu vergnügten Gesicht und sagte mit triumphierender Demut: „Herr

Geheimerat! da habe ich einen Hexameter mit *sieben* Füßen gefunden." — Goethe betrachtete die Zeile aufmerksamer und rief: „Ja, weiß Gott!", und Voß wollte ihm bereits den Bleistift reichen, als der Dichter ruhig das Buch zurückgab und sagte: „Die Bestie soll stehenbleiben!"
(21)

SCHNEEBALLSCHLACHT
Jena, um 1804

Viel wußte auch meine [Eisenschmidts] Stiefmutter zu erzählen, die gerade zu der Zeit, wo Goethe [...] viel im Frommannschen Hause in Jena verkehrte, Köchin in diesem Hause gewesen war. So erzählte sie gern folgende Geschichte. Eines Abends war wieder eine heitere Gesellschaft, darunter auch Goethe, bei Frommanns gewesen. Als sie nun einigen Herren beim Weggehen leuchtet, hört sie, wie diese auf dem Hofe sich verabreden, Goethe, wenn er komme, mit Schneebällen zu begrüßen; denn es hatte indes geschneit. Meine Mutter eilte hierauf in den Garten und machte schnell eine Schürze voll guter Schneebälle. Als sie zurückgekehrt, trifft sie Goethe schon auf der Treppe. Schnell überredet sie ihn, sich die Schürze vorbinden zu lassen, da sie versichert, er werde sie brauchen. Es gab nun eine gar heitere Szene auf dem Hofe, als die Herren, in der Erwartung, Goethe wehrlos zu überfallen, ihrerseits von dem rüstigen und seinerseits reichlich mit Munition versehenen Goethe in die Flucht geschlagen wurden. Ein ansehnliches Trinkgeld, das meine Mutter bei nächster Gelegenheit von Goethe erhielt, bewies, wie willkommen ihm die rasche Unterstützung gewesen war.
(15)

NICHT IMMER
Jena, um 1804

Goethe sah nie ein Blatt des „Freimütigen". Man drang es ihm auf. Er gab es ungelesen zurück; hat aber darum keinesweges es verschworen, einmal Rache an jenem Gesindel zu nehmen. Er gab einmal eine Karikatur an: Goethe mit einigen anderen Kunstfreunden wandelt in den Propyläen unter den Säulengängen vornehm gutmütig herum. Unten hat Kotzebue die Hosen abgezogen und setzt einen Sir Reverence, indem er sehnsuchtsvoll hinanblickend spricht:

> Ach könnt ich doch nur dort hinein,
> Gleich sollt's voll Stank und Unrat sein!

Bei der „Eleganten Zeitung" schlug er vor, den Buben, der die Greifen zügelt, umzukehren und dem Publikum das Gesäß zeigen zu lassen. Überhaupt liebt Goethe dies Genre des Aristophanes. Auch Nicolai hat er einmal vorgestellt, wie er auf Werthers Grabhügel einen Haufen setzt. Die Xenienlaune kehrt oft bei ihm ein. Nur läßt er sich nicht immer von ihr fortreißen.

(3)

Hören und Sehen
Weimar, um 1804

Als ich [Robert] einst, ich glaube im Jahre 1804, bei Goethe zu Tisch war, kamen Almanache, der Chamisso-Varnhagensche war auch darunter, und Goethe nahm einen nach dem anderen, hielt sie an seine und seiner Frau Ohren und fragte: „Hörst du was? Ich höre nichts. Nun! wir wollen die Kupfer betrachten, das ist doch das Beste", und so legte man die Almanache beiseite.

(113)

Ahnungen?
Weimar 1805

Am Morgen des letzten Neujahrstages, den Schiller erlebte, schreibt Goethe ihm ein Gratulationsbillett. Als er es aber durchliest, findet er zu seinem Schrecken, daß er darin unwillkürlich geschrieben hatte: „der letzte Neujahrstag", statt „erneute" oder „wiedergekehrte" oder dergleichen. Voll Schrecken zerreißt er's und beginnt ein neues. Als er an die ominöse Zeile kommt, kann er sich wiederum nur mit Mühe zurückhalten, etwas vom „letzten" Neujahrstage zu schreiben. So drängte ihn die Ahnung! — Denselben Tag besucht er die Frau von Stein, erzählt ihr, was ihm begegnet sei, und äußert, es ahne ihm, daß entweder er oder Schiller in diesem Jahre scheiden werde.

(59)

Sich aussprechen können
Weimar 1805

Zwei Tage nach jener Nacht stand er zum erstenmal wieder auf und aß ein gesottenes Ei. Bald fing er auch wieder an, sich vorlesen zu lassen. Nur hielt hier die Befriedigung schwer. Goethe verlangte launige Sachen, und Du weißt, daß die keiner heutzutage schreibt. Ich [Voß d. J.] brachte ihm Luthers „Tischreden" und las ihm daraus vor. Das ließ er sich gefallen eine Stunde lang. Aber da fing er auch zu wettern und zu fluchen an über die verfluchte Teufelsimagination unseres Reformators, der die ganze sichtbare Welt mit dem Teufel bevölkerte und zum Teufel personifizierte. Bei der Gelegenheit hielt er ein schönes Gespräch über die Vorzüge und Nachteile der Reformation und über die Vorzüge der katholischen und protestantischen Religion. Ich gab ihm vollkommen recht, wenn er die protestantische Religion beschuldigte, sie hätte dem einzelnen Individuum *zu viel* zu tragen gegeben. Ehemals konnte eine Gewissenslast durch andre vom Gewissen genommen werden, jetzt muß sie ein belastetes Gewissen selbst tragen und verliert darüber die Kraft, mit sich selber wieder in Harmonie zu kommen. „Die Ohrenbeichte", sagte er, „hätte dem Menschen nie sollen genommen werden." — Da sprach der Mann ein herrliches wahres Wort aus, wie mir in dem Augenblick recht anschaulich wurde. Ich selbst bin in dem Fall gewesen. Als im vorigen Sommer sich alles vereinigte, mich von Weimar weg nach Würzburg ziehn zu wollen, da fand ich nirgends Trost, solang ich auf meinem Zimmer war. Jedesmal aber, wenn ich zu Goethe kam und ihm mein ganzes Herz (selbst alle Schwächen meiner Innerlichkeit) wie einem Beichtvater ausschüttete, so ging ich wie mit neuem Mut gekräftigt in meine Einsamkeit zurück, und ich werde ihm diese Wohltat an mir mein Leblang danken. Ich kann wohl sagen, daß mich Goethe in den Tagen wie neu geschaffen hat. Er hat manche Schwäche von mir bei der Gelegenheit erfahren, weil ich ihm auch gar nichts verhehlen *wollte*. Meine Offenheit hat mich hinterdrein auch nicht eine Minute lang gereut.

(59)

Paradoxer Einfall
Weimar 1805

Ein andermal sagte Goethe, er hätte den Einfall gehabt, auf die Mineralogen, zu der Zeit, wo sie in allen Gegenden mit Hämmern herumgingen und an die Steine schlugen, ein Bild zeichnen zu lassen, wo ihrer *zwei* von entgegengesetzten Seiten an *einen* Felsen kämen und daran schlügen. Der Felsen spränge, und nun erblickten sich die Herren staunend und grimassierend. Er erzählte dies mit seinem gewöhnlichen humoristischen Tone und der kleinen Andeutung von Gest, die er in solchen Fällen sich erlaubte.
(35)

Gescheiterte Ehrung eines Toten
Weimar 1805

Schiller, durch den 30. Januar gedrängt, arbeitete fleißig an „Phädra", die auch wirklich am bestimmten Tage aufgeführt ward und hier am Orte wie nachher auswärts bedeutenden Schauspielerinnen Gelegenheit gab, sich hervorzutun und ihr Talent zu steigern.

Indessen war ich durch zwei schreckhafte Vorfälle, durch zwei Brände, welche in wenigen Abenden und Nächten hintereinander entstanden und wobei ich jedesmal persönlich bedroht war, in mein Übel, aus dem ich mich zu retten strebte, zurückgeworfen. Schiller fühlte sich von gleichen Banden umschlungen. Unsere persönlichen Zusammenkünfte waren unterbrochen; wir wechselten fliegende Blätter. Einige im Februar und März von ihm geschriebene zeugen noch von seinen Leiden, von Tätigkeit, Ergebung und immer mehr schwindender Hoffnung. Anfangs Mai wagt ich mich aus, ich fand ihn im Begriff, ins Schauspiel zu gehen, wovon ich ihn nicht abhalten wollte: Ein Mißbehagen hinderte mich, ihn zu begleiten, und so schieden wir vor seiner Haustüre, um uns niemals wiederzusehen. Bei dem Zustande meines Körpers und Geistes, die, nun aufrecht zu bleiben, aller eigenen Kraft bedurften, wagte niemand, die Nachricht von seinem Scheiden in meine Einsamkeit zu bringen. Er war am Neunten verschieden und ich nun von allen meinen Übeln doppelt und dreifach angefallen.

Als ich mich ermannt hatte, blickt ich nach einer entschiedenen großen Tätigkeit umher; mein erster Gedanke war, den „*Deme-

trius" zu vollenden. Von dem Vorsatz an bis in die letzte Zeit hatten wir den Plan öfters durchgesprochen: Schiller mochte gern unter dem Arbeiten mit sich selbst und andern für und wider streiten, wie es zu machen wäre; er ward ebensowenig müde, fremde Meinungen zu vernehmen, wie seine eigenen hin und her zu wenden. Und so hatte ich alle seine Stücke, vom „Wallenstein" an, zur Seite begleitet, meistenteils friedlich und freundlich, ob ich gleich manchmal, zuletzt wenn es zur Aufführung kam, gewisse Dinge mit Heftigkeit bestritt, wobei denn endlich einer oder der andere nachzugeben für gut fand. So hatte sein aus- und aufstrebender Geist auch die Darstellung des „Demetrius" in viel zu großer Breite gedacht; ich war Zeuge, wie er die Exposition in einem Vorspiel bald dem Wallensteinischen, bald dem Orleanischen ähnlich ausbilden wollte, wie er nach und nach sich ins Engere zog, die Hauptmomente zusammenfaßte und hie und da zu arbeiten anfing. Indem ihn ein Ereignis vor dem andern anzog, hatte ich beirätig und mittätig eingewirkt, das Stück war mir so lebendig als ihm. Nun brannt ich vor Begierde, unsere Unterhaltung, dem Tode zu Trutz, fortzusetzen, seine Gedanken, Ansichten und Absichten bis ins einzelne zu bewahren und ein herkömmliches Zusammenarbeiten bei Redaktion eigener und fremder Stücke hier zum letztenmal auf ihrem höchsten Gipfel zu zeigen. Sein Verlust schien mir ersetzt, indem ich sein Dasein fortsetzte. Unsere gemeinsamen Freunde hofft ich zu verbinden; das deutsche Theater, für welches wir bisher gemeinschaftlich, er dichtend und bestimmend, ich belehrend, übend und ausführend, gearbeitet hatten, sollte, bis zur Herankunft eines frischen ähnlichen Geistes, durch seinen Abschied nicht ganz verwaist sein. Genug, aller Enthusiasmus, den die Verzweiflung bei einem großen Verlust in uns aufregt, hatte mich ergriffen. Frei war ich von aller Arbeit, in wenigen Monaten hätte ich das Stück vollendet. Es auf allen Theatern zugleich gespielt zu sehen wäre die herrlichste Totenfeier gewesen, die er selbst sich und den Freunden bereitet hätte. Ich schien mir gesund, ich schien mir getröstet. Nun aber setzten sich der Ausführung mancherlei Hindernisse entgegen, mit einiger Besonnenheit und Klugheit vielleicht zu beseitigen, die ich aber durch leidenschaftlichen Sturm und Verworrenheit nur noch vermehrte; eigensinnig und übereilt gab ich den Vorsatz auf, und ich darf noch jetzt nicht an den Zustand denken, in welchen ich mich versetzt fühlte. Nun war mir Schiller eigentlich erst entrissen, sein Umgang erst versagt. Meiner künstlerischen Einbildungskraft war verboten, sich mit dem Katafalk zu beschäftigen, den ich ihm aufzurichten gedachte, der länger als jener zu Messina das Begräbnis überdauern sollte; sie wendete sich nun und folgte dem Leichnam in die Gruft, die ihn geprängslos eingeschlossen hatte. Nun fing er mir erst an zu verwesen; unleidlicher Schmerz ergriff mich, und da mich körperliche Leiden von jeglicher Gesellschaft trennten, so war ich in traurigster Einsamkeit befangen. Meine Tagebücher melden nichts von jener Zeit; die weißen Blätter deuten auf den hohlen Zustand, und was sonst noch an Nachrichten sich findet, zeugt nur, daß ich den laufenden Geschäften ohne weitern Anteil zur Seite ging und mich von ihnen leiten ließ, anstatt sie zu leiten. Wie oft mußt ich nachher im Laufe der Zeit still bei mir lächeln, wenn teilnehmende Freunde Schillers Monument in Weimar vermißten; mich wollte fort und fort bedünken, als hätt ich ihm und unserm Zusammensein das erfreulichste stiften können.

(2)

Krankheit und Tod Schillers
Weimar 1805

In der letzten Krankheit Schillers war Goethe ungemein niedergeschlagen. Ich [Voß d. J.] habe ihn einmal in seinem Garten weinend gefunden; aber es waren nur einzelne Tränen, die ihm in den Augen blinkten. Sein Geist weinte, nicht seine Augen; und in seinen Blicken las ich, daß er etwas Großes, Überirdisches, Unendliches fühlte. Ich erzählte ihm vieles von Schiller, das er mit unnennbarer Fassung anhörte. „Das Schicksal ist unerbittlich, und der Mensch wenig!" Das war alles, was er sagte; und wenige Augenblicke nachher sprach er von heitern Dingen.

Aber als Schiller gestorben war, war eine große Besorgnis, wie man es Goethe beibringen wollte. Niemand hatte den Mut, es ihm zu melden. Meyer war bei Goethe, als draußen die Nachricht eintraf, Schiller sei tot. Meyer wurde hinausgerufen, hatte nicht den Mut, zu Goethe zurückzukehren, sondern ging weg, ohne Abschied zu nehmen. Die Einsamkeit, in der sich Goethe befindet, die Verwirrung, die er überall wahrnimmt, das Bestreben, ihm auszuweichen, das ihm nicht entgehen kann — alles dieses läßt ihn wenig Tröstliches erwarten. „Ich merke es", sagt er endlich, „Schiller muß sehr krank sein", und ist die übrige Zeit des Abends in sich gekehrt. Die gute Vulpius hat doch so viel Fassung, daß sie Goethe nichts entdeckt, sondern nur von einer langen Ohnmacht erzählt, aus der er sich jedoch erholt habe. Goethe läßt sich täuschen, aber er ahnt was Schlimmes. Als er zu Bette gegangen ist, stellt sich die Vulpius, die die ganze Nacht kein Auge zugetan hat, schlafend, um Goethe sicher zu machen, daß kein besorgliches Unglück vorgefallen sei, und Goethe, der die Vulpius ruhig atmen hört, schläft auch am Ende ein. Am Morgen sagt er zur Vulpius: „Nicht wahr, Schiller war gestern *sehr* krank?" Der Nachdruck, den er auf das „sehr" legt, wirkt so heftig auf jene, daß sie sich nicht länger halten kann. Statt ihm zu antworten, fängt sie laut an zu schluchzen. „Er ist tot?" fragt Goethe mit Festigkeit. „Sie haben es selbst ausgesprochen!" antwortet sie. „Er ist tot", wiederholt Goethe noch einmal, wendet sich seitwärts, bedeckt sich die Augen mit den Händen und weint, ohne eine Silbe zu sagen. (59)

ÜBERFLÜSSIGE ENTSCHULDIGUNG
Weimar 1805

Unser Jammer war groß, aber keiner wagte, sein Dahinscheiden Goethe mitzuteilen, und doch wußte man nicht, wie man es anfangen sollte, ohne seinen Befehl die nächste Vorstellung zu sistieren. Endlich legte sich die Jagemann ins Mittel und erklärte dem Herzog unumwunden, daß sie in ihrer Stimmung nicht Komödie spielen könne. Darauf wurde auf Befehl des Herzogs Sonnabend, den 10. Mai die Bühne geschlossen. Statt eines Theaterzettels erschien den andern Tag folgende, aus einer Kanzlei hervorgegangene Bekanntmachung:

„Weimar, den 10. Mai 1805.

Bei der traurigen Stimmung, welche durch das Ableben des allgemein geschätzten und um das deutsche Theater so sehr verdienten Herrn Hofrat von Schiller allhier, besonders bei dem Personale des fürstlichen Hoftheaters hervorgerufen worden, wird auf Ansuchen desselben die morgende Darstellung mit gnädigster Zustimmung ausgesetzt."

Alle diese Vorkommnisse waren Goethe, der selbst bettlägerig war, bis nach der Beerdigung Schillers verheimlicht worden; erst Sonntag, den 12. teilte sein Sohn August ihm die Trauerkunde mit. Darauf soll er den Befehl erteilt haben, niemand, wer es auch sei, zu ihm zu lassen.

Einige Zeit darauf führten mich dringende Geschäfte zu ihm; mit Zittern und Zagen trat ich den Weg an. Er empfing mich mit ernster Miene, äußerte aber kein Wort über Schillers Dahinscheiden. Als ich seine Befehle eingeholt hatte, wollte ich mich entfernen, da rief er: „Noch eins! Sagt dem, der die sonderbare Annonce über den Tod meines Freundes verfaßt hat, er hätte es sollen bleibenlassen! Wenn ein Schiller stirbt, bedarf es dem Publikum gegenüber wegen einer ausgefallenen Theatervorstellung keiner Entschuldigung."
(79)

Beginnende Vereinsamung
Weimar 1805

Goethe ist fast noch herzlicher gegen mich [Voß d. J.] und Riemer geworden als ehemals. Wir sind auch nun, einer von uns beiden, beständig um ihn. In den ersten acht Tagen haben wir von Schiller gar nicht geredet. Doch am [...] 18. Mai ging ich mit Goethe im Park spazieren, da war er in einem bewegten Zustande, wie ich ihn nimmer gesehn habe. Er hatte einen kleinen Rückfall von seinem Übel gehabt und ging zum erstenmal im Park spazieren, wo ich ihm begegnete. An dem Tage hatte er durch Riemer erfahren, daß mein Vater nach Heidelberg gehn würde. Seine Krankheitsschwäche, Schillers Tod und der Verlust meines Vaters — alles lag schwer auf seinem Gemüt. Da redete er im Gefühl der tiefsten Leidenschaft; er sprach Worte, die mir durch Mark und Bein gingen. „Schillers Verlust", sagte er unter anderm, und dies mit einer Donnerstimme, „*mußte* ich ertragen, denn das Schicksal hat ihn mir gebracht; aber die Versetzung nach Heidelberg, das fällt dem Schicksal nicht zur Last, das haben Menschen vollbracht." Ich vermochte ihm nicht zu antworten; aber nie habe ich einen größeren Jammer gefühlt als in diesem Augenblick. Ich mußte weinen vor Wehmut, und Goethe weinte auch. Wir gingen wohl fünf Minuten stumm nebeneinander. Endlich ergriff er meine Hand mit einer leidenschaftlichen Heftigkeit und drückte und schüttelte sie, wie er es nie getan. — Wir sind darauf stillschweigend zu Hause gegangen. Ich ergriff seine Hand und umklammerte sie mit der meinigen und folgte ihm so in seinen Garten hinein, wo ich stummen Abschied von ihm nahm. Ich sah ihm ins Gesicht, ich fand so viel Güte in seinen Augen, so viel Wohlwollen auf seiner Stirn, so viel menschlich Erquickendes! Er glich einem sanften Regen nach einem Gewitterschauer. Das war zuviel für mich, ich hätte in Tränen zerfließen mögen. Ich tat mir noch einige Augenblicke Gewalt an und verließ ihn.

Aber ich hatte den ganzen Abend keine Ruhe, weil ich in dieser Erschütterung einen Rückfall für Goethe befürchtete. Abends besuchte ich die Vulpius; sie sagte mir, er sei sehr bewegt nach Hause gekommen und habe lange Zeit mit dem Gesicht ans Fenster gelehnt gestanden. Unter anderm hatte er gesagt: „Voß wird seinem Vater nach Heidelberg folgen, und auch Riemer wird man über kurz oder lang wegziehn, und dann steh ich ganz allein!" — Endlich sei August ins Zimmer getreten, und des Sohnes Gegenwart habe seine heitere Stimmung zurückgeführt.
(59)

Anzeichen nahenden Alters
Helmstedt 1805

Etwas Ergötzliches — ich sah freilich die Lacher nicht auf meiner Seite — ereignete sich bei einem Festessen, das man uns, Goethe und mir, zu Ehren veranstaltete. Sämtliche Professoren mit ihren Frauen waren gegenwärtig. Unbemerkt nahte sich ein reizendes Mädchen meinem Reisegefährten und setzte ihm einen Lorbeerkranz auf. Mit rascher Wendung umfaßte er die holde Geberin und drückte ihr einen Kuß auf die Lippen. Gleichzeitig war ein anderes schönes Kind zu mir getreten, um die ähnliche Huldigung mir darzubringen. Das Unglück wollte, daß der viel zu weite Kranz bis auf die Nase herabsank. Mit Heftigkeit riß ich denselben vom Gesicht, da rief Goethe entrüstet: „Wolf, Wolf! wie alt bist du geworden!"
(114)

Forte und piano
Nienburg 1805

Im Sommer 1805 erfreute sich Goethe an einer Wagenfahrt, die ihn in die Bezirke um den Harz führte: nach Halle, Magdeburg, Helmstedt und Halberstadt. Am Wege von Helmstedt nach Halberstadt, etwa anderthalb Stunden vor dem Ziele, wohnte auf der Nienburg ein Herr von Hagen, den zu besuchen die Helmstedter Professoren vorschlugen; einer von ihnen, der Theologe Henke, erbot sich mitzufahren. Von Halle aus war schon der Altertumsforscher Wolf ein Reisegenosse; auch Goethes eben konfirmierter Sohn August saß mit im Wagen. So fuhren sie denn eines schönen Tages von Helmstedt ab, Henke mit einer langen weißen Tonpfeife, denn nur in einer solchen schmeckte ihm der Tabak.

Herr von Hagen, ein Mann in Goethes Alter, war als Landwirt und Verwaltungsbeamter tüchtig (drei Landkreise wurden von ihm regiert: Halberstadt, Aschersleben und Ermsleben); er war auch in Literatur und Philosophie beschlagen; aber er hatte eine tolle Ader, liebte das Absonderliche und Derbe, besonders eine grobe Neckerei.

Durch einen Brief Henkes unterrichtet, erwartete er nun die Gäste, von denen jeder auf seinem Gebiete für den Besten in Deutschland gelten konnte. Nachmittags um zwei fuhr der Wagen vor, Herr von Hagen trat an die Aussteigenden heran: „Willkommen ihr Ersten bei einem der ersten eurer Verehrer!"

Dann aber zeigte er ihnen sogleich das Schild über seinem Wirtshause. Es war neu, und der Gegenstand eingegeben von einem damals neuen Buche, den „Reisen in das mittägliche Frankreich" von Moritz von Thümmel. Darin war von einer Wirtin zu Harlem erzählt, die, um auf ihre Schenke aufmerksam zu machen, eines Tages ihre hinteren Halbkugeln zum Fenster herausstreckte: auf diese hatte sie sich Augen und Mund aufmalen lassen. Die Szene, wie die Leute von der Straße auf das seltsame Gesicht blickten, hatte Herr von Hagen einem Schildermaler zur Aufgabe gestellt und das Werk dann über seinem Wirtshause angebracht. Das Mittagessen verlief ziemlich regelrecht; der Hausherr disputierte mit seinen Gästen und hielt sich wacker; Goethe ward guter Laune und sehr gesprächig; ein feiner Burgunder war der Zutrunk zu schmackhaften Gerichten. Aber wenn man sich im Zimmer umschaute, sah man auch wieder Absonderliches: einigen Gipsfiguren, die in den Ecken standen, waren Manschetten angezogen oder Schürzen vorgebunden und dgl. Als man vom Essen aufstand, ließ der Hausherr nicht locker: seine Gäste mußten, ehe man einen kleinen Spaziergang begann, erst einzeln das Kabinett besuchen, das dem letzten Stadium des Verdauungsvorganges gewidmet ist: hier sahen sie sich denn einem behaglichen Großvaterstuhle gegenüber; die Wände aber waren mit lustigen, derben, zum Teil auch zotigen Bildern bedeckt.

Abends ward wieder der gute Burgunder aufgefahren. Abt Henke wollte sich nüchtern erhalten, zumal da einer seiner Schüler, der Hauslehrer Weitze, mit von der Gesellschaft war; er bat um ein Glas leichten Bieres. Aber Hagen verlangte durchaus: er solle einen vortrefflichen Wein mittrinken, der in jenem Jahre gereift sei, wo Goethe und er, der Gastgeber, erzeugt worden. Henke wehrte ab; da ernannte Hagen den Geheimen Rat von Goethe zum Richter in seinem Prozeß gegen Henke: „Es hilft nichts, Hochwürden, Sie müssen sich heute der Exzellenz unterwerfen!"

Goethen gefiel der Spaß. Und er entschied: jeder der Anwesenden solle, wie er es am besten verstehe, Henke einladen und auffordern, den Wein zu kosten. „Unser Wirt hier ist ein fester Kantianer: er möge es in Form eines Syllogismus tun, dem Henke nichts anhaben kann. Wolf wird eine griechische Rede im anakreontischen Ton halten."

Sein Auge richtete sich auf den jungen Hauslehrer. „Ich komme bei dem Symposion solcher Männer nicht in Betracht", sagte Weitze bescheiden. „Ei was!" rief jedoch der Wirt. „Der Herr macht ganz hübsche Verse. Also geb er sein Scherflein auch!"

„Nun gut", bestimmte Goethe, „so schmieden Sie ein Distichon! Henke aber mag sich gegen seine Angreifer in lateinischer Sprache verteidigen, in der er ja Meister ist."

„Nein", rief Henke. „Wie könnte ich mit meinem Theologenlatein vor jenem Manne" — Wolf war gemeint — „erscheinen? Er würde mir ja keinen Satz und kein Wort durchgehen lassen."

„Wenn das erste Glas getrunken", entschied Goethe, „und das zweite eingeschenkt ist, muß jeder fertig sein. Und wenn Henke überwunden wird, werden wir mit ihm den Wein auf seine Gesundheit trinken."

Und alsbald stand Wolf auf; er sprach nicht griechisch, sondern deutsche Verse in anakreontischem Geiste, dem Lyäos (Bacchus) zu Ehren:

>„Schönste Gaben,
>Uns zu laben,
>Reicht Lyäus,
>Mild und hold;
>Und die Becher
>Froher Zecher
>Füllt er an
>Mit flüß'gem Gold."

So begann er, und sein Schluß war:

>„Drum, wer den Wein kennt,
>   Weiß auch, wie Durst brennt,
>Und wer den Zorn des Gottes scheut,
>   Verschmäht nicht, was er freundlich beut!"

Weitze schlug in dieselbe Kerbe mit seinem Distichon:

>„Golden perlet der Wein, das Bild der geistigen Freude;
>   Ähnlich dem sinnlichen Rausch schäumt das schlechtere Bier."

Natürlich mußte sich Henke für besiegt erklären und mit dem Weinglas Buße tun.

Goethe aber wollte den Abend nicht vorübergehen lassen, ohne dem Gastgeber seine Keckheiten und Derbheiten heimzuzahlen. Als Herr von Hagen ein albernes und unschickliches Lied vortrug — seine Frau mußte ihn dazu am Flügel begleiten —, zollte Goethe lauten Beifall, bat um Wiederholung und noch einmal um Wiederholung. Und immer mehr geriet er nun in den Mephistopheles-Ton: der edle Wirt habe das Lied recht gut vorgetragen, und es sei ein vortreffliches Gedicht, aber der Vortrag könne doch noch gesteigert werden, und es sei Pflicht des Vortragenden, sich dem köstlichen Inhalt gleichzustellen, ja ihn durch den rechten Ausdruck noch zu erhöhen.

Herr von Hagen bat um Belehrung, und Goethe nahm ihn in die Schule, scheinbar, wie er daheim seine Theaterschüler vornahm,

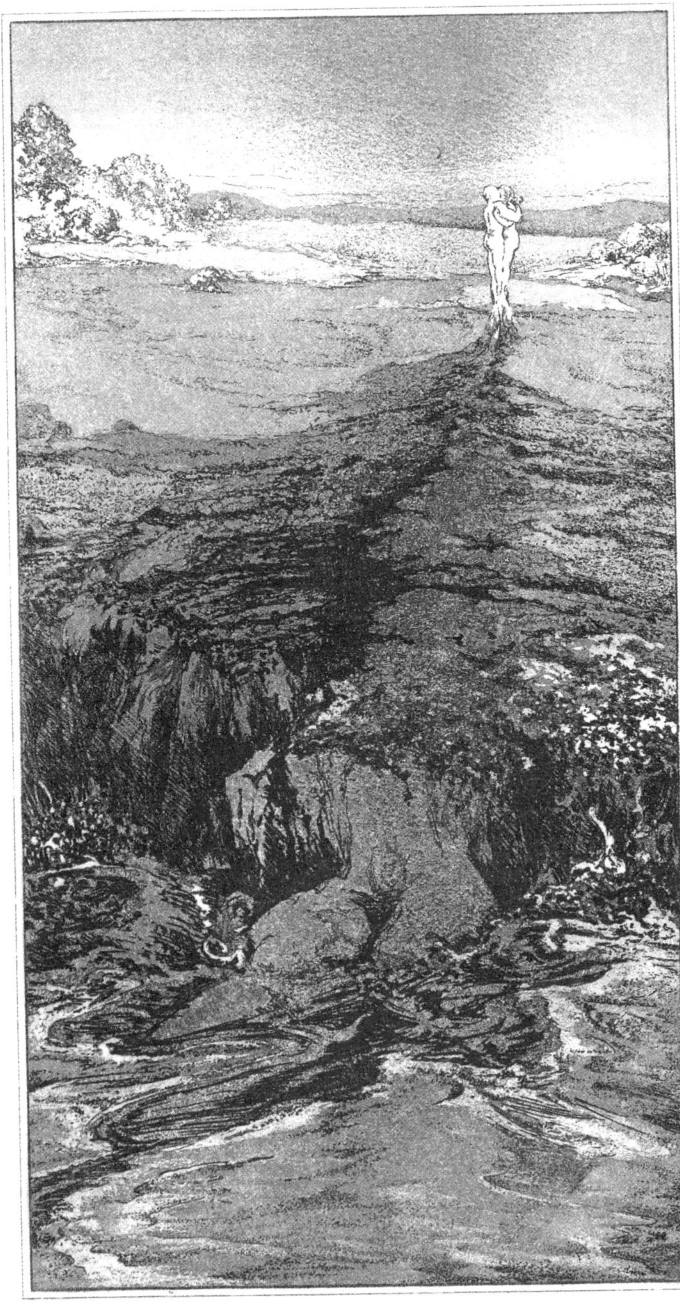

in Wahrheit aber so, daß Hagen immer alberner vortrug. Zuweilen mochte es ihm wohl vorkommen, als ob sich Goethe über ihn lustig mache, aber der berühmte Gast machte das ehrbarste Gesicht und sprach höchst ernsthaft vom Abschattieren der Töne, von Akzenten, von forte und piano, von Flüstern, Lispeln und Aufschrei, bediente sich auch, wie daheim im weimarischen Theater, eines Stockes, um den Takt wie ein Kapellmeister zu schlagen. Zwischendurch schenkte Hagen seinen Gästen immer wieder ein und bot ihnen Backwerk zum Burgunder an. Henke aber ging im Zimmer auf und ab, in der einen Hand die lange Tonpfeife, in der andern das Weinglas, das ihm der Hausherr immer von neuem füllte. Aber der Undankbare holte sich wirklich keinen Rausch, sondern goß, wenn man nicht auf ihn achtete, den edlen Trank zum Fenster hinaus.
(51)

Diabolische Grösse
Nienburg 1805

Herr von H[agen] wagte sogar mit Goethe zu disputieren. Er behauptete als Kantianer, daß eine Person, welche die Erfüllung des kategorischen Imperativs in sich darstelle, zugleich als sittlich vollendetster Charakter der höchste Gegenstand schöner Darstellung sei, weil die wahre Größe stets zugleich eine sittliche sein müsse. Dem widersprach Goethe. „Die vollendete sittliche Größe", sagte er, „ist in keinem individuo der Menschheit vorhanden, wird also nur gedacht und nirgend angeschaut. Eben deshalb liegt ihre Schilderung über das Interesse hinaus, in welchem sich die Schönheit kundgibt und welches nie die Sinnlichkeit unberührt läßt. Eine solche Darstellung, wie Sie sich denken, enthält lauter Licht ohne Schatten und läßt kalt. Es gibt eine dämonische, ja diabolische Größe. Es ist unrecht, sich immer die Größe als etwas an sich Existierendes zu denken und nicht vielmehr als Begreifung des Eindrucks, der auf uns gemacht wird, der aber bei derselben Person oder Sache nicht immer notwendig immer wieder, sondern nur unter bestimmten Umständen und gegebenen Bedingungen derselbe ist, weshalb sie sogar in schillernden, schnell wechselnden, ineinanderfließenden Farben und Tönen sich darstellen können. Der Kantische Imperativ setzt die Menschen autonomisch und autokratisch voraus, in welchen die Leidenschaften kaum entstehen,

viel weniger siegen können. Nun aber sehen wir die Menschen oft in der Gewalt unsichtbarer Mächte, denen sie nicht widerstehen können, die ihnen ihre Richtung geben; und oft scheinen ihre Neigungen und Handlungen in einem über alles Gesetz hinausliegenden Gebiete willkürlich zu walten. Alles, auch das sittlich Abnormste, bietet eine Seite dar, von wo es als groß erscheinen kann."
(30)

Arabisch-dänisch-deutscher Monolog
Lauchstädt 1805

Wir besuchten an einem frühen Vormittage Goethe, der sich einige Tage in Lauchstädt aufhielt. Sein schönes, kräftiges Gesicht erfreute mich [Oehlenschläger] und flößte mir Ehrerbietung ein. Die braunen Augen erquickten mich, in denen ich zu gleicher Zeit Werthers Gefühl, Götz' gutherzige Kraft, Fausts Tiefsinn, Iphigenias Seelenadel und Reinekes Schalkhaftigkeit zu lesen glaubte. Er kannte etwas von meinem „Aladdin". Wilhelmine Wolf, eine Tochter des großen Philologen, hatte [...] dänisch gelernt; sie hatte Goethe Noureddins ersten Monolog übersetzt. „Wenn ich einen Dichter rasch kennenlernen will", sagte er zu mir, „so lese ich einen seiner Monologe, darin spricht sich sein Geist sogleich aus."
(21)

Bileams Esel
Weimar 1806

Eben damals war die Rede von einem Almanach, den Nicolai, Herdern zu necken, unter dem Titel *„Ein Feiner Almanach"* herausgegeben, der *Volkslieder* enthalten soll. Hierauf sagte Goethe, Nicolai sei mit Bileam, der „Feine Almanach" mit dessen Esel zu vergleichen, der klüger als der, der ihn ritt, gewesen, und Nicolai habe gegen seine Absicht darin recht gute Lieder drucken lassen und also mehr gesegnet als geflucht.
(15)

Hermaphroditisches
Weimar 1806

Das bei Göschen in Leipzig herauskommende „Journal für Frauen und geschrieben von Frauen" gab Goethen, da er es auf der Bibliothek fand und darin eine Nekropompe von Seume auf Schiller bemerkte, Anlaß, sehr witzig zu sagen: „Mancher Hermaphrodit mag in diesem Werke stehen!"
(15)

Herzenswunsch
Weimar 1806

Da Bertuch, mit lächerlicher Eitelkeit, sich gerührt stellend, Mouniers Tod dem weimarischen Publikum im Wochenblatt verkündete, rief Goethe aus: „Oh, wie wohl täten diese, wenn sie kein Herz haben wollten!"
(15)

Der Löwe und der Fuchs
Weimar 1806

Da Pitts Tod kund wurde, stund eben in der „Allgemeinen Zeitung" ein wahrscheinlich von Böttiger geschriebener Aufsatz, welcher mit den Worten „Der arme podagrische Pitt" anfing. „Sehr passend", sagte Goethe, „lasse sich hierauf die Fabel vom Fuchs anwenden, welcher den toten Löwen bepißt."
(15)

Poesie der deutschen Sprache
Weimar 1806

Er empfing mich [Oehlenschläger] väterlich, ich war oft zu Mittag bei ihm und mußte ihm meinen ganzen „Aladdin" und „Hakon Jarl" aus dem Dänischen deutsch vorlesen. Da machte ich mich vieler Danismen schuldig; aber er verwarf sie nicht alle; er meinte, daß beide verwandten Sprachen, einer Wurzel entsprungen, einander geschwisterliche Geschenke machen dürften. „Hm! das ist hübsch!" sagte er zuweilen, wenn ich einen gewagten fremden

Ausdruck gebrauchte. „Sagt man das auf Deutsch?" fragte ich. — „Nein", entgegnete er, „man sagt es nicht, aber man könnte es sagen." — „Soll ich es wieder ausstreichen?" — „Nein, keineswegs." — Reichardt, der nach Weimar kam, wurde von Goethe gefragt: „Kennen Sie etwas von Oehlenschlägers Gedichten?" — „Nein", entgegnete dieser, „aufrichtig gesprochen, es amüsiert mich nicht, die deutsche Sprache radebrechen zu hören." — „Und mich", antwortete Goethe mit imposantem Feuer, „amüsiert es sehr, die deutsche Sprache in einem poetischen Geiste entstehen zu sehen."
(21)

ERNÜCHTERUNGEN
Weimar 1806

Ich [Oehlenschläger] sah zuweilen Falk bei Goethe. Eines Mittags hielt er uns eine lange Vorlesung, und ich wunderte mich über die Geduld, mit der ihn Goethe angehört hatte. „Nun", entgegnete Goethe, „wenn ein Mensch so mit einer Tafel auf der Brust zu mir kommt, auf die er alles geschrieben hat, was in ihm wohnt, so kann ich mich wohl einmal darein finden, zu lesen, was darauf steht." — Er war nicht immer so geduldig; es mußte auch etwas auf der Tafel stehen. Ein junger Baron kam ihm einmal mit erschrecklich großen Lobreden entgegen, aber auch mit sehr eingebildeten Erklärungen über Goethes Genie, die kein Ende nahmen. Als er fertig war, sagte Goethe: „Sie hören sich gerne selbst reden, Herr Baron!" und kehrte ihm den Rücken zu. Goethe haßte die Affektation. Er saß einmal bei einer Mittagstafel zwischen zwei Fräulein vom Lande. Das eine war sehr ästhetisch, das andere geradezu und prosaisch. Das ästhetische hatte ihn lange mit ihren närrischen Entzückungen und sublimen Affektationen ermüdet. Als eine Ananas gegessen wurde, rief es: „Ach, ach, Herr Geheimerat! so eine Ananas riecht doch ganz göttlich!" — „Hm!" sagte Goethe „woher wissen Sie denn eigentlich, wie die Götter riechen?" Drauf wandte er sich an das andere und fragte: „Wieviel Kühe hat Ihr Vater, Fräulein?"
(21)

Verkennung? Verwerfung?

Weimar 1806

Als ich [Oehlenschläger] meinen „Aladdin" zu schreiben anfing und meiner Schwester und einigen andern guten Freunden die ersten Szenen vorlas, fand er keinen Beifall. Ich ging mit meinem Manuskript in der Tasche betrübt nach Hause; und hätte meine eigene Überzeugung, daß er gut sei, nicht gesiegt, so wäre „Aladdin" nie erschienen und ich hätte nicht den Triumph gehabt, mit der Zeit selbst bei denen Beifall zu ernten, die im Anfang die Arbeit verschmähten.

So ging es mir auch hier bei Goethe mit dem „Hakon Jarl". „Aladdin" hatten wir in kleinen Portionen zusammen gelesen, und er hatte ihn aufmerksam gehört und aufgefaßt; „Hakon Jarl" las ich ihm auf einmal nach Tisch vor. Er verlor den Faden, der Gang des Stückes verwirrte ihn, und er äußerte nach beendigter Lektüre, daß einiges in der Komposition des Stückes geändert werden müsse. Ich wurde ganz niedergeschlagen und wanderte in meinen finstern Gedanken in dem schönen herzoglichen Lustgarten umher. „Wenn *der*", dachte ich, „verfehlt ist, so weiß ich nicht, wie ich richtig dichten soll." In diesem Gedanken stand ich vor einem Skulpturwerke im Garten, wo eine Schlange in einen Knäuel beißt. Ich habe die allegorische Bedeutung desselben vergessen; aber es schien mir in jenem Momente, als ob es das Unglück sei, das in mein Herz biß. Da hörte ich in demselben Augenblick etwas in meiner Nähe rieseln. Ich ging dahin, von wo der Laut herkam; es war eine Quelle, die sehr anmutig aus der Felswand in den Fluß hinabstürzte, und in einem Steine eingegraben stand der schöne Vers von Goethe:

„Die ihr Felsen und Bäume bewohnt, o heilsame Nymphen,
    Gebet jeglichem gern, was er im stillen begehrt!
Schaffet dem Traurigen Trost, dem Zweifelhaften Belehrung,
    Und dem Liebenden gönnt, daß ihm begegne sein Glück.
Denn euch gaben die Götter, was sie den Menschen versagten:
    Jeglichem, der euch vertraut, tröstlich und huelfreich zu sein."

Die schöne Natur, der herrliche Tag und das humane, milde Gedicht gaben mir wieder Mut, und ich dachte: „Der Verfasser dieser

Strophen kann ‚Hakon Jarl' nicht verwerfen." — Goethe hatte mich gebeten, ihm den kurzen Inhalt des ganzen Stückes aufzuschreiben. Ich brachte ihm das Verlangte, und nachdem er es gelesen hatte, billigte er durchaus den Gang des Stückes und fand nichts daran auszusetzen.
(21)

Lebewohl mit Küssen und Versen
Weimar 1806

Einmal bei Tisch sprach er so eifrig und mit so viel Achtung und Kraft für Bürgerrecht und Bürgerehre, einem kalten Herrn gegenüber, der die Handlungsweise eines wackern Mannes verdrehen und verspotten wollte, daß ich's [Oehlenschläger] nicht lassen konnte, als der Fremde fortgegangen war, ihm um den Hals zu fallen und ihn zu küssen, was er herzlich erwiderte, indem er mit Wärme sagte: „Ja, ja, lieber Däne! Ihr meint's auch treu und gut in der Welt." — Er sagte gern „Ihr" in vertrauter Rede zu Leuten, die er liebhatte. Johann Heinrich Voß (der Jüngere) erzählte mir, daß Goethe, als einmal die Rede auf mich kam, mit ungewöhnlicher Wärme und Freundlichkeit gesagt habe: „Oh, das ist mir ein herzlieber Junge!" [...]

Als ich fortreiste, schrieb ich dem jungen Goethe meine dänische Übersetzung von Goethes „Erlkönig" in das Stammbuch und fügte zum Schluß die deutschen Verse hinzu:

> Erinnern Sie sich, wenn längst ich schied,
> Bei der Übersetzung des Vaters Lied,
> Des Dichters vom Lande, wo Nacht und Wind
> Und Elf und Schauder zu Hause sind.
> In Weimar weht es schon mehr gelind;
> Gott segne den Vater mit seinem Kind.

„Ja, ja", sagte Goethe, als er es gelesen hatte, indem er mir freundlich ins Auge sah und die Hand auf meine Schulter legte: „Ihr seid ein Poete!" In mein Stammbuch schrieb er: „Zum Andenken guter Stunden dem Verfasser des Aladdin."
(21)

Pieder und nadierlich
Jena 1806

Den letzten Abend war bei Thorwaldsen Gesellschaft. [...] Einige sangen, und ich [Oehlenschläger] sang unter anderm Goethes „Musen und Grazien in der Mark" nach einer alten, pathetischen Freimaurermelodie, mit Roulanden und Trillern, welche dazu beitrugen, die Ironie des Gedichtes zu verstärken. Ich hatte Goethe selbst dieses Lied vorgesungen, und es hatte ihn sehr amüsiert und machte ihm besonders Spaß, wenn ich zuletzt das deutsche harte B und das weiche T gebrauchte und sang: „Wir sind pieder und nadierlich." Er wiederholte es lachend und rief laut: „Pieder und nadierlich, der verfluchte Däne!"
(21)

Ab-Speisung in einer Scheune
Asch 1806

Als wir auf der Reise nach Franzenbrunn in Asch übernachten mußten und daselbst „Die Hussiten vor Naumburg" in einer Scheune gegeben wurden, wovon wir spaßeshalber einen Akt mit ansahen, sagte G[oethe], er könne mit Recht hier anwenden: „Und hätt ich Flügel der Morgenröte und flög an die äußersten Enden der Erde, so würde seine (Kotzebues) Hand mich doch treffen..." Übrigens sei K[otzebue] ein vortrefflicher Mann: was für eine Menge Menschen er abspeise, die wie hungrige Raben auf ihn warteten!
(35)

Demiurg Putjatin
Karlsbad 1806

„Aber ich habe doch Personen gekannt", fuhr Goethe fort, „die sich über die ersten Stücke Schillers gar nicht zufriedengeben konnten. Eines Sommers in einem Bade ging ich durch einen eingeschlossenen, sehr schmalen Weg, der zu einer Mühle führte. Es begegnete mir der Fürst * * *, und da in demselben Augenblick einige mit Mehlsäcken beladene Maultiere auf uns zukamen, so mußten wir ausweichen und in ein kleines Haus treten. Hier, in einem engen Stübchen, gerieten wir nach Art dieses Fürsten so-

gleich in tiefe Gespräche über göttliche und menschliche Dinge; wir kamen auch auf Schillers ‚Räuber', und der Fürst äußerte sich folgendermaßen: ‚Wäre ich Gott gewesen', sagte er, ‚im Begriff, die Welt zu erschaffen, und ich hätte in dem Augenblick vorausgesehen, daß Schillers »Räuber« darin würden geschrieben werden, ich hätte die Welt nicht erschaffen.'"
(6)

Halter ein General
Karlsbad 1806

In meiner Art auf und ab wandelnd, war ich seit einigen Tagen an einem alten Manne von etwa 78 bis 80 Jahren häufig vorübergegangen, der, auf sein Rohr mit einem goldenen Knopfe gestützt, dieselbe Straße zog, kommend und gehend. Ich erfuhr, es sei ein vormaliger hochverdienter österreichischer General aus einem alten, sehr vornehmen Geschlechte. Einige Male hatte ich bemerkt, daß der Alte mich scharf anblickte, auch wohl, wenn ich vorüber war, stehenblieb und mir nachschauete. Indes war mir das nicht auffallend, weil mir dergleichen wohl schon begegnet ist. Nun aber trat ich einmal auf einem Spaziergang etwas zur Seite, um, ich weiß nicht was, genauer anzusehen. Da kam der Alte freundlich auf mich zu, entblößte das Haupt ein wenig, was ich natürlich anständig erwiderte, und redete mich folgendermaßen an: „Nicht wahr, Sie nennen sich Herr Goethe?" — „Schon recht." — „Aus Weimar?" — „Schon recht." — „Nicht wahr, Sie haben Bücher geschrieben?" — „O ja." — „Und Verse gemacht?" — „Auch." — „Es soll schön sein." — „Hm!" — „Haben Sie denn viel geschrieben?" — „Hm! es mag so angehen." — „Ist das Versemachen schwer?" — „So, so." — „Es kommt wohl halter auf die Laune an, und ob man gut gegessen und getrunken hat, nicht wahr?" — „Es ist mir fast so vorgekommen." — „Na, schauen S', da sollten Sie nicht in Weimar sitzen bleiben, sondern halter nach Wien kommen." — „Hab auch schon daran gedacht." — „Na schauen S', in Wien ist's gut; es wird gut gegessen und getrunken." — „Hm!" — „Und man hält was auf solche Leute, die Verse machen können." — „Hm!" — „Ja, dergleichen Leute finden wohl gar — wenn S' sich gut halten, schaun S', und zu leben wissen — in den ersten und vornehmsten Häusern Aufnahme." — „Hm!" — „Kommen S' nur, melden S' sich bei mir;

ich habe Bekanntschaft, Verwandtschaft, Einfluß; schreiben S'
nur: ‚Goethe aus Weimar, bekannt von Karlsbad her.' Der letzte ist
notwendig zu meiner Erinnerung, weil ich halter viel im Kopf
habe." — „Werde nicht verfehlen." — „Aber sagen S' mir doch,
was haben S' denn geschrieben?" — „Mancherlei, von Adam bis
Napoleon, vom Ararat bis zum Blocksberg, von der Zeder bis zum
Brombeerstrauch." — „Es soll halter berühmt sein." — „Hm! leidlich." — „Schade, daß ich nichts von Ihnen gelesen und auch früher nichts von Ihnen gehört habe. Sind schon neue verbesserte
Auflagen von Ihren Schriften erschienen?" — „O ja, wohl auch." —
„Und es werden wohl noch mehr erscheinen?" — „Das wollen wir
hoffen." — „Ja, schauen S', da kauf ich Ihre Werke nicht. Ich kaufe
halter nur Ausgaben der letzten Hand; sonst hat man immer den
Ärger, ein schlechtes Buch zu besitzen, oder man muß dasselbe
Buch zum zweiten Male kaufen. Darum warte ich, um sicher zu gehen, immer den Tod der Autoren ab, ehe ich ihre Werke kaufe.
Das ist Grundsatz bei mir, und von diesem Grundsatz kann ich
halter auch bei Ihnen nicht abgehen." — „Hm!"
(115)

Zwei alte Gräfinnen
Karlsbad 1806

Sie hätten einen unermeßlichen Umfang gehabt und deswegen
eine bewunderungswürdige Unbeweglichkeit gezeigt, sobald sie
einmal Platz genommen. Dabei hätten sie eine große Geläufigkeit
der Zunge behalten und ein endloses Geschwätz geführt. Ihre
Stimme sei jungfräulich gewesen, sei aber oft, wenn sie lebhaft geworden oder das Gefühl ihrer Würde an den Tag zu legen für nötig
gehalten, bald in ein artiges Krähen, bald in ein girrendes Zwitschern übergegangen. „Mir selbst", sagte Goethe, „waren die wunderlichen Kugelgestalten dieser Damen am merkwürdigsten. Ich
konnte nicht begreifen, wie es einem Menschen, Mann oder Weib,
gelingen könne, es zu einer solchen Masse zu bringen; auch hätte
ich die Dehnbarkeit der menschlichen Haut nicht für so grenzen-
los gehalten. Sobald ich aber die Ehre erhielt, einmal mit den edlen Damen zu speisen, wurde mir alles klar. Wir andern wissen
doch wahrlich auch, was Essen und Trinken heißt; [...] aber ein
solches Essen — vom Trinken sage ich nichts — überstieg doch

meine Vorstellungen. Jede der beiden Damen nahm zum Beispiel sechs harte Eier zum Spinat, schnitt jedes Ei in der Mitte durch und warf nun das halbe Ei mit ebenso großer Leichtigkeit hinunter wie der Strauß ein halbes Hufeisen!" Übrigens teilte Goethe noch einzelne Bemerkungen der edlen Damen mit über die Wirkungen des Karlsbader Sprudels auf ihren Körper, über die Zeitläufe und über die Gesellschaften und einzelne Urteile über Schriftsteller und Kunstwerke, die prächtig waren, naiv, drollig barock, toll. Und ernsthaft setzte er alsdann hinzu: es sei viel Wahres in diesen Bemerkungen und Urteilen, und er habe manches von den Damen gelernt.
(115)

Der Leibhaftige und sein Gesicht
Karlsbad 1806

Goethe war in Karlsbad, kam von einem Morgenspaziergang zu Hause und sagte: „Man stößt in der Welt doch immer und allenthalben auf unsaubere Geister, da habe ich von fern einen Mann vorbeirutschen gesehen, der Kerl hat mich ordentlich erschreckt; ich glaubte, den leibhaftigen Böttger erblickt zu haben." — „Oh", erwiderte der Freund, „Ihre Augen haben sich da nicht versehen, Sie haben wirklich den Leibhaftigen gesehen." Bei diesen Worten rief Goethe aus, wie einer, der von einem Schrecken wieder aufatmet: „Gottlob! Gottlob! daß Gott nicht ein zweites solches A.... gesicht geschaffen hat."
(116)

Mühsam verhinderte Manifestation
Jena 1806

Mit Obrist von Massenbach, dem Heißkopfe, hatte ich eine wunderliche Szene. Auch bei ihm kam die Neigung zu schriftstellern der politischen Klugheit und militärischen Tätigkeit in den Weg. Er hatte ein seltsames Opus verfaßt, nichts Geringeres als ein moralisches Manifest gegen Napoleon. Jedermann ahnete, fürchtete die Übergewalt der Franzosen, und so geschah es denn, daß der Drucker, begleitet von einigen Ratspersonen, mich anging und sie sämtlich mich dringend baten, den Druck des vorgelegten Manuskriptes abzuwenden, welches beim Einrücken des französischen

Heeres der Stadt notwendig Verderben bringen müsse. Ich ließ mir es übergeben und fand eine Folge von Perioden, deren erste mit den Worten anfing: *„Napoleon, ich liebte dich!"*, die letzte aber: *„Ich hasse dich!"* Dazwischen waren alle Hoffnungen und Erwartungen ausgesprochen, die man anfangs von der Großheit des Napoleonschen Charakters hegte, indem man dem außerordentlichen Manne sittlich-menschliche Zwecke unterlegen zu müssen wähnte, und zuletzt ward alles das Böse, was man in der neuern Zeit von ihm erdulden müssen, in geschärften Ausdrücken vorgeworfen. Mit wenigen Veränderungen hätte man es in den Verdruß eines betrogenen Liebhabers über seine untreue Geliebte übersetzen können, und so erschien dieser Aufsatz ebenso lächerlich als gefährlich.

Durch das Andringen der wackern Jenenser, mit denen ich so viele Jahre her in gutem Verhältnis gestanden, überschritt ich das mir selbst gegebene Gesetz, mich nicht in öffentliche Händel zu mischen; ich nahm das Heft und fand den Autor in den weitläufigen antiken Zimmern der Wilhelmischen Apotheke. Nach erneuerter Bekanntschaft rückte ich mit meiner Protestation hervor und hatte, wie zu erwarten, mit einem beharrlichen Autor zu tun. Ich aber blieb ein ebenso beharrlicher Bürger und sprach die Argumente, die freilich Gewicht genug hatten, mit beredter Heftigkeit aus, so daß er endlich nachgab. Ich erinnere mich noch, daß ein langer, stracker Preuße, dem Ansehn nach ein Adjutant, in unbewegter Stellung und unveränderten Gesichtszügen dabeistand und sich wohl über die Kühnheit eines Bürgers innerlich verwundern mochte. Genug, ich schied von dem Obristen im besten Vernehmen, verflocht in meinen Dank alle persuasorischen Gründe, die eigentlich an sich hinreichend gewesen wären, nun aber eine milde Versöhnung hervorbrachten.

(2)

Spreken mit ein Poete
Jena 1806

In diesen letzten drei Tagen hatten wir viel mit der Verpflegung zu schaffen. Wir standen mit dem größten Teil auf weimarschem Territorio. Der Herzog hatte daher seinen Minister, Seine Exzellenz von Goethe, als Verpflegungskommissarius in unser Hauptquartier geschickt. Hier habe ich [von der Marwitz] diesen berühmten Dichter täglich zu Mittag beim Fürsten gesehen. Er war beflissen, vom Gelehrten und Dichter nichts, sondern allein den Minister sehen zu lassen. Er erschien nicht anders als im Hofkleide und größten Staat. Gepudert und mit einem Haarbeutel, gesticktes Hofkleid und Weste, schwarze seidene Beinkleider, weiße, seidene Strümpfe, Galanteriedegen und ein kleines seidenes Dreieck statt eines Hutes unter dem Arm. Er war ein großer, schöner Mann und verstand die Würde seines Ranges, wenngleich nicht den natürlichen freien Anstand eines vornehmen Mannes, sich anzueignen.

Den ersten Tag trug der Fürst mir und meinem Kameraden Blumenstein auf, uns neben Goethe zu setzen und ihn zu unterhalten. Der Prinz Louis [Ferdinand] und der General Grawert saßen nämlich neben dem Fürsten, und Seine Exzellenz von Goethe sollte ihm gegenüber sitzen. — Nun kam unerwartet noch der General Holtzendorff, mein ehemaliger Kommandeur bei den Gendarmen und Goethes Freund von Schlesien im Jahre 1790 her. Dieser war damals als Sekretär mit dem Herzog, der die Gendarmen in seiner Brigade hatte, mit zu Felde gewesen, und wenngleich Holtzendorff vielleicht in seinem Leben kein Gedicht gelesen hatte, so mußte doch wohl sein gerader Verstand und tüchtiger Sinn den ähnlichen Eigenschaften des andern entsprochen haben. Jetzt war Holtzendorff Generalleutnant und kommandierte unsere Reserve. Er setzte sich natürlich auch dem Fürsten gegenüber, und so war nur eine Seite des großen Ministers frei, welche der dienstfertige Franzose Blumenstein alsbald einnahm.

Ich gab acht, was die Konversation für eine Wendung nehmen würde, bemerkte aber nur während der Suppe einige Fragen mit sehr verbindlichen Mienen von seiten des Franzosen und kalte Antworten von seiten Seiner Exzellenz, nachher altum silentium während der ganzen Tafel. Wie selbige beendigt war, sagte ich zu Blumenstein:

„Ihre Unterhaltung ging ja nichts weniger als brillant, wo hatten Sie denn Ihre sonstige Amabilität gelassen?"

„Der verfluchten Kerlen hatten ja wie ein'n Pechflastern auf sein Maulen, wollte nicht antworten, schwiegen ick auck stillen."

„Wovon sprachen Sie denn?"

„Wovon kann man denn spreken mit ein Poete als von sein'n Werken?"

„Das war fehlgeschossen! Sie mußten von Verwaltungsgegenständen des Herzogtums reden!"

„Aha! Is die Kanaille so hokmütig? Nach mein'n Meinungen issen ein großer Poete ganz andere Kerlen als klein miserable Minister."

„Von welchem seiner Werke redeten Sie denn?"

„War eine verfluchten Streichen, deutsche Literaturen mir nicht so geläufig. Wollte Sie vor Tischen noch fragen, was der Kerlen eigentlich hat geschrieben, vergaßen aber, und nun sitzen ick da, kann mir partout nix erinnern von sein'n Werken. Zum größten Glücken fällt mir noch ,Die Braut von Messina' ein!"

„Das war noch besser. Das ist ja von Schiller!"

„Hol's der Teif! Das ist perfide. Schadet aber gar nixen. Der Kerlen taugt doch nixen. Is eine große Poete und will kleine Minister spielen! Ha! Ha! Ha! Ha!"
(69)

Am Vorabend des Debakels
Jena 1806

Noch trefflichen Männern wartete ich auf; es war am Freitag, den 3. Oktober. Den Prinzen Louis Ferdinand traf ich nach seiner Art tüchtig und freundlich, Generallieutenant von Grawert, Obrist von Massow, Hauptmann Blumenstein, letzterer jung, Halbfranzos, freundlich und zutraulich. Zu Mittag mit allen bei Fürst Hohenlohe zur Tafel.

Verwunderlich schienen mir bei dem großen Zutrauen auf preußische Macht und Kriegsgewandtheit Warnungen, die hie und da an meinen Ohren vorübergingen: man solle doch die besten Sachen, die wichtigsten Papiere zu verbergen suchen; ich aber, unter solchen Umständen aller Hoffnung quitt, rief, als man eben die ersten Lerchen speiste: „Nun, wenn der Himmel einfällt, so werden ihrer viel gefangen werden."

Den 6. fand ich in Weimar alles in voller Unruhe und Bestürzung. Die großen Charaktere waren gefaßt und entschieden, man fuhr fort zu überlegen, zu beschließen: Wer bleiben, wer sich entfernen sollte, das war die Frage.
(2)

Hübscher ernster Mann in schwarzem Kleide
Weimar 1806

Wir erfuhren, daß eine zu kleine Armee, angeführt vom Prinzen Louis [Ferdinand], nach einem achtstündigen Gefechte gänzlich bei Rudolstadt geschlagen worden wäre, der Prinz, dessen schöne Gestalt wir noch vor wenigen Tagen bewundert hatten, war geblieben, er wollte sich nicht ergeben, er wollte dies nicht überleben. Der Anblick der Flüchtigen, noch mehr der Verwundeten, war gräßlich, es fielen herzzerreißende Szenen vor. Auf der Straße sah ich [Johanna Schopenhauer] einen Offizier geritten kommen, er fragte einen verwundeten Kürassier: „Wißt Ihr etwas vom Rittmeister Bär?" — „Der ist tot", war die Antwort, „ich sah ihn fallen"; und der Offizier war sein Bruder. Ich war noch immer entschlossen fortzugehn, aber ich hatte keine Pferde; auch sagte mir jedermann, persönlich würde mir nichts geschehen, wenn ich in der Stadt bliebe, aber die Wege wären unsicher. Ich blieb, suchte immer im voraus nach Pferden, ließ einpacken und wollte erst Kalkreuth sprechen; er schrieb mir den Abend, er könne nicht kommen, er würde den folgenden Tag, den zwölften, kommen. — Man beruhigte sich. Den zwölften besuchte mich erst Bertuch, der mich sehr beruhigte; man glaubte bestimmt, die Franzosen zögen nach Leipzig, alles könne gut werden, wir wären nicht in Gefahr. Kurz drauf meldete man mir einen Unbekannten; ich trat ins Vorzimmer und sah einen hübschen, ernsthaften Mann in schwarzem Kleide, der sich mit vielem Anstande bückte und mir sagte: „Erlauben Sie mir, Ihnen den Geheimerat Goethe vorzustellen." Ich sah im Zimmer umher, wo der Goethe wäre, denn nach der steifen Beschreibung, die man mir von ihm gemacht hatte, konnte ich in diesem Manne ihn nicht erkennen; meine Freude und meine Bestürzung waren gleich groß, und ich glaube, ich habe mich deshalb besser benommen, als wenn ich mich drauf vorbereitet hätte. Wie ich mich wieder besann, waren meine beiden Hände in den seinigen und wir auf dem Wege nach meinem Wohnzimmer. Er sagte mir, er hätte schon gestern kommen wollen, beruhigte mich über die Zukunft und versprach wiederzukommen.
(117)

Einquartierung am Frauenplan
Weimar 1806

Dienstag, den 14ten Oktober 1806 des Morgens um 7 Uhr hörte man in Weimar ganz deutlich die Kanonade der Schlacht bei Jena. In G[oethe]s Hausgarten vernahmen wir diesen Donner pelotonweise, weil die Morgenluft den Schall in gerader Richtung dahin brachte, der, wie der Tag zunahm, sich verminderte und endlich ganz aufzuhören schien. Wir setzten uns daher ohne weitere Beunruhigung zu Tische, wie gewöhnlich um 3 Uhr etwa, aber wir hatten kaum angefangen, von den Speisen zu genießen, als wir Kanonenschüsse erst einzeln, darnach mehrere hintereinander ganz in der Nähe vernahmen. Wir standen sogleich auf, der Tisch wurde schleunigst abgeräumt; G[oethe] entfernte sich durch die vordern Zimmer, ich eilte von der andern Seite durch den Hof in den Hausgarten und fand ihn bereits darin auf und ab gehend. Währenddessen pfiffen Kanonenkugeln über das Haus hin. Es war von der Altenburg her, und eine der Kugeln hatte in das alte Theater eingeschlagen.

Ich [Riemer] eilte durch den Hof ins Haus zurück, mich in den untern Räumen aufzuhalten. Währenddessen ging die preußische Retirade hinter dem Garten dicht an der Ackerwand weg, in der gräßlichsten Verwirrung.

Ich sah sie nicht, sondern hörte nur das Geschrei und bemerkte die Spitzen der Gewehre und sonstigen Waffen über der Gartenmauer hinschwankend.

Unter Angst und Erwartung der Dinge, die da kommen sollten, unter Hin- und Widerrennen der Hausleute und Wegschaffen von zurückgelassenen Effekten der bisherigen preußischen Einquartierung war vielleicht eine Stunde vergangen, als eine furchtbare Stille die Straßen und den Platz vor G[oethe]s Hause erfüllte.

Da kamen einzelne französische Husaren ans nahe Frauentor gesprengt, spähend, ob Feinde in der Stadt wären. Einer wagte sich etwas weiter herein; wir eilten, G[oethe]s Sohn und ich, mit Bouteillen Weins und Biers auf sie zu und reichten ihnen diese Erfrischungen, die sie aber nicht eher annahmen, als bis wir ihnen versicherten, daß keine Preußen mehr in der Stadt wären. Hierauf ritt jener erste und einige mit ihm weiter in die Stadt herein, bis etwa an die Wohnung des Kaufmann Martini, von wo aus man die ganze Straße, die nach dem Markt führt, absehen kann, und als er alles leer sah, galoppierte er und mehrere ihm nach in die Stadt hinein.

Zu gleicher Zeit oder bald darauf bemerkte ich, daß G[oethe] zu Fuße an der Seite eines Husarenoffiziers nach dem Markte zu, also vermutlich auf das Schloß ging. Erst lange nachher erfuhr ich, dieser Offizier, der mir als ein Bekannter G[oethe]s bezeichnet wurde, habe sich sehr geheimnisvoll nach ihm erkundigt; es war ein Baron von Türckheim, Sohn der unter dem Namen Lili als G[oethe]s frühere Geliebte berühmt gewordenen Frau von Türckheim, geborene Schönemann.

G[oethe] ließ uns vom Schloß ins Haus sagen, wir würden Einquartierung den Marschall Ney bekommen und außerdem noch einige Kavalleristen, sollten aber sonst niemand hereinlassen.

Es lagerten sich auch bald sechzehn derselben, meist Elsasser, in das Bedientenzimmer, waren aber so ermüdet von dem sechzehnstündigen Ritt aus Franken bis nach Jena zur Schlacht, wie sie sagten, daß sie nach nichts als Streu verlangten und das angebotene Essen und Trinken beinahe ablehnten und sich rasch nur an einigen Bouteillen Weins und Biers erquickten.

Mittlerweile war Feuer in der Stadt ausgekommen; es brannten mehrere Häuser in der Nähe des Schlosses, höchstwahrscheinlich, ja gewiß durch die Franzosen selbst angezündet, welche dadurch Signale ihres Einzugs in Weimar gaben und daher auch zur Löschung selbst wieder beitrugen.

Währenddessen herrschte die größte Verwirrung in der Stadt durch das Hereinströmen immer neuer zahlreicher Truppen, die auf den Plätzen der Stadt biwakierten, Läden und Keller erbrachen, in die Häuser drangen, um zu plündern und Mißhandlungen zu verüben.

G[oethe] war indes zurückgekommen, allein der Marschall erschien immer noch nicht, ohngeachtet die Tafel für ihn und seine Begleiter schon lange bereit war. Die Elsasser schliefen indessen fest. Das Haus war verriegelt. Ich hielt mich auf der Hausflur hin und wider gehend auf, um gleich zur Hand zu sein, wenn der Marschall komme, indessen aber andres Volk, das sich eindrängen wolle, abzuhalten und im Notfall die Hülfe der schlafenden Reiter anzurufen.

Während ich so allein auf der Diele des Hauses auf und ab gehend verweilte, ohne Licht und nur von den hoch aufleuchtenden Flammen der in der Ferne brennenden Häuser die nötige Hellung empfangend, waren in einem der Zimmer des Hinterhauses eine Menge Personen aus der Stadt zusammengedrängt, die, geflüchtet vor der Wut und den Mißhandlungen der Plünderer, hier Schutz und Verborgenheit zu finden hofften. Einige derselben waren der Wirtin in Bereitung der Speisen und der Heraufschaffung des nötigen Kellervorrates für den erwarteten Marschall und sein Gefolge behülflich; andere jammerten über das wie ein Blitz hereingebrochene, noch nie erfahrene Unglück und Elend und vermehrten so die Bestürzung und Unruhe der Hausgenossen, die den Kopf zusammenzunehmen hatten, um das Nötigste und Geeignetste in dieser Bedrängnis nicht zu verfehlen.

Es war schon tief in der Nacht; der Lärm auf den Straßen dauerte immer fort; ich hatte bisher meinen Posten unangefochten behauptet, als plötzlich fürchterliche Kolbenstöße an die Haustür donnerten und auf mein endliches Wer-da-Rufen Einlaß verlangt wurde. Ich schlug ihn ab, mit der Bedeutung, das Quartier sei schon für den Marschall in Beschlag genommen, dessen Ankunft man jeden Augenblick entgegensehe, und außerdem mit 16 Reitern belegt. Mein Einwenden wollte nichts verfangen; ich weckte daher einen der Reiter, einen Elsasser, eben den, der gleich bei seinem Eintritt ins Haus so viel Gutmütigkeit hatte blicken lassen, daß ich mit Vertrauen, er werde über diese Störung im Schlafe nicht unwillig werden, ihn bat, seine Kriegskameraden zu bedeuten, daß hier für sie keine Aufnahme zu verlangen noch zu hoffen sei. Er stand auch auf, ohne ungehalten zu sein, öffnete das Fenster, schalt sie aus und verwies sie wieder an ihr Biwak zurück, wo sie eben herkommen mochten, um sich eine bessere Lagerstatt auszumitteln. Es half auch für den Augenblick. Schimpfend und brummend gingen sie fort, und ich glaubte mich und das Haus schon geborgen. Es dauerte aber nicht lange, so pochte es wieder an die Tür, diesmal höflicher, und verlangte mit sanfter Bitte Einlaß. Es waren die Vorigen. Sie wollten sich nur unter Dach befinden und etwas ausruhen, und was sie sonst noch Mitleiderweckendes vorbringen mochten. Ich wies sie dennoch ab, zwar mit Bedauern, aber doch mit der geschärften Bemerkung, der Marschall sei bereits da, und es finde sich nirgends Platz für sie mehr. Nun wurden sie heftiger, drohten die Tür einzuschlagen; und da sie vollends die niedrigen Fenster nebenan gewahrten und durch diese bemerken konnten, daß ich mich in einem beinah zimmerähnlichen Raum befände, so machten sie Anstalten, das Fenster einzuschlagen und sich mit Gewalt in das verweigerte Asyl zu setzen. Nun hielt ich es nicht für geraten, den Widerstand weiterzutreiben; ich schob daher den Riegel zurück und ließ sie ein. Es waren zwei kleine Kerls, von der damals spottweis sogenannten Löffelgarde, eigentlich Tirailleurs in voller Bewaffnung. Als sie eintraten, wiederholte ich nochmals meine Vorstellung und öffnete zum Beweis die Tür des Zimmers, wo die Reiter schliefen. Sie überzeugten sich durch Einblick und schienen gelassener, indem sie nichts weiter verlangten, als hier im Schauer zu verweilen und einiges zu genießen. Ich holte Licht aus der nahen Küche und einiges Getränk und Speise und setzte es auf einem bereitstehenden Tisch ihnen vor. Schemel waren auch zur Hand, und so nahmen sie bald Besitz von dem allen und sprachen der Flasche weidlich zu. Der Wein schien ihnen zu munden, sie wurden heiter und gesprächig, fragten nach diesem und jenem, auch nach dem Hausherrn. Ich entschuldigte seine Abwesenheit und mochte ihnen scheinen, die Wahrheit zu verhehlen. Sie wurden immer dringender, ihn zu sehen; ich mußte befürchten, sie möchten sich selber den Weg zu seinem Zimmer suchen und es ihm dann empfindlicher entgelten lassen. Ich eilte also zu Goethe hinauf, erzählte mit kurzen Worten den Hergang und wie ich mir nicht weiter zu helfen wüßte und ihn bäte herunterzukommen, sich den Leuten zu zeigen und sie mit mehr Gewicht abzuweisen, als ich haben könne.

Er tat es auch, ohne betroffen zu sein oder zu scheinen. In Erinnerung ähnlicher Auftritte der deutschen Krieger in der Champagne mochte er wohl denken, daß jetzt die Reihe an die Deutschen komme, und wie er sich in alles zu finden und zu fügen wußte, so auch in dieses. Obgleich schon ausgekleidet und nur im weiten Nachtrock — der sonst scherzhaft Prophetenmantel von ihm genannt wurde —, schritt er die Treppe herab auf sie zu, fragte, was sie von ihm wollten und ob sie nicht alles erhalten, was sie billigerweise verlangen könnten, da das Haus bereits Einquartierung habe und noch einen Marschall mit Begleitung erwarte. Seine würdige, Ehrfurcht gebietende Gestalt, seine geistvolle Miene schien auch ihnen Respekt einzuflößen, sie waren auf einmal wieder die höflichen Franzosen, schenkten ein Glas ein und ersuchten ihn, mit ihnen anzustoßen. Es geschah auf eine Weise, die jeder Unbefangene den Umständen gemäß und seiner nicht unwürdig erkannt haben würde. Nach einigen gewechselten Reden entfernte er sich wieder; sie schienen zufrieden und beruhigt und sprachen den Flaschen von neuem zu; bald aber schienen sie schläfrig sich nach einer Ruhestatt umzusehen, und da ihnen die bloßen Dielen nicht genügen mochten, verfolgten sie die nahe Treppe, auf der sie den Hausherrn hatten kommen und gehen sehen. Ich eilte ihnen nach, sie nahten dem Zimmer, worin die Betten für die Begleitung des Marschalls standen, und drangen hinein. Widerrede half nichts, Widerstand war so unmöglich wie töricht, ich mußte es geschehen lassen, in der einzigen Hoffnung, daß einer der auf jeden Fall angekündigten Adjutanten wenigstens und mit erfolgreichern Mitteln sie vertreiben werde.

Er kam auch, aber als bereits der Tag angebrochen war; mein erstes Wort bei seinem Eintritt ins Haus war die Meldung, daß sein Zimmer und Bett bereits von zwei Marodeurs eingenommen worden sei, die sich auf keine Weise davon hätten abhalten lassen. Wütend stürzte er die Treppe hinauf, und, in das Zimmer dringend, fuchtelte er mit flacher Klinge die Kerls aus den Betten heraus, die nicht eilig genug Zimmer und Haus verlassen konnten. Ich sehe sie noch vorübereilen und war damals nicht ohne Besorgnis, sie möchten noch etwas von Silbergeschirr und dergleichen haben mitgehen heißen.

Es war nun völlig Tag geworden, der Marschall, der die Nacht anderswo geblieben, kam an; augenblicklich trat Sauvegarde vor das Haus, größere Ruhe und Ordnung stellten sich ein, und ich erfuhr in der ersten Unterredung mit den übrigen Hausgenossen, daß, während ich die beiden Marodeurs in den Betten glaubte, sie dem Hausherren auf das Zimmer gerückt wären und sein Leben bedroht hätten. Da habe seine Frau einer der mit ins Haus Geflüchteten zu Hülfe gerufen, dieser habe G[oethe] von den Wütenden befreit, sie hinausgejagt, die Türen seines Zimmers und Vorgemachs verschlossen und verriegelt.

G[oethe] selbst ließ sich nie etwas davon merken; ich aber war nicht wenig bestürzt über die Gefahr, in welcher er ohne mein Wissen und Gedenken geschwebt hatte.

Indes bewahrte Goethe von diesem Tage an eine treue Dankbarkeit sowohl gegen seinen Retter als gegen die Frau, die über-

haupt in diesen Schreckenstagen sich mit großer Standhaftigkeit und Gewandtheit, ohnerachtet sie nicht französisch sprach, zu benehmen wußte, und trotz des furchtbaren Aufwandes an Lebensmitteln, den sowohl die Soldaten als der Marschall und seine verschwenderischen Köche verursachten, ihr Hauswesen doch so beisammenhielt, daß sie noch andern Bedürftigen aushelfen und ihren Schützlingen aus der Stadt etwas zuwenden konnte.
(35)

Eine Tasse Tee
Weimar 1806

Goethe hat sich Sonntag mit seiner alten, geliebten Vulpius, der Mutter seines Sohnes, trauen lassen, er hat gesagt, in Friedenszeiten könne man die Gesetze wohl vorbeigehen, in Zeiten wie die unsern müsse man sie ehren. Den Tag drauf schickte er Doktor Riemer, den Hofmeister seines Sohnes, zu mir [Johanna Schopenhauer], um zu hören, wie es mir ginge, denselben Abend ließ er sich bei mir melden und stellte mir seine Frau vor; ich empfing sie, als ob ich nicht wüßte, wer sie vorher gewesen wäre, ich denke, wenn Goethe ihr seinen Namen gibt, können wir ihr wohl eine Tasse Tee geben. Ich sah deutlich, wie sehr mein Benehmen ihn freute; es waren noch einige Damen bei mir, die erst formell und steif waren und hernach meinem Beispiel folgten. Goethe blieb fast zwei Stunden und war so gesprächig und freundlich, wie man ihn seit Jahren nicht gesehen hat. Er hat sie noch zu niemand als zu mir in Person geführt. Als Fremden und Großstädterin traut er mir zu, daß ich die Frau so nehmen werde, als sie genommen werden muß; sie war in der Tat sehr verlegen, aber ich half ihr bald durch.
(117)

Auch ein Kriegslied
Weimar 1806

Einige Zeit vor dem unglücklichen 14. Oktober, als alle andern begeistert waren und an nichts als an Kriegslieder dachten, sagte Wieland eines Abends bei der Herzogin Amalie: „Warum schweigt nur unser Freund Goethe so still?" — da sagte Goethe: „Ich habe auch ein Kriegslied gemacht!" — Man bat ihn schön, es

zu lesen. Da hub er an und las sein Lied: „Ich habe meine Sach auf nichts gestellt!" — Was ihm Wieland noch zwei Jahre nachher übelnahm.
(30)

Schätze im Brunnen
Weimar 1806

Letzt sprach man bei mir [Johanna Schopenhauer] vom Latein, wie notwendig es wäre und wie wenig es jetzt gelernt würde, ich sagte, Du hättest es in deiner Kindheit durchaus nicht lernen können, obgleich du lebende Sprachen sehr leicht vollkommen begriffest; Goethe sagte, es wundere ihn nicht, es wäre ungeheuer schwer, da hülfe keine Methode, die ganze Kindheit müsse darauf zugebracht werden, denn wenn zehn Louisdor auf einem Tische liegen, kann man sie leicht einstreichen, aber wenn sie tief in einem alten Brunnen liegen und Steine, Schutt und Gebüsch obendrauf, dann ist's ein ander Ding, ein Kind kriecht dann wohl mühsam hinein, aber ein Erwachsener muß es bleibenlassen.
(117)

Altar und Bühne
Weimar 1806

Kleine Abendgesellschaft bei Goethe, der seit längerer Zeit wieder leidend ist. Seine Füße hatte er in eine wollene Decke gewickelt, die ihn seit dem Feldzuge in der Champagne überallhin begleitet. Bei Gelegenheit dieser Decke erzählte er uns eine Anekdote aus dem Jahre 1806, wo die Franzosen Jena okkupiert hatten und der Kaplan eines französischen Regiments Behänge zum Schmuck seines Altars requirierte. „Man hatte ihm ein Stück glänzend karmoisinrotes Zeug geliefert", sagte Goethe, „das ihm aber noch nicht gut genug war. Er beschwerte sich darüber bei mir. ‚Schicken Sie mir jenes Zeug', antwortete ich ihm, ‚ich will sehen, ob ich Ihnen etwas Besseres verschaffen kann.' Indessen hatten wir auf unserm Theater ein neues Stück zu geben, und ich benutzte den prächtigen roten Stoff, um damit meine Schauspieler herauszuputzen. Was aber meinen Kaplan betraf, so erhielt er weiter nichts; er ward vergessen, und er hat sehen müssen, wie er sich selber half."
(6)

So ungefähr
Weimar 1806

Ich [Johanna Schopenhauer] fabrizierte den Abend noch mit Meyern einen transparenten Mondschein; [...] die übrigen standen umher und konversierten im zweiten Zimmer; Conta und die Bardua sangen zwischendurch ein Liedchen, und Goethe ging ab und zu, bald an meinen Tisch, wo ich mit Meyern arbeitete, bald nahm er teil an jenem Gespräch. Mit einem Male kam man, ich weiß nicht wie, dort auf den Einfall, die Bardua, die sich ohnehin leicht graut, mit Gespenstergeschichten angst zu machen. Goethe stand gerade hinter mir. Mit einem Male machte er ein ganz ernsthaftes Gesicht, drückte mir die Hand, um mich aufmerksam zu machen, und trat nun gerade vor die Bardua und fing eine der abenteuerlichsten Geschichten an, die ich je hörte; daß er sie auf der Stelle ersann, war deutlich, aber wie sein Gesicht sich belebte, wie ihn seine eigene Erfindung mit fortriß, ist unbeschreiblich. Er sprach von einem großen Kopf, der alle Nacht oben durchs Dach sieht; alle Züge von dem Kopf sind in Bewegung; man denkt die Augen zu sehen, und es ist der Mund, und so verschiebt sich's immer, und man muß immer hinsehen, wenn man einmal hingesehen hat. Und dann kommt eine lange Zunge heraus, die wird immer länger und länger, und Ohren, die arbeiten, um der Zunge nachzukommen, aber die können's nicht. Kurz, es war über alle Beschreibung toll, aber von ihm muß man's hören und besonders ihn dazu sehen. So ungefähr muß er aussehen, wenn er dichtet.
(117)

Puppen tanzen lassen
Weimar 1806

Goethe ist ein unbeschreibliches Wesen: das Höchste wie das Kleinste ergreift er. So saß er denn den ersten Feiertag eine lange Weile im letzten meiner drei Zimmer mit Adele und der jüngsten Conta, einem hübschen, unbefangenen sechzehnjährigen Mädchen. Wir sahen von weitem der lebhaften Konversation zwischen den dreien zu, ohne sie zu verstehen. Zuletzt gingen sie alle drei hinaus und kamen lange nicht wieder. Goethe war mit den Kindern in Sophiens Zimmer gegangen, hatte sich dort hingesetzt und sich Adeles Herrlichkeiten zeigen lassen, alles Stück vor Stück besehen, die Puppen nach der Reihe tanzen lassen, und kam nun mit den frohen Kindern und einem sehr lieben milden Gesichte zurück, wovon kein Mensch einen Begriff hat, der nicht die Gelegenheit hat, ihn zu sehen, wie ich.
(117)

Hundsfott mit Würde
Weimar 1806

Auf meine [Riemers] Bemerkung, daß die Deutschen den *Franz Moor* nicht loswerden könnten, erwiderte Goethe, daß Iffland ihn in seiner Jugend gut gespielt habe und, weil er ihn nicht losgeben wolle, ihn nun in das *Würdige* ziehe, einen *Richard* aus ihm mache etc. Was es denn aber helfe, eine grelle Figur abzudämpfen, wenn die übrigen es noch blieben, ja nur stärker hervorträten? Schillers Intention, als Mann von Genie, sei vielmehr gewesen, in diesem fratzenhaften Stücke auch einen fratzenhaften Teufel auftreten zu lassen, der die andern übertrumpfe. — — — Aber nun beschneiden sie ihm die Krallen, *und da soll es ein würdiger Hundsfott werden, damit ihn ein würdiger Mann spielen könne.*
(30)

Der Herr Geheimerat und ich
Weimar 1806

Goethe machte während der Schlacht mit Fräulein Vulpius Hochzeit. Er hatte wohl lange schon an diesen Schritt gedacht, um seinem Sohne verheiratete Eltern zu geben; aber um dem Komischen zu entgehen, das darin liegt, daß ein älteres Paar mit dem Anfange endigt (la commencement de la fin, wie Talleyrand es nannte, als Napoleon zu fallen begann), hatte er es wohl aufgeschoben, und um, wie Tell bei Schiller, den Apfel vom Haupt des Sohnes abzuschießen, während Geßler stritt, ging er mit einer alten Haushälterin in die Kirche, während die Kanonen mit ihren entsetzlichen Glocken auf Jenas Fluren läuteten, und kehrte mit ihr zurück, ohne daß es die geringste Veränderung in etwas machte, außer daß sie nun Frau Geheimrätin von Goethe hieß. Wenn man sie sah, konnte man nicht begreifen, wie sie Goethes Geliebte geworden war. Sie glich weder Lotten noch Klärchen, noch Gretchen, weder den Leonoren noch der Iphigenie; wenn sie überhaupt einer der Goetheschen Gestalten glich, so glich sie der Braut von Korinth, aber in entgegengesetzter Bedeutung, denn nicht der Geist, sondern der Körper spukte. Für Poesie hatte sie durchaus keinen Sinn, und Goethe sagte einmal selbst im Scherz: „Es ist doch wunderlich, die Kleine kann gar kein Gedicht verstehen." In ihrer Jugend war sie frisch gewesen, voll und rotwangig war sie noch, aber ganz aus der niederländischen Schule; obgleich, wie gesagt, durchaus kein Klärchen. Sie war eine Schwester des berühmten Verfassers des „Rinaldino Rinaldini", und „Rinaldo Rinaldini" hatte eine Zeitlang wohl mehr Bewunderer in Deutschland gehabt als „Wilhelm Meister". Die Neuvermählte erwies ihrem Manne stets Ehrerbietung und nannte ihn immer „Herr Geheimrat". Das taten wir andern auch. Als ich [Oehlenschläger] ihn im Anfange Exzellenz nannte, sagte er gutmütig: „Lassen Sie es beim Geheimrat bewenden!", und dieser Titel klingt in Deutschland sehr bürgerlich; Frau Goethe war von einer raschen beweglichen Natur und hielt nicht viel von dem stillen Leben, das ihr Mann führte. „Der Herr Geheimerat und ich", soll sie einmal gesagt haben, „wir sitzen immer und sehen einander an. Das wird am Ende langweilig."

(21)

Ordnung muss sein
Weimar, um 1806

Goethe hatte mich [von Knebel] bereits in meinem elften Jahre bei Vorzeigung meiner Siegelsammlung gefragt, woher ich die Siegel, worunter auch Gemmen sich befanden, genommen; ich erzählte ihm, daß ich sie von den auf dem Boden zerstreut herumliegenden Briefen an meinen Vater genommen. Da nahm er ganz kaltblütig die eine Tafel, welche Wappen enthielt, zerriß sie und warf sie in den Ofen, nur die Gemmen begnadigend. „Mein Junge", rief er, „suche alle Briefe zusammen, ordne sie chronologisch, und du (zu meinem Vater), der du mit ihnen so liederlich umgehst, läßt deinen Jungen einen Fachkasten dazu machen und schenkst sie ihm schriftlich."
(118)

Thüringisches Wesen
Weimar, um 1806

In ihrer Sprache, ihrem Wesen war sie ganz thüringisch und blieb es bis an ihr Ende; den Vater ihrer Kinder zu pflegen und ihm das körperliche Leben behaglich zu machen, ward die Hauptaufgabe ihres Daseins, die sie mit Eifer zu lösen suchte. In allem übrigen ließ sie sich aber nichts anfechten und verharrte unwandelbar bei ihrer Sitte und ihrem Treiben. — „Sollte man wohl glauben", sagte Goethe einst mit seiner antiken Ruhe zu Freunden, „daß diese Person schon zwanzig Jahre mit mir gelebt hat? aber das gefällt mir eben an ihr, daß sie nichts von ihrem Wesen aufgibt und bleibt, wie sie war."
(109)

Lebende und tote Dichter
Weimar 1807

Am 1. Januar kam ein Lustspiel von Stephan Schütze zum Vortrag: „Der Dichter und sein Vaterland. Als Vorschlag zu einer Totenfeier für alle Dichter, die gestorben sind und noch sterben werden." Es wurde — erzählt der Verfasser selbst — zur Zeit der Jenaischen Schlacht gedruckt, und jetzt, vom Krieg umringt, mußte es sein Publikum in Weimar, ja in diesem Kreise suchen. Fernow brachte es am Neujahrstage zum Vortrag, und Goethe, der es

schon kannte, äußerte zuletzt, wo das zu einem Denkmal gesammelte Geld auf den Grabhügel des totgeglaubten Dichters gelegt wird und er nun plötzlich selbst, es zu empfangen, hervortritt: „Hier will ich dem Autor den Vorschlag tun, daß er einen von den Gesandten der grünen Inseln sagen läßt: ‚Ich muß protestieren, für diesen Fall habe ich keinen Auftrag!'" Gewiß ein köstlicher Einfall, der den Widerspruch — für einen lebenden Dichter nichts zu tun und für den toten Schätze zu einem Denkmale zu sammeln — recht in das hellste Licht setzt!
(117)

GEKONNT
(Variante 1)
Weimar 1807

Bei Goethen war's den Abend, wie ich [Johanna Schopenhauer] Dir [Arthur] schrieb, ganz allerliebst, er hatte einige junge Schauspieler, die er oft bei sich deklamieren läßt, um sie für ihre Kunst zu bilden, eingeladen und las mir mit ihnen eine seiner frühesten Arbeiten, ein Stück voll Laune und Humor, „Die Mitschuldigen" betitelt, vor. Er hatte selbst die Rolle eines alten Gastwirts darin übernommen, was bloß mir zu Ehren geschah, sonst tut er das nicht. Ich habe nie was Ähnliches gehört, er ist ganz Feuer und Leben, wenn er deklamiert, niemand hat das echt Komische mehr in seiner Gewalt als er. Zwischendurch meisterte er die jungen Leute, ein paar waren ihm zu kalt. „Seid Ihr denn gar nicht verliebt?" rief er komisch erzürnt, und doch war's ihm halb ein Ernst, „seid Ihr denn gar nicht verliebt? Verdammtes junges Volk! Ich bin sechzig Jahre alt, und ich kann's besser."
(117)

GEKONNT
(Variante 2)
Weimar 1807

Auch bei den dramatischen Leseproben bei Goethe durfte Karoline [Bardua] öfter zugegen sein. Die Schauspieler hatten sich da sehr zusammenzunehmen, denn Goethe war sehr streng in der Kritik ihres Vortrags und konnte es besonders nicht vertragen,

wenn sie ihm zu schläfrig erschienen. Eines Tages wurden „Die Mitschuldigen" gelesen. Der erste Liebhaber trug seine Rolle nicht nach Goethes Sinn vor. Da ward dieser heftig, warf das Buch auf den Tisch, klagte, wie die Jugend doch so wenig Enthusiasmus habe, und fing dann selbst zu lesen an mit einem solchen jugendlichen Feuer, daß alle hingerissen waren.
(30)

Geschichte einer Mamsell
Weimar 1807

Am Donnerstag drauf bestand mein [Johanna Schopenhauers] Zirkel fast nur aus Herren, aber es waren grade die interessantesten; Frau von Goethe war die einzige Dame. „Weil wir eben in solchem kleinen vertraulichen Zirkel sind", fing er an, „so will ich denn einen Bericht von einer Naturmerkwürdigkeit mitteilen; es ist billig, daß man unter Freunden sich dergleichen wechselseitig mitteilt, und weil wir eben so ganz unter uns sind" — und damit fing er aus einem Briefe die Geschichte einer Mamsell, die in die Wochen gekommen war, an zu lesen. Darüber kam die Bardua. „Gerechter Himmel, da kommt die Bardua!" rief er aus. „Nun darf ich nicht weiterlesen." — „Es tut nichts", sagte ich, „die Bardua muß solange draußen bleiben." Das war Wasser auf seine Mühle. Der Bardua kündigte er gleich gravitätisch an, sie müsse draußen bleiben, den Bertuch, den Sohn, der gewaltig lang ist, stellte er an die zugemachte Türe, welche die Bardua von draußen gewaltig berennte. „Halten, halten Sie Ihren Posten wohl, Bertuch, denken Sie, Sie sind in Breslau, es soll Ihr Schaden nicht sein, ich will schon so lesen, daß Sie dort so gut hören sollen als hier." Die Bardua machte einen erbärmlichen Spektakel, er ließ sich nicht stören und verwies sie nur von Zeit zu Zeit mit ein paar Worten zur Ruhe und Geduld, zuletzt spielte sie aus Leibeskräften auf dem Klavier. „Eine Kriegslist", sagte er, „hilft nichts, wir lesen lauter", und so erhob er die Stimme oder ließ sie sinken, nachdem sie akkompagnierte, wie in einem Melodram, bis ans Ende, wo sie dann feierlich hereingeholt ward.
(117)

Gnade vor Recht
Weimar 1807

An Johanna Schopenhauer gewann Karoline [Bardua] eine mütterliche Freundin. In ihrem Hause versammelte sich die gewählteste Gesellschaft von Weimar. Auch Goethe brachte gern seine Abende bei ihr zu. Für ihn stand da ein besonderer Tisch bereit mit Zeichenapparat, Blättern, Broschüren und allem, was in Kunst und Literatur Neues erscheinen mochte. Die Tagesblätter von Runge erregten damals gerade großes Aufsehen. Goethe hatte viel Freude an ihnen und machte in einer dieser Abendgesellschaften auf die sinnreiche Komposition des „Morgens" aufmerksam, hindeutend auf die Genien, wie sie, aus den Blumenkelchen emporsteigend, den Tag verkünden. „Am Abend kriechen sie wohl wieder hinein?" bemerkte Falks Frau, sich schmeichelnd, da einen recht artigen Spaß zu machen. Goethes Stirn verfinsterte sich. „Als der Frau eines Satirikers", erwiderte er, „mag Ihnen die Bemerkung verziehen sein."
(30)

Menagerie
Weimar 1807

Auch in der Musik bildete sich Karoline [Bardua] in Weimar weiter; sie nahm Unterricht bei Destouches. Goethe ließ sich oft von ihr vorsingen. Von seinen Liedern hörte er besonders gern „Füllest wieder Busch und Tal" und „Wenn die Reben wieder blühen". Namentlich letzteres schien ihn immer wieder zu bewegen; sinnend pflegte er dabei auf und ab zu gehen, indem er die großen Augen an der Decke wandern ließ. Wenn Karoline aber die Worte seiner Lieder nicht deutlich aussprach, war er ungehalten und neckte sie, ob das Italienisch oder Deutsch sei?

Eines Abends bei Goethe fiel es ihr ein, ihre Bekannten aus Goethes Kreise auf dem Fortepiano phantasierend zu charakterisieren und sie nach ihrer Eigentümlichkeit und in den verschiedensten Stimmungen einen nach dem anderen darzustellen. Wie zum Beispiel Stephan Schütze vergnügt und wie er traurig ist, wie er zornig, grob und wie er sanft und höflich ist, wie er liebt und wie er dichtet, wie er in eiligen Geschäften ist oder sinnend spazieren-

geht, philosophiert, räsoniert, lobt oder tadelt — das stellte sie in ihrer Weise dar, unter lautem Beifall der Zuhörer, unter denen sich auch die Originale ihrer musikalischen Porträts befanden. Goethe hatte sein großes Ergötzen an diesem Scherz und ließ sich ihn noch öfters wiederholen.
(30)

In der Schwebe
Weimar 1807

Ich [Reinbeck] machte hier die interessantesten Bekanntschaften, Goethe fehlte selten dabei [...]. Da fand sich immer etwas Neues zu berichten oder vorzuzeigen, wozu dann auch Goethe und Meyer hülfreich waren [...]. Oft wurde auch vorgelesen, besonders Calderon in der Übersetzung von Schlegel. Die Rollen wurden verteilt, und an den Chören mußten auch die Frauen teilnehmen. Goethe wies sie an, wie sie sprechen sollten, wobei es denn oft belustigenden Widerspruch gab. Im Tragischen gefiel mir Goethes Vortrag nicht, ich fand zuweilen falsches Pathos darin, aber im Komischen war er ganz unvergleichlich. Oft betraf auch die Unterredung die Sprache, und ich erinnere mich noch des Aufwandes von Scharfsinn, für aufgegebene Fremdwörter echt deutsche zu suchen. So schuf Goethe für balancieren: in der Schwebe, und ich glaube, der Ausdruck, der in den meisten Fällen, wenn auch nicht in allen, so treffend ist, trat an diesem Abende zuerst hervor.
(119)

Schottische Balladen
Weimar 1807

Einen Auftritt dieser Art gab es eines Abends bei einer Vorlesung, wobei das Feierliche aber beinahe ins Komische umschlug. Goethe hatte nämlich schottische Balladen mitgebracht und erbot sich, eine von ziemlicher Länge selbst vorzutragen, doch so, daß den wiederkehrenden Satz, der bei jedem Verse vorkam, die Frauen immer im Chor dazwischen sprechen sollten. Der pathetische Vortrag begann, die Damen hielten sich bereit und fielen zur rechten Zeit ein, glücklich kam man über den ersten Vers hinaus, aber als dieselben Worte sich zum zweiten- und drittenmal wiederholten,

überwältigte die Frau Professorin Reinbeck ein unwillkürliches Lachen; Goethe hielt inne, ließ das Buch sinken und strahlte sie alle mit den feurigen Augen eines donnernden Jupiters an: „Dann lese ich nicht!" sagte er ganz kurz. Man war nicht wenig erschrocken; aber Johanna Schopenhauer bat vor, gelobte aufs neue Gehorsam und verbürgte sich für die übrigen. Nun ging es in Gottes Namen wieder vorwärts — und in der Tat! sämtliche Damen auf Kommando das Kinn taktmäßig zugleich bewegen zu sehen, hatte so viel von der Komik an sich, daß die volle Autorität eines Goethe dazu gehörte, die ganze Gesellschaft in dem angeordneten feierlichen Ernste zu erhalten.
(120)

Armes Kind!
Weimar 1807

In Weimar kamen wir um zwölf Uhr an; wir aßen zu Mittag, ich [Bettina von Arnim] aber nicht. Die beiden legten sich aufs Sofa und schliefen; drei Nächte hatten wir durchwacht. „Ich rate Ihnen", sagte mein Schwager, „auch auszuruhen; der Goethe wird sich nicht viel draus machen, ob Sie zu ihm kommen oder nicht, und was Besondres wird auch nicht an ihm zu sehen sein." Kann Sie denken, daß mir diese Rede allen Mut benahm? — Ach, ich wußte nicht, was ich tun sollte, ich war ganz allein in der fremden Stadt; ich hatte mich anders angekleidet; ich stand am Fenster und sah nach der Turmuhr, eben schlug es halb drei. — Es war mir auch so, als ob sich Goethe nichts draus machen werde, mich zu sehen; es fiel mir ein, daß ihn die Leute stolz nennen; ich drückte mein Herz fest zusammen, daß es nicht begehren solle; — auf einmal schlug es drei Uhr. Und da war's doch auch grad, als hätte er mich gerufen; ich lief hinunter nach dem Lohnbedienten, kein Wagen war da, eine Portechaise? „Nein", sagt ich, „das ist eine Equipage fürs Lazarett." Wir gingen zu Fuß. Es war ein wahrer Schokoladenbrei auf der Straße, über den dicksten Morast mußte ich mich tragen lassen, und so kam ich zu Wieland, nicht zu Ihrem Sohn. Den Wieland hatte ich nie gesehen, ich tat, als sei ich eine alte Bekanntschaft von ihm, er besann sich hin und her und sagte: „Ja, ein lieber bekannter Engel sind Sie gewiß, aber ich kann mich nur nicht besinnen, wann und wo ich Sie gesehen habe." Ich scherzte mit ihm und sagte: „Jetzt hab ich's herausgekriegt, daß Sie von mir träumen, denn anderswo können Sie mich unmöglich gesehen haben." Von ihm ließ ich mir ein Billett an Ihren Sohn geben, ich hab es mir nachher mitgenommen und zum Andenken aufbewahrt; und hier schreib ich's Ihr ab.

„*Bettina Brentano, Sophiens Schwester, Maximilianens Tochter, Sophie Larochens Enkelin,* wünscht Dich zu sehen, lieber Bruder, und gibt vor, sie fürchte sich vor Dir, und ein Zettelchen, das ich ihr mitgebe, würde ein Talisman sein, der ihr Mut gäbe. Wiewohl ich ziemlich gewiß bin, daß sie nur ihren Spaß mit mir treibt, so muß ich doch tun, was sie haben will, und es soll mich wundern, wenn Dir's nicht ebenso wie mir geht.
Den 23. April 1807. W."

Mit diesem Billett ging ich hin, das Haus liegt dem Brunnen gegenüber; wie rauschte mir das Wasser so betäubend — ich kam die einfache Treppe hinauf, in der Mauer stehen Statuen von Gips, sie gebieten Stille. Zum wenigsten ich könnte nicht laut werden auf diesem heiligen Hausflur. Alles ist freundlich und doch feierlich. In den Zimmern ist die höchste Einfachheit zu Hause, ach so einladend! Fürchte dich nicht, sagten mir die bescheidnen Wände, er wird kommen und wird sein, und nicht *mehr* sein wollen wie du — und da ging die Tür auf, und da stand er feierlich ernst und sah mich unverwandten Blickes an; ich streckte die Hände nach ihm, glaub ich — bald wußt ich nichts mehr, Goethe fing mich rasch auf an sein Herz. „*Armes Kind, hab ich Sie erschreckt*", das waren die ersten Worte, mit denen seine Stimme mir ins Herz drang; er führte mich in sein Zimmer und setzte mich auf das Sofa gegen sich über. Da waren wir beide stumm, endlich unterbrach er das Schweigen: „Sie haben wohl in der Zeitung gelesen, daß wir einen großen Verlust vor wenig Tagen erlitten haben durch den Tod der Herzogin Amalie." — „Ach!" sagt ich, „ich lese die Zeitung nicht." — „So! — Ich habe geglaubt, alles interessiere Sie, was in Weimar vorgehe." — „Nein, nichts interessiert mich als nur Sie, und da bin ich viel zu ungeduldig, in der Zeitung zu blättern." — „Sie sind ein freundliches Kind." — Lange Pause — ich auf das fatale Sofa gebannt, so ängstlich. Sie weiß, daß es mir unmöglich ist, so wohlerzogen da zu sitzen. — Ach, Mutter! Kann man sich selbst so

überspringen? — Ich sagte plötzlich: „Hier auf dem Sofa kann ich nicht bleiben", und sprang auf. — „Nun!", sagte er, „machen Sie sich's bequem"; nun flog ich ihm an den Hals, er zog mich aufs Knie und schloß mich ans Herz. — Still, ganz still war's, alles verging. Ich hatte so lange nicht geschlafen; Jahre waren vergangen in Sehnsucht nach ihm — ich schlief an seiner Brust ein; und da ich aufgewacht war, begann ein neues Leben.
(1)

Das Blatt und die Wange
Weimar 1807

Es war voriges Jahr im Eingang Mai, da ich [Bettina von Arnim] ihn sah zum erstenmal, da brach er ein junges Blatt von den Reben, die an seinem Fenster hinaufwachsen, und legt's an meine Wange und sagte: „Das Blatt und deine Wange sind beide wollig"; ich saß auf dem Schemel zu seinen Füßen und lehnte mich an ihn, und die Zeit verging im stillen. — Nun, was hätten wir Kluges einander sagen können, was diesem verborgnen Glück nicht Eintrag getan hätte; welch Geisterwort hätte diesen stillen Frieden ersetzt, der in uns blühte? — O wie oft hab ich an dieses Blatt gedacht, und wie er damit mir die Stirne und das Gesicht streichelte, und wie er meine Haare durch die Finger zog und sagte: *„Ich bin nicht klug; man kann mich leicht betrügen, du hast keine Ehre davon, wenn du mir was weis machst mit deiner Liebe."* — Da fiel ich ihm um den Hals. [...] Ich achte die Klugheit nichts, ich habe das Glück unter anderer Gestalt kennenlernen, und auch was andern weh tut, das kann mir nicht Leid tun, und meine Schmerzen, das wird keiner verstehen.
(1)

Eifersucht und List
Weimar 1807

In Aschaffenburg legte man mich [Bettina von Arnim] mit Gewalt ins Bett und kochte mir Kamillentee. Um ihn nicht zu trinken, tat ich, als ob ich fest schlafe. Da wurde von meinen Verdiensten verhandelt, wie ich doch gar ein zu gutes Herz habe, daß ich voll Gefälligkeit sei und mich selber nie bedenke, wie ich gleich den

Schachteln nachgeschwommen, und wenn ich die nicht wiedergefischt hätte, so würde man morgen nicht haben mit der Toilette fertig werden können. [...] Ach! sie wußten nicht, was ich wußte — daß nämlich unter dem Wust von falschen Locken, von goldnen Kämmen, Blonden, in rotsamtner Tasche ein Schatz verborgen war, um den ich beide Schachteln ins Wasser geworfen haben würde mit allem, was mein und nicht mein gehörte, und daß, wenn diese nicht drin gewesen wär, so würde ich mich über die Rückfahrt der Schachteln gefreut haben. In dieser Tasche liegt verborgen ein Veilchenstrauß, den Ihr Herr Sohn, in Weimar in Gesellschaft bei Wieland, mir heimlich im Vorübergehen zuwarf. — Frau Mutter, damals war ich eifersüchtig auf den Wolfgang und glaubte, die Veilchen seien ihm von Frauenhand geschenkt; er aber sagte: „Kannst du nicht zufrieden sein, daß ich sie dir gebe?" — Ich nahm heimlich seine Hand und zog sie an mein Herz, er trank aus seinem Glas und stellte es vor mich, daß ich auch draus trinken sollte; ich nahm es mit der linken Hand und trank und lachte ihn aus, denn ich wußte, daß er es hier hingestellt hatte, damit ich seine Hand loslassen sollte. Er sagte: „Hast du solche List, so wirst du auch wohl mich zu fesseln wissen mein Leben lang." Ich sag Ihr, mach Sie sich nicht breit, daß ich Ihr mein heimlichstes Herz vertraue; — ich muß wohl jemand haben, dem ich's mitteile.
(1)

Arten wie Unarten
Weimar 1807

Ich [Bettina von Arnim] will nicht lügen: Wenn Sie die Mutter nicht wär, die Sie ist, so würd ich auch nicht bei Ihr schreiben lernen. Er hat gesagt, ich soll ihn vertreten bei Ihr und soll Ihr alles Liebe tun, was er nicht kann, und soll sein gegen Sie, als ob mir all die Liebe von Ihr angetan wär, die er nimmer vergißt. — Wie ich bei ihm war, da war ich so dumm und fragte, ob er Sie lieb habe, da nahm er mich in seinen Arm und drückte mich ans Herz und sagte: „Berühr eine Saite, und sie klingt, und wenn sie auch in langer Zeit keinen Ton gegeben hätte." Da waren wir still und sprachen nichts mehr hiervon, aber jetzt hab ich sieben Briefe von ihm, und in allen mahnt er mich an Sie; in einem sagt er: „Du bist immer bei der Mutter, das freut mich; es ist, als ob der Zugwind von daher geblasen habe, und jetzt fühl ich mich gesichert und warm, wenn ich Deiner und der Mutter gedenke." Ich hab ihm dagegen erzählt, daß ich Ihr mit der Schere das Wachstuch auf dem Tisch zerschnitten hab und daß Sie mir auf die Hand geschlagen hat und hat gesagt: „Grad wie mein Sohn — auch alle Unarten hast du von ihm!"

(1)

MÄUSCHEN IM MONDGLANZ
Weimar 1807

Die Mutter ist listig, wie sie mich [Bettina von Arnim] zum Erzählen bringt; so sagt sie: „Heute ist ein schöner Tag, heut geht der Wolfgang gewiß nach seinem Gartenhaus, es muß noch recht schön da sein, nicht wahr, es liegt im Tal?" — „Nein, es liegt am Berg, und der Garten geht auch bergauf, hinter dem Haus da sind große Bäume von schönem Wuchs und reich belaubt." — „So! und da bist du abends mit ihm hingeschlendert aus dem Römischen Haus?" — „Ja, ich hab's Ihr ja schon zwanzigmal erzählt." — „So erzähl's noch einmal. Hattet ihr denn Licht im Haus?" — „Nein, wir saßen vor der Tür auf der Bank, und der Mond schien hell." — „Nun! Und da ging ein kalter Wind?" — „Nein, es war gar nicht kalt, es war warm und die Luft ganz still, und wir waren auch still. Die reifen Früchte fielen von den Bäumen, er sagte: ‚Da fällt schon wieder ein Apfel und rollt den Berg hinab'; da überflog mich ein Frostschauer; — der Wolfgang sagte: ‚Mäuschen, du frierst', und schlug mir seinen Mantel um, den zog ich dicht um mich, seine Hand hielt ich fest, und so verging die Zeit; — wir standen beide zugleich auf und gingen Hand in Hand durch den einsamen Wiesengrund; — jeder Schritt klang mir wider im Herzen, in der lautlosen Stille — der Mond kam hinter jedem Busch hervor und beleuchtete uns — da blieb der Wolfgang stehen, lachte mich an im Mondglanz und sagte zu mir: ‚Du bist mein süßes Herz'; so führte er mich bis zu seiner Wohnung, und das war alles." — „Das waren goldne Minuten, die keiner mit Gold aufwiegen kann", sagte die Mutter, „die sind nur dir beschert, und unter Tausenden wird's keiner begreifen, was dir für ein Glückslos zugefallen ist; ich aber versteh es und genieße es, als wenn ich zwei schöne Stimmen sich singend Red und Antwort geben hörte über ihr verschwiegenstes Glück."

Da holte mir die Mutter Deinen Brief und ließ mich lesen, was Du über mich geschrieben hast, daß es Dir ein großer Genuß sei, meine Mitteilungen über Dich zu hören; die Mutter meint, sie könne es nicht, es läg in meiner Art zu erzählen das Beste. (1)

Närrische Weisheiten
Weimar 1807

Wenn kein Krieg, kein Sturm und vorab keine verwüstende Zeitung die alles bildende Ruhe im Busen störte, dann möchte ein leichter Wind, der durch die Grashalmen fährt, der Nebel, wie er sich von der Erde löst, die Mondessichel, wie sie über den Bergen hinzieht, oder sonst einsames Anschauen der Natur einem wohl tiefe Gedanken erregen; jetzt aber in dieser beweglichen Zeit, wo alle Grundvesten ein rechtes Krachen und Gliederreißen haben, da will sie keinem Gedanken Raum gestatten, aber das, woran ein Freund teilgenommen, daß man sich auf seinen Arm gestützt, auf seiner Schulter geruht hat, dies einzige ätzt tief jede Linie der Gegenstände ins Herz; so weiß ich jeden Baum des Parks noch, an dem wir vorübergegangen, und wie Du die Äste der Zuckerplatane niederbogst und zeigtest mir die rötliche Wolle unter den jungen Blättern und sagtest, die Jugend sei wollig; und dann die runde, grüne Quelle, an der wir standen, die so ewig über sich sprudelt, bul, bul, und Du sagtest, sie rufe der Nachtigall; und die Laube mit der steinernen Bank, wo eine Kugel an der Wand liegt, da haben wir eine Minute gesessen, und Du sagtest: „Setze dich näher, damit die Kugel nicht in Schatten komme, denn sie ist eine Sonnenuhr"; und ich war einen Augenblick so dumm zu glauben, die Sonnenuhr könne aus dem Gange kommen, wenn die Sonne nicht auf sie scheine, und da hab ich gewünscht, nur einen Frühling mit Dir zu sein, hast Du mich ausgelacht; da fragte ich, ob Dir dies zu lang sei. „Ei, nein", sagtest Du, „aber dort kömmt einer gegangen, der wird gleich dem Spaß ein Ende machen"; das war der Herzog, der grad auf uns zukam, ich wollte mich verstecken, Du warfst Deinen Überrock über mich, ich sah durch den langen Ärmel, wie der Herzog immer näher kam, ich sah auf seinem Gesicht, daß er was merkte, er blieb an der Laube stehen; was er sagte, verstand ich nicht, so große Angst hatte ich unter Deinem Überrock, so klopfte

mir das Herz; Du winktest mit der Hand, das sah ich durch Deinen Rockärmel, der Herzog lachte und blieb stehen; er nahm kleine Sandsteinchen und warf nach mir, und dann ging er weiter. Da haben wir nachher noch lang geplaudert miteinander, was war's doch? — Nicht viel Weisheit, denn Du verglichst mich damals mit der weisheitvollen Griechin, die dem Sokrates über die Liebe belehrte, und sagtest: „Kein gescheutes Wort bringst du vor, aber deine Narrheit belehrt besser wie ihre Weisheit." — Und warum waren wir da beide so tief bewegt? — daß Du von mir verlangtest mit den einfachen Worten: „Lieb mich immer", und ich sagte: „Ja." — Und eine ganze Weile drauf, da nahmst Du eine Spinnwebe von dem Gitter der Laube und hingst mir's aufs Gesicht und sagtest: „Bleib verschleiert vor jedermann und zeige niemand, was du mir bist."
(1)

RINGE
Weimar 1807

Einmal klagte Bettina Goethe, sie habe mit der größten Eifersucht einen Ring gesehen, den er einem gegeben hatte, der sich dessen rühmte. Da zog Goethe einen Ring vom Finger, steckte ihn ihr an und sagte: „Wenn einer sagt, er habe einen Ring von mir, so sage du, Goethe erinnert sich an keinen wie an diesen!"
(89)

UNVERTILGBAR
Karlsbad 1807

Vorgestern ward auf meinem [Christine von Reinhards] Zimmer über die Begebenheiten der Zeit geschwätzt, gefragt, ob wohl Deutschland und die deutsche Sprache ganz verschwinden würden? „Nein, das glaube ich nicht", sagte jemand, „die Deutschen würden *wie die Juden* sich überall unterdrücken lassen, aber *unvertilgbar* sein wie *diese*, und wenn sie kein Vaterland mehr haben, erst recht zusammenhalten." — Dieser Jemand war Goethe.
(30)

Gesamturteil
Karlsbad 1807

Ich [Christine von Reinhard] sagte neulich im Spaß zu Goethe, daß Sie sein Urteil über die Schlegel verlangten. Er läßt Ihnen sagen, daß er das Urteil der ganzen Welt unterschreibe, denn wenn man alles, was diese Gutes und Böses von den beiden Brüdern gesagt habe, zusammenaddiere, so würde das Fazit, das herauskäme: Wilhelm und Friedrich Schlegel heißen.
(30)

Vater und Sohn
Karlsbad 1807

Einst an einem schönen Sommertage saß der große Dichter dort in Karlsbad im Freien mit weimarischen Bekannten an einem Tisch mit Holzbänken zu beiden Seiten. Stephan Schütze saß ihm gegenüber mit mehreren Personen, und auch an Goethes Seite saßen noch einige. Da sah man, in das Gespräch vertieft, Goethes Sohn von einer Anhöhe herabkommen. Der junge Mann studierte zu dieser Zeit in Heidelberg und hatte eine unternommene Fußreise auch nach Karlsbad geleitet, um den Vater dort mit seinem Besuche zu überraschen. Als er sich nun der Gesellschaft an jenem Tische näherte, daß ihn der Vater im Rücken hatte und seine Annäherung nicht bemerken konnte, winkte er den Gegenübersitzenden eifrig zu, sich still zu verhalten und den Vater nicht auf seine Ankunft aufmerksam zu machen. So schlich er endlich leise bis an den Rücken des Vaters heran und hielt ihm plötzlich nach gebräuchlichem weimarischen Scherze die Hände vor die Augen. Wie nun Goethe sich loswindet und umkehrt und so höchst unerwartet den Sohn erblickt, da ergreift ihn das freudige väterliche Gefühl auf eine Weise, die in den anderen gegenwärtigen Personen eine tiefe Erschütterung hervorbrachte. Die maßlosen Äußerungen der Gefühlsüberwältigung, mit welchen der erhabene Mann hier erschien, waren von solcher Stärke, daß die Zeugen dieser Szene wirklich dabei erschraken und in Besorgnis für seinen Geist die Beruhigung herbeiwünschten.
(30)

Verkleideter Sohn und charmanter Vater
Karlsbad 1807

Gegen das Ende der Kur kam mein Sohn nach Karlsbad, dem ich den Anblick des Ortes, wovon so oft zu Hause die Rede war, auch gönnen wollte. Dies gab Gelegenheit zu einigen Abenteuern, welche den innern unruhigen Zustand der Gesellschaft offenbarten. Es war zu jener Zeit eine Art von Pekeschen Mode, grün, mit Schnüren von gleicher Farbe vielfach besetzt, beim Reiten und auf der Jagd sehr bequem und deshalb ihr Gebrauch sehr verbreitet. Diese Hülle hatten sich mehrere durch den Krieg versprengte preußische Offiziere zu einer Interimsuniform beliebt und konnten überall unter Pächtern, Gutsbesitzern, Jägern, Pferdehändlern und Studenten unerkannt umhergehen. Mein Sohn trug dergleichen. Indessen hatte man in Karlsbad einige dieser verkappten Offiziere ausgewittert, und nun deutete gar bald dieses ausgezeichnete Kostüm auf einen Preußen.

Niemand wußte von der Ankunft meines Sohnes. Ich stand mit Fräulein L'Estocq an der Tepelmauer vor dem Sächsischen Saale; er geht vorbei und grüßt; sie zieht mich beiseite und sagt mit Heftigkeit: „Dies ist ein preußischer Offizier, und was mich erschreckt, er sieht meinem Bruder sehr ähnlich." — „Ich will ihn herrufen", versetzte ich, „will ihn examinieren." Ich war schon weg, als sie mir nachrief: „Um Gottes willen, machen Sie keine Streiche!" Ich brachte ihn zurück, stellte ihn vor und sagte: „Diese Dame, mein Herr, wünscht einige Auskunft; mögen Sie uns wohl entdecken, woher Sie kommen und wer Sie sind?" Beide junge Personen waren verlegen, eins wie das andere. Da mein Sohn schwieg und nicht wußte, was es bedeuten solle, und das Fräulein schweigend auf einen schicklichen Rückzug zu denken schien, nahm ich das Wort und erklärte mit einer scherzhaften Wendung, daß es mein Sohn sei, und wir müßten es für ein Familienglück halten, wenn er ihrem Bruder einigermaßen ähnlich sehen könnte. Sie glaubte es nicht, bis das Märchen endlich in Wahrscheinlichkeit und zuletzt in Wirklichkeit überging.

(2)

Verbotener Genuss
Weimar 1807

Arme Bettina! Ich [Malla Montgomery-Silfverstolpe] verstehe sie vielleicht besser, als sie glaubt, obgleich ich in ihrer Lage, als Gattin und Mutter von sechs Kindern, wohl genug für mein Herz und meinen Tätigkeitsdrang hätte. Aber größere Gaben bedingen wohl auch größere Bedürfnisse, Gefahren und Verlockungen.

Ihre „Liebesbegegnisse" mit Goethe sind eigen! Er war sechzig, sie zwanzig Jahre alt, da gingen sie eines Abends durch eine Straße in Weimar. Es war dunkel, aber auf einmal wurden sie durch eine Laterne beleuchtet. Goethe sagte: „Siehst du, unvermutet zuweilen kommt der Lichtstrahl und zeigt uns, was wir lieben!" Und er, der Starke, nahm sie in seine Arme und trug sie in ihr Haus, zwei Treppen hoch, und nannte sie „Götterkind, Sternenkind!" Oben schlief ihre Schwester schon, der matte Schein einer Lampe erhellte das Zimmer. Sie setzten sich, und Bettina sagte schmeichelnd: „Siehst du, wir genießen zusammen die Flamme der Nacht." — „Ja, mein liebes Kind, aber es ist uns nicht erlaubt, sie länger zusammen zu genießen!" Und bewegt verließ er sie.
(89)

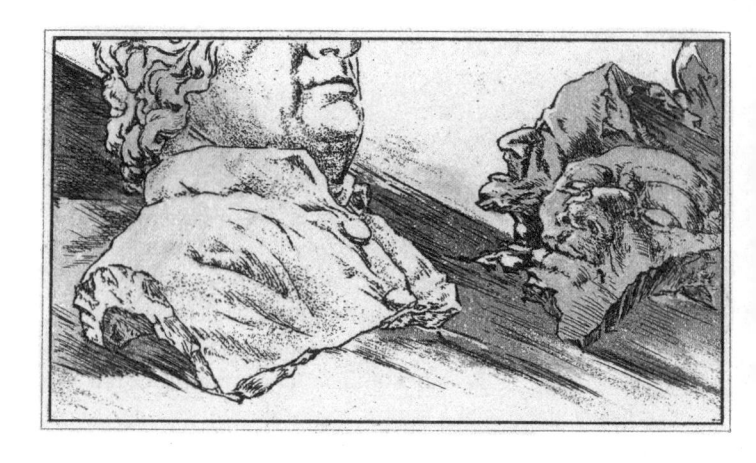

Gips schafft Leiden
Weimar 1807

Bei Rat Kräuter, Goethes langjährigem Sekretär, sah ich [Stahr] eine Büste Goethes, die zu den Seltenheiten gehört. Goethe hat dazu einen Abguß über seinem Gesichte machen lassen; er tat es, wie uns Herr K[räuter] erzählte, um einem armen jungen Bildhauer aufzuhelfen. Der Gesichtsausdruck ist von höchster Naturwahrheit, die Formen noch nicht schlaff und hängend, sondern kräftig und machtvoll. Nur der Ernst der Züge hat etwas, das fast finster zu nennen ist. Als Kräuter dies einmal als das einzige bemerkte, was ihm an dem sonst vollkommen getroffenen Abbilde nicht ganz recht sei, erwiderte Goethe, der gekommen war, seinem früheren Diener in der eignen Wohnung einen Besuch zu machen: „Meinen Sie denn, daß es ein Spaß ist, sich das nasse Zeug ins Gesicht streichen zu lassen, ohne eine Miene zu verziehen? Da ist's eine Kunst, nicht noch viel unwirscher auszusehen!"
(121)

Sehr erfreut
Leipzig 1807

Nachdem [...] zu Ostern 1807 die sächsischen Hofschauspieler ausblieben, unterhandelte der Leipziger Rat mit Weimar [...], das Weimarer Hofschauspiel über Sommer an Leipzig abzutreten [...]. Ich [Heinrich Anschütz] benützte diese Monate dazu, aus dem Besuche des Theaters noch soviel als möglich zu lernen. Zu meiner Freude war bereits ein großer Teil des klassischen Repertoirs zur Aufführung gelangt, als plötzlich „Die natürliche Tochter" von Goethe angekündigt wurde. Ein Schauspiel von Goethe, das ich noch nicht kannte. Die Erwartung stieg bei mir bis ins Unglaubliche. Ich getraute mir kaum einzugestehen, daß der einleitende erste Akt etwas Steifes für mich hatte, und erwartete desto mehr von den nachfolgenden. Aber mit jedem Akte stieg in mir das Gefühl der Peinlichkeit. Ja, es kam mir im dritten Akte vor, als ob die Schauspieler selbst mit einer auffallenden Unsicherheit sprächen und sich bewegten. Im vierten Akte passierte mir das Unglück, daß ich ihn bereits für den letzten hielt. Aber ein Urteil gestattete ich mir nicht. Nach dem wirklichen letzten Akte stieg mir sogar der sonderbare Gedanke auf, ob nicht das Werk von einem andern sei und Goethe vielleicht aus Freundschaft seinen Namen als Geleitschein hergegeben habe. Ich war völlig uneins mit mir und kann mir noch heute über diesen Eindruck keine Rechenschaft geben. Doch kann ich nicht leugnen, daß ich nach jenem Abend einer Lektüre der „Natürlichen Tochter" mit ängstlicher Scheu ausgewichen bin bis heute. Es ging mir wie vielen religiösen Menschen, die in religiösen Dingen, selbst wenn sie zweifeln, nicht aufgeklärt sein wollen.

Doch fiel mir oft im Leben die nachfolgende sehr verbreitete Anekdote ein, welche ein minder skrupulöser Student geliefert haben soll:

In einer Universitätsstadt wurde einst „Die natürliche Tochter" aufgeführt. Nach dem zweiten Akte wendet sich ein Student an einen neben ihm sitzenden ältlichen Herrn mit der Frage: „Um Vergebung, ist das Stück nicht von Vulpius?" (Vulpius war bekanntlich der literarisch übelberüchtigte Verfasser von „Rinaldo Rinaldini" und vielen ähnlichen Schreckensbüchern.) Der ältliche Nachbar erwiderte: „Nein, das Stück ist von Goethe." Nach dem dritten Akt fragt der Student: „Wissen Sie gewiß, daß das Stück nicht von Vulpius ist?" — „Nein", sagt der Nachbar, „das Stück ist von Goethe." Nach dem vierten Akte meint der Student: „Ich glaube immer, das Stück ist von Vulpius." — „Von Goethe", ist die Zurechtweisung des Nachbars. Am Schlusse endlich behauptet der Student: „Sie mögen sagen, was Sie wollen, das Stück ist von Vulpius." Da erhebt sich endlich der stattliche Nachbar und

sagt mit einem flammenden Auge: „Das Stück ist von Goethe, und *ich bin* Goethe." — „Sehr erfreut", sagt der Musensohn, „mein Name ist Müller."
(122)

Schöne Geschichte!
Weimar 1807

Du kannst Dir keinen Begriff machen, mit welchem Jubel die Mutter mich [Bettina von Arnim] aufnahm! Sowie ich hereinkam, jagte sie alle fort, die bei ihr waren. „Nun, Ihr Herren", sagte sie, „hier kommt jemand, der mit mir zu sprechen hat", und so mußten alle zum Tempel hinaus. Wie wir allein waren, sollte ich erzählen — da wußt ich nichts. „Aber wie war's, wie du ankamst?" — „Ganz miserabel Wetter." — „Vom Wetter will ich nichts wissen; — vom Wolfgang, wie war's, wie du hereinkamst?" — „Ich kam nicht, *er* kam." — „Nun, wohin?" — „In den ‚Elephanten', um Mitternacht drei Treppen hoch; alles schlief schon fest, die Lampen auf dem Flur ausgelöscht, das Tor verschlossen, und der Wirt hatte den Schlüssel schon unterm Kopfkissen und schnarchte tüchtig." — „Nun, wie kam er denn da herein?" — „Er klingelte zweimal, und wie er zum drittenmal recht lang an der Glocke zog, da machten sie ihm auf." — „Und du?" — „Ich in meiner Dachstube merkte nichts davon; Meline lag schon lange und schlief im Alkoven mit vorgezognen Vorhängen; ich lag auf dem Sofa und hatte die Hände überm Kopf gefaltet und sah, wie der Schein der Nachtlampe wie ein großer runder Mond an der Decke spielte; da hört ich's rascheln an der Tür, und mein Herz war gleich auf dem Fleck; es klopfte, während ich lauschte, aber weil es doch ganz unmöglich war, in dieser späten Stunde, und weil es ganz still war, so hört ich nicht auf mein ahnendes Herz; — und da trat er herein, verhüllt bis ans Kinn im Mantel, und machte leise die Tür hinter sich zu und sah sich um, wo er mich finden sollte; ich lag in der Ecke des Sofas, ganz in Finsternis eingeballt, und schwieg; da nahm er seinen Hut ab, und wie ich die Stirne leuchten sah, den suchenden Blick, und wie der Mund fragte: ‚Nun, wo bist du denn?', da tat ich einen leisen Schrei des Entsetzens über meine Seligkeit, und da hat er mich gleich gefunden."

Die Mutter meinte, das würde eine schöne Geschichte geworden sein in Weimar. Der Herr Minister um Mitternacht im „Elephanten" drei Treppen hoch eine Visite gemacht! — Ja wohl, ist die Geschichte schön!
(1)

Küsse, Sonnenkinder und Sonette
Weimar 1807

Über ihr Verhältnis zu Goethe sprach sich Bettina Grunholzer gegenüber ganz offen aus. Sie sei nur begeistert für Goethe, nie in ihn verliebt gewesen. Goethe war sechzig und Bettina siebzehn Jahre alt, als sie ihn kennenlernte. In Gesellschaft ihres Schwagers Savigny kam sie in Weimar mit ihm zusammen. In der Bibliothek habe Goethe sie beiseite zu einer Büste geführt, sich in den Mantel gehüllt und majestätisch vor dieselbe gestellt. Es war Goethes Brustbild. Bettina stellte sich, als erkennte sie ihn nicht und sagte: „Das ist ein schöner Mann." Goethe: „Ja, der konnte sich in seiner Jugend schön nennen." Bettina wollte ihm um den Hals fallen; verletzt, daß sie ihn in der jugendlichen Büste nicht erkannt, wies er sie ab. Darauf küßte sie die Büste. Jetzt hob Goethe sie auf die Arme, schaute ihr in die Augen und sagte: „Du Sonnenkind!" Darauf schrieb er das bekannte Sonett.
(123)

Sprache der Augen
Weimar 1807

Wie ich [Bettina von Arnim] im vorigen Jahr so unverhofft wieder mit ihm zusammentraf, da war ich so außer mir und wollte sprechen und konnte mich nicht zurechtfinden; da legt' er mir die Hand auf den Mund und sagt': „Sprech mit den Augen, ich versteh alles"; und wie er sah, daß die voll Tränen standen, so drückt' er mir die Augen zu und sagte: „Ruhe, Ruhe, die bekommt uns beiden am besten"; — ja, liebe Mutter, die Ruhe war gleich über mich hingegossen, ich hatte ja alles, wonach ich seit Jahren mich einzig gesehnt habe. — O Mutter, ich dank es Ihr ewig, daß Sie mir den Freund in die Welt geboren — wo sollt ich ihn sonst finden! Lach Sie nicht darüber, und denk Sie doch, daß ich ihn geliebt hab, eh

ich das Geringste von ihm gewußt, und hätt Sie ihn nicht geboren, wo er dann geblieben wär, das ist doch die Frage, die Sie nicht beantworten kann.
(1)

Zacharias Werner
Jena 1807

Beim Goethe ist er beliebt; er hatte zuerst in Jena seine Bekanntschaft gemacht. Sie waren einmal zusammen beim Knebel; die Frau schenkte Tee ein, der Kleine spielte mit Steinen, und Werner war in der höchsten Deklamation. Auf einmal sagt der Bube: „Der Mensch ist ja verrückt." Knebel fährt auf: „Halt's Maul, Bube!" Die Mutter wurde verlegen. Goethe wollte sich totlachen. „Laß ihn gehen!" sagte er. „Der Junge hat eine halbe Welt in sich." Und in der Tat kann ein Poet nicht sein wie andere Menschen. Der Bube aber behauptete fort: „Wie könnte er denn so sprechen, wenn er nicht verrückt wäre!" Wernern störte es aber nicht.
(30)

Musikalische Abendgesellschaft
Weimar 1807

Eine ähnliche Peinlichkeit erlebte ich [Stephan Schütze] an einem musikalischen Abend [. . .], als die Hofrätin Sänger und Sängerinnen vom Theater zu sich eingeladen hatte. Goethe kam von der Lektüre italienischer Schäfer-Idyllen und befand sich in einer sanften, lyrischen Stimmung, in welcher er sich auch mit großer Anmut über das Gelesene aussprach. Nachdem herrliche Lieder, besonders von Zelter, waren gesungen worden, während Goethe in den Zimmern auf und ab ging, setzte sich die Gesellschaft an verschiedene Tische. Ich bekam meinen Platz unter den Künstlern und gab mich hier um so lieber lustigen Einfällen hin, als in diesem Kreise sich eine Lachtaube befand, die für Scherze sehr empfänglich und reizbar war. Aber plötzlich — mitten in der Fröhlichkeit — klopfte Goethe auf den Tisch, augenblicklich Stille und Gesang gebietend. Da hätte man sehen sollen, wie das halbausgesprochene Wort auf den Lippen erstarb, wie die Mienen zuckten und ein Wetterleuchten über die Gesichter fuhr. Lachtaube hatte die erste Stimme — sie kämpfte ritterlich —, mit bewunderungswürdi-

ger Fassung rang sie sich auf, und die andern folgten ihrem Flug, während manche bitter-süße Träne über hochgerötete Wangen floß. Zum Glück haben Schauspieler sich mehr in ihrer Gewalt als andere Menschen. — Sie blieben nun auf ihrer Hut, und wie Goethe einmal aufgestanden war, schlich einer nach und kam mit der Nachricht zurück: „Er lacht!" was denn die vorige Lust wieder zurückführte.
(120)

Hoffnung auf Besserung
Weimar, um 1807

An diesem Fenster [...] saß ich [Karoline von Wolzogen] mit Goethe, als er mir die Verlegenheit entdeckte, daß er uns so selten in seinem Hause sehe, da wir doch seine ältesten und liebsten Freunde wären. Der Wunsch, seine Frau in die gute Sozietät einzuführen, lag offen; ich sagte, wir würden sie gewiß freundlich aufnehmen als seine Frau, wenn sie uns besuchte. „Es ist ein kleines närrisches Ding", sagte er, „das nicht schreiben, knapp lesen kann; aber Sie denken doch, daß, wenn man so lange mit mir umgeht, etwas übergehen muß."
(12)

Kenner mit Weinverstand
Weimar, um 1807

Beim Nachtisch, nachdem schon mehrere gute Sorten geprüft worden waren, bat der Hofmarschall von Spiegel den Großherzog um die Erlaubnis, einen Wein ohne Namen auftragen zu lassen. Ein Rotwein wurde herumgereicht, gekostet und recht gut befunden. Mehrere der Herren von der Tafelrunde erklärten ihn für Burgunder, nur war man über die spezielle Sorte dieses edlen Gewächses nicht einig. Da aber bewährte Weinzungen, darunter die des Großherzogs, die Diagnose auf Burgunder gestellt hatten, so wurde dieselbe einstimmig angenommen. Nur Goethe kostete, und kostete wieder, schüttelte das Haupt und setzte das geleerte Glas nachdenklich auf den Tisch. „Exzellenz scheinen anderer Ansicht zu sein", sagte der Hofmarschall, „darf ich fragen, welchen Namen Sie dem Weine geben?" — „Der Wein ist mir durchaus unbekannt", erwiderte Goethe. „Aber für Burgunder halte ich ihn nicht. Eher

sollte ich meinen, es sei ein gut gelesener Jenenser, der eine Zeitlang auf einem Madeirafaß gelegen hat." — „Und so ist es in der Tat!" bestätigte der Hofmarschall.
(111)

Einer genügt
Weimar 1808

Goethe ließ ein Wernersches Stück, ich dächte „Wanda" wär es gewesen, aufführen. Am Tage der Darstellung waren der Dichter und einige nähere Freunde, unter diesen die Schopenhauer, bei Goethe zum Essen. Auf die Frage, wo man sich nach dem Theater versammeln würde, suchte der Vorsichtige, der allzu großen Andrang fürchtete, die Last von sich ab und sie, wie er es oft in ähnlichen Fällen tat, der armen Schopenhauer zuzuwenden, die gastfrei und gefällig dergleichen Schicksale über sich ergehen lassen mußte. Diesmal kam es ihr, da sie gar nichts vorbereitet hatte, denn doch ein wenig zu schnell und wurde um so bedenklicher, weil sie die Aufführung des Wernerschen Stückes doch um keinen Preis versäumen wollte und folglich keine Zeit mehr hatte, sich um den Haushalt zu bekümmern. Sie eilte in größter Angst heim und rief eben nur ihrer Wirtschafterin zu: „Wir bekommen auf die Nacht Scharen von Gästen, richte dich ein und hilf dir, so gut du kannst!" Als nun, nach höchst zweifelhaftem, aber doch scheinbaren Erfolge, die Gäste eintrafen, nahmen die Frauen an der improvisierten Tafel Platz, die Herren standen mit ihren Tellern umher. Für Goethe und Werner waren zwei Stühle in der Mitte bestimmt; zwischen ihnen auf dem Tische stand ein wilder Schweinskopf, von welchem die Wirtin schon des Tages zuvor gegessen. In ihrer Angst hatte die Haushälterin durch einen großen Kranz von Lorbeerblättern die Anschnittwunde zu verdecken gesucht. Goethe erhub, diesen Schmuck erblickend, mächtig seine Stimme und rief dem bekanntlich sehr zynischen und nicht immer sauber gewaschenen Werner zu: „*Zwei* gekrönte Häupter an einer Tafel? Das geht nicht!" Und er nahm dem wilden Schweinskopf seinen Kranz und setzte ihn dem Dichter der „Wanda" auf den Kopf.
(95)

Gottähnlichkeit,
durchaus problematisch
Weimar 1808

Mittags: Frommanns, Oken, Werner, Fernow, Meyer, Schopenhauer, Ulrich.

„Ich bin Gott darin ähnlich, daß er immer geschehen läßt, was er nicht will", sagte Goethe über Tisch, worauf Werner bemerkte, daß Goethe Gott darin ähnlich sei, daß er auch alles vergäße.
(30)

Göttlichkeit oder Absolutheit?
Weimar 1808

Als man ihn einen göttlichen Mann nannte, sagte er: „Ich habe den Teufel vom Göttlichen! Was hilft's mir, daß man mir nachsagt: das ist ein *göttlicher* Mann, wenn man nur nach eigenem Willen tut und mich hintergeht. *Göttlich* heißt den Leuten nur der, der sie gewähren läßt, wie ein jeder Lust hat."

Er drückte dies ein andermal auch so aus: „Man hält niemanden für einen Gott, als daß man gegen seine Gesetze handeln will; weil man ihn zu betrügen hofft; weil er sich was gefallen läßt; weil er entweder von seiner Absolutheit so viel nachläßt, daß man auch absolut sein kann." Und kürzer so: „Ich bin Gott darin ähnlich, daß er immer geschehen läßt, was er nicht will." Zuletzt in einer Xenie:
> Warum uns Gott so wohl gefällt?
> Weil er sich uns nie in den Weg stellt.

(35)

Husaren im Hoftheater
Weimar 1808

Eine zweite Neuigkeit, „Der zerbrochene Krug" von Kleist, folgte am 2. März. Schon bei der ersten Vorstellung wurde dem Stück der Stab gebrochen, und es fiel unverdienterweise total durch. Hauptsächlich traf die Schuld des Mißlingens den Darsteller des Adam, der in seinem Vortrag so breit und langweilig war, daß selbst seine Mitspieler die Geduld dabei verloren. Trotz allen Rü-

gen Goethes bei den Proben war er aus seinem breitspurigen Redegang nicht herauszubringen und den kurzen Imperativ bei ihm anzubringen, wäre wahrlich ganz in der Ordnung gewesen, denn das Zerren und Dehnen war nicht zu ertragen. Bei der Aufführung dieses Stücks ereignete sich ein Vorfall, der in dem kleinen weimarschen Hoftheater noch nie dagewesen und als etwas Unerhörtes bezeichnet werden konnte: ein herzoglicher Beamter hatte die Frechheit, das Stück auszupfeifen. Karl August, der seinen Platz zwischen zwei Säulen, dicht am Proszenium, auf dem sogenannten bürgerlichen Balkon hatte, bog sich über die Brüstung heraus und rief: „Wer ist der freche Mensch, der sich untersteht, in Gegenwart meiner Gemahlin zu pfeifen? Husaren, nehmt den Kerl fest!" Dies geschah, als der Missetäter eben durch die Tür entwischen wollte, und er wurde drei Tage auf die Hauptwache gesetzt. Den andern Tag soll Goethe gegen Riemer, der es mir mitteilte, bemerkt haben: „Der Mensch hat gar nicht so unrecht gehabt; ich wäre auch dabeigewesen, wenn es der Anstand und meine Stellung erlaubt hätten. Des Anstands wegen hätte er eben warten sollen, bis er außerhalb des Zuschauerraums war."
(79)

KINDER UND SUPPEN
Weimar 1808

Mit kräftiger Ironie führte übrigens Goethe einstmals Werner bei seinem Aufenthalt in Weimar [...] ab; Werner meinte nämlich witzig, ein Grund, warum er nicht (wieder) heirate, sei auch der, weil man im Anfang des Ehestandes so miserable Suppen zu essen bekäme, daß dies ein Regime sei, was jeder junge Ehemann durchmachen müsse. Goethe erwiderte ihm, dies sei bloß dann, wenn die Ehen kinderlos wären. Sobald sich Kinder einfänden, so würden drei, vier Pfund Fleisch gekocht. Für ein paar Leute koche man ein halb Pfund Fleisch, das könne dann freilich nur eine magere Suppe geben. Das beste Mittel zur Amelioration der Suppe sei dies, recht viele Kinder zu haben. In dem Maße, wie Kinder auf Kinder ankämen, würde auch die Suppe besser.
(62)

Abgesägter Ast
Weimar 1808

Goethe denkt bald nach Karlsbad zu reisen. Letzthin war er göttlich bei Madame Schopenhauer, wo er über Schillers Zyklus „Wallenstein" sprach, welcher heute und den Sonnabend gegeben wird. „Freilich", sagte er unter anderm, „verlautet jetzt von dem guten Schiller, daß er kein Dichter sei (dieses predigt Passow seinen Primanern und stand zwei Schritte von Goethe), doch wir haben da so unsere eigene Meinung darüber." Mit dreimal kaustischer Laune sprach er scherzend über die poetische Anarchie, wo der neueste Dichter zum größten ausgerufen werde, und kam auf die Landshuter Erklärung (von Ast), daß Friedrich Schlegel zum Herkules unter den Dichtern proklamiert sei — und jetzt, anstatt mit dem Schlegel mit der Keule herumwandle, an der als Exkreszenz auch ein *Ästchen* bemerkbar sei etc. etc. Kurz, G[oethe] dokumentierte hier so ganz seine hohe Meisterschaft und ließ einmal hell sehen, wie er über die Alfanzereien der Zeit eigentlich denkt. Wenn er doch öfters und auch öffentlich darin *wetterte*, damit dem Unfug etwas gesteuert werde.
(117)

Mittelsalz, kurmässig
Karlsbad 1808

Abends Armen-Konzert von Pixis und Holbein gegeben; der deklamierte und sang Goethes „Hochzeitslied" und Schillers „Glocke". Nicht besonders. Um 9 Uhr nach Hause mit Goethe. Darüber gesprochen.

„Hier gibt man", sagte Goethe, „Konzerte und Bälle, um wohltätig zu sein, und ist wohltätig, um mit Ehren singen und tanzen zu können. Das ist die Art von Mittelsalz, womit die moderne Welt ihre Pflicht und Vergnügen zugleich abführt, damit ja alles recht kurmäßig geschehen möge."
(30)

Kaiser und Poet
Erfurt 1808

Der Herzog berief in diesen Tagen unsern Goethe nach Erfurt, der, nach seiner eigentümlichen Sinnesweise, sich bisher ganz fern gehalten hatte.

Es war mir [von Müller] gelungen, eine bequeme Wohnung in der Nähe des Herzogs aufzufinden, und Goethe blieb mehrere Tage in Erfurt. Das französische Theater gewährte ihm unsäglichen Genuß, und es war höchst interessant, ihn nach jeder Vorstellung noch stundenlang bei dem Herzog über die Eigentümlichkeiten der französischen Tragiker und dramatischen Künstler sprechen zu hören. Er war dabei stets in der höchsten Aufregung, voll Feuer und hinreißender Beredsamkeit. Bei Frau von der Recke lernte er den Minister Maret kennen, auf den er einen außerordentlichen Eindruck machte, und der davon dem Kaiser erzählte, worauf Napoleon ihn sogleich am 2. Oktober zu sich einladen ließ. Die Audienz dauerte fast eine volle Stunde. Ich hatte Goethe bis ins Vorzimmer begleitet und harrte da seiner Rückkehr. Nur Talleyrand, Berthier und Savary waren bei dieser Audienz gegenwärtig. Gleich nach Goethes Eintritt in das kaiserliche Kabinett kam auch noch der General-Intendant Daru hinzu.

Der Kaiser saß an einem großen runden Tische frühstückend. Zu seiner Rechten stand Talleyrand, zu seiner Linken Daru, mit dem er sich zwischendurch über die preußischen Kontributions-Angelegenheiten unterhielt. Er winkte Goethe, näher zu kommen, und fragte, nachdem er ihn aufmerksam betrachtet hatte, nach seinem Alter. Als er erfuhr, daß er im sechzigsten Jahre stehe, äußerte er seine Verwunderung, ihn noch so frischen Aussehens zu finden, und ging alsbald zu der Frage nach Goethes Trauerspielen über, wobei Daru Gelegenheit nahm, sich näher über sie auszulassen und überhaupt Goethes dichterische Werke zu rühmen, namentlich auch seine Übersetzung des „Mahomet" von Voltaire. „Das ist kein gutes Stück", sagte der Kaiser und setzte umständlich auseinander, wie unschicklich es sei, daß der Weltüberwinder von sich selbst eine so ungünstige Schilderung mache. „Werthers Leiden" versicherte er siebenmal gelesen zu haben und machte zum Beweise dessen eine tief eindringende Analyse dieses Romans, wobei er jedoch an gewissen Stellen eine Vermischung der Motive des gekränkten Ehrgeizes mit denen der leidenschaftlichen Liebe finden wollte. „Das ist nicht naturgemäß und schwächt bei dem Leser die Vorstellung von dem übermächtigen Einfluß, den die Liebe auf Werther gehabt. Warum haben Sie das getan?"

Goethe fand die weitere Begründung dieses kaiserlichen Tadels so richtig und scharfsinnig, daß er ihn späterhin oftmals gegen mich mit dem Gutachten eines kunstverständigen Kleidermachers verglich, der an einem angeblich ohne Naht gearbeiteten Ärmel sobald die fein versteckte Naht entdeckt.

Dem Kaiser erwiderte er, es habe ihm noch niemand diesen Vorwurf gemacht, allein er müsse ihn als ganz richtig anerkennen; einem Dichter dürfte jedoch zu verzeihen sein, wenn er sich mitunter eines nicht leicht zu entdeckenden Kunstgriffs bediene, um eine gewisse Wirkung hervorzubringen, die er auf einfachem, natürlichem Wege nicht hervorbringen zu können glaube.

Nun auf das Drama zurückkommend, machte Napoleon mehrfache sehr bedeutende Bemerkungen, die den Beweis lieferten, daß er die tragische Bühne mit der größten Aufmerksamkeit, gleich einem Kriminalrichter, betrachte, und die deutlich genug zeigten, wie tief er das Abweichen des französischen Charakters von Natur und Wahrheit empfinde. Auf die Schicksalsstücke übergehend, mißbilligte er sie höchlich: „Sie haben einer dunklern Zeit angehört. Was will man jetzt mit dem Schicksal? Die *Politik* ist das Schicksal!"

Hierauf sprach er lange mit Daru über die Kontributions-Angelegenheiten, währenddessen der Marschall Soult hereintrat, den der Kaiser scherzend über einige unangenehme Ereignisse in Polen besprach. Auf einmal stand Napoleon auf, ging auf Goethe zu und fragte mit gemäßigterer Stimme nach Goethes Familie und seinen Verhältnissen zu den verschiedenen Personen des herzoglichen Hauses. Die Antworten, die er erhielt, übersetzte er sich sogleich nach seiner Weise in entschiednere Urteile. Doch bald wieder auf das Trauerspiel zurückkommend, sagte er: „Das Trauerspiel sollte die Lehrschule der Könige und der Völker sein, das ist das Höchste, was der Dichter erreichen kann. Sie zum Beispiel sollten den Tod Cäsars auf eine vollwürdige Weise, großartiger als Voltaire, schreiben. Das könnte die schönste Aufgabe Ihres Lebens werden. Man müßte der Welt zeigen, wie Cäsar sie beglückt haben würde, wie alles ganz anders geworden wäre, wenn man ihm Zeit gelassen hätte, seine hochsinnigen Pläne auszuführen. Kommen Sie nach Paris, ich fordere es durchaus von Ihnen. Dort gibt es größere Weltanschauung! dort werden Sie überreichen Stoff für Ihre Dichtung finden."

Jedesmal, wenn er über etwas sich ausgesprochen hatte, setzte er hinzu: „Qu'en dit Monsieur Goet?"

Als nun Goethe endlich abtrat, hörte man den Kaiser bedeutsam zu Berthier und Daru sagen: „Voilà un homme!"
(54)

Bonapartistische Replik
Weimar 1808

Ich [von Bonstetten] habe den Fürsten Talleyrand nun drei Tage gesehen; dieser ist der geistreichste Mann von allen, deren ich mich erinnere. Er erzählte von Bonaparte, Goethe und Wieland. Bonaparte sagte zu Goethe: „Je n'aime pas la fin de votre roman — ‚Werther'." — „Je ne croyais pas", antwortete Goethe, „que votre Majesté aimât que les romans aient une fin."
(124)

Heiterkeit mit Tiefgang
Weimar 1808

Des Mittags hatte Goethe Talmas geladen, und hier schien ein wahrer Wettstreit zwischen dem Wirt und seinen Gästen einzutreten, wer den andern an Liebenswürdigkeit übertreffen könnte. Goethe ist des Französischen nicht ganz mächtig, aber seinem Geist legt keine Sprache, die er nur einigermaßen kann, so leicht Fesseln an. Talmas baten ihn dringend nach Paris zu kommen und bei ihnen zu logieren. Das Glück, den Autor von „Werther" bei sich zu besitzen, würde ganz Frankreich ihnen beneiden, keine Frau in Paris würde ruhen, eher sie ihn gesehen, auf allen Toiletten, in allen Boudoirs würde er sein Buch finden, das, immer von neuem gelesen, von neuem übersetzt, jetzt, wie vor dreißig Jahren, den Reiz der Neuheit besäße. Es gab keine Art der feinen Schmeichelei, die sie nicht mit der Leichtigkeit des guten französischen Tones, der nie fade noch kriechend wird, ihm ausgespendet hatten. Goethe antwortete heiter und artig, wollte sich aber auch auf kein Versprechen einlassen und meinte spaßhaft, das Glück, in Paris eine solche Sensation bei seinen jetzigen Jahren zu machen, wäre für seine Schultern zu schwer.

Nun rückte Talma mit dem Plan eines Trauerspiels los, in welches er und Dulise den „Werther" verwandeln wollten. Dieses schien in der Tat ziemlich ungewaschenes Zeug zu sein; Goethens unerschöpfliche gute Laune ließ sich indes durch die Verunstaltung seines Kindes nicht irremachen, zuletzt nur sagte er mit einer fast unmerklich spöttischen Miene, wenn sie erst mit ihrem Trauerspiel im reinen wären, so möchten sie es ihm schicken, damit er es übersetzen und auch bei sich könne aufführen lassen.

„Mon Dieu", sagte Talma, der, um mit der Herzogin von Orléans zu reden, wohl fühlen mochte, wo Barthel den Most holt, „mon Dieu, qu'avez vous besoin de notre pièce, vous qui feriez cent fois mieux que nous?" — „C'est qu'on n'aime pas à refaire ce qu'on a fait une fois", antwortete Goethe. Sein Kammerdiener brachte ihm inzwischen einen dicken Brief, den er erbrach, durchsah und ohne weiter seiner zu erwähnen ins Fenster legen ließ. Talma fragte jetzt ziemlich indiskret, ob es wahr sei, wie man allgemein versichere, daß eine wahre Geschichte dem Roman zugrunde läge? Besorgt über die Wirkung dieser Frage blickte ich auf Goethe, auf dessen Gesicht aber sich keine Spur von Verstimmung zeigte. „Diese Frage", erwiderte er freundlich, „ist mir schon oft vorgelegt worden, und da pflege ich zu antworten: daß es zwei Personen in einer gewesen, wovon die eine untergegangen, die andere aber leben geblieben ist, um diese Geschichte der ersteren zu schreiben, so wie es im Hiob heißt: ‚Herr, alle deine Schafe und Knechte sind erschlagen worden, und ich bin allein entronnen, dir Kunde zu bringen.'" Unser lautester Beifall lohnte den herrlichen Einfall; ernsthafter, mit einem unbeschreiblich tiefen Ausdruck, setzte er hinzu: so etwas schreibe sich indes nicht mit heiler Haut; er hatte bisher französisch gesprochen, diese Worte aber sprach er deutsch, und sich zu Sartorius wendend: „Traduisez cela à nos amis, Monsieur." — Talma, mit dem Gepräge der großen Leidenschaften bekannt, faßte leicht den Sinn, ohne die Worte zu verstehen. Goethe ging schnell wieder in seine vorige Heiterkeit über.

(125)

Rettungsaktion
Weimar 1808

Auf Talmas Frage an Goethe, ob der „Werther" nicht eine wahre Geschichte sei, half sich G[oethe] durch ein treffliches Wort heraus; er sagte, von den interessierten Personen habe sich der eine gerettet, um die Geschichte erzählen zu können, man wüßte sonst nichts von ihr.
(35)

Damals schon!
Weimar 1808

Sobald der Geheimerat wieder in Weimar eintraf, machte ich [Eberwein] ihm meine Aufwartung. Er empfing mich mit gewohnter Freundlichkeit und forderte mich auf, ihm recht viel von Berlin zu erzählen. Als ich die Pracht rühmte, mit welcher man im Theater die Stücke in Szene setze, so bemerkte er: „Ja, was man mit Geld machen kann, das hat das Berliner Theater."
(30)

Verpatztes Modell
Weimar 1808

Einer eigenen Szene wohnte ich [Schütze] [...] in der Gesellschaft mit bei, wie Kügelgen Goethen modellierte und, um keine Langeweile auf seinem Gesichte zu sehen, einen Streit mit ihm über die griechische Malerei eröffnete. Daran tat er aber sehr übel. Goethe konnte nicht einmal einen einzelnen Widerspruch gern ertragen, und Disputieren ist ein fortwährendes Widersprechen. Es kreuzten sich daher so viele verdrießliche und zornige Züge durch das Gesicht, daß es ganz den Charakter einer ruhigen Übereinstimmung verlor und wohl nur noch wenig zum Modellieren dienen konnte.
(120)

Wenn der Mond ein Eierkuchen wäre
(Variante 1)

Jena 1808

War es Goethen recht wohl im engen Kreise oder wurde er durch irgend etwas ins Feuer gebracht, so fehlten bei ihm auch Kraftausdrücke nicht, wie einmal in der Zeit bald nach 1806, wo er mit Friedrich August Wolf und Zacharias Werner bei uns [Frommanns] war. Dieser hatte eben ein, vielleicht schwülstiges, Gedicht an den Mond vorgetragen; nun fiel Wolf nicht bloß über ihn, sondern auch über den Mond in zynischen Ausdrücken her, was Goethe doppelt verdrießen mochte, denn er wußte Werners Talent zu schätzen, wenn er ihm auch zu „abstrus" war, und die Erscheinungen der Natur waren ihm heilig; er wendete sich also gegen Wolf: „Nicht wahr, wenn der Mond ein Eierkuchen wäre, den du fressen könntest, dann wär er dir recht?"
(126)

Wenn der Mond ein Eierkuchen wäre
(Variante 2)

Weimar 1808

Wir fanden bei der Tafel, außer Goethes Frau, Meyer und Riemer, nur Werner. Goethe war sehr heiter, das Gespräch drehte sich um mancherlei Gegenstände, und die unbefangenen geistreichen

Äußerungen des berühmten Wirtes erheiterten uns alle. Auch mit den Frauen wußte er sich auf liebenswürdige Weise zu unterhalten.

Endlich wandte er sich an Werner, der bis jetzt wenig teil an den Gesprächen genommen hatte. „Nun Werner", sagte er auf seine ruhige, doch fast gebieterische Weise, „haben Sie nichts, womit Sie uns unterhalten, keine Gedichte, die Sie uns vorlesen können?" Werner griff eilig in die Tasche, und die zerknitterten schmutzigen Papiere lagen in solcher Menge vor ihm, daß ich erschrak und diese Aufforderung Goethes, die das unbefangene und interessante Gespräch völlig zu unterdrücken drohte, keineswegs billigte. Werner fing nun an, eine Unzahl von Sonetten uns auf seine abscheuliche Weise vorzudeklamieren. Endlich zog doch eines meine Aufmerksamkeit auf sich. Der Inhalt des Sonetts war der köstliche Anblick des vollen Mondes, wie er in dem klaren italienischen Himmel schwamm. Er verglich ihn mit einer Hostie. Dieser schiefe Vergleich empörte mich, und auch auf Goethe machte er einen widerwärtigen Eindruck; er wandte sich an mich: „Nun, Steffens", fragte er, äußerlich ruhig, indem er einen geheimen Ingrimm zu verbergen suchte, „was sagen Sie dazu?" — „Herr Werner", antwortete ich, „hatte vor einigen Tagen die Güte, mir ein Sonett vorzulesen, in welchem er sich darüber beklagte, daß er zu spät, zu alt nach Italien gekommen wäre. Ich glaube einzusehen, daß er recht hat. Ich bin zu sehr Naturforscher, um eine solche Umtauschung zu wünschen. Das geheimnisvolle Symbol unserer Religion hat ebensoviel durch einen solchen falschen Vergleich verloren wie der Mond." Goethe ließ sich nun völlig gehen und sprach sich in eine Heftigkeit hinein, wie ich sie nie erlebt hatte. „Ich hasse", rief er, „diese schiefe Religiosität, glauben Sie nicht, daß ich sie irgendwie unterstützen werde; auf der Bühne soll sie sich, in welcher Gestalt sie auch erscheint, wenigstens hier, nie hören lassen."

Nachdem er auf diese Weise sich eine Zeitlang und immer lauter ausgesprochen hatte, beruhigte er sich. „Sie haben mir meine Mahlzeit verdorben", sagte er ernsthaft. „Sie wissen ja, daß solche Ungereimtheiten mir unausstehlich sind; Sie haben mich verlockt zu vergessen, was ich den Damen schuldig bin." Er faßte sich nun ganz, wandte sich entschuldigend zu den Frauen, fing ein gleichgültiges Gespräch an, erhob sich aber bald, entfernte

sich, und man sahe es ihm wohl an, daß er tief verletzt war und in der Einsamkeit Beruhigung suchte. Werner war wie vernichtet.
(127)

Wenn der Mond ein Eierkuchen wäre
(Variante 3)

Weimar 1808

Hier habe ich [Wilhelm von Humboldt] Werner, den Verfasser der „Söhne des Tals", [...] kennengelernt, auch sein letztes Stück „Attila" gelesen. Es hat wohl einzelne schöne Stellen, verdient aber nicht einmal, Dir nach Rom geschickt zu werden. Alles ist locker, ohne Motive, nicht reelle Personen, sondern bloß Burattini. Zuletzt wieder die Sakramente und das mystische Wesen. Gegen das letzte hat Goethe einen Haß, von dem man sich keinen Begriff machen kann, und der arme Werner hat gestern sehr dafür leiden müssen. Er aß bei Goethe, wie er mir erzählt hat, und wollte etwas vorlesen. Obgleich Goethes Frau ihm gesagt hatte, daß das Mystische Goethen unerträglich sei, so ließ er sich beigehn, ein Sonett auf Genua, wo er kürzlich gewesen, vorzubringen, in welchem die Scheibe des Vollmonds zur Hostie gemacht wird. Wie dies Goethe gehört hat, ist er, wie er selbst sagt, *saugrob* (im Wunderhorn heißt es sauhöflich) geworden. Werner hat sich zurückziehen müssen, und obgleich er die Versöhnung durch die Frau versucht hat, mit der er gestern abend auf dem Ball gewalzt hat, so kommt sie so leicht gewiß nicht zustande. Goethe ist seitdem so wild geworden, daß er Karolinen und mir noch heute im Eifer versicherte, auch jede gemalte Madonna sei nur eine Amme, der man die Milch verderben möchte (höchsteigene Worte), und die Raffaelschen stäken im gleichen Unglück. Er treibt jetzt den Haß so weit, daß er nicht einmal mehr leiden will, daß eine irdische Frau ihr Kind selbst im Arm haben soll. Ist das nicht komisch?
(128)

Selbst der schlafende Goethe
Weimar, um 1808

Unser hochverehrter Meister hatte die Gewohnheit, die Augen zu schließen, wann er einen Vortrag mit besonderer Aufmerksamkeit verfolgen wollte. Als Sechziger konnte es ihm daher leicht passieren, daß er darüber einschlief. Und so geschah es wirklich in einer Probe, der er in seiner Loge beiwohnte. Die Schauspieler nahmen sich, wie immer in seiner Gegenwart, sehr zusammen, und die Probe ging untadelig vonstatten. Die Agierenden waren sehr erfreut, der Exzellenz keine Veranlassung gegeben zu haben, sich über dieses oder jenes mißfällig zu äußern. Eine Schauspielerin, die dem Geheimen Rat eine Bitte vorzutragen wünschte, begab sich in seine Loge. Und siehe da, der Meister schlief ganz behaglich. So wirkte selbst der schlafende Goethe zum Vorteil seines ihm anvertrauten Instituts, wie seine Werke fortwährend zu Gutem und Schönen anregen werden, selbst wenn sie schlafen und nicht mehr gegeben werden.
(82)

In Ermangelung alles dessen
Weimar 1809

Als Falk das Gespräch [...] darauf brachte, wie einige Leute immer und immer wieder wünschten, Goethe solle noch mehr solche Stücke wie die „Iphigenie" dichten, erwiderte er: „Könnte man mir fünfunddreißig Jahre wiedergeben, könnte man mir die Liebe zu dieser artigen Person (Corona Schröter) und die Freundschaft (den Herzog), kurz das Zärtliche wiedergeben, dann könnte vielleicht von einem neuen Orest (dem Herzog), von einem neuen Pylades (Goethe), von einer neuen Iphigenie (Corona Schröter) die Rede sein — aber in Ermangelung alles dessen reduziert sich diese Forderung nur auf eine nichtige, unverständliche Zumuterei."
(62)

CHRIST UND HEIDE
Weimar 1809

Der bekannte Romantiker Zacharias Werner war Goethen wegen seiner religiösen und mystischen Formlosigkeit und Bigotterie [...] verleidet. Als Werners Dramen „Das Kreuz an der Ostsee" und „Das Licht des Osterlandes" in Weimar aufgeführt werden sollten, widersetzte sich Goethe: „Könnt Ihr das ‚Kreuz' und ‚Das Licht des Osterlandes' durchsetzen, so setzt es durch, nur mutet mir nicht zu, daß ich Euch das Licht dazu halten soll. Mich dauern nur", fuhr er fort, „meine Enkel, daß sie solch verfluchtes Zeug lesen sollen." — Werner dagegen meinte, diese große, liebe, glorreiche, heidnische Sonne (Goethe) müßte doch untergehen, damit das Christentum aufgehen könne, und dies werde den großen Sieg des Christentums, das selbst die Pforten der Hölle zu überwältigen imstande sei, anzeigen. Die dummen Bengel, die so gewöhnlich Aufklärung treiben, die schadeten nicht, wohl aber ein so glorreicher edler Heide wie Goethe.
(62)

ÜBERGÄNGE
Weimar 1809

Einer von Goethes Freunden, mit dem er in wissenschaftlicher Beziehung in einem innigen Verhältnis stand, empfing einst [...] von ihm ein Stück Granit, das sich durch höchst seltsame Übergänge auszeichnete. „Nehmen Sie", sagte Goethe, „den alten Stein zum Andenken von mir. Wenn ich je ein anderes Gesetz in der Natur auffinde, als das ist, welches sich in diesem Produkte zeigt, so will ich Ihnen auch ein Exemplar davon verehren. Betrachten Sie ja fleißig diese Übergänge, worauf am Ende alles in der Natur ankommt. Glauben Sie mir, hier ist ein Stück von der ältesten Urkunde des Menschengeschlechts. Den Zusammenhang aber müssen Sie selbst entdecken."
(33)

KULINARISCHE PROBLEME
Weimar 1809

Der Runenforscher Martin Friedrich Arendt erschien während seines wochenlangen Aufenthaltes in Weimar jeden Tag — gebeten oder nicht — zur Mittagszeit an Goethes Tisch. Der gelehrte „Runen-Antiquarius" war ein unterhaltsamer Gast und kein Kostverächter; sein außergewöhnlich starker Appetit gab zu allerlei ergötzlichen, stillen Betrachtungen Anlaß. Einmal wurde Hammelbraten und Gurkensalat aufgetragen. Nachdem er die festen Bestandteile des Mahles verzehrt hatte, tat es ihm um die köstliche Sauce von Bratenfett, Gurkensaft, Essig und Öl leid; kühn hob er den Teller an die Lippen — da fiel ihm doch das Ungeziemende ein, und er warf dem Hausherrn einen schüchternen Blick zu. Aber Goethe nickte ihm aufmunternd zu und sagte: „Genieren Sie sich nicht, lassen Sie es sich schmecken. Ich würde es geradeso machen, aber mir erlaubt das meine Schwiegertochter nicht!"
(106)

VORRECHTE DER JUGEND
Weimar 1809

Ich [von Conta] war heute einmal, nach langer Zeit, wieder bei der Schopenhauer; es war sehr interessant. Goethe hatte die beste Laune von der Welt und erzählte viel, besonders von Sizilien, wo er gewesen ist. Für uns ist es auffallend, daß man in Rom und Neapel eigene Karten hat, worauf bemerkt ist, in welchen Straßen zu jeder Stunde des Tages eben Schatten ist, wonach sich dann diejenigen, welche am Tage ausgehen müssen, richten und lieber einen großen Umweg machen, um nur nicht Straßen ohne Schatten zu passieren.

Es ist ein neues Werk über China erschienen von einem Franzosen, der 60 Jahre in diesem Lande gelebt hat und welcher beweist, daß das angegebene hohe Alter der Chinesen erdichtet sei, indem *der Staat* China sich kaum von einigen Jahren vor Christi Geburt her datiere. Goethe rief bei dieser Bemerkung freudig aus: „Nun, es ist mir immer lieb, wenn einer Nation von ihrem prätendierten Alter etwas genommen wird, denn so erscheint denn doch das ganze Menschengeschlecht nicht mehr so alt, sondern in

einem artigen Jünglingsalter, sonst wäre es auch eine Schande, wenn noch so viele alberne Dinge in der Welt passierten. So sind wir denn aber, wie es Jünglingen geziemt."
(13)

NICHT ALLE
Weimar 1809

An einem schönen Sommertage [...] unterhielt sich Goethe in seinem Garten mit einem Freunde. Den Hauptstoff der Unterhaltung und Anlaß zu mannigfachen Betrachtungen bot eine kleine lebendige Schlange, die auf einem Gartentisch in einem langgehalsten Zuckerglase sich munter bewegte. Ein vorzügliches Behagen fand Goethe an den hellen, verständigen Augen des Tieres. Er behauptete, die Schlange, die er mit einem Federkiel fütterte, kenne ihn bereits, und wenn sie ihn anblicke, nähere sie sich mit dem Kopfe dem Rande des Glases. Unterbrochen ward Goethe in seinen Betrachtungen durch seine Gattin, die dem Gespräch unvermutet eine ganz andere Wendung gab. Als eine wahrhafte Zierde des Gartens rühmte sie mit vielen Worten einen schönen Feigenbaum und forderte den Freund wiederholt auf, denselben näher in Augenschein zu nehmen. Halb unwillig über diese Störung, sagte Goethe lächelnd: „Lassen Sie sich ja, und zwar auf der Stelle, den Feigenbaum zeigen, sonst haben wir den ganzen Abend keine Ruhe." Seine Frau warf einen Seitenblick auf die Schlange und bemerkte, sie fände es unbegreiflich, wie man ein so garstiges Tier um sich leiden könne. „Schweig du!" rief Goethe mit einiger Heftigkeit. Dann wandte er sich zu dem Freunde und sagte lächelnd: „Ja, wenn die Schlange ihr den Gefallen erzeigte, sich einzuspinnen, um ein schöner Sommervogel zu werden, da würde von dem greulichen Wesen gleich nicht weiter die Rede sein. Aber, liebes Kind, wir können nicht alle Sommervögel und nicht alle mit Blüten und Früchten geschmückte Feigenbäume sein."
(33)

Leibhaftiges Beweisstück
Tiefurt 1809

Bei einem Morgenspaziergang traf Goethe die Frau des Geheimen Kirchenrats Griesbach im Tiefurter Park. Enthusiastisch rief sie aus: „Wie schön! Ist's mir doch, als ob wir uns wie vor acht Jahren in der Pyrmonter Allee begegneten!" — „Das glaube ich", entgegnete Goethe gelassen und schickte sich an vorüberzugehen, „ich trage ja noch denselben Überrock, den ich auch damals angezogen hatte."
(106)

Treue im Unglück
Weimar 1809

Der schwer beleidigte Kaiser verstattete zwar dem Herzoge die Rückkehr in seine Staaten, aber nicht ohne das höchste Mißtrauen in ihn zu setzen, so daß der edle, offne deutsche Mann von diesem Augenblicke an von allen Seiten mit Horchern, sogar an seiner eigenen Tafel, umstellt war. Da mich [Falk] um diese Zeit meine Geschäfte oftmals nach Berlin und Erfurt führten, gaben mir die dortigen höhern Behörden nicht selten Bemerkungen anzuhören, von denen ich gewiß war, daß man sie als Resultate der dort gehaltenen geheimen Polizeiregister dem Kaiser vorlegte und die ich ebendeshalb dem Herzoge nicht verschweigen durfte. Mit wörtlicher Treue, wie ich sie empfangen hatte, setzte ich sie schriftlich auf, um sie höhern Orts zu übergeben. Bei dieser Gelegenheit hat Goethe eine so schöne persönliche Anhänglichkeit für den Herzog an den Tag gelegt, daß ich mir ein Gewissen daraus machen würde, dem deutschen Publikum dies schöne Blatt aus der Lebensgeschichte seines großen Dichters vorzuenthalten. Es geschah um diese Zeit häufig genug, wenn ich Goethe besuchte, daß die bedenklichen Zeitumstände — in welche ich selbst damals, nicht aber zum Unglück, sondern, wofür ich Gott herzlich danke, zum Segen des Landes, das ich bewohnte, handelnd verflochten war — mit männlicher Umsicht von uns nach allen Seiten durchsprochen wurden. So kam denn auch diesmal, als ich Goethe nach meiner Zurückkunft von Erfurt in seinem Garten besuchte, die Rede auf die Beschwerden der französischen Regierung. Ich teilte sie ihm

Punkt für Punkt und so mit, wie sie auch nach diesem der Herzog unverändert gelesen hat.

Es sei bekannt, hieß es unter anderm in dieser Schrift, daß der Herzog von Weimar dem feindlichen General Blücher, der sich zu Hamburg mit seinen Offizieren nach der Niederlage von Lübeck in der größten Verlegenheit befunden, 4 000 Taler auf Wechsel vorgeschossen habe. Ebenso wisse jedermann, daß ein preußischer Offizier, der Hauptmann von Ende (jetzo Gouverneur in Köln), als Hofmarschall bei der Frau Großfürstin angestellt sei. Es sei nicht zu leugnen, daß die Anstellung so vieler preußischen Offiziere sowohl im Militär- als Zivilfach, deren Gesinnungen bekanntlich nicht die besten seien, für Frankreich etwas Beunruhigendes mit sich führe. Schwerlich werde es der Kaiser billigen oder jemals zugeben, daß man mitten im Herzen des Rheinbundes gleichsam eine stillschweigende Verschwörung wider ihn anlege. Sogar zum Hofmeister seines Sohnes, des Prinzen Bernhard, habe man einen ehemaligen preußischen Offizier, den Herrn von Rühl (nachmals preußischen General), gewählt; Herr von Müffling, ebenfalls gedienter Offizier und Sohn des preußischen Generals dieses Namens (dermalen im preußischen Generalstabe), sei mit großem Gehalte in Weimar als Präsident eines Landeskollegiums angestellt; der Herzog stehe mit demselben in einem vertrauten persönlichen Umgange, und es sei natürlich, daß alle solche Verbindungen nur dazu dienten, einen ohnehin schlecht genug verheimlichten Groll gegen Frankreich zu nähren. Es scheine, daß man gleichsam alles absichtlich hervorsuche, um den Zorn des Kaisers, der doch manches von Weimar zu vergessen habe, aufs neue zu reizen und herauszufodern. Unvorsichtig wenigstens seien die Schritte des Herzogs in einem hohen Grade, wenn man ihnen auch nicht geradesweges eine böse Absicht unterlegen wolle. So habe derselbe auch den Herzog von Braunschweig, den Todfeind Frankreichs, nebst Herrn von Müffling, nach dem Gefechte von Lübeck zu Braunschweig auf seinem Durchmarsche besucht.

„Genug!" fiel mir Goethe, als ich bis dahin gelesen hatte, mit flammendem Gesichte ins Wort. „Was wollen sie denn, diese Franzosen? Sind sie Menschen? Warum verlangen sie geradeweg das Unmenschliche? Was hat der Herzog getan, was nicht lobens- und rühmenswert ist? Seit wann ist es denn ein Verbrechen, seinen Freunden und alten Waffenkameraden im Unglück treu zu bleiben? Ist denn eines edeln Mannes Gedächtnis so gar nichts in euern Augen? Warum mutet man dem Herzoge zu, die schönsten Erinnerungen seines Lebens, den Siebenjährigen Krieg, das Andenken an Friedrich den Großen, der sein Oheim war, kurz alles Ruhmwürdige des uralten deutschen Zustandes, woran er selbst so tätig Anteil nahm und wofür er noch zuletzt Krone und Szepter aufs Spiel setzte, den neuen Herren zu gefallen, wie ein verrechnetes Exempel plötzlich über Nacht mit einem nassen Schwamme von der Tafel seines Gedächtnisses hinwegzustreichen? Steht denn euer Kaisertum von gestern schon auf so festen Füßen, daß ihr keine, gar keine Wechsel des menschlichen Schicksales in Zukunft zu befürchten habt? Von Natur zu gelassener Betrachtung der Dinge aufgelegt, werde ich doch grimmig, sobald ich sehe, daß man dem Menschen das Unmögliche abfodert. Daß der Herzog verwundete, ihres Soldes beraubte preußische Offiziere unterstützt, daß er dem heldenmütigen Blücher nach dem Gefecht von Lübeck einen Vorschuß von 4000 Talern machte, das wollt ihr eine Verschwörung nennen? das gedenkt ihr ihm übel auszulegen? Setzen wir den Fall, daß heute oder morgen Unglück bei eurer Großen Armee einträte: was würde wohl ein General oder ein Feldmarschall in den Augen des Kaisers wert sein, der geradeso handelte, wie unser Herzog in dem vorliegenden Falle wirklich gehandelt hat? Ich sage euch, der Herzog soll so handeln, wie er handelt! Er muß so handeln! Er täte sehr unrecht, wenn er je anders handelte! Ja, und müßte er darüber Land und Leute, Krone und Szepter verlieren wie sein Vorfahr, der unglückliche Johann, so soll und darf er doch um keine Handbreit von dieser edeln Sinnesart und dem, was ihm Menschen- und Fürstenpflicht in solchen Fällen vorschreibt, abweichen. Unglück! Was ist Unglück? Das ist ein Unglück, wenn sich ein Fürst dergleichen von Fremden in seinem eigenen Hause muß gefallen lassen. Und wenn es auch dahin mit ihm käme, wohin es mit jenem Johann einst gekommen ist, daß beides, sein Fall und sein Unglück, gewiß wäre, so soll uns auch das nicht irremachen, sondern mit einem Stecken in der Hand wollen wir unsern Herrn, wie jener Lukas Cranach den seinigen, ins Elend begleiten und treu an seiner Seite aushalten. Die Kinder und Frauen, wenn sie uns in den Dörfern begegnen, werden weinend die Augen aufschlagen und zueinander sprechen: das ist der alte Goethe und der ehemalige Herzog von Weimar, den der französische Kaiser seines Thrones entsetzt hat, weil er seinen Freunden so treu im Unglück war; weil er den Herzog von Braunschweig, seinen Oheim, auf dem Todbette besuchte; weil er seine alten Waffenkameraden und Zeltbrüder nicht wollte verhungern lassen!" Hier rollten ihm die Tränen stromweise von beiden Bakken herunter; alsdann fuhr er nach einer Pause, und sobald er wieder einige Fassung gesammelt, fort: „Ich will ums Brot singen! Ich will ein Bänkelsänger werden und unser Unglück in Liedern verfassen! Ich will in alle Dörfer und in alle Schulen ziehen, wo irgend der Name Goethe bekannt ist; die Schande der Deutschen will ich besingen, und die Kinder sollen mein Schandlied auswendig lernen, bis sie Männer werden, und damit meinen Herrn wieder auf den Thron herauf- und euch von dem euern heruntersingen! Ja, spottet nur des Gesetzes, ihr werdet doch zuletzt an ihm zu schanden werden! Komm an, Franzos! Hier oder nirgend ist der Ort, mit dir anzubinden! Wenn du dieses Gefühl dem Deutschen nimmst oder es mit Füßen trittst, was eins ist, so wirst du diesem Volke bald selbst unter die Füße kommen! Ich seht, ich zittere an Händen und Füßen. Ich bin lange nicht so bewegt gewesen. Gebt mir diesen Bericht! Oder nein, nehmt ihn selbst! Werft ihn ins Feuer! Verbrennt ihn! Und wenn ihr ihn verbrannt habt, sammelt die Asche und werft sie ins Wasser! Laßt es sieden, brodeln und kochen! Ich selbst will Holz dazu herbeitragen, bis alles zerstiebt ist, bis jeder, auch der kleinste Buchstabe, jedes Komma und jeder Punkt in Rauch und Dunst davonfliegt, so daß auch nicht ein Stäubchen davon auf deutschem Grund und Boden übrigbleibt! Und so müssen wir es auch einst mit diesen übermütigen Fremden machen, wenn es je besser mit Deutschland werden soll."

Ich brauche kein Wort zu diesem wahrhaft männlichen Gespräche hinzuzusetzen, das ebenso ehrend für Goethe als für den Herzog ist.

Als ich Goethe beim Abschiede umarmte, standen auch mir die Augen voll Tränen.

(25)

KLASSISCHE MYTHOLOGIE
Weimar 1809

„Ein Hahnrei, eine H[ure] und ein Wechselbalg machen immer eine heilige Familie." Bei Betrachtung einer Medaille, den Vulkan, Venus und Amor vorstellend.
(35)

KOMIK BEI TISCHE
(Variante 1)
Jena 1809

Beim Lesen der Stelle in Horazens Satiren (2, 8):

> ... Varius mappa compescere risum
> Vix poterat,

die Wieland übersetzt:

> Varius konnte
> Kaum mit dem Tellertuche vor dem Munde
> Des Lachens sich erwehren,

muß ich [Abeken] Wielands selbst gedenken. Ich war mit ihm, [...] Knebel und Goethe abends bei Griesbach zu Tisch, wo Goethe so lebhaft und komisch allerlei vortrug, daß Wieland, das Lachen nicht mehr aushaltend, um Pardon bat, endlich niederkauernd sich die Serviette über den Kopf zog. Damals war er 76 Jahre alt, Goethe 60.
(12)

KOMIK BEI TISCHE
(Variante 2)
Jena 1809

Auf einer Reise durch Thüringen wanderte ich [Abeken] in der Mitte des August frühmorgens von Weimar, wo ich mich einige Wochen aufgehalten, nach Jena. [...] Gegen Mittag kehrte ich bei Griesbachs ein, bei denen ich zu meiner großen Freude Wieland fand, der mit zweien seiner Töchter bei ihnen in dem schönen Garten eine Woche lebte. [...]

Dieser Tag sollte für mich ein freudenreicher sein. Zum Abend waren Goethe, der sich eben in Jena aufhielt, und Knebel geladen. Die Unterhaltung beim Tee war angenehm; Goethe führte meistens das Wort. Er sprach über einige alte Reisebeschreibungen, die er eben gelesen, und zwar mit großer Lebendigkeit und Anschaulichkeit. Es ist eine Wonne, zu sehen und zu hören, wie der Mann alles gleich von der eigentlich interessanten, von der menschlichen Seite auffaßt und wiedergibt. Aber beim Essen ging erst recht meine Lust an. Die Wirtin, wie sie denn immer treulich für mich sorgt, gab mir den Platz zwischen Wieland und seiner Tochter, Goethen gerade gegenüber. Da wollt ich nun, Du hättest gesehen und gehört, wie heiter, ja wie ausgelassen lustig Goethe war; denn beschreiben läßt sich so etwas nicht; aber nie habe ich einen jungen Mann gesehen, der ein Gespräch, auch über unbedeutende Dinge, mit solcher Lebhaftigkeit und Gewandtheit geführt hätte als dieser nunmehr sechzigjährige Goethe. Er, Wieland und Knebel sind Freunde aus alter Zeit, auf du und du; so war das Gespräch vertraulich und zwanglos. Unter anderem kam es auch auf einige weimarische Schauspielerinnen, an deren einer die jüngeren Frauenzimmer allerlei auszusetzen hatten, besonders in Hinsicht auf das Äußere, die Gestalt. Goethe nahm ihre Partie und wußte so komisch darzutun, wie, wenn man an dem Körper hier ein weniges wegnähme, dort ansetzte usw., eine gar stattliche Gestalt zutage kommen würde, daß der alte Wieland nicht aus dem Lachen kam, wiederholt Goethen um Quartier bat, endlich niederkauerte und die Serviette sich über den Kopf zog und gegen den Mund drückte, sei es, um den Erguß des Lachens zu hemmen, sei es, um den übrigen seine Grimassen zu verbergen. Mir fiel Horazens Varius ein (in der 8. Satire des 2. Buches, Vers 63),

>qui mappa compescere risum
>Vix poterat;

was Wieland übersetzt:
>Varius konnte
>Kaum mit dem Tellertuche vor dem Munde
>Des Lachens sich erwehren.

Schwerlich aber hat Varius so gelacht wie Wieland damals. Es war eine ergötzliche Szene, zu der Knebels bekanntes Jo! Jo! trefflich stimmte.

Wieland meinte nachher, in zwanzig Jahren habe er Goethen nicht so gesehen. Das war wohl zuviel gesagt. Die Griesbach wollte wissen, Goethe habe an dem Tage die letzte Hand an die „Wahlverwandtschaften" gelegt.

War es nicht ein guter Genius, der mich an diesem Tage nach Jena führte?
(112)

Absichtserklärung
Jena 1809

Als Goethe meinem Vater seine „Wahlverwandtschaften" übersendet hatte und ihn bald darauf besuchte, so frug er meinen Vater, wie ihm dieser Roman gefallen habe. Da antwortete Knebel: „Nimm es nicht übel, lieber Freund, ich kann sie nicht verdauen."

Goethe antwortete: „Ich habe sie auch nicht für dich, sondern für die Mädchen geschrieben, und verdenke es dir nicht."
(15)

Siegfried mit der Speerstange
Weimar 1809

Das „Nibelungenlied" war kurz vorher erschienen, und Goethe las uns einige Gesänge daraus vor. Da nun das Altdeutsche sehr verwandt mit unserm Altdänischen ist, so kannte ich [Oehlenschläger] viele Worte, die die andern nicht gleich verstanden. „Sieh mal", rief dann Goethe lustig, „da haben wir den verfluchten Dänen wieder!"

„Nein, Däne", sagte er einmal in demselben Ton, „hier kommt etwas, was du doch nicht verstehen kannst:

,Es war der große Siegfried, er aus dem Grase sprang,
Ihm ragete von dem Herzen eine Speerstange lang.'

,Ihm ragete von dem Herzen eine Speerstange lang!'" wiederholte er erstaunt, indem er die Worte stark in seinem Frankfurter Dialekte betonte: „Das ist kapital!"
(21)

Quod licet Jovi
Weimar 1809

Als ich [Oehlenschläger] ihm durch Riemer hatte wissen lassen, daß ich eine neue Tragödie geschrieben hätte, die ich ihm vorzulesen wünschte, ließ er um das Manuskript bitten, er wolle sie am liebsten selbst lesen. — Ich antwortete, er könne sie nicht selbst lesen, ich habe nur ein schlecht geschriebenes Brouillon bei mir, das voller Änderungen sei. Doch gab ich Riemer das Manuskript. Er brachte es mir zurück und sagte, Goethe könne es freilich nicht lesen, aber ich möchte das Stück nur drucken lassen, dann würde er es lesen. — Dies schmerzte und ärgerte mich, und ich machte meinem Mißvergnügen darüber gegen Riemer Luft. Er wunderte sich fast, daß es jemand wagte, auf Goethe böse zu werden, doch sagte er: „Du hast wohl recht, aber wir anderen sind so daran gewöhnt, uns alles von ihm gefallen zu lassen, daß es uns nie einfällt, darüber böse zu werden oder zu zürnen." — „Das mag sein, aber Goethe würde es in seiner Jugend schwerlich geduldet haben, so behandelt zu werden."
(21)

Wein oder Essig?
Weimar 1809

Goethe lud mich [Oehlenschläger] zweimal höflich zu sich zu Tisch, und da war ich keck und satirisch, weil ich nicht herzlich und kindlich sein konnte. Unter anderm rezitierte ich ein paar Epigramme, die ich auf Schlegels gemacht hatte. Goethe sagte hier wieder gutmütig: „Das ist ganz gut; aber so etwas sollten Sie nicht machen; wer Wein pressen kann, soll keinen Essig brauen." —

Ich: „Haben Sie denn keinen Essig gebraut, Herr Geheimerat?"

Goethe: „Zum Teufel! Ist es denn recht, weil *ich* es gemacht habe?"
(21)

Lebewohl wie Nikodemus
Weimar 1809

Die Postpferde waren auf den nächsten Morgen um 5 Uhr bestellt. — Es war bereits 11 Uhr abends, ich [Oehlenschläger] saß allein auf meinem Zimmer im „Elephanten", das Haupt auf die Hand gestützt und Tränen in den Augen. Da bemächtigte sich meiner eine unbeschreibliche Sehnsucht, ihn zum letzten Mal an meine Brust zu drücken; aber zugleich rührte sich auch der Stolz in meinem Herzen, und ich wollte mich nicht vor ihm demütigen.

Ich lief nach Goethes Hause, sah noch Licht in seiner Wohnung, ging zu Riemer auf sein Zimmer und sagte: „Lieber Freund, kann ich nicht Goethe noch einen Augenblick sprechen? Ich wollte ihm doch gern ein letztes Lebewohl sagen." Riemer war erstaunt, aber da er meine Gemütsbewegung sah und alles wußte, antwortete er: „Ich werde es ihm sagen, ich will sehen, ob er noch nicht zu Bett gegangen ist." Er kam zurück und bat mich einzutreten, indem er selbst ging. Da stand „Götz von Berlichingens" und „Hermann und Dorotheas" Verfasser in der Nachtjacke und zog seine Uhr auf, um zu Bett zu gehen. Als er mich sah, sagte er freundlich: „Nun, mein Bester! Sie kommen ja wie Nikodemus!" — „Herr Geheimrat", sagte ich, indem ich ihn umarmte, „erlauben Sie mir, dem Dichter Goethe auf ewig Lebewohl zu sagen!" — „Leben Sie recht wohl, mein liebes Kind!" sagte er herzlich. „Nichts mehr, nichts mehr!" rief ich gerührt und verließ schnell das Zimmer.
(21)

Mehr als Gott
Weimar 1809

Bei Gelegenheit des Theaters und was dabei vorgeht, scheinbar ohne Goethes Wissen, sagte er, daß er mehr davon wisse als Gott selbst, der sich um solchen Quark nicht bekümmere.
(35)

Gehupft wie gesprungen
Weimar 1809

Bei Gelegenheit der gegenseitigen Vorwürfe der Protestanten und Katholiken bemerkt er den guten Humor jener Zeit in der Anekdote, daß ein Beichtvater ein junges Mädchen fragt, ob sie ins Bett p...; und als sie nein antwortet, ausruft: Nun, das sei ihr Glück! sonst fresse er solche Kinder. — „Ei, lieber Herr Pater, ich habe ein Brüderchen, das sch.... alle Nacht ins Bett, das muß Er fressen."
(30)

Brummender Bär
Weimar 1809

Von Goethe erzählte Wilhelm [Grimm] überhaupt am liebsten. Wenn zu guter Stunde auf ihn die Rede kam, dann erhob sich Wilhelm von seinem Sitze, reckte sich wie Goethe empor und wandelte, die Arme auf den Rücken gelegt, das Zimmer gemessenen Schrittes auf und ab. Haltung und Bewegung nicht nur, auch seine zumal in vertrauter Rede mundartlich gefärbte Sprache ahmte er dann zum Ergötzen der Zuhörenden nach. Er verfügte über eine Fülle kleiner Geschichtchen von ihm. Zum Beispiel, als sich einmal jemand beklagte, daß ihm in Norddeutschland der Anflug seiner südlichen Mundart zum Vorwurf gemacht worden sei, erwiderte Goethe scherzend: „Man soll sich sein Recht nicht nehmen lassen; der Bär brummt nach der Höhle, in der er geboren ist."
(129)

Notwendige Lektion
Weimar, um 1809

Ich [...] frug ihn [Arthur Schopenhauer], ob er den Aufführungen im weimarischen Theater unter Goethes Leitung beigewohnt habe. „Ich war oft dort", erwiderte er, „und sah treffliche Darstellungen. Aber die Dekorationen waren bisweilen recht mangelhaft [...]. Überhaupt lag das Kostüm noch recht im argen: Macbeth und Wallenstein waren mit demselben Purpurmantel bekleidet. Andrerseits hielt Goethe wieder strenge darauf, daß die Stücke im Kostüm ihrer Zeit zur Darstellung kamen. Die Schauspielerinnen

waren damals, wie ja die Frauenzimmer überhaupt, voll dummer Eitelkeit und nur darauf bedacht, durch glänzende Toilette die Herzen der Männer zu erobern. So erschien einmal eine Schauspielerin, eine wunderschöne Blondine, für deren Reize Goethe nicht unempfindlich war, als Minna von Barnhelm in einem sehr kleidsamen Hütchen, wie sie gerade damals Mode waren. Goethe, der bei der Probe immer auf der vordersten Bank saß, um genau dem Spiele der Künstler zu folgen, stürzte wütend auf die Bühne, riß ihr das Hütchen vom Kopf, warf es auf die Erde und schrie in höchster Entrüstung, indem er mit den Füßen auf dasselbe stampfte: ‚Steht Ihnen das Meisterwerk unseres Lessing nicht höher als Ihre verfluchte Eitelkeit!'"
(30)

Erfolgreiche Ermahnung
Weimar, um 1809

Da das kleine Haus überhaupt nur wie ein Familientheater betrachtet werden konnte, so waren gute Sitte und Anstand unerläßlich [...].

Nur die „Räuber" machten eine Ausnahme von der Regel, die waren vogelfrei; da durfte der Bruder Studio sich etwas erlauben, weil die hohen Herrschaften diese Vorstellung nie besuchten. Einmal aber überschritten sie doch das Maß der Schicklichkeit. Ein großer Teil der Studenten hatte die Röcke ausgezogen, die Bierflaschen kreisten umher; es wurde geraucht und gerade nicht die anständigsten Lieder gesungen. Das war Goethe zuviel, er erhob sich in seiner Loge, die unter der fürstlichen im Parterre sich befand, und mit seiner Donnerstimme rief er: „Man vergesse nicht, wo man ist!" Die Studenten, denen oft Gelegenheit wurde, Goethe in Jena zu sehen, wußten sogleich, daß dieser Zuruf nicht von einem Polizeilieutenant kam, und hatten so viel Respekt vor dem Heros, daß sofort die Bierflaschen und Pfeifen verschwanden und die mangelhaften Kostüme in Ordnung gebracht wurden.
(79)

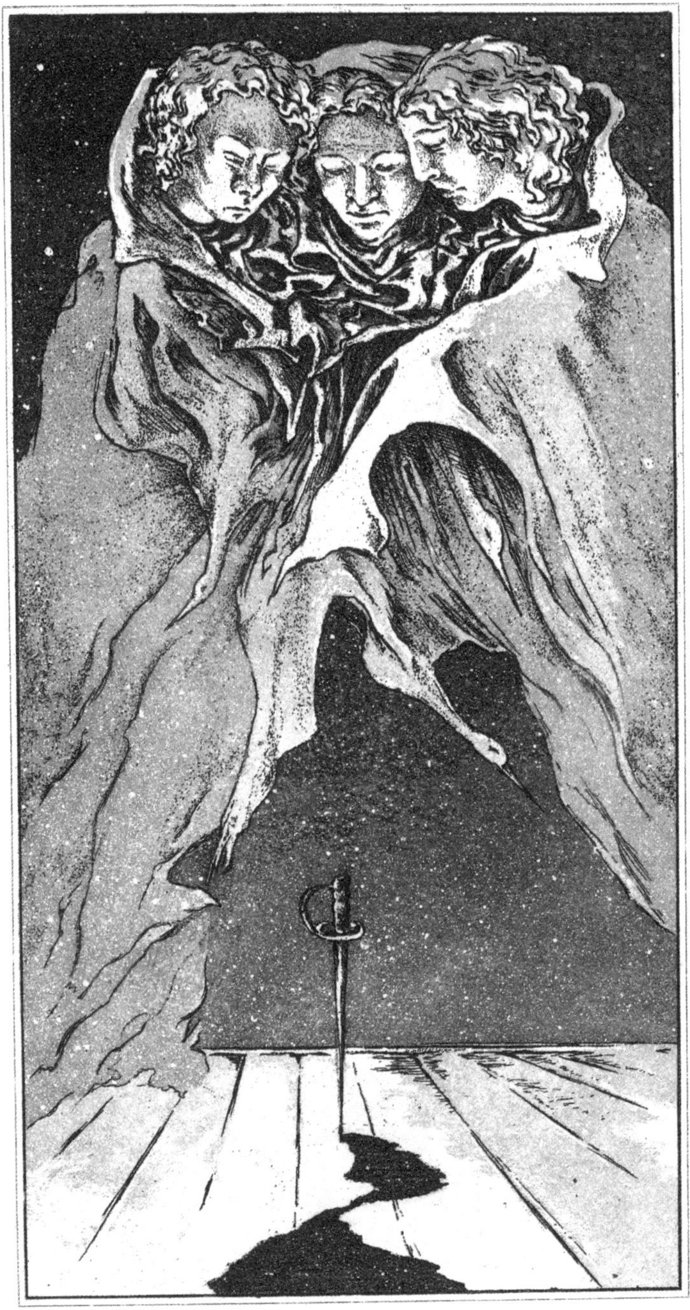

Ästhetischer Schnaps
Weimar 1810

In einer Gesellschaft in Goethes Hause wurde aus den Zeitungen eine schauerliche Kriminalgeschichte vorgelesen, welche mit einem besonderen merkwürdigen Zusammentreffen der Jahrestage verbunden war. Diese Geschichte empfahl nun Goethe dem auch gegenwärtigen Werner als einen geeigneten und fruchtbaren Stoff zu einem kleinen einaktigen Trauerspiel, wie er es von ihm wünschte. Mit Eifer ergriff Werner die hingeworfene Andeutung zur Bearbeitung dieses Stoffes, und schon nach einer Woche brachte er dem Meister das bekannte einaktige Trauerspiel „Der vierundzwanzigste Februar". Goethe wollte oder konnte die zugesagte Aufführung, besonders da er die Arbeit selbst veranlaßt hatte, nicht zurücknehmen, und so kam diese düstere Dichtung auf die weimarische Hofbühne, welche bisher nur von heiterer und rein poetischer Theaterkunst belebt gewesen war. Daß Goethe selbst über die Paßlichkeit dieses Schauerstückes für sein Kunsttheater und überhaupt über die Schicklichkeit, dasselbe dem Publikum darzubieten, seine Zweifel hegte, geht daraus hervor, daß anfangs die Rede davon war, das neue Wernerische Theaterstück sollte nicht vor das große Publikum gebracht, sondern vor einer auserwählten Gesellschaft und bei verschlossenen Türen des Hauses gegeben werden. Doch erfolgte die öffentliche Aufführung, der ich [Friedrich Schubart], als es zum erstenmal gegeben wurde, wegen Abwesenheit von Weimar nicht beiwohnen konnte. Es wurde mir aber sofort erzählt, daß bei derselben viele Personen vor Entsetzen den Atem verloren hätten und wurde dabei an die Wirkung der Aeschyleischen „Eumeniden" in Athen erinnert. Der alte Wieland konnte sich nicht enthalten, Goethen über die Zulassung dieser Aufführung Vorwürfe zu machen und soll von ihm die Antwort erhalten haben: „Sie haben wohl recht, aber man trinkt ja nicht immer Wein, man trinkt auch einmal Branntwein."
(30)

Nicht einmal dann
(Variante 1)
Weimar 1810

Übrigens sprach die Hendel vom Unfuge der jetzigen Rezensenten und ihrer Hohlheit; sie führte den großen Goethe an, der sich wenig um das Eulengeschrei der heutigen seichten Kritik kümmerte. „Als ich einst", sprach sie, „mich mit Goethe über das leere Geschnatter der Rezensenten unterhielt, äußerte ich, daß kein Kritiker von mir eine Antwort bekommen würde, ehe er nicht von mir gesagt, daß ich einen silbernen Löffel gestohlen habe." — „Auch dann muß man nicht antworten", erwiderte Goethe stolz.
(30)

Nicht einmal dann
(Variante 2)
Weimar 1810

Goethe und Jean Paul waren eines Tages, si fabula vera, in einer frohen Gesellschaft zusammen und plauderten dieses und jenes vom Rezensentenwesen und -unwesen. „Nein", rief letzterer aus, „die Kerle mögen gegen mich schreiben, was sie wollen; ich antworte ihnen nicht, es müßte denn so arg kommen, daß einer geradezu sagte, ich hätte silberne Löffel gestohlen." — „Auch dann müßten Sie schweigen", entgegnete Goethe.
(65)

Drohende Vernichtung
Weimar 1810

Viele konnten [...] Goethes Blick nicht ertragen, der weniger durchbohrend als vielmehr durchschauend war, ja in manchen Fällen wohl zu erschrecken vermochte. [...]
In Weimar wurde der „Vierundzwanzigste Februar" einstudiert. In der Hauptprobe waren Goethe und Werner anwesend, jener in seiner Loge, dieser im Zirkel. Goethe war sehr aufmerksam. Werner fiel es unglückseligerweise ein, über das Spiel eine Bemerkung zu machen und sprach mit seiner hohlen Stimme zu Goethe hinauf. Dieser, ohne zu antworten, bog sich weit aus der Loge und sah

mit großen Augen Werner an, der in seinem Innersten erbebte und in Angst ausrief: „Exzellenz! strafen Sie mich, wie Sie wollen, vernichten Sie mich nur nicht durch Ihre Blicke."
(82)

Mit eigenem Leben begabtes Wesen
Weimar 1810

Am 27. März bei Goethe, der in dem Schlosse wohnte. Er empfing mich [Abeken] sehr freundlich, und sein Gesicht, jeder Zug desselben, schien mir milder als je. Er dankte mir für meine Teilnahme an den „Wahlverwandtschaften" und sprach über das Buch. Hätte ich nur alles behalten! Doch schien er sich [...] besonders darüber zu freuen, daß ich das Buch als ein für sich bestehendes, mit eigenem Leben begabtes Wesen angesehen. „Ein solches Werk", sagte er ungefähr, „wächst einem unter den Händen und legt einem die Notwendigkeit auf, alle Kraft aufzubieten, um seiner Meister zu bleiben und es zu vollenden: wo denn die Schere nicht gespart werden darf." — Die Leser seien ihm die liebsten, die sich ganz und gar in einem Buche verlieren könnten. Sonst sprach er von dem Werke mit einer Bescheidenheit, die mir wunderbar schien; als wenn es nur für seine Zeit etwas sein sollte.
(12)

Ein Rittergut für ein Wort
Weimar 1810

Von Wieland, dem das Buch ziemlich exzentrisch und von dem Maß, das er sich gebildet und angeeignet, abweichend erscheinen mochte, wurden meine [Abekens] „Fragmente" nicht so gut aufgenommen. Ich mußte einen schalkhaften Tadel von ihm hinnehmen, als ich [...] mit Griesbachs, die eben eine Reise in das südliche Deutschland und in die Schweiz angetreten hatten, mittags bei ihm speiste. Übrigens war er nicht so ungerecht, daß er das Kind mit dem Bade hätte verschütten sollen. Einzelnes entzückte ihn, so das von Eduard über Ottilie am ersten Morgen nach ihrer Ankunft auf seinem Schlosse ausgesprochene Wort: „Es ist ein angenehmes, unterhaltendes Mädchen", worauf Charlotte antwortet: „Un-

terhaltend? sie hat ja den Mund noch nicht aufgetan." — "Für dieses eine Wort", sagte Wieland, "würde ich, wenn ich der Herzog wäre, Goethen ein Rittergut schenken."
(12)

Anseres Christicolae
Zwodau 1810

Als wir eines Mittags in Zwote dem Diné entgegenharrten, und ich [Riemer] unterdessen am Fenster stehend mich in der Gegend umsah, gewahrte ich [...] gegenüber ein großes Kruzifix, wie dergleichen in Böhmen und Schlesien an den Landstraßen und Feldern genug zu sehen sind, unter welchem eben einige Gänse weideten, andere ausruhten. Immer den Kopf voll von lateinischen und griechischen Vokabeln, rief ich auf einmal aus: "Anseres Christicolae!" Goethe kam, sah, lächelte und wiederholte mit seinem gewöhnlichen asserierenden und gutheißenden Tone wie ein Responsorium: "Anseres Christicolae." Ein Geschäft, am Wagen etwas zu untersuchen, nötigte mich hinauszugehen; bei meiner Rückkunft fand ich ein hübsch komponiertes Bildchen mit der Feder gezeichnet, eben jene andächtigen Gänschen, das mich nicht wenig überraschte und erfreute. Es wurde hierauf mit etwas Biester und Tusche angewaschen und ist noch unter seinen Zeichnungen mit obiger Unterschrift "Anseres Christicolae" anzutreffen.
(35)

Konvenienz
Karlsbad 1810

Ich [von Pfuel] sehe Goethe täglich bei dem Herzog, und ich kann Dir [Karoline de la Motte Fouqué] nicht sagen, wie seltsam mir der Mann wohlgefällt; noch ist mir niemand vorgekommen, der meinem Innern so wohltäte; ich kann ihn nicht ohne ein heimliches Lächeln betrachten! Ich spreche zu niemandem lieber als zu ihm, und wieder fühle ich mich vor niemand so demütig als vor ihm und von niemand so zur Keckheit angeregt als durch ihn. Aus dem einen Auge blickt ihm ein Engel, aus dem andern ein Teufel, und seine Rede ist eine tiefe Ironie aller menschlichen Dinge; wenn er zuweilen im engen Kreise recht heiter ist und das Gespräch allmählich bunt wird, dann weist er uns zuweilen zurecht und nennt uns: „Ihr Kinder!" und dann fühle ich, daß der alte Papa recht hat und beuge mich vor dem alten Meister und sehe ein, wie wahr es ist, wenn er wie neulich sagte: „Der Jugend Kenntnis ist mit Lumpen gefüttert!"

Spaßhaft ist es zu sehen, wie der alte Meister diejenigen behandelt, welche im Bewußtsein eigener Berühmtheit sich an ihn drängen und ihr einseitiges Streben bei ihm geltend machen wollen. Unter anderen begegnet er Campe im Saale zu Karlsbad. Dieser sagte Goethen eine Menge artiger Dinge in echt deutsch gewandten Perioden, worauf Goethe dem *Puristen* als Erwiderung so vieler Höflichkeit die einfache Frage tut: „Wie *konveniert* Ihnen das Bad?"
(72)

Reinfall im Böhmischen
Teplitz 1810

Es ist der 27. August 1810. Auf der Kurpromenade von Teplitz spazieren Johann Wolfgang von Goethe und der preußische General von Pfuel in lebhafter Unterhaltung. Beide verabreden für den nächsten Tag einen Ausflug zu Wagen nach Ossegg. Goethe drängt auf möglichst frühen Aufbruch, er sucht seinen Freund zu bestimmen, den üblichen Abendschoppen im „Prince de Ligne" aufzugeben, zeitig das Bett aufzusuchen und so früh wie möglich am nächsten Morgen abzufahren.

„Und dann noch eins. Bleiben wir den ganzen Tag über incognito und schließen wir uns niemandem an, wenn wir, was vorauszusehen, in Dux oder Ossegg Gesellschaft finden sollten. Unterhalten wir uns ganz entre nous."

„Sie werden immer jeheimnisvoller, lieber Jeheimrat!" erwiderte der General. „Ich bin nur neugierig, was das alles bedeuten soll."

„Betrachten Sie es als eine Grille, nichts weiter. Übermorgen erhalten Sie den Schlüssel des Rätsels. — Also abgemacht! Wir fahren morgen nach Dux und Ossegg." Damit stand Goethe auf, legte den Arm in den des Generals und kehrte mit seinem Begleiter munter plaudernd nach der Stadt zurück.

Am anderen Morgen Schlag 7 Uhr hielt Goethe mit seinem Wagen vor dem Stadtbade, wo Herr von Pfuel wohnte. Er fand den

General mit militärischer Pünktlichkeit bereits seiner wartend. Ein frisches „Guten Morgen", ein herzlicher Händedruck wurde gewechselt, und von zwei raschen Pferden gezogen rollte der Wagen mit den beiden Ausflüglern in die herrliche Morgenlandschaft hinaus.

Goethe war heute außerordentlich aufgeräumt. Er schien es sich zur Aufgabe gestellt zu haben, seinen Begleiter durch heitere Laune für die verlorenen Genüsse der Table d'hôte im „Prince de Ligne" entschädigen zu wollen. In Dux wurde zunächst der prächtige Waldsteinsche Park besucht, dann wurde ein Gabelfrühstück eingenommen; hierauf ging es zu den Sammlungen im Schlosse. Während der General sich mit der interessanten Waffensammlung und den Wallensteinschen Reliquien beschäftigte, durchstöberte Goethe die Mineraliensammlung und die Bibliothek und übersetzte das lateinische Distichon, welches der berühmte oder vielmehr der berüchtigte Casanova, der Bibliothekar des Schlosses, seinem Bilde beigesetzt hat und das den galanten Memoirenschreiber im Alter so brillant charakterisiert:

Altera nunc rerum facies, me quero, nec adsum,
Non sum qui fueram, non putor esse, fui.

Anders sieht es jetzt aus; ich suche mich, kann mich nicht
finden;
Der ich einst war, bin ich nicht, gelte auch nicht mehr;
ich war!

Nach Tische fuhren die Herren nach dem Kloster Ossegg, dem reichsten Prälatensitze Böhmens, mit seiner pompösen Kirche, dem prächtigen Parke und seinen wohlgenährten Zisterziensermönchen. Einen der letzteren fanden sie bei der „Schönen Aussicht" mit der wichtigen Aufgabe der nachmittäglichen Verdauung beschäftigt. Der „große Heide" ließ sich mit dem frommen Herrn in ein Gespräch ein und wußte dasselbe unvermerkt auf die neuere deutsche Literatur zu lenken. Pater Cyprian erwies sich zum großen Gaudium Pfuels als ein abgesagter Feind Goethes, dem er alles mögliche Böse nachsagte, und Goethe bemühte sich, ihn in diesen Anschauungen aufs kräftigste zu unterstützen. Als er jedoch merkte, daß Pfuel drauf und dran war, loszuplatzen, verabschiedete er sich rasch von dem Pater und eilte mit Pfuel den Laubengang hinab nach dem Parktore. Draußen angelangt, brachen die alten Herren in ein schallendes Gelächter aus.

„Herr Jott, habe ich mir amüsiert!" rief Herr von Pfuel, indem ihm die hellen Tränen über die Backen liefen. „Der Spaß war nicht mit Gold zu bezahlen. Noch fünf Minuten länger, und ich bekam Krämpfe!" Mit ungeminderter Heiterkeit bestiegen beide ihren Wagen und fuhren hinüber nach Klostergrab verhängnisvollen Angedenkens. Von dort ging es nach Kulm und Bilin, und es war bereits halb neun Uhr abends, als sie in der rosigsten Laune wieder nach Teplitz zurückkehrten.

„Ein köstlicher Tag!" sagte Herr von Pfuel, als er sich beim Herrenbade von Goethe verabschiedete. „Ich habe mich niemals besser unterhalten als heute! Schlafen Sie wohl, Jeheimrat! Morgen nach dem Bade komme ich, um mir den versprochenen Schlüssel zum Rätsel unseres charmanten Ausfluges zu holen!" — „Er soll Ihnen nicht vorenthalten werden", erwiderte Goethe mit Humor. „Gute Nacht!" Damit trat er in den Torweg des Herrenbades.

Als Herr von Pfuel sich am folgenden Morgen einstellte, fand er Goethe beim Frühstück. Der Olympier von Weimar schob einen Stuhl herbei und füllte eine Tasse für seinen Gast. Dabei machte er ein ganz eigentümliches Gesicht, halb ärgerlich und halb komisch zu gleicher Zeit.

„Nanu!" sagte Pfuel, indem er sich setzte und einen prüfenden Blick auf Goethe richtete. „Unsere Partie von gestern ist Ihnen doch wohlbekommen, Jeheimrat?"

„Oh, vortrefflich. Aber, à propos, wie sagt doch der Berliner, wenn jemand sich recht derb getäuscht hat?"

„Tüchtig rinjefallen", versetzte Pfuel.

„Nun wohl, ich bin gestern auch einmal tüchtig rinjefallen", sagte Goethe. „Wissen Sie, warum ich Sie entführt habe? Gestern war mein Geburtstag, und diesen wollte ich nicht in Teplitz zubringen."

„Alle Wetter!" rief Pfuel, „der achtundzwanzigste August! Und ich habe es auch ganz und gar vergessen. Nun, ich gratuliere nachträglich!" Damit reichte er Goethe über den Kaffeetisch die Hand.

„Danke bestens", sagte dieser, die gebotene Hand schüttelnd. „Doch nun zu meiner Geschichte. Ich hasse alle diese lästigen offiziellen Gratulationen und wollte ihnen deshalb entgehen, um so mehr, als ich vermutete, mein freundlicher Wirt beabsichtigte, mir eine Art von Ovation in seinem Hause zu bereiten. Ich habe vorgestern vom Fenster aus bemerkt, daß man im Garten allerlei Vorbereitungen zu einer Illumination traf. Auch ein großes Transparent wurde herbeigeschafft. Darum machte ich mich mit Ihnen aus dem Staube!"

„Nun, und was weiter?" fragte Pfuel gespannt.

„Nun denken Sie sich, was mir passiert!" fuhr Goethe verlegen lächelnd fort. „Es war fast neun Uhr, als wir gestern zurückkehrten. Ich durfte also annehmen, daß ich die gutgemeinte, aber unbequeme Huldigung gründlich vereitelt hatte. Wie ich die Treppe hinaufgehe, stürzt mir jedoch mein Wirt, feierlich herausgeputzt, mit den Worten entgegen: ‚Aber Exzellenz, nein, das hätten Sie mir doch nicht antun sollen! Wir haben uns alle so sehr darauf gefreut! Nein, das war wirklich nicht recht! Nun müssen Sie aber kommen, oder ich rufe die ganze Gesellschaft zu Hülfe!'"

„Also doch gefangen!" rief Pfuel. „Geschieht Ihnen schon recht!"

„Warten Sie nur, die Geschichte ist noch nicht aus", versetzte Goethe, um dessen Mundwinkel es zuckte. „Was sollte ich tun? Ohne meinen Wirt geradezu vor den Kopf zu stoßen, konnte ich nicht mehr zurück. Ich ließ mich also in Gottes Namen von ihm nach dem Garten schleppen. Als wir eintraten, rief mein enthusiastischer Wirt der Gesellschaft zu: ‚Hier bringe ich den Herrn Geheimrat! Einen Tusch für Seine Exzellenz!' Das Badesextett stimmt einen Tusch an, die Herren im Garten rufen ‚Hoch', und im Triumphe geleitet man mich zu der großen illuminierten Laube, in deren Hintergrunde sich ein mannshohes Transparent befindet."

„Ihr Bild!" rief Pfuel. „Natürlich!"

„Ja, Prosit die Mahlzeit!" rief Goethe laut auflachend. „Das Transparentbild war — ein riesiges Schwein!"

„Wie? Was?" schrie Pfuel. „Das ist ja unmöglich!"

„Doch, doch!" sagte Goethe. „Ich bin wirklich ganz entsetzlich ‚reingefallen'. Die Festvorbereitungen galten nämlich durchaus nicht mir, was ich in meiner Eitelkeit geglaubt hatte, sondern dem Entdecker der Teplitzer Heilquellen. Da nun der Teplitzer Quellenfinder ein Schwein war, so ist es gewiß nur billig, daß die dankbare Stadt am Jahrestage des großen Ereignisses das Proträt ihres Wohltäters illuminiert. An meinen Geburtstag, der zufällig mit dem Vorabende des großen Tages zusammenfällt, hat keine Seele gedacht!"

Herr von Pfuel sah einen Augenblick lang ganz verdutzt drein. Dann brach er in ein helles Gelächter aus, in welches Goethe von Herzen einstimmte.

„Dafür also ist man Deutschlands größter Dichter, um an seinem Geburtstage von einem nichtsnutzigen Schweine ausgestochen zu werden!" rief der General. „Das geht wahrhaftig schon über die Hutschnur! Aber wozu hat Sie denn hernach dieser Hansnarr von Wirt in den Garten geschleppt?"

„Damit ich durch meine Gegenwart den Ehrentag des Schweins verherrlichen sollte", versetzte Goethe. „Nun, das habe ich denn auch ehrlich getan. Ich habe auf das Andenken des Quellenfinders getrunken. Ein Glück, daß keiner von den Herren schließlich noch auf den Gedanken kam, von mir ein Gedicht zum Preise meines glücklichen Konkurrenten zu verlangen. Aber nicht wahr, General, die Geschichte bleibt unter uns? Es braucht niemand außer uns beiden zu wissen, wie hart der Dichter des ‚Faust' für seine Eitelkeit bestraft wurde. Ihr Wort darauf!" Herr von Pfuel gelobte Verschwiegenheit und hat sein Versprechen treulich gehalten. (72)

Eben doch ein Ketzer!
Teplitz 1810

In den Umgebungen des Königs begegnete ich einem Doktor, dessen Ansichten oft etwas schroff, um nicht zu sagen katholisch beschränkt waren. Er sprach sogar manchmal *von der allein seligmachenden katholischen Kirche,* was aber der König [Louis Bonaparte] im Gespräch nie aufnahm, der, wie gesagt, ebenso mild als ernst und menschlich in seinen Ansichten, sich keiner Einseitigkeit hingab. Ich suchte meine Fassung in solchen Fällen soviel nur immer möglich beizubehalten; einmal aber, da er wieder einige fast kapuzinermäßige Tiraden, wie sie jetzt gang und gäbe sind, über die Gefährlichkeit der Bücher und des Buchhandels vorbrachte, konnte ich nicht umhin, ihm mit der Behauptung zu dienen: das gefährlichste aller Bücher, in weltgeschichtlicher Hinsicht, wenn durchaus einmal von Gefährlichkeit die Rede sein solle, sei doch wohl unstreitig die Bibel, weil wohl leicht kein ande-

res Buch so viel Gutes und Böses als dieses im Menschengeschlechte zur Entwickelung gebracht habe. Als diese Rede heraus war, erschrak ich ein wenig vor ihrem Inhalte; denn ich dachte nicht anders, die Pulvermine würde nun nach beiden Seiten in die Luft fliegen. Zum Glück aber kam es doch anders, als ich erwartete. Zwar sah ich den Doktor vor Schrecken und Zorn bei diesen Worten bald erbleichen, bald wieder rot werden, der König aber faßte sich mit gewohnter Milde und Freundlichkeit und sagte bloß scherzweise: „Cela perce quelquefois, que Monsieur de Goethe est hérétique." (Zuweilen blickt es doch ein wenig durch, daß Herr von Goethe ein Ketzer ist.)
(25)

Diese herrlichen Augustabende!
Dresden 1810

Im Sommer des Jahres 1810 hatte sich ein ziemlich zahlreicher Kreis meiner [Luise Seidlers] intimeren Freunde aus Jena in Dresden zusammengefunden; sie wollten sich in Elbflorenz an Kunst und Natur einige Wochen erfreuen. Buchhändler Frommann mit Familie und Madame Schopenhauer nenne ich vor allen; Henriette Herz und Schleiermacher, die von Berlin kamen, schlossen sich diesen an. Nicht selten vereinigte man sich in der Frommannschen Wohnung, wo die geistreichen Abende von Jena fortgesetzt wurden.

Frommanns Schwägerin Betty Wesselhöft arbeitete an landschaftlichen Studien neben mir in der Galerie. Eines Morgens brachte der Buchhändler dieser die erfreuliche Nachricht, daß Goethe mit Riemer, seinem Sekretär und Freunde, von Karlsbad kommend, den Rückweg nach Weimar über Dresden nehmen und hier einige Tage verweilen wolle.

Diese Nachricht traf die versammelten Freunde wie ein Blitzstrahl. Jeder wollte ihn sehen, ihn sprechen, von ihm hören, seiner Gegenwart sich erfreuen. „Er wird kommen!" sagte im stolzen Selbstgefühle seiner Freundschaft mit dem berühmten Dichter der Buchhändler Frommann zu seiner Schwägerin, „ich werde ihn einladen, und gewiß wird er, wie früher in Jena, die Abende bei mir zubringen, und meine Freunde werden das Glück haben, ihn in meinem Hause zu begrüßen, ihn kennenzulernen!"

Eines Morgens, während ich auf der Galerie arbeitete, erscholl die Kunde. „Er ist da! Er ist auf der Galerie!"

„Ich habe ihn gesehen", rief Frommann, „ich habe ihn gesprochen, er ist in bester Laune!" Die Schwägerin meinte: „Ich weiß nicht, ob es nötig ist, ihm entgegenzugehen; ich denke, wir warten ihn hier ab."

Diese Meinung drang durch. Aber als die imponierende Gestalt des Dichterfürsten, der trotz seiner einundsechzig Jahre in voller männlicher Schönheit strahlte, am äußersten Ende der Galerie sichtbar wurde, da flog sie ihm doch schnell entgegen.

Ich blieb allein, überrascht, verdutzt zurück. In kindischer Verlegenheit darüber, daß mir der Moment entschlüpft war, ihn auch sogleich zu begrüßen, flüchtete ich mich in eine Fenstervertiefung. Hier hörte ich, wie Goethe näher kam und an meiner Staffelei stehenblieb.

„Das ist ja eine allerliebste Arbeit, diese heilige Cäcilia nach Carlo Dolce!" hörte ich ihn sagen. „Wer hat sie gemacht?"

Man nannte ihm meinen Namen; als er ihn erfahren hatte, schaute er um die Ecke und sah mich in meinem Versteck stehen. Ich fühlte das Blut in meinen Wangen steigen, als er mir liebreich die Hand bot. In väterlich wohlwollendem Tone drückte er seine Freude aus, mir hier zu begegnen und ein Talent, von welchem er früher nie etwas gewußt, an mir zu finden. „Wo wohnen Sie, mein Kind?" fragte er weiter.

„In der Ostra-Allee, neben dem Botanischen Garten", erwiderte ich.

„Da werde ich Sie besuchen; wir wollen zusammen den Botanischen Garten besehen und diese herrlichen Augustabende recht genießen. Auch kann ich Ihnen noch manches zeigen; es gibt Privatsammlungen hier, die Sie gewiß noch nicht kennen. Nur wünschte ich nicht, daß davon gesprochen wird", fügte er hinzu. Wie beglückt war ich durch diese unerwartete Güte!

Als meine Nachbarin bemerkte, daß Goethe später oft in der Galerie auf und nieder wandelte und über Gemälde sprach, bat sie mich, ihn gelegentlich über die Bedeutung einer Schnecke zu fragen, welche im Vordergrunde einer uns gegenüberhängenden „Verkündigung" von Mantegna angebracht war. Ich benutzte einen günstigen Augenblick dazu, als der Dichter am nächsten Morgen wie gewöhnlich die Galerie besuchte.

„Diese Schnecke ist ein Zierat, meine Freundin, welche die Laune des Malers hier angebracht hat! (Ich hole Sie heute mit dem Wagen ab, wir fahren zusammen spazieren)", flüsterte er mir dazwischen in aller Schnelligkeit zu; dann fuhr er in seinem vorigen Tone fort: „Die Maler haben oft solche Phantasien und Einfälle, denen nicht immer eine tiefere Beziehung zum Grunde liegt." Er beendete nun seine Belehrung, als sei jene Einschaltung gar nicht gemacht worden.

Gegen Abend kam wirklich der Wagen. Goethe und Seebeck saßen darin; wir fuhren an dem herrlichen Augustabend durch Dresdens reizende Umgegend. So geschah es mehrmals — ich erlebte köstlichste Stunden. „Wo mag er nur die Abende zubringen?" hörte ich oft die Freunde fragen. „Riemer weiß auch nichts davon!" — Ich hütete mich natürlich zu plaudern und meinem Versprechen untreu zu werden; als armes, keineswegs immer herzlich willkommen geheißenes Anhängsel so mancher gesellschaftlichen Vergnügung fand ich im Gegenteil eine Art von stolzem Behagen daran, von dem allverehrten Manne im stillen so begünstigt zu sein.

(86)

Mitleid und Hilfe
Weimar 1810

Zum Atelier diente mir [Luise Seidler] das „Urbinozimmer" in Goethes Hause am Frauenplan. [...] Während der Sitzung durfte ich ihm von Dresden und meinen dortigen Freunden und Bekannten erzählen. So gelang es mir, seine Teilnahme für eine kränkliche Witwe zu erwecken, deren Mann, ein Kaufmann, Bankerott gemacht hatte und mit dem Reste des Vermögens seiner Frau heimlich nach Amerika entwichen war. Mit zwei kleinen Kindern stand sie nun mittellos, allein in der Welt. Doch sie war voll Energie und Tatkraft; fünfundzwanzig geliehene Taler verwendete sie zum Ankauf von Material zu Stickereien, deren Muster sie mit künstlerischem Geschick selbst zeichnete. Diese Arbeiten gefielen so sehr, daß nach und nach mehrere Gehilfinnen mit der Anfertigung ähnlicher Kunstprodukte beschäftigt werden konnten. Ehe es jedoch so weit kam, mußte die arme Frau ihre Kräfte fast übermenschlich anstrengen. Da sie keine Wärterin für ihre Kinder bezahlen konnte, so hatte sie diese beständig unter eigener Aufsicht;

das eine war an ihren Arbeitsstuhl festgebunden, während das andere auf dem Boden spielte. Dabei verkürzte sich die Mutter den Schlaf, um bei Nacht die notwendigen häuslichen Geschäfte, das Waschen, das Stubenreinigen usw. zu besorgen.

Von dieser Dulderin erzählte ich Goethe. Sogleich ward sein großes Herz zum wärmsten Mitleid bewegt, und unverzüglich sann er auf werktätige Hilfe. Er trug mir auf, die Witwe zu veranlassen, ihm eine Anzahl ihrer Stickereien nach Weimar zu schicken. Die Sendung erfolgte bald. Nun veranstaltete Goethe in seinem Hause eine Matinee für die Erste Gesellschaft der Residenz; die Stickereien mit darangehefteten Preisen waren ausgelegt. Er erzählte die Geschichte der Witwe und bat die Anwesenden, sich bei einem guten Werke zu beteiligen. Einem Goethe konnte man nichts abschlagen; der Erlös war daher sehr reichlich.
(86)

Niederlassung
Weimar 1810

An das Urbinozimmer stieß der Empfangssalon, ganz einfach und schlicht möbliert. Goethe sprach sich selbst gegen mich [Luise Seidler] darüber aus, wie sehr er die Möbelwut haßte. Als er mich einst zum Niederlassen auf dem Sofa nötigte, welches mit gestickten Kissen — schönen Andenken fleißiger Hände — ganz belegt war, sagte er zu mir: „Setzen wir uns, wenn wir vor lauter Bequemlichkeit noch einen Platz finden können!"
(86)

Entstehung eines Spitznamens
Weimar 1810

Es war im Wintersemester 1809/10, als ich [Allmers] das Glück haben sollte, mit Deutschlands größtem Dichter bekannt zu werden, und zwar auf eine Weise, die mir, solange ich lebe, unvergeßlich sein wird. Zunächst wurde ich mit August von Goethe schon als dessen Mitstudent in Jena befreundet. Wir gehörten einer und derselben Verbindung auf dem Burgkeller an, und sobald ich erfuhr, daß ich in ihm keinen Geringeren als Goethes Sohn vor mir hatte, war seine Bekanntschaft mein erstes Streben. Es war der Verkehr mit dem freundlichen und umgänglichen jungen Mann auch dazu angetan, ihm bald recht nahezukommen. Wer war glücklicher darüber als ich, der ich damals schon ein so feuriger Goethe-Verehrer war wie kaum einer und oft sehr ärgerlich wurde, wenn ich merkte, daß ich von seinen Werken ganz andere Kenntnis erworben hatte als der Sohn, der manches zu meinem Staunen kaum dem Namen nach kannte, was mir fast Wort für Wort geläufig war.

Sowie es sich traf, daß mein Platz in der Kneipe bei ihm war, brachte ich das Gespräch auf den Vater. August mußte mir alles und jedes über ihn berichten: was er gegenwärtig arbeitete, mit wem er verkehrte, was er triebe, wie es mit dem Herzog stünde und was sonst noch alles, sogar wie er lebte, wie früh er sich erhöbe und wann er sich niederlegte — nichts war mir an ihm gleichgültig. Wenn auch mein Freund August anfangs nur ungern und zögernd auf all diese Fragen einging, konnte ich doch später merken, daß ihn das Interesse an seinem Vater aufrichtig freute, und so nahm ich mir den Mut und bat, mich in sein Haus einzuführen.

„Das ist nicht immer ganz leicht für Studenten", meinte er, „darin ist der Alte ein bißchen eigen; doch ich will sehn, daß ich dich mit dem Vater zusammenbringe." Und der Wunsch sollte in Erfüllung gehen, ich erhielt eine Einladung zum Essen.

Der bestimmte Tag brach an, so heiter und schön, wie er nur sein konnte. In einigen Stunden brachte uns der Wagen nach Weimar, und ohne Aufenthalt eilten wir der stattlichen Wohnung zu. Ein Diener in Livree öffnete auf das Klingeln und begrüßte freundlich den Sohn des Hauses. Es war fast gegen elf Uhr. „Sieh, da ist der Vater schon", sprach August und eilte auf diesen zu, der, in einen dunkelgrünen Schlafrock gehüllt, gerade vor uns die untere Hausflur überschritten. „Ei, da hast du deinen Oldenburger, August, das ist schön. Besuch ist nicht da. Wir wollen sofort nach oben gehen." Äußerst freundlich reichte er mir die Hand und winkte, ihm die Treppe hinauf zu folgen. Wer war glücklicher als ich, sich so willkommen zu sehen. Bald saß ich ihm in seinem einfachen Studierstübchen gegenüber, während er beschäftigt war, still ein mäßiges Blatt Papier zurechtzuschneiden, und betrachtete voll Aufmerksamkeit ihn selber sowie seine Umgebung, seine Bücher und umherliegende Steine. August hatte mich sogleich verlassen und war zu den Hausgenossen gegangen.

So war ich mit Goethe ganz allein. Wie pries ich mich glücklich. Jetzt war er mit seinem Papierschneiden fertig und wandte sich zu mir. „Mein August schreibt mir, daß Sie ein Oldenburger wären?" — „Ein Oldenburger, Exzellenz." — „Gut. Was brennen Sie da?" — „Fast nur Torf." — „Wie in Ostfriesland, nicht wahr?" — „Ich glaube, Exzellenz", war meine Antwort. „Wie wird der Torf dort gewonnen?" — „Er wird — er wird aus der Erde gegraben." — „Das wußt ich schon, daß er nicht von den Bäumen gepflückt wird — ich will zunächst genau wissen, mit welcher Art von Instrumenten er aus dem Boden gehoben wird? — Wann gräbt man ihn? — Wie lange läßt man ihn trocknen? Wie lange Zeit bedarf er dazu? — Und wie ich schon einmal wissen möchte, wie ist solch ein Werkzeug gestaltet, womit man den Torf bei Ihnen gräbt. — Nun sagen Sie mir und zeichnen Sie mir doch einmal die Form genau hier auf dies Papier. Hier haben Sie einen Bleistift dazu."

„Nun, können Sie das nicht zeichnen?" fuhr er dann fort, da ich noch verblüfft schwieg. „So beschreiben Sie es mir wenigstens, Sie sehen ja, daß ich mich dafür interessiere."

Ich beharrte in festem Schweigen. So einen Torfsoden hatte ich zwar oft genug gesehen und sogar in der Hand gehabt, beim Ofenheizen. Aber da ich aus der reinen echten Marsch stammte, so war mir doch die eigentliche Gewinnung des Torfes völlig fremd.

„Sie brennen also den Torf täglich und wissen dennoch nichts davon, wie er gewonnen wird? Junger Mann, das mögen Sie offen gestehen?"

Mit durchdringendem Blick sah Goethe mich an, und ich fühlte, wie mir das Blut zu Kopfe stieg. — Ein eisiges Schweigen folgte. Mir ward es immer ungemütlicher. Goethe nahm ein Buch zur Hand und blätterte darin, bis der Diener kam und meldete, daß das Essen bereit sei. Bei Tische waren noch Frau Christiane von Goethe und August zugegen. Den zog der Vater nun ins Gespräch und unterhielt sich sehr lebhaft mit ihm. Mich ignorierte er völlig. So verlief der Mittag; dann eine kurze Verabschiedung, und ich war entlassen. Ja, was hat mir nun mein heißes Verlangen, den bedeutendsten Mann seiner Zeit kennenzulernen, eingebracht? Einen schönen Namen als Mitgabe für mein ganzes Leben: früher war auf der Universität „Torso" mein Spitzname gewesen, jetzt nach meiner bedeutungsvollen Zusammenkunft mit Goethe hieß ich immer nur „Torfsoden".

(130)

Wohl der einzige Spass am „Werther"
Weimar, um 1810

Hat Goethe mit diesem Buch gesündigt, so ward er übermäßig sein ganzes Leben hindurch bestraft: durch die zudringlichen Forschungen nach der Wahrheit der Geschichte, denen er auch durch kein Inkognito entgehen konnte. Noch im Jahr 1809 oder 1810 kam unter französischer Aufschrift „An den Verfasser der ‚Leiden des jungen Werther'" ein Paket von Ingolstadt, mit einer französischen Nachbildung des „Werther", das, weil es den Weg von Isle de France nach Ingolstadt gemacht und hier mit begreiflichem Protest, als inconnu à Ingolstadt abgewiesen worden, den ganzen Rückweg hätte antreten müssen, wenn nicht zuletzt irgendwo ein

Postmeister sich auf den Namen des Autors und ein anderer auf dessen Wohnort besonnen und dem herumirrenden die rechte Straße gewiesen hätte. Das ist wohl der einzige Spaß, den Goethe von seinem Werke erlebte, und an dem er auch, wie an einem gefundenen Groschen, den Nachbar teilnehmen ließ, indem er das mit allen möglichen Postzeichen dekorierte Couvert, wie ein Quodlibet, unter Glas und Rahmen in seinem Besuchzimmer eine Zeitlang aufhing, um abermaliges Quästionieren der Neugier auszustehn.
(35)

DRINNEN UND DRAUSSEN
Weimar, um 1810

Kein Fremder von einiger Bedeutung reiste fortan durch Weimar, der sich nicht in die Schopenhauersche Gesellschaft führen ließ, so daß sie bald in den Reisebüchern und Geographien mit zu den Merkwürdigkeiten der Stadt gezählt wurde. Selbst fürstliche Personen [...] beehrten sie zuweilen mit ihrer Gegenwart. Vorlesungen, die gehalten wurden, Gespräche über Werke der Kunst, die man auch öfters aufgelegt fand, wechselten ab mit leichter Unterhaltung über Vorfälle des Tages, über das Theater, über neue Erscheinungen in der Literatur, über bekannte ausgezeichnete Personen, selten über Politik, die man gern vermied, nachdem der Feind ganz Deutschland überzogen hatte. „Man möchte draußen sein", sagte Goethe, „aber es gibt kein Draußen."
(120)

ZERBERUS, EXZELLENZ UND GUTE FEE
Weimar, um 1810

Mitunter waren wir Schauspielerkinder von unserer mütterlichen Gönnerin, Frau von Goethe, recht zahlreich eingeladen; dann ging's natürlich nicht allzu ruhig her. So trat einstmals, als die prächtige Frau in ihrer großen Gutmütigkeit dem Kinderlärm nicht zu steuern vermochte, der empörte alte Diener zornfunkelnd heran und schrie: Der Geheimdberat könne den verfluchtigen Spektakel nicht länger ertragen! Kurze Zeit blieb's ruhig, sobald uns aber der Zerberus aus den Augen war, wurde lustig weiter spektakelt.
Plötzlich aber trat die allgefürchtete Exzellenz im langen Haus-

rock selber herein, in gemessenem Schritt, voll majestätischer Haltung, die Hände auf dem Rücken. Rasch flüchteten wir Kinder zu unserer guten Fee, die mich kleinen Unband liebreich umschloß. Da aber der gefürchtete Herr beim Anblick dieser komischen Gruppe nur lächelnd mit dem Finger drohte und gar nicht schalt, fing ich mutwilliges Bürschchen an zu kichern. Der Gestrenge setzte sich und rief: „Kleiner Molke! (das t in meinem Namen war ihm eine grausame Härte) komm einmal her zu mir."

Etwas zaghaft ging ich zu ihm, er aber nahm mich freundlich auf sein Knie und fragte: „Was habt ihr kleinen tollen Kobolde denn eigentlich getrieben? Weshalb der störende Lärm?"

Sogleich bekam ich wieder Courage und sagte, wir hätten getanzt und gesungen, im Garten Haschemännchen gespielt, wären dabei tüchtig herumgesprungen, an der Laube emporgeklettert und hätten den Herlitzchenbaum geplündert.

„Was! Meine Herlitzchen, die ich selbst so gern genieße, hast du kleiner Schlingel mir stibitzt? I, das ist ja recht schön!"

Mit einem wohlwollenden Backenstreich entließ mich der gestrenge Herr [. . .].
(131)

Anhang

Anmerkungen

28. August 1749 — Frankfurt
Q: ⟨1⟩ Bd. 1, S. 374. — E: Bettina von Arnim (ursprünglicher Wortlaut in einem Briefe Bettinas an Goethe vom 4. November 1810, in: ⟨201⟩ Bd. 4, S. 218). — D: 28. August 1749. — K: *Fleischarden* — Im Frankfurter Dialekt ein Holztrog zum Aufbewahren von Fleisch. — *bähen* — aufwärmen. — Goethe selbst hat die Darstellung Bettinas fast unverändert in seine „Aristeia der Mutter" übernommen (BA, Bd. 13, S. 923 f.).

Das hässliche Kind — Frankfurt 1751
Q: ⟨201⟩ Bd. 4, S. 222. — E: Bettina von Arnim (in einem Briefe an Goethe vom 12. November 1810; mit leichter Stilisierung wurde der Text wiederholt in „Goethes Briefwechsel mit einem Kinde", 1835; vgl. ⟨1⟩ Bd. 1, S. 378). — D: 1751.

Polterabend am hellichten Tage — Frankfurt 1753
Q: ⟨2⟩ Bd. 13, S. 14 f. („Dichtung und Wahrheit", Erster Teil, Erstes Buch). — E: Goethe. — D: 1753. — K: *Geräms* — Hauserker, mit Gittern versehener Hausvorbau. — *die von Ochsenstein* — Diese Familie wohnte gegenüber am Hirschgraben (spätere Hausnummer 18) und hatte drei Söhne. — Vermutlich war es Bettina von Arnim, die Goethe diese Kindheitsepisode wieder in Erinnerung brachte; sie schrieb an ihn am 12. November 1810, ⟨201⟩ Bd. 4, S. 222: „Die Küche im Haus ging auf die Straße, an einem Sonntagmorgen, da alles in der Kirche war, geriet der kleine Wolfgang hinein, erwischte ein Geschirr und warf's zum Fenster hinaus; das Rappeln freute ihn gar sehr, die Nachbarn hatten auch ihre Freude daran. Nun warf er in größter Eil alles, was er langen konnte, hinaus, wie er bald fertig war, kam die Mutter dazu und lachte mit."

Der Schneider und der Riese — Frankfurt 1753
Q: ⟨1⟩ Bd. 1, S. 379 ff. — E: Bettina von Arnim. — D: 1753. — K: *verdammter Schneider* — Bezugnahme auf das Märchen „Das tapfere Schneiderlein". — *Großmutter* — Cornelia Goethe, geb. Walther, verw. Schellhorn.

BLÜHENDER BIRNBAUM IN GROSSVATERS GARTEN   Frankfurt 1754
Q: (1) Bd. 1, S. 382 f. — E: Bettina von Arnim. — D: 1754. — K: *Großvater* — Johann Wolfgang Textor — *vor dem Bockenheimer Tor* — unweit des Großen Hirschgrabens in nordwestlicher Richtung. — *glaub ich, am Geburtstag der Mutter* — Goethes Mutter wurde am 19. Februar 1731 geboren, eine Baumblüte im Februar ist unwahrscheinlich.

DAS ERDBEBEN VON LISSABON   Frankfurt 1755
Q: (1) Bd. 1, S. 381 f. — E: Goethes Mutter in der Nacherzählung Bettina von Arnims. — D: Ende 1755. — K: *Betrachtungen aller Art* — Das Erdbeben wurde damals in den aufgeklärten Kreisen ganz Europas heftig diskutiert, zumal die Frage nach der angeblich uneingeschränkten Weisheit, Güte und Vorsehung Gottes im Zusammenhang mit der Leibnizschen These der „besten aller möglichen Welten" angesichts dieser Naturkatastrophe auf dem Prüfstand kritischer Vernunft stand. Goethe selbst schildert den Vorgang schließlich in „Dichtung und Wahrheit" (Erster Teil, Erstes Buch; BA, Bd. 13, S. 34 f.) mit großer Eindringlichkeit. — *später beim „Prometheus"* — Goethes „Prometheus"-Ode, vermutlich im Herbst 1774 entstanden, wurde ohne Wissen des Autors zum erstenmal 1785 gedruckt.

WOLFGANG, FRITZ UND DAS PUBLIKUM   Frankfurt 1756
Q: (2) Bd. 13, S. 51—54 („Dichtung und Wahrheit", Erster Teil, Zweites Buch). — E: Goethe. — D: Herbst 1756. — K: *Mein Großvater* — Johann Wolfgang Textor. — *Schöff von Frankfurt* — Die Schöffen besorgten juristische, finanzielle und außenpolitische Angelegenheiten der Freien Reichsstadt; dazu gehörte auch das symbolische Tragen des Baldachins („Krönungs-Himmel") bei offiziellen Auftritten des Kaisers. — *von der Kaiserin* — Maria Theresia. — *mein Vater* — Johann Kaspar Goethe. — *gemütlich* — mit seinem Gemüt, mit Herz und Seele. — *der Sieg bei Lowositz* — In der Nähe der nordböhmischen Kleinstadt Lobositz am linken Elbufer schlug Friedrich II. am 1. Oktober 1756 heranrückende österreichische Truppen, die den bei Pirna eingeschlossenen sächsischen Regimentern zu Hilfe eilen wollten.

PUPPENTHEATER   Frankfurt 1756
Q: (2) Bd. 13, S. 54 f. („Dichtung und Wahrheit", Erster Teil, Zweites Buch). — E: Goethe. — D: 1756. — K: *Man hielt uns Kinder... zu Hause* — Wegen der Befürchtung, Frankreich könnte in die preußisch-österreichischen Kämpfe eingreifen und das Rheinland zum Kriegsschauplatz erklären.

ANSPRÜCHE   Frankfurt 1756
Q: (1) Bd. 1, S. 379. — E: Bettina von Arnim. — D: 1756.

ERSTER KUMMER DURCH POESIE   Frankfurt 1757
Q: (2) Bd. 13, S. 38 f. („Dichtung und Wahrheit", Erster Teil, Erstes Buch). — E: Goethe. — D: 1757 oder 1758.

ANDACHT MIT RÄUCHERKERZCHEN AM MUSIKPULT   Frankfurt 1758
Q: (2) Bd. 13, S. 48—50 („Dichtung und Wahrheit", Erster Teil, Erstes Buch). — E: Goethe. — D: 1758. — K: *Separatisten, Pietisten, Herrnhuter, die Stillen im*

Lande — Religiöse Laienbewegungen, die sich selbst in Gegensatz zu den institutionalisierten Kirchen katholischer oder protestantischer Konfession stellten und eigene, in vieler Hinsicht verschiedene Heilslehren verkündeten; oft versuchten sie, durch Reformbewegungen eine Volkskirche (oder „wahre" Kirche) zu schaffen. — *der erste Glaubensartikel* — „Ich glaube an Gott den Allmächtigen, Schöpfer des Himmels und der Erde..." (Glaubensartikel bezeichnen die einzelnen Abschnitte der christlichen Bekenntnisse). — *Einige Stellen des Evangeliums* — vermutlich Matthäus 6, 25—30 und Lukas 12, 24 — 28. — *einen Altar errichten* — Von der Errichtung eines Opferaltars wird mehrfach im Alten Testament berichtet (1. Buch Mose 12, 7 f.; 13, 18; 26, 25; 33, 20; 35, 7). Außer Tieropfern waren auch unblutige Opfer gebräuchlich: Brot, Öl, Wein oder Feldfrüchte. Der religiöse Sinn lag darin, daß der Opfernde auf eine Gabe aus seinem Besitz verzichtete und sie Gott als Zeichen der Sühne, der Dankbarkeit oder der Huldigung darbrachte. Der neunjährige Knabe bedient sich solcher Elemente biblischer Geschichte, gestaltet sie aber mit kindlicher Freimütigkeit um. — *Der Vater hatte einen schönen, rotlakkierten, goldgeblümten Musikpult* — Vermutlich zu einer Serie von Musikzimmer-Chinoiserien gehörend, von denen ein Klavichord und ein kleiner Tisch — tatsächlich rotlackiert und goldgeblümt — noch heute im Musikzimmer des Frankfurter Goethe-Hauses stehen.

DIALOG ZWISCHEN SATAN UND ADRAMELECH   Frankfurt 1758
Q: (2) Bd. 13, S. 89 f. („Dichtung und Wahrheit", Erster Teil, Zweites Buch). — E: Goethe. — D: 1758. — K: *unsere herkömmlichen Flüche* — Goethe und seine Schwester Cornelia hatten sich angewöhnt, in einem Exemplar des Epos „Der Messias" von Friedrich Gottlieb Klopstock zu lesen, das, da der Vater von Klopstocks Versen nichts hielt, von einem bekehrungssüchtigen „Hausfreund" der Mutter heimlich zugesteckt worden war. Mit der Zeit blieben ihnen besonders markante Stellen im Gedächtnis haften. Goethe berichtet (BA, Bd. 13, S. 89): „Portias Traum rezitierten wir um die Wette, und in das wilde, verzweifelnde Gespräch zwischen Satan und Adramelech, welche ins Rote Meer gestürzt worden, hatten wir uns geteilt. Die erste Rolle, als die gewaltsamste, war auf mein Teil gekommen, die andere, um ein wenig kläglicher, übernahm meine Schwester. Die wechselseitigen, zwar gräßlichen, aber doch wohlklingenden Verwünschungen flossen nur so vom Munde, und wir ergriffen jede Gelegenheit, uns mit diesen höllischen Redensarten zu begrüßen." — *Adramelech den Satan* — Vgl. Klopstock, „Messias" X, 96 —145; die zitierte Stelle: X, 136 ff.

TÄNZE EIGENER ERFINDUNG   Frankfurt 1758
Q: (2) Bd. 13, S. 420 f. („Dichtung und Wahrheit", Zweiter Teil, Neuntes Buch). — E: Goethe. — D: 1758. — K: *Menuett* — Ursprünglich ein alter französischer Hoftanz im Dreivierteltakt, später auch auf dem Lande und in bürgerlicher Gesellschaft getanzt, galt im 18. Jahrhundert als besonders graziös, bis (im ersten Viertel des 19. Jahrhunderts) der strenge Figurentanz durch lockere Rundtänze verdrängt wurde. — *Flûte douce* — (franz.) kleine Flöte. — *Pas-de-deux* — (franz.) Paartanz, Tanz zu zweien. — *Giguen* — Tanzmusiken im Tripeltakt oder auch geradtaktig, meist aus zwei achttaktigen Wiederholungsteilen bestehend. — *Murkis — Murky*: Baß in von unten nach oben gebrochenen Oktaven; Musikstück mit solchen Bässen.

STRAFE AN EINEM LEBLOSEN WESEN   Frankfurt, um 1758
Q: (2) Bd. 13, S. 163f. („Dichtung und Wahrheit", Erster Teil, Viertes Buch). — E:
Goethe. — D: Um 1758. — K: *Zeugen von verschiedenen Exekutionen* — Mit Recht
ist von der Goethe-Forschung mehrfach darauf verwiesen worden, daß sich Goethe
hier — im Unterschied zur sonstigen Ausführlichkeit seiner Schilderungen — recht
lakonisch äußert. Nachweisbar aus dieser Zeit sind die Hinrichtungen zweier Kindesmörderinnen: 1758 die der Anna Maria Fröhlich, 1772 die der Susanna Margaretha Brandt (aus deren Schicksal Goethe gewiß Anregungen für die Gestaltung der
Gretchen-Tragödie im „Faust" geschöpft hat). — *ein französischer komischer Roman* — Protokolliert ist für den 18. November 1758 nur die vom Kaiser angeordnete Scheiterhaufen-Verbrennung von „ketzerischen" Schriften des religiösen
Schwärmers Johann Friedrich Ludwig.

SCHIEDSRICHTER   Frankfurt 1759
Q: (3) Bd. 1, S. 59. — E: Karl August Böttiger. — D: 1759. — K: *Polissonnerien* —
(franz.) Ungezogenheiten, Zoten, Bubenstreiche. — *Huschen* — Heinrich Sebastian
Hüsgen.

FRÜHE HALTUNG   Frankfurt 1759
Q: (201) Bd. 4, S. 226. — E: Bettina von Arnim (in einem Briefe an Goethe vom
28. November 1810; später wiederholt in „Goethes Briefwechsel mit einem Kinde",
1835; vgl. ⟨1⟩ Bd. 1, S. 384). — D: 1759.

TROTZIGE LIEBE   Frankfurt 1759
Q: (201) Bd. 4, S. 223. — E: Bettina von Arnim (in einem Briefe an Goethe vom
12. November 1810). — D: 1759.

GEMÄLDE IM SCHWARZEN KÄSTCHEN   Frankfurt 1761
Q: (2) Bd. 13, S. 98f. („Dichtung und Wahrheit", Erster Teil, Drittes Buch). — E:
Goethe. — D: 1761. — K: *Nach diesen . . . Verrichtungen* — Goethe hatte einen
Aufsatz verfaßt, in welchem er die Geschichte des biblischen Joseph in zwölf Bildern beschrieb. — *innerhalb dieses Künstlerkreises* — Eine lose Gruppierung zeitgenössischer Frankfurter Maler, zu denen auch der im folgenden erwähnte Johann
Konrad Seekatz gehörte.

AUCH IN GOTT   Frankfurt 1762
Q: (2) Bd. 13, S. 174—176 („Dichtung und Wahrheit", Erster Teil, Viertes Buch). —
E: Goethe. — D: 1762. — K: *Hofrat Huisgen* — Wilhelm Friedrich Hüsgen. —
durch verschiedene Schriften im Kunstfach — Zu den bekanntesten Publikationen
Heinrich Sebastian Hüsgens zählten „Verräterische Briefe von Historie und Kunst"
(Frankfurt 1776), „Nachrichten von Frankfurter Künstlern und Kunstsachen"
(Frankfurt 1780) und ein „Artistisches Magazin" (Frankfurt 1790). Dieses Werk ist
Goethe gewidmet, ein Exemplar ist noch heute in seiner privaten Bibliothek erhalten (er zog es öfter bei der Niederschrift von „Dichtung und Wahrheit" zu Rate). —
Agrippa „De vanitate scientiarum" — (lat.) Agrippa: Über die Eitelkeit der Wissenschaften; es handelt sich um die 1527 entstandene und 1531 veröffentlichte Streitschrift „De incertitudine et vanitate omnium scientiarium et artium" („Über die Unsi-

cherheit und Eitelkeit aller Wissenschaften und Künste") von Heinrich Cornelius Agrippa von Nettesheim.

BEICHTE UND ABSOLUTION   Frankfurt 1762
Q: (2) Bd. 13, S. 317 f. („Dichtung und Wahrheit", Zweiter Teil, Siebentes Buch). — E: Goethe. — D: 1762. — K: *der Beichtvater des Hauses* — Johann Georg Schmidt. Die Privatbeichte wurde durch die Reformation in Deutschland nicht sofort abgeschafft, sie war bei Protestanten und Kalvinisten bis zum Ende des 18. Jahrhunderts durchaus noch üblich. — *die erste beste kurze Formel* — Zu Goethes Jugendzeit weit verbreitete Bücher, die mancherlei Leitsätze des christlichen Glaubens in formelhaften, einprägsamen Formulierungen anboten, etwa das „Beicht- und Kommunionsbuch" von Johann Philipp Fresenius.

GRUNDTEXT MIT WIDERSPRÜCHEN   Frankfurt, um 1762
Q: (2) Bd. 13, S. 136—140 („Dichtung und Wahrheit", Erster Teil, Viertes Buch). — E: Goethe. — D: Um 1762. — K: *die Absicht auf das Judendeutsch* — Goethe interessierte sich in seiner frühen Jugend nicht nur für Latein, Französisch, Italienisch und Englisch, sondern darüber hinaus auch für das in Frankfurt sehr verbreitete Jiddisch. — *Gibeon . . . Ajalon* — Hinweis auf eine Schilderung, an der die zeitgenössische wie die spätere Bibelkritik häufig ansetzte: Buch Josua 10, 12 f. — *ward nun aufgeregt* — angeregt, wachgerufen. — *Version des Sebastian Schmid* — Eine wörtliche Übersetzung des Bibeltextes ins Lateinische.

KLUGES WIE UNBEDACHTES   Frankfurt 1763
Q: (2) Bd. 13, S. 105 f. („Dichtung und Wahrheit", Erster Teil, Drittes Buch). — E: Goethe. — D: 1763.

FIEKCHEN UND GIEKCHEN   Frankfurt 1763
Q: (2) Bd. 13, S. 127 f. („Dichtung und Wahrheit", Erster Teil, Viertes Buch). — E: Goethe. — D: 1763. — K: *der Lehrer* — Johann Andreas Bismann.

ZITAT AUS DER BIBEL   Frankfurt 1763
Q: (2) Bd. 13, S. 171 („Dichtung und Wahrheit", Erster Teil, Viertes Buch). — E: Goethe. — D: 1763. — K: *die „Äneide"* — Hauptwerk von Vergil (verdeutscht von Johann Heinrich Voß 1799, Goethe las also den lateinischen Originaltext); in zwölf Büchern werden die Schicksale des Aeneas beschrieben, der nach dem Brande Trojas umherirrt und schließlich die Macht Roms begründet. — *die „Metamorphosen"* — Hauptwerk von Ovid; in fünfzehn Büchern werden 250 Verwandlungssagen der antiken Mythologie erzählt, beginnend am Anfang der Welt und endend mit der Verwandlung Cäsars in einen Stern. — *Goldene Bulle* — Die lateinisch geschriebene Urkunde Kaiser Karls IV. aus dem Jahre 1356 war das erste und wichtigste Verfassungsgesetz des Deutschen Reiches, das in seinen Prinzipien bis 1806 gültig war. Vgl. dazu die Anekdote: „Kein Grund zur Aufregung", II, S. 90. — *„Omne regum in se . . ."* — (lat.) „Jedes Reich, in sich uneins, geht zugrunde, denn seine Fürsten sind zu Genossen von Dieben geworden." In Anlehnung an Lukas 11, 17 und Jesaias 1, 23.

GARDEROBE FÜR GRETCHEN   Frankfurt 1764
Q: (201) Bd. 4, S. 227f. — E: Bettina von Arnim (in einem Briefe an Goethe vom
28. November 1810; der Text mit geringfügigen Änderungen aufgenommen in
„Goethes Briefwechsel mit einem Kinde", 1835; vgl. ⟨1⟩ Bd. 1, S. 386). — D:
1764. — K: *das schöne Gretchen* — Von diesem „Gretchen" weiß die Goethe-Forschung auch heute noch nicht mehr, als im Fünften Buch von „Dichtung und Wahrheit" über sie mitgeteilt wird. Dort wird die Liebesgeschichte als Abschluß einer Jugendentwicklung gedeutet, die dem Jüngling erstmalig ein tieferes Bewußtsein gesellschaftlich-sozialer Widersprüche und Konflikte vermittelt.

MADAME FLEISCHERS ERKLÄRUNG   Auerstedt 1765
Q: (2) Bd. 13, S. 265f. („Dichtung und Wahrheit", Zweiter Teil, Sechstes Buch). —
E: Goethe. — D: 2. Oktober 1765.

CHRISTBAUM FÜR JOLI   Leipzig 1766
Q: (4) S. 103—106. — E: Anna Maria (Minna) Jacobine Körner (ihre Erzählungen
sammelte Friedrich Förster in seinem Reisetagebuch aus dem Jahre 1809). — D:
1766.

DER MAGISTER UND DIE HURENGESCHICHTEN   Leipzig 1766
Q: (4) S. 106f. — Anna Maria (Minna) Jacobine Körner (im mündlichen Bericht an
Friedrich Förster). — D: 1766.

VISITE BEI GOTTSCHED IM „GOLDENEN BÄREN"   Leipzig 1766
Q: (2) Bd. 13, S. 291f. („Dichtung und Wahrheit", Zweiter Teil, Siebentes
Buch). — E: Goethe. — D: Ende April 1766. — K: *der ansehnliche Altvater* — Gottsched stand im 66. Lebensjahre; er starb am 12. Dezember 1766.

PAUKBETRIEB   Leipzig 1766
Q: (5) Bd. 1, S. 223. — E: Woldemar Freiherr von Biedermann. — D: 1766. — K:
er — Gustav Bergmann. — *Füchse* — Studenten im ersten oder zweiten Semester.

WECHSEL-FÄLLE DES LEBENS   Leipzig, um 1766
Q: (6) S. 335 (Gespräch vom 24. Januar 1830). — E: Goethe in Eckermanns Wiedergabe. — D: Um 1766.

WIRTSHAUSSPASS PER PARODIE   Leipzig 1767
Q: (2) Bd. 13, S. 327f. („Dichtung und Wahrheit", Zweiter Teil, Siebentes
Buch). — E: Goethe. — D: Nicht vor dem 5. März 1767. — K: *in den Kohlgärten* —
Flußlandschaft in Reudnitz, östlich von Leipzig, wo der Bäcker- und Konditormeister Hendel ein Gartenlokal besaß. — *Päan* — (griech.) Feierlicher Gesang; ursprünglich ein an Apoll gerichtetes Preis-, Lob- oder Siegeslied. — *Hymettus* —
Bergzug östlich von Athen, berühmt wegen des dort gewonnenen Honigs. Der
sechste Vers des Gedichts („Ist süßer als der Saft, der vom Hymettus fließt") ist eine
parodistische Anspielung auf Heinrich Wilhelm von Gerstenbergs „Tändeleien"
(Leipzig 1759), wo es (Bd. 2, S. 25) heißt: „So süß ist Honig nicht, der vom Hymettus fließt." — *Diadem* — Hier: Nach spätbarocker oder frühaufklärerischer Meta-

phorik das Emblem des Königtums. — *Kothurn* — Hier: Eine sehr gespreizte Umschreibung für Tragödie oder Schauspiel, ursprünglich der hohe Schuh der antiken Schauspieler. — *Torus* — (lat.) Ehebett. — *wir ... vergaßen es ganz* — Eine gesonderte Handschrift des in „Dichtung und Wahrheit" mitgeteilten Gedichts existiert heute nicht mehr. Es parodiert Clodius' in Alexandrinern geschriebene „Rede, am Friedrichstage in Leipzig, den 5. März 1767 gehalten" und übernimmt daraus einige Verse und Wendungen wörtlich.

LEHRER OESER   Leipzig 1767
Q: (2) Bd. 13, S. 338 f. („Dichtung und Wahrheit", Zweiter Teil, Achtes Buch). — E: Goethe. — D: 1767.

SCHLECHTER RATSCHLAG   Leipzig 1767
Q: (7) Bd. 2, S. 49 f. — E: Gustav Parthey. — D: 1767.

TRAGÖDIE IN DER KOMÖDIE   Leipzig 1767
Q: (8) Bd. 1, S. 151 f. — E: Goethe (in einem Briefe an Ernst Wolfgang Behrisch vom 10. November 1767). — D: 8. November 1767. — K: *die Mamsell* — Constanze Breitkopf. — *wegen der „Minna"* — Gemeint ist eine für den 28. November 1767 geplante Dilettantenaufführung des Lessingschen Lustspiels „Minna von Barnhelm", bei der Johann Adam Horn den Tellheim, Constanze Breitkopf die Minna und Goethe den Werner spielten. — *mein Mädgen* — Anna Katharina (Kätchen) Schönkopf. — *mit ihrer Mutter* — Katharina Sibylla Schönkopf. — *Ein schlechter Kerl* — Ein Mann von geringem Stande. — *Peter* — Peter Adam Schönkopf.

DER SCHUSTER UND DER WUNDERLICHE CHRIST   Dresden 1768
Q: (2) Bd. 13, S. 345—347 („Dichtung und Wahrheit", Zweiter Teil, Achtes Buch). — E: Goethe. — D: Ende Februar 1768. — K: *Mein Stubennachbar* — Johann Christian Limprecht. Goethe wollte seinen Ausflug nach Dresden vor seinen Leipziger Kommilitonen geheimhalten und ergriff daher um so bereitwilliger die Möglichkeit, bei Limprechts Verwandten Quartier zu erhalten. — *ablegen* — nachlassen, versagen. — *ein Schuster* — Johann Gottfried Haucke. — *mit der gelben Kutsche* — Die „gelbe Kutsche" benötigte für die Reise von Leipzig nach Dresden 24 Stunden, die billigere „Küchenkutsche" dagegen 36 Stunden. — *in der Vorstadt* — nämlich in der Friedrichstadt, im Hause Brückenstraße 5. — *Gottfrieds Chronik* — Vgl. den Kommentar zu „In tyrannos?", I, S. 445. — *um das Wasser in Wein zu verwandeln* — Eine Anspielung auf die biblische Geschichte der Hochzeit zu Kana, Johannes 2, 6—10 und 4, 46.

BLICK ÜBER DIE STADT DER KÜNSTE   Dresden 1768
Q: (2) Bd. 13, 350 f. („Dichtung und Wahrheit", Zweiter Teil, Achtes Buch). — E: Goethe. — D: März 1768. — K: *Direktor von Hagedorn* — Christian Ludwig von Hagedorn. — *„Das hat der Feind getan!"* — Dresden war 1760 durch preußische Truppen belagert und beschossen worden.

Erfahrungen machen   Leipzig 1768
Q: (2) Bd. 13, S. 331—333 („Dichtung und Wahrheit", Zweiter Teil, Siebentes
Buch). — E: Goethe. — D: 1768.

Duette am Spinett   Leipzig 1768
Q: (7) Bd. 2, S. 50. — E: Gustav Parthey. — D: 1768.

Ausgetauschte Geschichten   Naumburg 1768
Q: (8) Bd. 1, S. 265. — E: Goethe (in einem Briefe an Käthchen Schönkopf aus
Frankfurt vom 31. Januar 1769). — D: 28. August 1768. — K: *ich habe Blut gespien* — In „Dichtung und Wahrheit" (Zweiter Teil, Achtes Buch; BA, Bd. 13,
S. 358) berichtet Goethe über diesen Vorfall: „Eines Nachts wachte ich mit einem
heftigen Blutsturz auf und hatte noch so viel Kraft und Besinnung, meinen Stubennachbar zu wecken. Doktor Reichel wurde gerufen, der mir aufs freundlichste hülfreich ward; und so schwankte ich mehrere Tage zwischen Leben und Tod, und
selbst die Freude an einer erfolgenden Besserung wurde dadurch vergällt, daß sich
bei jener Eruption zugleich ein Geschwulst an der linken Seite des Halses gebildet
hatte, den man jetzt erst, nach vorübergegangener Gefahr, zu bemerken Zeit fand."
Nach medizinischem Fachurteil handelte es sich dabei um Lungentuberkulose in
Verbindung mit tuberkulöser Drüsenerkrankung, der wahrscheinlich Rippenfellreizungen vorausgegangen waren. — *konfundiert* — (lat.) verwirrt, betroffen. — *Don
Sassafraß* — Sassafraß war ein Wurzelholz, aus dem harntreibender Tee und Fiebermittel hergestellt wurden. Später wurde (Herr, Prinz oder Doktor) Sassafraß zu
einer beliebten Komödienfigur mit „niederschlagendem" Charakter. Wahrscheinlich war Goethe in Leipzig in der Rolle des Don Sassafraß in einem bisher nicht ermittelten Lustspiel aufgetreten.

Bilder einer Hochzeit   Straßburg 1770
Q: (2) Bd. 13, S. 392—394 („Dichtung und Wahrheit", Zweiter Teil, Neuntes
Buch). — E: Goethe. — D: Anfang Mai 1770. — K: *Marie Antoinette* — Die Gemahlin Ludwigs XVI. zog am 7. Mai 1770 in Straßburg ein. — *Hautelissen* — Gobelins,
Wandteppiche. — *Jason, Medea und Kreusa* — Gestalten aus dem großen antiken
Sagenzyklus von den Fahrten der Argonauten, die auszogen, um das Goldene Vlies
aus dem Lande des Königs Aietes zu holen. Die figürlichen Darstellungen auf dem
Gobelin beziehen sich auf die folgenden Einzelheiten: Jason mußte, um das Goldene Vlies von Aietes zu erwerben, zwei flammenschnaubende Stiere mit ehernen
Beinen zähmen und mit ihnen einen Acker pflügen; dies gelang, weil Medea, des
Aietes Tochter, ihn mit einer Zaubersalbe unverwundbar gemacht hatte. Jason
schwor, Medea zu ehelichen, sobald die Argonauten nach Griechenland heimgekehrt seien; sie folgte ihm. In Korinth vergaß Jason, daß er das Goldene Vlies nur
dank Medeas Hilfe erwerben konnte, und wollte Kreusa heiraten. Aus enttäuschter
Liebe nahm Medea grausam Rache. Sie ließ ein giftgetränktes Brautkleid an Kreusa
überbringen; Kreusa legte es an und starb einen qualvollen Tod. Danach ermordete Medea ihre beiden eigenen Kinder, die sie Jason geboren hatte, und fuhr in
ihrem mit Drachen bespannten Zauberwagen durch die Lüfte davon.

WIRKSAME KRITIK   Straßburg 1770
Q: (2) Bd. 13, S. 394 („Dichtung und Wahrheit", Zweiter Teil, Neuntes Buch). —
E: Goethe. — D: Mai 1770. — K: *ein kleines französisches Gedicht* — Es ist nicht
erhalten geblieben. — *ein Franzose* — nicht zu identifizieren.

DER FIRNIS DER FIKTION ÜBER DEM LEBEN   Straßburg 1770
Q: (2) Bd. 13, S. 395 f. („Dichtung und Wahrheit", Zweiter Teil, Neuntes Buch). —
E: Goethe. — D: 1770. — K: *an einen Freund in Frankfurt* — Johann Adam Horn;
nach der Aufführung des Schauspiels „Medon oder Die Rache des Weisen" von
Christian August Clodius in Leipzig (wahrscheinlich am 24. August 1767), das
Goethe in nicht überlieferten Knittelversen verspottete, hatte Horn das Gedicht an
den Kuchenbäcker Hendel (vgl. die Anekdote „Wirtshausspaß per Parodie", I,
S. 35 f.) mit wenig eindrucksvollen Versen erweitert; von dieser Umarbeitung müssen mehrere Abschriften im Umlauf gewesen sein. — *die Nachricht jenes Unglücks* — Goethe berichtet selbst darüber (BA, Bd. 13, S. 394 f.): „Kaum erscholl
aus der Hauptstadt die Nachricht von der glücklichen Ankunft der Königin, als eine
Schreckenspost ihr folgte: bei dem festlichen Feuerwerke sei durch ein Polizeiver-
sehen in einer von Baumaterialien versperrten Straße eine Unzahl Menschen mit
Pferden und Wagen zugrunde gegangen und die Stadt bei diesen Hochzeitfeierlich-
keiten in Trauer und Leid versetzt worden. Die Größe des Unglücks suchte man sowohl dem jungen königlichen Paare als der Welt zu verbergen, indem man die um-
gekommenen Personen heimlich begrub, so daß viele Familien nur durch das völlige Außenbleiben der Ihrigen überzeugt wurden, daß auch diese von dem schreck-
lichen Ereignis mit hingerafft seien."

DER DREIZEHNTE   Straßburg 1770
Q: (2) Bd. 13, S. 397 f. („Dichtung und Wahrheit", Zweiter Teil, Neuntes Buch). —
E: Goethe. — D: 1770. — K: *Memento mori!* — (lat.) Gedenke des Todes! —
Wanzenau — Auengelände zwischen Ill und Rhein, nördlich von Straßburg
(Ruprechtsau).

HEXE, MÄDCHEN, KRÄMERIN   Straßburg 1770
Q: (2) Bd. 13, S. 409—411 („Dichtung und Wahrheit", Zweiter Teil, Neuntes
Buch). — E: Goethe. — D: 1770. — K: *die ihn ... störte* — Goethe erzählt von seinem Nachmittagsspaziergang mit einem unbekannten, kauzigen Hauptmann und
„Ludwigsritter". — *Büsel* — kleines Silberstück. — *eine Philippische Rede* — Heftige Strafrede, leidenschaftlich angreifende Rede (nach den Kampfreden des De-
mosthenes gegen König Philipp II. von Mazedonien).

IM GASTHOF „ZUM GEIST"   Straßburg 1770
Q: (2) Bd. 13, S. 434 f. („Dichtung und Wahrheit", Zweiter Teil, Zehntes Buch). —
E: Goethe. — D: Anfang Oktober 1770. — K: *der Prinz von Holstein-Eutin* — Peter
Friedrich Wilhelm, damals sechzehnjährig.

MENSCHEN PROBIEREN   Straßburg 1770
Q: (9) S. 162 f. — E: Johann Heinrich Jung, genannt Stilling oder Jung-Stilling. —
D: 1770.

SECHS VERBRANNTE STOHHÜTE   Sesenheim 1770
Q: (10) S. 332. — E: Joseph Victor Widmann (in dem Aufsatz „Ein Frühlingsgang nach Sesenheim"; als Gewährsmann wird der in der Anekdote genannte Bauer Wolf angegeben). — D: November 1770.

VON GÖTTERN, VON GOTEN ODER VOM KOTE   Straßburg 1770
Q: (2) Bd. 13, S. 439f. („Dichtung und Wahrheit", Zweiter Teil, Zehntes Buch). — E: Goethe. — D: Ende 1770. — K: *schmerzhafte Kur* — Herder unterzog sich in Straßburg einer langwierigen Operation, doch die Behandlung einer Erkrankung der Tränendrüse verlief erfolglos. — *von Göttern ... oder vom Kote* — Die Konfrontation Gott-Kot stammt aus spekulativ-phantastischen Etymologisierungsversuchen sektiererischer Naturphilosophen des 17. Jahrhunderts (Jakob Böhme u. a.); Herders boshafte Verspottung setzt die Kenntnis dieser Tradition voraus. — *Die von Langern eingetauschten Autoren* — Über diese Episode berichtet Goethe im Achten Buch von „Dichtung und Wahrheit" (BA, Bd. 13, S. 361): „Die deutsche Literatur und mit ihr meine eignen poetischen Unternehmungen waren mir schon seit einiger Zeit fremd geworden, und ich wendete mich wieder, wie es bei einem solchen autodidaktischen Kreisgange zu erfolgen pflegt, gegen die geliebten Alten, die noch immer wie ferne blaue Berge, deutlich in ihren Umrissen und Massen, aber unkenntlich in ihren Teilen und inneren Beziehungen, den Horizont meiner geistigen Wünsche begrenzten. Ich machte einen Tausch mit Langer [...]: ich überließ ihm ganze Körbe deutscher Dichter und Kritiker und erhielt dagegen eine Anzahl griechischer Autoren [...]."

SYMPATHIEN UND ANTIPATHIEN   Straßburg 1770
Q: (2) Bd. 13, S. 440 („Dichtung und Wahrheit", Zweiter Teil, Zehntes Buch). — E: Goethe. — D: Ende 1770.

ANDERS NICHT MÖGLICH   Straßburg 1770
Q: (11) Bd. 6, S. 176. — E: August Stöber (in einer brieflichen undatierten Mitteilung an Ludwig Uhland). — D: 1770 oder 1771.

OFFENBARES GEHEIMNIS   Straßburg 1771
Q: (2) Bd. 13, S. 537f. („Dichtung und Wahrheit", Dritter Teil, Eilftes Buch). — E: Goethe. — D: 1771.

ZWEI DISSERTATIONEN   Straßburg 1771
Q: (3) Bd. 1, S. 60. — E: Karl August Böttiger nach Franz Christian Lerse. — D: Juli/August 1771. — K: *batailliert* — Schlachten geschlagen, gekämpft. — *Deuteronomium* — Griechischer Name für das Fünfte Buch Mose des Alten Testaments; der Name bedeutet „die Wiederholung des Gesetzes". — *Respondent* — Der Antwortende; nach damaligem Universitätsbrauch der Verteidiger einer gelehrten Streitschrift. — „*... du willst an mir zum Hektor werden!*" — Anspielung auf eine Episode aus der „Ilias". Als sich im Verlauf des Trojanischen Krieges Achilles aus Zorn über Agamemnon vom Kampfe zurückzog, fand sich Patroklos, durch die wachsende Bedrängnis der Griechen genötigt, bereit, in die Rüstung des Achilles zu schlüpfen; im Zweikampf wurde Patroklos von Hektor getötet.

WILLKOMMEN UND ABSCHIED   Drusenheim 1771
Q: (2) Bd. 13, S. 538 f. („Dichtung und Wahrheit", Dritter Teil, Eilftes Buch). — E:
Goethe. — D: Anfang August 1771. — K: *Als ich ihr die Hand reichte . . .* — Die
hier prosaisch geschilderte Szene hat Goethe in seinem berühmten Gedicht aus
dem Jahre 1771, das nachträglich dann den Titel „Willkommen und Abschied" erhielt, poetisch gestaltet. — *nach acht Jahren* —Vgl. dazu die Anekdote „Acht Jahre
danach", I, S. 134.

MACHWERKE UND WELTPOESIE   Frankfurt 1771
Q: (2) Bd. 13, S. 593 f. („Dichtung und Wahrheit", Dritter Teil, Zwölftes Buch). —
E: Goethe. — D: Herbst 1771. — K: *Die Clarkesche wörtliche Übersetzung* — Im
18. Jahrhundert erschienen mehrere zweisprachige Ausgaben des Homer (griechisches Original und lateinische Übersetzung), darunter die von Samuel Clarke:
„Ilias", London 1729 – 1732; „Odyssee", London 1740. — *der Wolf Fenris und der
Affe Hannemann* — Figuren aus der nordischen und der indischen Mythologie,
über deren Aneignung Goethe selbst berichtet („Dichtung und Wahrheit", Dritter
Teil, Zwölftes Buch; BA, Bd. 13, S. 577 f.): „Durch Klopstocks Oden war denn
auch in die deutsche Dichtkunst nicht sowohl die nordische Mythologie als vielmehr die Nomenklatur ihrer Gottheiten eingeleitet; und ob ich gleich mich sonst
gern alles dessen bediente, was mir gereicht ward, so konnte ich es doch nicht von
mir gewinnen, mich derselben zu bedienen, und zwar aus folgenden Ursachen. Ich
hatte die Fabeln der ‚Edda' schon längst [...] kennengelernt und mich derselben
sogleich bemächtigt; sie gehörten unter diejenigen Märchen, die ich, von einer Gesellschaft aufgefordert, am liebsten erzählte. Herder [...] machte mich mit den Heldensagen mehr bekannt. Aber alle diese Dinge, wie wert ich sie hielt, konnte ich
nicht in den Kreis meines Dichtungsvermögens aufnehmen; wie herrlich sie mir
auch die Einbildungskraft anregten, entzogen sie sich doch ganz dem sinnlichen
Anschaun, indessen die Mythologie der Griechen, durch die größten Künstler der
Welt in sichtliche, leicht einzubildende Gestalten verwandelt, noch vor unsern
Augen in Menge dastand. [...] Ein ähnliches, wo nicht gleiches Interesse gewannen
mir die indischen Fabeln ab, die ich [...] gleichfalls mit großer Lust in meinen Märchenvorrat hineinzog. [...] Aber auch diese unförmlichen und überförmlichen Ungeheuer konnten mich nicht eigentlich poetisch befriedigen; sie lagen zu weit ab
dem Wahren ab, nach welchem mein Sinn unablässig hinstrebte." Der Fenriswolf
(auch Fenrir) ist in der nordischen Mythologie ein dämonisches Wesen, nach dem
Bericht aus der „Edda" ein Kind des Gottes Loki und einer Riesin, der in seiner Jugend mit unzerreißbaren Fesseln gebändigt wird. Der Affe Hannemann (eigentlich
Hanumân) kommt als Figur in dem großen altindischen Epos „Râmâyana" vor;
dort wird geschildert, wie der Gott Vishnu zur Erde steigt, diesem hilft Hanumân-Hannemann in vielen Kämpfen, indem er für ihn Erkundungswege erledigt, feindliche Riesen besiegt und mit einem Heer von Affen an der Seite des Gottes streitet. —
Thor — auch Thorr oder Donar, einer der altnordischen Hausgötter, ursprünglich
Gewittergott, später eine zentrale Gottheit, galt als Schirmherr der Menschen in
ihrem Kampf gegen die Riesen.

IN HOHER VERZÜCKUNG   Straßburg 1771
Q: (3) Bd. 1, S. 60 f. — E: Karl August Böttiger nach Franz Christian Lerse. — D:

1771. — K: *Sie waren in dieser Zeit unzertrennlich* — Goethe und Franz Christian Lerse. — *Goethes „Erwin"* — Gemeint ist Goethes Schrift „Von deutscher Baukunst" mit dem Untertitel „D.M.Ervini a Steinbach": (lat.) Geweiht dem Andenken Erwins von Steinbach (D. M. = Diis Manibus: Den abgeschiedenen Seelen). Vermutlich ist nur der erste Teil dieser Abhandlung im Sommer 1771 in Sesenheim, der zweite und dritte Teil dagegen erst 1771/72 in Frankfurt oder Wetzlar geschrieben worden. Der Erstdruck erfolgte 1772 bei Deinet in Frankfurt als Flugschrift ohne Angabe des Verfassers mit der Jahreszahl 1773. — *Sechs Wochen, nachdem er aus Straßburg war* — Goethe verließ Straßburg, nach Hause zurückkehrend, am 14. August 1771. Die erste Fassung des „Götz" brachte er, dem Drängen seiner Schwester Cornelia nachgebend, in etwa sechs Wochen zu Papier, aber erst im November und Dezember 1771.

Die besten Happen   Sesenheim 1771
Q: (12) S. 160 f. — E: Bernhard Rudolf Abeken nach den Erzählungen einer alten Frau und deren Tochter. — D: 1771.

Audienz vor fremder Haustür   Darmstadt 1772
Q: (3) Bd. 1, S. 48 f. — E: Karl August Böttiger. — D: April/Mai 1772.

Bettelstudent, ... (Variante 1)   Gießen 1772
Q: (2) Bd. 13, S. 587—591 („Dichtung und Wahrheit", Dritter Teil, Zwölftes Buch). — E: Goethe. — D: 18. August 1772. — K: *ein Stammbuch* — Nach akademischer Sitte besaß im 17. und 18.Jahrhundert jeder Student ein Stammbuch, in das sich die Gelehrten eintrugen, bei denen er Vorlesungen besuchte (vgl. „Faust" I, Vers 2045). — *Nößel* — Schoppen, Weinglas.

Bettelstudent, ... (Variante 2)   Gießen 1772
Q: (13) Bd. 6 (1885), S. 345 f. — E: Hallberg nach Marianne Höpfner. — D: 18. August 1772.

Bettelstudent, ... (Variante 3)   Gießen 1772
Q: (14) S. 186. — E: Karl Wagner nach anonymer mündlicher Überlieferung. — D: 18.August 1772. — K: *Philipp Heinrich Schmidt* — Christian Heinrich Schmid. — *blöde* — Hier: schüchtern, scheu.

Schelte für ein Versäumnis   Wetzlar 1772
Q: (2) Bd. 13, S. 596 („Dichtung und Wahrheit", Dritter Teil, Zwölftes Buch). — E: Goethe. — D: Ende 1772. — K: *bis ich ihn bei Lotten eingeführt* — Goethe spricht hier von Ludwig Julius Friedrich Höpfner und Charlotte Buff. — *die junonische Gestalt* — große, stattliche Gestalt (nach der römischen Göttin Juno).

Irrlichter im Herbst   Frankfurt 1772
Q: (201) Bd. 4, S. 226 f. — E: Goethes Mutter in der Nacherzählung Bettina von Arnims (der Text nach einem Briefe Bettinas an Goethe vom 28. November 1810). — D: Herbst 1772.

"Götz" und die technisch merkantilische Lust   Frankfurt 1773
Q: (2) Bd. 13, S. 615f. („Dichtung und Wahrheit", Dritter Teil, Dreizehntes Buch). — E: Goethe. — D: 1773. — K: *an dem ersten Manuskript* — Der sog. Ur-götz entstand im Spätherbst 1771; der erste Druck erschien 1833 im Band 42 der Ausgabe letzter Hand („Geschichte Gottfriedens von Berlichingen mit der eisernen Hand, Dramatisiert"). — *ein ganz erneutes Stück* — Unter dem Titel „Götz von Berlichingen mit der eisernen Hand. Ein Schauspiel", gedruckt 1773, jedoch ohne Angabe von Verfasser und Druckort. Mit der Umarbeitung hatte Goethe im Januar begonnen. — meine *„Mitschuldigen"* — Von Goethes sozialkritischem Lustspiel „Die Mitschuldigen", in dem Goethe Erfahrungen und Beobachtungen der gesellschaftlichen Zustände in Frankfurt verarbeitet, entstanden zwei Fassungen, die nur handschriftlich überliefert sind, zwischen November 1768 und Februar 1769; 1783 wurde die dritte Fassung in Weimar abgeschlossen, sie liegt dem Erstdruck zugrunde, der 1787 in Band 2 der „Schriften" erfolgte. — *die Frankfurter Zeitung* — Gemeint sind die „Frankfurter Gelehrten Anzeigen", eine kritisch-programmatische Zeitschrift der sich formierenden Sturm-und-Drang-Literatur; in den Jahrgängen 1772 und 1773 erlebte sie durch die Gemeinschaftsarbeit von Merck, Schlosser, Höpfner und Goethe den Höhepunkt ihrer Popularität. — *so erschien plötzlich ein Nachdruck* — Ein Raubdruck durch einen unbekannten Verleger.

Niederschmetternd   Frankfurt 1773
Q: (2) Bd. 13, S. 632 („Dichtung und Wahrheit", Dritter Teil, Dreizehntes Buch). — E: Goethe. — D: Ende 1773 oder Anfang 1774.

Verschiedene Instanzen   Frankfurt 1774
Q: (2) Bd. 13, S. 608f. („Dichtung und Wahrheit", Dritter Teil, Dreizehntes Buch). — E: Goethe. — D: Erstes Halbjahr 1774.

Tätige Hilfe   Frankfurt 1774
Q: (2) Bd. 13, S. 727f. („Dichtung und Wahrheit", Vierter Teil, Sechzehntes Buch). — E: Goethe. — D: Nacht vom 28. auf den 29. Mai 1774.

Der nächtlich disputierende Tänzer   Ems 1774
Q: (2) Bd. 13, S. 664f. („Dichtung und Wahrheit", Dritter Teil, Vierzehntes Buch). — E: Goethe. — D: Mitte Juni 1774. — K: *Tiro* — Schreiber; ursprünglich der Name des freigelassenen Sklaven, der für Cicero unter anderem Schreiberdienste leistete und dabei eine Art Stenographie erfand.

Geschichte und Geschichten   Frankfurt 1774
Q: (15) Bd. 6 (1919), S. 283. — E: Johann Kaspar Lavater (in einem Briefe an einen unbekannten Freund vom 10. Juli 1777). — D: Zwischen 23. und 28. Juni 1774. — K: *Historiam morbi* — (lat.) Krankheitsgeschichte.

Hartes Dilemma   Frankfurt 1774
Q: (2) Bd. 13, S. 652f. („Dichtung und Wahrheit", Dritter Teil, Vierzehntes Buch). — E: Goethe. — D: Ende Juni 1774. — K: *Der Begriff von der Mensch-*

heit — Hier soviel wie: Menschenwesen, Art des Menschen, Humanität. — *auf Mendelssohn und andere losging* — Lavater hatte die Schrift „Palingénésie philosophique" (Zürich 1769/70) von Charles Bonnet aus dem Französischen ins Deutsche übersetzt, weil er davon überzeugt war, daß die darin enthaltenen Gottesbeweise Andersgläubige zum Christentum bekehren könnten. Den zweiten Teil dieser Übersetzung widmete er Moses Mendelssohn und bat ihn in der Vorrede eindringlich, Bonnets Ausführungen entweder öffentlich zu widerlegen oder, falls er dazu nicht imstande sei, sich zum christlichen Glauben zu bekehren. — *liberal* — Hier in der Bedeutung von gütig, tolerant, vorurteilsfrei. — *Proselyten* — Überläufer, Abtrünnige, die von einer Religion oder Konfession zu einer anderen überwechseln.

BASEDOWS ERGO   Neuwied 1774
Q: (16) Bd. 21, S. 346 („Zur Farbenlehre", Polemischer Teil, § 391). — E: Goethe. — D: 18. Juli 1774. — K: *Konklusion* — Schlußfolgerung. — *ergo bibamus* — (lat.) Also laßt uns trinken! — *auch Newton* — In allen seinen Äußerungen zur Farbenlehre und zur Theorie des Lichts erwies sich Goethe als eingeschworener, heftig bis zur Ungerechtigkeit reagierender, sich selbst wissenschaftlich meist ins Unrecht setzender Gegner, ja Feind Isaac Newtons. Die Basedow-Anekdote erzählt Goethe nur, um Newton lächerlich zu machen, wie der Wortlaut des § 393 der „Farbenlehre" bezeugt: „Diese Art Logik hat er seiner Schule überliefert, und bis auf den heutigen Tag wiederholen sie ihr ewiges ergo bibamus, das ebenso lächerlich und noch viel lästiger ist, als das Basedowische manchmal werden konnte, wenn er denselben Spaß unaufhörlich wiederbrachte." — Als Goethe diese Stelle seiner „Farbenlehre" Riemer diktierte, wies ihn dieser darauf hin, daß „ergo bibamus" zum Refrain eines Trinkliedes wie geschaffen erscheine (es kommt übrigens in dieser Funktion bereits in mittelalterlichen Trinkliedern vor). Goethe forderte Riemer auf, ein solches Trinklied zu schreiben, und verfaßte kurz darauf, im März 1810, sein Gedicht „Ergo bibamus!" (BA, Bd. 1, S. 101).

DINÉ ZU DRITT AM UFER DES RHEINS   Koblenz 1774
Q: (2) Bd. 13, S. 667 („Dichtung und Wahrheit", Dritter Teil, Vierzehntes Buch). — E: Goethe. — D: 19. Juli 1774. — K: *Das Andenken . . . habe ich in Knittelversen aufbewahrt* — Im autobiographischen Text teilt Goethe nur die vier folgenden Verse mit. In seinen Gedichten in der Ausgabe von 1815 stellte er sie an den Schluß eines längeren Gedichts „Zwischen Lavater und Basedow...", ursprünglich ohne Überschrift, später betitelt „Diné zu Koblenz im Sommer 1774". Von diesem gibt es eine frühe Abschrift, welche wiederum die vier Schlußverse nicht enthält. Es darf also vermutet werden, daß Goethe sie 1774, ganz wie er berichtet, tatsächlich „in ein Album" geschrieben hat und sie vielleicht erst 1815 als Pointe an den Schluß des anderen Gedichts rückte, vgl. BA, Bd. 1, S. 470 f.

ZWEIDEUTIGES ORAKEL   An der Lahn 1774
Q: (2) Bd. 13, S. 598f. („Dichtung und Wahrheit", Dritter Teil, Dreizehntes Buch). — E: Goethe. — D: Ende Juli 1774.

ENTWAFFNENDE ZUSTIMMUNG   Elberfeld 1774
Q: (17) Bd. 1, S. 486. — E: Johann Kaspar Lavater (in den „Neuen theologischen Annalen", Bd. 2, 1814, S. 605). — D: 21. Juli 1774. — K: An diesem Tage fand Goethes Besuch bei Lavater statt. Jedoch ist die Datierung der Anekdote (und damit ihre gesamte Überlieferung) durchaus fragwürdig: weil „Die Leiden des jungen Werthers" erst zur Michaelismesse 1774 gedruckt erschienen. Entweder handelt es sich also um ein späteres Zusammentreffen Goethes mit Lavater oder, was ebenfalls denkbar wäre, in der Person des „Werther"-Kritikers um einen anderen „gottesfürchtigen Mann".

VERWEIGERUNG VON BIERGENUSS ...   Nassau 1774
Q: (2) Bd. 13, S. 665f. („Dichtung und Wahrheit", Dritter Teil, Vierzehntes Buch). — E: Goethe. — D: 29. Juli 1774. — K: *weshalb er die Vornehmen und Begüterten zu ansehnlichen Beiträgen aufforderte* — Basedows und Lavaters Reisen hatten ganz unterschiedliche Beweggründe. Basedow, der seit 1771 in Dessau lebte, plante die Errichtung einer großen Erziehungsanstalt; das Geld, das er dafür benötigte, wollte er auf seiner Rheinreise durch Dotationen zusammenbringen; die Eröffnung des Dessauer „Philanthropinum" fand im Dezember 1774 statt. Lavaters Ausflug nach Ems und Elberfeld stand am Beginn von mehreren Reisen, auf denen er seine christlichen Überzeugungen zu propagieren suchte; von schwärmerischer Bewunderung und Verehrung geradezu verfolgt, unternahm er zwei weitere solcher Reisen: 1786 nach Bremen und 1793 nach Kopenhagen, auf denen er einen übertriebenen Bekehrungseifer entwickelte. — *der böse antitrinitarische Geist* — Basedow, der mit arianischen und sozianischen Lehrmeinungen sympathisierte, bestritt das christliche Dogma der Dreifaltigkeit Gottes bzw. Trinität in vielen religionsgeschichtlichen Schriften. — *der Tabaksdampf* — Für Goethe war Basedows übermäßiger Nikotinverbrauch ein ständiger Stein des Anstoßes.

IM KARMESINROTEN PELZ (VARIANTE 1)   Frankfurt 1774
Q: (2) Bd. 13, S. 728 f. („Dichtung und Wahrheit", Vierter Teil, Sechzehntes Buch). — E: Goethe. — D: 13./14. November 1774.

IM KARMESINROTEN PELZ (VARIANTE 2)   Frankfurt 1774
Q: (1) Bd. 1, S. 386. — E: Goethes Mutter in der Nacherzählung Bettina von Arnims (aus „Goethes Briefwechsel mit einem Kinde", 1835), im ursprünglichen Wortlaut als Passage eines Briefes an Goethe vom 28. November 1810 (vgl. ⟨201⟩ Bd. 4, S. 228 f.). — D: 13./14. November 1774. — K: *an den Main* — Genauer: auf die Rödelheimer Wiesen an der Nidda. — *Deine Mutter* — also Bettinas Mutter, Maximiliane Euphrosyne von Brentano.

GESUNDER PULS   Elberfeld 1774
Q: (9) S. 53 f. — E: Johann Heinrich Jung, genannt Stilling oder Jung-Stilling. — D: 1774.

DER DOKTOR WEISS BESCHEID   Frankfurt 1774
Q: (18) S. 32 f. — E: Katharina Elisabeth Goethe (in einem Briefe an Johann Kaspar Lavater aus Frankfurt vom 26. Dezember 1774). — D: 12. Dezember 1774. —

K: *allein bei ihr* — Katharina Elisabeth Goethe berichtet vom Krankenlager der Susanna Katharina von Klettenberg, die am folgenden Tage starb. — *mit dem Prinzen von Weimar nach Mainz reisen* — Vom 13. bis 16. Dezember befand sich Goethe dort mit Karl August.

Diese mehreren Lotten   Frankfurt 1775
Q: (2) Bd. 13, S. 637 („Dichtung und Wahrheit", Dritter Teil, Dreizehntes Buch). — E: Goethe. — D: 1775. — K: *meine Lotte* — Die weibliche Hauptfigur in Goethes Roman „Die Leiden des jungen Werthers" (1774). — *geliebteste* — Charlotte Buff. — *wie Nathan mit den drei Ringen* — Anspielung auf die berühmte Ringparabel in Gotthold Ephraim Lessings dramatischem Gedicht „Nathan der Weise" (III, 7). Lessings Drama erschien allerdings erst 1779. Da die Arbeiten an „Dichtung und Wahrheit" 1809 begannen, kann es sich sowohl um einen Anachronismus als auch um einen Bezug auf Boccaccios „Decamerone" handeln.

Dialog über einen Dritten   Frankfurt 1775
Q: (8) Bd. 5, S. 378. — E: Goethe. — D: 1775. — K: *über einen Dritten* — Goethe hat hier ein Gespräch über sich selbst aufgezeichnet; das „tolle Zeug" ist eindeutig mit dem „Werther"-Roman zu identifizieren. Die Gesprächspartner sind ein (mit Namen nicht bekannter) Frankfurter Syndikus und ein gewisser „Ph.", in dem Goethes Diener und Vertrauter Philipp Seidel vermutet werden darf. — *konstituieren* — zur Rede stellen. — *Ihr Rausch* — Vgl. dazu einen Vierzeiler Goethes, der 1827, also nahezu ein halbes Jahrhundert später, entstanden ist (BA, Bd. 1, S. 682):

> „Nehmt nur mein Leben hin, in Bausch
> Und Bogen, wie ich's führe;
> Andre verschlafen ihren Rausch,
> Meiner steht auf dem Papiere."

In Gottes Hand, aus Gottes Hand   Frankfurt 1775
Q: (2) Bd. 13, S. 734f. („Dichtung und Wahrheit", Vierter Teil, Sechzehntes Buch). — E: Goethe. — D: Zwischen 11. Februar und 11. März 1775.

Komödie und Tragödie   Frankfurt 1775
Q: (2) Bd. 13, S. 710f. („Dichtung und Wahrheit", Dritter Teil, Fünfzehntes Buch). — E: Goethe. — D: Anfang März 1775. — K: *bei jeder unserer geselligen Zusammenkünfte* — Goethe berichtet, daß man seiner Schwester Cornelia „wo nicht den Ursprung, doch die Konsistenz verdankte" (BA, Bd. 13, S. 708). Es wurden folgende Spielregeln aufgestellt: Man versammelte sich jede Woche einmal an einem Abend, die Anwesenden losten Pärchen aus, die sich nicht wie Verliebte, sondern wie Eheleute verhalten mußten, es sollte also eine humoristische „Ehestands-Komödie" in möglichster Perfektion aufgeführt werden. — *das „Mémoire" des Beaumarchais gegen Clavigo* — Beaumarchais unternahm 1764 eine Reise nach Spanien, um die Ehre seiner Schwester zu schützen, der der spanische Schriftsteller und Gelehrte José Clavijo y Fajardo das Eheversprechen gebrochen hatte. Beaumarchais konnte die Verurteilung und Verbannung Clavijos durchsetzen. Später schrieb er über diese Affäre das Rührstück „Eugénie". Er schilderte

seine Reise in mehreren „Mémoires"; der 4. Teil der „Erinnerungen", der im Februar 1774 erschien, regte Goethe zu seinem Trauerspiel „Clavigo" an. Der erste Druck des Goetheschen „Clavigo" erfolgte noch im Jahre 1774 bei Weygand in Leipzig.

LYRISCHE ZERFAHRENHEIT DER JUGEND   Offenbach 1775
Q: (19) Nr. 263 vom Donnerstag, dem 23. September 1847, S. 1049f. — E: Johann Wilhelm Appell (in dem Aufsatz „Erinnerungen aus Offenbach am Main"). — D: Frühjahr 1775. — K: *Lili* — Anne Elisabeth Schönemann.

IN TYRANNOS?   Frankfurt 1775
Q: (2) Bd. 13, S. 773f. („Dichtung und Wahrheit", Vierter Teil, Achtzehntes Buch). — E: Goethe. — D: Zwischen 8. und 14. Mai 1775. — K: *Die Gebrüder kamen an* — Die Grafen Christian und Friedrich Leopold zu Stolberg, die um den 8. Mai 1775 in Frankfurt ankamen. — *als Aja* — Aja (ital.) oder Aya (span.): Hofmeisterin, Erzieherin. Die (auch anderweitig vorkommende) Anrede von Goethes Mutter als „Frau Aja" spielt hier auf das bekannte Volksbuch von den vier „Haimonskindern" an, die von ihrer Mutter mit Wein traktiert werden, ehe sie ausziehen, um Heldentaten zu vollbringen (die beiden Stolbergs, Graf Haugwitz und Goethe waren im Begriffe, eine gemeinsame Reise in die Schweiz anzutreten). — *in Gottfrieds „Chronik"* — Die „Historische Chronik" wurde von Johann Philipp Abelinus unter dem Pseudonym Johann Ludwig Gottfried verfaßt, von Matthäus Merian verlegt; sie war ausgestattet mit vielen Kupferstichen und gehörte zu den beliebtesten, oft benutzten Büchern in Goethes Elternhaus. Die Chronik enthält in nüchterner Erzählweise viele Anekdoten mit weltgeschichtlichem Hintergrund, darunter eine vom Tyrannen Kambyses: dieser will, nachdem er viel Wein getrunken hat, dem Prexaspes beweisen, daß er seiner Sinne noch mächtig sei, zielt mit Pfeil und Bogen auf dessen Sohn, tötet ihn und läßt die Leiche öffnen, um zu demonstrieren, daß der Pfeil genau ins Herz traf. Der das Geschehen illustrierende Kupferstich (in der Ausgabe von 1743 auf S. 88) stellt dar, wie der Knabe am Baume gefesselt steht, derweil der König schießt, und wie dieser vor der geöffneten Leiche triumphierend auf die Genauigkeit seines Schusses verweist, während der entsetzte Prexaspes die Hände ringt. Goethes visuelles Gedächtnis hat in diesem Falle die Eindrücke seiner Jugend erstaunlich genau reproduziert.

MEPHISTOPHELISCH QUERBLICKEND   Frankfurt 1775
Q: (2) Bd. 13, S. 776 („Dichtung und Wahrheit", Vierter Teil, Achtzehntes Buch). — E: Goethe. — D: Zwischen 8. und 14. Mai 1775. — K: *meine vorgenommene Reise* — in die Schweiz. — *meine Gefährten* — die Brüder Friedrich Leopold und Christian Graf zu Stolberg und Graf Haugwitz.

MAN DENKE SICH DEN JUNGEN MANN   Schwyz 1775
Q: (2) Bd. 13, S. 792f. („Dichtung und Wahrheit", Vierter Teil, Achtzehntes Buch). — E: Goethe. — D: 16. Juni 1775. — K: *denn hier find ich zuerst das Datum verzeichnet* — In einem Tagebuch der Schweizer Reise, das nur knappe Notizen enthält und zu Goethes Lebzeiten nicht gedruckt wurde (vgl. ⟨8⟩ Bd. 5, S. 235—237). — *einen jüngern Freund* — Jakob Ludwig Passavant.

Kulante Bitte um ein Dutzend   Frankfurt 1775
Q: (2) Bd. 13, S. 618f. („Dichtung und Wahrheit", Dritter Teil, Dreizehntes Buch). — E: Goethe. — D: Herbst 1775. — K: *mein Name auf dem Titel* — Hier fügt Goethe bei der Niederschrift seiner Autobiographie seinen Namen in den Titel ein; dieser steht aber nicht auf dem Titelblatt des Neudrucks: Lebens-Beschreibung Herrn Gözens von Berlichingen, Zugenannt mit der Eisernen Hand... Zweyte verbesserte Auflage. Nürnberg. In der Felßeckerischen Buchhandlung 1775 (Erstdruck 1731). — *von diesem Wendepunkt der deutschen Geschichte* — Eine bemerkenswerte historische Einschätzung der Epoche des deutschen Bauernkrieges von 1525 durch Goethe! 1843 urteilt Alexander von Humboldt ähnlich; 1884 nannte Friedrich Engels den Bauernkrieg den „Angelpunkt der ganzen deutschen Geschichte".

Wagenlenker voller Ungeduld   Heidelberg 1775
Q: (2) Bd. 13, S. 836—840 („Dichtung und Wahrheit", Vierter Teil, Zwanzigstes Buch). — E: Goethe. — D: 3.November 1775. — K: *der weimarische Freund* — Johann August Alexander von Kalb. Karl August hatte am 22.September 1775 eine Einladung an Goethe ausgesprochen, nach Weimar überzusiedeln. Am 3.Oktober fand in Karlsruhe die Hochzeit des Herzogs Karl August mit Luise Auguste von Hessen-Darmstadt statt; das junge Paar reiste über Frankfurt nach Weimar zurück. Die Einladung wird mehrfach erneuert; es wird vereinbart, daß Goethe mit dem Kammerjunker von Kalb folgen soll. Da dessen Ankunft sich verzögert, Goethes Vater die Einladung aus Weimar ohnehin nicht ernst nimmt und dem Sohn abrät, länger zu warten, entschließt sich dieser zu einer Reise nach Italien; sein Aufenthalt in Heidelberg zeugt von vorläufiger Unentschlossenheit: entweder von Kalb trifft ihn hier, dann soll die Reise nach Weimar weitergehen — oder er kommt nicht, dann kann der Weg nach Italien fortgesetzt werden. —*Lili* — Anne Elisabeth Schönemann. — *in dem Hause des Oberforstmeisters von W...* — Ferdinand Joseph von Wrede, dessen Gattin Katharina und beider Töchter Marie Luise Josepha und Franziska Charlotte Josepha. — *Die Stafette* — Sonderbeförderung von Postsachen durch mehrere Reiter in Ablösung. — *daß ich meinem Burschen befahl, Post zu bestellen* — Goethe reiste mit Philipp Friedrich Seidel; dieser mußte noch vor Morgengrauen eine „Extrapost" bestellen, d. h. einen Wagen, der sofort und nur für den Besteller fährt. — *„Kind! Kind! nicht weiter..."* — Selbstzitat aus dem Trauerspiel „Egmont" (1788), Zweiter Aufzug, Szene Egmonts Wohnung.

Abends bei Wielands   Weimar 1775
Q: (3) Bd. 1, S. 221 f. — E: Karl August Böttiger nach Christoph Martin Wieland. — D: 1775.

Herr und Diener   Weimar 1775
Q: (20) Nr. 10 vom 6.März 1874, S. 376f. — E: Philipp Seidel (in einem Briefe an Johann Adam Wolf vom 23.November 1775). — D: 19.November 1775. — K: *Wir schlafen nun zu dreien in einer Kammer* — Vgl. den Kommentar zu „Einander umschlungen führend", I, S. 450.

EIGENE KÜNSTE   Weimar 1775
Q: (3) Bd. 1, S. 57. — E: Karl August Böttiger (nach mündlichem Bericht von Johann August Alexander von Kalb). — D: Ende 1775.

GENIESTREICHE   Weimar 1775
Q: (3) Bd. 1, S. 203 f. — E: Karl August Böttiger. — D: Ende 1775.

GESELLIGE SPIELE   Weimar 1775
Q: (21) Bd. 2, S. 231. — E: Adam Oehlenschläger. — D: 1775.

BLASPHEMISCHER BÄNKELSANG   Weimar 1775
Q: (22) S. 50. — E: Karl August Böttiger (in einem undatierten Briefe an Friedrich August Wolf). — D: 1775.

DAS GÄRTCHEN AN DER ILM (VARIANTE 1)   Weimar 1776
Q: (17) Bd. 1, S. 412 f. — E: Johann Daniel Falk. — D: März 1776. — K: Offiziell vollzog Karl August die Schenkung des Gartenhauses an Goethe am 21. April 1776. — Zur relativen Unsicherheit der Überlieferung vgl. die folgende Notiz Wilhelm Bodes ((64) Bd. 5, Drittes Heft, Berlin 1909, S. 222 f.): „In meinem Buche ‚Goethes Leben im Garten am Stern' habe ich die alte Überlieferung wiederholt, die Lewes und Schöll von Bertuchs Schwiegersohn, dem Geheimrat von Froriep, hatten: daß Goethe (oder der Herzog) den Garten *von* Bertuch gekauft hätten. Bertuch ist nun aber niemals aktenmäßiger Besitzer des Grundstücks gewesen; man muß also die alte Geschichte, wenn man sie nicht als Erdichtung abweisen will, dahin umformen, daß Karl August seinen Geheimschreiber Bertuch bewog, zugunsten Goethes auf ein Grundstück zu verzichten, das er, Bertuch, zwar noch nicht besaß, aber so gut wie gekauft hatte. Wegwerfen braucht man die alte Geschichte nicht."

DAS GÄRTCHEN AN DER ILM (VARIANTE 2)   Weimar 1776
Q: (23) S. 119. — E: August Diezmann. — D: März 1776.

DAS GÄRTCHEN AN DER ILM (VARIANTE 3)   Weimar 1776
Q: (24) S. 3—5. — E: Adolf Schöll. — D: März 1776.

EIN HERR BRUDER KOMMT   Weimar 1776
Q: (3) Bd. 1, S. 18. — E: Karl August Böttiger. — D: 3. April 1776. — K: *eine Karte an Goethe* — Das Billett ist erhalten; es sind Verse unter der Überschrift „Placet", mit der Unterschrift „Lenz", die jedoch an Karl August gerichtet sind:

> „Ein Kranich lahm, zugleich Poet,
> Auf einem Bein Erlaubnis fleht,
> Sein Häuptlein, dem der Witz geronnen,
> An Eurer Durchlaucht aufzusonnen.
> Es kämen doch von Erd und Meer
> Itzt überall Zugvögel her.
> Auch woll' er keiner Seele schaden
> Und bäte sich nur aus zu Gnaden,
> Ihn nicht in das Geschütz zu laden."

Bal paré mit Folgen (Variante 1) Weimar 1776
Q: (25) S. 125—129. — E: Johannes Daniel Falk. — D: 24. April 1776. — K: *bal paré* — (franz.) Prunkball, Ball in festlicher Kleidung. — *bal masqué* — (franz.) Maskenball. — *Marqueur* — (franz.) Aufwärter, Kellner. — *erkundigte sich nach seinem*... *Charakter* — An den Stadttoren mußten Einreisende außer ihrem Namen gewöhnlich auch ihren „Charakter", d. h. ihre Standeszugehörigkeit, angeben.

Bal paré mit Folgen (Variante 2) Weimar 1776
Q: (3) Bd. 1, S. 18 f. — E: Karl August Böttiger. — D: 24. April 1776.

Bal paré mit Folgen (Variante 3) Weimar 1776
Q: (26) S. 16. — E: Nikolai Karamsin (in einer Niederschrift vom 22. Juli 1789). — D: 24. April 1776.

Nächtliche Szene im Gebirge Ilmenau 1776
Q: (6) S. 602—604 (Gespräch vom 23. Oktober 1828). — E: Johann Peter Eckermann. — D: Die geschilderte Szene, die im Gedicht „Ilmenau" poetisch dargestellt ist, kann mit Sicherheit für die Sommermonate 1776 datiert werden. — K: *von ihm* — Eckermann spricht von Karl August. — *Ich sehe ihn noch immer auf seiner alten Droschke*... — Eckermann beschreibt hier in allen Einzelheiten eine Szenerie, wie sie auf einer erst 1831 entstandenen Lithographie von Karl August Schwerdgeburth dargestellt ist. — *in Ihrem Gedicht ‚Ilmenau'* — 1783 entstanden, jedoch erst 1815 gedruckt (BA, Bd. 1, S. 371—377).

Allotria zum Lachen und Denken Stützerbach 1776
Q: (13) Bd. 9 (1888), S. 11—14. — E: Friedrich Wilhelm Heinrich von Trebra (in der Notiz „Lebensverhältnisse mit Ober-Berghauptmann Trebra", 1813). — D: 25./26. Juli 1776. — K: *ein einziger* — Friedrich Wilhelm von Trebra. — *bemittelter Krämer* — Johann Elias Glaser. — *der ernstere Geselle* — Goethe.

Poetische Bestrafung Weimar 1776
Q: (2) Bd. 13, S. 724 f. („Dichtung und Wahrheit", Vierter Teil, Sechzehntes Buch). — E: Goethe. — D: 1776. — K: *„Holde Zeugen süß verträumter Jahre..."* — Gelegenheitsverse, die vermutlich erst 1779 entstanden sind, als Himburg im vierten Band seines dritten Raubdruckes von Goethes Schriften dessen Gedichte in oft verstümmelter oder entstellter Form publizierte. Als früheste Quelle gilt die Goethesche Niederschrift dieser Verse auf einem kleinen Quartblatt, das seinem Brief an Charlotte von Stein vom 4. Juli 1779 hinzugefügt war; es hat die Überschrift „Der vierte Teil meiner Schriften. Berlin 1779 bei Himburg", im Text Varianten mit kräftigerer Wortwahl. — *Sosias* — Sosias ist ein griechischer Name, der hier wohl versehentlich eingesetzt wurde. Gemeint ist wahrscheinlich Sosius und sein Bruder (die „Sosii" waren die bedeutendsten Buchhändler in Rom zur Zeit des Horaz, der sie in „De arte Poetica", Vers 345, erwähnt).

ZIELSCHEIBE   Weimar 1776
Q: (3) Bd. 1, S. 19f. — E: Karl August Böttiger. — D: September 1776. — K: *daß Goethe eben ihn fortgebracht habe* — An dieser Stelle seines Berichts hat Böttiger folgende einschränkende Fußnote angebracht: „Doch muß ich zur Steuer der Wahrheit bemerken, daß der Richtigkeit dieser Erzählung von sehr unterrichteter Seite her widersprochen worden ist, weil Goethe bis zu seinem Tode hohe Achtung für Klinger hatte und fortwährend mit ihm im Briefwechsel stand." — *tracassier* — (franz.) ein Unruhestifter; einer, der Stänkerei und Klatsch verursacht.

OPFER DER FREUNDSCHAFT   Weimar 1776
Q: (17) Bd. 1, S. 480. — E: J. G. Zimmermann (in „Versuch in anmutigen und lehrreichen Erzählungen"). — D: 1776.

VERTEUFELTE CONTENANCE   Weimar 1776
Q: (25) S. 136f. — E: Johannes Daniel Falk. — D: 1776. — K: *Contenance* — Gemütsruhe, Selbstbeherrschung.

IN DIE HINTEN GEWÖHNLICH BEFINDLICHE ÖFFNUNG   Kochberg 1776
Q: (28) Bd. 1, S. 94. — E: Karl von Stein. — D: 1776.

DER NEUE BEICHTVATER   Weimar 1776
Q: (17) Bd. 3, S. 55. — E: Karoline Herder (in ihren „Erinnerungen"). — D: Zweite Oktoberhälfte 1776. — K: *ihren Beichtvater frei zu wählen* — Vgl. dazu den Kommentar zu „Beichte und Absolution", I, S. 433. — *Er schrieb ... noch an den Herzog und Goethe* — Beide Briefe sind nicht erhalten.

DIE MACHT DES SCHICKSALS (VARIANTE 1)   Weimar, um 1776
Q: (17) Bd. 1, S. 480. — E: Edwin Zellweker (nach einem Anonymus in der „Reichenberger Zeitung" 1897, Nr. 163). — D: Um 1776. Diese und die folgende Variante stellen eindeutig Zuschreibungen einer Geschichte auf Goethe und Karl August dar, die dessen Urgroßvater Ernst August I. vor 1748 erlebt hat — allerdings „etwas" anders (vgl. Nachwort, II, S. 320 f.).

DIE MACHT DES SCHICKSALS (VARIANTE 2)   Weimar, um 1776
Q: (29) S. 46f. — E: August Ludwig. — D: Um 1776.

GEGENFRAGE   Dessau, um 1776
Q: (30) Bd. 1, S. 384f. — E: Leopold III. Friedrich Franz von Anhalt-Dessau (in der Wiedergabe durch Friedrich Reil). — D: Um 1776.

INS GEBÜSCH GESCHLAGEN   Weimar 1777
Q: (201) Bd. 7, S. 436. — E: Bettina von Arnim (in einem Briefe an Fürst Hermann von Pückler-Muskau vom 23. März 1834). — D: 1777.

BRILLANTER TEUFEL NAMENS GOETHE   Weimar 1777
Q: (25) S. 139—142. — E: Johannes Daniel Falk (nach mündlichen Berichten Gleims und Wielands). — D: Ende Juni 1777.

EINANDER UMSCHLUNGEN FÜHREND   Weimar 1777
Q: (15) Bd. 22 (1960), S. 155. — E: Philipp Seidel (in einem Briefe an einen unbekannten Freund vom 15. Oktober 1777). — D: Oktober 1777. — K: *eine Köchin* — Dorothee Wagenknecht. — *nunmehr eine ordentliche Haushaltung* — Goethe lebte damals als Junggeselle sowohl in seiner Stadtwohnung als auch im Gartenhaus an der Ilm. Neben Seidel gehörten weitere vier Bedienstete zu dieser „Haushaltung". Das Zusammenleben im Gartenhaus kannte kaum soziale Unterschiede: der Herr schlief mit seinen Dienern in einer Kammer, nahm auch gelegentlich die Mahlzeiten mit ihnen ein, alle Unterhaltung verlief in freimütiger Offenheit. Philipp Seidel hat bei Goethe eine einmalige, später sich niemals wiederholende Vertrauensstellung innegehabt.

REISENDER INKOGNITO   Wernigerode 1777
Q: (2) Bd. 15, S. 215—221 („Kampagne in Frankreich"). — E: Goethe. — D: 3. Dezember 1777. — K: *seine finstere Laune*... — Hier und durch die folgenden Schilderungen wird deutlich, daß Plessing Ende 1777 in eine tiefe seelische Krise geraten war; in zwei vergeblichen Anläufen hatte er Rechtswissenschaften und Theologie studieren wollen und sich als Soldat in holländische Dienste begeben; danach zog er sich in sein Vaterhaus nach Wernigerode zurück. — *Ingenuität* — (lat.) Freimut, Offenheit, Aufgeschlossenheit. — *Herzenssagazität* — Herzensklugheit. — *Monas* — Als Monas (vgl. dazu die Maximen 1397 und 391—393, in: BA, Bd. 18, S. 679 und 532), Monade oder Entelechie bezeichnet Goethe eine Tätigkeit oder Kraft, die als inneres Prinzip jedwede Entwicklung hervorruft und erhält. — *propädeutisch* — Propädeutik: (griech.) einführender vorbereitender Unterricht.

DER BETROGENE BETRÜGER   Wernigerode 1777
Q: (31) S. 13—21. — E: Fritz Nötzoldt (nach mündlicher Überlieferung). — D: 3./4. Dezember 1777.

GEWENDETES HERZ   Torfhaus bei Clausthal 1777
Q: (32) IV, Bd. 3, S. 200 f. — E: Goethe (in einem Briefe an Charlotte von Stein vom 10./11. Dezember 1777). — D: 10. Dezember 1777. — K: *diskursive* — (lat.) gesprächsweise, logisch denkend, schlußfolgernd. — *wie der König* — Anspielung auf eine biblische Episode zwischen Joas, König von Israel, und dem Propheten Elisa; vgl. Das 2. Buch der Könige 13, 16—19.

DAS NOTWENDIGE UND DAS ÜBERFLÜSSIGE   Weimar, um 1777
Q: (33) S. 123 f. — E: Heinrich Döring. — D: Um 1777.

BESORGUNGEN   Weimar, um 1777
Q: (34) S. 574. — E: Unbekannt. — D: Um 1777. — K: Völlig ungesicherte Überlieferung.

PFERDE IN DER SCHWEMME   Weimar, um 1777
Q: (17) Bd. 3, S. 39. — E: Johannes Daniel Falk. — D: Um 1777.

SCHWERMUT UND LEICHTSINN   Weimar 1778
Q: (35) Bd. 2, S. 56 f. — E: Friedrich Wilhelm Riemer. — D: 16./17. Januar
1778. — K: *Fräulein von Laßberg* — Christiane von Laßberg hatte den Freitod in
der Ilm höchstwahrscheinlich aus enttäuschter Liebe gesucht. Goethe war von dem
Ereignis tief ergriffen; in seinem Tagebuch und in einem Briefe an Charlotte von
Stein vom 19. Januar 1778 äußert er sich in tiefer Erschütterung. Sein Plan, für die
Unglückliche ein Denkmal zu errichten, wurde nicht verwirklicht. — *des neuen Geburtstagsstücks* — „Der Triumph der Empfindsamkeit", von Goethe eine „dramatische Grille" genannt, wurde am 30. Januar 1778 zum Geburtstag der Herzogin
Luise Auguste aufgeführt.

MASKERADEN AUF DEN SCHWANSEEWIESEN   Weimar 1778
Q: (36) S. 80—82. — E: Karl Wilhelm Friedrich Freiherr von Lyncker. — D: Februar 1778.

SYMPATHIEKUNDGEBUNG   Berlin 1778
Q: (37) S. 5 f. — E: Johann Valentin Teichmann (nach mündlicher Mitteilung Ludwig Tiecks). — D: Mai 1778. — K: Die Geschichte, durch Tieck nur „vom Hörensagen" überliefert, kann mit guten Gründen für Goethes Berliner Aufenthalt bezweifelt werden, zumal sie anderweitig auch für eine Begegnung zwischen Matthias
Claudius und Burmann in Anspruch genommen wird.

JUGENDLICHE DICHTERIN   Berlin 1778
Q: (38) S. 66. — E: Karoline Karsch-Hempel. — D: 18. Mai 1778. — K: *Mama* —
Goethes Besuch bei der „Karschin" ist durch eine kurze Tagebucheintragung belegt.

BIENENORAKEL   Wörlitz 1778
Q: (39) S. 351 f. — E: Friedrich von Matthisson. — D: 23. Mai 1778.

ENERGISCHE VORSTELLUNG EINER ILMNIXE   Weimar 1778
Q: (35) Bd. 2, S. 67 f. — E: Friedrich Wilhelm Riemer. — D: Sommer 1778. — K:
um dieselbe Zeit — Riemer hat vorher davon erzählt, wie Goethe sich gerade in seinem Gartenhäuschen wohlzufühlen begann. Er weist ganz richtig darauf hin, daß
Goethe damals öfter sein Lebensgefühl mit Wassergleichnissen umschreibt. — *das
daher als Gleichnis mehrmals in seinen Schriften vorkommt* — Dies trifft nicht zu:
das Gleichnis kommt weder in den vorweimarischen noch in den frühweimarischen „Schriften" (= Werken) Goethes vor; erst 1782 enthalten mehrere Briefe
Gleichnisse dieser Art, z.B. an Karl Ludwig von Knebel am 3. Februar 1782: „Die
Stein hält mich wie ein Korkwams über dem Wasser, daß ich mich auch mit Willen
nicht ersäufen könnte." Oder an Charlotte von Stein am 9. August 1782: „Cervantes hält mich jetzo über den Akten wie ein Korkwams den Schwimmenden."

KLOSTER, MÖNCHE, KALTE KÜCHE   Weimar 1778
Q: (40) S. 71. — E: Wilhelm Ludecus. — D: 9. Juli 1778.

Rembrandtisches Nachtstück am Ufer der Ilm   Weimar 1778
Q: (41) S. 158—160. — E: Christoph Martin Wieland (in einem Briefe an Merck
vom 27. August 1778). — D: 22. August 1778. — K: *regalieren* — bewirten — *casu
quodam* — (lat.) zufällig.

Gut gebrüllt, Löwe!   Weimar 1779
Q: (42) S. 20. — E: Luise von Göchhausen (in einem Briefe aus Weimar an Elisabeth Goethe vom 12. April 1779). — D: 6. April 1779. — K: *sein Orest* — Die erste
Aufführung der „Iphigenie auf Tauris" fand im Hauptmannschen Redoutensaal in
Weimar mit Corona Schröter in der Titelrolle und Goethe in der Rolle des Orest
statt. Eine Notiz Goethes (WA, III, Bd. 1, S. 84) hält fest: „‚Iphigenie' gespielt. Gar
gute Wirkung davon, besonders auf reine Menschen." — „*Liebes Löbchen, brülle
noch einmal*" — Ein damals sehr beliebtes, oft auch variiert angewendetes Zitat aus
Shakespeares „Sommernachtstraum" (I, 2); dort sagt Zettel (in der Übersetzung
von A. W. Schlegel): „Laßt mich den Löwen spielen. Ich will brüllen, daß es einem
Menschen im Leibe wohltun soll, mich zu hören. Ich will brüllen, daß der Herzog
sagen soll: ‚Noch mal brüllen! Noch mal brüllen!'"

Amüsable wie ein Mädchen von sechzehn   Weimar 1779
Q: (43) S. 169 f. — E: Christoph Martin Wieland (in einem Briefe an Merck vom
1. August 1779). — D: 26. Juli 1779. — K: *verbo tenus acquittiert* — (lat.) sich ganz
wörtlich frei macht, entledigt. — *jouissance* — (franz.) Befriedigung, Genuß. — *opus
hujus furfuris et farinae* — (lat.) ein derartiges Werk aus Mehl und Kleie. — Goethes Tagebuch (WA, III, Bd. 1, S. 91) hält unter dem Datum des 26. Juli 1779 fest:
„Ließ mich versprochenermaßen von Mayen malen. Und bat Wielanden, mir dabei
seinen ‚Oberon' zu lesen, er tat's zur Hälfte. Es ist ein schätzbar Werk für Kinder
und Kenner, so was macht ihm niemand nach ..."

Woldemar an der Eiche   Ettersburg 1779
Q: (15) Bd. 1 (1914), S. 141 f. — E: Friedrich Heinrich Jacobi (in einem Briefe aus
Düsseldorf an Johanna Schlosser vom 10. November 1779). — D: Anfang August
1779. — K: „*Woldemar*" — Friedrich Heinrich Jacobis Briefroman war zweimal gedruckt worden: 1777 unter dem Titel „Freundschaft und Liebe" in mehreren Heften des „Teutschen Merkur" und 1779 anonym im Verlag Kerten (Flensburg und
Leipzig) als „Woldemar. Eine Seltenheit aus der Naturgeschichte". Wie viele andere Zeitgenossen mochte auch Goethe diesen Roman nicht leiden, der sich ostentativ in die „Werther"-Nachfolge stellte, ihm aber platt und trivial erschien. — *eine
schöne Standrede* — Ende Juli oder (wahrscheinlicher) Anfang August passierte in
Ettersburg die vielberufene „Kreuzerhöhungsgeschichte", eine öffentliche Verspottung des „Woldemar": Goethe las im Park einige Briefe aus dem Roman vor, stieg
dann auf einen Baum, hielt eine geistvolle, improvisierend-parodierende „Standrede" (Strafpredigt) über das schlechte Buch und nagelte ein Exemplar (durch den
Buchdeckel) an eine Eiche. Die Affäre brachte eine deutliche Abkühlung des Verhältnisses zwischen Goethe und Jacobi und unterbrach ihren Briefwechsel bis
1782.

Götz II. Kassel 1779
Q: (30) Bd. 1, S. 272. — E: August Daniel Freiherr von Binzer (im Gespräch mit Christian Freiherrn von Truchseß-Wetzhausen). — D: Zwischen 14. und 16. September 1779.

Serenissimus, der Hätschelhans und Frau Aja Frankfurt 1779
Q: (18) S. 102 f. — E: Katharina Elisabeth Goethe (in einem Briefe an die Herzogin Anna Amalia aus Frankfurt vom 24. September 1779). — D: 18. September 1779.

Berühmtes Zitat Frankfurt 1779
Q: (44) Bd. 27, S. 159. — E: Unbekannt. — D: Wahrscheinlich zwischen 18. und 22. September 1779. Ungesicherte Überlieferung (Karl August war 1779 Herzog, nicht Großherzog).

Acht Jahre danach Sesenheim 1779
Q: (16) Bd. 3, S. 456. — E: Goethe (in einem Briefe an Charlotte von Stein aus Emmendingen vom 28. September 1779). — D: 25. September 1779. — K: *Abends ritt ich etwas seitwärts* — Von Emmendingen aus, wo Goethe seinen Schwager Johann Georg Schlosser besuchte, der seit September 1778 in zweiter Ehe mit Johanna Fahlmer verheiratet war, besuchte Goethe Sesenheim; er und der Herzog Karl August reisten damals in die Schweiz. Goethe benutzte jetzt die Gelegenheit, brieflich Charlotte von Stein über sein Verhältnis zur zweiten Tochter des Hauses, Friederike Brion, zu berichten. — *Ich erkundigte mich nach allem* — Worum es bei diesen Gesprächen hauptsächlich ging, ist in einer Notiz aus den „Biographischen Einzelheiten" von 1826 (BA, Bd. 16, S. 393 f.) festgehalten: „Ich besuchte auf dem Wege *Friederike Brion;* finde sie wenig verändert, noch so gut, liebevoll, zutraulich wie sonst, gefaßt und selbständig. Der größte Teil der Unterhaltung war über Lenzen. Dieser hatte sich nach meiner Abreise im Hause introduziert, von mir, was nur möglich war, zu erfahren gesucht, bis sie endlich dadurch, daß er sich die größte Mühe gab, meine Briefe zu sehen und zu erhaschen, mißtrauisch geworden. Er hatte sich indessen nach seiner gewöhnlichen Weise verliebt in sie gestellt, weil er glaubte, das sei der einzige Weg, hinter die Geheimnisse der Mädchen zu kommen; und da sie, nunmehr gewarnt, scheu, seine Besuche ablehnt und sich mehr zurückzieht, so treibt er es bis zu den lächerlichsten Demonstrationen des Selbstmords, da man ihn denn für halbtoll erklären und nach der Stadt schaffen kann. Sie klärt mich über die Absicht auf, die er gehabt, mir zu schaden und mich in der öffentlichen Meinung und sonst zugrunde zu richten..."

Eine recht ätherische Wollust Straßburg 1779
Q: (16) Bd. 3, S. 456 f. — E: Goethe (in einem Briefe an Charlotte von Stein aus Emmendingen vom 28. September 1779). — D: 26. September 1779. — K: *Lili* — Anna Elisabeth Schönemann. — *Grasaffen* — Goethe gebrauchte diesen Ausdruck öfters für junge Mädchen und Frauen. — *eine Puppe von sieben Wochen* — Lilis am 9. August 1779 geborene Tochter Elisabeth. — *„L'infante de Zamora"* — Eine damals häufig gespielte Komödie in drei Akten des französischen Schriftstellers Nicolas-Etienne Framery.

Unfreiwilliger Lustgang   Tiefurt 1779
Q: (24) S. 25 f. — E: Adolf Schöll. — D: Herbst 1779.

Gottes Spürhund   Clarisegg 1779
Q: (17) Bd. 2, S. 204. — E: L. Hirzel (in: Neujahrsblatt, Zürich 1888, S. 25). — D:
2. oder 3. Dezember 1779.

Dialog am Rheinfall   Schaffhausen 1779
Q: (45) S. 95 f. — E: Johann Kaspar Lavater (in einem Briefe an Goethe aus Zürich
vom 12. Januar 1780). — D: 6. Dezember 1779.

Der gläserne Sumpf   Stützerbach, um 1779
Q: (46) S. 56—58. — E: Gustav Parthey. — D: Um 1779. — K: *Ahitophel* — (hebr.)
„Bruder der Narrheit", d. h. ein Narr. Ahitophel ist nach biblischer Überlieferung
(2. Samuel 15—17) einer der vertrauten Ratgeber des Königs David und Teilneh-
mer an Absaloms Aufstand, weil David Bath-Seba, die Tochter seines Sohnes
Eliam, verführte.

Thusnelda im Regen   Tiefurt 1780
Q: (24) S. 26. — E: Adolf Schöll. — D: April 1780. — K: *Seit den geräuschvollen
Tagen des Besuchs der Brüder Stolberg* — Vom 26. November bis 3. Dezember
1775. — *die Hof-Portechaisenträger* — Angeblich Goethe und der Herzog persönlich, möglicherweise auch zwei andere von diesen beauftragte Personen. — Die Geschichte könnte eine Variante zu „Unfreiwilliger Lustgang" (Tiefurt 1779) sein, vgl.
I, S. 135 f.

Menschen und Flammen   Groß-Brembach 1780
Q: (16) Bd. 4, S. 98. — E: Goethe (in einem Briefe an Charlotte von Stein vom
26. Juni 1780). — D: 25. Juni 1780. — K: *unsere „Vögel"* — Vgl. den Kommentar zu
„Ehrenmann oder Spion?" (Variante 1), I, S. 458. — *Groß-Brembach* — Dorf nördlich von Weimar.

Gerichtstag halten   Ilmenau 1780
Q: (16) Bd. 4, S. 104. — E: Goethe (in einem Briefe an Charlotte von Stein vom
9. September 1780 aus Ilmenau). — D: 9. September 1780. — K: *mein Roman* —
Bisher ist ungeklärt, um welchen „Roman" es sich dabei handelt.

Kranz und Kuss   Weimar 1780
Q: (47) S. 13 f. — E: Christian Friedrich Neander (in einem Briefe an Elisa von der
Recke vom 12. Mai 1784). — D: 1780.

Geschichte einer männlichen Rache   Tiefurt 1781
Q: (33) S. 122 f. — E: Heinrich Döring. — D: August oder September 1781. — K:
Umständlicher erzählt, aber in den meisten Details übereinstimmend, findet sich
diese Anekdote, an deren Wahrheit häufig gezweifelt worden ist, schon in der Wiedergabe Oskar Ludwig Bernhard Wolffs, vgl. (109) S. 67 f. — Beim Kern der Geschichte scheint es sich um eine weit verbreitete Wanderanekdote zu handeln, die

u. a. bereits im Zusammenhang mit dem preußischen Hofnarren Jakob Paul von Gundling erzählt wurde (Eduard Vehse, Geschichte des preußischen Hofes. Band 3, Hamburg 1851, S. 16). Wann und durch wen die Zuschreibung auf Goethe erfolgte, ist ungeklärt.

ABGEWIESENE BITTSTELLER   Weimar 1781
Q: (30) Bd. 1, S. 310. — E: August von Kotzebue. — D: 1781. — K: *„Die Geschwister" für sie geschrieben* — Dieses kleine, im Herbst 1776 entstandene, einaktige Prosadrama ist keineswegs für Amalie von Kotzebue geschrieben, sondern behandelt Motive der Beziehung Goethes zu Charlotte von Stein (dazu Einzelheiten in: BA, Bd. 5, S. 642). — *dieses liebliche kleine Stück mit ihr gespielt* — Diese Behauptung allerdings trifft zu: als „Die Geschwister" am 21. November 1776 auf dem Weimarer Liebhabertheater ihre Uraufführung erlebten, spielte Goethe die Rolle des Wilhelm, Amalie von Kotzebue die der Marianne und August von Kotzebue die des Briefträgers.

PLUNDERSWEILERN BEI HOFE   Weimar 1781
Q: (48) S. 531 f. — E: J. A. Aulhorn. — D: 24. Dezember 1781. — K: *Rat Krause* — Georg Melchior Kraus. — Goethe selbst hat den Aulhornschen Bericht in einer Vorbemerkung zu „Das Neueste von Plundersweilern" bestätigt (vgl. BA, Bd. 5, S. 659 und WA, IV, Bd. 43, S. 392).

WER WEM?   Weimar, um 1781
Q: (49) S. 47. — E: Karl Zentner. — D: Um 1781. — K: Völlig ungesicherte Überlieferung, vermutlich eine unberechtigte Zuschreibung.

SINGENDE JUNGFRAU AM BORKENHÄUSCHEN   Weimar 1782
Q: (23) S. 140 f. — E: August Diezmann (nach dem Bericht eines Unbekannten) und Christoph Martin Wieland. — D: Vor dem 22. Juli 1782. — K: *insidiös* — (lat.) hinterlistig, heimtückisch.

ÜBERZÄHLIGE GÄSTE   Weimar 1782
Q: (51) S. 162. — E: Wilhelm Bode. — D: 12. September 1782.

DREI DIALOGE   Weimar 1783
Q: (52) Bd. 4, S. 258 f. — E: Johann Gottfried Herder (in einem Briefe an Johann Georg Hamann aus Weimar vom 17. Februar und 10. März 1783). — D: 9. Februar 1783. — K: *sogenannter Ratsstand* — Besondere, abgetrennte Kirchenbank, die für ausgewählte Personen von Stand (darunter Hofräte) reserviert war. — *Piques* — versteckte Anspielungen.

OSTEREIER SUCHEN   Weimar 1783
Q: (39) S. 352 f. — E: Friedrich von Matthisson. — D: April oder Mai 1783. — K: *ein Kinderfest* — Eine von Goethe in Weimar schon früh eingeführte Tradition! So bestätigt z. B. Riemer ((35) Bd. 2, S. 59) bereits für den Gründonnerstag (16. April) 1778, Goethe habe „sein gewohntes Kinderfest, das sogenannte Haseneiersuchen" veranstaltet, „diesmal des Wetters wegen im Komödienhause, sonst in seinem

oder im welschen Garten". — *die Kokagnen zu Neapel* — Cuccagna oder Cocagna (der romanische Name für Schlaraffenland) hieß ein neapolitanisches Volksfest, das an den letzten Karnevalssonntagen auf Kosten des Königs stattfand; in übertragener Bedeutung wurde auch ein Pyramidengerüst auf der Spitze einer eingefetteten Kletterstange so bezeichnet, an dem Eßwaren als Belohnung für diejenigen hingen, die hinaufzuklettern vermochten. — *wie schon Shakespeare behauptet* — Vermutlich nicht wörtlich, aber dem Sinne nach an verschiedenen Stellen seiner Werke, z. B. in mehreren Sonetten oder im „Kaufmann von Venedig" (V, 1; Unterhaltung zwischen Lorenzo und Jessica). — *Philanthropin* — 1774 von Johann Bernhard Basedow in Dessau gegründete Erziehungsanstalt, die eine „Werkstätte der Menschenfreundschaft" werden sollte; Matthisson war von 1781 bis 1784 dort Lehrer.

KLEINE MENSCHENGESICHTER   Weimar 1783
Q: (53) S. 120. — E: Friedrich de La Motte Fouqué (nach dem Bericht des Sohnes von Jakob Friedrich Freiherrn von Fritsch). — D: 1783.

NÄCHTLICHE RUHESTÖRUNG   Weimar 1783
Q: (6) S. 60 f. (Gespräch vom 13. November 1823). — E: Christoph Sutor in der Wiedergabe von Johann Peter Eckermann. — D: 1783. — K: *Einst klingelte er ...* — Es erzählt Christoph Sutor, Goethes Diener; „er" ist Goethe. — Für die genauere zeitliche Bestimmung gibt es zwei Möglichkeiten: entweder es handelt sich um ein (nicht sonderlich starkes) Erdbeben im Februar oder um ein verheerendes im Frühjahr 1783, das die Stadt Messina schwer zerstörte; auf die zweite Möglichkeit könnte Goethes Mitteilung an Charlotte von Stein (Brief vom 6. April 1783; WA, IV, Bd. 6, S. 147) hindeuten: „Heute nacht sah ich ein Nordlicht in Südost, wenn nur nicht wieder ein Erdbeben gewesen ist, denn es ist eine außerordentliche Erscheinung." — *der gute Alte* — Christoph Erhard Sutor.

STOCKENDER REDEFLUSS   Ilmenau 1784
Q: (6) S. 653 (Gespräch vom 14. April 1831). — E: Ernst Christian Wilhelm Ackermann, in der Wiedergabe von Johann Peter Eckermann. — D: 24. Februar 1784. — K: *wenigstens zehn Minuten lang* — Der Text der Ilmenauer Rede in: BA, Bd. 16, S. 439—443.

NATÜRLICH NATÜRLICHE KÜNSTE   Jena 1784
Q: (55) S. 350 f. — E: Ludwig Friedrich Göritz (in dem Aufsatz „Jena zur Zeit Schillers"). — D: Anfang September 1784. — K: *in die Gegend von Wörlitz* — Wahrscheinlich eine falsche Ortsangabe. Goethe hatte sich (zusammen mit Karl August, in Angelegenheiten des „Fürstenbundes") während der zweiten Augusthälfte 1784 in Braunschweig aufgehalten und unternahm von dort aus über Goslar und Elbingerode seine dritte Harzreise in Begleitung von Georg Melchior Kraus. — *Couverts* — Gedecke. — *Déjeuner* — (franz.) Frühstück.

VORSORGE FÜRS ALTER (VARIANTE 1)   Im Harz 1784
Q: (13) Bd. 9 (1888), S. 16—19. — E: Friedrich Wilhelm Heinrich von Trebra (in der Notiz „Lebensverhältnisse mit Ober-Berghauptmann von Trebra", 1813). — D:

Zwischen 21. und 24. September 1784. — K: 1783 — Goethe unternahm diese Harzreise erst im Jahre 1784, Vgl. „Vorsorge fürs Alter" (Variante 2). — *der waghalsige Erzähler* — Goethe. Wie von Trebra berichtet, hatte er von „Erzählungen" Goethes gehört, „daß er mitten im Winter, um die Weihnachtsfeiertage bei großem Schnee und heftiger Kälte, den Harz bereiset und namentlich den Brocken bestiegen habe" — diese Behauptung bezweifelt er. Vgl. dazu die Anekdote „Gewendetes Herz" I S. 121.

Vorsorge fürs Alter (Variante 2)   Im Harz 1784
Q: (54) S. 48. — E: Goethe (in einem Gespräch vom 18. Mai 1821 in der Wiedergabe durch Friedrich von Müller). — D: September 1784.

Dehors et dedans   Weimar 1784
Q: (56) Bd. 1, S. 372f. — E: Friedrich Heinrich Jacobi (in einem Briefe aus Pempelfort an Adelheid Amalia Fürstin von Gallitzin vom 11. Oktober 1784). — D: Zwischen 18. und 29. September 1784. — K: *um die dehors zu salvieren* — um den äußeren Schein (den gesellschaftlichen Anstand, die Etikette) zu retten. — *dedans* — das Innere.

Ganz ohne Sündenfall?   Weimar 1784
Q: (57) S. 190f. — E: Friedrich Heinrich Jacobi. — D: Zwischen 18. und 29. September 1784. — K: *ein geistvoller Mann* — Goethe. Dieser hatte seinen Einwand ironisch gemeint, das geht aus dem 55. Distichon der 1797 entstandenen „Vier Jahreszeiten" hervor (BA, Bd. 1, S. 263):

„Fortzupflanzen die Welt, sind alle vernünft'gen Diskurse
   Unvermögend; durch sie kommt auch kein Kunstwerk hervor."

Promovierungen   Weimar 1784
Q: (52) Bd. 5, S. 79. — E: Johann Gottfried Herder (in einem Briefe an Karl Ludwig von Knebel aus Weimar vom 6. November 1784). — D: Anfang November 1784. — K: *seine Abhandlung vom Knochen* — Goethes naturwissenschaftliche Untersuchung „Dem Menschen wie den Tieren ist ein Zwischenknochen der oberen Kinnlade zuzuschreiben" (PA, Bd. 33, S. 401–432) war von März bis Mai 1784 entstanden; seine Entdeckung hatte er Herder in einem Briefe aus Jena vom 27. März 1784 voller Freude mitgeteilt. — *dictator perpetuus und imperator* — (lat.) ständiger Diktator und Imperator (Repräsentant des Imperiums), im antiken Rom offizieller Staatstitel; Cäsar führte den Titel eines Imperators, wie einen Vornamen, seit 45 v. u. Z. erstmalig auf Lebenszeit. — *avanciert und promoviert* — aufgerückt und vorangekommen.

Dienstauftrag   Weimar, um 1784
Q: (17) Bd. 3, S. 512. — E: A. Straub (in: Münchener Lesebogen, Nr. 87, S. 9). — D: Um 1784. — K: Ungesicherte Überlieferung.

Prinzenköpfe   Gotha, um 1784
Q: (6) S. 557 (Gespräch vom 26. September 1827). — E: Goethe (in der Wieder-

gabe durch Johann Peter Eckermann). — D: Um 1784. — K: *die Mutter* — Herzogin Maria Charlotte Amalie von Sachsen-Meiningen, mit der Goethe, ähnlich wie mit ihrem Gemahl, Herzog Ernst II., freundschaftliche Beziehungen unterhielt. — *regierender Herr* — Friedrich IV. — *„und haben es mir später nie vergessen"* — Dazu berichtet der Musiker Ferdinand Hiller (Briefe an eine Unbekannte. Köln 1877, S. 21 f.): „Der verstorbene Herzog von Gotha (bekanntlich zuletzt etwas verrückt) hatte stets eine Pique auf Goethe, ohne daß derselbe wußte, wie und warum. Endlich, als der Herzog Goethe einmal besuchte, erzählte er ihm die Ursache dieser Art von Groll. Goethe habe, als er früher einmal am Gothaschen Hofe gewesen, jenem Herzog und seinem kleinen Bruder (damals Kinder) die Köpfe mit den Händen gerieben und dabei gesagt: ‚Ihr Semmelköpfe, was wird denn einst aus euch werden?'"

TRÜBER TAG MIT ZAHNSCHMERZEN Neustadt an der Orla 1785
Q: (30) Bd. 1, S. 363—365. — E: Karl Ludwig von Knebel (in Tagebuchnotizen). — D: 24./25. Juni 1785.

VERSÄUMNIS Weimar 1786
Q: (58) S. 35 f. — E: Sigmund Gottfried Dietmar. — D: Wahrscheinlich am 22. Juli 1786.

WALLFAHRER Walchensee 1786
Q: (2) Bd. 14, S. 165 f. („Italienische Reise"). — E: Goethe. — D: 7. September 1786. — K: *Maria Einsiedeln* — Benediktinerkloster im Kanton Schwyz, gegründet 934, neu erbaut im frühen 18. Jahrhundert. — *St. Jago von Compostell* — Santiago de Compostella, eine Kleinstadt im nordwestlichen Spanien, war seit dem 11. Jahrhundert nach Jerusalem und Rom der bedeutendste christliche Wallfahrtsort.

EHRENMANN ODER SPION? (VARIANTE 1) Malcesine 1786
Q: (2) Bd. 14, S. 184—189 („Italienische Reise"). — E: Goethe. — D: 14. September 1786. — K: *Podestà* — (ital.) Bürgermeister. — *als Treufreund* — Bei Aufführungen der Aristophanischen Komödie „Die Vögel" (entstanden um 414 v. u. Z.) hatte Goethe selbst mehrfach die Rolle des Treufreund übernommen, der den Chor der Vögel beschwatzt und umstimmt. — *von den Kindern und Enkeln dieser Häuser* — Die einzige Tochter Johann Maria und Franziska Klara Allesinas, Paulina Maria Angela Franziska, war verheiratet mit dem Kaufherrn Franz Maria von Schweitzer in Frankfurt (dem Sohn eines Veroneser Kaufmanns namens Suaizar); die Familie nannte sich seit dieser Generation von Allesina-Schweitzer. Goethe war mit deren Sohne, Karl von Allesina-Schweitzer, und dessen Schwester Wilhelmine näher bekannt. — *lästrygonisch* — In der „Odyssee" des Homer (X, 81—132) werden die Lästrygonen als ein menschenfressendes Riesenvolk im fernen Westen beschrieben.

EHRENMANN ODER SPION? (VARIANTE 2) Malcesine 1786
Q: (59) S. 21 f. — E: Johann Heinrich Voß d. J. — D: 14. September 1786.

ARME UND REICHE   Bozen 1786
Q: (2) Bd. 14, S. 191 f. („Italienische Reise"). — E: Goethe. — D: 15. September
1786. — K: *die Grundbildung* — die körperliche Statur. — *türkisches . . . Heidekorn* — regionale Bezeichnung für Mais. — *Blende* — auch Plente oder Plenten: brei- oder kuchenartiges Gericht aus Maismehl (italienisch: Polenda). — *kachektisch* — (griech.) hinfällig, ausgezehrt.

GLEICHES RECHT FÜR TOTE   Venedig 1786
Q: (2) Bd. 14, S. 237 („Italienische Reise"). — E: Goethe. — D: 5. Oktober 1786. — K: *Matadore* — Hauptgestalten (eigentlich Stierkämpfer, der dem Stier den Todesstoß gibt). — *Fuora* — (ital.) Heraustreten! — *I morti!* — (ital.) Die Toten! — *Bravi i morti!* — (ital.) Ein Bravo den Toten!

KOMPLIMENTE UND GESTÄNDNISSE   Logano auf den Apenninen 1786
Q: (2) Bd. 14, S. 270 f. („Italienische Reise"). — E: Goethe. — D: 21. Oktober 1786.

PFAFFENSCHELTE   Perugia 1786
Q: (2) Bd. 14, S. 274—276 („Italienische Reise"). — E: Goethe. — D: 25. Oktober 1786. — K: *unsere Begriffe von der Beichte* — Vgl. dazu den Kommentar zu „Beichte und Absolution", I, S. 433. — *Friedrich der Große* — Die Meinung, Friedrich II. von Preußen sei insgeheim ein Katholik gewesen, war damals in Italien weit verbreitet. (Vgl. etwa: Karl Philipp Moritz, Reisen eines Deutschen in Italien aus den Jahren 1786 bis 1788. Berlin 1792/93, Bd. 2, S. 96).

VERMEINTLICHER KONTREBANDIST   Assisi 1786
Q: (2) Bd. 14, S. 278—280 („Italienische Reise"). — E: Goethe. — D: 26. Oktober 1786. — K: *Sbirren* — (ital.) Polizeidiener, Schergen. — *der Vetturin* — Lohnkutscher. — *dem Heiligen* — Franz (Franziskus) von Assisi. — *Gran Convento* — eigentlich Il Sacro Convento: monumentales Kloster auf einem Abhang mit riesigen Unterbauten. — *die Maria delli Minervi* — Der später zu einer Kirche umgebaute Minervatempel stammt vermutlich aus augusteischer Zeit. Hier begegnete Goethe zum erstenmal einem Meisterwerk antiker Baukunst. — *Konterbande* — Hier: zollgesetzwidrig eingeführte Waren. — *Podestà* — (ital.) Bürgermeister.

ALLERSEELEN IM QUIRINAL   Rom 1786
Q: (2) Bd. 14, S. 288 f. („Italienische Reise"). — E: Goethe. — D: 3. November 1786. — K: *Allerheiligen* — Katholischer Festtag zum Gedächtnis aller Heiligen, seit dem 9. Jahrhundert wird er am 1. November begangen. — *Allerseelen* — Am 2. November gedenkt die katholische Kirche aller verstorbenen Gläubigen mit Fürbitten für die Seelen im Fegefeuer; schon seit dem 10. Jahrhundert bekannt, im 14. Jahrhundert von der römischen Kirche übernommen. — *Quirinal* — Der Palazzo del Quirinale war bis 1870 Sitz der Päpste. — *Monte Cavallo* — (ital.) Pferdeberg: der Platz vor dem Quirinal. — *Die beiden Kolossen* — Zwei 5,60 m hohe Marmorstatuen, die sog. Rossebändiger oder Dioskuren (römische Kopien der Kaiserzeit nach griechischen Originalen). — *Der heilige Vater* — Papst Pius VI. — *„Venio iterum crucifigi!"* — (lat.) „Ich komme, um wiederum gekreuzigt zu werden." Nach biblischer Legende begegnete der auferstandene Christus dem aus dem Gefängnis

in Rom entwichenen Petrus, der ihn fragte: „Domine, quo vadis?" (Herr, wohin gehst du?) Christus antwortete: „Venio iterum crucifigi." Daraufhin kehrte Petrus ins Gefängnis zurück. Am Schauplatz der Legende ist an der Via Appia in Rom die kleine Kirche Domine quo vadis erbaut worden.

GEORG UND HEINRICH   Rom 1786
Q: (2) Bd. 14, S. 290 f. („Italienische Reise"). — E: Goethe. — D: 2. oder 3. November 1786. — K: *den heiligen Georg . . . vorstellend* — Das Bild befindet sich heute in der Vatikanischen Pinakothek; auf Grund einer (später hinzugefügten) Bezeichnung „A. Reg. Pord. P." wurde es früher Giovanni Antonio da Pordenone zugeschrieben; heute gilt es allgemein als Werk Paris Bordenes. — *Sepia* — Eine aus dem Beutel des Tintenfisches hergestellte Farbe.

DER BARONISIERTE MÖLLER   Rom 1786
Q: (2) Bd. 14, S. 295 f. („Italienische Reise"). — E: Goethe. — D: 8. November 1786. — K: *den Namen, den ich angenommen hatte* — Nämlich: Jean Philippe Möller, Kaufmann aus Leipzig; im „Stato delle Anime" von Santa Maria del Popolo ist Goethe 1787 eingetragen als: „Filippo Miller, tedesco, pittore, 32" (F. M., Deutscher, Maler, 32 [Jahre alt]). — *gegen Rondanini über* — Goethes und Tischbeins Wohnung am Corso befand sich gegenüber dem Palazzo Rondanini.

ANTIK ODER MODERN?   Rom 1786
Q: (2) Bd. 14, S. 301 („Italienische Reise"). — E: Goethe. — D: 18. November 1786. — K: *ein Franzos* — Ritter Diel de Marsilly. — *Winckelmann spricht irgendwo mit Enthusiasmus davon* — Vgl. „Geschichte der Kunst des Altertums", 7. Buch, 3. Kapitel. Das Bild war in der Tat eine Fälschung Mengs'.

NOCH IMMER AUF TAUCHSTATION   Rom 1786
Q: (2) Bd. 14, S. 304—306 („Italienische Reise"). — E: Goethe. — D: 23. November 1786. — K: *Abbate Monti* — Die erwähnte Tragödie „Aristodemo" ist bald danach tatsächlich aufgeführt worden; Goethe berichtet davon unter dem Datum des 15. Januar 1787 (BA, Bd. 14, S. 324 f.). — *Der Held ist . . . ein König von Sparta* — Der König von Messenien, eigentlich Aristomenes, nach unsicherer Überlieferung der Held des zweiten Messenischen Krieges, der viele Jahre lang die Bergfestung Ira verteidigte. — *die Tochter des Prätendenten* — Charlotte Stuart, geb. Prinzessin von Albany, natürliche Tochter Charles Edward Stuarts; dieser wurde Prätendent genannt (hier: Kronbewerber), nach seinem mißglückten Versuch, 1745/46 in London zu landen und den englischen Thron wiederzugewinnen.

UNTERBRINGUNGSSCHWIERIGKEITEN . . .   Rom 1786
Q: (2) Bd. 14, S. 316 („Italienische Reise"). — E: Goethe. — D: 29. Dezember 1786. — K: *mein Porträt* — Das berühmt gewordene Bildnis Goethes in der Campagna wurde im August 1787 vollendet. — *Sein Entwurf* — Bleistiftskizze, leicht getuscht. — *das Porträt* — Tischbein verkaufte das Bild an einen Bankier Heigelin in Neapel; aus dem Nachlaß von dessen Sohn erwarb es der Frankfurter Bankier Freiherr von Rothschild; seit 1887 befindet es sich im Besitz des Städelschen Kunstinstituts in Frankfurt. Eine Kopie, wahrscheinlich die Gemeinschaftsarbeit mehrerer

Maler, aus dem Nachlaß Philipp Christoph Kaisers überbrachte Diethelm Lavater dem Großherzog von Weimar als Geschenk; sie befindet sich heute im Weimarer Goethe-Nationalmuseum.

BETENDE KATZE ZU WEIHNACHTEN   Rom 1786

Q: (2) Bd. 14, S. 315 („Italienische Reise"). — E: Goethe. — D: 25. Dezember 1786. — K: *Kopf eines Jupiters* — Vermutlich der sog. Zeus von Otricoli, eine Büste, die bei Ausgrabungen, veranlaßt durch Papst Pius VI., im Tibertal bei Otricoli gefunden und später in der Sala Rotonda des Vatikan aufgestellt wurde; es handelt sich dabei um eine Kopie aus der frühen römischen Kaiserzeit nach einem Original des Bryaxis aus dem 4. Jahrhundert v. u. Z. Goethe ließ den Abguß in Rom zurück und erwarb 1813 einen neuen.

CHRISTENTUM ODER HUMANITÄT?   Rom 1786

Q: (2) Bd. 14, S. 319 f. („Italienische Reise"). — E: Goethe. — D: 25. Dezember 1786 (Goethes Niederschrift erst am 6. Januar 1787). — K: *Hochamt* — Katholische Messe, bei der (im Unterschied zur stillen Messe) ein Chor die Kirchenlieder singt und der Priester bestimmte Gebete im Gesangston vorträgt. — *Diogenismus* — Bedürfnislosigkeit; das Wort ist gebildet nach dem griechischen Zyniker Diogenes von Sinope. — *mein frommer Vorfahre* — Diogenes; vgl. den Kommentar zu „Der Hypochonder und der Husar", II, S. 355.

SCHMERZENSKIND IPHIGENIE   Rom 1787

Q: (2) Bd. 14, S. 320—322 („Italienische Reise"). — E: Goethe. — D: Anfang Januar 1787. — K: *Hier folgt denn also* . . . — Das „Iphigenie"-Drama wurde nach Weimar am 13. Januar 1787 abgesendet. — *Moritzens Prosodie* — Gemeint ist: Karl Philipp Moritz, Versuch einer deutschen Prosodie. Berlin 1786.

BABYLONISCHES IN DER PROPAGANDA   Rom 1787

Q: (2) Bd. 14. S. 323 f. („Italienische Reise"). — E: Goethe. — D: 6. Januar 1787. — K: *in der Propaganda* — Der Palazzo di Propaganda Fide am Spanischen Platz in Rom wurde nach 1622 von Bernini erbaut, die westliche Fassade von Francesco Borromini zwischen 1646 und 1666. — *die drei Magos* — Die Weisen aus dem Morgenlande, die (nach Matthäus 2) zur Anbetung des Jesuskindes nach Bethlehem kamen. — *Malabarisch* — Eine der Sprachen im südlichen Indien. — *Epirotisch* — Albanisch. — *Moldauisch* — Rumänisch. — *Elenisch* — Bulgarisch. — *Kolchisch* — Georgisch. — *Sarazenisch* — Berberisch. — *Hibernisch* — Irisch. — *Madagaskarisch* — Malaiisch. — *Boisch* — Böhmisch. — *Isaurisch* — Kleinasiatischer Dialekt. — *„Gnaja!"* — (wahrscheinlich äthiopisch) „Betet an!" — *canaglia!* — (ital.) Kanaille!

ANEIGNUNGEN, MATERIELLE UND IDEELLE   Rom 1787

Q: (2) Bd. 14, S. 333 f. („Italienische Reise"). — E: Goethe. — D: 13. Februar 1787. — K: *Trinità dè Monti* . . . *Obelisk gegraben* — Trinità de' Monti heißt die französische Kirche mit zugehörigem Kloster aus dem 15. Jahrhundert auf dem Monte Pincio, oberhalb der Spanischen Treppe. Der Obelisk, eine Nachahmung aus der römischen Kaiserzeit, stand früher in den Sallustianischen Gärten zwischen der Via Sicilia und der Via Toscana; 1789 ließ ihn Papst Pius VI. vor S. Trinità de' Monti aufstellen. — *Ich eigne es mir gleich zu* — Das Tonstück hat sich nicht erhalten; vermutlich schenkte es Goethe 1831 der Malerin Luise Seidler.

LEBENSGEFÄHRLICHE OCHSEN   Albano 1787
Q: (60) Bd. 2, S. 87f. — E: Johann Heinrich Wilhelm Tischbein. — D: 22. Februar 1787. — K: *Vetturino* — (ital.) Lohnkutscher. — *Osteria* — (ital.) Wirtshaus, Schenke. — *Sedia* — (ital.) Sitzbank. — *Per Christo ed i Santi!* — (ital.) Bei Christus und allen Heiligen! — *Coltellata* — (ital.) Messerstiche; im übertragenen Sinne auch Stichelreden.

BEFRIEDIGTES BEDÜRFNIS   Neapel 1787
Q: (2) Bd. 14, S. 368f. („Italienische Reise"). — E: Goethe. — D: 12. März 1787. — K: *kauzend* — Hier: kauernd, sich auf komische Weise (wie ein Kauz) niederhokkend. — *die kleinen Huronen* — Hier: die kleinen Wilden; nach dem Indianerstamm der Huronen in Nordamerika.

MALKÜNSTE UNTERSCHIEDLICHER ART   Neapel 1787
Q: (2) Bd. 14, S. 374f. („Italienische Reise"). — E: Goethe. — D: 13. März 1787. — K: *aus meiner „Iphigenie" ein Bild* — Die Zeichnung ist erhalten geblieben; sie befindet sich heute im Goethe-Nationalmuseum in Weimar. — *Moment... Orest* — „Iphigenie auf Tauris", Dritter Aufzug, Dritter Auftritt, Vers 1310—1368.

DER ALTE RITTER HÄLT DAS LICHT DAZU   Caserta 1787
Q: (2) Bd. 14, S. 378f. („Italienische Reise"). — E: Goethe. — D: 16. März 1787. — K: *so will man hier nur leben* — Gemeint ist: im südlichen Italien. — *eine Engländerin* — Emma Lyons, genannt Miß Harte, später die berühmt-berüchtigte Lady Hamilton, damals bekannt durch ihre Künste der plastischen Mimik (Darstellung von Situationen in „Attitüden"). — *Belvederscher Apoll* — Römische Kopie einer griechischen Originalstatue aus der Mitte des 4. Jahrhunderts v. u. Z.; aufgefunden gegen Ende des 15. Jahrhunderts.

LUSTGESCHREI UND FREUDEGEHEUL   Neapel 1787
Q: (2) Bd. 14, S. 389—391 („Italienische Reise"). — E: Goethe. — D: 23. März 1787.

UMWELTVERSCHMUTZUNG AUF SIZILIANISCH   Palermo 1787
Q: (2) Bd. 14, S. 407—409 („Italienische Reise"). — E: Goethe. — D: 5. April 1787.

SELBSTERKENNTNIS AM OSTERSONNTAG   Palermo 1787
Q: (2) Bd. 14, S. 414 („Italienische Reise"). — E: Goethe. — D: 8. April 1787. — K: *Palast des Vizekönigs* — Dem Palazzo Reale in Palermo, an der Piazza della Vittoria, liegt eine arabische Gründung aus dem 9. Jahrhundert zugrunde; er wurde durch die Normannen erweitert und war unter den Hohenstaufen, vor allem unter Kaiser Friedrich II., ein wichtiges politisches und kulturelles Zentrum. Als Vizekönig von Sizilien residierte hier von 1785 bis 1788 Francesco d' Aquino, Fürst von Caramanico. — *ein Malteser* — Ein Graf Statella; er war bald darauf (im Mai 1787) in Weimar und bestellte an Charlotte von Stein Grüße von Goethe. Malteser waren

Angehörige des Johanniterordens oder Malteserritter, des ältesten aller geistlichen Ritterorden, der 1113 päpstlich bestätigt wurde. — *von Dacherödische Familie.* ... *Koadjutor von Dalberg* — Es handelt sich um die Familie des Kammerpräsidenten Karl Friedrich von Dacheröden (dessen Tochter Karoline 1791 Wilhelm von Humboldt heiratete) und um Karl Theodor von Dalberg, von dessen Wahl zum Koadjutor (Beigeordneter und Nachfolger eines geistlichen Fürsten) Goethe erst in Neapel erfahren hatte.

WOHLTATEN IM VERBORGENEN   Palermo 1787
Q: (3) Bd. 1, S. 42—46. — E: Karl August Böttiger. — D: Erste Aprilhälfte 1787. — K: *ein Aufsatz* — Der Titel lautet: „Des Joseph Balsamo, genannt Cagliostro, Stammbaum. Mit einigen Nachrichten von seiner in Palermo noch lebenden Familie"; zuerst erschienen im Band I von Goethes „Neuen Schriften" (Berlin 1792). Den Text dieses Aufsatzes, über den Böttiger knapp aus der Sitzung der Weimarer „Freitagsgesellschaft" vom 23. März 1792 berichtet, benutzte Goethe später als Grundlage einer ausführlicheren Schilderung in seiner „Italienischen Reise" (BA, Bd. 14, S. 427—439 und S. 819—826; datiert „Palermo, den 13. und 14. April"). — *Requisition* — (lat.) Anforderung, Ersuchen. — *der berühmte Halsbandprozeß* — Skandalöse Betrugsaffäre am französischen Hof 1785/86: eine Intrigantin, die Gräfin de la Motte, betrog die Königin Marie Antoinette und den Kardinal Rohan um ein kostbares Juwelenhalsband; nach Aufdeckung des Betrugs ließ die Königin den Kardinal in der Bastille gefangensetzen, der jedoch nachweisen konnte, daß er im guten Glauben gehandelt habe, und daher freigesprochen wurde. Von außerordentlicher Bedeutung waren vor allem die Folgen dieser Ereignisse. In der Öffentlichkeit richteten sich Zorn und Unwillen gegen die Königin, die mehrfach versucht hatte, den Prozeß zu Ungunsten des Kardinals Rohan zu beeinflussen. Die Halsbandgeschichte demaskierte leichtfertiges Treiben, Korruption und Intrigenwirtschaft am königlichen Hofe und isolierte das Königspaar in der französischen Gesellschaft; sie trug dazu bei, seinen Untergang vorzubereiten, und nährte kräftig antiroyalistische Stimmungen. Goethe bewertete die Affäre, die ihn mächtig erregte, als Vorzeichen einer nahenden Revolution und konzipierte daraus eine Oper mit dem Titel „Der Großkophta", die am 17. Dezember 1791 in Weimar aufgeführt wurde. — *bei diesem Manne* — Der Rechtsgelehrte Baron Antonio Vivona, damals Frankreichs diplomatischer Vertreter in Sizilien. — *insolvent* — (lat.) zahlungsunfähig. — *alle Hände meisterhaft nachmachen* — alle Handschriften (zum Zwecke von Fälschungen und Betrug) nachmachen. — *Principe* — Fürst, Prinz. — *Auch diesen Brief* — In deutscher Übersetzung wiedergegeben in dem obengenannten Aufsatz Goethes über Balsamo-Cagliostro von 1792. — *Cagliostros neueste Schicksale in Rom* — Cagliostro, auf Befehl des Papstes zum Tode verurteilt, wurde 1791 zu lebenslänglicher Haft auf dem Fort Leone bei Urbino begnadigt, wo er 1795 starb. — *das Manuskript des „Großkophta"* — Noch 1792 erschien bei Unger in Berlin: Der Großkophta. Lustspiel in fünf Aufzügen von Johann Wolfgang Goethe.

PREISKALKULATION FÜR NARRHEIT UND TUGEND   Palermo 1787
Q: (2) Bd. 14, S. 423f. („Italienische Reise"). — E: Goethe. — D: 12. April 1787. — K: *ein Laufer* — Hier: ein Diener. — *ein langer hagerer Herr* — Ferdinando Francesco II., Prinz von Palagonia, bekannt durch seine absonderliche Lebensweise

und viele schrullige Ansichten, ließ seine Villa in La Bagheria (wenige Kilometer östlich von Palermo) mit einer großen Menge von barock-skurrilen Figuren und Gemälden ausstaffieren.

URPHÄNOMEN IM BOTANISCHEN GARTEN   Palermo 1787
Q: (2) Bd. 14, S. 441 („Italienische Reise"). — E: Goethe. — D: 17. April 1787. — K: *meine dichterischen Träume fortzusetzen* — Goethe berichtet, daß er am vorhergehenden Tage im öffentlichen Garten von Palermo die Zeit damit verbracht habe, sein „Pensum in der ‚Odyssee' zu lesen", den Plan zu einem „Nausikaa"-Drama zu entwerfen und einige Szenen auszuführen (die Tragödie blieb Fragment). — *die Urpflanze* — Die geistige „Entdeckung" einer „Urpflanze" hatte nicht nur für Goethes botanische Studien, sondern für sein gesamtes, von naturwissenschaftlichen wie von gesellschaftswissenschaftlichen Erkenntnissen gleichermaßen strukturiertes Weltbild fundamentale Bedeutung. Daß er sich über diesen Aspekt auch selbst vollkommen im klaren war, geht vor allen Dingen aus einem Bekenntnisbrief an Johann Gottfried Herder hervor (aus Neapel am 17. Mai 1787 geschrieben; PA, Bd. 30, S. 358).

MITTEN IM RACHEN DES LÖWEN   Catania 1787
Q: (2) Bd. 14, S. 464—467 („Italienische Reise"). — E: Goethe. — D: 1. und 2. Mai 1787.

HULDIGUNG IN HÖCHSTER EILE   Neapel 1787
Q: (2) Bd. 14, S. 504 f. („Italienische Reise"). — E: Goethe. — D: 22. Mai 1787.

AUF DER TÜRSCHWELLE   Neapel 1787
Q: (13) Bd. 4 (1883), S. 320 f. — E: Adalbert Gyrowetz. — D: Ende Mai 1787.

ANREGEND WIE KOFFEIN   Neapel 1787
Q: (2) Bd. 14, S. 528 f. („Italienische Reise"). — E: Goethe. — D: 3. Juni 1787. — K: *Marqueur* — Aufseher, Zollbeamter. — *Vetturin* — Fuhrmann, Lohnkutscher.

TOLLHEIT IM MONDENSCHEIN   Rom 1787
Q: (6) S. 318 f. (Gespräch vom 14. April 1829). — E: Johann Peter Eckermann (nach Johann Heinrich Meyer). — D: November 1787. — K: *der König von Bayern* — Ludwig I.; er reiste wiederholt nach Rom und versammelte dort Künstler und Gelehrte um sich. — *der gewöhnliche Streit* — Auch in der Literatur zur bildenden Kunst nimmt damals die Kontroverse über die historisch-aktuelle Bedeutung Raffaels und Michelangelos breiten Raum ein. — *Bajokks* — Baiocco war eine italienische Kupfermünze im Kirchenstaat. — Goethe selbst erzählt den hier von Meyer und Eckermann geschilderten Vorfall, in allen Einzelheiten übereinstimmend, vgl. „Italienische Reise" (BA, Bd. 14, S. 633).

ABENDROT ÜBER DER EWIGEN STADT   Rom 1788
Q: (2) Bd. 14, S. 717 f. („Italienische Reise"). — E: Goethe. — D: Februar 1788. — K: *auf der kapitolinischen Wohnung des Senators* — Der Palazzo Senatorio, der mittlere der drei Paläste des Kapitols. — *als die Reihe wieder an Kaysern kam* —

Mit dem aus Frankfurt stammenden Komponisten Philipp Christoph Kayser war Goethe seit längerem gut bekannt, fast befreundet. Goethe hatte ihn am 14. August 1787 brieflich aufgefordert, die Musik zu „Egmont" zu schreiben; im November 1787 kam Kayser aus Zürich nach Rom. — *Bogen des Septimius Severus* — Dieser Triumphbogen, damals noch halb verschüttet, wurde erst 1803 freigelegt.

MITTAGSSCHLÄFCHEN AUF DEM THRON DER WELT   Rom 1788
Q: (2) Bd. 14, S. 719f. („Italienische Reise"). — E: Goethe. — D: 1. März 1788. — K: *die Sixtinische Kapelle* — Die päpstliche Hauskapelle im Vatikan, erbaut von 1743 bis 1781 unter Papst Sixtus IV. durch Giovanni de'Dolci; berühmt wegen ihrer Wandfresken (Gegenüberstellungen von Szenen aus dem Alten und dem Neuen Testament) von verschiedenen Malern; u. a. von Michelangelo ein Wandfresko (zum Jüngsten Gericht) und gewaltige Deckengemälde (zu Themen der Schöpfungsgeschichte). — *Gemälde von Albert Dürer* — Da weitere Anhaltspunkte fehlen, war es bisher unmöglich festzustellen, um welche Gemälde es sich handelt. — *ich habe vorigen Sommer drin zu Mittag gegessen* — Goethe schildert diese Episode unter dem Datum des 22. November 1787 in seiner „Italienischen Reise" (BA, Bd. 14, S. 302f.).

GEWÄHRSMANN OVID   Rom 1788
Q: (2) Bd. 14, S. 753f. („Italienische Reise"). — E: Goethe. — D: 23. April 1788. — K: *die Statue Marc Aurels* — Die überlebensgroße Bronzestatue, vielleicht das bedeutendste unter allen erhaltenen Reiterstandbildern des Altertums, gehörte ursprünglich zu einem Siegesdenkmal, das der römische Senat im Jahre 164 dem Kaiser Marc Aurel errichtet hatte. Der ehemalige Standort ist unbekannt. Bis 1538 standen Reiter und Pferd vor dem Lateranspalast und wurden als Denkmal des ersten christlichen Kaisers Konstantin angesehen. Michelangelo ließ die Statue auf dem Kapitolsplatz aufstellen, wo sie sich heute noch als Mittelpunktsfigur befindet. — *der Kommandeur in „Don Juan"* ... — Anspielung auf Mozarts „Don Giovanni", Zweiter Akt; Verwandlung; Kirchhof, Mondschein, Das Denkmal des Komturs. — *Ovids Elegie* — Die dritte Elegie der „Tristia, Epistulae ex Ponto" (Trauergesänge, Briefe vom Schwarzen Meer), Erstes Buch, Vers 1—4 und 27—30. — *Ovid ... Rom verlassen sollte* — Kaiser Augustus verbannte im Jahre 8 u. Z. Ovid nach Tomis (Konstanza) am Schwarzen Meer, wo er sein letztes Lebensjahrzehnt zubringen mußte. — *Wandelt von jener Nacht* ... — Übersetzung von Riemer.

UNTER EINEM GLÜCKSSTERN   Bologna 1788
Q: (62) S. 12. — E: Goethe in der Wiedergabe durch Johannes Daniel Falk. — D: Ende Mai 1788.

WINDIGES SCHICKSAL   Weimar 1788
Q: (58) S. 38. — E: Edwin Zellweker (nach dem Neuen Wiener Tagblatt vom 27. August 1939). — D: Ende 1788. — K: Unsichere Überlieferung.

HOL IHN DER KUCKUCK! (VARIANTE 1)   Weimar 1789
Q: (63) Bd. 2, S. 89—91. — E: Ludwig Christoph Althof (in einem Briefe an Christoph Friedrich Nicolai aus Göttingen, Mitte Dezember 1796). — D: Ende April

1789. — K: *Goethe hatte diesen Briefwechsel angefangen* — Mit seinem Brief an Gottfried August Bürger vom 12. Februar 1774. Althofs im folgenden gegebene Charakteristik des Briefwechsels ist sehr sachgerecht. — *von der zweiten Ausgabe seiner „Gedichte"* — Bürgers „Gedichte" waren 1789 in zwei Bänden bei Dieterich in Göttingen erschienen (erste Auflage ebenda in einem Band 1778). — *blöde* — Hier: schüchtern, zurückhaltend. — *von seinem ci-devant Duzbruder* — Cidevants (franz. „Ehemalige") war eine zur Zeit der Französischen Revolution häufig gebrauchte spöttische Bezeichnung für frühere Adlige. — *neue Komposition* — Johann Friedrich Reichardt war vom 23. April bis zum 4. Mai 1789 Gast in Goethes Hause und vertonte dessen (1774/75 entstandenes) Singspiel „Claudine von Villa Bella". — *nachstehendes Epigramm* — Zu Bürgers Lebzeiten nicht in dessen Werke aufgenommen, aber seinerzeit in Abschriften weit verbreitet; erstmalig ohne Überschrift wohl gedruckt in Nicolais „Anhang zu Friedrich Schillers Musenalmanach für das Jahr 1797", S. 165.

HOL IHN DER KUCKUCK! (VARIANTE 2)   Weimar 1789
Q: (30) Bd. 1, S. 476 f. — E: Johann Friedrich Reichardt (dessen Schilderung ist „ungefähr" wiedergegeben durch Gustav von Loeper in einem Briefe an Woldemar Freiherr von Biedermann vom 8. Mai 1872). — D: Ende April 1789.

ALSO SPAZIERGANG IM PARK   Weimar 1789
Q: (26) S. 9. — E: Nikolai Karamsin. — D: Juli 1789.

FREUNDSCHAFTSDIENSTE   Weimar 1789
Q: (30) Bd. 1, S. 481. — E: Karoline Herder. — D: Juli 1789. — K: *Bei seiner Rückkunft* — Herder war am 9. Juli 1789 von seiner Italienreise zurückgekehrt. — *die regierende Herzogin* — Luise Augusta. — *er möchte in Weimar bleiben* — Herder hatte bereits mehrfach (seit 1775) und dann erneut im März 1789, während seines zweiten Aufenthaltes in Rom, einen Ruf für eine Professur der Theologie an die Universität Göttingen erhalten.

AUSKUNFT IN SACHEN MINERALOGIE   Ruhla 1789
Q: (33) S. 124. — E: Heinrich Döring. — D: 1789. — K: *Oberforstmeister von Stein* — Richtig: Oberstallmeister Ernst Josias Friedrich von Stein; möglicherweise auch eine Verwechslung von Vater und Sohn (Ernst von Stein, geb. 1767, war zum Forstwesen bestimmt, starb bereits 1787).

DER MÜRRISCHE MURR   Nürnberg 1790
Q: (33) S. 128 f. — E: Heinrich Döring. — D: 15. März 1790. — K: Döring datiert die Geschichte falsch ins Jahr 1802. Im übrigen — allerdings ohne den Goetheschen Satz „Das war grob!" — folgt er mit wörtlichen Anklängen einer früheren Quelle, nämlich: (3) Bd. 1, S. 64.

HEINICKE STATT HERDER   Innsbruck 1790
Q: (16) Bd. 6, S. 258 f. — E: Goethe (in einem Briefe aus Augsburg an Johann Gottfried Herder vom 9. Juni 1790). — D: 5. Juni 1790. — K: *Heinicke* — Samuel Heinicke war am 30. April 1790 gestorben.

KAMMERDIENER VENUS ALS GOETHE   Altwasser 1790
Q: (40) S. 55—58. — E: Wilhelm Ludecus. — D: Juli oder August 1790.

LIEUTENANTS-POESIE   Landeshut 1790
Q: (65) S. 117 f. — E: Unbekannt. — D: 31. August 1790. Ungesicherte Überlieferung nach dem „Boten aus dem Riesengebirge" (1894).

WHO'S WHO?   Breslau 1790
Q: (66) S. 33. — E: Hermann Wentzel (nach anonymer mündlicher Überlieferung). — D: August oder September 1790.

REIME UND VERSE MACHEN   Breslau 1790
Q: (67) S. 112 f. — E: Karl Friedrich von dem Knesebeck. — D: Zwischen 11. und 19. September 1790.

ZWEIFEL AUSGESCHLOSSEN   Weimar, um 1790
Q: (68) S. 13. — E: Heinrich Laube. — D: Um 1790.

EPIGRAMMATIK DES TRAUMS   Weimar, um 1790
Q: (30) Bd. 1, S. 552. — E: Karl August Böttiger. — D: Um 1790.

UNVERZIEHEN, WEIL UNVERZEIHLICH   Weimar 1791
Q: (69) Bd. 182, S. 81 f. — E: Henriette von Beaulieu-Marconnay (in dem Aufsatz „Ein Kind des achtzehnten Jahrhunderts. Jugenderinnerungen der Gräfin Henriette von Egloffstein". Mitgeteilt von Hermann Freiherr von Egloffstein). — D: 6. Juli 1791.

CHARLOTTE, DER MOND UND ...   Weimar, um 1791
Q: (30) Bd. 1, S. 551. — E: Johannes Erichson (in einem Briefe an Karl August Varnhagen von Ense vom 22. Dezember 1853). — D: Um 1791.

KATZ UND MAUS   Weimar, um 1791
Q: (70) S. 66. — E: Ernst Zitelmann (nach dem Bericht seines Vaters Konrad Zitelmann, der die Anekdote von Johanna Hendel-Schütz erfahren hatte). — D: Um 1791.

ÜBER DEN UMGANG MIT MENSCHEN   Weimar 1792
Q: (71) S. 97. — E: Heinrich Stephani. — D: 1792. — K: *ihr Unternehmen* — Streitschrift mit dem Charakter einer Petition, 1792 in der akademischen Buchhandlung Jena publiziert: „Sendschreiben einiger studierenden Jünglinge in Jena an ihre Brüder auf den übrigen deutschen Akademien, die allgemeine Abschaffung der Duelle und Gründung einer wahren akademischen Freiheit betreffend".

GEGENSEITIGE SCHONUNG UND RÜCKSICHTNAHME   Mainz 1792
Q: (2) Bd. 15, S. 68 („Kampagne in Frankreich"). — E: Goethe. — D: 23. August 1792. — K: *andere Freunde* — ein Schema (BA, Bd. 15, S. 300) nennt „Madame Böhmer, nachherige Schlegel". — *wenn sie republikanische Gesinnungen nicht*

ganz verleugneten — Dies gilt, mehr oder minder entschieden, für alle Gesprächspartner Goethes, insonderheit für Karoline Böhmer und Forster. Dieser wurde, nach Besetzung der Stadt Mainz durch französische Revolutionstruppen am 10. November 1792 (also keine drei Monate nach Goethes Besuch), Mitglied des jakobinischen Klubs „Gesellschaft der Freunde der Freiheit und Gleichheit" und ab 1. Januar 1793 dessen Präsident; noch im gleichen Jahre fuhr er als Abgesandter des rheinisch-deutschen Nationalkonvents nach Paris, um der Nationalversammlung den Anschluß von Mainz an die Französische Republik vorzuschlagen.

ZWEIFELHAFTER ZUSTAND DER DINGE   Grevenmachern 1792
Q: (2) Bd. 15, S. 72—74 („Kampagne in Frankreich"). — E: Goethe. — D: Zwischen 23. und 30. August 1792. — K: *supplieren* — vervollständigen, ergänzen. — *Briefmenge* — Die im folgenden erwähnten Themen und Motive, im autobiographischen Text allesamt als Einbildung des Augenblicks hingestellt, hat Goethe in Wirklichkeit einer literarischen Quelle entlehnt. Es handelt sich um eine Sammlung authentischer wie erfundener Briefe von Emigranten, seinerzeit mit der Absicht veröffentlicht, Lebensart und Gesinnung revolutionsfeindlicher Personen bloßzustellen. Offensichtlich für die Niederschrift dieser Passagen seiner Autobiographie entlieh sich Goethe aus der Weimarer Bibliothek am 27. Januar 1820: Original-Briefwechsel der Emigrierten oder die Emigrierten nach ihrer eigenen Darstellung geschildert..., Frankfurt und Leipzig 1793. — *Anhänger der Prinzen* — Gemeint sind die in der Emigration politisch agierenden Brüder Ludwigs XVI., der Graf von Provence (von 1814 bis 1824 als Ludwig XVIII. König von Frankreich) und der Graf von Artois (Throninhaber von 1824 bis 1830 als Karl X.); beide waren bekannt für ihre radikal konterrevolutionäre Haltung, zusammen mit ihren „feurigen Anhängern" erstrebten sie eine gewaltsame Beseitigung der Republik und die Wiederherstellung des Ancien régime. — *jener General...* — Die anekdotische Replik wird entweder dem General Mansfeld oder dem Historiker Zacharias Theobald zugeschrieben und bezog sich ursprünglich auf den „König Girschik", also Georg Podiebrad von Böhmen.

KANONE UND FREIHEITSBAUM   Trier 1792
Q: (72). — E: Ludwig von Fritsch (in einem „Journal von den Jahren 1792 bis 1796 während des Französischen Revolutionskrieges"). — D: 25. August 1792. — K: *eine Zeichnung* — Von Luxemburg aus schickte Goethe das Aquarell am 16. Oktober 1792 an Johann Gottfried und Karoline Herder und bemerkte dazu (PA, Bd. 7, S. 263 f.): „Aus der mehr historischen und topographischen als allegorischen Rückseite werden Ew. Liebden zu erkennen geruhen, was für Aspekten am Himmel und für Konjunkturen auf der Erde gegenwärtig merkwürdig sind. Ich wünsche, daß diese Effigiation zu heilsamen Betrachtungen Anlaß geben möge. Ich für meine Person singe den lustigsten Psalm Davids dem Herrn, daß er mich aus dem Schlamme erlöst hat, der mir bis an die Seele ging."

IN IHRO LAKONISCHEN ART   Longwy 1792
Q: (2) Bd. 15, S. 78 („Kampagne in Frankreich"). — E: Goethe. — D: 29. August 1792. — K: *aus diesen halberstarrten Erd- und Wasserwogen* — Goethe schildert

hier die Erlebnisse im Lager bei Longwy; die Bürgerschaft der Festung zwang am 23. August nach zweitägigem Beschuß den Kommandanten zur Übergabe. — *der König* — Friedrich Wilhelm II., König von Preußen; er hatte sich 1791 auf der Zusammenkunft von Pillnitz mit Kaiser Leopold II. von Österreich zur bewaffneten Intervention gegen das revolutionäre Frankreich entschlossen.

SKEPTISCHE PROPHETIE   Verdun 1792
Q: (2) Bd. 15, S. 97f. („Kampagne in Frankreich"). — E: Goethe. — D: 6. September 1792. — K: *Das Gefolge des Herzogs* — Karl August nahm an der „Kampagne" nicht als Reichsfürst mit eigenen Truppen teil (formaliter war das Reich damals noch neutral), sondern nur als preußischer Generalmajor und Befehlshaber einer Brigade (übrigens verfügte das Herzogtum Sachsen-Weimar-Eisenach damals über das geringe Militärkontingent von 136 Infanteristen und einigen Husaren). Demgegenüber war das persönliche Gefolge des Herzogs in diesem Feldzug sehr zahlreich; neben mehreren Ordonnanzen und Adjutanten in Offiziersrang gehörten u. a. ein „Kämmerier", ein Stallmeister, ein Kanzlist und ein Geheimer Sekretär dazu. — *mein Diener* — Paul Goetze.

BIWAKSPASS IN TRAURIGER LAGE   Somme-Tourbe 1792
Q: (2) Bd. 15, S. 109f. („Kampagne in Frankreich"). — E: Goethe. — D: 19. September 1792.

ANSICHTEN EINES MARQUIS   Somme-Tourbe 1792
Q: (2) Bd. 15, S.110f. („Kampagne in Frankreich"). — E: Goethe. — D: 19.September 1792. — K: *vor zwei Jahren in Venedig* — Goethe war im März 1790 nach Venedig der Herzogin Anna Amalia entgegengereist, um sie nach Hause zu begleiten. Am 6. Mai traf die Herzogin, aus dem Süden kommend, dort ein.

WELTHISTORISCHE EINSCHÄTZUNG   Valmy 1792
Q: (2) Bd. 15, S. 116f. („Kampagne in Frankreich"). — E: Goethe. — D: 19. oder 20.September 1792. — K: „*Von hier und heute geht eine neue Epoche der Weltgeschichte aus ...*" — Die „Kampagne in Frankreich" erschien gedruckt im Sommer 1822 unter dem Obertitel der autobiographischen Schriften „Aus meinem Leben" als „Zweiter Abteilung Fünfter Teil"; zwischen der indessen berühmt gewordenen Kanonade von Valmy und ihrer Schilderung liegen also 30 Jahre. Von diesem Argument her ist Goethe zu Lebzeiten und postum oft unterstellt worden, daß er sich nachträglich zum gescheiten Beobachter der Weltgeschichte gemacht und das Wort bei Valmy vielleicht gar nicht gesprochen habe. Dieser Verdacht ist unbegründet. Der Ausspruch über den Beginn einer neuen welthistorischen Epoche läßt sich durchaus mit allen politischen Grundpositionen Goethes vereinbaren. Im besonderen belegt ein Brief Goethes an Knebel vom 27.September 1792 (also eine Woche nach dem Vorfall geschrieben; vgl. PA, Bd. 7, S.258), daß Goethe auch unter ganz aktuellem Aspekt die Ereignisse nicht anders eingeschätzt hat. Gleiches bezeugt seine Schilderung des Feldlagers von Marienborn, eingefügt in die autobiographische Schrift „Belagerung von Mainz 1793" (BA, Bd. 15, S. 254).

URTEIL EINES, DER SEINEN GOETHE KANNTE   Trier 1792
Q: (2) Bd. 15, S. 172 f. („Kampagne in Frankreich"). — E: Goethe. — D: 28. Oktober 1792. — K: *Valmy und Hans* — Orte, an denen die alliierte österreichisch-preußische Armee besonders empfindliche Niederlagen erlitt.

ERMÄSSIGTE ZECHE   Duisburg 1792
Q: (2) Bd. 15, S. 206—208 („Kampagne in Frankreich"). — E: Goethe. — D: Ende November oder Anfang Dezember 1792. — K: *ein Kuvert* — Hier: ein Gedeck für eine Person. — *Kopfstück* — ein Zwanzig-Kreuzer-Stück.

SCHEIDEWEG DER GEISTER   Weimar 1793
Q: (17) Bd. 4, S. 52. — E: Karoline Herder. — D: Frühjahr 1793. — K: *sie* — Goethe und Herder. — *da Goethe... zurückkam* — am 12. Dezember 1792. — *durch so viele Greuel* — Herder wurde, ähnlich wie andere fortschrittliche deutsche Intellektuelle, durch den revolutionären Terror der Jakobinerherrschaft verschreckt (22. September 1792: Abschaffung des Königstums und Ausrufung der Republik; 21. Januar 1793: Hinrichtung Ludwigs XVI.; 10. März 1793: Einsetzung eines Revolutionstribunals; 6. April 1793: Gründung eines Wohlfahrtsausschusses als oberste revolutionäre Regierungsbehörde).

UNBEEINDRUCKT   Marienborn 1793
Q: (2) Bd. 15, S. 260 („Belagerung von Mainz 1793"). — E: Goethe. — D: 7. Juni 1793.

SCHRIFTSTELLER IM PULVERDAMPF   Mainz 1793
Q: (73) Bd. 1, S. 186 f. und S. 193—195. — E: Julius von Wickede. — D: Juni oder Juli 1793. — K: Die Glaubwürdigkeit der Darstellung von Wickedes ist von zeitgenössischen Kritikern und später auch von der Forschung mehrfach in Zweifel gezogen worden; es ist nicht ausgeschlossen, daß manche seiner Mitteilungen auf freier Erfindung beruhen.

DAS DILEMMA: UNGERECHTIGKEIT ODER UNORDNUNG   Mainz 1793
Q: (2) Bd. 15, S. 279—282 („Belagerung von Mainz 1793"). — E: Goethe. — D: 25. Juli 1793. — K: *ein wohlgebildeter Mann* — Hier: ein körperlich gut gebauter Mann. — *der Spitzbube von Architekten* — Nicht zu identifizieren. — *der Fürst und General* — Karl August kommandierte im Range eines Generals ein Kürassierregiment. — *Der König* — Friedrich Wilhelm II. von Preußen. — *Chi scampa d'un punto, scampa di mille* — (ital.) Wer eine Schwierigkeit vermeidet, vermeidet tausend. — *Klubbisten und Komitisten* — Nach dem Einmarsch der Franzosen in Mainz gründeten die Anhänger der Französischen Revolution die „Gesellschaft der Freunde der Freiheit und Gleichheit"; sie hieß, da nach dem Vorbild von Jakobinerklubs ausgerichtet, im Volksmunde „der Klub", ihre Mitglieder „Klubbisten". Ebenfalls nach französischem Vorbild hatte der rheinisch-deutsche Nationalkonvent einen Sicherheits- und Wachsamkeitsausschuß gebildet, auch „Comité de surveillance" genannt, seine Mitarbeiter waren die „Komitisten". — „*... ich will lieber eine Ungerechtigkeit begehen...*" — In dieser Gegenüberstellung drückt sich eine der grundsätzlichen Positionen bürgerlicher Rechtsauffassung aus, wie sie Goethe

vertrat: Gleichheit aller vor dem Gesetz, aber Abwehr revolutionärer Umwälzungen. Nicht weniger widerspruchsvoll heißt es in den „Maximen und Reflexionen" (Nr. 832 und 833; BA, Bd. 18, S. 606): „Es ist besser, es geschehe dir Unrecht, als die Welt sei ohne Gesetz. Deshalb füge sich jeder dem Gesetze." Und: „Es ist besser, daß Ungerechtigkeiten geschehn, als daß sie auf eine ungerechte Weise gehoben werden."

BEGÜTIGENDER ZUSPRUCH   Mainz 1793
Q: (2) Bd. 15, S. 275 f. („Belagerung von Mainz 1793") — E: Goethe. — D: 23. Juli 1793.

NORMALES, WOHLGEBAUTES GENIE   Mannheim 1793
Q: (2) Bd. 15, S. 288 f. („Belagerung von Mainz 1793"). — E: Goethe. — D: Anfang August 1793.

SCHWIERIGKEITEN INTERDISZIPLINÄRER FORSCHUNG   Heidelberg 1793
Q: (2) Bd. 15, S. 289 f. („Belagerung von Mainz 1793"). —E: Goethe. — D: Anfang August 1793. — K: *die Eulersche Theorie* — Der Mathematiker und Physiker Leonhard Euler entwickelte die (von Goethe nicht anerkannte) Newtonsche Wellentheorie des Lichts weiter; seine Auffassung war also mit Goethes „Bearbeitung" nicht vereinbar. — *ein Aufsatz* — Mit dem Titel „Einige allgemeine chromatische Sätze" und der Datierung „Lager bei Marienborn, den 21. Juli 1793"; der Aufsatz wurde zu Lebzeiten Goethes nicht veröffentlicht.

EFFEKTIVITÄT   Frankfurt 1793
Q: (74) Bd. 3, S. 403 f. — E: Karl August Varnhagen von Ense (in einer Tagebuchnotiz vom 24. Juli 1846 nach Johann Smidt). — D: Zwischen 9. und 19. August 1793. — K: *die Anfänge des „Wilhelm Meister"* — Am 3. Januar 1795 hatte Goethe zwei Exemplare des ersten Bandes von „Wilhelm Meisters Lehrjahre" an Schiller und Wilhelm von Humboldt nach Jena geschickt. — *das Puppenspiel* — Im zweiten Kapitel des Romans schildert Goethe Vorgänge um ein Puppenspiel, die weitgehend eigenen Jugenderinnerungen entnommen sind: zum Weihnachtsfest 1753 bekamen er und seine Schwester Cornelia von der Großmutter ein Puppenspiel geschenkt, vgl. dazu die Anekdote „Puppentheater", I, S. 12 f. — *sie habe ihrem Sohne geklagt* — Dies geschah im August 1793.

KÜNSTLERS FUG UND RECHT   Weimar, um 1793
Q: (51) S. 203. — E: Wilhelm Bode. — D: Um 1793.

WETTKAMPF ZWISCHEN SUBJEKT UND OBJEKT   Jena 1794
Q: (2) Bd. 16, S. 402—405 (aus dem Aufsatz „Glückliches Ereignis"). — E: Goethe. — D: Zwischen 20. und 23. Juli 1794. — K: *Heinses „Ardinghello" und Schillers „Räuber"* — Wilhelm Heinses Künstlerroman „Ardinghello oder Die glückseligen Inseln", in dem republikanische Gesinnungen und renaissancehafte Lebensfreude im Mittelpunkt stehen, war erstmalig 1787, in verbesserter zweiter Auflage dann 1794 gedruckt worden; Schillers Schauspiel erschien schon 1781, also fünf Jahre vor Goethes Reise nach Italien. — *Moritz, der aus Italien gleichfalls zurück-*

kam — Karl Philipp Moritz besuchte Goethe im Dezember 1788 und im Januar 1789 in Weimar. — *Schiller, der sich in Weimar aufhielt* — Vom November 1788 bis zum Mai 1789.— *„Don Carlos"* — Schillers erstes Versdrama war im Juli 1787 bei Göschen im Druck erschienen und erlebte am 22. November 1788 seine Erstaufführung in Berlin. — *Sein Aufsatz „Über Anmut und Würde"* — Veröffentlicht im Zweiten Stück der „Neuen Thalia" 1793, zugleich auch in 150 separaten Exemplaren als Sonderdruck. — *die große Mutter* — die Natur. — *Schiller zog nach Jena* — Am 11. Mai 1789 zu den Schwestern Schramm in der Jenergasse 26. — *einstmals fand ich Schillern daselbst* — Vermutlich fand dieses Zusammentreffen zwischen dem 20. und dem 23. Juli 1794 statt. — *die „Horen"* — Am 13. Juni 1794 hatte Schiller Goethen zur Mitarbeit an seiner Zeitschrift aufgefordert; seine briefliche Zustimmung erteilte Goethe noch vor den Jenaer Gesprächen am 24. Juni.

GEHEIMNISVOLL-OFFENBARE METAMORPHOSE   Dresden 1794
Q: (17) Bd. 4, S. 89 f. — E: Goethe. — D: Zwischen 2. und 11. August 1794.

BEI GELEGENHEIT SALOMON MAIMONS   Weimar 1794
Q: (30) Bd. 1, S. 574. — E: David Johann Veit (in einem Briefe an Rahel Levin vom 21. Oktober 1794). — D: 19. Oktober 1794. — K: *Moritz* — Karl Philipp Moritz. — *seine neue Theorie* — 1794 war Salomon Maimons Werk „Versuch einer neuen Logik oder Theorie des Denkens" erschienen.

AHNUNGSLOS KONFRONTIERT   Jena 1794
Q: (75) Bd. 4, S. 162—164. — E: Friedrich Hölderlin (in einem Briefe an Christian Ludwig Neuffer vom November 1794). — D: November 1794. — K: *„die entlegensten, kühnsten Folgerungen aus diesen Prinzipien zu denken* — In seiner schon früh entwickelten dialektischen Auffassung, zwischen poetischem Wort und politischer Tat bestehe ein konkreter Theorie-Praxis-Bezug, fühlte sich Hölderlin durch Fichtes Vorlesungen bestärkt. Im gleichen Brief an Neuffer steht das bekannte Diktum: „Wenn's sein muß, so zerbrechen wir unsre unglücklichen Saitenspiele und *tun*, was die Künstler *träumten!"* — *Ich hör ihn alle Tage* — Fichte hatte seine Jenenser Lehrtätigkeit im Sommer 1794 aufgenommen. Programmatisch begann er sie mit einer Vorlesung „Über die Bestimmung des Gelehrten" und mit einer Darstellung der „Grundlage der gesamten Wissenschaftslehre". — *die „Thalia"* — „Neue Thalia". Hrsg. von Schiller. Vierter und letzter Band, welcher das vierte, fünfte und sechste Stück von Hölderlins Roman „Hyperion" enthält. Leipzig 1793, S. 181–224. — *Dorf* — Waltershausen. — *Meyer* — Johann Heinrich Meyer. — *im Klub der Professoren* — Wöchentlich einmal trafen sich die Professoren der Universität in diesem „Klub"; auch Goethe verkehrte dort und galt als Respektsperson. — *wenn ich nach Weimar komme* — Dies geschah dann im Januar 1795.

ALLERLEI VERRICHTUNGEN   Weimar 1794
Q: (33) S. 124 f. — E: Heinrich Döring. — D: Ende 1794.

BESTÜRZENDE REPLIK   Weimar 1795
Q: (76) Bd. 43, S. 145 f. — E: Karoline Herder (im Konzept eines Briefes an Frau von Frankenberg vom 20. August 1795). — D: Anfang 1795. — K: *Gottfried* — Der

älteste Sohn Herders studierte damals Medizin, beschäftigte sich aber auch mit gesellschaftswissenschaftlichen Fächern. — *Michael* — 29. September. — *Grieffs* — ablehnende Haltungen (vgl. engl. grief = Gram, Kummer, Ärgernis). — *an das Versprechen zu erinnern* — Nachdem sich Herder 1789 endgültig entschieden hatte, eine ihm angetragene Professur an der Universität Göttingen auszuschlagen, bekundete Karl August in vagen Formulierungen seine Bereitschaft, zur Ausbildung der Söhne Herders beizutragen; die Herders faßten diese zu nichts verpflichtende Absichtserklärung als verbindliche finanzielle Zusage auf.

WIRKLICHKEIT UND MÄRCHEN   Jena 1795
Q: (77) S. 15 f. — E: Carl Schönborn. — D: Ende Juni oder Anfang Juli 1795.

ARABISCHES MISSVERSTÄNDNIS   Karlsbad 1795
Q: (16) Bd. 10, S. 229 f. — E: Goethe (in einem Briefe an Schiller vom 8. Juli 1795). — D: Zwischen 4. und 8. Juli 1795. — K: *die Gesellschaft ist zahlreich und gut* — Goethe lernte damals u. a. Friederike Brun, Rahel Levin (später Frau Varnhagen von Ense), Marianne Meyer (später Frau von Eybenberg) und Sara Meyer (später Frau von Grotthuß) kennen. — *einen kleinen Roman aus dem Stegreife angeknüpft* — Umschreibung für seine nähere Bekanntschaft mit dem „allerliebsten Weibchen" Marianne Meyer, mit der Goethe bis 1810 Briefe wechselte. — *Hoffentlich werden wir die Gesinnungen . . .* — Anspielung auf ein eigenes Werk (der Roman „Wilhelm Meisters Lehrjahre" war soeben veröffentlicht). Eine Debatte im Siebenten Kapitel des Fünften Buches gibt über Unterschiede literarischer Gattungen Aufschluß. (BA, Bd. 10, S. 320 ff.). — *„Giafar der Barmecide"* — Friedrich Maximilian von Klingers Roman „Geschichte Giafars des Barmeciden" war 1792 in Petersburg erschienen.

IN GESELLSCHAFT SO MANCHES NARREN   Karlsbad 1795
Q: (30) Bd. 1, S. 610 f. — E: Friederike Brun (in einer Stammbuchnotiz). — D: Juli 1795.

LEBENSGEFÜHL   Karlsbad 1795
Q: (30) Bd. 1, S. 616. — E: David Johann Veit (in einem Briefe an Rahel Levin vom 3. September 1795). — D: Juli 1795. — K: *sein literarischer Sansculottismus* — Im Märzheft des „Berlinischen Archivs der Zeit und ihres Geschmacks" erschien 1795 ein Aufsatz „Über Prosa und Beredsamkeit der Deutschen" aus der Feder des damals nicht sehr beliebten Schriftstellers Daniel Jenisch. Dieser hatte „die Armseligkeit der Deutschen an vortrefflich klassisch prosaischen Werken" bedauert und von der zeitgenössischen deutschsprachigen Literatur fast ausschließlich Negatives zu berichten gewußt. Gegen diese überheblichen Urteile zieht Goethes Aufsatz „Literarischer Sansculottismus" mit geharnischter Polemik zu Felde (herausgegeben im Fünften Stück des ersten Jahrgangs 1795 der Schillerschen Zeitschrift „Die Horen", S. 50—56).

BILDUNG UND EINBILDUNG   Eisenach 1795
Q: (2) Bd. 16, S. 34 f. — E: Goethe. — D: Zwischen 11. und 20. Oktober 1795. — K: *Von da* — Im August und September weilte Goethe in Begleitung seines fünfjäh-

rigen Sohnes in Ilmenau. — *die Assignate* — Vgl. den Kommentar zu „Grimms Manschetten" (Variante 1), I, S. 482.

CHARAKTERISTIK EINER JUNGFRAU   Weimar, um 1795
Q: (3) Bd. 1, S. 256f. — E: Karl August Böttiger (nach Beobachtungen Johannes Daniel Falks). — D: Um 1795.

AUFMUNTERUNG ZU LITERARISCHER TÄTIGKEIT   Jena, um 1795
Q: (78) Bd. 12, S. 52f. — E: Franz Grillparzer (in seiner „Selbstbiographie"). — D: Um 1795. — K: *begegne ich ihm* — Joseph Schreyvogel. — *„Die Ahnfrau"* — Das erste Drama Grillparzers wurde am 31.1.1817 im Theater an der Wien uraufgeführt.

ARBEITSFREUDE   Jena 1796
Q: (12) S. 58. — E: Bernhard Rudolf Abeken (nach Johann Jakob Griesbachs Bericht). — D: Anfang 1796.

ER KÖMMT ALLE NACHMITTAGE   Jena 1796
Q: (30) Bd. 1, S. 628f. — E: Karl Wilhelm Ferdinand von Funk (in einem Briefe an Christian Gottfried Körner vom 17. Januar 1796). — D: Zwischen 3. und 16. Januar 1796. — K: *der wilde Junge* — Schillers Sohn Karl Friedrich Ludwig.

LESEN UND DARSTELLEN   Weimar 1796
Q: (79) Bd. 1, S. 96f. — E: Eduard Genast (nach den Erinnerungen seines Vaters Anton Genast). — D: Zwischen 17. und 24. März 1796.

JUST IN ILMENAU   Weimar 1796
Q: (80) S. 27f. — E: Friedrich de la Motte Fouqué. — D: 25. April 1796. — K: *während des heitern Gesprächs über „Egmont"* — Entweder am 3. oder am 25. Dezember 1813. — *Und sogar mein lieber Schiller war mit dabei* — Die erste Aufführung des „Egmont" in Weimar 1791 brachte nur einen mäßigen Erfolg. Goethe bat — bei Gelegenheit eines Gastspiels von August Wilhelm Iffland — um eine Bühnenbearbeitung des Dramas durch Schiller. Dieser legte bald darauf eine stark „demokratisierte" Fassung vor (Einschränkung der Klärchen-Szenen, Streichung der allegorischen Freiheitsgöttin am Schluß und der gesamten Rolle der Regentin, Ausweitung und Hervorhebung der Volksszenen, Orientierung der Egmont-Figur auf die eines Volksführers). Schiller hatte bereits in seiner Rezension „Über Egmont, Trauerspiel von Goethe" (1788) die Goethesche Schlußgestaltung mißbilligt und sie einen „Salto mortale in die Opernwelt" genannt. — *„er ließ den Alba ... verlarvt zugegen sein ..."* — Schiller, der ohnehin eine Vorliebe für reißerische Theatereffekte zeigte, scheute sich wirklich nicht, diesen Theatercoup einzubauen. Eckermann (S. 124) läßt Goethe in dem Gespräch vom 18. Januar 1825 sagen: „Schillers Talent war recht fürs Theater geschaffen. Mit jedem Stück schritt er vor und ward er vollendeter; doch war es wunderlich, daß ihm noch von den ‚Räubern' her ein gewisser Sinn für das Grausame anklebte, der selbst in seiner schönsten Zeit ihn nie ganz verlassen wollte. So erinnere ich mich noch recht wohl, daß er im ‚Egmont' in der Gefängnisszene, wo diesem das Urteil vorgelesen wird, den Alba in eine Maske

und in einen Mantel gehüllt im Hintergrunde erscheinen ließ, um sich an dem Effekt zu weiden, den das Todesurteil auf Egmont haben würde. Hiedurch sollte sich der Alba als unersättlich in Rache und Schadenfreude darstellen. Ich protestierte jedoch, und die Figur blieb weg." — „*Zufällig war ich damals just in Ilmenau*" — Ob Goethe damals wirklich „just" in Ilmenau weilte oder dies im Gespräch mit de la Motte Fouqué nur vorgibt, läßt sich nicht mit Sicherheit sagen. Richtig ist, daß das „Egmont"-Drama in Schillers Bearbeitung nach dem 25. April 1796 praktisch abgesetzt und erst nach Schillers Tode (erstmalig am 31. Mai 1806) wieder auf den Spielplan genommen wurde, dann allerdings noch viele Wiederholungen erlebte. Richtig ist ferner, daß Goethe keine dieser Aufführungen besucht hat.

WICHTIGE KORREKTUR   Jena 1796
Q: (28) Bd. 2, S. 44. — E: Heinrich Düntzer. — D: Mai 1796. — K: *Schwägerin Körners* — Johanna Dorothea Stock.

DER EINSILBIGE GOTT   Weimar 1796
Q: (81) Bd. 2, S. 208—210. — E: Jean Paul (in einem Briefe aus Weimar an Christian Otto vom 17./18. Juni 1796). — D: Mitte Juni 1796. — K: *boue de Paris* — (franz.) Straßenschmutz (auch: Gemeinheit, Niederträchtigkeit) von Paris. — *die Ostheim* — Charlotte von Kalb, geb. Marschalk von Ostheim. — *ein ungedrucktes herrliches Gedicht* — „Alexis und Dora", entstanden in der Zeit vom 12. bis 14. Mai 1796 in Jena; erstmalig gedruckt in Schillers „Musenalmanach für das Jahr 1797".

VOLKSZENE   Weimar 1796
Q: (82) Nr. 17, Sp. 477. — E: Karl Eberwein (in einem Aufsatz über „Goethe als Theaterdirektor"). — D: Sommer 1796.

SCHMELZPROZESS   Jena 1796
Q: (83) Bd. 2, S. 171 f. — E: Karoline von Wolzogen. — D: Zwischen 18. und 30. September 1796. — K: *mit meiner Schwester* — Charlotte von Lengefeld. — *der Gesang* — Der vierte Gesang, benannt „Euterpe", betitelt „Mutter und Sohn".

AUS DER XENIENZEIT   Jena 1796
Q: (84) Bd. 1, S. 363—365. — E: Heinrich Laube (wiedergebend, was „eine Dame" ihm als Bericht einer Freundin über die „Heroenzeit in Jena" mitgeteilt hat). — D: 1796.

DISPUT ÜBER PARADOXA   Weimar 1796
Q: (85) S. 47 f. — E: Johannes Daniel Falk (in einem Briefe an Karl Morgenstern aus dem Dezember 1796). — D: Ende 1796. — K: *Bonhommie* — (franz.) Gutherzigkeit, Gutmütigkeit. — *Corroborans* — (lat.) Stärkungsmittel.

KINDERSPIELE IM SCHLOSSHOF   Jena, um 1796
Q: (86) S. 8 f. — E: Luise Seidler. — D: Um 1796.

GEEINTE ZWIENATUR?   Weimar 1797
Q: (87) S. 89. — E: Charlotte von Stein (in einem Briefe an ihren Sohn Fritz vom

14. April 1797). — D: April 1797. — K: *vom kleinen Schiller* — Schillers erster Sohn, Karl Friedrich Ludwig, damals vierjährig.

Eine Abfuhr für den Bischof
Jena 1797

Q: (6) S. 638f. (Gespräch vom 17. März 1830). — E: Goethe (in der Wiedergabe durch Johann Peter Eckermann, der sich seinerseits auf einen Bericht Sorets stützt). — D: 10. Juni 1797. — K: Von seinem „Abenteuer" erstattete Goethe am 6. Dezember 1797 an Karl August brieflichen Bericht. Die „Biographischen Einzelheiten" (1826) enthalten eine ausführliche Charakteristik des „seltsamen Reisenden" (BA, Bd. 16, S. 408f.).

Entlehnung? Erfindung?
Weimar 1797

Q: (26) S. 44. — E: Alexander Turgenjew (in einem Briefe an Iwan Koslow vom 3./ 15. Januar 1827). — D: 1797, vermutlich im Juli.

Zugluft
Tiefurt 1797

Q: (25) S. 86—88. — E: Johannes Daniel Falk. — D: Nach dem 1. September 1797. — K: *Egidii* — Als Tag des heiligen Ägidius (einer der vierzehn Nothelfer) wird seit alters her der 1. September gefeiert. — Etwa zur gleichen Zeit wie Falk hat Oskar Ludwig Bernhard Wolff die Anekdote im wesentlichen gleichlautend aufgezeichnet; vgl. (109) S. 66. Auch Goethes Schreiber und Vertrauter Theodor Kräuter erzählt sie in handschriftlichen Aufzeichnungen, die zwischen 1828 und 1831 entstanden sind; vgl. (17) Bd. 4, S. 390.

Aufforderung zum Tanz
Zürich 1797

Q: (88) Bd. 2, S. 213f. — E: Conrad Ferdinand Meyer (in einer schriftlichen Mitteilung an Hermann Haessel vom 26. Oktober 1897). — D: 20. September 1797.

Das vergessene Perspektiv
Zürich 1797

Q: (88) Bd. 2, S. 214. — E: Conrad Ferdinand Meyer (in einer schriftlichen Mitteilung an Hermann Haessel vom 26. Oktober 1897). — D: Ende September 1797.

Frau Kastellan durchschaut ihn
Nürnberg 1797

Q: (89) S. 185. — E: Malla Montgomery-Silfverstolpe. — D: Zwischen 6. und 15. November 1797. — K: *in Nürnberg* — Goethe befand sich damals auf der Rückkehr von seiner dritten Reise in die Schweiz und stattete Karl Ludwig von Knebel einen Besuch ab. — Vgl. dazu die Anekdote „Aufrichtigkeit und Wahrheitsliebe", II, S. 113f.

Korrektheit
Weimar 1797

Q: (33) S. 125. — E: Heinrich Döring. — D: 1797. — K: Die Anekdote ist bereits von Oskar Ludwig Bernhard Wolff mitgeteilt und stimmt mit der Überlieferung Dörings überein, einschließlich der Nennung des Namens Petersen. Vgl. (109) S. 65f.

Gesichte der Sonntagskinder
Weimar 1797

Q: (3) Bd. 1, S. 217. — E: Karl August Böttiger. — D: 1797. — K: *Madonna della*

Seggiola — Von Raffaels Gemälde, heute Madonna della Sedia genannt, hatte Johann Heinrich Meyer 1797 eine Kopie angefertigt.

Arg strapazierte Vorstellungskraft   Weimar 1797
Q: (90) Bd. 1, S. 98f. — E: Karoline von Heygendorf. — D: 1797. — K: *der Hofkammerrat* — Franz Kirms. — *der Lenker des Theaters* — Goethe.

Urheberrecht   Weimar 1798
Q: (49) S. 45. — E: Karl Zentner. — D: 1798. — K: Überlieferung nicht durch zeitgenössische Quellen gesichert.

Minister-Dichter   Jena 1798
Q: (84) Bd. 1, S. 373f. — E: Heinrich Laube (wiedergebend, was „eine Dame" ihm als Bericht einer Freundin über die „Heroenzeit in Jena" mitgeteilt hat). — D: 1798.

Verteilte Chancen für Wiedergeburt   Weimar 1798
Q: (25) S. 19f. — E: Johannes Daniel Falk. — D: 1798.

Natürlich natürlich   Weimar 1798
Q: (51) S. 225. — E: Wilhelm Bode. — D: 1798.

Viele und wenige   Weimar 1798
Q: (79) Bd. 1, S. 104. — E: Eduard Genast (nach den Erinnerungen seines Vaters Anton Genast). — D: 12. Oktober 1798.

Wirksame Drohung   Weimar 1798
Q: (6) S. 80f. (Gespräch vom 26. Februar 1824). — E: Johann Peter Eckermann. — D: Herbst 1798. — K: *ein Reiter* — Der Schauspieler Heinrich Becker spielte in der Erstaufführung von „Wallensteins Lager" am 12. Oktober 1798 den zweiten Holkischen Jäger. — Den Wahrheitsgehalt der Anekdote bestätigend, berichtet Genast den gleichen Vorfall ganz und gar übereinstimmend; vgl. (79) Bd. 1, S. 100f.

No German nonsense   Weimar 1798
Q: (30) Bd. 1, S. 690. — E: Karl Gustav von Brinckmann (in einem Briefe an Ludwig Tieck vom 28. Februar 1835). — D: 1798. — K: *ein Allemand enragé* — (franz.) ein rasend gewordener, in Raserei geratener Deutscher. — „*No German nonsense swells my British heart*" — (engl.) „Kein deutscher Unsinn läßt mein britisches Herz anschwellen" (Zitat aus einer kurz zuvor erschienenen englischen Satire).

Schachmatt   Weimar 1799
Q: (91) Bd. 2, S. 90. — E: Karoline Schlegel (in einem Briefe an August Wilhelm Schlegel vom 11. Mai 1801). — D: Anfang 1799. — K: *Yorick* — Hinter der literarischen Gestalt des Landpfarrers Yorick verbirgt sich mehr oder weniger direkt der Autor Lawrence Sterne in seinen zwei Romanen, die ihn wegen ihrer satirischen Kritik an adliger und bürgerlicher Sittenmoral berühmt machten: „The Life and Opinions of Tristram Shandy, Gentleman" (Leben und Meinungen des Herrn Tristram Shandy; 9 Bände, 1759—1767) und „A sentimental Journey through France

and Italy, By Mr. Yorick" (Eine empfindsame Reise durch Frankreich und Italien, Von Mister Yorick; 1768). — *Hippel* — Theodor Gottlieb von Hippel stellte sich als Romancier mit seiner eigenartigen Schreibweise in die Tradition Sternes.

RHYTHMISCHE ÜBUNGEN, ÄCHZEND   Weimar 1799
Q: (92) Bd. 3, S. 267f. — E: Eduard Devrient. — D: Januar 1799.

LIEBER KOTZEBUE ALS SCHILLER   Jena 1799
Q: (93) Bd. 4, S. 197—200. — E: Henrik Steffens. — D: Vor dem 12. März 1799 (Justus Christian Loders Geburtstag). — K: *„Schauspieler wider Willen"* — Als „Lustspiel in einem Akt nach dem Französischen" erschien „Der Schauspieler wider Willen" von August von Kotzebue erst 1803 bei Kummer in Leipzig. — *ein Monolog aus „Fiesko"* — „Die Verschwörung des Fiesko zu Genua" (V, 13), im Text nicht in wörtlicher Wiedergabe. — *„Kabale und Liebe"* — „Kabale und Liebe" (1784), Fünfter Akt, Letzte Szene.

KOSTENLOSE BESICHTIGUNG   Weimar 1799
Q: (30) Bd. 1, S. 729f. — E: Unbekannt. — D: Juni 1799.

GESTILLTES VERLANGEN   Weimar 1799
Q: (94) S. 259f. — E: Rudolf Köpke. — D: Ende Juni 1799.

ERSCHÜTTERUNG IN GRENZEN   Weimar 1799
Q: (94) S. 259. — E: Rudolf Köpke. — D: 21. Juli 1799.

SCHNEIDEND KALT   Weimar 1799
Q: (96) Bd. 1, S. 288. — E: Immanuel Hermann Fichte. — D: Sommer 1799. — K: *Rastatter Gesandtenmord* — Die langwierigen, seit Dezember 1797 laufenden Verhandlungen des sog. Rastatter Kongresses, der die Einzelbedingungen des österreichisch-französischen Friedens von Campoformio festlegen sollte, wurden am 23. April durch den Ausbruch des antirevolutionären zweiten Koalitionskrieges unterbrochen. Am 28. April 1799 überfielen österreichische Husaren die drei französischen Gesandten während ihrer Abreise und ermordeten zwei von ihnen. — *in jener Hauptangelegenheit der Zeit* — Gemeint ist die Französische Revolution in ihrer ersten Entwicklungsphase; Immanuel Hermann Fichte urteilt damit im wesentlichen sachgerecht: denn nicht die im sog. Atheismusstreit vorgebrachten freisinnigen Meinungen, sondern die demokratisch-republikanischen Gesinnungen des Philosophen Johann Gottlieb Fichte waren die Ursache für seine Entlassung aus dem Staatsdienst am 29. März 1799. — *aus sicherer mündlicher Überlieferung* — unbekannt, woher.

VORLESER TIECK   Weimar 1799
Q: (95) Bd. 5, S. 61. — E: Goethe (1828 im Gespräch mit Karl von Holtei). — D: 5. Dezember 1799. — K: *„Genoveva"* — Ludwig Tieck beendete die Arbeiten an seinem Trauerspiel „Leben und Tod der heiligen Genoveva" im Dezember 1799. Erstmalig gedruckt erschien das Drama in den zwei Bänden „Romantische Dichtungen", die Frommann 1799/1800 verlegte. Tieck hat das Stück nicht im Jenaer

Schlosse (dort hielt sich Goethe vom 16. September bis zum 14. Oktober auf, an der Übersetzung von Voltaires „Mahomet" arbeitend), sondern erst am 5. Dezember in Weimar vorgelesen. Noch dreißig Jahre später beginnt Goethe einen Brief an Tieck (vom 9. September 1829; PA, Bd. 40, S. 372) mit den Worten: „Gar wohl erinnere ich mich, teuerster Mann, der guten Abendstunden, in welchen Sie mir die neuerstandene ‚Genoveva' vorlasen, die mich so sehr hinriß, daß ich die nah ertönende Turmglocke überhörte und Mitternacht unvermutet herbeikam."

HINTER DEN KULISSEN   Weimar 1799
Q: (82) Nr. 17, Sp. 477. — E: Karl Eberwein (in einem Aufsatz über „Goethe als Theaterdirektor"). — D: Dezember 1799. — K: „*Titus*" — Wolfgang Amadeus Mozarts Oper „Titus" wurde am 21. Dezember 1799 in Weimar aufgeführt.

RAUH, ABER HERZLICH   Weimar, um 1799
Q: (30) Bd. 1, S. 763. — E: Karl Morgenstern (in einem Reisebericht, verfaßt im Juli 1800). — D: Um 1799.

NACHBARSCHAFT   Weimar, um 1799
Q: (15) Bd. 11 (1925), S. 317. — E: H. Eisenschmidt (nach Erzählungen Friedrich Johns). — D: Um 1799. — K: Nicht ganz so idyllisch wie nach Johns Erzählung (sie wurde um 1829 an einem Weimarer Wirtshaustisch verbreitet) stellt sich das Nachbarschaftsverhältnis in einer Notiz Karl August Böttigers vom 6. November 1800 dar, (vgl. ⟨30⟩ Bd. 1, S. 767 f.): „Goethe hat nicht den Mut, gewissen äußern Eindrücken zu widerstehen... Neben seinem Hause wohnt ein Leinweber. Das Pochen und Anschlagen an den Weberstuhl, was das Geschäft dieses Handwerkers mit sich bringt, ist ihm so verhaßt, daß er alles angewandt hat, um diesen pochenden Kobold zu bannen oder ihm zu entfliehen. Darauf hat sich Goethe entschlossen, lieber in seinem Gartenhaus vor der Stadt zu wohnen, das er seit vielen Jahren nicht mehr bewohnt hat, weil ihm die Erinnerungen an früher dort verlebte Tage unangenehm waren — als den Leineweber zu hören."

ZUVIEL VERLANGT   Tiefurt, um 1799
Q: (62) S. 11. — E: Johannes Daniel Falk. — D: Um 1799.

LOBEN LASSEN, TADELN LASSEN   Weimar, um 1799
Q: (3) Bd. 1, S. 239. — E: Karl August Böttiger. — D: Um 1799.

GEDULDETER KLEINER FREUND   Weimar 1800
Q: (97) Bd. 1, S. 36—39. — E: Moritz Wilhelm Gotthard Müller. — D: 1800.

AUCH EINE INTERPRETATION...   Weimar 1800
Q: (98) S. 69. — E: Wilhelm Grimm (in einem Briefe an von Meusebach aus Kassel vom 22. April 1827, nach mündlichem Bericht August Wilhelm Schlegels). — D: 1800.

UND ZWAR AUF PUNSCH   Weimar 1800
Q: (99) S. 133 f. — E: Unbekannt. — D: Vom 21. bis 24. Oktober 1800. — K: „*Pa-*

läophron und Neoterpe" — Das kleine Gelegenheitsspiel von nur 264 Versen behandelt trotz seines antik wirkenden Titels das ganz moderne Thema der Auseinandersetzung von Altem und Neuem im gesellschaftlichen Leben der Menschen; so hieß es auch ursprünglich „Alte und neue Zeit", und die Namen der Titelfiguren sind redende Namen: Paläophron bedeutet „Der Altgesinnte", Neoterpe „Die Neuvergnügte". — *„Die stolze Vasti"* — Schauspiel von Friedrich Wilhelm Gotter, gedruckt erschienen bei Göschen in Leipzig 1795. Goethe schrieb zur Aufführung des Einakters Widmungsverse „An die Herzogin Amalia" in drei Stanzen, die am 24. Oktober, dem Geburtstag der Herzogin, nach der Aufführung der „Stolzen Vasti" gesprochen wurden. Die drei letzten Verse kündigen bereits „Paläophron und Neoterpe" an (BA, Bd. 6, S. 270):

> „Und lächelst du der Muse leichtem Sang,
> So hörest du, von hier in wenig Tagen,
> Mit etwas Neuem dir das Alte sagen."

— *wirklich am 24. Oktober ... gespielt werden konnte* — Nämlich im kleinen Saal des Wittumspalais, wo Anna Amalia wohnte. Die Angabe des Datums ist nicht exakt: die Uraufführung fand am 31. Oktober statt, zu einer „Nachfeier" des Geburtstages der Herzogin (Goethe hat demnach zum Schreiben und Einstudieren des Versstücks immerhin etwa eine Woche Zeit gehabt; in der Anekdote ist dieser Zeitraum also verkürzt wiedergegeben). — Auch später gab es noch gelegentliche Aufführungen des Stückes: am 1. Januar 1803 und am 3. Februar 1819, diesmal im „Juno-Zimmer" des Goetheschen Hauses am Frauenplan (in dem die Juno-Büste damals allerdings noch nicht aufgestellt war).

BEHAGLICHE GEGENREDE   Jena, um 1800
Q: (100) S. 18. — E: Henriette von Bissing. — D: Um 1800.

NATURTALENT AMALIE (VARIANTE 1)   Weimar, um 1800
Q: (30) Bd. 1, S. 774f. — E: Amalie von Imhoff. — D: Um 1800.

NATURTALENT AMALIE (VARIANTE 2)   Weimar, um 1800
Q: (30) Bd. 1, S. 775. — E: Friedrich Schubart. — D: Um 1800. — K: *ihr poetisches Werkchen* — „Die Schwestern von Lesbos".

DER SPANISCHE WERTHER AUS SACHSEN   Weimar, um 1800
Q: (40) S. 52f. — E: Wilhelm Ludecus. — D: Um 1800.

KEINS VON BEIDEN   Jena, um 1800
Q: (58) S. 170. — E: Edwin Zellweker (nach der „Berliner Börsenzeitung", Erste Beilage, Nr. 529 vom 12. November 1879). — D: Um 1800. — K: Nicht gesicherte Überlieferung; vielleicht ist die Geschichte frei erfunden.

DIAGNOSE UND THERAPIE   Weimar 1801
Q: (91) Bd. 2, S. 101f. — E: Karoline Schlegel (in einem Briefe an August Wilhelm Schlegel vom 25. Mai 1801). — D: Frühjahr 1801.

TROTZDEM   Weimar 1801
Q: (101) S. 80. — E: Karl von Stein (in einem Briefe aus Kochberg an seinen Bruder Fritz vom 12. März 1801). — D: Frühjahr 1801. — K: *nicht reüssieren* — Hier: keinen Erfolg, kein Glück haben, nicht gelingen.

HOCHDIESELBEN   Weimar 1801
Q: (102) Bd. 2, S. 12. — E: Karoline Herder (in einem Briefe an Karl Ludwig von Knebel vom 28. Mai 1801). — D: Mai 1801.

ERLAUBTER UND UNERLAUBTER ZWEIFEL   Jena 1801
Q: (91) Bd. 2, S. 103 f. — E: Karoline Schlegel (in einem Briefe an August Wilhelm Schlegel vom 31. Mai 1801). — D: Mai 1801. — K: *Er geht... nach Pyrmont* — Zusammen mit seinem Sohne August reiste Goethe zu dieser Kur am 5. Juni 1801 von Weimar aus ab. — *der Sonnenklare* — Anspielung auf die soeben erschienene Schrift Johann Gottlieb Fichtes: „Sonnenklarer Bericht über das Wesen der neuesten Philosophie" (Berlin 1801).

TRILLER, HUNDEGEBELL UND HÖRNERSCHALL   Göttingen 1801
Q: (2) Bd. 16, S. 80 f. („Tag- und Jahreshefte als Ergänzung meiner sonstigen Bekenntnisse"). — E: Goethe. — D: Zwischen 18. Juli und 14. August 1801. — K: *Demoiselle Jagemann* — Karoline Jagemann, spätere von Heygendorf. — *die Rolle des Oheim in „Humphrey Clinker"* — In Tobias George Smolletts Roman „The Expedition of Humphry Clinker" (1771; deutsch 1772 als „Humphry Clinkers Reisen") berichten die Teilnehmer einer Familienfahrt durch Schottland und England in Briefform von ihren Erlebnissen, die teils im Stile einer Reisebeschreibung, teils in pikaresker Manier erzählt werden.

OFFENBAR KEIN THEMA   Gotha 1801
Q: (30) Bd. 1, S. 809. — E: Katharina von Bechtolsheim. — D: Herbst 1801.

BITTE NICHT ZUVIEL BLUT UND WUNDEN   Jena 1801
Q: (103) Bd. 1, S. 349. — E: Friedrich Wilhelm Josef Schelling (in einem Briefe an August Wilhelm Schlegel vom 9. November 1801). — D: 8. November 1801. — K: *Der Schlegelsche Almanach* — Gemeint sind wahrscheinlich die „Athenäum"-Bände, die programmatische Schriften zur Literaturtheorie und Ästhetik der deutschen Frühromantik enthielten und von August Wilhelm Schlegel und Friedrich Schlegel von 1798 bis 1806 herausgegeben wurden. — *die „Jungfrau von Orleans"* — Am 12. Oktober 1801 war im „Kalender auf das Jahr 1802", verlegt von Johann Friedrich Unger in Berlin, Schillers romantische Tragödie „Die Jungfrau von Orleans" erschienen. Die erfolgreiche Uraufführung fand bereits am 11. September 1801 in Leipzig statt.

WELTLICHER UND GEIST-LICHER HOF   Weimar 1801
Q: (25) S. 176—182. — E: Johannes Daniel Falk. — D: 1801.

HAHN IM KORBE   Weimar 1801
Q: (30) Bd. 1, S. 814—817. — E: Katharina von Bechtolsheim. — D: 1801. — K:

poursuivant d'amour — (franz.) Bewerber, Liebhaber. — *cour d'amour* — (franz.) Liebeshof. — *unsre Wirtin wegen ihres Alters und ihrer Mißgestalt* — Luise von Göchhausen, verwachsen, war damals 49 Jahre alt. — *ein treuer Seladon* — Seladon (oder Celadon) hieß ein in die Titelheldin von Honoré d'Urfés Roman „Astrée" (1607—1627) verliebter Schäfer; der Name galt danach als allgemein gebräuchliche Bezeichnung für einen schmachtenden Liebhaber. — *die Xenie* — Katharina von Bechtolsheim zitiert frei; die Xenie trägt den Titel „Das Journal Deutschland" und lautet (BA, Bd. 2, S. 459):

„Alles beginnt der Deutsche mit Feierlichkeit, und so zieht auch
Diesem deutschen Journal blasend ein Spielmann voran."

UNTERWELT — OBERWELT   Weimar 1801
Q: (104) S. 67. — E: Tony Kellen (nach Ludwig Geiger). — D: 1801.

GRIMMS MANSCHETTEN (VARIANTE 1)   Gotha 1801
Q: (2) Bd. 16, S. 82 f. („Tag- und Jahreshefte als Ergänzung meiner sonstigen Bekenntnisse"). — E: Goethe. — D: 1801. — K: *kurz vor Ludwig dem Sechzehnten* — Der französische König, 1789 von revolutionären Volksmassen gezwungen, von Versailles nach Paris überzusiedeln, wagte am 20. Juni 1791 eine spektakuläre Flucht in einer vornehmen Kutsche und in dilettantischer Verkleidung, wurde unterwegs von einem Postmeister erkannt, dann verhaftet und nach Paris zurückgebracht. — *bei dem altbefreundeten Hofe* — in Gotha. — *in Assignaten* — (franz. assignats: Anweisungen). Eine Art Papiergeld, das zur Zeit der Französischen Revolution in Umlauf kam; als dessen Unterpfand sollte das immobile Eigentum des Staates dienen. Die Assignaten stellten de facto nichts anderes dar als vorläufige Anweisungen auf erhoffte, bestenfalls erst nach längerer Frist eingehende Kaufgelder (für beschlagnahmte königliche oder geistliche Güter), deshalb war es praktisch unmöglich, ihren Realwert dem Nennwert anzugleichen; sie unterlagen daher einer raschen inflationären Entwicklung. 1796 wurden sie außer Kurs gesetzt und zu einem Dreißigstel ihres ursprünglichen Wertes gegen ein neues Papiergeld umgetauscht, die sog. Mandate. Die unaufhaltsame Inflation ließ sie auf ein Viertausendstel sinken.

GRIMMS MANSCHETTEN (VARIANTE 2)   Gotha 1801
Q: (105) S. 378 (Notiz vom 14. Februar 1830). — E: Frédéric Soret. — D: 1801. — K: *Louisdor* — Goldmünze, zuerst 1641 unter Ludwig XIII. von Frankreich in Umlauf gesetzt.

GRIMMS MANSCHETTEN (VARIANTE 3)   Gotha 1801
Q: (6) S. 619 f. (Gespräch vom 14. Februar 1830). — E: Johann Peter Eckermann (nach Soret). — D: 1801.

DIE GROSSEN DREI   Weimar, um 1801
Q: (30) Bd. 1, S. 1 010. — E: Karl Friedrich Horn. — D: Um 1801.

Genosse Jayadeva   Weimar 1802

Q: (80) S. 9 f. — E: Friedrich de la Motte Fouqué. — D: Januar 1802. — K: *nach jenem Feste* — Ein Maskenfest am Weimarer Hofe, zu dem de la Motte Fouqué durch seinen militärischen Vorgesetzten, den in preußischen Diensten stehenden Karl August, eingeladen worden war. — *Dikasteriant* — Gerichtsbeamter. — *Jayadeva* — Goethe hat sich, wie aus seinem kurzen, vermutlich 1821 entstandenen Aufsatz über „Indische und chinesische Dichtung" hervorgeht, mit dem in Erfurt 1802 erschienenen Werk beschäftigt: Gita-Govinda oder die Gesänge Jayadevas, eines altindischen Dichters. Aus dem Sanskrit ins Englische, aus diesem ins Deutsche übersetzt, mit Erläuterungen von F. H. von Dalberg.

Maskenspieler   Weimar 1802

Q: (79) Bd. 1, S. 125 f. — E: Eduard Genast (nach den Erinnerungen seines Vaters Anton Genast). — D: Januar 1802. — K: *„Turandot" nach Gozzi* — Schillers Bearbeitung blieb bei der Weimarer Uraufführung ohne sonderlichen Erfolg, nur die Rätsel fanden Beifall (sie wurden fortan in jeder weiteren Aufführung durch neue ersetzt). — *die vier Masken Pantalon, Tartaglia, Brigella und Truffaldin* — Stehende Figuren aus der italienischen Commedia dell'arte, deren Kleidung und Maskierungen bestimmte typisierte Charaktereigenschaften andeuten sollen.

Zauberformel gegen Empörer   Weimar 1802

Q: (13) Bd. 6 (1885), S. 72 f. — E: Henriette Gräfin von Egloffstein. — D: 29. Mai 1802. — K: *Aufführung des „Alarcos"* — Friedrich Schlegels zweiaktiges, in kunstvollen Versen geschriebenes Trauerspiel „Alarcos" war gerade erst entstanden. Die Uraufführung fand am 29. Mai 1802 statt. Goethe liebte dieses Werk, dem sonst hauptsächlich Kritik und Antipathie entgegengebracht wurden. — *die alte spanische Tragödie* — Den Stoff für sein Drama „Alarcos" entnahm Schlegel einer spanischen Romanze des 16. Jahrhunderts, die bereits Lope de Vega bearbeitete. Sie schildert den Untergang des Titelhelden (Graf Alarcos) in der verderbten Welt eines Königshofes. Die Schlegelsche Fassung verbindet eine nahezu spannungslose Handlung mit unglaubhaft motivierten Konflikten und bedient sich einer gekünstelten Sprache, die stellenweise zu dem grausigen Inhalt in einen ungewollt komischen Kontrast gerät.

Der Kaufmann von Hamburg   Halle 1802

Q: (107) S. 282 f. — E: J. G. Gruber. — D: Zwischen 9. und 20. Juli 1802.

Wielands Büste   Weimar 1802

Q: (30) Bd. 1, S. 867. — E: Johann Gottfried Schadow (Tagebuchnotiz vom 2. Oktober 1802). — D: 1. oder 2. Oktober 1802. — K: *eine starke Szene vorgefallen* — Schadow hatte nach mehreren Besuchen bei Goethe dessen Erlaubnis erlangt, „seinen Kopf nach Maßen zeichnen zu dürfen". Dabei scheint es zu Streitigkeiten gekommen zu sein. Josef Schelling berichtet in einem Briefe vom 13. Oktober 1802 an August Wilhelm von Schlegel darüber folgendes ((36) Bd. 1, S. 869): „Stellen Sie sich die Plattheit von Schadow vor, daß er Goethen gleich nach dem ersten Willkomm darum ansprach, seinen Kopf ausmessen zu dürfen. Goethe sagte davon, er habe ihn, wie Oberon den Sultan, gleich um ein paar Backenzähne und

Haare aus seinem Bart gebeten. Nach dem Eindruck, den er auf Goethe gemacht hat, muß er gegen ihn wie ein Bierbruder sich aufgeführt haben." — *ein tracassierender Mann* — ein plagender, quälerischer Mann. — *Tieck* — Christian Friedrich Tieck.

Goethe sang besser als Bertha   Weimar 1802
Q: (108) S. 66—68. — E: Karl Sondershausen. — D: 1802. — K: *die „Saalnixe"* — Volksmärchen mit Gesang, von Christian August Vulpius im Stile von Karl Friedrich Henslers erfolgreicher Oper „Das Donauweibchen" (1792) eingerichtet, mit Musik von Ferdinand Kauer; beim Weimarer Publikum war „Die Saalnixe" sehr beliebt. — *Bertha* — Bertha Götz. — *„Das Wasser rauscht"* — Goethes Ballade „Der Fischer", entstanden 1778. — *Ritter Hartwig* — Gestalt aus der „Saalnixe".

Ungeeigneter Liebhaber   Weimar 1802
Q: (79) Bd. 1, S. 95 f. — E: Eduard Genast (nach den Erinnerungen seines Vaters Anton Genast). — D: 1802. — K: *„Das unterbrochene Opferfest"* — Eine Oper von Peter Winter, die 1796 entstand und von Christian August Vulpius für die Bühne bearbeitet wurde.

Probe aufs Exempel   Weimar 1802
Q: (82) Sp. 690. — E: Karl Eberwein (in einem Aufsatz über „Das Personal der Weimarischen Bühne unter Goethe"). — D: 1802. — K: *ihr zwölfjähriger Sohn* — Karl Wolfgang Unzelmann, 1786 geboren, war 1802 bereits 16 Jahre alt.

Einschränkung   Weimar, um 1802
Q: (109) S. 54. — E: Oskar Ludwig Bernhard Wolff. — D: Um 1802.

Mangel an Achtung   Weimar 1803
Q: (40) S. 3—5. — E: Wilhelm Ludecus. — D: 19. März 1803. — K: *die Verlegung der „Allgemeinen Literaturzeitung" von Jena nach Halle* — Die 1785 gegründete „Allgemeine Literaturzeitung" nahm unter den Herausgebern Schütz und Bertuch eine führende Stellung unter den literarkritischen Journalen Deutschlands ein. Als sie durch den Weggang mehrerer bedeutender Professoren aus Jena zu verwaisen drohte und die Redaktion 1803 heimlich nach Halle übersiedelte, wandte sich Goethe an Professor Heinrich Karl Abraham Eichstädt, der sich bereit erklärte, das Unternehmen fortzuführen. Der Name der Zeitschrift änderte sich in „Jenaische Allgemeine Literaturzeitung". Goethe selbst schrieb bis 1807 zahlreiche Rezensionen und förderte somit das Ansehen der Zeitung. — *die „Braut von Messina"* — Die Uraufführung fand am 19. März 1803 im Weimarer Hoftheater mit großem Erfolg statt. Als Bravorufer entpuppte sich der damals in Jena studierende Sohn des Hofrats Schütz. Für Goethe hatte der Zwischenfall noch ärgerliche Folgen: er wurde von Serenissimus beauftragt, den jungen Schütz durch Jenaer Behörden verwarnen zu lassen (vgl. seinen Brief an Franz Ludwig von Hendrich vom 21. März 1803; PA, Bd. 15, S. 22 f.).

Beleidigter Autor (Variante 1)   Jena 1803
Q: (30) Bd. 1, S. 887. — E: Wilhelm Bode. — D: Zwischen 15. und 30. Mai 1803.

BELEIDIGTER AUTOR (VARIANTE 2) Jena 1803
Q: (30) Bd. 1, S. 888. — E: Woldemar Freiherr von Biedermann. — D: Zwischen 15. und 30. Mai 1803.

BELEIDIGTER AUTOR (VARIANTE 3) Jena 1803
Q: (2) Bd. 16, S. 412 f. („Biographische Einzelnheiten"). — E: Goethe. — D: Zwischen 15. und 30. Mai 1803. — K: *nach der Vorstellung von „Eugenie"* — Goethes klassizistisches Drama „Die natürliche Tochter", manchmal nach der Titelheldin auch „Eugenie" genannt, erlebte am 2. April 1803 am Weimarer Hoftheater in Abwesenheit des erkrankten Autors seine Uraufführung; im Laufe des Jahres kam es noch zu drei weiteren Aufführungen. — *eine Wiederannäherung hoffen* — Nachdem Goethe und Herder von etwa 1783 an in enger, freundschaftlicher Verbindung, in ständigem Gedankenaustausch gelebt und kooperiert hatten, zerbrach dieses Bündnis nach 1789 mehr und mehr: politische Differenzen (vornehmlich wegen der sich rasch entwickelnden revolutionären Vorgänge in Frankreich), neu aufbrechende weltanschaulich-philosophische Meinungsverschiedenheiten (vordringlich veranlaßt durch Herders Kritik am „klassischen" Konzept Goethes und Schillers) und persönliche Querelen ließen ein Verhältnis kalter Entfremdung entstehen. — *ich habe ihn nicht wiedergesehen* — Herder starb am 18. Dezember 1803.

UM DEN HALS GEREDET Jena 1803
Q: (30) Bd. 1, S. 890. — E: Friedrich Wilhelm Riemer. — D: 1803. — K: *die Kunst der Lady Hamilton* — Vgl. den Kommentar zu „Der alte Ritter hält das Licht dazu", I, S. 462. — *befragte ihn* — Goethe.

DANKSCHREIBEN VON FRÄULEIN HOGEL Jena 1803
Q: (13) Bd. 7 (1886), S. 157 f. — E: Edmund Stengel (nach einem Bericht Theodor Voigts). — D: 1803.

NEUTESTAMENTLICHE VERGLEICHUNG Weimar 1803
Q: (30) Bd. 1, S. 897. — E: Charlotte Schiller (in einem Briefe an Fritz von Stein vom 22. November 1803). — D: Mitte November 1803. — K: *krayonieren* — mit Kreide, Blei- oder Rotstift zeichnen. — *Christus hat doch sagen lassen . . .* — Anspielung auf die biblische Erzählung über die Vorbereitungen zum Einzug Jesu in Jerusalem, Matthäus 21, 1—3.

VÖLLIG UNGEKLÄRT Weimar 1803
Q: (100) S. 183. — E: Amalie von Helvig (in einem Briefe an ihren Mann vom 14. Dezember 1803). — D: 24. Dezember 1803 (oder kurz danach). Am Heiligabend 1803 kehrte Goethe von Jena zurück und empfing zum erstenmal Madame de Staël und Benjamin Constant als Mittagsgäste. Die Datierung des Briefes ist also nicht exakt.

ALTERNATIVE Weimar, um 1803
Q: (30) Bd. 1, S. 1012 f. — E: Friedrich Gottlieb Welcker. — D: 1803.

ZORNIGE FEE, KREISCHEND   Weimar 1804
Q: (35) Bd. 2, S. 496f. — E: Friedrich Wilhelm Riemer. — D: Anfang 1804.

MEPHISTOPHELISCHE GESPRÄCHSFÜHRUNG   Weimar 1804
Q: (59) S. 22f. — E: Heinrich Voß d.J. — D: 1804. — K: *„Delphine"* — Der Briefroman der Madame de Staël erschien 1802; in empfindsamer Weise wird die unglückliche, durch Doppelselbstmord endende Geschichte zweier Liebenden erzählt; die gewählte Thematik der Geschichte — Beginn der Frauenemanzipation in einer revolutionären Situation (die Handlung spielt 1790/92) — stellt eine Art Schlüsselroman dar: in der Titelheldin entwirft die Verfasserin ein idealisiertes Porträt ihrer selbst. — *effort* — (franz.) Bemühung, Anstrengung. — *Meines Vaters „Luise"* — Das Hexameter-Epos „Luise. Ein ländliches Gedicht in drei Idyllen" von Johann Heinrich Voß d.Ä. entstand zwischen 1782 und 1794; die erste vollständige, überarbeitete Ausgabe wurde 1795 gedruckt. — *die Tabakspfeife* — Der Pfarrer von Grünau, einer der Helden der epischen Idylle, ist starker Raucher (Goethe galt als leidenschaftlicher Nichtraucher); seine Tochter Luise zündet ihm gar, hustend und spuckend, die Pfeife noch an; schließlich erhält er obendrein von Luises Bräutigam ein „türkisches Rohr" und „echten Virginiaknaster" zum Geschenk. — *die Schweine im Homer* — Anspielung auf eine Episode in der „Odyssee" (X, 230ff.), wo die Meeresgöttin Kirke die Begleiter des Odysseus in Schweine verwandelt. — *Bandwurm in Delilles „L'homme des champs"* — Jacques Delilles Lehrgedicht (deutsch „Der Landmann") erschien 1800 in Straßburg. Goethes (oder Voß' d.J.) Erinnerungen sind offenbar ungenau: der „Bandwurm" schlängelt sich keineswegs „durch zwei Alexandriner", kommt jedoch in einer längeren Anmerkung zum Dritten Gesang vor.

AUFSCHWUNG DER SEELE   Weimar 1804
Q: (59) S. 20. — E: Johann Heinrich Voß d.J. — D: Februar 1804. — K: *das nil admirari* — In den Episteln des Horaz (1, 6, 1 f.) stehen die Verse:

> „Nil admirari prope res est una, Numici,
> solaque, quae possit facere et servare beatum."

(lat.: „Nichts zu bestaunen, Numicius, ist erster und einziger Weg fast, einem Menschen das Glück zu verschaffen, das Glück zu erhalten"; deutsch von Manfred Simon). Das sprichwörtlich angewendete "nil admirari" hat bei Horaz schon die Bedeutung von „sich nicht aus der Ruhe bringen lassen, nicht die Fassung verlieren". — *Platonischer Ausspruch* — Ein in der Antike oft gebrauchter, hier jedoch ungenau angeführter philosophischer Gemeinplatz. In Platons Dialog „Theätet", der erkenntnistheoretische Probleme behandelt, heißt es: „Verwunderung ist der Anfang der Weisheit." Ähnliche Merksätze kommen auch in anderen Schriften Platons vor.

ZUR RÄSON GEBRACHTER MOLTKE   Weimar 1804
Q: (82) Sp.478. — E: Karl Eberwein (in einem Aufsatz über „Goethe als Theaterdirektor"). — D: Anfang März 1804.

INMITTEN DER SCHWEIZ   Weimar 1804
Q: (30) Bd. 1, S. 928. — E: Unbekannt. — D: Anfang März 1804. — K: Die Uraufführung des „Wilhelm Tell" fand am 17. März 1804 statt.

ENTSTEHUNG EINER REZENSION   Weimar 1804
Q: (59) S. 32f. — E: Heinrich Voß d. J. — D: Zwischen 29. März und 11. April 1804. — K: *die Gedichte meines Vaters* — 1802 veröffentlichte Nicolovius in Königsberg „Lyrische Gedichte" von Johann Heinrich Voß in vier Bänden. — *Gleich nach meiner Ankunft* — Am 29. März 1804. — *Votivgemälde* — Gelübde- oder Weihgemälde. — *der Übergang* — Dieser Zusammenhang ergab sich für Goethe aus der Zusammenordnung der Gedichte „Der Herbstgang" („Die Bäume stehn der Frucht entladen...") und „Trost am Grabe", die in der Ausgabe von 1802 an verschiedenen Stellen stehen. — *die Stelle* — Siehe BA, Bd. 17, S. 349f.: „Will man dem Dichter dieses Gefühl allgemeinen heiligen Behagens rauben, will man irgendeine besondere Lehre, eine ausschließende Meinung, einen beengenden Grundsatz aufstellen, dann bewegt sich sein Geist in Leidenschaft, dann steht der friedliche Mann auf, greift zum Gewehr und schreitet gewaltig gegen die ihn so fürchterlich bedrohenden Irrsale, gegen Schnellglauben und Aberglauben, gegen alle den Tiefen der Natur und des menschlichen Geistes entsteigenden Wahnbilder, gegen Vernunft verfinsternde, den Verstand beschränkende Satzungen, Macht- und Bannsprüche, gegen Verketzerer, Baalspriester, Hierarchen, Pfaffengezücht und gegen ihren Urahn, den leibhaftigen Teufel."

TRÄNEN DER RÜHRUNG UND KNISTERNDE PFAFFEN   Weimar 1804
Q: (59) S. 35f. — E: Heinrich Voß d. J. — D: April 1804. — K: *Die „Hussiten" habe ich dreimal gesehen* — Voß hat also alle drei Vorstellungen von Kotzebues Schauspiel „Die Hussiten vor Naumburg" besucht, die damals (am 15. und 18. Februar sowie am 2. April 1804) in Weimar stattfanden. — *Kotzebue zwingt einen zum Weinen* — Dies übereinstimmend mit Goethes Meinung über Kotzebue: „Die Zwiebel, mit welcher man den Leuten das Wasser in die Augen lockt, weiß er zu gebrauchen wie wenige." — *Kopfstück* — Zwanzig-Kreuzer-Münze; eine Münze, der der Kopf des jeweiligen Münzherren aufgeprägt war. — *„Dicke Pfaffen knistern in den Flammen"* — richtig: „Wenn in Flammen dicke Pfaffen knistern..." (IV, 1).

KLEINER NACHTISCH   Weimar 1804
Q: (59) S. 33f. — E: Heinrich Voß d. J. — D: April 1804.

ALTE MÜNZEN, ALTE KÜNSTLER   Weimar 1804
Q: (59) S. 39f. — E: Heinrich Voß d. J. — D: 6. Mai 1804. — K: *eine herrliche Sammlung* — Goethe hatte im August 1803 eine bedeutende Sammlung italienischer Münzen und Medaillen des 15. und 16. Jahrhunderts erworben, die er durch mehrfachen Zukauf bis zum Frühjahr 1804 auf nahezu tausend Stück vermehrte. — *nur auf dem praktischen Wege der Erklärung* — Wie aus zwei Briefen an Schiller (vom 21. Juni und 5. Juli 1797) hervorgeht, trug sich Goethe eine Zeitlang mit dem Plan, eine Geschichte der Peterskirche zu schreiben.

Streit und Versöhnung   Weimar 1804
Q: (2) Bd. 16, S. 121 f. ("Tag- und Jahreshefte als Ergänzung meiner sonstigen Bekenntnisse"). — E: Goethe. — D: 1804. — K: *Moreau* — Jean-Victor Moreau. — *gegen den Tyrannen* — gegen Napoleon. — *maussade* — (franz.) mürrisch, verdrießlich, unfreundlich, langweilig.

Die Prinzessin mit dem Schweinsrüssel   Weimar 1804
Q: (40) S. 47—50. — E: Wilhelm Ludecus. — D: 1804.

Übereignung eines grossen Sujets   Weimar 1804
Q: (2) Bd. 16, S. 129 ff. ("Tag- und Jahreshefte als Ergänzung meiner sonstigen Bekenntnisse"). — E: Goethe. — D: 1804. — K: *Demos* — (griech.) Volk. Hier Verkörperung des Volkes. — *die „Kraniche des Ibykus" und manch anderes Thema* — Ursprünglich hatte Goethe den von ihm entdeckten Stoff als Ballade bearbeiten wollen, im Juli 1797 jedoch überließ er das Sujet Schiller.

Tritte des Wanderers über den Schnee   Jena 1804
Q: (69) S. 156. — E: Eine Enkelin Karl Ludwig von Knebels. — D: Wahrscheinlich am 22. Oktober 1804. — K: *das Distichon* — In: Karl Ludwig von Knebels literarischer Nachlaß und Briefwechsel. Hrsg. von Karl August Varnhagen von Ense und Theodor Mundt. Bd. 1, Leipzig 1835, S. 95:

„Tritten des Wand'rers über den Schnee sei ähnlich *mein* Leben,
Es bezeichne die Spur, aber beflecke sie nicht."

Hin und retour   Weimar 1804
Q: (59) S. 18 f. — E: Heinrich Voß d. J. — D: 1804.

Schlagabtausch an der Hoftafel   Weimar 1804
Q: (2) Bd. 15, S. 122 f. ("Tag- und Jahreshefte als Ergänzung meiner sonstigen Bekenntnisse"). — E: Goethe. — D: 1804. — K: *bespitzen* — sich leicht betrinken, in einen angeheiterten Zustand kommen.

Minchen Klauers „auch"   Weimar 1804
Q: (111) S. 24—26. — E: Julius Schwabe. — D: Herbst 1804, wahrscheinlich Ende Oktober oder Anfang November. — K: *im Jahre 1805* — Die Angabe Schwabes trifft nicht zu. Am 9. November 1804 zogen der Erbprinz Karl Friedrich und seine Gemahlin Großfürstin Maria Pawlowna in Weimar ein. — *Schillers „Huldigung der Künste"* — Goethe und Schiller waren zunächst nicht gewillt, eigens für den Einzug des fürstlichen Paares einen poetischen Willkommensgruß zu entrichten. Wie Schiller zu seinem Auftrag kam, schildert er in seinem Brief an Gottfried Körner vom 22. November 1804; das „lyrische Spiel" diente dann am 12. November zugleich als Willkommensgedicht und als „Prolog" zu Jean Baptiste Racines Schauspiel „Mithridate". — *ein von Goethe verfaßtes Bewillkommnungsgedicht* — Da ein derartiges Gedicht Goethes nicht bekannt ist, wird die gesamte Überlieferung der Anekdote fragwürdig.

UNLÖSBARE PREISAUFGABE   Jena 1804
Q: (2) Bd. 16, S. 132 f. („Tag- und Jahreshefte als Ergänzung meiner sonstigen Bekenntnisse"). — E: Goethe. — D: Ende 1804. — K: *Karolin* — Bayrische Goldmünze im Wert von etwa 10 Gulden. — *Frage* — Goethe und Schiller verständigten sich über Zenobios Preisfrage zunächst mündlich und tauschten dann ihre Ansichten darüber auch brieflich aus (Goethe an Schiller am 7. und 11. März, Schiller an Goethe am 10. März 1801). — *in Herders „Ideen"* . . . — Johann Gottfried Herders „Ideen zur Philosophie der Geschichte der Menschheit" erschienen 1784–1791, seine „Briefe zu Beförderung der Humanität" folgten 1793–1797. — *Vigor* — Energie, Schöpfungskraft. — *Der Konflikt zwischen den Anatoliern und Ökumeniern* — Ein älterer, noch zu Goethes Zeiten andauernder philosophisch-theologischer Streit über die Entstehung des Menschengeschlechts: die Partei der „Anatolier" setzte dafür ein erstes Menschenpaar im Morgenlande (in Anatolien) als einzige Schöpfung voraus, nach Meinung der „Ökumenier" waren menschliche Wesen an mehreren Stellen der Erde zu gleicher Zeit entstanden.

LATERNA MAGICA UND RÄTSEL   Jena, um 1804
Q: (86) S. 22. — E: Luise Seidler. — D: Um 1804.

NOMEN EST OMEN   Weimar, um 1804
Q: (49) S. 47. — E: Karl Zentner. — D: Um 1804. — K: Fragwürdige Überlieferung, durch zeitgenössische Quellen jedenfalls nicht belegt.

NICHT GANZ PASSENDES SPRÜCHLEIN   Weimar, um 1804
Q: (164) Bd. 5, S. 137. — E: Wilhelm Bode (nach der Erzählung einer Tochter Karl Schäffers). — D: Um 1804.

RÜHRUNG   Weimar, um 1804
Q: (112) S. 294. — E: Bernhard Rudolf Abeken (nach Amalie Wolff in einer kurzen Notiz mit dem Titel „Marmorglatt und marmorkalt"). — D: Um 1804 (die erste der beiden geschilderten Episoden spielt wahrscheinlich 1803, die zweite vermutlich im Sommer 1805). — K: *die Eugenie* — Titelheldin von Goethes klassizistischem Drama „Die natürliche Tochter" (1803). Das folgende Zitat aus dem Sechsten Auftritt des Fünften Aufzugs. — *der Epilog zu Schillers „Glocke"* — Entstand unmittelbar nach Schillers Tod, erstmalig gesprochen auf der Bühne des Lauchstädter Theaters am 10. August 1805, zuerst gedruckt im „Taschenbuch für Damen auf das Jahr 1806".

BESTIALISCHES   Weimar, um 1804
Q: (21) Bd. 2, S. 59 f. — E: Adam Oehlenschläger (nach Heinrich Voß d. J.) — D: Um 1804. — K: Bis in den Wortlaut des Gesprächs zwischen Goethe und Voß übereinstimmend, wird die Anekdote bereits von Oskar Ludwig Bernhard Wolff berichtet, vgl. (109) S. 60 f.

SCHNEEBALLSCHLACHT   Jena, um 1804
Q: (15) Bd. 11 (1925), S. 317 f. — E: H. Eisenschmidt (nach Mitteilungen seiner Stiefmutter). — D: Um 1804.

NICHT IMMER   Jena, um 1804
Q: (3) Bd. 1, S. 63. — E: Karl August Böttiger. — D: Um 1804. — K: *ein Blatt des "Freimütigen"* — Die Zeitschrift „Der Freimütige", gegründet und redigiert von den Goethe-Gegnern August von Kotzebue und Garlieb Merkel, erschien 1803—1806 (dazu einige Supplementblätter noch 1807). — *in den Propyläen* — in den Vorhallen zu Tempeln oder anderen Heiligtümern; „Die Propyläen" hieß auch Goethes eigene, von 1798 bis 1800 edierte Zeitschrift. — *bei der „Eleganten Zeitung"* — Die „Zeitung für die elegante Welt", den deutschen Romantikern nahestehend, kritisch gegen Goethe und Schiller, aber auch gegen Kotzebue und Merkel opponierend, wurde seit ihrer Gründung 1801 von Karl Spazier geleitet. — *Auch Nicolai hat er einmal vorgestellt* — Nämlich in dem polemischen, mit derben Worten gespickten Gedicht „Nicolai auf Werthers Grabe" (PA, Bd. 2, S. 34).

HÖREN UND SEHEN   Weimar, um 1804
Q: (113) S. XIII. — E: Ludwig Robert. — D: Um 1804.

AHNUNGEN?   Weimar 1805
Q: (59) S. 68. — E: Johann Heinrich Voß d.J. — D: 1. Januar 1805.

SICH AUSSPRECHEN KÖNNEN   Weimar 1805
Q: (59) S. 71 f. — E: Johann Heinrich Voß d.J. — D: Mitte Februar 1805.

PARADOXER EINFALL   Weimar 1805
Q: (35) Bd. 2, S. 696. — E: Friedrich Wilhelm Riemer. — D: März 1805.

GESCHEITERTE EHRUNG EINES TOTEN   Weimar 1805
Q: (2) Bd. 16, S. 134—136 („Tag- und Jahreshefte als Ergänzung meiner sonstigen Bekenntnisse"). — E: Goethe. — D: 1805. — K: *durch den 30. Januar gedrängt* — Geburtstag der Herzogin Luise Auguste. — *arbeitete fleißig an „Phädra"* — Auf Wunsch des Herzogs Karl August hatte Schiller am 17. Dezember 1804 mit der Übersetzung von Jean-Baptiste Racines klassizistischem Drama „Phèdre" (1677) begonnen; am 2. Januar 1805 las er bei einem Abendbesuche Goethes ausführlich daraus vor, am 14. Januar beendete er die Arbeit. Die Schillersche Bühnenfassung erlebte dann am 30. Januar 1805 ihre Uraufführung in Weimar. — *mein Übel* — In den ersten Monaten des Jahres 1805 war Goethe schwer an Nierenkoliken erkrankt. — *Anfang Mai* — Zur letzten Begegnung zwischen Goethe und Schiller kam es am 1. Mai. — *wäre die herrlichste Totenfeier gewesen* — Eine Gedenkfeier für Schiller fand am 10. August 1805 auf der Bühne in Bad Lauchstädt statt: dort wurde Schillers „Lied von der Glocke" mitsamt Goethes „Epilog" szenisch dargestellt. Goethes Plan einer Dichtung mit dem Titel „Schillers Totenfeier" blieb unausgeführt; überliefert sind nur einige unbedeutende Entwürfe. — *länger als jener zu Messina* — Anspielung auf den Schluß (IV, 10) von Schillers Trauerspiel „Die Braut von Messina oder Die feindlichen Brüder" (1802/03). — *die Gruft, die ihn gepränglos eingeschlossen hatte* — Schillers Beisetzung geschah am 12. Mai 1805, nach Weimarer Sitte zwischen 0 Uhr und 1 Uhr, im sog. Landschaftskassengewölbe auf dem alten Friedhof der St.-Jakobs-Kirche, der Begräbnisstätte für Standespersonen ohne eigenes Erbbegräbnis. Die Überführung der sterblichen Überreste in die Weimarer Fürstengruft erfolgte erst am 16. Dezember 1827.

KRANKHEIT UND TOD SCHILLERS					Weimar 1805
Q: (59) S. 83 f. — E: Johann Heinrich Voß d. J. — D: 9./10. Mai 1805.

ÜBERFLÜSSIGE ENTSCHULDIGUNG					Weimar 1805
Q: (79) Bd. 1, S. 154—156. — E: Eduard Genast (nach den Erinnerungen seines Vaters Anton Genast). — D: Zwischen 10. und 12. Mai 1805.

BEGINNENDE VEREINSAMUNG					Weimar 1805
Q: (59) S. 86 f. — E: Johann Heinrich Voß d. J. — D: 18. Mai 1805. — K: *daß mein Vater nach Heidelberg gehn würde* — Diesen Entschluß hatte Voß d. Ä. bereits in seinem Brief vom 27. April 1805 an Goethe mitgeteilt; der Sohn wußte von diesem Brief nichts und konnte deshalb der Meinung sein, Goethe habe überhaupt erst jetzt von der Sache erfahren. — *nach Heidelberg* — Johann Heinrich Voß d. J. folgte im November 1806 seinem Vater nach Heidelberg, er wurde im Februar 1807 zum außerordentlichen Professor und 1809 zum Ordinarius am dortigen Philologischen Seminar berufen.

ANZEICHEN NAHENDEN ALTERS					Helmstedt 1805
Q: (114) S. 17. — E: K. C. von Leonhard (nach dem Bericht Friedrich August Wolfs). — D: Zwischen 16. und 19. August 1805.

FORTE UND PIANO					Nienburg 1805
Q: (51) S. 250—253. — E: Wilhelm Bode. — D: Mitte August 1805.

DIABOLISCHE GRÖSSE					Nienburg 1805
Q: (30) Bd. 2, S. 39 f. — E: Friedrich Weitze. — D: 19. oder 20. August 1805. — K: *Herr von H[agen]* — Karl Ernst von Hagen; Goethe beschreibt seinen Besuch beim „tollen Hagen", bei dem Friedrich Weitze damals Hauslehrer war, ausführlich in den „Tag- und Jahresheften als Ergänzung meiner sonstigen Bekenntnisse" (BA, Bd. 16, S. 162—166). — *die Erfüllung des kategorischen Imperativs* — Vgl. Immanuel Kant, Kritik der praktischen Vernunft, Erster Teil, § 7: „Handle so, daß die Maxime deines Willens jederzeit zugleich als Prinzip einer allgemeinen Gesetzgebung gelten könne."

ARABISCH-DÄNISCH-DEUTSCHER MONOLOG					Lauchstädt 1805
Q: (21) Bd. 2, S. 12. — E: Adam Oehlenschläger. — D: Zwischen 27. August und 6. September 1805. — K: *mein „Aladdin"* — Im Jahr 1805 erschien „Aladdin eller Den Forunderlige Lampe" (dän.) Aladdin oder die Wunderlampe, von Oehlenschläger, im Untertitel als „Dramatisches Märchen" gekennzeichnet und im Stil eines Tieckschen Lesedramas geschrieben. Der Stoff, ganz nach „Tausendundeiner Nacht" gestaltet, behandelt die bekannte Auseinandersetzung zwischen Aladdin und dem Magier Noureddin um die Wunderlampe. Das Stück, als optimistischer Gegenentwurf zu Goethes Konzeption des „Faust" I gedacht, konnte mit diesem freilich nicht konkurrieren, so lebendig und bunt auch seine Handlung (vor allem in den Volksszenen) gestaltet ist.

BILEAMS ESEL   Weimar 1806
Q: (15) Bd. 3 (1916), S. 209. — E: Johann Heinrich Meyer. — D: Anfang 1806. —
K: *„Ein Feiner Almanach"* — Der von Friedrich Nicolai herausgegebene (und
größtenteils von ihm selbst verfaßte) in Berlin 1777/78 verlegte erste und zweite
Jahrgang von „Eyn feyner kleyner Almanach vol schönerr echterr liblicherr Volcks-
lieder". Sie stammen angeblich von dem Dessauer Bänkelsänger Daniel Wunderlich und richteten sich satirisch-parodistisch gegen Gottfried August Bürger (kaum
gegen Herder). — *Bileam* — Mesopotamischer Prophet, der auf Befehl eines Moa-
biterkönigs die Israeliten verfluchen sollte, sie jedoch, von Jahwe dazu gezwungen,
segnete. Seine redende Eselin (4.Buch Moses, 22, 21 ff.) erweist sich klüger als Bileam, da sie einen Engel des Herrn wahrnimmt, den dieser übersieht.

HERMAPHRODITISCHES   Weimar 1806
Q: (15) Bd. 3 (1916), S. 209. — E: Johann Heinrich Meyer. — D: 11. Januar
1806. — K: *Das...„Journal..."* — „Journal für deutsche Frauen von deutschen
Frauen geschrieben. Besorgt von Wieland, Schiller, Rochlitz und Seume." Es erschien ab Januar 1805 monatlich; ab Heft 6 wird Schillers Name unter den Herausgebern nicht mehr genannt. — *Nekropompe* — Totengeleit; hier: Johann Georg Seu-
mes Gedicht „Schillers Nekropompe. Geschrieben auf dem bottnischen Meerbu-
sen", das später Aufnahme in die Reisebeschreibung „Mein Sommer. 1805"
fand. — *Hermaphrodit* — Doppelgeschlechtliches Wesen, menschlicher Zwitter
(nach dem Sohn des griechischen Gottes Hermes und der Göttin Aphrodite).
Seume ist der einzige Mitarbeiter, der sich als Mann bekennt; der zweite (und
letzte) Jahrgang der Zeitschrift hat den Titelzusatz „von deutschen Frauen geschrieben" nicht mehr.

HERZENSWUNSCH   Weimar 1806
Q: (15) Bd. 3 (1916), S. 210. — E: Johann Heinrich Meyer. — D: 11.Januar 1806.

DER LÖWE UND DER FUCHS   Weimar 1806
Q: (15) Bd. 3 (1916), S. 209f. — E: Johann Heinrich Meyer. — D: Anfang Februar
1806. — K: *Pitts Tod* — William Pitt der Jüngere war am 23.Januar 1806 gestorben; Karl August Böttigers Aufsatz steht in der Cottaischen „Allgemeinen Zeitung"
(Nr. 36 vom 5.Februar 1806) unter der Überschrift „Miszellen aus England". Dort
heißt es: „Welches Glück für den armen, podagrischen Pitt, daß die Hiobsposten
vom Kontinent durch das nähere Interesse, das die ganze Nation an den Folgen des
Sieges bei Trafalgar... nimmt, gleichsam übertäubt werden!"

POESIE DER DEUTSCHEN SPRACHE   Weimar 1806
Q: (21) Bd. 2, S. 56. — E: Adam Oehlenschläger. — D: 25.April 1806. — K: *„Aladdin"* und *„Hakon Jarl"* — Vgl. dazu die Kommentare zu „Arabisch-dänisch-deutscher Monolog", I, S. 491, und zu „Verkennung? Verwerfung?" I, S. 493.

ERNÜCHTERUNGEN   Weimar 1806
Q: (21) Bd. 2, S. 100f. — E: Adam Oehlenschläger. — D: Zwischen 25.April und
14.Juni 1806.

VERKENNUNG? VERWERFUNG? Weimar 1806
Q: (21) Bd. 2, S. 57f. — E: Adam Oehlenschläger. — D: Zwischen 25. April und 14. Juni 1806. — K: *„Aladdin"* — Vgl. den Kommentar zu „Arabisch-dänisch-deutscher Monolog", I, S. 492. — *„Hakon Jarl"* — Oehlenschlägers erste große Tragödie, das fünfaktige Trauerspiel „Hakon Jarl hin Rige" (dän.; „Hakon Jarl der Mächtige") war 1805 in Halle geschrieben worden, nach eigener Aussage in sechs Wochen; es erschien 1807 gedruckt, und 1808 fand in Kopenhagen die Uraufführung statt; mit diesem Drama wandte sich der Dichter nordischer Nationalromantik zu. — *„Die ihr Felsen und Bäume bewohnt..."* — Goethes Epigramm „Einsamkeit", entstanden im April 1782 (BA, Bd. 1, S. 362). Die Inschrift ist noch heute im Weimarer Park (unterhalb des Römischen Hauses) erhalten.

LEBEWOHL MIT KÜSSEN UND VERSEN Weimar 1806
Q: (21) Bd. 2, S. 60—62. — E: Adam Oehlenschläger. — D: 14. Juni 1806.

PIEDER UND NADIERLICH Jena 1806
Q: (21) Bd. 2, S. 221. — E: Adam Oehlenschläger. — D: 19. Juni 1806. — K: *bei Thorwaldsen* — Oehlenschläger berichtet hier von seiner Reise nach Italien im Jahre 1809; während seines Aufenthaltes in Rom verkehrte er häufig im Hause Bertel Thorwaldsens. — *„Musen und Grazien in der Mark"* — Ein derbes, parodistisch-satirisches Spottgedicht, das Goethe am 17. Mai 1796 in Jena geschrieben hatte; es richtet sich gegen die anspruchslose, platte Nützlichkeits- und „Natürlichkeits"-Poesie, wie sie damals in verschiedenen Musenalmanachen Mode geworden war, vor allem in dem „Kalender der Musen und Grazien für 1796", den der Pfarrer F. W. A. Schmidt-Werneuchen herausgegeben hatte. Das Gedicht erschien in Schillers „Musenalmanach für das Jahr 1797", der auch die (von Goethe und Schiller weitgehend gemeinsam verfaßten) „Xenien" enthielt; darunter findet sich eine mit der Überschrift „Kalender der Musen und Grazien" (BA, Bd. 2, S. 458). — *„Wir sind pieder und nadierlich"* — Die letzte Strophe des Gedichts lautet (BA, Bd. 1, S. 103):

> „Und in unsern Liedern keimet
> Silb aus Silbe, Wort aus Wort.
> Ob sich gleich auf Deutsch nichts reimet,
> Reimt der Deutsche dennoch fort.
> Ob es kräftig oder zierlich,
> Geht uns so genau nicht an;
> Wir sind bieder und natürlich,
> Und das ist genug getan."

AB-SPEISUNG IN EINER SCHEUNE Asch 1806
Q: (35) Bd. 2, S. 697. — E: Friedrich Wilhelm Riemer. — D: 30. Juni 1806. — K: *auf der Reise nach Franzensbrunn* — Goethe und Riemer fuhren gemeinsam von Jena über Eger nach Karlsbad. — *„Die Hussiten vor Naumburg"* — Dieses Schauspiel von August von Kotzebue war 1803 in Leipzig gedruckt worden: „Die Hussiten vor Naumburg im Jahr 1432. Ein vaterländisches Schauspiel mit Chören in

fünf Akten". — *„Und hätt ich Flügel der Morgenröte..."* — Anspielung auf einen Psalm Davids (139,9) über Gottes Allwissenheit und Allgegenwart.

DEMIURG PUTJATIN   Karlsbad 1806
Q: (6) S. 180f. (Gespräch vom 17.Januar 1827). — E: Goethe. — D: Anfang Juli 1806.

HALTER EIN GENERAL   Karlsbad 1806
Q: (115) S. 18—20. — E: Goethe (in der Nacherzählung Heinrich Ludens). — D: Juli 1806.

ZWEI ALTE GRÄFINNEN   Karlsbad 1806
Q: (115) S. 17f. — E: Goethe (in der Nacherzählung Heinrich Ludens). — D: Juli 1806.

DER LEIBHAFTIGE UND SEIN GESICHT   Karlsbad 1806
Q: (116) S. 100. — E: Ernst Moritz Arndt, den Bericht des Grafen Geßler wiedergebend. — D: 1806.

MÜHSAM VERHINDERTE MANIFESTATION   Jena 1806
Q: (2) Bd. 16, S. 188f. („Tag- und Jahreshefte als Ergänzung meiner sonstigen Bekenntnisse"). — E: Goethe. — D: Ende September oder Anfang Oktober 1806. — K: *persuasorische Gründe* — zum Überreden geeignete Gründe.

SPREKEN MIT EIN POETE   Jena 1806
Q: (69) Bd. 162, S. 445f. — E: Friedrich August Ludwig von der Marwitz. — D: 2. oder 3.Oktober 1806. — K: *Fürst* — Friedrich Ludwig Fürst zu Hohenlohe-Ingelfingen. — *ein vornehmer Mann* — Hier: ein adlig geborener Mann. — *Amabilität* — Liebenswürdigkeit, Liebreiz. — Goethe erwähnt das hier geschilderte Treffen flüchtig in seinen „Tag- und Jahresheften" (BA, Bd. 16, S. 189) und charakterisiert den Hauptmann von Blumenstein mit den Worten „jung, Halbfranzos, freundlich und zutraulich".

AM VORABEND DES DEBAKELS   Jena 1806
Q: (2) Bd. 16, S. 189f. („Tag- und Jahreshefte als Ergänzung meiner sonstigen Bekenntnisse"). — E: Goethe. — D: 3.—6.Oktober 1806. — K: Vier Tage später, am 10.Oktober, fiel Prinz Louis Ferdinand in einem Gefecht bei Saalfeld; acht Tage später, am 14.Oktober, wurde die preußische Armee in der Schlacht von Jena vernichtend geschlagen.

HÜBSCHER ERNSTER MANN IN SCHWARZEM KLEIDE   Weimar 1806
Q: (117) S. 6f. — E: Johanna Schopenhauer (in einem Briefe an ihren Sohn Arthur vom 18.Oktober 1806). — D: 12.Oktober 1806.

EINQUARTIERUNG AM FRAUENPLAN   Weimar 1806
Q: (35) Bd. 1, S. 362—369. — E: Friedrich Wilhelm Riemer. — D: 14./15.Oktober 1806. — K: *pelotonweise* — Als Peloton wurde eine kleine, geschlossen zur Feuer-

abgabe aufgestellte taktische Militärabteilung bezeichnet. — *Retirade* — Rückzug. — *Tirailleurs* — Plänkler; Soldaten, die in aufgelöster Ordnung kämpfen. — *Marodeurs* — Plünderer, plündernde Nachzügler. — *Sauvegarde* — Schutzwache. — *seine Frau* — Damals noch Christiane Vulpius; wahrscheinlich auch unter dem Eindruck der hier geschilderten Ereignisse ließ sich Goethe mit ihr wenige Tage später kirchlich trauen.

EINE TASSE TEE   Weimar 1806
Q: (117) S. 27f. — E: Johanna Schopenhauer (in einem Briefe an ihren Sohn Arthur vom 24. Oktober 1806). — D: 20. Oktober 1806.

AUCH EIN KRIEGSLIED   Weimar 1806
Q: (30) Bd. 2, S. 136. — E: Johannes Daniel Falk. — D: 1806. — K: *sein Lied* — Gemeint ist Goethes Gedicht „Vanitas! vanitatum vanitas!" (BA, Bd. 1, S. 92 f.). Der Titel ist einer Stelle aus dem lateinischen Text des Alten Testaments nachgebildet: „Vanitas vanitatum et omnia vanitas"; in Luthers Übersetzung: „Es ist alles ganz eitel" (Prediger Salomo 1, 2 und 12, 8). Das Gedicht, Anfang 1806 als Parodie auf das Kirchenlied „Ich hab mein Sach Gott heimgestellt" von Johannes Pappus entstanden, will sich deutlich als Anti-Kriegslied zu erkennen geben; der erste Vers Goethes fußt auf einer Spruchsammlung von Michael Neander aus dem Jahre 1585 („Wer sein Sach auf nichts stellet, dem kann es nicht fehlen.")

SCHÄTZE IM BRUNNEN   Weimar 1806
Q: (117) S. 49. — E: Johanna Schopenhauer (in einem Briefe an ihren Sohn Arthur vom 22. Dezember 1806). — D: Mitte Dezember 1806.

ALTAR UND BÜHNE   Weimar 1806
Q: (6) S. 459f. (Gespräch vom 11. November 1823). — E: Johann Peter Eckermann (im engen Anschluß an ⟨105⟩ S. 378). — D: Zwischen Oktober und Dezember 1806. — K: *seit längerer Zeit wieder leidend* — Goethe litt an einer starken Erkältung. — *ein neues Stück* — Goethe war am 26. September 1806 von Karlsbad nach Jena und am 6. Oktober von dort nach Weimar zurückgekehrt. Hier begann die Theatersaison am 26. Dezember 1806. Um welches „neues Stück" es sich handelt, konnte nicht ermittelt werden.

SO UNGEFÄHR   Weimar 1806
Q: (117) S. 52. — E: Johanna Schopenhauer (in einem Briefe an ihren Sohn Arthur vom 5. Januar 1807). — D: 24. Dezember 1806.

PUPPEN TANZEN LASSEN   Weimar 1806
Q: (117) S. 51 f. — E: Johanna Schopenhauer (in einem Briefe an ihren Sohn Arthur vom 5. Januar 1807). — D: 25. Dezember 1806. — K: *mit Adele und der jüngsten Conta* — Adele Schopenhauer und eine Tochter der mit Johanna Schopenhauer befreundeten Familie Karl Friedrich von Contas. — *Sophie* — Sophie Duguet.

HUNDSFOTT MIT WÜRDE   Weimar 1806
Q: (30) Bd. 2, S. 180. — E: Friedrich Wilhelm Riemer. — D: 30.Dezember 1806.

DER HERR GEHEIMERAT UND ICH   Weimar 1806
Q: (21) Bd. 2, S. 98f. — E: Adam Oehlenschläger. — D: Ende 1806 und später. — K: *während der Schlacht* — Gemeint ist die Doppelschlacht von Jena und Auerstedt. — *la commencement de la fin* — (franz.) der Anfang des Endes. — *ging er mit einer alten Haushälterin in die Kirche* — Am 19. Oktober 1806 ließ sich Goethe mit Christiane vom Weimarer Hofprediger Wilhelm Christoph Günther in der Sakristei der Jakobskirche trauen. — *der berühmte Verfasser des "Rinaldo Rinaldini"* — Christian August Vulpius hatte mit seinem sechsteiligen Roman „Rinaldo Rinaldini, der Räuberhauptmann" einen triumphalen Publikumserfolg.

ORDNUNG MUSS SEIN   Weimar, um 1806
Q: (118) S. 115. — E: Karl Wilhelm von Knebel (in einem undatierten Brief an Düntzer). — D: Um 1806.

THÜRINGISCHES WESEN   Weimar, um 1806
Q: (109) S. 34. — E: Oskar Ludwig Bernhard Wolff. — D: Um 1806.

LEBENDE UND TOTE DICHTER   Weimar 1807
Q: (117) S. 51. — E: Johanna Schopenhauer (nach Stephan Schützes Bericht). — D: 1.Januar 1807.

GEKONNT (VARIANTE 1)   Weimar 1807
Q: (117) S. 62. — E: Johanna Schopenhauer (in einem Briefe an ihren Sohn Arthur vom 12. Februar 1807). — D: 3. Februar 1807.

GEKONNT (VARIANTE 2)   Weimar 1807
Q: (30) Bd. 2, S. 191. — E: Wilhelmine Bardua (in den Erinnerungen an ihre Schwester Karoline). — D: 3. Februar 1807.

GESCHICHTE EINER MAMSELL   Weimar 1807
Q: (117) S. 62f. — E: Johanna Schopenhauer (in einem Briefe an ihren Sohn Arthur vom 12. Februar 1807). — D: 5. Februar 1807.

GNADE VOR RECHT   Weimar 1807
Q: (30) Bd. 2, S. 199. — E: Wilhelmine Bardua (in den Erinnerungen an ihre Schwester Karoline). — D: 1807. — K: *Die Tagesblätter von Runge* — Vgl. den Kommentar zu „Zeug zum Rasendwerden" II, S. 349.

MENAGERIE   Weimar 1807
Q: (30) Bd. 2, S. 204. — E: Wilhelmine Bardua (in den Erinnerungen an ihre Schwester Karoline). — D: 1807.

IN DER SCHWEBE   Weimar 1807
Q: (119) Bd. 2, S. 109f. — E: Georg Reinbeck. — D: März 1807. — K: *Ich machte*

hier — in einer der Teegesellschaften bei Johanna Schopenhauer. — *Calderon in der Übersetzung von Schlegel* — Diese Lesungen fanden am 12., 15., 19. und 22. März 1807 statt. — *der Ausdruck . . . trat an diesem Abende zuerst hervor* — Die Annahme, Goethe habe den Ausdruck „in der Schwebe sein" (oder „sich in der Schwebe befinden") als erster geprägt, ist nicht zutreffend, schon Adelung verzeichnet diese Wendung, wenn auch ohne Beleg; Beispiele direkter oder abstrakter Verwendung bei Seume und Wieland weisen dann die Wörterbücher von Campe (1810) und Sanders (1860/65) nach.

SCHOTTISCHE BALLADEN   Weimar 1807
Q: (120) S. 196. — E: Stephan Schütze (in einem Aufsatz über „Die Abendgesellschaften der Hofrätin Schopenhauer in Weimar, 1806—1830"). — D: 9. April 1807. — K: *schottische Balladen* — Goethes Tagebuch verzeichnet unter dem 9. April 1807 (WA, III, Bd. 3, S. 204): „Romanze von ‚Hilla Lilla' vorgelesen. Falk eine neue Übersetzung von Anakreon." Es handelte sich aber nicht, wie Schütze (und wahrscheinlich auch Goethe) vermuteten, um „schottische" Balladen: vielmehr ist die Rede von der schwedischen Ballade „Stolts Hilla", die Gotthard Ludwig Theobul Kosegarten 1801 übersetzt und „Hilla Lilla" benannt hatte.

ARMES KIND!   Weimar 1807
Q: (1) Bd. 1, S. 18 ff. — E: Bettina von Arnim. — D: 23. April 1807. — K: *In Weimar kamen wir . . . an* — Bettina mit ihrer Schwester Kunigunde, verheiratet mit Friedrich Karl von Savigny. — *Portechaise* — Sänfte, Tragsessel. — *zu Ihrem Sohn* — Bettina erhält auch hier die Fiktion aufrecht, als befände sie sich in direktem Briefverkehr mit Goethes Mutter. — *Der Tod der Herzogin Amalie* — Anna Amalia war am 10. April 1807 gestorben.

DAS BLATT UND DIE WANGE   Weimar 1807
Q: (1) Bd. 1, S. 33 f. — E: Bettina von Arnim. — D: 23. April 1807. — K: Bettinas Zeitangabe „im Eingang Mai" ist ungenau.

EIFERSUCHT UND LIST   Weimar 1807
Q: (1) Bd. 1, S. 22 f. — E: Bettina von Arnim. — D: Ende April 1807. — K: *wie ich gleich den Schachteln nachgeschwommen* — Bei einem Wegeunglück mit umgestürztem Wagen am Ufer des Mains rettete Bettina mehrere Gepäckstücke aus dem Fluß. — *Blonden* — Seidenkanten, seidene Spitzen.

ARTEN WIE UNARTEN   Weimar 1807
Q: (1) Bd. 1, S. 44. — E: Bettina von Arnim. — D: Ende April 1807.

MÄUSCHEN IM MONDGLANZ   Weimar 1807
Q: (1) Bd. 1, S. 115 f. — E: Bettina von Arnim. — D: Ende April (oder Anfang November) 1807. — K: *Die reifen Früchte fielen von den Bäumen* — Falls dieses Detail nicht einfach phantasievolle Erfindung Bettinas ist, müßte die Handlung der Anekdote Anfang November vorgefallen sein, und es könnte sich allenfalls um Winteräpfel handeln.

NÄRRISCHE WEISHEITEN   Weimar 1807
Q: (1) Bd. 1, S. 279 f. — E: Bettina von Arnim. — D: Ende April (oder Anfang November) 1807. — K: *Zeitung* — Hier: Nachricht.

RINGE   Weimar 1807
Q: (89) S. 257. — E: Malla Montgomery-Silfverstolpe. — D: 1807.

UNVERTILGBAR   Karlsbad 1807
Q: (30) Bd. 2, S. 229. — E: Christine von Reinhard (in einem Briefe an ihre Mutter vom 1. Juni 1807). — D: 30. Mai 1807. — K: Vergleichbar ist eine Äußerung Goethes vom 14. Dezember 1808; vgl. (54) S. 7: „Deutschland ist *nichts*, aber jeder einzelne Deutsche ist viel. Und doch bilden sich letztere gerade das Umgekehrte ein. Verpflanzt, zerstreut wie die Juden in alle Welt müßten die Deutschen werden, um die Masse des Guten ganz und gar zum Heil aller Nationen zu entwickeln, die in ihnen liegt."

GESAMTURTEIL   Karlsbad 1807
Q: (30) Bd. 2, S. 235. — E: Christine von Reinhard (in einem Briefe an ihre Mutter vom 5. Juli 1807). — D: Anfang Juli 1807.

VATER UND SOHN   Karlsbad 1807
Q: (30) Bd. 2, S. 252 f. — E: Friedrich Schubart. — D: 22. August 1807.

VERKLEIDETER SOHN UND CHARMANTER VATER   Karlsbad 1807
Q: (2) Bd. 16, S. 203 f. („Tag- und Jahreshefte als Ergänzung meiner sonstigen Bekenntnisse"). — E: Goethe. — D: Ende August oder Anfang September 1807. — K: *Pekeschen* — auch Pikeschen; kurze Überröcke aus Pelz, mit Schnüren und Quasten besetzt. — *an der Tepelmauer* — steinerne Uferbefestigung kurz vor der Mündung der Tepel in die Eger.

VERBOTENER GENUSS   Weimar 1807
Q: (89) S. 157 f. — E: Malla Montgomery-Silfverstolpe (nach einem mündlichen Bericht Bettina von Arnims). — D: 1807.

GIPS SCHAFFT LEIDEN   Weimar 1807
Q: (121) Bd. 1, S. 445 f. — E: Adolf Stahr. — D: 13. Oktober 1807. — K: *ein armer junger Bildhauer* — Dem Weimarer Hofbildhauer Karl Gottlob Weißer, der diese Arbeit für den Phrenologen Franz Josef Gall ausführte; später hat Weißer die abgenommene Maske einer Büste „aufgesetzt". Auf guten Abgüssen sind sogar die Blatternarben auf Goethes Gesicht deutlich zu erkennen.

SEHR ERFREUT   Leipzig 1807
Q: (122) S. 76 f. — E: Heinrich Anschütz. — D: 1807. — K: *die ... sehr verbreitete Anekdote* — Sie war bis dahin nur mündlich überliefert, daher läßt sie sich weder genauer lokalisieren noch eindeutig datieren.

Schöne Geschichte! Weimar 1807
Q: (1) Bd. 1, S. 108f. — E: Bettina von Arnim. — D: 1. November 1807.

Küsse, Sonnenkinder und Sonette Weimar 1807
Q: (123) Bd. 1, S. 270. — E: Traugott Koller. — D: 4. November 1807. — K: Heinrich Grunholzers Begegnung mit Bettina von Arnim fand 1843 in Berlin statt. — *Sie sei nur begeistert für Goethe, nie in ihn verliebt gewesen* — Auch Goethe versuchte sehr schnell, einem seiner Vertrauten noch im Jahre 1807 zu versichern, er habe sich Bettina gegenüber „nicht eben als leidenschaftlicher Liebhaber, sondern nur als Bewunderer ihres geistreichen, aber auch barocken Wesens" gefühlt, vgl. (35) Bd. 2, S. 496. — *eine Büste* — Die berühmte Marmorbüste von Alexander Trippel, entstanden im Herbst 1787 in Rom. — *das bekannte Sonett* — Es steht als viertes in einem Zyklus von Liebesgedichten und hat unter der Überschrift „Das Mädchen spricht" folgenden Wortlaut (BA, Bd. 1, S. 275):

> „Du siehst so ernst, Geliebter! Deinem Bilde
> Von Marmor hier möcht ich dich wohl vergleichen;
> Wie dieses gibst du mir kein Lebenszeichen;
> Mit dir verglichen, zeigt der Stein sich milde.
>
> Der Feind verbirgt sich hinter seinem Schilde,
> Der Freund soll offen seine Stirn uns reichen.
> Ich suche dich, du suchst mir zu entweichen;
> Doch halte stand, wie dieses Kunstgebilde.
>
> An wen von beiden soll ich nun mich wenden?
> Sollt ich von beiden Kälte leiden müssen,
> Da dieser tot und du lebendig heißest?
>
> Kurz, um der Worte mehr nicht zu verschwenden,
> So will ich diesen Stein so lange küssen,
> Bis eifersüchtig du mich ihm entreißest."

— Bettina selbst erzählt die Anekdote, allerdings ohne die Pointe „Du Sonnenkind!", in ihrem Buche „Goethes Briefwechsel mit einem Kinde" (1835) breit und umständlich, vgl. (1) Bd. 1, S. 125f. Mit Koller im wesentlichen übereinstimmend, berichtet Malla Montgomery-Silfverstolpe: „Einmal zeigte er ihr seine Büste im Alter von vierzig Jahren und stellte sich daneben, um ihr den Unterschied zu zeigen. Lange betrachtete sie die Büste, so lange, daß er glaubte, sie erkenne sie nicht und darüber erzürnte — da küßte sie die Büste innig. Eifersüchtig riß er sie von der Büste weg, drückte warme Küsse auf ihre Lippen und hob sie hoch empor mit dem Ausruf: ‚Götterkind! Sternenkind!'" (89) S. 158.

Sprache der Augen Weimar 1807
Q: (1) Bd. 1, S. 58. — E: Bettina von Arnim. — D: Zwischen 1. und 10. November 1807.

Zacharias Werner Jena 1807
Q: (30) Bd. 2, S. 273f. — E: Charlotte von Stein (in einem Briefe an ihren Sohn

Fritz vom 31. Dezember 1807). — D: Wahrscheinlich am 9. Dezember 1807. — K: *der Kleine* — Karl Wilhelm von Knebel, damals elfjährig.

MUSIKALISCHE ABENDGESELLSCHAFT   Weimar 1807
Q: (120) S. 196f. — E: Stephan Schütze (in einem Aufsatz über „Die Abendgesellschaften der Hofrätin Schopenhauer in Weimar, 1806-1830"). — D: 31. Dezember 1807.

HOFFNUNG AUF BESSERUNG   Weimar, um 1807
Q: (12) S. 83. — E: Karoline von Wolzogen (in einer Tagebuchnotiz). — D: Um 1807.

KENNER MIT WEINVERSTAND   Weimar, um 1807
Q: (111) S. 89f. — E: Julius Schwabe. — D: Um 1807.

EINER GENÜGT   Weimar 1808
Q: (95) Bd. 5, S. 59f. — E: Karl von Holtei (nach Johanna Schopenhauer). — D: 30. Januar 1808.

GOTTÄHNLICHKEIT, DURCHAUS PROBLEMATISCH   Weimar 1808
Q: (30) Bd. 2, S. 287. — E: Friedrich Wilhelm Riemer. — D: 30. Januar 1808.

GÖTTLICHKEIT ODER ABSOLUTHEIT?   Weimar 1808
Q: (35) Bd. 2, S. 704. — E: Friedrich Wilhelm Riemer. — D: 1. Februar 1808. — K: *Warum uns Gott...* — aus der Gedicht-Gruppe „Sprichwörtlich" (BA, Bd. 1, S. 453).

HUSAREN IM HOFTHEATER   Weimar 1808
Q: (79) Bd. 1, S. 169f. — E: Eduard Genast (nach den Erinnerungen seines Vaters Anton Genast). — D: 2. März 1808.

KINDER UND SUPPEN   Weimar 1808
Q: (62) S. 12. — E: Johannes Daniel Falk. — D: Zwischen 23. und 27. März 1808.

ABGESÄGTER AST   Weimar 1808
Q: (117) S. 98f. — E: Karl Bertuch (in einem Briefe an Karl August Böttiger vom 21. April 1808). — D: 17. April 1808. — K: *die Landshuter Erklärung (von Ast)* — Der ehemalige Jenaer Privatdozent Georg Anton Friedrich Ast, seit 1805 in Landshut, hatte in der „Zeitschrift für Wissenschaft und Kunst" erklärt, die Poesie scheine Friedrich Schlegel „zu der Höhe emporzuführen, wo sie plastisch und musikalisch zugleich sein wird, zu idealer, verklärter Gediegenheit und Objektivität sich vollendend, wie die pindarische Muse". — *Exkreszenz* — Wucherung, Auswuchs. — *Alfanzereien* — Hier: kindisches Gebaren, Narreteien.

MITTELSALZ, KURMÄSSIG   Karlsbad 1808
Q: (30) Bd. 2, S. 324. — E: Friedrich Wilhelm Riemer. — D: 2. August 1808.

KAISER UND POET   Erfurt 1808
Q: (54) S. 283—285. — E: Friedrich von Müller. — D: 29. September (Ankunft
Goethes in Erfurt) bis 2. Oktober 1808 (Audienz bei Napoleon). — K: *seine Übersetzung des „Mahomet" von Voltaire* — Voltaires „Mahomet", eine Verstragödie in
fünf Akten, wurde 1741 in Lille uraufgeführt; das handlungsreiche Stück ist ein
verkapptes aufklärerisches Pamphlet gegen religiösen Fanatismus und geistige Into-
leranz, der Religionsstifter tritt als skrupelloser Massenverführer auf. Goethes
Übersetzung erschien 1802 in Tübingen, die erste Aufführung fand am 30. Januar
1800 in Weimar statt. Einen Einblick in zeitgenössische Auseinandersetzungen um
die Übersetzung gibt Schillers Gedicht „An Goethe, als er den ‚Mahomet' von Voltaire auf die Bühne brachte", das ursprünglich als Prolog gedacht war. — *den Tod
Cäsars... großartiger als Voltaire* — Voltaires dreiaktige Tragödie „La Mort de
César" entstand 1731, und 1733 erfolgte in Paris die Uraufführung; die deutlich republikanische Tendenz des Stücks konnte kaum auf Napoleons Zustimmung rechnen. Vgl. dazu die Anekdote „Zu heiklich", II, S. 129 f. — „*Qu'en dit Monsieur
Goet?*" — (franz.) Was sagt Herr Goethe dazu? — „*Voilá un homme!*" — (franz.)
Das ist ein Mensch! — Der Text einer eigenen, 1824 zustande gekommenen Nie-
derschrift Goethes mit dem Titel „Unterredung mit Napoleon" (BA, Bd. 16,
S. 418—422) stimmt in allen wesentlichen Punkten mit Kanzler Müllers Darstellung überein.

BONAPARTISTISCHE REPUBLIK   Weimar 1808
Q: (124) S. 312. — E: Karl Viktor von Bonstetten (nach Talleyrand in einem Briefe
an Friederike Brun vom 16. Oktober 1825 aus Genf). — D: 6. Oktober 1808. — K:
„*Je n'aime pas...*" — (franz.) „Mir gefällt der Schluß ihres Romans ‚Werther'
nicht." — „*Je ne croyais pas...*" — (franz.) „Ich dachte nicht, daß Eure Majestät es
gerne sähen, daß Romane einen Schluß haben."

HEITERKEIT MIT TIEFGANG   Weimar 1808
Q: (125) S. 75 f. — E: Karoline Sartorius (in einem Briefe aus Göttingen an ihren
Bruder vom 27. Oktober 1808). — D: 15. Oktober 1808. — K: *Dulise* — Bei diesem
Namen scheint es sich um einen Hör- bzw. Schreibfehler Karoline Sartorius' zu
handeln; gemeint ist vermutlich Jean François Ducis. — *um mit der Herzogin von
Orleans zu reden* — Aus dem Briefwechsel Elisabeth Charlottes, Herzogin von Orleans, waren 1789 Bruchstücke in Braunschweig gedruckt worden. Die sprichwörtli-
che Redensart „wissen, wo Bartel den Most holt" war schon im 17. Jahrhundert weit
verbreitet, und zwar in mehreren europäischen Sprachen (angewandt auf jemanden, den man als besonders findig und schlau kennzeichnen will, der Mittel und
Wege kennt, seinen Zweck zu erreichen); die Herkunft der Redensart im Deutschen läßt sich nicht ganz sicher deuten, wahrscheinlich kommt sie aus dem Gau-
nerjargon, wo „Bartel" das Brecheisen und „Moos" das Geld bezeichnet. — „*Mon
Dieu, qu'avez vous besoin...*" — (franz.) „Mein Gott, brauchen Sie denn unser
Stück, Sie könnten es doch hundertmal besser machen als wir?" — „Es ist, weil
man nicht gern noch einmal macht, was man schon einmal gemacht hat", antwortete
Goethe. — *so wie es im Hiob heißt...* — Ungenaues Bibel-Zitat nach dem Buch
Hiob 1, 17. — „*Traduisez cela...*" — (franz.) „Übersetzen Sie dies unsern Freun-
den, mein Herr."

Rettungsaktion   Weimar 1808
Q: (35) Bd. 2, S. 705 f. — E: Friedrich Wilhelm Riemer. — D: 15. Oktober 1808.

Damals schon!   Weimar 1808
Q: (30) Bd. 2, S. 376. — E: Karl Eberwein. — D: 6. November 1808.

Verpatztes Modell   Weimar 1808
Q: (120) S. 199 f. — E: Stephan Schütze (in einem Aufsatz über „Die Abendgesellschaften der Hofrätin Schopenhauer in Weimar, 1806—1830"). — D: 18. Dezember 1808.

Wenn der Mond ... (Variante 1)   Jena 1808
Q: (126) S. 53. — E: Friedrich Johannes Frommann. — D: 31. Dezember 1808. — K: *ein, vielleicht schwülstiges, Gedicht an den Mond* — Im Wortlaut unbekannt, jedenfalls nicht aufgenommen in: Zacharias Werners Sämtliche Werke. Aus seinem handschriftlichen Nachlasse hrsg. von seinen Freunden. Grimma 1841. — *wenn er ihm auch zu „abstrus" war* — Anspielung auf ein am 6. Februar 1814 geschriebenes Gedicht Goethes (BA, Bd. 2, S. 418), das mit den Versen beginnt:

> „Herr Werner, ein abstruser Dichter,
> Dazu vom sinnlichsten Gelichter,
> Verleugnete sein schändlich Lieben,
> Die Unzucht, die er stets getrieben..."

— Karl von Holtei (⟨95⟩ S. 59) läßt sich von Goethe erzählen: „Ich habe mich seiner von Herzen angenommen und ihn redlich zu fördern gesucht, auf alle Weise! Aber wie er nachher aus Italien zurückkam, da las er uns gleich am ersten Abend ein Sonett vor, worin er den aufgehenden Mond mit einer Hostie verglich. Da hatt ich genug und ließ ihn laufen." — Trotz dieser doppelt gesicherten Überlieferung sind einige Zweifel unausgeräumt. Friedrich August Wolfs Anwesenheit bei der Jenaer Zusammenkunft zu Silvester 1808 ist unwahrscheinlich; auch redeten Goethe und er sich nicht mit dem vertrauten Du an. Denkbar wäre allerdings (wie schon Heinrich Düntzer vermutete), daß sich alles zwar in Jena, aber nicht bei Frommanns, sondern bei Knebels ereignet hat und daß Goethe später die Episode in Karlsbad berichtete, wo er mit Wolf und Alwine Frommann zusammentraf (Karl Theodor Gaedertz, Bei Goethe zu Gaste. Leipzig 1900, S. 56). Wahrscheinlicher ist die nachfolgende, Weimarer Variante.

Wenn der Mond ... (Variante 2)   Weimar 1808
Q: (127) S. 252—255. — E: Henrik Steffens. — D: 31. Dezember 1808. — K: *ein Sonett* — Bei Werners Gedicht mit dem Titel „Eintritt in Italien" handelt es sich nicht um ein Sonett; es datiert vom 25. August 1808 (Sämtliche Werke, Bd. 1, S. 171) und beginnt mit den Worten:

> „Ihr kommt zu spät, ihr ewig jungen Lauben;
> Ach hätt ich früher euer Grün geschauet,
> Als noch des Lebens Morgen mir gegrauet!
> Ich kann nicht leben mehr! — ich kann nur glauben..."

WENN DER MOND ... (VARIANTE 3)   Weimar 1808
Q: (128) S. 60f. — E: Wilhelm von Humboldt (nach Zacharias Werners Bericht in einem Briefe an seine Frau Karoline vom 1. Januar 1809). — D: 31. Dezember 1808. — K: *der Verfasser der „Söhne des Tals"* — Zacharias Werners dramatisches Gedicht „Die Söhne des Tals" war in zwei Bänden, mit Titelkupfern versehen, 1803/04 bei Sander in Berlin verlegt worden. — *sein letztes Stück „Attila"* — Im Verlag der Berliner Realbuchhandlung 1808 erschienen. — *Burattini* — Puppen, Marionetten. — *ein Sonett auf Genua* — Vgl. den Kommentar zu Variante 1, I, S. 502.

SELBST DER SCHLAFENDE GOETHE   Weimar, um 1808
Q: (82) Nr. 17, Sp. 482. — E: Karl Eberwein (in einem Aufsatz über „Goethe als Theaterdirektor"). — D: Um 1808.

IN ERMANGELUNG ALLES DESSEN   Weimar 1809
Q: (62) S. 12. — E: Johannes Daniel Falk. — D: Anfang 1809.

CHRIST UND HEIDE   Weimar 1809
Q: (62) S. 12. — E: Johannes Daniel Falk. — D: Anfang 1809. — K: *„Das Kreuz an der Ostsee"* — Das Trauerspiel erschien 1806 bei Sander in Berlin. — *das „Licht des Osterlandes"* — Dieses Drama von Zacharias Werner ist im Druck nicht nachweisbar; vermutlich lag es als Manuskript vor, oder Falk nennt einen falschen Titel.

ÜBERGÄNGE   Weimar 1809
Q: (33) S. 144f. — E: Heinrich Döring. — D: Anfang 1809. — K: Der erwähnte Freund ist vermutlich Wilhelm von Humboldt, der Goethe vom 1. bis 17. Januar 1809 in Weimar besuchte.

KULINARISCHE PROBLEME   Weimar 1809
Q: (106) S. 46. — E: Karl Escher. — D: Januar 1809.

VORRECHTE DER JUGEND   Weimar 1809
Q: (13) Bd. 22 (1901), S. 73. — E: Karl Friedrich Anton von Conta (in einem Briefe an seine Braut vom 16. März 1809). — D: 16. März 1809.

NICHT ALLE   Weimar 1809
Q: (33) S. 144. — E: Heinrich Döring. — D: Sommer 1809. — K: *ein Freund* — nicht zu identifizieren. — *Sommervogel* — Hier, wie auch andernorts bei Goethe in der Bedeutung: Schmetterling (vgl. etwa: „Faust" I, Vers 3204).

LEIBHAFTIGES BEWEISSTÜCK   Tiefurt 1809
Q: (106) S. 53. — E: Karl Escher. — D: 1809.

TREUE IM UNGLÜCK   Weimar 1809
Q: (25) S. 113–120. — E: Johannes Daniel Falk. — D: 1809. — K: *Niederlage von Lübeck* — Nach schweren Kämpfen zwischen preußischen und französischen

Truppen wurde Lübeck am 6. November 1810 von den Franzosen erstürmt und geplündert, schließlich 1810 dem Napoleonischen Kaiserreich einverleibt.

KLASSISCHE MYTHOLOGIE   Weimar 1809
Q: (35) Bd. 2, S. 711. — E: Friedrich Wilhelm Riemer. — D: 3. August 1809.

KOMIK BEI TISCHE (VARIANTE 1)   Jena 1809
Q: (12) S. 220 f. — E: Bernhard Rudolf Abeken. — D: 15. August 1809.

KOMIK BEI TISCHE (VARIANTE 2)   Jena 1809
Q: (112) S. 382—384. — E: Bernhard Rudolf Abeken. — D: 15. August 1809.

ABSICHTSERKLÄRUNG   Jena 1809
Q: (15) Bd. 7 (1920), S. 255. — E: Karl Ludwig von Knebel (in seinen fragmentarisch überlieferten „Bildern aus dem Leben"). — D: 27. September 1809. — K: *ihn bald darauf besuchte* — Am 24. September 1809 hatte Goethe einige Feigen als Geschenk seiner Frau an Knebel schicken lassen und den eben ausgedruckten ersten Teil seines Romans mit übersandt, „da ich nun einmal Dich mit Süßigkeiten besteche", lautet eine Stelle im beigefügten Brief. Das Gespräch über den Roman am 27. September ist durch eine Tagebuch-Eintragung Goethes belegt. — *und verdenke es Dir nicht* — Daß Goethe sich aber doch über Knebels abfällige Bemerkung betroffen fühlte, geht aus einer Passage seines Briefes an ihn vom 21. Oktober 1809 hervor (PA, Bd. 19, S. 300): „Den zweiten Teil meines Romans schicke ich Dir nicht; Du möchtest mich darüber noch mehr als über den ersten ausschelten. Kommt er Dir von andern Seiten her in die Hände, so bin ich alsdann unschuldig daran. Die armen Autoren müssen viel leiden, und es ist hergebracht, daß gerade die Exemplare, die sie selbst ausgeben, ihnen die größte Not machen."

SIEGFRIED MIT DER SPEERSTANGE   Weimar 1809
Q: (21) Bd. 2, S. 60. — E: Adam Oehlenschläger. — D: Zwischen 2. und 6. November 1809. — K: *Das „Nibelungenlied" war kurz vorher erschienen* — In der modernisierenden Bearbeitung: „Der Nibelungen Lied", hrsg. durch Friedrich Heinrich von der Hagen, Berlin 1807. Der Herausgeber übermittelte ihm die Ausgabe (vgl. Goethes Dankesbrief vom 18. Oktober 1807). Damals las Goethe das ganze Lied zum erstenmal kontinuierlich; in den Folgejahren drang er tief in den Problemgehalt und in die künstlerische Gestaltung der alten Dichtung ein, fand sie sehr beachtlich, hütete sich aber vor Überschätzungen. — *Goethe las uns einige Gesänge daraus vor* — Was er offensichtlich mit Vorliebe tat: schon in der „Mittwochsgesellschaft" hatte er von November 1808 bis Januar 1809 derartige Lesungen veranstaltet. — ,*Es war der große Siegfried . . .*' — Oehlenschläger zitiert ungenau aus dem Gedächtnis. Im Original (S. 155) lauten die Verse 3937/38:

> „Der Herre tobelichen von dem Bronnen sprang;
> Ihm ragete von dem Herzen eine Speerstange lang."

Die Szene stammt aus der Sechzehnten Aventiure, in der Siegfrieds Ermordung durch Hagen geschildert wird. Im Mittelhochdeutschen haben die beiden Verse den Wortlaut:

„Der herre tobelichen von dem brunnen spranc.
Im ragete von den herten ein gêrstange lanc."

„Herte" ist im Mittelhochdeutschen ein starkes Femininum mit der Bedeutung „Schulterblatt"; es wird also gesagt: Der Herr sprang in sinnloser Wut von dem Brunnen auf. Zwischen seinen Schulterblättern ragte eine lange Speerstange hervor.

QUOD LICET JOVI   Weimar 1809
Q: (21) Bd. 2, S. 230f. — E: Adam Oehlenschläger. — D: Zwischen 2. und 6. November 1809. — K: *eine neue Tragödie* — Mit dem Titel „Correggio" (Uraufführung in Kopenhagen 1811, deutsche Erstaufführung in Berlin 1828); Oehlenschläger verfaßte das „historisch-tragische Idyll" im Sommer 1809 zunächst deutsch und übersetzte es anschließend ins Dänische; die Handlung spielt in der Zeit der Renaissance und hat den Rangunterschied zwischen zwei großen Künstlern zum Thema. — *Brouillon* — Hier: schriftlicher Entwurf, Konzept.

WEIN ODER ESSIG?   Weimar 1809
Q: (21) Bd. 2, S. 231. — E: Adam Oehlenschläger. — D: Zwischen 2. und 6. November 1809.

LEBEWOHL WIE NIKODEMUS   Weimar 1809
Q: (21) Bd. 2, S. 232. — E: Adam Oehlenschläger. — D: 6. November 1809. — K: *Sie kommen ja wie Nikodemus* — Vgl. Johannes 3, 1—21. Der jüdische Schriftgelehrte Nikodemus wollte sich in einem Gespräch mit Jesus von dessen Sendung als Sohn Gottes überzeugen; nach Johannes 19, 39 nahm er auch an der Bestattung Jesu teil. — Nach diesem Abschied trat für längere Zeit eine merkliche Abkühlung in den Beziehungen zwischen Goethe und Oehlenschläger ein.

MEHR ALS GOTT   Weimar 1809
Q: (35) Bd. 2, S. 712. — E: Friedrich Wilhelm Riemer. — D: 13. November 1809.

GEHUPFT WIE GESPRUNGEN   Weimar 1809
Q: (30) Bd. 2, S. 490. — E: Friedrich Wilhelm Riemer. — D: 12. Dezember 1809.

BRUMMENDER BÄR   Weimar 1809
Q: (129) S. 62. — E: Reinhold Steig. — D: Zwischen 12. und 25. Dezember 1809.

NOTWENDIGE LEKTION   Weimar, um 1809
Q: (30) Bd. 2, S. 1219. — E: C. G. Beck (in einem Aufsatz „Besuch bei A. Schopenhauer" aus dem März 1857). — D: Um 1809.

ERFOLGREICHE ERMAHNUNG   Weimar, um 1809
Q: (79) Bd. 1, S. 170f. — E: Eduard Genast. — D: Um 1809.

ÄSTHETISCHER SCHNAPS   Weimar 1810
Q: (30) Bd. 2, S. 511 f. — E: Friedrich Schubart. — D: Anfang 1810. — K: *Diese Geschichte empfahl nun Goethe* ... — Wie auch andere, damals in Weimar umgehende Gerüchte über die Entstehung des Wernerschen Dramas ist die hier mitgeteilte „Anregung" durch Goethe fragwürdig und nicht nachweisbar. — *Die Wirkung der Aeschyleischen „Eumeniden"* — In der 458 v. u. Z. aufgeführten Trilogie „Oresteia" des Aischylos findet die Auseinandersetzung zwischen Mutter- und Vaterrecht eine späte Widerspiegelung. Das letzte der drei Dramen, in denen das Schicksal des Ödipus, seiner Eltern und seiner Söhne dargestellt wird, heißt „Die Eumeniden" und schildert die Befreiung des Orest von seiner Schuld; die Erinnyen (die Wütenden) werden dabei von der Göttin Athene in Eumeniden (die Wohlgesinnten) verwandelt. Das oresteische Schicksal selbst und die Umwandlung der Rachefurien in Gesetzeshüterinnen brachte das athenensische Theaterpublikum zur Raserei.

NICHT EINMAL DANN (VARIANTE 1)   Weimar 1810
Q: (30) Bd. 2, S. 506 f. — E: Carl Ludwig Costenoble (in einer Tagebuchnotiz vom 21. Juni 1810). — D: Zwischen 22. und 29. Januar 1810.

NICHT EINMAL DANN (VARIANTE 2)   Weimar 1810
Q: (65) S. 119. — E: Ferdinand Johannes Wit, genannt von Dörring. — D: 1810 (ungesichert). — K: *si fabula vera* — (lat.) Wenn die Geschichte wahr ist. Dafür besteht allerdings nur eine geringe Wahrscheinlichkeit. Jean Pauls Aufzeichnungen (im Juni 1796, Ende August 1798, am 16. Januar 1799 und am 6. September 1801) wissen nichts von einem derartigen Gespräch. Da sich Jean Paul seit 1804 nach Bayreuth zurückgezogen hatte, dürfte die Anekdote ihm wahrscheinlich nur „zugeschrieben" worden sein. Franz Grillparzer behauptete (in seinem Aufsatz „Meine Reise nach Italien", 1844), das Gespräch habe sich zwischen Goethe und Zacharias Werner zugetragen.

DROHENDE VERNICHTUNG   Weimar 1810
Q: (82) Nr. 19, Sp. 579. — E: J. G. von Quandt (nach Erzählungen seines „alten Freundes" Zacharias Werner in dem Aufsatz „Meine Berührungen mit Goethe"). — D: Mitte Februar 1810. — K: *der „Vierundzwanzigste Februar"* — Zacharias Werners Schicksalstragödie „Der Vierundzwanzigste Februar", ein dramaturgisch geschickt aufgebauter Einakter, wurde in Weimar am 24. Februar 1810 uraufgeführt. — *im Zirkel* — im (runden) Parterre des Theaters.

MIT EIGENEM LEBEN BEGABTES WESEN   Weimar 1810
Q: (12) S. 110. — E: Bernhard Rudolf Abeken. — D: 27. März 1810.

EIN RITTERGUT FÜR EIN WORT   Weimar 1810
Q: (12) S. 110 f. — E: Bernhard Rudolf Abeken. — D: 10. April 1810. — K: *meine „Fragmente"* — Anonym wurden im „Morgenblatt für gebildete Stände" am 22., 23. und 24. Januar 1810 Abekens „Fragmente aus einem Brief" über Goethes „Wahlverwandtschaften" mitgeteilt (Wiederabdruck in: Hamburger Ausgabe, I, Bd. 6, S. 627—633). — *das von Eduard über Ottilie ... ausgesprochene Wort ...* —

Abeken zitiert genau, siehe: „Die Wahlverwandtschaften", Erster Teil, Sechstes Kapitel (BA, Bd. 12, S. 49 f).

ANSERES CHRISTICOLAE   Zwodau 1810
Q: (35) Bd. 1, S. 393. — E: Friedrich Wilhelm Riemer. — D: 19. Mai 1810. — K: *Zwodau* — damals Zwota (tschech. Zvodava oder Svatava), Ort in der Nähe von Falkenau im nordwestlichen Böhmen. Goethe, von Riemer begleitet, reiste von Weimar über Pößneck und Hof nach Franzensbad. — *Anseres Christicolae* — (lat.) Christus verehrende oder christusgläubige Gänse. — *asserieren* — bestimmt aussagen, behaupten. — *Responsorium* — Wechselgesang; in der römisch-katholischen und griechisch-orthodoxen Kirche zwischen Priester und Chor, in der evangelisch-lutherischen Kirche zwischen Geistlichem und Gemeinde.

KONVENIENZ   Karlsbad 1810
Q: (72) S. 115. — E: Ernst von Pfuel (in einem Briefe aus Teplitz an Karoline de la Motte Fouqué vom 22. August 1810). — D: August 1810.

REINFALL IM BÖHMISCHEN   Teplitz 1810
Q: (72) S. 116 f. — E: Karl Markwaldt Sauer (nach Ernst von Pfuels mündlichem Bericht, lange nach Goethes Tod). — D: 27. bis 29. August 1810.

EBEN DOCH EIN KETZER!   Teplitz 1810
Q: (25) S. 170—172. — E: Goethe (nach einem Bericht von Johannes Daniel Falk; dieser versichert auf S. 163, er habe Goethes Bericht am 10. November 1810, also bald nach dessen Rückkehr aus Teplitz nach Weimar, „wörtlich" niedergeschrieben). — D: August (oder erste Septemberhälfte) 1810. — K: *kapuzinermäßige Tiraden* — phrasenhafter Worterguß im Stile eines Kapuziners (Angehöriger eines volkstümlichen katholischen Ordens, aus dessen Reihen viele sprachgewaltige Prediger hervorgingen).

DIESE HERRLICHEN AUGUSTABENDE!   Dresden 1810
Q: (86) S. 59—64. — E: Luise Seidler. — D: Zwischen 18. und 21. September 1810.

MITLEID UND HILFE   Weimar 1810
Q: (86) S. 69 f. — E: Luise Seidler. — D: Dezember 1810.

NIEDERLASSUNGEN   Weimar 1810
Q: (86) S. 73. — E: Luise Seidler. — D: Dezember 1810. — K: *wie sehr er die Möbelwut haßte* — Übereinstimmende Äußerungen Goethes verzeichnet Johann Peter Eckermann in den Gesprächen vom 23. März 1829 und vom 25. März 1831, vgl. (6) S. 284 und S. 421.

ENTSTEHUNG EINES SPITZNAMENS   Weimar 1810
Q: (130) S. 285—287. — E: August Friedrich Rumpf (nach dem mündlichen Bericht seiner Tochter an Theodor Siebs). — D: 25. Dezember 1810.

WOHL DER EINZIGE SPASS AM „WERTHER" Weimar, um 1810
Q: (35) Bd. 2, S. 616 f. — E: Friedrich Wilhelm Riemer. — D: Um 1810. — K: *inconnu à Ingolstadt* — (franz.) unbekannt in Ingolstadt. — *Quodlibet* — Hier: ein Schaustück aus allerlei verschiedenen Stücken. — *Quästionieren* — Mit Fragen gepeinigt, bestürmt, belästigt werden.

DRINNEN UND DRAUSSEN Weimar, um 1810
Q: (120) S. 187. — E: Stephan Schütze (in einem Aufsatz über „Die Abendgesellschaften der Hofrätin Schopenhauer in Weimar, 1806—1830"). — D: Um 1810.

ZERBERUS, EXZELLENZ UND GUTE FEE Weimar, um 1810
Q: (131) Bd. 2, S. 155 f. — E: Karl Gustav Moltke (in dem Aufsatz „Goethe-Reminiszenzen"). — D: Um 1810. — K: *Herlitzchen* — mundartliche Bezeichnung für Kornelkirschen.

Inhaltsverzeichnis

28. August 1749	5
Das häßliche Kind	5
Polterabend am hellichten Tage	5
Der Schneider und der Riese	6
Blühender Birnbaum in Großvaters Garten	7
Das Erdbeben von Lissabon	9
Wolfgang, Fritz und das Publikum	10
Puppentheater	12
Ansprüche	13
Erster Kummer durch Poesie	14
Andacht mit Räucherkerzen am Musikpult	14
Dialog zwischen Satan und Adramelech	17
Tänze eigener Erfindung	18
Strafe an einem leblosen Wesen	18
Schiedsrichter	19
Frühe Haltung	19
Trotzige Liebe	20
Gemälde im schwarzen Kästchen	20
Auch in Gott	21
Beichte und Absolution	22
Grundtext mit Widersprüchen	23
Kluges wie Unbedachtes	25
Fiekchen und Giekchen	26
Zitat aus der Bibel	28
Garderobe für Gretchen	28
Madame Fleischers Erklärung	29
Christbaum für Joli	30

Der Magister und die Hurengeschichten	31
Visite bei Gottsched im „Goldenen Bären"	32
Paukbetrieb	34
Wechsel-Fälle des Lebens	34
Wirtshausspaß per Parodie	35
Lehrer Oeser	36
Schlechter Ratschlag	37
Tragödie in der Komödie	38
Der Schuster und der wunderliche Christ	39
Blick über die Stadt der Künste	41
Erfahrungen machen	42
Duette am Spinett	44
Ausgetauschte Geschichten	44
Bilder einer Hochzeit	45
Wirksame Kritik	47
Der Firniß der Fiktion über dem Leben	47
Der Dreizehnte	48
Hexe, Mädchen, Krämerin	49
Im Gasthof „Zum Geist"	50
Menschen probieren	51
Sechs verbrannte Strohhüte	52
Von Göttern, von Goten oder vom Kote	53
Sympathien und Antipathien	54
Anders nicht möglich	55
Offenbares Geheimnis	55
Zwei Dissertationen	56
Willkommen und Abschied	57
Machwerke und Weltpoesie	57
In hoher Verzückung	58
Die besten Happen	59
Audienz vor fremder Haustür	60
Bettelstudent, Professor, Götterjüngling (1)	60
Bettelstudent, Professor, Götterjüngling (2)	63
Bettelstudent, Professor, Götterjüngling (3)	65
Schelte für ein Versäumnis	65
Irrlichter im Herbst	66
„Götz" und die technisch merkantilische Lust	67
Niederschmetternd	68
Verschiedene Instanzen	69

Tätige Hilfe	69
Der nächtlich disputierende Tänzer	70
Geschichte und Geschichten	71
Hartes Dilemma	71
Basedows Ergo	72
Diné zu dritt am Ufer des Rheins	72
Zweideutiges Orakel	73
Entwaffnende Zustimmung	74
Verweigerung von Biergenuß aus Gründen der Religion	74
Im karmesinroten Pelz (1)	76
Im karmesinroten Pelz (2)	76
Gesunder Puls	77
Der Doktor weiß Bescheid	77
Diese mehreren Lotten	78
Dialog über einen Dritten	78
In Gottes Hand, aus Gottes Hand	79
Komödie und Tragödie	80
Lyrische Zerfahrenheit der Jugend	81
In tyrannos?	81
Mephistophelisch querblickend	82
Man denke sich den jungen Mann	85
Kulante Bitte um ein Dutzend	86
Wagenlenker voller Ungeduld	87
Abends bei Wielands	91
Herr und Diener	91
Eigene Künste	92
Geniestreiche	92
Gesellige Spiele	92
Blasphemischer Bänkelsang	93
Das Gärtchen an der Ilm (1)	94
Das Gärtchen an der Ilm (2)	94
Das Gärtchen an der Ilm (3)	95
Ein Herr Bruder kommt	96
Bal paré mit Folgen (1)	97
Bal paré mit Folgen (2)	99
Bal paré mit Folgen (3)	99
Nächtliche Szene im Gebirge	100
Allotria zum Lachen und Denken	102

Poetische Bestrafung	103
Zielscheibe	105
Opfer der Freundschaft	105
Verteufelte Contenance	105
In die hinten gewöhnlich befindliche Öffnung	106
Der neue Beichtvater	106
Die Macht des Schicksals (1)	108
Die Macht des Schicksals (2)	108
Gegenfrage	109
Ins Gebüsch geschlagen	110
Brillanter Teufel namens Goethe	110
Einander umschlungen führend	112
Reisender inkognito	113
Der betrogene Betrüger	118
Gewendetes Herz	121
Das Notwendige und das Überflüssige	121
Besorgungen	122
Pferde in der Schwemme	122
Schwermut und Leichtsinn	122
Maskeraden auf den Schwanseewiesen	125
Sympathiekundgebung	126
Jugendliche Dichterin	126
Bienenorakel	127
Energische Vorstellung einer Ilmnixe	127
Kloster, Mönche, kalte Küche	128
Rembrandtisches Nachtstück am Ufer der Ilm	128
Gut gebrüllt, Löwe!	129
Amüsable wie ein Mädchen von sechzehn	129
Woldemar an der Eiche	131
Götz II.	132
Serenissimus, der Hätschelhans und Frau Aja	133
Berühmtes Zitat	133
Acht Jahre danach	134
Eine recht ätherische Wollust	135
Unfreiwilliger Lustgang	135
Gottes Spürhund	136
Dialog am Rheinfall	136
Der gläserne Sumpf	137
Thusnelda im Regen	137

Menschen und Flammen	138
Gerichtstag halten	139
Kranz und Kuß	140
Geschichte einer männlichen Rache	140
Abgewiesene Bittsteller	141
Plundersweilern bei Hofe	141
Wer wem?	143
Singende Jungfrau am Borkenhäuschen	143
Überzählige Gäste	144
Drei Dialoge	144
Ostereier suchen	145
Kleine Menschengesichter	146
Nächtliche Ruhestörung	147
Stockender Redefluß	148
Natürlich natürliche Künste	148
Vorsorge fürs Alter (1)	150
Vorsorge fürs Alter (2)	152
Dehors et dedans	152
Ganz ohne Sündenfall?	152
Promovierungen	153
Dienstauftrag	153
Prinzenköpfe	154
Trüber Tag mit Zahnschmerzen	154
Versäumnis	156
Wallfahrer	156
Ehrenmann oder Spion? (1)	158
Ehrenmann oder Spion? (2)	163
Gleiches Recht für Tote	164
Komplimente und Geständnisse	165
Pfaffenschelte	165
Vermeintlicher Kontrebandist	167
Allerseelen im Quirinal	169
Georg und Heinrich	170
Der baronisierte Möller	171
Antik oder modern?	171
Noch immer auf Tauchstation	172
Unterbringungsschwierigkeiten für ein Kolossalgemälde	174
Betende Katze zu Weihnachten	174

Christentum oder Humanität? 175
Schmerzenskind Iphigenie 175
Babylonisches in der Propaganda 177
Aneignung, materielle und ideelle 177
Lebensgefährliche Ochsen 178
Befriedigtes Bedürfnis 179
Malkünste unterschiedlicher Art 180
Der alte Ritter hält das Licht dazu 181
Lustgeschrei und Freudengeheul 182
Umweltverschmutzung auf sizilianisch 183
Selbsterkenntnis am Ostersonntag 184
Wohltaten im Verborgenen 185
Preiskalkulation für Narrheit und Tugend 188
Urphänomen im botanischen Garten 189
Mitten im Rachen des Löwen 190
Huldigung in höchster Eile 191
Auf der Türschwelle 192
Anregend wie Koffein 193
Tollheit im Mondenschein 193
Abendrot über der Ewigen Stadt 195
Mittagsschläfchen auf dem Thron der Welt 196
Gewährsmann Ovid 199
Unter einem Glücksstern 200
Windiges Schicksal 201
Hol ihn der Kuckuck! (1) 201
Hol ihn der Kuckuck! (2) 203
Also Spaziergang im Park 203
Freundschaftsdienste 204
Auskunft in Sachen Mineralogie 205
Der mürrische Murr 205
Heinicke statt Herder 206
Kammerdiener Venus als Goethe 206
Lieutenants-Poesie 208
Who's who? 209
Reime und Verse machen 210
Zweifel ausgeschlossen 211
Epigrammatik des Traums 211
Unverziehen, weil unverzeihlich 211
Charlotte, der Mond und eine schlagfertige Entgegnung ... 212

Katz und Maus	213
Über den Umgang mit Menschen	213
Gegenseitige Schonung und Rücksichtnahme	214
Zweifelhafter Zustand der Dinge	215
Kanone und Freiheitsbaum	216
In Ihro lakonischen Art	217
Skeptische Prophetie	218
Biwakspaß in trauriger Lage	218
Ansichten eines Marquis	219
Welthistorische Einschätzung	220
Urteil eines, der seinen Goethe kannte	221
Ermäßigte Zeche	222
Scheideweg der Geister	223
Unbeeindruckt	223
Schriftsteller im Pulverdampf	224
Das Dilemma: Ungerechtigkeit oder Unordnung	225
Begütigender Zuspruch	229
Normales, wohlgebautes Genie	230
Schwierigkeiten interdisziplinärer Forschung	231
Effektivität	232
Künstlers Fug und Recht	232
Wettkampf zwischen Subjekt und Objekt	233
Geheimnisvoll-offenbare Metamorphose	236
Bei Gelegenheit Salomon Maimons	237
Ahnungslos konfrontiert	238
Allerlei Verrichtungen	240
Bestürzende Replik	240
Wirklichkeit und Märchen	241
Arabisches Mißverständnis	242
In Gesellschaft so manches Narren	242
Lebensgefühl	243
Bildung und Einbildung	243
Charakteristik einer Jungfrau	244
Aufmunterung zu literarischer Tätigkeit	245
Arbeitsfreude	246
Er kömmt alle Nachmittage	246
Lesen und Darstellen	247
Just in Ilmenau	247
Wichtige Korrektur	248

Der einsilbige Gott	248
Volksszene	249
Schmelzprozeß	250
Aus der Xenienzeit	251
Disput über Paradoxa	252
Kinderspiele im Schloßhof	253
Geeinte Zwienatur?	254
Eine Abfuhr für den Bischof	255
Entlehnung? Erfindung?	256
Zugluft	257
Aufforderung zum Tanz	258
Das vergessene Perspektiv	258
Frau Kastellan durchschaut ihn	259
Korrektheit	259
Gesichte der Sonntagskinder	259
Arg strapazierte Vorstellungskraft	260
Urheberrecht	260
Minister-Dichter	261
Verteilte Chancen für Wiedergeburt	261
Natürlich natürlich	262
Viele und wenige	262
Wirksame Drohung	263
No German nonsense	263
Schachmatt	264
Rhythmische Übungen, ächzend	264
Lieber Kotzebue als Schiller	265
Kostenlose Besichtigung	266
Gestilltes Verlangen	267
Erschütterung in Grenzen	267
Schneidend kalt	268
Vorleser Tieck	269
Hinter den Kulissen	269
Rauh, aber herzlich	270
Nachbarschaft	270
Zuviel verlangt	271
Loben lassen, tadeln lassen	271
Geduldeter kleiner Freund	271
Auch eine Interpretation Schillerscher Dramatik	273
Und zwar auf Punsch	273

Behagliche Gegenrede 274
Naturtalent Amalie (1) 277
Naturtalent Amalie (2) 277
Der spanische Werther aus Sachsen 278
Keins von beiden 279
Diagnose und Therapie 279
Trotzdem 280
Hochdieselben 280
Erlaubter und unerlaubter Zweifel 280
Triller, Hundegebell und Hörnerschall 281
Offenbar kein Thema 282
Bitte nicht zuviel Blut und Wunden 283
Weltlicher und geist-licher Hof 283
Hahn im Korbe 284
Unterwelt — Oberwelt 286
Grimms Manschetten (1) 287
Grimms Manschetten (2) 288
Grimms Manschetten (3) 289
Die großen Drei 289
Genosse Jayadeva 290
Maskenspieler 291
Zauberformel gegen Empörer 291
Der Kaufmann von Hamburg 292
Wielands Büste 293
Goethe sang besser als Bertha 294
Ungeeigneter Liebhaber 295
Probe aufs Exempel 295
Einschränkung 296
Mangel an Achtung 296
Beleidigter Autor (1) 297
Beleidigter Autor (2) 298
Beleidigter Autor (3) 298
Um den Hals geredet 299
Dankschreiben von Fräulein Hogel 299
Neutestamentliche Vergleichung 300
Völlig ungeklärt 301
Alternative 301
Zornige Fee, kreischend 302
Mephistophelische Gesprächsführung 303

Aufschwung der Seele 304
Zur Räson gebrachter Moltke 304
Inmitten der Schweiz 305
Entstehung einer Rezension 305
Tränen der Rührung und knisternde Pfaffen 307
Kleiner Nachtisch 307
Alte Münzen, alte Künstler 308
Streit und Versöhnung 309
Die Prinzessin mit dem Schweinsrüssel 310
Übereignung eines großen Sujets 311
Tritte des Wanderers über den Schnee 314
Hin und retour 314
Schlagabtausch an der Hoftafel 315
Minchen Klauers „auch" 316
Unlösbare Preisaufgabe 317
Laterna magica und Rätsel 318
Nomen est omen 319
Nicht ganz passendes Sprüchlein 319
Rührung 320
Bestialisches 320
Schneeballschlacht 321
Nicht immer 321
Hören und Sehen 322
Ahnungen? 322
Sich aussprechen können 323
Paradoxer Einfall 324
Gescheiterte Ehrung eines Toten 324
Krankheit und Tod Schillers 326
Überflüssige Entschuldigung 327
Beginnende Vereinsamung 328
Anzeichen nahenden Alters 329
Forte und piano 330
Diabolische Größe 335
Arabisch-dänisch-deutscher Monolog 336
Bileams Esel 336
Hermaphroditisches 337
Herzenswunsch 337
Der Löwe und der Fuchs 337
Poesie der deutschen Sprache 337

Ernüchterungen	338
Verkennung? Verwerfung?	339
Lebewohl mit Küssen und Versen	340
Pieder und nadierlich	341
Ab-Speisung in einer Scheune	341
Demiurg Putjatin	341
Halter ein General	342
Zwei alte Gräfinnen	343
Der Leibhaftige und sein Gesicht	344
Mühsam verhinderte Manifestation	344
Spreken mit ein Poete	345
Am Vorabend des Debakels	347
Hübscher ernster Mann in schwarzem Kleide	348
Einquartierung am Frauenplan	349
Eine Tasse Tee	354
Auch ein Kriegslied	354
Schätze im Brunnen	355
Altar und Bühne	355
So ungefähr	356
Puppen tanzen lassen	357
Hundsfott mit Würde	357
Der Herr Geheimrat und ich	358
Ordnung muß sein	359
Thüringisches Wesen	359
Lebende und tote Dichter	359
Gekonnt (1)	360
Gekonnt (2)	360
Geschichte einer Mamsell	361
Gnade vor Recht	362
Menagerie	362
In der Schwebe	363
Schottische Balladen	363
Armes Kind!	364
Das Blatt und die Wange	366
Eifersucht und List	366
Arten wie Unarten	367
Mäuschen im Mondglanz	368
Närrische Weisheiten	369
Ringe	370

Unvertilgbar	370
Gesamturteil	371
Vater und Sohn	371
Verkleideter Sohn und charmanter Vater	372
Verbotener Genuß	373
Gips schafft Leiden	374
Sehr erfreut	374
Schöne Geschichte!	376
Küsse, Sonnenkinder und Sonette	377
Sprache der Augen	377
Zacharias Werner	378
Musikalische Abendgesellschaft	378
Hoffnung auf Besserung	379
Kenner mit Weinverstand	379
Einer genügt	380
Gottähnlichkeit, durchaus problematisch	381
Göttlichkeit oder Absolutheit?	381
Husaren im Hoftheater	381
Kinder und Suppen	382
Abgesägter Ast	383
Mittelsalz, kurmäßig	383
Kaiser und Poet	384
Bonapartistische Replik	386
Heiterkeit mit Tiefgang	386
Rettungsaktion	388
Damals schon!	388
Verpatztes Modell	388
Wenn der Mond ein Eierkuchen wäre (1)	389
Wenn der Mond ein Eierkuchen wäre (2)	389
Wenn der Mond ein Eierkuchen wäre (3)	391
Selbst der schlafende Goethe	392
In Ermangelung alles dessen	392
Christ und Heide	393
Übergänge	393
Kulinarische Probleme	394
Vorrechte der Jugend	394
Nicht alle	395
Leibhaftiges Beweisstück	396
Treue im Unglück	396

Klassische Mythologie	400
Komik bei Tische (1)	400
Komik bei Tische (2)	400
Absichtserklärung	402
Siegfried mit der Speerstange	402
Quod licet Jovi	403
Wein oder Essig?	403
Lebewohl wie Nikodemus	404
Mehr als Gott	404
Gehupft wie gesprungen	405
Brummender Bär	405
Notwendige Lektion	405
Erfolgreiche Ermahnung	406
Ästhetischer Schnaps	409
Nicht einmal dann (1)	410
Nicht einmal dann (2)	410
Drohende Vernichtung	410
Mit eigenem Leben begabtes Wesen	411
Ein Rittergut für ein Wort	411
Anseres Christicolae	412
Konvenienz	412
Reinfall im Böhmischen	413
Eben doch ein Ketzer!	417
Diese herrlichen Augustabende!	418
Mitleid und Hilfe	420
Niederlassungen	421
Entstehung eines Spitznamens	422
Wohl der einzige Spaß am „Werther"	424
Drinnen und draußen	425
Zerberus, Exzellenz und gute Fee	425

Anhang

Anmerkungen	429

ISBN 3-406-31364-7 (für die zweibändige Ausgabe)

Ausgabe für die Bundesrepublik Deutschland, Berlin-West,
die Schweiz und Österreich
Verlag C. H. Beck München 1987
© Aufbau-Verlag Berlin und Weimar
Einbandgestaltung Gunter Böttger / Heinz Hellmis
Typographie Christa Wendt
Karl-Marx-Werk, Graphischer Großbetrieb, Pößneck V 15/30
Printed in the German Democratic Republic

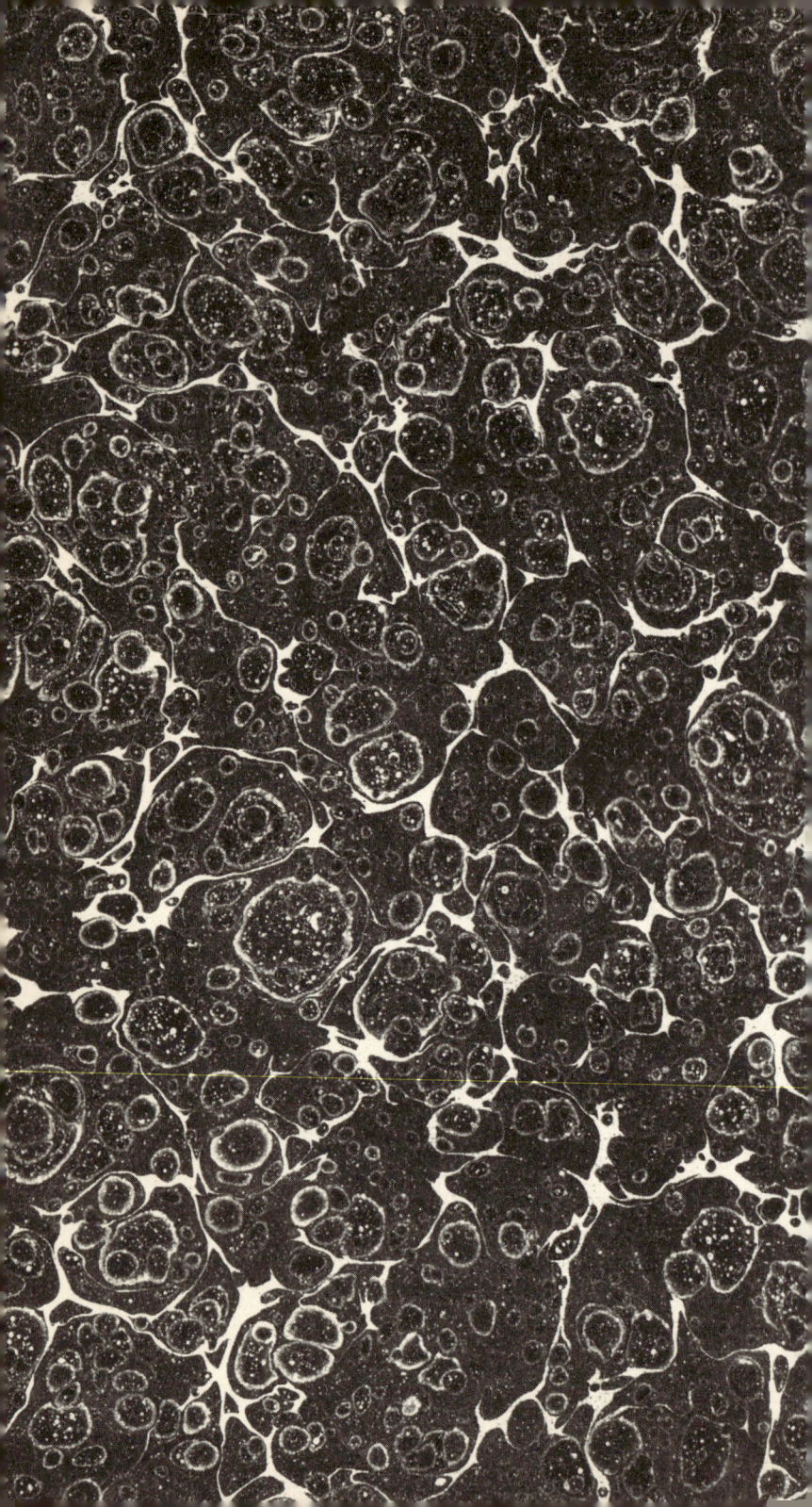